Populäres Lexikon der religiösen
Gegenstände und Gebräuche

Charles Panati

Populäres Lexikon der religiösen Gegenstände und Gebräuche

Deutsche Fassung von Reinhard Kaiser

Eichborn.

Die Deutsche Bibliothek – CIP-Einheitsaufnahme

Panati, Charles:
Populäres Lexikon der religiösen Gegenstände und Gebräuche /
Charles Panati. Aus dem Engl. von Reinhard Kaiser. – 1. Aufl. –
Frankfurt am Main : Eichborn, 1998
Einheitssacht.: The sacred origins of profound things <dt.>
ISBN 3-8218-0488-2

Titel der Originalausgabe: Sacred Origins of Profound Things

Lektorat: Matthias Bischoff, Georg Simader
Satz: Fuldaer Verlagsanstalt, Fulda
Druck und Bindung: Werner Söderström OY, Finnland
ISBN 3-8218-0488-2

Verlagsverzeichnis schickt gern:
Eichborn Verlag, Kaiserstraße 66, D-60329 Frankfurt
http://www.eichborn.de

Für meine Mutter,
eine amerikanische Katholikin

Inhalt

Warum wir glauben, was wir glauben

Einleitung

Jeder von uns sehnt sich danach, zu glauben, das eigene Leben — und das Leben überhaupt – möge nicht zufällig und bedeutungslos sein, sondern Wert und Ziel besitzen. Die Zuversicht, daß dies wirklich so ist, erwuchs seit den Anfängen der Geschichte für Milliarden von Menschen aus der Religion.

Nie sind die Anthropologen auf eine Gruppe von Menschen gestoßen, die nicht irgendwelche religiösen Überzeugungen gehegt – an Götter oder Göttinnen oder an übernatürliche Mächte geglaubt hätten. Die Religion ist anscheinend so alt wie unsere Gattung, und ihre Ursprünge liegen ohne Zweifel im menschlichen Nachdenken. Wer bin ich? Woher komme ich? Warum bin ich hier? Wo werde ich enden?

Unser Wort »Religion« geht zurück auf das lateinische Wort *religio*, das »Achtung gegenüber dem, was heilig ist, Ehrfurcht« bedeutet und sich seinerseits aus dem Verb *religare*, »binden«, herleitet. Im mittelalterlichen Europa wandelte sich die Bedeutung des Wortes »Religion« und bezeichnete fortan »ein System frommer Überzeugungen und Praktiken, das ein Volk verbindet«.

Selbst die Frömmsten unter uns neigen gelegentlich dazu, Religion als etwas Selbstverständliches zu betrachten. Die Menschen haben die Ursprünge frommer Übungen und Gebräuche, die Gründe für religiöse Feste, Rituale und Symbole, die Bedeutung von Gewändern, Sakramenten, Andachtsübungen und Gebeten aus dem Blick verloren.

Warum, zum Beispiel, beten wir mit gefalteten Händen?

Warum gibt es *neun* Klassen von Engeln?

Wer hat zum erstenmal den Rosenkranz gebetet?

Wer hat den ersten Hadsch unternommen?

Wann wurde der erste Junge zu einem Bar-Mizwa?

Wie kommt es, daß ein bestimmter christlicher Heiliger zum Schutzpatron über den Cyberspace werden kann?

Haben alle Religionen einen Satan gekannt?

Gibt es Unterschiede zwischen dem jüdischen »Jahwe«, dem christlichen »Gottvater« und dem islamischen »Allah«?

Wie kam es, daß Millionen Menschen von der Vorstellungswelt des Polytheismus – der Verehrung einer Mehrzahl von Göttern und Göttinnen – zur Anbetung einer einzigen, männlichen Gottheit wechselten?

Warum essen Juden kein Schweinefleisch, warum essen manche Muslime bestimmte Gemüsesorten nicht, warum aßen früher Christen an Freitagen kein Fleisch?

Warum gestattet die jüdische Religion Ehescheidungen, die katholische aber nicht?

Wie wurde der Papst in Fragen des Glaubens und der Moral unfehlbar? Warum wurde die päpstliche Unfehlbarkeit erst im Sommer 1870 zum Dogma?

Was sagen die heiligen Schriften – die jüdischen und die christlichen Bibeln und der Koran – wirklich über Empfängnisverhütung, Abtreibung, bestimmte Sexualpraktiken und Homosexualität?

Ich habe schon früher über Ursprünge geschrieben, etwa in dem Buch *Extraordinary Origins of Everyday Things* (dt. *Universalgeschichte der ganz gewöhnlichen Dinge*, Frankfurt: Eichborn 1994), das sich mit weltlichen Ursprüngen auseinandersetzte. Dieses Buch nun befaßt sich mit sakralen Ursprüngen. Ich habe es verfaßt, um die Ursprünge von Hunderten von religiösen Gebräuchen und Übungen in vielen verschiedenen Bekenntnissen zu beleuchten. Ich gebe zu, daß es mich immer wieder fasziniert, herauszufinden, wie etwas angefangen hat oder entstanden ist.

Ich hoffe, daß es mir, indem ich mich den fundamentalen Fragen nach dem Wie und Warum religiöser Übungen und Überzeugungen zuwende, gelingt, bei den Lesern und Leserinnen dieses Buches jene Erregung und jene Ehrfurcht neu zu entfachen, die wir spürten, als wir Kinder waren und mit der Religion vertraut gemacht wurden.

Oft verkümmert diese Ehrfurcht inmitten der Zwänge des Erwachsenenlebens. Die Karriere und die Kinder nehmen uns so in Anspruch, daß unsere Religiosität in Routine versickert – uns kommt der Zauber abhanden, der jeder frommen Handlung innewohnt. Es ist ratsam und nützlich, sich bisweilen auf die Grundlagen zu besinnen. Auf diesen Seiten werden Ihnen die Ursprünge einiger besonders tief verwurzelter, besonders bedeutsamer religiöser Überzeugungen begegnen. Manche werden Ihnen vertraut sein. Andere werden Sie vielleicht schockieren.

Wenn die folgenden Ausführungen gelegentlich ein wenig dem Katholizismus zuzuneigen scheinen, so ist das wohl darauf zurückzuführen, daß die Grundschule, die High School und das College, die ich besuchte, katholisch geprägt waren; sechzehn Jahre lang bin ich von Nonnen und Priestern unterrichtet worden. Ich war Meßdiener und habe sogar mit dem Gedanken gespielt, Priester zu werden. Schriftsteller, so sagt man, schreiben gern über das, was sie am besten kennen.

Da dieses Buch von vielen Glaubensformen, westlichen und östlichen, handelt, benutze ich zur Datierung eine nicht konfessionell gebundene Nomenklatur:

v.u.Z. = vor unserer Zeit (früher: vor Christus).
u.Z. = unserer Zeit (früher: nach Christus, A.D. – Anno Domini, im Jahr des Herrn).

Charles Panati
New York City

Teil I. Volkstümliche Frömmigkeit

1. Kapitel
Gebetshaltungen
Händefalten bis Kopfbedecken

Was ein Gebet ist

»Eine innige Freundschaft, ein häufiges Zwiegespräch mit dem Geliebten«, so definierte im 16. Jahrhundert die spanische Mystikerin Theresa von Avila das Gebet.

Eine »Erhebung des Geistes zu Gott« war das Gebet für den hl. Johannes von Damaskus.

»Bittet, so wird euch gegeben« – auf diese Formel bringt Lukas 11,9 die Bitte als Gebetsform.

»Der wichtigste Ausdruck von Religion«, sagte der Philosoph William James, der auch behauptete, Religion als solche könne es ohne den Begriff des Gebets nicht geben.

Ein islamisches Sprichwort sagt, Beten sei gleichbedeutend mit Muslim sein. Für die indische Mystik ist das Gebet genauso lebenswichtig wie das Atmen.

Christen beten nach dem Beispiel Jesu Christi, der sein Leben lang durch das Gebet in Verbindung mit seinem Vater im Himmel blieb. Christus betete bei seiner Taufe, er betete, wenn er Wunder wirkte, und er betete vor und nach seiner Passion.

Für den hl. Augustinus ist seine Autobiographie, die *Confessiones*, ein einziges langes Gebet, das er an seinen Schöpfer richtet – ein Bußgebet. Wie wir noch sehen werden, gibt es fünf Arten von Gebeten.

Wenn das Gebet etwas bewirken will, greift es auf seinen Ursprung zurück: magische Anrufung, Beschwörung. Für Menschen früherer Zeitalter, die mit Donner und Blitz, Heuschreckenschwärmen oder Wolkenbrüchen abergläubische Vorstellungen verbanden, war der Zauberspruch, im vorgeschriebenen Rhythmus vor der Opferung eines Lamms oder der Defloration einer Jungfrau gesprochen, eine Methode, einen Gott zu besänftigen. »Alles gute Geschick liegt in Gottes Händen«, heißt es in einem der frühesten ägyptischen Gebete.

Wahrscheinlich war das allererste inbrünstige menschliche Gebet ein Hilferuf – ein Bittgebet. Ob es erhört wurde, wissen wir nicht.

Biblischer Ursprung des Gebets: 1. Mose 4,26

Die erste Erwähnung des Betens in der Bibel findet sich zu Beginn des ersten Buches Mose, und sie verweist auf den Ursprung des Gebets. Adam und Eva waren schon ungehorsam gegen Gott. Kain hat Abel getötet. Eva hat einen anderen Sohn geboren, Seth, und Seth wiederum hat einen eigenen Sohn Enosch genannt, als es heißt:

Zu der Zeit fing man an, den Namen des Herrn anzurufen. (1. Mose 4,26)

Seither rufen die Menschen immer wieder Gott an. Und im 5. Buch Mose 4,7 verspricht Gott, die Gebete der Menschen, die der Männer ebenso wie die der Frauen, anzuhören, wenn auch nicht alle zu erfüllen:

Denn wo ist ein so herrliches Volk, dem ein Gott so nahe ist wie uns der Herr, unser Gott, so oft wir ihn anrufen.

Mit diesen Zitaten ist schon am Beginn der Bibel die Formel aufgestellt: Die Menschen bitten, Gott hört. Und vielleicht antwortet er.

Mehr als tausend Jahre, nachdem Moses die Genesis geschrieben hatte, kommt Jesus Christus, der Sohn Gottes, und versichert uns: »Alles, was ihr bittet, in eurem Gebet, glaubet nur, daß ihr's empfangt, so wird's euch werden. ... Alle Dinge sind möglich dem, der da glaubt« (Markus 11,24). Deshalb vermuten wir, wenn ein Bittgebet sich nicht erfüllt, daß wir vielleicht nicht fest genug geglaubt haben.

Der biblische Psalter ist im Grunde eine Meditation über die biblische Geschichte in Form eines Gebets, in dem das Wort Gottes zum Gebet seines Volkes wird.

Das Gebet ist, wie wir sehen werden, eine der ältesten Ausdrucksformen von Religion, die in allen Kulturen, von denen wir Zeugnisse besitzen, in Ehren gehalten wurde. Im Gebet nehmen die Menschen Verbindung mit dem Höheren oder Heiligen auf – mit Gott, mit Göttern und Göttinnen oder mit einer transzendenten Sphäre.

Fünf Arten von Gebeten: Frühzeit

Sie werden im Sitzen oder Stehen, kniend oder mit wiegendem Oberkörper, barhäuptig oder mit bedecktem Kopf, mit geschlossenen oder zum Himmel gerichteten Augen, mit geschlossenen Handflächen oder himmelwärts ausgestreckten Armen gesprochen. Die Theologen haben sie in fünf Kategorien eingeteilt, die es seit frühester Zeit gegeben hat.

Anbetung.
Die höchste Form des Gebets besteht in der frommen Besinnung auf Gott selbst, in einer Art intensiver Meditation, wie wir sie mit den Gebeten der Mystiker verbinden. Sie ist die reinste Form des Gebets. Wir erbitten keine Gunst; wir beten einfach unseren Schöpfer an.

Im Christentum dürfen weder die Heiligen noch die Jungfrau Maria in diesem Sinne angebetet werden. Im Islam ist die Anbetung die wichtigste Form des Gebets.

Eine der frühesten Anbetungen in der Bibel ist das »Sanctus« in der Vision des Propheten Jesaja: »Heilig, heilig, heilig ist der Herr Zebaoth, alle Lande sind seiner Ehre voll!« (Jesaja 6,3)

Für den Verstand ist das Gebet Mitteilung oder Rede. Für das Gefühl jedoch ist es untrennbar mit einer Ahnung von der Gegenwart des Heiligen unter uns verbunden. Dies gilt ganz besonders für die Anbetung. Ein »Aus-sich-Herausgehen« oder eine »Wallfahrt des Geistes« sind unverwechselbare Bestandteile der Anbetung.

Alle Völker beten in ähnlicher Weise und haben dies immer getan. Um einen Eindruck von der kulturübergreifenden Gleichförmigkeit der Anbetung zu vermitteln, gebe ich hier einige jeweils datierte Beispiele – so verschieden die angebeteten Gottheiten, so auffällig die Ähnlichkeiten.

Schöpfer des Keims in der Frau,
Erschaffer des Samens im Mann,
Spender des Atems, der alles belebt, was er schafft!
O einziger Gott, dessen Macht sonst keiner besitzt.
Du hast die Erde nach deinem Sinn geschaffen.
(An den Sonnengott Aton, Ägypten, 14. Jahrhundert v.u.Z.)

Es gibt einen Geist, der war, ehe Himmel und Erde waren.
Das Eine wohnt in der Stille jenseits irdischer Gestalten, unwandelbar, all-

gegenwärtig. Ich kenne seinen Namen nicht.
Ich nenne es Tao. Ich nenne es das Höchste.
(Taoismus, 5. Jahrhundert v.u.Z.)

Es gibt ein Licht, das überstrahlt alle Dinge.
Das ganze Universum ist in Wahrheit Brahman. Er ist der Anfang und das Ende und alles Leben.
Als solchem laß ihm, im Stillen, Anbetung zuteil werden.
(8. Jahrhundert v.u.Z., aus den hinduistischen Upanishaden)

Ich wende mich dir zu, dem alle Verehrung gebührt.
Mein Herz sehnt sich nach dir mit unstillbarer Sehnsucht. Laß mich vor dir leben, mit dir,
In deinem Angesicht leben, so bete ich demütig.
(An Ahura Mazda, den Gott des Zoroastrismus, 6. Jahrhundert v.u.Z.)

Heil! Großer Geist, Großvater, du hast alles geschaffen, bist in allem, lenkst alles,
gibst alles und bekräftigst alles, weil
alles dir gehört.
(Altes Gebet der Sioux)

Groß und heilig ist der Herr, der Heiligste der Heiligen.
Majestät geht ihm voran,
Anmut und Wahrheit sind um ihn,
Gepriesen sei der, der aus seiner Macht die Erde schafft.
(Qumran-Schriftrollen vom Toten Meer, ca. 150 v.u.Z.–68 u.Z.)

Gott gebührt das Lob, dem Herrn über Himmel und Erde,
Dem Herren über alles Sein. Sein ist das Reich im Himmel und auf Erden.
Er ist der Allmächtige, der Allwissende.
(Islamisches Gebet an Allah, 7. Jahrhundert)

Buße.
Im Bußgebet bekennt der Gläubige, daß er gesündigt hat und Vergebung sucht. Es ist ein Gebet der Selbstprüfung, das meist im stillen gesprochen wird. Mancher christliche Heilige, der in jüngeren Jahren ein Sünder war, hat seine Autobiographie *Confessio* (Geständnis, Buße) genannt.

Zum Bußgebet gehörten im allgemeinen der Ausdruck der Zerknirschung über die begangene Missetat, die Bitte an Gott um Vergebung und in manchen Fällen auch eine Bekundung des Willens zur Besserung.

Psalm 51, das Miserere oder Reuegebet, ist ein ausgezeichnetes Beispiel für ein Bußgebet: »Gott, sei mir gnädig ... Wasche mich rein von meiner Missetat [Bitte] ... ich erkenne meine Missetat [Zerknirschung] ... gib mir einen neuen, beständigen Geist [Wille zur Besserung].«

Der Katholizismus hat die Buße in den Rang eines Sakraments erhoben; eine Todsünde kann nur nach einem förmlichen Akt der Reue vor einem Priester vergeben werden. In den anglikanischen und vielen protestantischen Kirchen ist den Gläubigen das Beichten freigestellt. (*Siehe* Buße)

Hier folgt ein schönes altpersisches Bußgebet, das noch heute von den Muslimen gesprochen wird; ähnlich wie viele Psalmen des Alten Testaments gewinnt es seine Eindringlichkeit aus der Wiederholung.

Alles, was wir hätten denken sollen und nicht gedacht haben,
Alles, was wir hätten sagen sollen und nicht gesagt haben,
Alles, was wir hätten tun sollen und nicht getan haben,
Alles, was wir nicht hätten denken sollen, aber gedacht haben,
Alles, was wir nicht hätten sagen sollen, aber gesagt haben,
Alles, was wir nicht hätten tun sollen, aber getan haben,
Für Gedanken, Worte und Taten bitten wir, Gott, um Vergebung.

»Beten« bedeutet »bitten«. Das Bitten ist die gebräuchlichste Form des Gebets.

Bitte.

Es überrascht nicht, daß die Bitte die gebräuchlichste Form des Gebets ist. Wir erbitten von Gott etwas, das wir uns für uns selbst oder für andere wünschen. Mystiker haben das Bittgebet immer als die niedrigste Form des Gebets angesehen. Aber Jesus Christus selbst hat im Garten Gethsemane Gott darum gebeten, er möge den Kelch des Leidens an ihm vorübergehen lassen.

Für die meisten Völker liegen »beten« und »bitten« oder »betteln« eng beieinander. Assyrische Könige, babylonische Bauern, hebräische Gelehrte – sie alle haben Gott um Gesundheit, langes Leben, Wohlstand, siegreichen

Ausgang einer Schlacht gebeten. »Der Mensch ist ein Bettler vor Gott«, hat der hl. Augustinus gelehrt.

Matthäus sagt uns, Bittgebete, vor allem, wenn es um die Heilung von einer Krankheit geht, hätten die besten Chancen auf Erhörung, wenn sie mit Fasten verbunden werden: »Aber diese Art [von Krankheit] fährt nur aus durch Beten und Fasten.« (Matthäus 17,21)

Ein frühes Bittgebet in der Bibel spricht Abraham, wenn er Gott anfleht, die Stadt Sodom vor völliger Zerstörung zu bewahren, und dann demütig schließt: »Ach siehe, ich habe mich unterwunden, zu reden mit dem Herrn, wiewohl ich Erde und Asche bin.« (1. Mose 18,27) Hier haben wir es nun allerdings mit einem Bittgebet zu tun, das unerhört blieb. Jesu Bitte im Garten Gethsemane zeigt, wie alles bittende Beten durch Demutsbezeugungen flankiert werden muß: »Dein Wille geschehe.«

Islamische Gebete sind insofern einzigartig, als sie immer allein auf Anbetung Gottes oder Allahs abzielen und es geradezu unschicklich wäre, beim Beten etwas zu erbitten. Muslime vermischen Verehrung und Erflehen nicht miteinander.

Hier ein altes hinduistisches Bittgebet:

Aus dem Unwirklichen führe mich zum Wirklichen!
Aus der Dunkelheit führe mich zum Licht!
Aus dem Tod führe mich zur Unsterblichkeit!

Lobpreisung.

Die Lobpreisung bezieht sich hier nicht allein auf Gott, wie in der Anbetung, sondern auch und vor allem auf seine vielen Schöpfertaten in der Natur. Seit den ältesten Zeiten gehörte zur Lobpreisung eine Aufzählung der Großtaten Gottes, etwa nach der Formel: »Preis sei dir, o Herr, der du geschaffen hast ...« Das alte Preislied *Te Deum Laudamus* beginnt mit einer Anbetung Gottes, schließt aber auch seine vielen Wunderwerke ein.

Preislieder findet man in allen Kirchenliturgien. Und viele Gebete umfassen, wie wir im nächsten Kapitel sehen werden, Lobpreisungen, etwa im Vaterunser der Vers: »Geheiligt werde dein Name«.

Aus dem *Te Deum Laudamus* stammen die Verse:

Dich, Gott, loben wir; dich, Herr, preisen wir ...
Dich preist der glorreiche Chor der Apostel;
dich der Propheten lobwürdige Zahl;

dich der Märtyrer weißgewandetes Heer.
Dich preist über das Erdenrund die heilige Kirche.

Danksagung.
Einer der ältesten Gesänge, die wir kennen, ist eine Danksagung aus dem 12. Jahrhundert v.u.Z. an den babylonischen Sonnengott Marduk, den Schöpfer des Himmels und der Erde, für die siegreiche Niederwerfung eines Feindes. Aus dem alten Ägypten haben sich Dankgebete erhalten, die auf die Unterseite von Skarabäen eingeritzt wurden, jener Nachbildungen des großen, schwarzflügligen Mistkäfers, der den Ägyptern heilig war.

Der amerikanische »Thanksgiving Day«, der erstmals 1621 in Plymouth, Massachusetts, gefeiert wurde, war im Grunde ein Gebet an Gott zum Dank für den Überfluß an Nahrungsmitteln. Der Brauch als solcher war alt und weitverbreitet. Die Griechen ehrten Demeter, die Göttin des Feldbaus, mit einem Danksagungstag; die Römer zollten Ceres, der Göttin des Getreides, ihren Tribut; die Hebräer entboten Jahwe ihren Dank für reiche Ernte mit dem achttägigen Laubhüttenfest. Immer wieder kommt Dankbarkeit in Festen zum Ausdruck. (*Siehe* Feste)

Das katholische Tischgebet gleicht in seiner Form den ältesten Dankgebeten, die man gefunden hat:

Herr, segne uns und diese deine Gaben,
die wir von deiner Güte nun empfangen werden,
durch Christus, unseren Herrn. Amen.

Körperliche Bewegung im religiösen Ausdruck

Alle möglichen Gebärden, Handbewegungen, Körperhaltungen und Tanzschritte gehörten seit alters her zu den religiösen Ausdrucksformen, die das Gebet begleiteten. Die Absichten mancher dieser Handlungen sind offenkundig; andere entspringen abergläubischen Vorstellungen. Betrachten wir ihre Ursprünge im einzelnen.

Ausgebreitete Arme: Orient, Frühzeit

Eine der ältesten Gesten der Ehrerbietung, mit denen unsere Vorfahren Gebete begleiteten, bestand darin, Arme und Hände himmelwärts zu strecken, als würde man einen Regen von Gaben entgegennehmen. Darauf folgte *das Falten der Arme über der Brust*, wobei sich die Handgelenke über dem Herz kreuzten, als wollten sie es schützen. Beide Gesten besitzen eine innere Logik, und ihr Sinn scheint klar: Der Himmel ist die Wohnung Gottes oder der Götter, und das Herz ist der Sitz des Gefühls.

Eine Abwandlung dieser andächtigen Haltung bei Griechen und Römern ist in der Kunst ihrer Zeit oft festgehalten worden: Die Arme werden angewinkelt und so aufwärts gestreckt, daß sie ein ›W‹ bilden. Besonders häufig findet man diese Haltung auf den christlichen Fresken, mit denen zwischen dem 2. und 6. Jahrhundert u.Z. die Katakomben ausgeschmückt wurden. Die W-Haltung wurde nicht nur zur Darstellung von Betenden verwendet, sondern auch zur Veranschaulichung der Seele eines Verstorbenen beim Aufstieg in den Himmel.

Schon im 3. Jahrhundert u.Z. hatten die Christen diese Haltung verändert: Die Arme wurden jetzt nach den Seiten waagerecht ausgestreckt, so daß Arme und Leib ein *Kreuz* bildeten. Wenn fastende Mönche über Stunden und Tage in dieser Haltung verharrten, nannte man diese schmerzvolle, selbstauferlegte Bußübung die »Kreuz-Vigil«. Sie konnte Visionen hervorrufen. Schmerz und sensorielle Deprivation waren seit alters her Mittel, religiöse Hochgefühle zu erwecken.

Gefaltete Hände: Christentum, 9. Jahrhundert

Weniger klar ist der Ursprung der Geste, bei der die Handflächen und Finger zu einer Art Spitzturm zusammengelegt werden.

In der Bibel ist diese uns so vertraute Praxis nirgendwo erwähnt. In der christlichen Kirche tauchte sie im 9. Jahrhundert auf und fand weitere Verbreitung erst im 13. Jahrhundert. Bildhauer und Maler aus späterer Zeit haben das Händefalten in religiösen Szenen dargestellt, deren Thematik den Schluß nahelegt, diese Geste sei viel älter, als sie in Wirklichkeit ist.

Religionshistoriker führen sie auf das Fesseln der Hände eines Gefangenen mit einer Rebe oder einem Strick zurück; die zusammengelegten Hände wurden dann symbolischer Ausdruck der Unterwerfung eines Menschen unter seinen Herrn. Oder unter seinen Schöpfer. In römischer Zeit konnte ein gefangener Soldat seine sofortige Tötung abwenden, indem er demonstrativ die Hände faltete. Auf diese Weise erklärte er: »Ich kapituliere. Ich bin dein gehorsamer Diener.« Eine praktische Geste, wenn eine weiße Fahne fehlte.

Das Falten der Hände zum Gebet: eine Unterwerfungsgeste, die auf das Fesseln der Hände bei Gefangenen zurückgeht.

Jahrhunderte später übernahmen die europäischen Lehnsherren das Händefalten als Geste, mit der ihre Vasallen ihnen huldigten und sich zur Treue verpflichteten. Beim Ablegen eines Treueschwurs legte der Leibeigene zum Zeichen seiner Unterwerfung und Leibeigenschaft die Hände zwischen die seines Herrn.

Diesen unterschiedlichen Praktiken, denen jedoch eine gemeinsame Absicht zugrunde liegt, entnahm das Christentum die Geste als Zeichen unbedingten Gehorsams gegenüber göttlicher Autorität. Später lieferten viele christliche Autoren eine frommere, malerische Erklärung: die gefalteten Hände würden eine Kirchturmspitze darstellen. Im Amerika der Kolonialzeit boten die Pfarrer außerdem eine disziplinarische Erklärung: Die zum Gebet gefalteten Hände sollten verhindern, daß die Kinder während der langen Gottesdienste herumzappelten – eine Form von Selbstfesselung, von Selbstkontrolle also.

Wiegen des Körpers: frühes Judentum

Den Körper vor- und zurückzuwiegen ist eine alte hebräische Sitte, für die sich eine Erklärung im Sohar findet, einem mystischen Kommentar zu den Fünf Büchern Mose, dem Pentateuch, der der Legende nach im 2. Jahrhundert u.Z. von dem gelehrten Rabbi Simon ben Jochai begonnen wurde. Ein demütiger Mensch, wie er im biblischen Buch der Sprüche geschildert wird (20,27), ist »eine Leuchte des Herrn«, und das Licht um ihren Docht flackert in Übereinstimmung mit dem Strahlen, das von der Thora ausgeht. Die wörtliche Bedeutung von *sohar* im Hebräischen ist »Glanz«.

Eine Erklärung für das Hin und Her des ganzen Körpers von der Taille aufwärts liefert der spanische Philosoph Juda Halewi aus dem 12. Jahrhundert im *Kusari*. Diese Sitte sei vor der Erfindung des Buchdrucks entstanden, als viele Menschen nacheinander aus einer einzigen Handschrift lasen. Jeder, so Halewi, »mußte sich vorbeugen, um einen Abschnitt zu lesen, und nachher wieder aufrichten. So kam es zu einem fortwährenden Vorbeugen und Zurücklehnen, während das Buch auf dem Boden lag.« Als dann später gedruckte Gebetbücher in großer Zahl zur Verfügung standen, war das Wiegen des Körpers bereits zur tiefverwurzelten Gewohnheit geworden.

Eine weitere Erklärung für das andächtige Körperwiegen geht auf die Zeit zurück, als Moses seinem Volk die Zehn Gebote offenbarte und die ehrfürchtige Menge in frommer Ergriffenheit zitterte und bebte.

Heutige Psychologen bieten eine einfachere Erklärung für die rhythmische Bewegung des Körpers beim Beten – sie sei eine Art Tanz, wie man ihn noch in vielen Stammeskulturen findet: Der Versrhythmus des Gebetes oder Gesangs veranlaßt den Körper, durch regelmäßige Bewegungen den Takt zu schlagen. Das Wiegen des Körpers ist aus diesem Blickwinkel ein auf ein Minimum an Bewegungen eingeschränkter ritueller Tanz.

Gesenkter Kopf und winkende Hände

Der *gesenkte Kopf* beim Gebet war jahrhundertelang ein Zeichen der Demut, eine Haltung aus den frühesten Tagen der Religion, als weltliche Könige göttliche Abstammung für sich in Anspruch nahmen und demonstrative Unterwerfung forderten.

Mit den *Händen winken* ist eine fromme Praxis, die im jüdischen Talmud erwähnt wird. Sie gehört zu den ältesten Gebärden, mit denen böse Geister verscheucht werden sollen, und verweist auf andere alte heidnische Glücksgesten wie das Fingerkreuzen oder den »hochgestellten Daumen«.

Knien: spätes Judentum, frühes Christentum

Diese Gebetshaltung symbolisiert Knechtschaft. Christen vieler Konfessionen glauben, daß Leib und Blut Jesu Christi bei der Eucharistie gegenwärtig sind, und knien in Verehrung der realen Gegenwart des Herrn nieder.

In den Tempeln Jerusalems war Knien ein fester Bestandteil der Zeremonien. Als aber die Christen das Knien beim Beten übernahmen, untersagten es die Rabbis im jüdischen Gottesdienst. Die einzige Ausnahme bildete das Jom-Kippur-Fest, wo der Vorbeter und die Gläubigen während der Lesung eines Berichts über den alten Tempeldienst das Knien (und die Prostration), die einst von den Hohepriestern praktiziert wurden, nachahmten.

Traditionell werden in Gottesdiensten manche Gebete im Stehen, andere im Sitzen gesprochen. Während sich die diesbezüglichen Gebräuche von Religion zu Religion unterscheiden, gibt es für die Juden eine Faustregel: Gebete, die der Bibel entnommen und zum Studium bestimmt sind, werden im Sitzen gesprochen, in der Haltung, in der man studiert.

Im frühen Christentum war Knien keine gebräuchliche Gebetshaltung; man stand. Zu einem Wandel kam es im Gottesdienst der Westkirche, als es üblich wurde, nach dem *Gloria in Excelsis* einen Augenblick der privaten Besinnung einzuschieben; die Aufforderung des Priesters lautete *Flectamus genua* – Laßt uns die Knie beugen.

Niederknien: eine Geste der Anbetung.

Als sich das Christentum in verschiedene Bekenntnisse mit unterschiedlichen Glaubenslehren spaltete, entwickelten sich auch Unterschiede im Hinblick auf das Knien. Das »Book of Common Prayer«, das Gebetbuch der anglikanischen Kirche, in der Fassung von 1552 enthält eine »Erklärung über das Knien«, die deutlich macht, daß Knien bei der Eucharistie nicht etwa Christi reale Gegenwart bedeutet und daß Anbetung nicht erforderlich sei; das Knien während des Abschnitts der Messe, der der Kommunion gewidmet ist, bezeuge vielmehr nur Demut.

Im Juni 1995 machte eine Gruppe katholischer Bischöfe in Amerika den Vorschlag, den Gläubigen solle es freigestellt werden, ob sie während der Kommunion niederknien, aber andere Bischöfe stimmten gegen diese Neuerung, und Rom lehnte sie ab.

Geschlossene Augen: Frühgeschichte

Für das Beten mit geschlossenen Augen gibt es eine besonders einfache und von abergläubischen Vorstellungen unbelastete Erklärung: alle Ablenkungen ausschalten. Die Sitte ist alt und findet sich in allen Glaubensrichtungen.

Intensives, bewußtes Gebet erfordert vollständige Konzentration, visuelle Ablenkungen jedoch lassen den Geist abschweifen und unterbrechen auf diese Weise die Verbindung mit dem Göttlichen. Im Mittelalter schlossen christliche Mönche beim Beten und Fasten die Augen bisweilen für Tage oder Wochen, so daß keine irdische Ablenkung ihren Kontakt zu Gott beeinträchtigen konnte. Diese Praxis der sensoriellen Deprivation führte oft zu Erscheinungen Jesu Christi, der Jungfrau Maria oder bestimmter besonders geschätzter Schutzheiliger.

Nicht immer erlangen wir das, worum wir beten, und dafür wurden im Laufe der Zeit und in den verschiedenen Religionen vielfältige Gründe genannt. Wir haben nicht andächtig genug gebetet. Wir haben unwissentlich etwas erbeten, von dem Gott in seiner Weisheit voraussieht, daß es uns nicht zum Wohl gereichen würde. Wir haben nicht lange genug gebetet, denn Ausdauer ist der Schlüssel zum Erfolg.

Sich an die Brust schlagen: frühes Christentum

Sich mit der rechten Hand oberhalb des Herzens an die Brust zu schlagen ist eine Gebetsgeste der Reue, die – anders als ihre Vorform, die Flagellation – heute nicht mehr Schmerz zufügen soll. Oft begleitet sie Reuebekundungen wie »Ich habe gesündigt« oder »durch meine Schuld« (*mea culpa*).

Dieser Brauch hat merkwürdige, sexuell widersprüchliche Wurzeln. In vielen Gegenden Europas und Asiens war die Geißelung des Körpers, oft bis aufs Blut, mittels einer Rebe, eines Stocks oder einer Peitsche seit alters her als Sühnegeste bekannt – zunächst vom Priester, später vom Büßenden selbst ausgeführt.

Viele Kleriker, unter ihnen der hl. Augustinus, mahnten die Mitglieder ihrer Gemeinden, sich nicht übermäßig heftig und häufig zu geißeln. Im Mittelalter benutzten keusche Nonnen und Mönche Birkenruten oder Lederpeitschen mit Knoten zur Selbstgeißelung, und Kardinal Petrus Damiani erlangte im 11. Jahrhundert Bekanntheit und eine große Anhängerschaft mit einem Buch zum Lobe der Geißelung: Sünder sollten ihren Oberkörper entkleiden und sich von Gläubigen, die frommer waren als sie selbst, schlagen lassen. Die Flagellation blieb bis in die Jahre um 1960 in vielen religiösen Orden eine verbreitete, vielfach heimlich geübte Praxis. In manchen Teilen der Welt, vor allem in Südamerika und Asien, geißeln sich an Sühnetagen noch heute büßende Laien bis auf Blut.

Paradoxerweise war – und ist – die uralte Geste des Peitschens, das Schmerzen bereitet und die Haut blutig anschwellen läßt, zugleich eine Form sexueller Stimulation. Im Gehirn liegen das Schmerz- und das Lustzentrum dicht beieinander und bilden eine seltsame Nachbarschaft. In Stammeskulturen war die Flagellation früher während sexueller Initiationsriten bei männlichen Heranwachsenden gebräuchlich; von Heiligen weiß man, daß sie sich bisweilen in eine religiöse Exstase gegeißelt haben, die von sexueller Verzückung nicht zu unterscheiden war; und heute entwickelt die pornographische Industrie ein beträchtliches Interesse an der Flagellation.

Es sollte uns nicht allzusehr überraschen, daß sexuelle Praktiken in religiösen Gesten eine ritualisierte Form annehmen. Die ältesten Religionen der Menschheit kannten heilige Prostituierte und eine Verehrung des Phallus und mischten Exstase und Zeugung in einer Weise, die uns heute inakzeptabel erscheint. Die Geißelung gehört zur dunklen Seite der Frömmigkeit.

Amen: Ägypten, 2500 v.u.Z.

Einer der gebräuchlichsten religiösen Ausdrücke, das Wort »Amen«, taucht in der hebräischen Bibel 13mal auf, im Neuen Testament 119mal, und begegnet uns auch in islamischen Schriften sehr häufig.

Für die Hebräer bedeutet dieses Wort »so ist es« – es war Ausdruck der Zustimmung oder des Einverständnisses und verhieß außerdem Wahrheit. Ein hebräischer Gelehrter, der eine Ansprache oder eine Predigt mit »Amen« schloß, versicherte seinen Zuhörern auf diese Weise, daß seine Äußerungen vertrauenswürdig und verläßlich seien. In alter Zeit konnten viele Gemeindemitglieder nicht lesen und waren deshalb auch nicht imstande, gemeinsam mit ihrem geistlichen Führer zu beten; »Amen« wurde daher der Beitrag, den die der Schrift Unkundigen zum Vortrag des Textes leisteten, die spezifische Form ihrer Teilnahme – gleichsam das X der Analphabeten beim Unterschreiben.

Amun, der ägyptische Gott der Fortpflanzung. Sein Name bedeutet »der Verborgene« und ist die Wurzel des Wortes »Amen«.

Der Talmud behauptet, »Amen« sei ein Akrostichon, also ein Wort, das sich ergibt, wenn man die Anfangs- oder Endbuchstaben einer Reihe von Verszeilen oder Wörtern hintereinander liest. »Amen« soll demnach ein Akrostichon auf die hebräische Wendung *El Melech Ne'eman*, »der Herr ist ein vertrauenswürdiger König«, sein.

In der Bibel taucht »Amen« erstmals im 4. Buch Mose auf, in dem Abschnitt über das »Verfahren bei Verdacht auf Ehebruch« der Frau:

Der Herr mache deinen Namen zum Fluch ... So gehe nun das fluchbringende Wasser in deinen Leib, daß dein Bauch schwelle und deine Hüfte schwinde! Und die Frau soll sagen: Amen! Amen! (4. Mose 5,21-22)

Auf diese Weise stimmt die Ehebrecherin dem Fluch zu.

Das Wort taucht dann zwölfmal im 5. Buch Mose (Kapitel 27) auf, als Zustimmung zu den »zwölf Fluchworten«. Zum Beispiel: »Verflucht sei, wer seinen Vater oder seine Mutter verunehrt! Und alles Volk soll sagen: Amen.« (5. Mose 27,16)

In Wirklichkeit ist das Wort heidnischen Ursprungs. Es kommt aus Ägypten und geht auf die Zeit um 2500 v.u.Z. zurück. Für die Ägypter bedeutete *Amun* »der Verborgene« – es war der Name ihres höchsten Gottes, der eine Zeitlang im ganzen Orient verehrt wurde. Wie spätere Kulturen den Gott Jupiter anriefen, so riefen die Äygpter ihren Gott an: »Bei Amun!« Die Hebräer übernahmen den Ausruf, füllten ihn mit neuer Bedeutung und gaben ihn an die Christen weiter.

Heute ist es üblich, das Vaterunser mit einem »Amen« zu schließen. In der frühen Fassung des Vaterunser im Matthäus-Evangelium (6,9-13) taucht die Antwort »so sei es« nicht auf. (*Siehe* Vaterunser)

Hallelujah: die alten Israeliten, Zeit des Alten Testaments

Eines der klingendsten Wörter in der religiösen Liturgie, »Hallelujah«, bedeutet: »Lobet den Herrn« – ein alter hebräischer Ausdruck, der im Alten Testament nur in den Psalmen auftaucht, und dort meist außerhalb der eigentlichen Texte.

Die hebräische Schreibung dieses Wortes läßt seine Bedeutung und seine Herkunft erkennen: *halelu! Jah*, wörtlich »lobt!« + »Herr«, wobei *Jah* die Kurzform für *Jahwe* ist, den Namen Gottes bei den Israeliten. Das Verb »loben« steht im Imperativ Plural, woraus sich ergibt, daß es sich um eine Aufforderung an die ganze Gemeinde handelt: *Ihr alle,* lobet den Herrn! Die Verwendung des Imperativs Plural war typisch für die israelitische Gottesverehrung.

»Hallelujah« war wohl ein liturgischer Ausruf, der nicht zu einem bestimmten Gebet gehörte, deshalb steht er wahrscheinlich auch außerhalb der eigentlichen Psalmentexte. Manchmal steht er am Anfang, wie in Psalm 111-112, manchmal am Ende, wie in Psalm 104, 105, 115-117, oder er steht am Anfang und am Ende, wie in den Psalmen 106, 113, 135 und 146-150.

Der freudige Ausruf erscheint auch in den Apokryphen: im griechischen Buch Tobit (13,17) als Lob auf das Neue Jerusalem; und im zweiten Makkabäerbuch (7,13), wo die erretteten Juden in Freudenrufe ausbrechen. Johannes verwendet das Wort mehrmals in seiner Offenbarung.

Die Christen ziehen die Schreibung »Alleluia« vor, eine aus dem 2. Jahrhundert v.u.Z. stammende griechische und später lateinische Transliteration des hebräischen *halelu Jah*. Papst Gregor der Große (590-604) war der Meinung, das Wort sei für die Ostermesse besonders geeignet, und legte seinen Gebrauch innerhalb des katholischen Ritus fest.

Sich nach Osten wenden: Orient, Frühzeit

Schon in der Frühzeit des Christentums wendeten sich die Gemeindemitglieder beim Beten nach Osten, der aufgehenden Sonne zu. Dieser Brauch ist heidnischen Ursprungs und sehr alt. Er reicht in eine Zeit zurück, als Sonnenanbeter noch nicht Leute waren, die ihre Haut bräunen wollen. Frühe Steinaltäre waren so errichtet, daß der Hohepriester nach Osten gewandt sein Amt verrichtete.

In den Augen der Christen war Jesus Christus die »Sonne der Rechtschaffenheit«. Die Hinwendung des Priesters nach Osten blieb während des Mittelalters die Norm. Erst vor wenigen Jahrzehnten hat die katholische Kirche den Altar umgedreht, so daß der Priester sich nun der Gemeinde zuwendet und mit dem Rücken zur aufgehenden Sonne steht.

Die Juden wenden sich nach Osten, in die Richtung der heiligen Stadt Jerusalem, um ihren Respekt zu beugen. Der Thoraschrein steht in den Synagogen des Abendlandes an der östlichen Wand, so daß sich die Gemeinde beim Gebet nach Osten wendet. (*Siehe* Mekka)

Beten durch Vermittlung von Heiligen: Neues Testament

»Wenn ihr den Vater etwas bitten werdet, so wird er's euch geben in meinem Namen«, lehrt Jesus seine Apostel (Johannes 16,23). Oft wird das Beten der

Christen »im Namen Jesu Christi« auf dieses Zitat zurückgeführt. Es bezeichnet den Beginn des Einsatzes von Mittlern zwischen Gott und den Menschen.

Mit der Zeit wandten sich viele Christen nicht mehr an Jesus als Mittler, sondern zogen es vor, die Jungfrau Maria oder einen bestimmten Schutzheiligen anzurufen. Der Grund hierfür ist eher abergläubischer als religiöser Natur: Seelenreinheit und persönliche Nähe. Viele Menschen, die sich für Sünder halten, glauben, Gott werde ihre Bitten eher erhören, wenn sie von jemandem vorgetragen werden, der schon geläutert und Gott im Himmel nahe ist. Das Beten durch Mittler ist besonders bei den Katholiken und den Christen der östlichen Orthodoxie verbreitet, die gern durch Maria oder einen der vielen hundert kanonisierten Heiligen mit Gott in Verbindung treten.

Die Vorstellung, daß Gott den Heiligen besonderes Gehör schenkt, wird vom Neuen Testament bekräftigt. Im Matthäus-Evangelium heißt es, die Jünger Jesu würden am Jüngsten Tag bei ihm sitzen; und die Offenbarung des Johannes schildert, wie die Heiligen vor dem himmlischen Thron Gottes stehen.

Das Beten durch Vermittlung von Heiligen wirft die Frage der Spezialisierung auf, die natürlich auch unsere heutige Zeit kennzeichnet. Antonius von Padua ist der Schutzheilige der kinderlosen Frauen. Martha ist die Schutzheilige der Köche. Sankt Eligius der Schutzheilige der Münzsammler. Thomas der Schutzheilige der Bauarbeiter. Lukas der Schutzheilige der Metzger. Vitus der Schutzheilige der Tänzer. Friseure wenden sich an ein männliches Heiligenduo, Kosmas und Damian. Ähnlich wie Menschen für bestimmte Leiden Fachärzte aufsuchen, wenden sich viele Gläubige an bestimmte Schutzheilige.

Obgleich statistische Angaben schwer zu erlangen sind, wird in religiösen Zeitschriften und von der Kanzel vielfach verkündet, daß Menschen, die sich durch einen Schutzheiligen an Gott wenden, eine größere Chance auf Erhörung haben.

Viele protestantische Kirchen widersetzen sich dem »indirekten Gebet«. Diese Praxis widerspricht ihnen zufolge den Lehren der Bibel; tatsächlich betonten die Reformatoren des 16. Jahrhunderts die Idee des »allgemeinen Priestertums aller Gläubigen«. Sie vertraten die Auffassung, jeder könne sich ohne Mittler an den dreieinigen christlichen Gott wenden, und beriefen sich dabei auf die Worte des heiligen Paulus: »Denn es ist *ein* Gott und *ein* Mittler zwischen Gott und den Menschen, nämlich der Mensch Jesus Christus.« (1. Timotheus 2,5)

Das Kreuzzeichen: 3. Jahrhundert u.Z.

Das christliche Gebet beginnt und endet oft mit dem »Kreuzzeichen«, wobei nacheinander die Stirn, das Herz, die linke und die rechte Schulter mit den drei ersten Fingern der rechten Hand berührt werden.

Die drei Finger – Daumen, Zeigefinger und Mittelfinger – sollen die Dreifaltigkeit symbolisieren: Vater, Sohn und Heiliger Geist. Die beiden übrigen Finger, die zusammengelegt und nach innen zur Handfläche gebogen werden, verweisen auf die doppelte Natur Christi, Gott und Mensch. Nichts bleibt hier symbolisch ungenutzt.

Tertullian (160-250), ein lateinisch schreibender Kirchenvater aus Karthago, erwähnt schon früh das »Zeichen des Herrn«, das Nachzeichnen eines Kreuzes auf der Stirn: »Wenn wir unsere Kleider und Schuhe anziehen, wenn wir baden, wenn wir bei Tisch sitzen, wenn wir unsere Lampen anzünden, bei allen gewöhnlichen Verrichtungen des Lebens, zeichnen wir uns das Zeichen des Herrn auf die Stirn.«

Manchmal wurde hierzu auch Öl oder Asche verwendet, und der hl. Johannes Chrysostomos spricht in beredten Worten von dieser Praxis: »Tag für Tag tragen die Menschen das auf ihre Stirn gezeichnete Zeichen wie eine Siegestrophäe auf einer Säule mit sich herum. Jeder kann Ansammlungen dieser Kreuzeszeichen in den Häusern, auf den Märkten ... in den Brautkammern sehen.«

Als die Römer anfingen, Christen auf breiter Front zu verfolgen, nutzten die Gläubigen das Kreuzzeichen als Geheimcode zur raschen gegenseitigen Identifizierung. Eine hastige Berührung der Stirn, vielleicht auch der Brust und der Schultern enthielt die stille Versicherung: »Ich bin einer von euch.«

Der hl. Augustinus betont die Wichtigkeit dieses Symbols beim Empfang der Sakramente: »Wenn dieses Zeichen nicht angewendet wird, sei es auf der Stirn der Gläubigen, sei es auf das Wasser, aus dem sie erneuert hervorgehen, sei es auf das Öl, mit dem sie gesalbt werden, dann ist nichts von alledem auf die richtige Weise gespendet.«

Im Laufe der Jahrhunderte sind die Katholiken dazu übergegangen, das Kreuzzeichen nicht nur einmal, sondern dreimal (mit drei Fingern) hintereinander zu machen – ein zusätzliches Symbol für die Dreifaltigkeit. In der Zeit nach der Reformation mieden die Protestanten die Geste völlig, weil sie in ihr nur eine unerwünschte Erinnerung an die Zeit unter dem Joch der katholischen Kirche und des Papstes sahen. Außerdem wiesen sie darauf hin, das Kreuzzeichen sei eine schmerzliche Erinnerung an den grausamen Tod

Christi. Erst in jüngster Zeit und nicht ohne Widerstreben sind mehr und mehr Protestanten, vor allem Lutheraner und Episkopale in den Vereinigten Staaten, zum Kreuzzeichen zurückgekehrt.

Den Kopf bedecken: 2. Mose 28,1 – 1. Korinther 11

Seit biblischer Zeit waren die Frauen gehalten, in Kirchen und Tempeln den Kopf mit Tüchern und Schleiern zu bedecken – zum Zeichen der Keuschheit und Demut und als Ausdruck ihrer Schuld wegen der Sünde Evas. Die Männer, die die Vorschriften machten, wählten sich bisweilen ebenfalls eine Kopfbedeckung.

Im Christentum.
Die Forderung, daß die christliche Frau in der Kirche und während des Gebets ihren Kopf bedecken müsse, geht auf eine sexistische Äußerung des hl. Paulus im ersten Brief an die Korinther, geschrieben etwa 56 u.Z., zurück:

Der Mann aber soll das Haupt nicht bedecken, denn er ist Gottes Bild und Abglanz; die Frau aber ist des Mannes Abglanz ... Darum soll die Frau eine Macht auf dem Haupte haben. (1. Korinther 11,7-10)

Paulus fährt dann fort, eine Frau ohne Kopfbedeckung sei eine Beleidigung für die Engel.

Im Judentum.
Der früheste Hinweis auf eine Kopfbedeckung bei den Juden findet sich in 2. Mose 28,4, wo die Kleidungsstücke aufgezählt werden, die den Priester von der Gemeinde unterscheiden: »... Brusttasche, Schurz, Obergewand, gewirktes Untergewand, Kopfbund und Gürtel«. Der Kopfbund wurde *mitznefet* genannt und war die tonsurartige Krone des Priestergewandes. Während die Kopfbedeckung an mehreren Stellen der Bibel als Zeichen der Trauer um die Toten gilt, verbindet der Talmud mit der Kopfbedeckung die Vorstellung der Ehrerbietung gegenüber Gott und sieht in ihr eine Geste des Respekts von seiten der Gläubigen.

Eine den ganzen Kopf bedeckende Perücke, im Jiddischen *Scheitel* genannt, fand im Laufe der Zeit bei jüdischen Frauen immer mehr Verbreitung. Sie sollte dem natürlichen Haar der Frau etwas von seiner sexuell stimulierenden Wirkung auf die Männer nehmen. Andererseits gibt es das *tichl*, ein großes Tuch, mit dem heutzutage ultra-orthodoxe Frauen ihre geschorenen Köpfe bedecken. Männer haben das Haar der Frauen schon immer erotisch gefunden.

Jarmulke: Talmudische Zeit.
Heute sehen viele orthodoxe und konservative Juden im Bedecken des Kopfes mit einer Jarmulke oder Kappe einen Ausdruck der »Ehrerbietung vor Gott« – *jirat Schama'jim*. Die Orthodoxie verlangt, daß der Kopf jederzeit bedeckt ist, während die meisten konservativen Juden meinen, der Kopf solle vor allem während des Gebets, während des Studierens und bei den Mahlzeiten bedeckt sein.

Das Wort »Jarmulke« ist jiddisch, aber sein Ursprung ist unklar. Manche leiten es von einer im Mittelalter vom Klerus getragenen Kopfbedeckung her, der *armucella*. Andere meinen, das Wort »Jarmulke« sei verwandt mit dem französischen *arme* (lateinisch *arma*), einem mittelalterlichen Rundhelm mit beweglichem Visier.

Ein weniger gebräuchliches jiddisches Wort für »Jarmulke« ist *koppel*, von lateinisch: *capitalis*, »den Kopf betreffend«.

Die vielleicht am tiefsten in der Tradition wurzelnde Erklärung lautet, »Jarmulke« gehe auf die hebräische Wendung *jaraj maj'Elokim*, »in Ehrfurcht vor Gott«, in falscher Aussprache zurück. Diese Vorstellung gründet unter anderem auf den Worten des Talmudgelehrten Huna ben Joschua aus dem 5. Jahrhundert: »Ich bin niemals vier Ellen mit unbedecktem Kopf gegangen, denn über meinem Kopf wohnt Gott.«

Mesusa (links) bedeutet »Türpfosten«. Phylakterion (auf der Stein) und Gebetsschal.

Phylakterien.
Um das Gebot zu erfüllen, demzufolge sich der Mann Gottes Gesetze an Hände und Kopf binden soll – »Und du sollst sie binden zum Zeichen auf deine Hand, und sie sollen dir ein Merkzeichen zwischen deinen Augen sein« (5. Mose 6,8) –, fingen jüdische Männer an, Gebetsriemen oder Phylakterien, hebräisch: *tefillin*, zu tragen.

Phylakterien nennt man zwei kleine Lederbehältnisse, die winzige, mit

Abschnitten aus der Heiligen Schrift beschriebene Zettel enthalten: Eine Kapsel wird mit Lederriemen auf der Stirn, die andere am linken Arm befestigt – eine Praxis, die heute von vielen orthodoxen Juden beim Morgengebet befolgt wird. Das Wort *tefillin* ist verwandt mit dem hebräischen Wort für »Gebet«: *tefillah.*

Das Wort »Phylakterium« geht zurück auf das griechische Wort *phylax*, »Wächter«.

Mesusa.
Kleine Pergamentschriftrollen mit Abschnitten aus der Heiligen Schrift sind auch in den mesusa-*Kapseln enthalten.*

Im Hebräischen bedeutet mesusa *»Türpfosten«, und die Bibel verlangt, daß an den Türpfosten jüdischer Häuser eine* mesusa *angebracht sein muß: »... und du sollst sie [die Gebote] schreiben auf die Pfosten deines Hauses und an die Tore.« (5. Mose 6,9) Die* mesusa *sollte den Eigentümer des Hauses an Gottes Gesetze erinnern und diente zugleich als sichtbares Symbol jüdischer Identität und der Zugehörigkeit zur jüdischen Gemeinde.*

Heute halten viele Juden diese Tradition weiter aufrecht und hängen mesusot *(Plural) an die Türrahmen ihrer Häuser oder Wohnungen. In Israel hängen sie auch in den Eingängen öffentlicher Gebäude. In den Vereinigten Staaten hat sich bei manchen Juden die Sitte verbreitet, kleine amulettartige* mesusot *an Halsketten zu tragen.*

Gebetsschal: 4. Mose 15,37-41

Von allen rituellen Gewändern, die zur jüdischen Religiosität gehören, ist wohl der mit Quasten oder sogenannten Schaufäden versehene Gebetsschal – *tallit*, hebräisch für »Mantel« oder »Decke« – für die Juden das wichtigste und für Nicht-Juden das bekannteste.

Wie die *tefillin* geht auch der Gebetsschal – oder gehen zumindest die Quasten – auf die Bibel zurück. Im 4. Buch Mose (15,37-41) weist Gott Moses an: »Rede mit den Kindern Israel und sprich zu ihnen, daß sie und ihre Nachkommen sich Quasten *[zizit]* machen an den Zipfeln ihrer Kleider und blaue Schnüre an die Quasten der Zipfel tun.« Sooft man die Quasten sieht, wird man an die Zehn Gebote erinnert, die Gott dem Moses gab. Der Gebetsschal ist also dazu da, die Quasten zur Schau zu stellen.

Da die biblische Vorschrift verlangt, daß die Quasten sichtbar sein sollen, werden Gebetsschals nicht nachts getragen, sondern nur bei Tag. Die einzige Ausnahme von diesem Gesetz ist der Vorabend von Jom Kippur, aber auch dann muß der Mann seinen Gebetsschal vor Einbruch der Dunkelheit anlegen.

Die Farbe Blau, von der der Talmud sagt, sie sei die bevorzugte Farbe der Juden – da das blaue Mittelmeer das größte Gewässer in der Nähe Israels sei – ist auch die bevorzugte Farbe für Stickereien auf dem *tallit*. Auch diese Vorliebe für die Farbe Blau ergibt sich aus der oben zitierten Bibelstelle. Früher wurde der blaue Faden in die Quasten eingewoben; heute ist der Gebetsschal oft blau gestreift.

Verbot, Kleider des anderen Geschlechts zu tragen.
Heute neigen wir dazu, in einer Quaste ein Element weiblicher Eleganz zu sehen, aber in alter Zeit wurden quastenbesetzte Gewänder nur von Männern getragen. Der *tallit* wird daher nie von Frauen getragen, denen die Bibel das Tragen von Männerkleidern untersagt. Das Alte Testament verbietet grundsätzlich allen Menschen, Kleider des anderen Geschlechts zu tragen. »Eine Frau soll nicht Männersachen tragen, und ein Mann soll nicht Frauenkleider anziehen; denn wer das tut, der ist dem Herrn, deinem Gott, ein Greuel.« (5. Mose 22,5)

Hymnus und Litanei: Osten und Westen

Benediktion (Segensspruch), Litanei (Wechselgesang), Hymnus (Lobpreisung) und Doxologie (Verherrlichung, »Gloria«) – dies waren seit alters her die wichtigsten Ausdrucksformen von Frömmigkeit im Westen und im Osten.

Vom 3. Jahrtausend v.u.Z., von den ältesten Hymnen und Litaneien, die man bei den Assyrern und Babyloniern ausgegraben hat, bis in die Zeit von Jesus Christus veränderten sich die Gebetsformen nur wenig. Ein Hymnus (griechisch: *hymnos*, »festlicher Gesang«) ist ein Lobgesang, während die Litanei (griechisch: *litanos*, »Bittgebet«) ein Wechselgesang zwischen Priester und Gemeinde ist, bei dem Götternamen oder Bitten vorgetragen werden. Im vorderen Orient haben sich in Bibliotheken zahlreiche Schlachthymnen erhalten.

Die alten Griechen, bei denen die Dichtung hoch im Kurs stand, gaben vielen Gebeten die Form von Hymnen – ein Beispiel ist das Gebet des Diomedes an die Göttin Athene in Homers *Ilias*. Eine der ältesten bekannten griechischen Hymnen ist die der Verehrerinnen des Dionysos, des Wein- und Fruchtbarkeitsgottes; solche Lobgesänge waren nicht immer keusch und erhaben. »Wenn das Volk keinen Umzug abhalten und keinen Hymnus auf die Geschlechtsteile singen würde«, schrieb ein griechischer Philosoph sechshundert Jahre vor Christus, »dann wäre es eine empörende Veranstaltung.«

In römischer Zeit war das Pantheon der Götter und Göttinnen so übervölkert, daß sich der Fromme in acht nehmen mußte, nicht die falsche Gottheit anzurufen und sich auf diese Weise den Zorn einer anderen zuzuziehen. Um solche Irrtümer zu vermeiden, hielten sich die Römer, wenn sie Dank sagen oder eine Bitte loswerden wollten, an Götterlitaneien, eine Art »Who is Who« des Himmels. Eine beliebte Gebetsform war damals auch das *votum* oder »Gelübde«, wobei der Bittsteller, um göttliche Gunst zu erlangen, eine Art Tauschgeschäft mit der betreffenden Gottheit abschloß: »Ich werde dir einen Tempel bauen, wenn du mir den Sieg in der Schlacht sicherst.« Diese frommen Tauschgeschäfte waren in römischer Zeit weit verbreitet und bescherten der Nachwelt eine Fülle von Votivbauten und Kunstgegenständen, die den Göttern geweiht waren.

Für einen römischen Feldherrn war die feierlichste und extremste Form des *votum* die sogenannte *devotio*, die persönliche Aufopferung, bei der er der Gottheit das eigene Leben opferte, um für sein Volk den Sieg in einer Schlacht zu erlangen.

Die längsten Litaneien finden sich in Asien, im Hinduismus, wobei die ständige Wiederholung und die fortschreitende meditative Versenkung durch Monotonie zur Ekstase führen. In dem Gebet *Sivasahasranaman* oder »Die tausend Namen des Schiva« werden 1008 Titel des »Zerstörergottes« angerufen, und jede Strophe endet mit dem gleichen Refrain. Wenn man diese Litanei konzentriert und mit reinem Herzen rezitiert, soll sie von Sünden und auch von jeglichem Ichgefühl läutern.

Im Westen behielten die Christen die Hymnen, Doxologien und Segenssprüche bei, die die jüdischen Schreiber aufgesetzt hatten. Sie übernahmen auch die jüdische Sitte, dreimal am Tag zu beten. Ganz besonders schätzten die Christen die 150 Psalmen des Alten Testaments, die Hymnensammlung der Bibel – Lobpreisungen, Lieder der Weisheit und der Verwunderung über die vielen Fallgruben des Lebens, die noch heute so eindringlich wirken wie zu der Zeit, als sie geschrieben wurden, manche von ihnen schon im 10. Jahrhundert v.u.Z.

Im 7. Jahrhundert entwickelte die islamische Liturgie die »Salat«, ein rituelles Gebet, das sowohl jüdische als auch christliche Einflüsse aufweist. Dieses mit genauen rituellen Bestimmungen versehene Gebet wird fünfmal am Tag gesprochen, wobei sich der Betende nach Mekka wendet. Da das islamische Gebet, wie erwähnt, allein der Anbetung Allahs dient, eignet es sich nicht für persönliche Bitten oder Wünsche, wie sie für das christliche und das jüdische Gebet typisch sind. (*Siehe* Fünf Säulen des Islam)

In seiner langen Geschichte hat sich das Gebet gesellschaftlich oder individuell kaum weiterentwickelt, anders als die betenden Menschen. Im Osten und im Westen, damals wie heute, sucht das Gebet angesichts der Geheimnisse des Lebens die Zwiesprache mit dem Göttlichen.

Im nächsten Kapitel werden wir uns mit dem Ursprung einiger der beliebtesten Gebete in den verschiedenen Religionen beschäftigen.

2. Kapitel
Beliebte Gebete
Glaubensbekenntnis bis Agnus Dei

Vaterunser: Matthäus 6,9-13, 65-75 u.Z.

Obwohl das Vaterunser ein das ganze Christentum einigendes Band ist, erweist es sich seinem Aufbau nach als durch und durch jüdisch und umfaßt gebräuchliche hebräische Elemente wie Lobpreisung, Bitte und Ausdruck der Sehnsucht nach dem Kommen des Reiches Gottes. Formal besteht es aus einer einleitenden Anrede, gefolgt von sechs Teilen: drei Lobpreisungen zum Ruhm Gottes und drei Bitten, in denen sich das menschliche Bedürfnis nach Lebensunterhalt, Vergebung und Erlösung vom Bösen zu erkennen gibt:

Anrede:	Vater unser, der du bist im Himmel.
Lobpreisungen:	1. Geheiligt werde dein Name.
	2. Zu uns komme dein Reich.
	3. Dein Wille geschehe, wie im Himmel, also auch auf Erden.
Bitten:	4. Unser tägliches Brot gib uns heute.
	5. Und vergib uns unsere Schuld, wie auch wir vergeben unseren Schuldigern.
	6. Und führe uns nicht in Versuchung, sondern erlöse uns von dem Übel.

Diese Fassung ist traditionell in der katholischen Kirche gebräuchlich. Andere Kirchen fügen eine Doxologie hinzu (griechisch *doxa:* »Lobpreisung«), die in den letzten Jahrzehnten auch von den Katholiken akzeptiert worden ist: »Denn dein ist das Reich und die Kraft und die Herrlichkeit in Ewigkeit.« Diese Formel findet sich in vielen alten Handschriften und mehreren jüdischen Gebeten aus der Zeit Christi, aber sie ist offenkundig eine spätere Zutat und nicht Teil des Originals.

Als Urheber des Vaterunser gilt traditionell natürlich Jesus Christus selbst. Das Vaterunser ist Teil der Bergpredigt, die irgendwann zwischen 27 und 30 u.Z. gehalten wurde. Aufgezeichnet wurde es im vollen Wortlaut zum erstenmal ungefähr fünfunddreißig Jahre später von Matthäus; Lukas (11,2-4) gibt eine verkürzte Fassung.

Daß das Vaterunser jüdisch geprägt ist, macht Jesus Christus selbst deutlich, wenn er seine Zuhörer lehrt, wie sie beten sollen:

»Und wenn ihr betet, sollt ihr nicht viel plappern wie die Heiden; denn sie meinen, sie werden erhöret, wenn sie viel Worte machen. ... Euer Vater weiß, was ihr bedürfet, ehe denn ihr ihn bittet. Darum sollt ihr also bitten: Vater unser ...« (Matthäus 6,7-9)

Die Bergpredigt. Das Vaterunser ist Christi Beispiel für ein vollkommenes Gebet.

Die frühen Christen nahmen dieses Gebot sehr ernst; manche Geistliche sprachen das Vaterunser dreihundertmal am Tag und zählten mit, indem sie Kieselsteine auf einen Haufen warfen. Den frühesten Kommentar zum Vaterunser schrieb Tertullian um 198 u.Z. Er nennt das Gebet den »Inbegriff des ganzen Evangeliums«.

Der heilige Hieronymus machte sich im 4. Jahrhundert ein wenig am Wortlaut zu schaffen, änderte den Satz »Unser *tägliches [quotidianum]* Brot gib uns heute« in »unser übernatürliches *[supersubstantialem]* Brot«, fand damit aber nirgendwo Anklang. Um die gleiche Zeit stellte der heilige Augustinus, der im Vaterunser die Quelle aller anderen Gebete sah, die Regel auf, es solle die *oratio quotidiana* sein und dreimal am Tag gesprochen werden.

Jahrhundertelang wurde das Vaterunser einfachen Leuten, die nicht lesen und schreiben konnten, unter dem Titel *Pater Noster* nur in Latein beigebracht. Wahrscheinlich sagten sie es auswendig auf, ohne die einzelnen Wörter und Sätze zu verstehen. Volkssprachliche Fassungen tauchten erst verhältnismäßig spät auf.

Die acht Seligpreisungen: Bergpredigt, Matthäus 5,3-12

Traditionell werden Jesus Christus das Vaterunser, die Seligpreisungen und auch die Goldene Regel zugeschrieben, und sie alle sind in einer einzigen langen Predigt enthalten. Aber der Text, den wir heute als die Bergpredigt betrachten, war wahrscheinlich keine einzelne, an einem einzigen Tag gehaltene Predigt. Die lange Passage bei Matthäus ist zweifellos eine Zusammenstellung der wesentlichen Lehren Christi durch den Evangelisten.

Eine kürzere Passage im Lukas-Evangelium enthält vielfach die gleichen Gedanken, oft auch in ähnlicher Sprache, und läßt Jesus seine Predigt zu ebener Erde halten. Während Matthäus acht Seligpreisungen aufzählt, nennt Lukas (6,20-22) nur vier in leicht abgewandelter Form. Bibelexegeten vermuten, daß die kürzere, weniger ins Detail gehende Passage im Lukas-Evangelium einer wirklichen Predigt von Christus in aramäischer Sprache näher kommt.

In den Seligpreisungen verheißt Christus denen Belohnung, die bestimmte innere Eigenschaften pflegen oder bestimmte gute Werke tun. Bei Matthäus liest sich das so:

1. Selig sind, die da geistlich arm sind; denn das Himmelreich ist ihrer.
2. Selig sind, die da Leid tragen; denn sie sollen getröstet werden.
3. Selig sind die Sanftmütigen; denn sie werden das Erdreich besitzen.
4. Selig sind, die da hungern und dürsten nach der Gerechtigkeit; denn sie sollen satt werden.
5. Selig sind die Barmherzigen; denn sie werden Barmherzigkeit erlangen.
6. Selig sind, die reinen Herzens sind; denn sie werden Gott schauen.
7. Selig sind die Friedfertigen, denn sie werden Gottes Kinder heißen.
8. Selig sind, die um Gerechtigkeit willen verfolgt werden; denn das Himmelreich ist ihrer.

Die Ursprünge anderer von Jesus Christus geprägter Wendungen, die für alle Christen große spirituelle Bedeutung haben:

Im Garten Gethsemane:	»Abba, mein Vater, es ist dir alles möglich; nimm diesen Kelch von mir; doch nicht, was ich will, sondern was du willst.« (Markus 14,36) »Abba« ist das aramäische Wort für »Vater«.
Am Kreuz:	»Vater, vergib ihnen, denn sie wissen nicht, was sie tun.« (Lukas 23,34)
Unter Todesqualen:	»Mein Gott, mein Gott, warum hast du mich verlassen?« (Markus 15,34)
Im Augenblick des Todes:	»Vater, ich befehle meinen Geist in deine Hände!« (Lukas 23,46)

Ave Maria – Gegrüßet seist du, Maria: 16. Jahrhundert u.Z.

Während das Vaterunser als *liturgisches* Gebet bezeichnet wird, da es unmittelbar auf die Bibel zurückgeht, hat sich das Ave Maria (lateinisch *ave* bedeutet »sei gegrüßt«) im Laufe der Zeit aus den Andachtsübungen von Mönchen, Nonnen und Laienchristen entwickelt. Das Vaterunser wurde zu Christi Zeiten von Jüngern gesprochen, die Marienverehrung dagegen fand erst im 16. Jahrhundert Ausdruck in diesem volkstümlichen Gebet. Es ist aus verschiedenen Teilen zusammengesetzt und gliedert sich in zwei Hauptabschnitte: Begrüßung und Bitte.

Begrüßung.
»Gegrüßet seist du, Hochbegnadete! Der Herr ist mit dir!« – so begrüßt der Engel Gabriel Maria bei der Ankündigung von Mariä Empfängnis. Diese Worte aus dem Lukas-Evangelium (1,28) hat die Kirche um der Klarheit willen durch den Eigennamen »Maria« ergänzt.

Die Verkündigung des Erzengels Gabriel leitet das Ave Maria ein.

»Gebenedeit bist du unter den Weibern, und gebenedeit ist die Frucht deines Leibes!« – dies stammt ebenfalls aus der Heiligen Schrift (Lukas 1,42). Es sind die Worte, mit denen Elisabeth Maria begrüßt, als diese ihr einen Besuch abstattet. Ebenfalls um der Klarheit willen hat die Kirche hinter dem Wort »Leibes« den Namen Jesus eingefügt, um kein Mißverständnis in der Frage entstehen zu lassen, wen Maria unter dem Herzen trug.

Im frühen Mittelalter wurde der Satz aus dem Munde Gabriels von den Priestern als Bußübung empfohlen: Man kniete nieder und sagte den Satz Dutzende oder Hunderte von Malen auf, je nachdem, wie schwer die zu bereuende Sünde war.

Heute dürfte es die meisten Christen überraschen, daß das Ave Maria im 12. Jahrhundert tatsächlich nur aus diesen beiden Begrüßungen bestand. Damals wurden sie zum erstenmal zu einem Mariengebet miteinander verknüpft.

Bitte.

Der Auftakt zu dem Bitt-Abschnitt des Gebetes, »Heilige Maria, Mutter Gottes«, ist eine Wendung, die sich sehr genau auf das Konzil von Ephesus im Jahre 431 u.Z. zurückführen läßt.

Das alte griechische Ephesus lag in Ionien, an der Küste der heutigen Türkei. In griechischer und römischer Zeit war die Stadt bedeutsam durch ihren Artemistempel. Artemis (bei den Römern: Diana) war die Göttin des Mondes, der wilden Tiere und der Jagd. Manche Gelehrte vermuten, Maria habe in Ephesus ihre irdischen Tage beschlossen.

Ephesus, das die Goten im Jahre 262 plünderten und fast ganz zerstörten, war 431 der Schauplatz des von Papst Cölestin I. einberufenen ökumenischen Konzils. Die Bischofsversammlung erörterte die Frage, ob Christus vom Augenblick der Empfängnis an zwei unterschiedliche Naturen hatte, eine menschliche und eine göttliche. Mit anderen Worten: War Maria nur die Mutter eines Embryos, der nach seiner Geburt göttlich wurde? Oder war sie die Mutter Gottes selbst? Die Anhänger dieser letzteren Meinung sorgten in den Straßen von Ephesus tagelang für Unruhe, indem sie herumliefen und immer wieder riefen: »Heilige Maria! Mutter Gottes!«

Nachdem die Bischöfe zu dem Schluß gelangt waren, daß Christus vom Augenblick seiner Empfängnis göttlich und Maria also tatsächlich die Mutter Gottes gewesen sei, begannen die Christen, mit einer neuen Wendung zu ihr zu beten: »Heilige Maria, Mutter Gottes, bitte für uns Sünder.«

Im 16. Jahrhundert schuf die Kirche das Andachtsgebet, das wir heute kennen, indem sie diese Bitte noch einmal erweiterte: »Heilige Maria, Mutter Gottes, bitte für uns Sünder jetzt und in der Stunde unseres Todes. Amen.«

Inzwischen war Maria zu einer zentralen Gestalt christlicher Frömmigkeit geworden, die an vielen Orten der Welt leibhaftig in Erscheinung trat und deren dauerhafte Jungfräulichkeit zum Thema hitziger Debatten auf seiten der Reformatoren geworden war. Die Kirche war der Meinung, Maria benötigte ein Gebet, das ihre Theologie darlegte. (*Siehe* Jungfräulichkeit; Visionen)

Hat Maria, die Mutter Christi, tatsächlich in Ephesus gelebt? Man weiß, daß Johannes, den Christus beauftragte, sich um seine Mutter zu kümmern, dort gelebt hat. Der Artemis-Tempel wurde 1869 wiederentdeckt, und in diesem Jahrhundert wurden in der Stadt große Ausgrabungen durchgeführt. Es existieren dort die Überreste eines sogenannten »Hauses der Jungfrau«, aber ob Maria wirklich dort bis zum Ende ihrer Zeit auf Erden gelebt hat oder ob es sich nur um ein zu ihrem Andenken errichtetes Heiligtum handelt, wird man vielleicht nie mit Sicherheit ermitteln.

Ursprung der Schwarzen Madonna.
Als Schwarze Madonnen werden mehr als 150 Bildnisse der Jungfrau Maria an verschiedenen Orten Europas bezeichnet, die sie mit schwarzem Gesicht dargestellen.

Warum?

Bei den meisten Bildern, die man untersucht hat, ist die Schwärze ein zufälliger, herstellungsbedingter Effekt. In manchen Fällen läßt sich die Dunkelung durch Alterungsprozesse oder eine Rußpatina erklären. In anderen Fällen ist die Versilberung oder die Farbe oxydiert, oder das Holz, das den Malgrund bildet, hat sich im Laufe der Zeit verändert oder ist durchgeschlagen.

Aber vielleicht hat es mit diesem Rätsel doch mehr auf sich. Möglicherweise hat Maria in Ephesus gelebt, und man weiß, daß griechische Künstler die Mondgöttin Artemis von Ephesus oft schwarz darstellten, ebenso wie römische Maler ihre Jagdgöttin Diana – vielleicht aufgrund der uralten abergläubischen Vorstellung, schwarze Frauen seien mächtigere Wundertäterinnen. Man nimmt an, daß sich der Marienkult aus dem Dianakult entwickelt hat, und es ist möglich, daß die frühen Verehrer der Jungfrau Maria der Meinung waren, eine Madonna mit schwarzem Gesicht brächte ihnen mehr Glück.

Credo oder apostolisches Glaubensbekenntnis: spätes 6. Jahrhundert u.Z.

Ein Glaubensbekenntnis ist eine präzise Aufzählung zentraler Glaubenssätze, und alle Religionen haben ihr eigenes Glaubensbekenntnis. Das Wort »Credo« geht zurück auf das lateinische *credo*: »ich glaube«.

Das wichtigste Glaubensbekenntnis der Katholiken, der Anglikaner und vieler Protestanten beginnt mit einer knappen Aufzählung zentraler Wahrheiten – Dreifaltigkeit, Verkündigung, jungfräuliche Geburt, Kreuzigung, Abstieg ins Reich der Toten, Auferstehung, Himmelfahrt:

Kleriker entwerfen ein Glaubensbekenntnis oder Credo (lateinisch: ich glaube.)

Ich glaube an Gott, den Vater, den Allmächtigen, den Schöpfer des Himmels und der Erde, und an Jesus Christus, seinen eingeborenen Sohn, unsern Herrn, empfangen durch den Heiligen Geist, geboren von der Jungfrau Maria, gelitten unter Pontius Pilatus, gekreuzigt, gestorben und begraben, hinabgestiegen in das Reich des Todes, am dritten Tage auferstanden von den Toten, aufgefahren in den Himmel ...

Der Überlieferung zufolge wurden diese zwölf Glaubenssätze von den zwölf Aposteln aufgezeichnet, wobei jeder Apostel einen Artikel beisteuerte; daher der Titel. In Wirklichkeit entstand das Glaubensbekenntnis im Laufe der Zeit, ausgehend von einer Reihe von Fragen, die die Bekehrten beantworten mußten, wenn sie getauft werden wollten.

Der Bischof fragte den Katechumenen (den Taufbewerber): »Glaubst du an Gott, den Vater, den Allmächtigen?« ... »Glaubst du, daß unser Herr vom Heiligen Geist empfangen und von der Jungfrau Maria geboren wurde?« Der Bekehrte antwortete: »Ich glaube.« Ein Beispiel für eine solche Befragung, wie sie bei der Taufe von bekehrten Römern um 200 u.Z. üblich war, ist in der *Traditio Apostolica* des heiligen Hippolytos enthalten.

Solche Aufzählungen von Glaubenssätzen waren damals als Taufbekenntnisse bekannt. Die vielleicht früheste Formulierung für die Katholiken liefert Lukas in der Apostelgeschichte (8,37), wo Philippus den »Kämmerer aus dem Mohrenland« bekehrt. Philippus sagt: »Wenn du von ganzem Herzen glaubst ...«, und der Bekehrte antwortet: »Ich glaube, daß Jesus Christus Gottes Sohn ist.« (Dieser Vers findet sich nicht in den griechischen Handschriften und in der Vulgata, auch von anderen Autoritäten wird er nicht anerkannt.)

Das apostolische Glaubensbekenntnis, wie es heute bekannt ist, nahm seine endgültige Form im 6. Jahrhundert in Südwestfrankreich an. Nach und nach ersetzte eine Kette von Beteuerungen – »Ich glaube an die heilige katholische Kirche, Gemeinschaft der Heiligen, Vergebung der Sünden, Auferstehung der Toten ...« – die älteren Taufbekenntnisse. Unter dem Pontifikat von Innozenz III. im 13. Jahrhundert wurde es das offizielle Glaubensbekenntnis für die ganze katholische Kirche des Westens. Von den orthodoxen Kirchen des Ostens wird es bis heute nicht anerkannt.

In wenigen Sätzen bringt das Glaubensbekenntnis eine Fülle von Überzeugungen zum Ausdruck, weist mit anklagendem Finger auf Pontius Pilatus, setzt den auferstandenen Christus *zur Rechten Gottes, des allmächtigen Vaters,* und spannt einen Bogen von der Erschaffung der Welt bis zum Jüngsten Tag.

Das Nizäno-konstantinopolitanische Glaubensbekenntnis: spätes 4. Jahrhundert u.Z.

Dieses christliche Glaubensbekenntnis (es wird an anderer Stelle in diesem Buch ausführlicher behandelt) gibt die offizielle Lehre der Kirche zur Frage der göttlichen Dreifaltigkeit wieder. Das Wort *Filioque*, lateinisch: »und vom Sohn«, wurde später der Formulierung hinzugefügt: »Ich glaube an den Heiligen Geist ... der vom Vater *und vom Sohne* ausgeht.« Dieses entscheidende Wort verlieh dem Heiligen Geist gleichen göttlichen Rang.

Das Credo Pius' IV.: 16. Jahrhundert

Dieses sog. Tridentinische Glaubensbekenntnis wurde in der päpstlichen Bulle *Iniunctum Nobis* vom 13. November 1564 verkündet, zu einer Zeit, als die Debatten um die Reformation einen Höhepunkt erreichten. Als Antwort auf die zahlreichen Vorwürfe, die Martin Luther gegen Rom erhob, ist es eine knappe Zusammenfassung der katholischen Doktrinen in bezug auf die Heilige Schrift, die Erbsünde, den Glauben, die Messe und die Sakramente, die Heiligenverehrung, den Sündenablaß und den Primat des römischen Papsttums.

Östliche Glaubensbekenntnisse

In den Religionen Asiens gibt es Parallelen zu den christlichen Glaubensbekenntnissen. Manche Mantras im Buddhismus und Hinduismus bilden Glaubensbekundungen, die dem apostolischen Glaubensbekenntnis nicht unähnlich sind. Man beachte die strukturellen Ähnlichkeiten zwischen den knappen Aussagen im apostolischen Glaubensbekenntnis und in dem dreifach wiederholten Mantra: »Ich nehme Zuflucht bei Buddha. Ich nehme Zuflucht bei den Lehren. Ich nehme Zuflucht bei der Gemeinschaft.«

Islamische Glaubensbekenntnisse: 7. Jahrhundert u.Z.

Das wichtigste Credo des Islam ist die *Schahada*, das »Glaubensbekenntnis«. Sie besteht aus zwei kurzen Sätzen: »Es gibt keinen Gott außer *Gott*« und »Mohammed ist der Bote Gottes«. Beide Sätze kommen im Koran vor, sie sind dort aber nicht miteinander verbunden.

Ähnlich, wie das apostolische Glaubensbekenntnis als Taufformel für die Aufnahme in die Gemeinschaft der Christen dient, wird die Schahada von Gläubigen, die zum Islam übertreten, bei der Zeremonie gesprochen, in deren Verlauf sie Muslime werden. Die Schahada ist der erste der sogenannten »Fünf Säulen des Islam«, die zusammen die religiösen Pflichten aller Muslime ausmachen.

Da Christen, Juden und Muslime dem ersten Satz der Schahada »Es gibt keinen Gott außer *Gott*« allesamt zustimmen, bestimmt sich der Muslim durch den zweiten Glaubenssatz; und diese Wendung »Mohammed ist der Bote Gottes« soll besagen, daß Mohammed der letzte und wichtigste unter all den Propheten war, die Gott in diesen drei Religionen mit der Gabe der Weissagung ausgezeichnet hat.

Der Prolog des Koran, Al-Fateha, ist ein feierliches Gebet an den Gott aller drei Religionen:

Aller Preis gehört Allah, dem Herrn der Welten,
Dem Gnädigen, dem Barmherzigen,
Dem Meister des Gerichtstages.
Dir allein dienen wir, und zu Dir allein flehen wir um Hilfe.
Führe uns auf den geraden Weg,
Den Weg derer, denen Du Gnade erwiesen hast, die nicht (Dein) Mißfallen erregt haben und die nicht irregegangen sind.

Judentum.
Es ist interessant, daß das Judentum, aus dem sowohl das Christentum als auch der Islam hervorgegangen sind, verglichen mit anderen Weltreligionen nur wenige Glaubensbekenntnisse kennt. Der Grund besteht darin, daß sich jüdische Identität und Religiosität traditionell durch die Beachtung der Gebote und des mündlich überlieferten Gesetzes bestimmt haben und nicht durch eine genaue Aufzählung von Glaubensartikeln in einem einzelnen Credo.

Das Christentum hingegen besitzt mehr als 150 offiziell anerkannte Glaubensbekenntnisse, da die Zugehörigkeit zur Glaubensgemeinschaft mit dem Bekenntnis zu bestimmten Glaubenslehren begann – mit der Befragung der Katechumenen durch den Bischof bei der Taufe.

Das Wesen aller Glaubensbekenntnisse kommt am besten in einem Wort des Theologen Anselm aus dem 12. Jahrhundert zum Ausdruck: »*Credo ut intelligam* – Ich glaube, damit ich begreife.«

Confiteor: 14. Jahrhundert u.Z.

Das Wort »confiteor« entstammt dem Lateinischen und bedeutet: »ich bekenne«. Wie das Glaubensbekenntnis mit der Formel *credo* – »ich glaube« – zur Taufe gehörte, so war das Sündenbekenntnis Bestandteil des Meßopfers, und zwar in Form eines Gebetes, das mit dem Wort *confiteor* begann: »Ich bekenne«.

Die Sitte ist alt und geht auf den Brauch der Israeliten zurück, vor einem Brandopfer für den Herrn die eigene Schuld zu bekennen.

Das katholische Confiteor beginnt mit einem »Who is Who« des Himmelreichs:

Ich bekenne Gott dem Allmächtigen, der seligen, allzeit reinen Jungfrau Maria, dem heiligen Erzengel Michael, dem heiligen Johannes dem Täufer, den heiligen Aposteln Petrus und Paulus, allen Heiligen und dir, Vater, daß ich viel gesündigt habe, in Gedanken, Worten und Werken ...

Der Wortlaut dieses Gebets hat sich im Laufe der Jahrhunderte erheblich verändert; in den verschiedenen christlichen Ländern hat man die genannten Engel und Heiligen gelegentlich durch andere ersetzt, die in diesen Ländern besonders beliebt waren.

In der frühesten Form dieses Gebets bereute der Sünder allein vor Gottvater, dem Sohn und dem Heiligen Geist. Die erste Heiligenlitanei wurde um das 7. Jahrhundert in das Confiteor aufgenommen.

Erst seit dem 11. Jahrhundert tauchte der markanteste Satz darin auf – »durch meine Schuld, durch meine Schuld, durch meine übergroße Schuld *[mea culpa, mea culpa, mea maxima culpa]*« – allerdings nicht auf einen Schlag. Zunächst genügte ein einziges *mea culpa*, wobei sich der Büßende einmal an die Brust schlug. Später sollte sich der Sünder zweimal an die Brust schlagen und zweimal *mea culpa* sagen. Und noch später wurden ein drittes *mea culpa* und ein dritter Schlag an die Brust obligatorisch. Man muß daraus wohl schließen, daß die Menschen im Laufe der Zeit immer mehr Schuld auf sich luden. Oder mehr »übergroße Schuld«. Diese letzte Formel – *maxima culpa* – fügte die Kirche im 14. Jahrhundert hinzu. Seither ist das Gebet unverändert geblieben.

De profundis: Psalter, 10. Jahrhundert v.u.Z. und später

Das De profundis, dessen Titel wörtlich übersetzt »Aus der Tiefe« bedeutet, geht zurück auf Psalm 130: »Aus der Tiefe rufe ich, Herr, zu dir. Herr, höre meine Stimme ...«

Dieser Psalm ist der Verzweiflungs- und Hoffnungsseufzer eines Büßers, der auf Erlösung durch Gott wartet. Die christlichen Kirchen haben den Psalm jahrhundertelang als Gebet um Südenvergebung benutzt. Um das 10. Jahrhundert wurde er Teil eines längeren Totengottesdienstes und nachher ein Gebet, das vor allem den Toten gewidmet wurde. Seine Popularität in dieser Beziehung ist bis heute rätselhaft. Ein moderner Gelehrter hat die These aufgestellt, aus Zeitmangel hätten die Priester den Totengottesdienst abgekürzt, und schließlich sei meist nur noch das De profundis gelesen worden, das am Beginn dieser Liturgie steht. So faßten es die Gemeindemitglieder als ein Gebet für die Toten auf – vielleicht auch aufgrund eines Mißverständnisses der scheinbar auf das Grab bezogenen Formulierung »aus der Tiefe«, während der Psalm ja in Wahrheit von spiritueller Tiefe handelt. Wie dem auch sei: um die Mitte des 13. Jahrhunderts begrub keine Familie einen Angehörigen, ohne das De profundis zu beten.

Agnus Dei: 7. Jahrhundert u.Z.

»Lamm Gottes«, also Jesus Christus, bedeutet der lateinische Titel *Agnus Dei* eines kurzen Gebetes aus drei Anrufungen, die jeweils mit der Formel »Lamm Gottes« beginnen. Es geht zurück auf die Worte, die Johannes der Täufer rief, als er Christus kommen sah: »Siehe, das ist Gottes Lamm, welches der Welt Sünde trägt.« (Johannes 1,29)

Auf diese Stelle geht die symbolische Vorstellung der christlichen Liturgie von Jesus Christus als »Lamm« zurück. Das Gebet lautet: »Lamm Gottes, Du nimmst hinweg die Sünden der Welt: erbarme dich unser! [zweimal gesprochen] ... Lamm Gottes, Du nimmst hinweg die Sünden der Welt: gib uns den Frieden!«

Das Wort »Lamm« ist in den östlichen Liturgien als Bezeichnung für Christus und für das geweihte Brot sehr gebräuchlich, und wahrscheinlich wurde das Agnus Dei zuerst in syrischen Kirchen gebetet. In den römischen Ritus wurde es im 7. Jahrhundert aufgenommen, während des Pontifikats von Papst Sergius I. (687-701), der aus Syrien stammte.

Im katholischen Gottesdienst wird das Agnus Dei zwischen dem Vaterunser und der Kommunion gesprochen, und es klingt in ihm das Motiv des Opfers an. Christi Opfer am Kreuz wird neben den alttestamentarischen Brauch des Lammopfers zur Sühne der Sünden gestellt. In der Antike verband sich mit dem Bild des Lamms die Vorstellung von Schutz vor Katastrophen wie Pest, Überschwemmung und Feuer und von Wohlergehen für die Frauen im Kindbett.

Die anglikanische und die lutheranische Liturgie enthalten das Agnus Dei ebenfalls, aber dies war nicht immer der Fall. Aus dem Book of Common Prayer von 1552 wurde das populäre Kommunionsgebet in jenem von Glaubenskriegen zerrissenen Jahrhundert ebenso gestrichen wie aus den meisten reformierten Liturgien.

Wachsbilder.

Als Agnus Dei bezeichnet man auch eine Art von Amuletten: vom Papst gesegnete Wachsscheiben, in die das Bild eines Lamms geprägt wurde. Dieser Brauch reicht bis ins 9. Jahrhundert zurück. Man verwendete dazu die Wachsreste der Osterkerzen vom letzten Jahr. Die Wachsbilder wurden in hohen Ehren gehalten und benutzt, wenn es darum ging, Gottes Beistand gegen Feuer, Sturm, Pest und Kindstod zu erflehen.

Wahrscheinlich gehen sie auf heidnische Amulette zurück; aus alter Zeit haben sich viele Anhänger mit Lammdarstellungen erhalten. Die Unschuld, Reinheit und Hilflosigkeit des Lamms machte es zu einer idealen Opfergabe. Die Päpste segneten die Wachsbilder im ersten und dann in jedem siebten Jahr ihres Pontifikats, jeweils am Dienstag nach Ostern. Während der Reformation wurden die päpstlichen Bilder in England eingeschmolzen und wieder in Kerzen verwandelt. Wer nicht verschwendet, leidet keine Not.

Magnificat: Neues Testament, Lukas 1,46-55

Diese schöne Lobpreisung wird von der heiligen Jungfrau Maria, der Mutter Jesu Christi, im Lukas-Evangelium selbst gesprochen. Erstaunlich daran ist, daß Maria das Magnificat in all seiner dichterischen Anmut und mit seinen zahlreichen Anspielungen auf das Alte Testament aus dem Stegreif entworfen haben soll.

Nachdem der Engel Gabriel Maria mit der Nachricht von ihrer Empfängnis überrascht hat, besucht sie Elisabeth, die ihrerseits mit Christi künftigem Vetter, Johannes dem Täufer, schwanger ist. Elisabeths Erwiderung auf Marias Gruß macht deutlich, daß sie weiß, Maria trägt den Verheißenen unter dem Herzen: »Gebenedeit bist du unter den Weibern, und gebenedeit ist die Frucht deines Leibes! Und woher kommt mir das, daß die Mutter meines Herrn zu mir kommt?«

Lukas schildert, wie Maria ein Lied anstimmt, einen Lobgesang (Lateinisch: *cantus*), das Magnificat, so genannt nach der ersten Zeile des lateinischen Textes: »*Magnificat anima mea Dominum*«:

Meine Seele erhebt den Herrn, und mein Geist freuet sich Gottes, meines Heilandes, denn er hat die Niedrigkeit seiner Magd angesehen.

Siehe, von nun an werden mich seligpreisen alle Kindeskinder. Denn er hat große Dinge an mir getan, der da mächtig ist und des Name heilig ist.

Und seine Barmherzigkeit währet immer für und für bei denen, die ihn fürchten. Er übet Gewalt mit seinem Arm und zerstreuet, die hoffärtig sind in ihres Herzens Sinn. Er stößet die Gewaltigen vom Thron und erhebt die Niedrigen. Die Hungrigen füllet er mit Gütern und läßt die Reichen leer.

Er denket der Barmherzigkeit und hilft seinem Diener Israel auf, wie er geredet hat unsren Vätern, Abraham und seinen Kindern ewiglich.

Für ein spontanes Gedicht ist das nicht schlecht. Maria muß eine ausgezeichnete Dichterin gewesen sein. Und eine gelehrte Bibelkennerin dazu: denn in diesem Gesang finden sich Anklänge an die Psalmen, an den Triumphgesang Miriams und auch an das lange lyrische Gebet Hannahs in 1. Samuel 2. Auch Hannah, die Mutter Samuels, des großen Richters von Israel aus dem 11. Jahrhundert v.u.Z., stimmte ein Lied an, als sie erfuhr, daß sie einen Sohn bekommen werde: »Mein Herz ist fröhlich in dem Herrn, mein Haupt ist erhöht in dem Herrn ...« Im weiteren sagt Hannah vieles, was auch Maria tausend Jahre später sagen sollte. Lukas hatte das Buch Samuel gelesen.

Manche Gelehrte behaupten, Marias Magnificat sei ursprünglich von Elisabeth zum Lobe ihres eigenen kommenden Sohnes Johannes angestimmt worden. Aber die meisten griechischen und lateinischen Texte schrieben es Maria zu.

Heute ist dieser Hymnus, verbunden mit Weihrauchspenden, in den westlichen Kirchen Teil der Liturgie der Abendmesse und in den östlichen orthodoxen Kirchen Teil des Morgengottesdienstes.

Benedictus

Bei der Geburt seines Sohnes Johannes des Täufers stimmte auch Zacharias ein Lied an, den Lobgesang, der heute unter dem Namen Benedictus bekannt ist. Er ist dem Danklied Hannahs und dem Magnificat Marias nicht unähnlich. Sein erster Vers lautet: »Gelobet sei der Herr, der Gott Israels! Denn er hat besucht und erlöset sein Volk.« (Lukas 1, 68)

Angelus: Papst Johannes XXII., 14. Jahrhundert

Papst Johannes XXII. (1316-34) schrieb das Angelus.

Nur wenige Päpste haben Gedichte geschrieben, die zu Klassikern der Kirche wurden. Einer von ihnen tat es, als er in Bedrängnis geriet.

Der zweite der Avignoneser Päpste, Johannes XXII. (1316-1334), wollte das Papsttum stärker in Frankreich verankern – auch wenn er immer wieder seine Absicht betonte, nach Rom zurückzukehren. Aufgrund von vier Predigten, die er im Winter 1331/32 hielt, wurde ihm später Ketzerei vorgeworfen. Während die traditionelle Kirchendoktrin davon ausging, daß sich die Seelen der Heiligen in ungehinderter Anschauung Gottes bereits im Paradies aufhielten, behauptete Johannes, sie würden erst nach dem Jüngsten Tag dorthin gelangen; so lange könnten sie nur »die Menschlichkeit Christi« betrachten. Französische Theologen beschuldigten ihn daraufhin der Ketzerei.

Johannes wollte sich nach allen Seiten absichern und machte auf dem Sterbebett einen Rückzieher, ohne sich allerdings festzulegen. Er erklärte, die Seelen der Heiligen sähen Gott von Angesicht zu Angesicht, »so deutlich, wie es ihr Zustand ihnen erlaubt«.

Er wählte aus dem Neuen Testament Sätze, die ihm gefielen, und baute sie zu seinem Angelus zusammen, das dreimal am Tag, morgens, mittags und abends, zu Ehren von Christus und Maria gesprochen werden sollte. Es wurde eines der wichtigsten katholischen Gebete. Die Rede wechselt zwischen Priester (P) und Gemeinde (G).

P: *Der Engel des Herrn brachte Maria die Botschaft.*
G: *Und sie empfing vom Heiligen Geiste. Gegrüßet seist du, Maria ... usw.*
P: *Siehe, ich bin die Magd des Herrn.*
G: *Mir geschehe nach deinem Worte. Gegrüßet seist du, Maria ... usw.*
P: *Und das Wort ist Fleisch geworden.*
G: *Und hat unter uns gewohnt. Gegrüßet seist du, Maria ... usw.*
P: *Bitte für uns, o heilige Gottesgebärerin.*
G: *Auf daß wir würdig werden der Verheißungen Christi ...*

Kyrie eleison: Psalm 123, 10. Jahrhundert v.u.Z.

Die griechische Anrufung *eleison*, »erbarme dich«, findet sich in zahlreichen historischen Liturgien. In der lateinischen Messe taucht sie neunmal auf, dreimal an Gottvater gerichtet, *Kyrie eleison* (»Herr, erbarme dich«); dreimal an Gottes Sohn, *Christe eleison* (»Christus erbarme dich«) und dreimal an den Heiligen Geist gerichtet, *Kyrie eleison*.

Traditionell heißt es, die Formel *Kyrie-Christe-Kyrie* solle die dreieinige Gottheit symbolisieren, aber ursprünglich war dieses Gebet nur an Jesus Christus gerichtet. Die Wendung taucht bei Matthäus 15,22 auf, als die kanaanäische Frau Christus anfleht: »Ach Herr, du Sohn Davids, erbarme dich mein! Meine Tochter wird von einem bösen Geist übel geplagt.«

Aber schon die Israeliten des 10. Jahrhunderts v.u.Z. verwendeten diesen Hilferuf. Er findet sich in Psalm 123, einem Danklied, in dem das Volk Israels anerkennt, daß es ohne den Beistand des Herrn von seinen Feinden vernichtet worden wäre. Eigentlich ist der *eleison*-Ruf so elementar, daß man wohl annehmen kann, ein *kyrie* dieser oder jener Art gehörte zu den frühesten religiösen Äußerungen der Menschheit überhaupt.

Auf Lateinisch lautet der Ruf »erbarme dich unser« *miserere nobis*. Er taucht in vielen Gebeten auf, etwa im Agnus Dei: »Lamm Gottes, du nimmst hinweg die Sünden der Welt, erbarme dich unser!«

Eingang in die lateinische Messe fand das Kyrie im 5. Jahrhundert, unter Gelasius (492-96), einem herrschsüchtigen Papst, der mit Nachdruck die Oberhoheit des Heiligen Stuhls in Rom verfocht (*siehe* Papsttum); er war der erste Papst, der sich auf der römischen Synode am 13. Mai 495 als »Stellvertreter Christi« bezeichnen ließ. Die Schriften des Gelasius erwecken den Eindruck von einem anmaßenden, engstirnigen Kirchfürsten; er nahm einschneidende Änderungen an der römischen Liturgie vor.

Kaddisch: Judentum, Talmudzeit

Das Kaddisch, Bestandteil der jüdischen Doxologie, ist eine aramäische Dichtung und wird während des Gottesdienstes in der Synagoge gesprochen, wobei die Gemeinde antwortet: »Sein großer Name sei gepriesen in Ewigkeit und Ewigkeit der Ewigkeiten.« Das wichtigste Motiv – »Erhoben und geheiligt werde sein großer Name in der Welt, die er nach seinem Willen erschaffen« – klingt auch im christlichen Vaterunser an: »Geheiligt werde Dein Name«.

Ursprünglich wurde das Kaddisch (ein aramäisches Wort für »heilig«) in den Rabbinerakademien von einem Prediger nach einem Vortrag oder nach der Auslegung des nicht dem Gesetzesstoff gewidmeten Teils des Talmud, der Haggada, gesprochen. Das Gebet enthält einen Abschnitt, der mit den Worten Al Jisrael, »für Israel«, beginnt und Wohlergehen für die Gelehrten und ihre Schüler erbittet.

Abgesehen von dem letzten hebräischen Vers – »Der Frieden stiftet in seinen Himmelshöhen, stifte Frieden unter uns und ganz Israel, sprechet: Amen!« – ist die Sprache des Kaddisch Aramäisch, das die Juden in Babylon und Palästina fast tausend Jahre lang verwendeten, von den Zeiten Esras im 5. Jahrhundert v.u.Z. bis lange nach dem Ende der Talmudzeit.

Das Kaddisch der Trauernden: 13. Jahrhundert u.Z.

Im Laufe der Zeit wurde das Kaddisch unter einigen Veränderungen zu einem Gebet für Trauernde und wird als solches auch »Waisen-Kaddisch« genannt.

Der früheste Hinweis auf eine Verwendung des Kaddisch durch einen Trauernden findet sich in einem Buch aus dem 13. Jahrhundert, der *Or sarua* des Rabbi Isaak ben Moses aus Wien. Mit Kummer und Sorgen erfüllte Menschenherzen, so gibt das Gebet zu verstehen, soll man in den Schoß des Herrn legen. Ursprünglich war nur ein Sohn verpflichtet, das Trauer-Kaddisch für den verstorbenen Vater oder die verstorbene Mutter zu sprechen. Nach und nach wurde dieses Gebot auf Töchter, dann auch auf Brüder und Schwestern ausgedehnt. Am Schluß des Gebets beendet der Trauernde seine »Audienz« bei Gott, tritt respektvoll drei Schritte zurück und erkennt auf diese Weise Gott als den König der Könige an.

Im Trauerkaddisch ist von Toten nicht die Rede. Das Gebet mildert vielmehr den Schmerz über den Verlust, indem es eine Vision vom Königreich des triumphierenden Gottes entwirft, denn die schwerste Prüfung für den Glauben eines Menschen ist seine Fähigkeit, im Augenblick des tiefsten Kummers Gott zu preisen.

Für verstorbene Verwandte wird das Kaddisch während dreißig Tagen nach ihrem Tod gesprochen. Für verstorbene Eltern muß das Gebet täglich elf Monate lang (abzüglich eines Tages) gesprochen werden, denn, so heißt es im Talmud: »Das Andenken an die Toten wird nach zwölf Monaten blaß.« Zwölf Monate waren in der Talmudzeit allerdings auch genau jene Zeitspanne, die ein verstockter Sünder angeblich in den Flammen der Hölle zu leiden hatte. Damit nun die Leute nicht auf den Gedanken kamen, ein Verstorbener habe gesündigt und befinde sich in der Hölle, kürzte Rabbi Moses ben Israel Isserles aus Krakau die traditionelle Frist um einen Monat.

Die Salat: Islam, 7. Jahrhundert u.Z.

Das Gebetsritual der Salat (»Verehrung«) ist einer der sogenannten Fünf Pfeiler des Islam – neben der *schahada* (Glaubensbekenntnis), der *zakat* (Almosen), dem *saum* (Fasten) und dem *hadsch* (der Pilgerfahrt nach Mekka) – und eine der frühesten Übungen zur Stärkung des Glaubens, die Mohammed offenbart wurden.

Anfangs sprach nur Mohammed, der das Judentum und das Christentum studiert hatte, dieses Gebet – zweimal am Tag, bei Sonnenaufgang *(salat al-fajr)* und Sonnenuntergang *(al-maghrib)*. Doch bald wurde die Salat für alle Muslime Pflicht, und eine dritte Rezitation gegen Mittag *(az-zuhr)* kam hinzu, möglicherweise unter dem Einfluß der Juden und frühen Christen, die ihre Gebetsrituale ebenfalls dreimal am Tag ausführten. Auch die Muslime wendeten sich dabei anfangs, wie die Juden, nach Jerusalem.

Doch bald kam der sogenannte »Bruch mit den Juden«, die Muslime änderten ihre Gebetsrichtung *(quibla)*, sie wandten sich nach Mekka, und dabei ist es bis heute geblieben. Um die Zeit, als der Prophet starb, gab es fünf Salats: bei Sonnenaufgang, um Mittag, am Nachmittag *(al-asr)*, bei Sonnenuntergang und am Abend *(al-ischa)*, mit ihren charakteristischen Verbeugungen *(ruku)* und Prostrationen *(sujud)*.

Wendung nach Mekka.
Die Salat ist ein sehr komplexes Ritual. Der Islam stellt die gemeinschaftliche Andacht über das private Beten, und dazu versammeln sich die Frommen vor allem in der Moschee. Der Kaaba, dem Heiligtum in Mekka, zugewandt, gruppieren sie sich in parallelen Reihen hinter dem Vorbeter, dem Imam. In aufrechter Haltung erklärt der Betende »Gott ist groß *[Allahu akbar]*«. Dann spricht er das Eingangskapitel und verschiedene Abschnitte aus dem heiligen Koran.

Anschließend verbeugt sich der Betende und richtet sich wieder auf; aus einer knienden Haltung senkt er sein Gesicht auf den Boden, beugt sich zurück und streckt sich dann auf den Boden nieder. Wenn er diese verschiedenen Gebetshaltungen *(rakahs)* so oft, wie es vorgeschrieben ist, ausgeführt hat, bekennt er sich zu seinem Glauben und spricht anschließend ein Gebet für den Propheten: »Gott segne ihn und schenke ihm Erlösung.« Die Salat endet, indem jeder Teilnehmer zu den Betenden rechts und links neben ihm sagt: »Friede sei mit dir.« Die rituelle Salat kann bei Krankheit oder im Krieg zeitweilig unterbleiben.

Insgesamt umfaßt die Salat dreizehn unveränderliche Bestandteile: sechs sprachliche Äußerungen und sechs Gebetshaltungen und das Gebot, diese zwölf Bestandteile in der richtigen Reihenfolge auszuführen. Die Gebetshaltungen sollen ritueller Ausdruck des Sinn der sie begleitenden Lobpreisungen und Gebete sein.

Das Buch der Psalmen: Judentum, 10. bis 3. Jahrhundert v.u.Z.

Aus dem »Psalmodieren«, dem Singen der Psalmen, wie es die frühen Christen pflegten, ging der klassische gregorianische Gesang hervor, eine Form von Musik, deren Anfänge zweitausend Jahre zurückreichen und die zu

Beginn der neunziger Jahre des 20. Jahrhunderts wieder so populär wurde, daß sie bis in die oberen Ränge der Charts gelangte. Das Psalmodieren entstand unter den hebräischen Berufssängern, die sich ihre Anregungen aus dem Psalter, dem Buch der Psalmen des Alten Testaments, holten. Die Psalmen konnten weltliche und sakrale Inhalte haben.

In den 150 Psalmen der Bibel – die Gott preisen, mit ihm rechten, ihn um Vergebung oder Vernichtung der Feinde anflehen, Weisheiten entfalten und Probleme artikulieren – kommt das ganze Spektrum menschlichen Empfindens und Erlebens zum Ausdruck, von finsterer Niedergeschlagenheit bis zu überschäumender Freude. Obwohl in der Zeit wurzelnd, in der es geschaffen wurde, hat sich das Liederbuch des Alten Testaments als zeitlos erwiesen. Die Psalmen gehören zu den beliebtesten und meistgelesenen Seiten der Bibel. In der Doxologie des wunderbar sich steigernden Abschlußpsalms 150 erreicht die Sammlung ihren Höhepunkt. Der Psalter ist das einzige Buch des Alten Testaments, das Einzelausgaben des Neuen Testaments regelmäßig beigebunden wird, so als wäre ein solches Buch ohne die Psalmen keine wirkliche Bibel – auch dies ein Beleg für die universale Faszination, die von den Psalmen ausgeht.

Die einzelnen Psalmen sind nicht zu datieren. Aber Handschriften, die man in den Höhlen von Qumran gefunden hat, lassen erkennen, daß die Sammlung vor der Makkabäerzeit des 2. Jahrhunderts v.u.Z. abgeschlossen wurde.

David und Goliath. Als König schrieb David viele, aber nicht alle Psalmen der Bibel.

Wer schrieb die Psalmen?

Beinahe die Hälfte der 150 Psalmen beginnen mit der Wendung »Ein Psalm Davids«. David war der Hirtenjunge, der zum zweiten König Israels aufstieg und das königliche Geschlecht begründete, aus dem der Messias hervorgehen sollte. Die Zuschreibung der Psalmen und die Tatsache, daß König David in 2. Samuel 23,1 »der Liebling der Lieder Israels« genannt wird, hat viele Leser zu dem falschen Schluß verleitet, David sei ihr alleiniger Verfasser.

König David schrieb und sammelte eine große Zahl von Psalmen, aber der Psalter, das Buch der Psalmen – im Stil Davids geschrieben und vielleicht auch zu seinem Andenken zusammengestellt –, entstand während einer Zeit von etwa sechshundert Jahren und war das Werk vieler geschickter Poeten, von denen manche der levitischen Musikerzunft angehörten. Einige der David zugeschriebenen Psalmen erwähnen den Tempel in Jerusalem, der erst nach Davids Tod erbaut wurde, oder das Babylonische Exil, zu dem es erst dreihundert Jahre später kam.

Von der Prosa zur Poesie.
»Die Psalmen sind Dichtungen«, schrieb C.S. Lewis, »Dichtungen, die gesungen werden sollen.« Und Dichtungen, die ihre Form und ihr Versmaß der alten hebräischen Verdichtung verdanken.

»*We shall fight on the beaches, / We shall fight on the landing-grounds, / We shall fight in the fields and in the streets.*« Diese auf pathetischer Wiederholung beruhenden Verse stammen von Winston Churchill, aber in ihnen kommt das gleiche Verfahren zum Zuge, mit dem auch die alten hebräischen Geschichtenerzähler durch Wiederholung und Rhythmisierung die Prosa zur Poesie erhöhten. Das bevorzugte Kompositionsverfahren der Kanaaniten war die Verdeutlichung durch Wiederholung: »Sie werden wohl Beute finden und verteilen, ein Weib, zwei Weiber für jeden Mann, und für Sisera bunte gestickte Kleider zur Beute, gewirkte bunte Tücher um den Hals als Beute.« (Richter 5,30)

Den Psalter, wie ihn die Israeliten vor vielen Jahrhunderten verwendeten und wie wir ihn heute verwenden, kann man sich wohl am ehesten als eine Anthologie von Dichtungen im Stil Davids vorstellen.

Das Wort »Psalter« leitet sich von dem griechischen Wort *psalterion* her, das ein harfenähnliches Instrument mit einem flachen Klangkörper bezeichnet, dessen Saiten mit den Fingern oder einem Plektrum gezupft wurden. Auf diese Weise ist die Musik der Psalmen auch in ihren Namen eingewandert.

Der Messias wird in den Psalmen nicht namentlich erwähnt, aber manche Wendungen kann man als Vorschein seines Kommens deuten. Die Verfasser des Neuen Testaments hoben solche Wendungen als Ankündigung von Jesus hervor. Aus dem Satz »Gelobt sei, der da kommt, im Namen des Herrn!« (Psalm 118,26) wurde in der christlichen Bibel bei Matthäus 21,9: »Hosianna dem Sohn Davids! Gelobt sei, der da kommt, in dem Namen des Herrn!« Und Matthäus 27,46 läßt den sterbenden Jesus am Kreuz Psalm 22 zitieren: »Mein Gott, mein Gott, warum hast du mich verlassen?« Die alten Psalmisten schrieben Worte nieder, die später eine Bedeutung annahmen, von der sie wohl kaum etwas ahnen konnten. Große Dichtung ist zeitlos.

3. Kapitel
Andachtsübungen
Rosenkranz bis Hadsch

Man kann auf viele Arten andächtig und fromm, strenggläubig oder orthodox sein, bedingungslos gehorsam oder ehrerbietig, hingebungsvoll oder frömmlerisch, engstirnig oder heilig. Das alles sind Spielarten von Frömmigkeit. Nicht alle sind erstrebenswert. Aber in der Geschichte der Formen religiöser Frömmigkeit und Andacht lassen sie sich alle belegen. Die heilige Rosa von Lima soll sich ihre Wangen mit Chilipfeffer eingerieben haben, um ihr gutes Aussehen zu entstellen und Freier zu vertreiben. So wollte sie sich vor jeglicher Versuchung schützen und ihre Jungfräulichkeit bewahren; die Absicht war edel, die Handlung fromm, aber doch nicht nachahmenswert. (*Siehe* Heilige) Wir werden noch sehen, daß nicht alle Andachtsübungen einen reinen, unschuldigen Ursprung haben.

Der Rosenkranz, traditioneller Ursprung: der heilige Dominikus, 13. Jahrhundert u.Z.

Heute bezeichnet man als »Rosenkranz« den gekürzten »Dominikaner-Rosenkranz«, eine Schnur mit fünfmal zehn, statt ursprünglich fünfzehnmal zehn Perlen, die eine bestimmte Gebetsübung anleitet: die Rezitation von fünfmal zehn Ave Maria, denen jeweils ein Vaterunser vorangeht und die Formel »Ehre sei dem Vater« folgt. Begleitet werden die Gebete von einer Meditation über ein Geheimnis, das entweder freudenreich, schmerzensreich oder glorreich ist.

Knoten, Kerne, Edelsteine.
Die Praxis, Gebete anhand einer Knotenschnur zu sprechen, läßt sich bis zu den Priestern Indiens in der Zeit von 500 v.u.Z. zurückverfolgen. Auch im Abendland entwickelte sie sich lange vor dem Aufkommen des Christentums, und zwar aus ganz praktischen Gründen.

In vielen frühen Religionen glaubte man, die häufige Wiederholung eines Gebets würde seine Wirksamkeit steigern. Hundertmal gemurmelt, hatte dieser Auffassung zufolge eine Bitte – etwa um die Befreiung von einem Leiden

– bei Gott bessere Chancen auf Erhörung als eine, die nur einmal vorgetragen wurde. Es kam auf die Quantität an. Auf die Qualität wahrscheinlich auch. Jedenfalls gab es in vielen Religionen genaue Vorschriften darüber, wie oft ein bestimmtes Gebet wiederholt werden mußte, damit es den gewünschten Zweck erreichte. Die Ritter des 1119 gegründeten Templerordens zum Beispiel, die in der Zeit der Kreuzzüge viel unterwegs waren und nicht regelmäßig am kirchlichen Gottesdienst teilnehmen konnten, mußten jeden Tag genau siebenundfünfzig Vaterunser sprechen; beim Tod eines Ordensbruders stieg die Zahl für eine Woche auf hundert Vaterunser pro Tag.

An den Fingern mitzählen und gleichzeitig beten war nicht möglich. Knotenschnüre waren eine Gedächtnisstütze, eine fromme Rechenmaschine. Im Sanskrit werden sie »Erinnerer« genannt und im Lateinischen *calculus* und *numeralia*, beides Wörter, die auf das Rechnen verweisen.

In allen Kulturen haben sich die Menschen solche Gedächtnisstützen geschaffen: an einer Schnur aufgereihte Obstkerne oder getrocknete Beeren oder Splitter von den Gebeinen eines verstorbenen Verwandten. Auf den Pazifik-Inseln waren Haifischzähne besonders beliebt. Die Mönche im Mittelalter zählten ihre zahlreichen Kniebeugen und Kreuzzeichen anhand von Knotenschnüren aus Leder, die als Bußwerkzeuge auch zur Selbstgeißelung dienten. Wohlhabende Leute fädelten Edelsteine, glitzernde Glasanhänger oder Goldstücke auf Schnüre.

Lady Godiva, bekannt geworden dadurch, daß sie aus Protest gegen die hohen Steuern, die ihr Gemahl der Bevölkerung von Coventry auferlegt hatte, nackt durch die Stadt ritt, hinterließ im 11. Jahrhundert einem Kloster »einen Kranz von Edelsteinen, die sie auf eine Schnur gezogen hatte, um sich, indem sie sie einen nach dem anderen beim Sprechen ihrer Gebete durch die Finger gleiten ließ, in der genauen Zahl nicht zu irren.«

Den Rosenkranz hat also kein einzelner entwickelt, obwohl alles Verdienst traditionell dem heiligen Dominikus zugesprochen wird.

Die Jungfrau Maria erscheint dem Dominikus.

Im 12. Jahrhundert kam der Rosenkranz in der katholischen Kirche immer mehr in Gebrauch, angeblich durch den heiligen Dominikus (gestorben 1221 in Bologna), den Gründer des Ordens der Predigermönche, aus dem der Dominikanerorden hervorging. Der Überlieferung zufolge erschien die Jungfrau Maria dem Dominikus, während er vor einer Gruppe von Ketzern predigte, schenkte ihm den Rosenkranz und wies ihn an, den Rosenkranz als »geistliche Arznei gegen Ketzerei und Sünde« zu lehren.

Der einzige Beweis, der zugunsten dieser Geschichte angeführt wird, ist der Umstand, daß sie im Laufe der nächsten Jahrhunderte Eingang in mehr als ein Dutzend »Rosenkranz-Bullen« fand. Aber der Zweck einer päpstlichen Bulle besteht darin, die Frömmigkeit zu fördern, nicht die historische Wahrheit. Die Überlieferung ist auch nie zum Dogma erhoben worden. Jede Rosenkranz-Bulle enthält Einschränkungen wie »es ist frommer Glaube, daß ...« oder »es heißt, daß ...«

Hat sich der heilige Dominikus überhaupt für die Verbreitung des Rosenkranzes eingesetzt?

Wahrscheinlich nicht. In allen Schriften, die seine Heiligsprechung (im Jahre 1234, sein Festtag ist der 4. August) betreffen, wahrt die Kirche ein sonderbares Stillschweigen hinsichtlich seines Verdienstes um den Rosenkranz. Seine frühen Biographen geben zwar seine Predigten wieder, aber die Erscheinung der Jungfrau Maria erwähnen sie nicht; auch die Chroniken der Dominikaner schreiben den Rosenkranz nicht dem Gründer ihres Ordens zu. Besonders aufschlußreich ist wohl, daß mittelalterliche Darstellungen – sein Grabmal, verschiedene Bilder des Fra Angelico – ihn nie mit Perlen in der Hand zeigen. Nachdem sich jedoch die Überlieferung von der Erscheinung des Dominikus um die Mitte des 15. Jahrhunderts einmal durchgesetzt hatte, wurde er nie mehr ohne Perlen dargestellt. Papst Pius V., ein Dominikaner, erkannte den Dominikaner-Rosenkranz 1569 als Andachtsübung offiziell an.

Wahrer Ursprung in den Psalmen.
In Wirklichkeit entwickelte sich der Rosenkranz nach und nach. Seine innige Verbindung mit der christlichen Frömmigkeit entstand im 12. Jahrhundert, als seine damals noch 150 Perlen zu einem Symbol für die 150 biblischen Psalmen wurde. Den 150 Perlen umfassenden Rosenkranz zu beten, ein Vaterunser für jede Perle, wurde ein leichter, praktischer Ersatz für die Lektüre sämtlicher 150 Psalmen. Der Rosenkranz wurde auch das »Brevier des armen Mannes« genannt, denn ein Armer konnte sich einen Psalter nicht leisten, konnte aber sehr wohl 150 Kirschkerne auf eine Schnur fädeln. Die Kerne oder Perlen wurden *paternoster* (»Vater unser«) genannt (daher auch die Bezeichnung »Paternoster« für den Aufzug, bei dem eine endlose Kette gleichförmiger Kabinen ständig in der gleichen Richtung umläuft). Aber als im Lauf der nächsten beiden Jahrhunderte die Marienfrömmigkeit immer mehr zunahm, trat nach und nach das Beten von Ave Maria an die Stelle der Vaterunser.

Die Darstellung Jesu im Tempel, ein »freudenreiches Geheimnis«; Simeon und Anna danken Gott für das Jesuskind.

Als Maria im Jahre 1917, während des Ersten Weltkriegs, im portugiesischen Fátima erschien, stellte sie sich als Königin des Rosenkranzes vor, hielt selbst einen Rosenkranz in den gefalteten Händen, verströmte einen intensiven Rosenduft und ermahnte die drei Kinder, die behaupteten, sie zu sehen: »Sprecht jeden Tag den Rosenkranz, damit die Welt zum Frieden kommt und der Krieg eine Ende findet.«

Die Geheimnisse des Rosenkranzes: Christentum, Mittelalter

Während der Christ und vor allem der Katholik die Vaterunser und Ave Maria des Rosenkranzes betet, soll er über die fünfzehn größten Geheimnisse seines Glaubens meditieren.

Diese Geheimnisse traten im Laufe der Zeit an die Stelle bestimmter Psalmen. Auch nachdem die Vaterunser und Ave Maria die 150 Psalmen des Alten Testaments abgelöst hatten, blieben einige Psalmen jüdischen Ursprungs als Punkte eines meditativen Innehaltens zwischen den einzelnen Zehnergruppen erhalten. Aber nach und nach wurden diese fünfzehn Psalmen durch die fünfzehn christlichen Geheimnisse ersetzt:

Die Freudenreichen Geheimnisse: Die *Verkündigung*, daß Maria die Mutter Gottes sein werde; die *Heimsuchung*, ihr Besuch bei der heiligen Elisabeth; Christi *Geburt*, seine *Darstellung* im Tempel und das *Wiederfinden* des Jesusknaben, der die ganze Zeit über im Tempel gepredigt hatte.

Die Schmerzensreichen Geheimnisse: Christi *Blutschwitzen*; seine *Geißelung*, seine *Krönung mit Dornen*; die *Kreuztragung* und seine *Kreuzigung.*

Die Glorreichen Geheimnisse: Christi *Auferstehung* von den Toten; seine *Himmelfahrt*; die *Aussendung des Heiligen Geistes* (Pfingsten); *Marias Aufnahme* in den Himmel und die *Krönung* Marias zur Himmelskönigin.

Der heilige Dominikus (links) Papst Alexander VI. (1492–1503) gewährte Ablässe für das Beten des Rosenkranzes.

Ablässe für das Beten des Rosenkranzes.
Mit seiner Bulle vom 13. Juli 1495 (zwei Jahrzehnte vor Luthers Revolte) begann Papst Alexander VI., für das Beten des Rosenkranzes Ablässe zu gewähren, durch die ein Christ seinen Aufenthalt im Fegefeuer abkürzen konnte. Einer dieser Ablässe gewährte einen Abzug von fünfhundert Tagen für jedes Vaterunser oder Ave Maria. Der Dominikaner- oder Brigittinische Ablaß gewährte einen Abzug von fünftausendfünfhundert Tagen für das Beten sämtlicher fünf »Zehner« des Rosenkranzes. Ein vollkommener oder apostolischer Ablaß erläßt die gesamte Zeit im Fegefeuer, und ein solcher Ablaß wird vom Papst an bestimmten Marienfesttagen, am Festtag des hl. Joseph oder an Peter und Paul gewährt.

Benediktion, Segensspruch: Zeit des Alten Testaments

Eine Benediktion ist ein gesprochener Segen – Lateinisch: *benedicere*, »gut sprechen von« –, der einem Menschen, einem Ort oder einem Ding gespendet wird. Die Worte rufen den Namen Gottes an und werden von einem Priester oder Geistlichen gesprochen. Im Christentum entwickelte sich das Segenspenden zu einer aufwendigen, eigenständigen Praxis.

Im Judentum gibt es zahlreiche Benediktionen oder Segenssprüche. Das hebräische Wort für Benediktion, *beracha*, leitet sich aus derselben Wurzel wie *berech*, »Knie«, her, und seit den Zeiten des Alten Testaments gehörte das Niederknien zur Andacht, zur Danksagung vor Gott oder zu seiner Lobpreisung.

Beten vor und nach den Mahlzeiten.
Jüdische Segenssprüche beginnen meist mit den Worten »Gelobt seist du, Ewiger, unser Gott, König der Welt«, und als Gebete werden sie zu vielen Anlässen gesprochen.

Der Segen *hamosi*, der über dem Brot gesprochen wird – »der du Brot aus der Erde hervorbringst ...« – ist das jüdische Tischgebet, das auch die christliche Sitte des Tischgebets beeinflußte. Das gleiche gilt für das Gebet nach der Mahlzeit, den abschließenden Segensspruch *birkat hamason*.

Diese freudigen Segenssprüche lassen sich auf biblische Quellen zurückführen, wo vom Dank vor und nach dem Essen die Rede ist, vor allem: 1. Samuel 9,13 und 5. Mose 8,10. Der Talmud fügt hinzu, es sei »verboten, von irgend etwas zu kosten, ehe ein Segen gesprochen wurde«, denn die Fülle der Erde gehöre dem Herrn, und ihm nicht Dank zu sagen komme einem Diebstahl gleich.

Das hauptsächliche jüdische Bittgebet ist die *Amida*, eine Sammlung kurzer Segenssprüche im Stil der Heiligen Schrift. Dieses Gebet besteht aus drei einleitenden Lobpreisungen (1-3), aus dreizehn Bittsprüchen (4-16) und drei abschließenden Sprüchen, die traditionell als Danksagung aufgefaßt werden, obgleich nur Nr. 18 den Dank enthält.

1. *awot*: Gott der Väter
2. *gewurot*: der allmächtige Gott
3. *keduschot*: die Heiligkeit Gottes
4. *bina*: um Einsicht
5. *teschuwa*: um Herbeiführung der Umkehr
6. *selicha*: um Sündenvergebung
7. *ge'ulla*: um Erlösung
8. *refua*: um Heilung
9. *haschanim*: um Gewährung eines ertragreichen Jahres
10. *kibbuz galujot*: um Wiedervereinigung der Zerstreuten Israels
11. *mischpat*: um Gerechtigkeit
12. *haminim*: um die Beseitigung der Unterdrückung
13. *zaddikim*: für die Rechtschaffenen
14. *jeruschalajim*: um den Wiederaufbau Jerusalems
15. *dawid*: um Herbeiführung des Messias
16. *tefilla*: um Erhörung des Gebets
17. *awoda*: um die Wiederherstellung des Tempels
18. *hoda'a*: Danksagung
19. *kohanim*: um Frieden

Wo der Talmud von »Gebet« spricht, bezieht er sich immer auf die Amida, die als wichtigster Ausdruck der Frömmigkeit angesehen wurde.

Der Segen mit dem Allerheiligsten: Christentum, Italien und Frankreich, 14. Jahrhundert

Das Neue Testament bietet Christen eine reiche Auswahl an Segenssprüchen. Von manchen Konfessionen wird der fromme Segen des heiligen Paulus aus 2. Korinther 13,14 bevorzugt: »Die Gnade unsres Herrn Jesus Christus und die Liebe Gottes und die Gemeinschaft des heiligen Geistes sei mit euch allen! Amen.«

Martin Luther wählte für seine deutsche Messe den würdigen für Aaron bestimmten Segensspruch aus 4. Mose 6, 24-26: »Der Herr segne dich und behüte dich; der Herr lasse sein Angesicht leuchten über dir und sei dir gnädig; der Herr hebe sein Angesicht über dich und gebe dir Frieden.«

Die Monstranz und das Wort »Monstrum«.
Beim Segen mit dem Allerheiligsten, auch »sakramentaler Segen« genannt, der sich bis zum 14. Jahrhundert entwickelte, stellt der Priester die heilige Eucharistie, die Hostie, in einer sogenannten Monstranz – von lateinisch: *monstrare,* »zeigen«, »vorzeigen« – der andächtigen Gemeinde zur Schau. Dieser Brauch geht auf die »Kreuzweg-Andacht« zurück, von der weiter unten noch die Rede sein wird. Dabei wird eine Hostie, also Christus selbst in Fleisch und Blut, im Nachvollzug des Leidens Christi den Stationenweg seiner Passion entlanggetragen.

In der Monstranz, abgeleitet von dem lateinischen monstrare, *»vorzeigen«, wird die Hostie während des Sakramentalen Segens gezeigt; die Gläubigen singen dazu das »Tantum Ergo« des Thomas von Aquin.*

Den Katholiken wurde der sakramentale Segen lange Zeit am späten Nachmittag oder frühen Abend des Sonntags gespendet; dazu wurde ein Hymnus, das *Tantum Ergo* gesungen, und der Priester segnete die Gemeinde, indem er die Hostie in einer Monstranz in die Höhe hob, einem Gefäß mit kelchartigem Fuß und einem scheibenförmigen, oft von goldenen Strahlen umgebenen Oberteil mit einem gläsernen Fenster, hinter dem die Hostie sichtbar ist.

Das Wort »Monstranz« steht durch das lateinische Wort *monstrare* in einer Verbindung mit dem Wort »Monstrum«. Ein Monstrum ist ein Wesen, das sich schwer verbergen läßt, weil es auffällt, sich zeigt. Das Wort Monstrum bedeutete auch eine Zeitlang soviel wie »Unglück verheißendes göttliches Mahnzeichen«.

Der Brauch, die Hostie als solche, also die bloße Oblate aus ungesäuertem Teig, die nach der christlichen Doktrin der Leib Christi ist, während der Messe in die Höhe zu heben, geht auf das späte Mittelalter zurück. Dieser Brauch war von Anfang an ungeheuer populär, bot er den Menschen doch Gelegenheit, Christus zu »sehen«. Aus der Forderung nach weiteren derartigen Gelegenheiten entstand jene Form von Andacht, die allein dieser Zurschaustellung gewidmet war: der sakramentale Segen.

Die Menschen wollten damals sehen und miterleben, wie sich die Oblate, das Brot, in den Leib Christi verwandelte – so als könnten sie, wenn sie nur genau genug hinsähen, das Wunder selbst erblicken. Die theologischen Debatten über die Realität der Transsubstantiation in jenen Jahren hatten jedermanns Neugier geweckt. Hier hatte man es nun mit einem Wunder zu tun, das jeder Priester auf Anfrage vollbringen konnte. War die Wandlung von einem Blitz, einem Hitzeausbruch begleitet, wie manche Frommen gesehen haben wollten?

Prozessionen, bei denen die Hostie in einer Monstranz durch die Stadt getragen wurde (vor allem an Fronleichnam), wurden im 14. Jahrhundert zu einer großen Mode, mit viel Gedränge und viel Lärm, denn wenn Christus vorüberging, bezeugten ihm die Leute ihren Respekt durch heftiges Glockenschlagen. Im 16. Jahrhundert sahen sich die Behörden in vielen Teilen Europas gezwungen, die Zahl der Zurschaustellungen der Eucharistie auf den Straßen durch Erlässe zu beschränken.

Tantum Ergo: Thomas von Aquin, 13. Jahrhundert

Der sakramentale Segen erfreute sich so großer Beliebtheit, daß die Priester ihre Gemeinden damals ermahnen mußten, dieser Andacht nicht mehr Respekt zu bezeugen als der Heiligen Messe selbst.

Der wichtigste Hymnus, der während des Segens gesungen wurde, war das »Tantum Ergo«, die letzten beiden Strophen des lateinisches Liedes »Pange Lingua« (Preise, Zunge ...) von Thomas von Aquin aus dem 13. Jahrhundert. Thomas schrieb dieses Lied zu Ehren des allerheiligsten Sakraments, und die ersten Verse des »Tantum Ergo« zeigen deutlich die majestätische Würde und Faszination, die von der Hostie ausging:

Darum laßt uns tief verehren
Ein so großes Sakrament,
Dieser Bund wird ewig währen,
Und der alte hat ein End.
Unser Glaube soll uns lehren,
Was das Auge nicht erkennt.

Die meisten älteren Katholiken wird es erstaunen, daß dem sakramentalen Segen von der Sacra Congregatio Rituum, der Ritenkongregation des Vatikan, erst 1958 eine »echte liturgische Funktion« offiziell zuerkannt wurde.

Ein zweiter Hymnus, der beim sakramentalen Segen gesungen wird, »O Salutaris Hostia«, ist den letzten beiden Strophen von »Verbum Supernum« entnommen, dem Lobgesang für das ältere Fronleichnamsfest.

Kiddusch: Judentum, 5. Jahrhundert v.u.Z.

Beim sakramentalen Segen der Katholiken ist das Brot der wirkliche Leib Jesu Christi. In dem unter dem Namen *hamosi* bekannten jüdischen Segen ist es ein Symbol für das Manna, das biblische »Harz«, das Gott wunderbarerweise über die hungrigen Israeliten in der Wildnis regnen ließ.

Manna: Was ist das?

Die Herkunft des Wortes »Manna« ist ungewiß, aber 2. Mose 16,15 bietet eine Volksetymologie. Die Israeliten in der Wüste sollen demzufolge ungläubig gefragt haben: »Was ist das?« – auf hebräisch: *manhu*, und daraus sei das Wort »Manna« entstanden. Dieses »Brot der Mächtigen«, wie es auch genannt wird, ist die Wunderspeise, mit der der Herr die Israeliten während ihres vierzigjährigen Zuges durch die Wüste von Ägypten nach Kanaan versah.

Woche für Woche regnete es an sechs Tagen Manna. Jeden Morgen, wenn der Tau verdunstet war, »siehe, da lag's in der Wüste rund und klein wie Reif auf der Erde« (2. Mose 16,14). Jeden Tag durfte eine Tagesration aufgelesen werden. Nur am sechsten Tag durfte eine doppelte Ration eingesammelt werden, damit die Sabbatruhe gewahrt blieb.

Wir erfahren, die wundersame Speise sei gewesen »wie weißer Koriandersamen und hatte einen Geschmack wie Semmel und Honig« (2. Mose 16,31). Sie habe ausgesehen wie »Bedolachharz« (4. Mose 11,7). Das dankbare Volk der Israeliten »zerrieb es in Mühlen oder zerstieß es in Mörsern und kochte es in Töpfen und machte sich Kuchen daraus; und es hatte einen Geschmack wie Ölkuchen« (4. Mose 11,8).

Aber was war es?

Die Antwort mag manchem ein wenig unappetitlich erscheinen. Wahrscheinlich ist »Manna« die süße, klebrige Ausscheidung zweier Arten von Insekten, die in der Wüste (der »Wildnis«) auf den federartigen Blütenständen der Tamariskensträucher leben. Weil der kohlehydratreiche Saft dieser Büsche wenig Stickstoff enthält, den die Insekten benötigen, müssen sie von diesem Saft große Mengen aufnehmen. Die überschüssigen Kohlehydrate scheiden sie als »Honigtau« aus, der reich an Zucker und Pektin ist.

In einem feierlichen Gebet, das beim Kiddusch gesprochen wird, heißt es: »Er [der Sabbat] ist der erste Tag der heiligen Feste, eine Erinnerung an den Auszug aus Ägypten. Gelobt seist du, Ewiger, der du den Sabbat geheiligt.«

Die Zeremonie.
Dieser jüdische Segen und das Gebet, die aus dem 5. Jahrhundert v.u.Z. stammen, werden unmittelbar vor der Mahlzeit am Vorabend des Sabbat oder eines Festtages über einem Becher Wein gesprochen. Die Zeremonie, die dem Talmud zufolge unter den »Männern der Großen Versammlung« entstand und die Erschaffung der Erde und den Exodus feiert, verweist auf die Heiligkeit des Tages, der soeben angebrochen ist.

Das Wort »Kiddusch« ist hebräischen Ursprungs und bedeutet »Heiligung«.

Der Kiddusch wird oft vom Oberhaupt der Familie gesprochen, aber auch andere Familienmitglieder können sich beteiligen. Jeder nimmt einen Schluck Wein, das traditionelle talmudische Getränk, aus einem Becher, der in der rechten Hand gehalten wird. Zwei bedeckte Brote, *schallot* oder *hallot*, liegen auf dem Tisch, Symbole für die »doppelte Ration« Manna, *lechem mischne*, die die Israeliten an jedem sechsten Tag einsammelten. Die Brote werden traditionell in unterschiedlichen Formen gebacken: einfache runde Fladen, rechteckige Laibe mit Rosinen oder Körnern oder Weißbrotzöpfe, die man *challah* nennt.

Der gefüllte Kidduschbecher symbolisiert die Fülle des Lebens und Gottes Segen.

Der Wein, den man dazu trinkt, soll nach alter

Tradition rot und »stark« sein, aber Weißwein ist nicht verboten. Und der Becher soll randvoll sein, ein Hinweis auf die Üppigkeit des Lebens und die Fülle von Gottes Segen.

Manche Juden sprechen den Kiddusch nicht nur zu Hause, sondern auch am Ende des Freitagsgottesdienstes in der Synagoge. Diese Sitte reicht zurück in die Zeit der Zerstörung des Zweiten Tempels im Jahre 70 u.Z., als die Juden vor der Verfolgung durch die Römer scharenweise aus Palästina nach Babylon flohen, wo sie in den dortigen Synagogen Unterkunft fanden. Für diese heimatlosen Wanderer wurde der Kiddusch in der Synagoge eingeführt. In Palästina jedoch, wo es eine heimatlose Bevölkerung nicht gab, wurde der Segen nicht in den Synagogen gesprochen. In den Synagogen in Israel wird der Kiddusch bis auf den heutigen Tag nicht während des Gottesdienstes am Freitagabend gesprochen.

Die Novene: antikes Griechenland

Das neuntägige Ritual, dessen Name sich von dem lateinischen Wort für »neun«, *novem,* herleitet, ist ein Beispiel für ein besonders beharrlich vorgetragenes Bittgebet – neun Tage lang wird eine bestimmte Gunst erfleht, für Christen eine besonders wirkungsvolle Art der Hinwendung zu Gott.

Warum neun Tage lang?

Die Jungfrau Maria trug Jesus Christus neun Monate in ihrem Schoß – so lautet eine Antwort. Auf Geheiß des Herrn warteten die Apostel in Jerusalem neun Tage lang auf die Herabkunft des Heiligen Geistes. So lautet eine zweite Antwort.

In Wahrheit maßen schon die alten Griechen und Römer der Zahl Neun eine besondere Bedeutung zu: Neun aufeinanderfolgende Trauertage lang, *novendialia* genannt, gedachten sie des Todes eines Verstorbenen und ließen am neunten Tag nach dem Tod oder dem Begräbnis ein Festmahl folgen.

Die frühen Christen übernahmen diese Zahl und besuchten zum Gedenken an ihre Toten neun Tage hintereinander die Messe. Die Neun wurde so etwas wie eine magische Zahl, und während des Mittelalters wurden viele Andachtsübungen neunmal ausgeführt. Wer zum Beispiel von einem Hund gebissen worden war, betete neun Tage lang zum heiligen Hubertus, einem Bischof aus dem 8. Jahrhundert, dem Schutzpatron der Jäger und Beschützer vor der Tollwut. (Wenn möglich, unternahm der Gebissene eine Wallfahrt zum Grab des heiligen Hubertus, um einen Faden von dessen Stola, angeblich ein Geschenk der Jungfrau Maria, zu erlangen; der Faden wurde in einen Schnitt auf der Stirn des Patienten gelegt, der sich nachher vierzig Tage lang nicht kämmen durfte und Schweinefleisch nur von Ebern essen durfte.)

Die heidnischen Ursprünge der Novene sind in der Papst-Novene (Novendialia) noch erkennbar, einer neuntägigen Trauerzeit nach dem Tod eines Oberhaupts der katholischen Kirche.

Bitten um eine Gunst.
Die christliche Novene, das inständige Erbitten einer Gunst von Gott, entwickelte sich im frühen Mittelalter zunächst in Frankreich und Spanien. Sie steht in Verbindung mit der neuntägigen, von Liedern und Gebeten erfüllten Zeit der Vorbereitung auf das Weihnachtsfest, die am 17. Dezember beginnt und neun Tage später mit Gaben endet. So kam die Gleichung zustande: neun Tage beten, dann gibt es Geschenke.

Wer eine Novene verrichtete, konnte dennoch nicht sicher sein, daß sein Wunsch auch wirklich erfüllt würde. So entstand im 19. Jahrhundert in der katholischen Kirche ein neuer Brauch. Für neuntägiges Beten zu Jesus, Maria oder einem bestimmten Heiligen wurde dem Bittsteller von der Kirche zumindest eine spirituelle Gunst garantiert: ein Ablaß, der ihm einen Teil seiner zeitlichen Sündenstrafen ersparte.

In seiner apostolischen Konstitution *Indulgentiam Doctrina* erließ Papst Paul VI. 1967 strenge Beschränkungen für die Erteilung von Ablässen. Heute begrenzt das Rechtsbuch der katholischen Kirche, der *Codex juris canonici* (Abschnitt 992-997), die Befugnis, Ablässe zu erteilen, auf den Papst und eigens von ihm dazu Bevollmächtigte.

Der Kreuzweg: Christentum, 15. Jahrhundert

Kurz nach Christi Tod begannen die Jerusalemer Christen damit, die Schauplätze seiner Passion zu besuchen, angefangen bei dem Ort, wo Christus von Pilatus zum Tode verurteilt wurde, bis zum Berg Golgatha, wo er gekreuzigt wurde, und zu dem Grab, in dem drei Tage lang sein Leichnam lag.

Für die Christen in Jerusalem waren diese Plätze mit einem Spaziergang über ihre Via dolorosa, den »Schmerzensweg«, leicht erreichbar, nicht aber für die Christen späterer Zeiten in fernen Ländern. Aber auch sie wollten den Weg gehen, den Christus zum Kalvarienberg gegangen war. So entstand die Kreuzwegandacht, das von Meditation und Gebet begleitete Abschreiten einer Reihe von vierzehn bildlichen Darstellungen, die die Stationen des Leidens Christi symbolisieren.

»Kalvarienberg« und »Golgatha« bezeichnen den gleichen Felsenhügel außerhalb von Jerusalem, wo Christus gekreuzigt wurde. *Calvaria* ist die lateinische Entsprechung des aramäischen Wortes Golgatha, die beide »Schädel« bedeuten. Gelehrte sind der Meinung, der Felsenhügel habe wie eine Schädelplatte ausgesehen, daher sein Name.

Jesus fällt unter dem Kreuz, und Simon hilft ihm.

Früheste Nachbildungen.
Der erste Kreuzweg, eine Kombination aus Statuen und gemalten Bildern, wurde im 5. Jahrhundert in Bologna bei der Kirche San Stefano errichtet. Aber weitere Verbreitung fand der Brauch erst, als die Kreuzfahrer des 13. Jahrhunderts nach ihrer Rückkehr aus Palästina Nachbildungen der Plätze schufen, die sie im Heiligen Land besucht hatten. Im 15. Jahrhundert war die Kreuzweg-Andacht allgemein verbreitet. Vor allem die Minoriten nahmen sich ihrer an und empfahlen sie als einen Pilgerweg zur spirituellen Erneuerung.

Die vierzehn Stationen sind:

1. Jesus wird zum Tode verurteilt.
2. Jesus nimmt das schwere Kreuz auf seine Schultern.
3. Jesus fällt zum ersten Mal unter dem Kreuz.
4. Jesus begegnet seiner betrübten Mutter.
5. Simon von Cyrene hilft Jesus das Kreuz tragen.
6. Veronika reicht Jesus das Schweißtuch dar.
7. Jesus fällt zum zweiten Mal unter dem Kreuz.
8. Jesus und die weinenden Frauen Jerusalems.
9. Jesus fällt zum dritten Mal unter dem Kreuz.
10. Jesus wird seiner Kleider beraubt.
11. Jesus wird an das Kreuz genagelt.
12. Jesus stirbt am Kreuz.
13. Jesu Leichnam wird vom Kreuz genommen.
14. Jesus wird ins Grab gelegt.

Die herkömmlichen vierzehn Stationen sind nicht etwa alle gleichzeitig entstanden. Noch im 14. Jahrhundert wurden im Nachvollzug der Passion nur sieben Bildnisse an der Via dolorosa besucht, die sogenannten »sieben Fälle«. Häufig schufen Mönche, Priester und die Angehörigen von Zünften Nachbildungen der einzelnen Stationen, Miniaturmodelle von Christi Leidensweg.

Da die Auferstehung ein zentrales Mysterium des Christentums ist, haben manche Kirchen eine fünfzehnte Station hinzugefügt: Jesus steht aus dem Grabe auf.

Jesus wird vom Kreuz genommen.

Zugeständnisse an Behinderte.
Etwa um die Zeit, als die Kreuzwegandacht weitere Verbreitung fand, begannen die Päpste, jenen Christen einen vollkommenen Ablaß zu versprechen, die die *wirkliche* Wallfahrt zu den heiligen Stätten in Jerusalem gemacht hatten. Der Franziskanerorden, dem im Jahre 1342 die Obhut über diese Stätten übertragen worden war, und vor allem der heilige Leonardo von Porto Maurizio (1676-1751) propagierten den Kreuzweg, und Leonardo machte ihn in mehr als sechshundert italienischen Städten populär.

1731 erließ Papst Clemens XII. die Bestimmung, daß Christen, die der *Nachbildung* des Kreuzwegs in ihrer Stadt oder ihrer Kirche andächtig folgten, damit ebenfalls einen vollkommenen Ablaß gewinnen sollten. Mehr als alles andere machte dieses päpstliche Dekret die Kreuzwegandacht populär. Clemens setzte auch die Zahl der Stationen auf vierzehn fest, die in früheren Zeiten zwischen fünf und dreißig geschwankt hatte.

Papst Clemens XII. (1730–40) gewährte den vollkommenen Ablaß für das Absolvieren des Kreuzwegs.

Noch heute, nach dem 2. Vatikanischen Konzil (1962-65), wird dem, der den Kreuzweg andächtig absolviert, ein vollkommener Ablaß zuteil. Vorbedingung ist allerdings, daß sich der Gläubige von einer Station zur anderen tatsächlich fortbewegt: ob zu Fuß, im Rollstuhl oder auf Krücken. Schließlich war ja auch Christus auf seinem Kreuzweg »behindert«. Schwerbehinderte jedoch, die den Rundgang durch die Kirche nicht machen können, erlangen dennoch einen vollkommenen Erlaß ihrer zeitlichen Sündenstrafen, wenn sie, wie es im offiziellen Ablaß-Handbuch heißt, »wenigstens eine halbe Stunde in andächtiger Lektüre und Meditation über die Passion und den Tod unseres Herrn Jesus Christus verbringen« – zu Hause oder im Krankenhaus.

Während die Christen den Stätten von Christi Leiden mit der Kreuzwegandacht einen symbolischen Besuch abstatten können, müssen die Muslime die mühselige Wallfahrt nach ihrer heiligen Stadt Mekka tatsächlich unternehmen.

Der Hadsch

Die fünfte der Fünf Säulen des Islam ist die Große Pilgerfahrt zu den heiligen Stätten in und um Mekka, der Hadsch. Wenigstens einmal in seinem Leben muß jeder Muslim diese Reise unternehmen, soweit er körperlich dazu imstande ist und sich hierdurch nicht finanziell ruiniert. In den letzten Jahren sind jährlich mehr als zwei Millionen Gläubige nach Mekka geströmt.

Alle Handbücher zum Hadsch beginnen mit einem Zitat aus dem Koran: »Wahrlich, das erste Haus, das für die Menschheit gegründet wurde, ist das zu Bakka [das Tal von Mekka] ... Und Wallfahrt zu diesem Haus ist den Menschen eine Pflicht vor Allah.« (3, 97-98)

Die Bedeutung der Kaaba.

Für die Muslime verkörpert das Heiligtum in Mekka die zentralen Überzeugungen ihres Glaubens: (1) Die Schöpfung Gottes begann in Mekka; (2) Abraham (Ibrahim), der Vater aller Propheten, errichtete das erste Bethaus, die Kaaba, in Mekka; (3) die alten heidnischen Praktiken der Araber an der Kaaba wurden schließlich von Gottes Offenbarung durch den Propheten Mohammed verdrängt.

In die Richtung der Kaaba wenden sich die Muslime beim Gebet, in ihre Richtung betten sie die Toten in den Gräbern. Gebete vor der Kaaba sind die wirkungsvollsten, die ein Muslim sprechen kann.

Für die polytheistischen Araber war, wie wir noch sehen werden, die Kaaba schon Jahrhunderte vor der Entstehung des Islam, als *al-Lah* noch einer von vielen Göttern im arabischen Pantheon war, ein Heiligtum gewesen. Das arabische Wort *hadsch* und das hebräische Wort *hag* gehen beide auf die heidnische Zeit und den Opferdienst zurück.

Mohammed zerstörte die Hadsch-Rituale aus vorislamischer Zeit nicht, sondern erfüllte sie mit neuen Symbolen und neuer Bedeutung. Während der Hadsch-Zeremonien wird auch heute alljährlich der Predigt Mohammeds am Berge Arafat, dem Berg der Barmherzigkeit, und seiner Reinigung der Kaaba in Mekka von allen heidnischen Götzenbildern gedacht. Kurz vor seinem Tod (632 u.Z.) soll der Prophet selbst den ersten muslimischen Hadsch unternommen haben.

Die Zeremonie.
Bevor der Pilger den heiligen Bezirk (*haram*) um Mekka betritt, läutert er sich durch eine rituelle Waschung und durch Anlegen eines weißen Gewandes (*ihram*). Nun ist er bereit, das Heiligtum, die Kaaba, siebenmal zu umkreisen; dann betet er und schreitet die vorgeschriebenen Wege ab.

Im Laufe der von zahlreichen Pilgern besuchten Zeremonien, die zwischen dem zehnten Monat (Schawal) und dem zwölften Monat (Dhu al-Hidscha) des muslimischen Kalenders stattfinden, besucht der Pilger auch die heiligen Stätten außerhalb Mekkas und kann zum Andenken an das Opfer Abrahams ein Tier opfern. Der Kopf des Pilgers wird dann meist geschoren; er schleudert gegen jede der drei Steinsäulen in Mina an drei aufeinanderfolgenden Tagen jeweils sieben Steine; dann kehrt er nach Mekka zurück, um vor seiner Heimkehr die Kaaba noch einmal zu umrunden. Nun ist der Pilger berechtigt, seinem Namen den Titel *hadschi* anzufügen. (Manche Pilger besuchen zunächst Medina, die zweitwichtigste heilige Stadt des Islam.)

Kritische Massen.
Zu Beginn der 90er Jahre des 20. Jahrhunderts sind das Christentum mit 1,870 Millarden Anhängern und der Islam mit 1,014 Milliarden Anhängern die beiden größten Religionen der Erde und zugleich auch diejenigen, die am schnellsten wachsen.

Das Judentum, das beide Religionen hervorgebracht hat, gedeiht im Staat Israel, schrumpft aber weltweit durch Wanderung, Heirat mit Angehörigen anderer Religionen und Assimilation. Ihrer Zahl nach bildeten die Juden immer eine kleine Religionsgemeinschaft, aber ihre Lehren und ihre heiligen Schriften haben sich als ungeheuer wirksam und einflußreich erwiesen.

Teil II. Himmlische Heerscharen

4. Kapitel
Engel
Boten bis Beschützer

Engel an der Schwelle zum dritten Jahrtausend

Auf die Frage, ob sie an Engel glauben, antworteten bei einer Meinungsumfrage in den Vereinigten Staaten kürzlich siebzig Prozent der Befragten ohne Zögern mit einem unzweideutigen Ja. Fünfzig Prozent von ihnen glaubten auch an einen persönlichen Schutzengel und fühlten sich mit ihm sicherer als ohne ihn.

Der Glaube an Engel ist allen Religionen gemeinsam. Man begegnet ihm in allen Zeitaltern und allen Kulturen. Es gibt jüdische Engel, christliche Engel und muslimische Engel. Engel mit Heiligenschein in weißen Gewändern bevölkern auch den Buddhismus, den Hinduismus, den iranischen Zoroastrismus. Geflügelte Himmelsboten finden wir schon auf alten sumerischen und assyrischen Reliefs und in ägyptischen Gräbern.

Als körperlose Stimme oder leibhaftige Sendboten schweben Engel durch mehr als die Hälfte der biblischen Bücher, mal namenlos, mal mit einem Namen versehen – Gabriel, Raphael, Michael. Michael ist der nationale Schutzengel Israels. Fromme Engel lobpreisen Gott, kriegerische Engel bekämpfen den Satan.

Ein Engel gebot Abraham, seinen Sohn, den er Gott opfern wollte, zu schonen. Ein Engel kam Daniel in der Löwengrube zu Hilfe. Ein Engel wälzte den Stein von Christi Grab.

Der Erzengel Gabriel verkündete der Jungfrau Maria, daß sie Gottes Sohn zur Welt bringen werde, und sechshundert Jahre später berief er Mohammed zum Propheten und offenbarte ihm den Koran.

Der Erzengel Michael übergab Moses die Zehn Gebote, die die Frömmigkeit der Israeliten vertieften. Es waren also zwei Erzengel, Gabriel und Michael, die die Geburt des monotheistischen Judentums, des auf dem Messias gründenden Christentums und des vom Koran inspirierten Islam ankündigten.

Lazarus wird von Engeln in den Himmel getragen.

Um das Jahr 1820 regte der mormonische Erzengel Moroni in Palmyra im amerikanischen Bundesstaat New York einen jungen Mann namens Joseph Smith dazu an, die Kirche Jesu Christi der Heiligen der Letzten Tage zu gründen.

Heute heißt es von den Schutzengeln, sie würden katholischen Kindern über verkehrsreiche Kreuzungen helfen, während muslimische Engel in den Moscheen sitzen und die Gebete der Gläubigen mitzählen, um ihre Aufstellungen am Jüngsten Tag Gott vorzulegen.

Wie sind diese glorreichen Wunderwesen entstanden? Wie lassen sich jüdische und christliche Engel voneinander unterscheiden? Woher die gefiederten Flügel?

Biblischer Ursprung der Engel: 1. Mose 1,1 1800 bis 1400 v.u.Z.

Enttäuschenderweise wird im Alten Testament von der Erschaffung der Engel nicht ausdrücklich gesprochen.

Ihre Entstehung wird von Juden, Christen und Muslimen aus dem ersten Satz der Genesis erschlossen: »Am Anfang schuf Gott den Himmel ...« Gott brachte demnach bei der Erschaffung des Himmels auch die himmlischen Heerscharen hervor, die insofern den Menschen vorangehen.

Ebenso enttäuschend ist, daß im Alten Testament von einem Kampf zwischen den Engeln oder von gestürzten Engeln, aus denen dann der Satan und sein Gefolge werden, nicht die Rede ist. Diese Offenbarung taucht erst im Neuen Testament auf, sowohl im Zweiten Brief des Petrus (um 64 u.Z.) als auch fast gleichzeitig im Matthäus-Evangelium (etwa 65-75 u.Z.):

Denn Gott hat selbst die Engel, die gesündigt haben, nicht verschont, sondern hat sie in finstere Höhlen hinabgestoßen und übergeben, daß sie zum Gericht behalten werden. (2. Petrus 2,4)

Dann wird er [Gott] auch sagen zu denen zur Linken: Gehet hin von mir, ihr Verfluchten, in das ewige Feuer, das bereitet ist dem Teufel und seinen Engeln! (Matthäus 25,41)

Den meisten Katholiken dürfte nicht klar sein, daß sie an Engel glauben *müssen*; das vierte Laterankonzil von 1215 hat die Existenz unsichtbarer Geistwesen zum Dogma erhoben. Das erste Vatikanische Konzil hat dies 1870 bestätigt (und hat zudem die Lehre von der Unfehlbarkeit des Papstes zum Dogma erhoben). (*Siehe* Unfehlbarkeit) Obendrein hat Papst Pius XII. (1939-1958) erklärt, Engel seien als »persönliche Wesen« und nicht bloß als unbestimmte, spirituelle Wesenheiten anzusehen.

Katholiken sollen im übrigen auch nur drei Engelsnamen anrufen: Michael, Gabriel und Raphael. Nur diese Erzengel werden in den kanonischen Schriften genannt. (Der Erzengel Uriel wird in der Angelologie oder Engellehre der alttestamentarischen Apokryphen erwähnt; dazu weiter unten mehr.)

Die himmlischen Heerscharen der Engel wurden vor den Menschen geschaffen.

Jüdische Engel: Altes Testament

Im Alten Testament werden die Engel als das Gefolge des himmlischen Hofes dargestellt. Es ist ihre Aufgabe, Gott zu preisen und seinen göttlichen Willen den Bewohnern der Erde zu übermitteln – daher die Fügel.

Bildlich gesehen, sind die gefiederten Anhängsel eine direkte Anleihe bei den Vögeln. Wie könnte man die Reisen zwischen Himmel und Erde besser bewerkstelligen? In der gesamten Antike, sowohl im Osten als auch im Westen, betont die Ikonographie der Engel immer die überdimensionalen Flügel, die groß genug sind, einen Körper von der Größe eines Menschen zu tragen

Das Wort »Engel« geht zurück auf das griechische Wort *angelos*, das, genau wie das hebräische Äquivalent *malach*, »Sendbote« bedeutet.

Aber die Israeliten hatten je nach ihren verschiedenen Aufgaben auch andere Ausdrücke für die Engel: *awadim* = »Diener«, *mschartim* = »Gesandte«, *zawa* = »Heerscharen«, *kedoschim* = »abgesonderte Heilige« und das aramäische Wort *ir* = »Bewacher«. Damit sind zugleich auch die wesentlichen Aufgaben eines Engels umschrieben.

Für die Israeliten waren Engel zumeist unsichtbar, unnahbar und frei von menschlichen Bedürfnissen. Jüdische Engel waren nie so populär, wie die

Engel. *Im Griechischen bedeutet* angelos *»Bote«. In Mythologie und Religion haben sie Flügel, damit sie Bitten von der Erde in den Himmel befördern können.*

christlichen Engel später werden sollten. Seit dem 5. Jahrhundert errichteten christliche Theologen, ausgehend von der jüdischen Engellehre und persischen Mythen, eine Hierarchie der himmlischen Heerscharen, wobei sie die Zahl der Engelsarten aus der eigenen lebhaften Phantasie noch stark erweiterten.

Hier zunächst die Engel nach der hebräischen Bibel.

Cherubim, »Betende Engel«: 1. Mose 3,24

Der Singular ist »Cherub« – möglicherweise besteht eine Verbindung zu dem akkadischen Wort *karabu*, »segnen«.

Für die Israeliten waren Cherubim Himmelswesen, die den Thron oder den Wagen Gottes trugen und auch als Schutzgeister agierten.

Im Alten Testament erscheinen sie zum erstenmal in der Genesis: als mit Flammenschwertern bewaffnete Bewacher des Gartens Eden nach dem Sündenfall und der Vertreibung Adams: »Und er [Gott] trieb den Menschen hinaus und ließ lagern vor dem Garten Eden die Cherubim …« (1. Mose 3,24)

Über die äußere Erscheinung eines Cherubs sind sich die Israeliten nicht recht schlüssig geworden. Im 2. Buch Mose (25,20; geschrieben etwa 1400 v.u.Z.) zum Beispiel wird die Stiftshütte – das Zelt, das die Bundeslade beherbergt – von zwei Cherubim bewacht, die jeder zwei Flügel und ein Gesicht haben. Bei Hesekiel (1,6 und 10; geschrieben im 6. Jahrhundert v.u.Z.) treten vier Cherubim auf, und jeder von ihnen hat vier Flügel und vier Gesichter – ein Menschen-, ein Löwen-, ein Stier- und ein Adlergesicht. An einer späteren Stelle bei Hesekiel (Kapitel 41) haben die Cherubim nur zwei Gesichter – das eines Menschen und das eines Löwen.

Die Israeliten haben sich solche phantastischen Geschöpfe nicht ausgedacht, sie haben sie den alten Mythen des Nahen Ostens entlehnt, in dessen Kunst- und Kultwesen geflügelte Sphinxe, Stiere, Greife und Menschen häufig vorkamen. Ehe aus ihnen die niedlichen, rosenwangigen Engelchen des Christentums wurden, waren die Cherubim gespensterhafte, kultische Mischwesen.

Das Alte Testament beschreibt die Cherubim vor allem als die Träger von Gottes Thron im Allerheiligsten; sie sind bekannt für ihre große Beweglichkeit, aber nicht so sehr als Sendboten.

Seraphim, »Flammengeister«: Jesaja 6,2-6

Der Singular lautet »Seraph«. Das Wort geht zurück auf das hebräische Verb *saraph*, »brennen«.

Die Seraphim waren den alten Israeliten als jene Himmelswesen bekannt, die Gottes Thron umgaben und ihn fortwährend mit Gesängen priesen – selbstverständlich in hebräischer Sprache. Der Prophet Jesaja (6,2-6) teilt uns mit, daß die Seraphim über drei Flügelpaare verfügen, ein Indiz dafür, daß der Seraph einen Cherub ohne weiteres überflügeln kann.

Ein Cherub garantiert die Reinheit eines Markenerzeugnisses. Ein Seraph trompetet die Keduscha, das dreimalige »Heilig, heilig, heilig ist der Herr«.

In der Tempel-Vision des Propheten preisen die Seraphim Gott mit dem, was in der griechisch-orthodoxen Kirche *Trishagion* (»dreimal heilig«) und von den Juden *Keduscha* genannt wird:

Heilig, heilig, heilig ist der Herr Zebaoth, alle Lande sind seiner Ehre voll. (Jesaja 6,3)

Die Juden haben sich auch die Seraphim nicht ausgedacht. Diese entstammen ebenfalls der Mythologie des Nahen Ostens. Das hebräische Verb *serafim* bedeutet »in Brand setzen«, und im Alten Testament werden die Seraphim oft als die »Brennenden« bezeichnet. Mehrere Propheten, die Seraphim zu Gesicht bekommen haben, behaupteten, sie seien »Flammengeister«, und der heilige Basilius sah sie als nebelhafte Feuerbälle, ähnlich einem Kugelblitz.

Die Israeliten leiteten ihren vielflügligen, flammenden Seraph wahrscheinlich von dem ägyptischen Gott Serapis her, der die unteren Bezirke, den brennenden Kreis, bewohnte und dessen Kult sich bis nach Griechenland und Rom ausbreitete.

Die Engelverehrung ist also nicht im Judentum entstanden, sondern war überall im vorderen Orient verbreitet. Viele Völker hegten die Vorstellung, die Geister ihrer toten Verwandten besäßen Flügel, mit denen sie sich in das Leben nach dem Tod aufschwingen würden. Es ist möglich und sogar ziemlich wahrscheinlich, daß die Idee der Engel in der Vorstellung von menschlichen Geistern wurzelt, die gleichsam über der eigenen Familie schweben und bei Gott oder bei den Göttern Fürsprache für ihre Lieben einlegen.

Kriegerengel: Altes Testament

Die alten Israeliten sahen in den Engeln auch unerschrockene Kämpfer im Heer des Herrn, wiederum eine Vorstellung, die in den Kulten des Nahen Ostens wurzelte. Jahwe wird im Alten Testament auch der Herr der Heerscharen oder »Zebaoth« genannt, und diese Heerscharen sind Soldaten, die die Bösen bekämpfen und die Rechtschaffenen beschützen.

Kriegerengel besiegten die Assyrer (2. Könige 19,35), sie führten das Heer der Makkabäer an (2. Makkabäer 11,6-11), und sie bewachen und schützen die Länder der Erde (Daniel 4,10 und 20).

Der wichtigste Kriegerengel ist Michael, der Beschützer Israels, dessen Name bedeutet »Wer ist wie Gott?«. Der wichtigste Botenengel ist Gabriel, »Mann Gottes«.

Der Talmud (»Belehrung«), eine zwischen dem 4. und 6. Jahrhundert u.Z. zusammengestellte Sammlung bürgerlicher und religiöser Gesetzesvorschriften, die in ihrer Autorität nur hinter der Bibel (»Tenach«) zurücksteht, beschäftigt sich sehr viel intensiver als das Alte Testament mit den Engeln. Zwischen dem Zeitpunkt, als das letzte Buch der hebräischen Bibel in den jüdischen Kanon aufgenommen wurde, und der Zeit der Vollendung des Talmud liegen ungefähr tausend Jahre. Die Engel hatten inzwischen an Bedeutung gewonnen, eine Auswirkung vor allem des Christentums.

Engel werden an jedem Tag geschaffen: Talmud 400 bis 600 u.Z.

Mit dem Kommen Jesu und des Heiligen Geistes verloren die Engel, bis dahin die wichtigsten Gottesboten, im Christentum einiges von ihrer Bedeutung.

Während das Gesetz des Alten Testaments durch die Vermittlung von Engeln zu den Menschen kam, hatten nun »Gott Sohn« und »Gott heiliger Geist«, die über den Engeln standen, selbst die Vermittlung übernommen. Vielleicht rückt der Talmud die Engel gerade deshalb mehr in den Vordergrund: Die Christen hatten Christus und den Heiligen Geist; die Juden brauchten stärkere Engel. Und *mehr* Engel.

Einweg-Engel.
Einige Rabbis der Talmudzeit behaupteten, an jedem Tag würden neue Engel geschaffen; jedesmal, wenn Gott den Mund auftäte, um zu sprechen, würden ihm zusammen mit seinen Worten neue Engel entströmen.

Andere entwickelten die Vorstellung von Einweg-Engeln: Jeden Tag würden neue Engel geschaffen, und nachdem sie Gottes Lob gesungen hätten, würden sie beim himmlischen Sonnenuntergang in einem Meer von Feuer, *nehar di-nur*, versinken.

Der Talmud behauptet auch, die Engel seien entweder am zweiten oder am fünften Schöpfungstag geschaffen worden. Sie gehen auf Füßen aufrecht oder fliegen, sie weissagen die Zukunft und sprechen nur Hebräisch.

Die Engel im Talmud haben Menschengestalt, bestehen aber zur Hälfte aus Feuer, zur Hälfte aus Wasser – so daß das ätherische Bild vom Dampf naheliegt.

Diese neuen Generationen jüdischer Engel sind frei von bösen Neigungen, haben keine persönlichen Bedürfnisse, führen immer nur einen Auftrag auf einmal aus, können nicht auf Abwege geraten, und es gibt bestimmte Engel, die sich um Angelegenheiten wie Regen, Hagelschlag, Schwangerschaft der Frauen und Geburt kümmern.

Frühe christliche Autoren behaupteten verächtlich, die Juden seien dazu übergegangen, Engel anzubeten. In Wahrheit gibt es nur eine Passage im Talmud, die darauf schließen läßt, daß bestimmte jüdische Sekten einen Engelkult praktizierten, und die Talmudgelehrten erhoben heftigen Einspruch gegen diese Praxis.

Der Rabbi und Philosoph Maimonides stellte im 12. Jahrhundert in seinem *Führer der Unschlüssigen* die Vorstellung von den Engeln als körperliche Wesen mit Flügeln in Frage. Statt dessen lehrt er, die Engel seien »Naturkräfte«, die Gott in die Welt gestellt habe und die alles Geschehen im Universum prägen und beherrschen.

Der Glaube an Engel hat nie im Mittelpunkt jüdischer Religiosität gestanden. Manche Juden mit mystischen Neigungen sehen in den Engeln geflügelte Himmelswesen, die bei Gott besonders leicht Gehör finden, aber die meisten Juden würden heute wohl den Anschauungen des Maimonides beipflichten.

Die wahre Sünde der gefallenen Engel: 6. Jahrhundert u.Z.

Stolz, so sagen wir heute, war die Sünde der gefallenen Engel. Aber das ist eine späte Deutung, die von den Kirchenvätern Origines, Augustinus und Johannes Chrysostomos favorisiert wurde.

Anfangs bestand die Sünde der gefallenen Engel in ihrer sexuellen Vereinigung mit Menschenfrauen – so läßt sich die Genesis jedenfalls deuten:

Der heilige Michael vertreibt Luzifer und die gestürzten Engel aus dem Himmel: eine Offenbarung aus dem Neuen Testament.

Als aber die Menschen sich zu mehren begannen auf Erden und ihnen Töchter geboren wurden, da sahen die Gottessöhne, wie schön die Töchter der Menschen waren, und nahmen sich zu Frauen, welche sie wollten. (1. Mose 6,1-2)

Der Ausdruck »Gottessöhne«, im Hebräischen *benei Elohim*, ist eine frühe Bezeichnung für Engel, die man an mehreren Stellen des Tenach findet (z.b. Hiob 1,6 und 38,7).

Daß die Sünde der gefallenen männlichen Engel sexueller Natur war und unmittelbar vor der Sintflut geschah, ist eine alte jüdische Überzeugung. Man begegnet ihr in den *Jubiläen*, einem Buch der Pseudepigraphen, im *Buch Henoch* (Henoch ist ein Abkömmling Adams, der 365 Jahre alt wurde), in der syrischen *Baruch-Apokalypse* und in der Schrift *De gigantibus* des jüdischen Philosophen und Theologen Philon aus dem 1. Jahrhundert u.Z.

In dem Buch *Die Geburt Noahs* der *Genesis Apokryphon* aus den Qumran-Höhlen wird Noah selbst verdächtigt, Sproß der Verbindung eines ungehorsamen männlichen Engels mit einer sterblichen Frau zu sein.

Auch viele frühchristliche Kirchenväter – Clemens von Alexandria, Tertullian, Ambrosius und andere – stimmten der sexuellen Deutung von 1. Mose 6,1-2 zu.

Sex mit Engeln.

Wie skandalös das heute alles klingt – Verführung durch Engel, Sex mit Engeln! Aber die Vorstellung von »gefallenen Göttern« ist uralt und bei allen semitischen Völkern verbreitet, und die schwerste Sünde, für die ein männlicher Gott aus dem himmlischen Pantheon verbannt werden konnte, war verbotener Beischlaf mit einer sterblichen Frau. Manchmal auch Vergewaltigung.

Andererseits brachte der vom höchsten Gott genehmigte Beischlaf mit einer Menschenfrau Halbgötter hervor. Die alten Griechen behaupteten von all ihren großen Genies, sie seien Halbgötter: Sokrates, Platon, Aristoteles, Alexander der Große. Römische Kaiser brüsteten sich damit, von männlichen Göttern und sterblichen Frauen abzustammen.

Die Sünde des Stolzes gewinnt die Oberhand.

Die Überzeugung, die Sünde der gefallenen Engel sei der Stolz gewesen, und sie hätten sich ihrer schon vor der Erschaffung des Menschen schuldig gemacht, geht auf die Schriften Gregors des Großen zurück, der von 590 bis 604 Papst war. (Gregor erklärte auch, die Engel seien vollkommen makellos, sündenfrei, geheiligt vom Heiligen Geist, und führten ein glückseliges Dasein in Einigkeit mit Gott.)

Gregor argumentierte, ähnlich wie der heilige Augustinus, da Satan im Paradiesgarten schon ein Verführer (von Eva) gewesen sei, müsse er schon vor der Erschaffung von Adam und Eva gesündigt haben – bevor es »Töchter der Menschen« auf Erden gab. Diese Annahme beruht natürlich darauf, daß die verführerische Schlange, der Satan, als gefallener Engel gedeutet wird.

Hebräische Schriftgelehrte vertreten dagegen die These, die Darstellung der gefallenen Engel sei in die Heilige Schrift erst aufgenommen worden, nachdem sich die Israeliten sowohl den Monotheismus als auch den »persischen Dualismus« vollständig zu eigen gemacht hatten, also die strikte Trennung von Gut und Böse, die erst im 6. Jahrhundert v.u.Z. in das jüdische Denken Eingang fand. Ermutigt durch die Vorstellung vom Gegensatz zwischen dem absolut Guten und dem absolut Bösen, der in dem Gegensatz Gott/Satan zum Ausdruck kommt, haben jüdische Schreiber damals die religiöse Überlieferung tatsächlich bearbeitet und den Wortlaut älterer Schriften verändert.

Der Ausdruck »Gottessöhne«, *benei Elohim*, bedeutete wahrscheinlich zunächst nicht »Engel«, sondern »Helden aus alter Zeit«, berühmte Männer. Erst später, als der dualistische Glaube an die Existenz böser Dämonen zu einem festen Bestandteil des Volksglaubens geworden war, wurde versucht, biblische Autorität für die Vorstellung von den gefallenen Engeln zu finden.

Die katholische Kirche hat nie offiziell erklärt, auf welche Weise die Engel gesündigt haben und sich in den Teufel mit seinen Dämonen verwandelten. Das vierte Laterankonzil von 1215 hat dagegen die Existenz des Teufels und seiner Dämonen zum Dogma erhoben. An sie *muß* geglaubt werden.

Christliche Engel: Zeit des Neuen Testaments bis zum Mittelalter

In der christlichen Theologie stehen die doppelflügligen Cherubim an zweiter Stelle hinter den mächtigeren, mehrflügligen Seraphim.

Ein Engel bringt die Botschaft von Christi Geburt: »Siehe, ich verkündige große Freude.«

In der frühchristlichen Kunst ist der Cherub mit einem einfachen roten Gewand bekleidet. Später nimmt er das Aussehen eines pausbäckigen, rosenwangigen Knirpses mit niedlichen, flaumigen Flügeln an. Es ist dieses mittelalterliche Engelbild, das uns auf den Gedanken bringt, Kinder zärtlich als »Engelchen« zu bezeichnen.

In der späteren christlichen Kunst weisen die Cherubim vier Flügel auf und werden blaßblau dargestellt, ein symbolischer Hinweis auf den Himmel; während die sechsflügeligen Seraphim in Rot dargestellt werden und das Feuer symbolisieren; sie sind die »Brennenden«, von denen die Propheten sprechen.

Die Christen haben nicht nur die äußere Erscheinung der Engel neu erfunden. Sie haben auch die Bedeutung, die dem Wort »Engel« innewohnt, hevorgehoben: »Bote« – vor allem jener Bote, der das Kommen Christi ankündigt.

- Lukas läßt den Engel Gabriel die Jungfrau Maria aufsuchen und ihr erklären (1,31): »Siehe, du wirst schwanger werden und einen Sohn gebären, des Namen sollst du Jesus heißen.«
- Matthäus setzt einen Engel ein, um Joseph zu versichern, daß seine rätselhafterweise schwangere Angetraute nicht mit einem Mann geschlafen hat (1,20): »Da erschien ihm ein Engel des Herrn im Traum und sprach ... fürchte dich nicht, Maria, dein Gemahl, zu dir zu nehmen; denn das in ihr geboren ist, ist von dem heiligen Geist.«
- Jesus wird geboren, und ein Engel beeilt sich, Joseph vor den bösen Plänen des Königs Herodes zu warnen: »Steh auf und nimm das Kindlein und seine Mutter zu dir und flieh nach Ägyptenland und bleib allda, bis ich dir's sage; denn Herodes geht damit um, daß er das Kindlein suche, es umzubringen.« (Matthäus 2,13)
- Der Engel hält sich an sein Versprechen und erscheint Joseph einige Zeit später wieder im Traum: »Steh auf und nimm das Kindlein und seine Mutter zu dir und zieh hin in das Land Israel; sie sind gestorben, die dem Kinde nach dem Leben standen.« (Matthäus 2,20)

Merke: Christliche Engel sind Regisseure. Sie bestimmen, wie die Schauspieler sich bewegen sollen. Richten die Bühne ein. Motivieren die Spieler. Das Bühnenskript, den göttlichen Text, spricht dann Jesus Christus.

Die himmlische Hierarchie: »Dionysius Areopagita«, 6. Jahrhundert u.Z.

Die frühen Christen übernahmen die Cherubim und Seraphim aus dem Alten Testament und ebenso die Idee einer Hierarchie der himmlichen Heerscharen. Die Juden hatten die Rangfolge der Engel im unklaren gelassen. Die Christen machten eine Wissenschaft daraus.

Einer hat sich mehr als alle anderen mit dieser Aufgabe beschäftigt: ein syrischer Mönch aus dem 6. Jahrhundert (seine wirkliche Identität ist ungeklärt), der unter einem Pseudonym, unter dem Namen des ersten Bischofs von Athen aus dem 1. Jahrhundert, schrieb: Dionysius Areopagita. Die Gelehrten nennen ihn deshalb den Pseudo-Dionysius.

Der Areopag war ein hohes Gericht im alten Athen, das auf einem Felshügel nordwestlich der Akropolis zusammentrat. Ein Mitglied dieses Gerichts wurde Areopagit genannt. Möglicherweise hat der Mönch des 6. Jahrhunderts selbst einmal einem hohen Gericht angehört. Vielleicht hatte er sich dies auch nur gewünscht.

Der Pseudo-Dionysius schrieb eine Reihe von Abhandlungen, in denen er die Philosophie Platons mit der christlichen Theologie und einer esoterischen Mystik zu verbinden suchte; ein gewaltiges Unterfangen, eine Art einheitlicher Feldtheorie der Metaphysik. Seine größten Erfolge erzielte er jedoch mit dem Entwurf von Hierarchien: einer für die römische Kirche, »Über die kirchliche Hierarchie«, und einer für den Chor der Engel, »Über die himmlische Hierarchie«. Wer immer dieser Pseudo-Dionysius war – er besaß jedenfalls Organisationstalent. Er allein teilte die Engel in jene neun Klassen ein, die, zu drei Hierarchien zusammengefaßt, bis heute maßgeblich sind.

Erste Hierarchie

Seraphim bilden den höchsten Rang. Sie sind Gott in ihrem Wesen am ähnlichsten und lobpreisen ihn beständig mit der hebräischen Keduscha: »Heilig, heilig, heilig«.

Cherubim, auf der nächsten Stufe, sind ebenfalls zur Verehrung Gottes da. Der Cherub gilt als Engel des Wissens, weil die Cherubim in der jüdischen Mystik den Baum des Lebens im Garten Eden beschützen – einen Baum, der mit sieben Ästen in den Himmel und mit sieben Wurzeln in die Erde wächst.

Throne werden gelegentlich auch *ophanim* oder Räder genannt. Hesekiel (1,15-19) erklärt, in der Nähe der Cherubim seien farbige, radförmige Gebilde gewesen, »ein Rad im anderen«. Anscheinend gehen die Cherubim nirgendwohin, ohne ihre Räder mitzunehmen. In den eindringlichen Visionen des Hesekiel fahren sie mit Rädern, deren »Felgen waren voller Augen«. Henoch dagegen – der »mit Gott wandelte« und, ohne zu sterben, von Gott in den Himmel aufgenommen wurde (1. Mose 5,18-24) – behauptete, die Räder glichen »feurigen Kohlen«. Dennoch nahmen Juden wie Christen an, die Räder seien eine spezielle Klasse von Engeln. Aufgabe der Thronen ist, über die Gerechtigkeit im Himmel zu wachen.

Die Engel der ersten Stufe, »die Getreuen«, entfernen sich nie sehr weit von Gott. Der heilige Thomas von Aquin lehrte, diese drei Chöre hätten die Erde nie besucht und würden es auch nie tun.

Zweite Hierarchie

Herrschaften sind die himmlischen Hausverwalter; sie regeln das Tun und Treiben im Himmel. Sie organisieren das große Potential der himmlischen Arbeitskräfte und verteilen Aufgaben an die tiefer stehenden Engel.

Kräfte gehören auf Erden zu den beliebtesten Engeln, und dies aus gutem Grund. Sie tun Wunder, heilen zum Beispiel Kranke. Sie bieten moralische Stütze in schweren Zeiten, sie schenken Mut und Gottes Gnade. Zwei Kräfte sollen Eva bei der schweren Geburt Kains, den ersten Wehen überhaupt, beigestanden haben. Und zwei Kräfte sollen Jesus bei seiner glorreichen Himmelfahrt begleitet haben.

Mächte schützen die Menschheit und jeden einzelnen vor dem Bösen. Sie wachen über die Seele eines Menschen und versuchen sie vor dem Einfluß des Satans zu beschirmen. Die Mächte bekämpfen das Böse frontal, und sie sollen im himmlischen Krieg, als Luzifer Gott die Herrschaft zu entreißen versuchte, ganze Legionen verloren haben.

Die Engel dieser zweiten Hierarchie sind Diener und Helfer, die die Erde und den Himmel beschützen. In seinem Brief an die Kolosser (1,16 – um 61 u.Z.) nennt Paulus in einem Abschnitt vier Gruppen von Engeln: Throne, Herrschaften, Mächte und Fürstentümer. Petrus, der erste Papst, erwähnt in seinem ersten Brief (3,22) die Kräfte.

Dritte Hierarchie

Fürstentümer, die sich in der Nähe der Erde aufhalten, haben es vor allem mit dem Wohlergehen der Nationen zu tun. Obwohl sie sich um die Welt als ganze kümmern, beschützen sie auch einzelne Städte und die Religionen der Welt.

Erzengel dienen – wie ihr Name schon deutlich macht, der sich von *archos*, griechisch für »an der Spitze stehend, regierend« herleitet –, den Menschen vor allem als Führer und Boten. Sie sind die Gesandten, die uner-

Ein Engel beschützt Petrus beim Verlassen des Gefängnisses.

müdlich zwischen dem Schöpfer und seiner Schöpfung unterwegs sind *(siehe das nächste Kapitel).*

Engel sind ein zahlreiches, vielgestaltiges Volk. Sie erfüllen ähnliche Aufgaben wie die Erzengel, stehen aber unter diesen. Wirklich wichtige Botschaften *von* Gott werden durch Erzengel ausgetragen, weniger wichtige Botschaften des Himmels und solche, die für den Himmel bestimmt sind, werden durch Engel übermittelt. Die Engel sind von allen Himmelswesen den Menschen am nächsten, stets aufmerksam und immer bereit, ein Gebet oder eine Bitte davonzutragen. Zu ihnen gehört auch jene spezielle Gruppe von persönlichen Begleitern, die man Schutzengel nennt.

Angehörige dieser dritten Hierarchie versehen ihr Amt vor allem auf Erden. Eigentlich sollte man nur die beiden letzten Gruppen der neunstufigen Hierarchie – die Erzengel und die Engel – als Engel bezeichnen, denn nur sie sind, was dieses Wort eigentlich meint: Sendboten.

Das aufwendige neunstöckige Gebäude der Engellehre hat sich im westlichen Abendland seit der Zeit Gregors des Großen erhalten. Seit dem 9. Jahrhundert, als die Schriften des Pseudo-Dionysius ins Lateinische übersetzt wurden, beschäftigten sich die Gelehrten sehr ausgiebig mit ihm. So etwa Thomas von Aquin, der im 13. Jahrhundert rund ein Zwölftel seiner dickleibigen *Summa Theologica* den Spekulationen über die Engel widmete. Die verschiedenen Engelklassen, so die Schlußfolgerung des gelehrten Heiligen, unterscheiden sich voneinander hinsichtlich ihrer Nähe zu Gott und ihrer Einsicht oder Intelligenz. Die Engel, die Gott am nächsten stehen, sind die klügsten; der Verstand derjenigen, die in ganzen Wolken über der Erde schweben, gleicht dem Verstand derer, über die sie wachen: Sie sind verwirrt, beschränkt und verfügen über einen freien Willen. Im Unterschied zu den Menschen, so Thomas, sind die Engel allerdings ohne Gelüste und geschlechtslos. Dennoch haben die meisten von ihnen Männernamen; Männer gaben sie ihnen.

Die katholische Kirche hat sich zur Hierarchie der Engel nie offiziell geäußert. In der Frage ihrer Rangfolge hat sie keine feste Position bezogen.

Schutzengel: frühes Judentum

Schutzengel wachen über Kinder; ihr Festtag ist der 2. Oktober.

Um eine Untergruppe von Engeln des niedrigsten Ranges entwickelte sich im Laufe der Zeit ein besonderer Kult. Die Idee des Schutzengels scheint in der gesamten semitischen Welt verbreitet gewesen zu sein.

Daß die Seele jedes Menschen einen Schutzgeist oder Begleiter habe, hat die katholische Kirche nie zu einem Dogma erhoben. Aber die Vorstellung, jedes Christenkind habe einen eigenen Schutzengel, wird bei Matthäus formuliert, wo Jesus die Unschuld der Kinder preist und die Mahnung hinzufügt:

Sehet zu, daß ihr nicht jemand von diesen Kleinen verachtet. Denn ich sage euch: Ihre Engel im Himmel sehen allezeit das Angesicht meines Vaters im Himmel. (Matthäus 18,10)

In der frühen Kirche debattierten die Theologen über die Frage, ob *nur* getaufte Individuen Schutzengel hätten. Wie verhielt es sich mit den Heiden? Es entwickelte sich die Auffassung, im Augenblick der Taufe – eines Neugeborenen oder eines bekehrten Erwachsenen – würde Gott dem Täufling einen Schutzengel zuweisen, der für ihn bei Gott Gehör finden konnte.

Der Theologe Irenäus erklärte, auch Völker besäßen Schutzengel; die Juden hatten ja schon Anspruch auf den Erzengel Michael als nationalen Schutzpatron erhoben.

Clemens von Alexandria stellte die These auf, daß auch einzelne Städte Schutzengel hätten. Engel hatten sich schon immer großer Beliebtheit erfreut. In Clemens' Zeit waren sie nahezu unzählig.

In seiner Schrift *De anima* erklärte Tertullian, beim Tod eines Menschen werde dessen Seele von seinem Schutzengel in das »Jenseits« begleitet (die Vorstellungen von Himmel, Fegefeuer und Limbus oder Vorhölle waren noch nicht klar entfaltet; jedem dieser Orte ist im folgenden ein Kapitel gewidmet).

Tertullian deutet in dem gleichen Text an, die Engel würden Gott bei der Erschaffung neuer Menschenkinder Beistand leisten.

Jahrhundertelang baten viele Bischöfe den Heiligen Stuhl in Rom um einen speziellen Festtag, an dem die Gläubigen ihren Schutzengeln für deren unermüdliche Wachsamkeit danken könnten. Auch Thomas von Aquin sprach sich für einen solchen Tag aus. Schließlich wurde ihnen im Jahre 1608 auf Bitten Ferdinands von Österreich der 2. Oktober als Festtag zugewiesen; die Päpste Clemens X. und Leo XII. bestätigten seine Heiligkeit, aber kein Papst hat ihn zu einem obligatorischen Festtag erhoben, an dem der Besuch der Messe Pflicht ist.

5. Kapitel
Erzengel und Dämonen
Michael bis Metatron

Erzengel: das Buch Tobit, die Henoch-Bücher

Wie wir im vorigen Kapitel gesehen haben, leitet sich aus dem griechischen Wort *archos*, »an der Spitze stehend«, die Vorsilbe her, die den gewöhnlichen spirituellen Sendboten in den Rang eines Überbringers bedeutender Offenbarungen erhebt.

Theologisch gesehen:

- Die *Juden* erkennen drei Erzengel an, die in der hebräischen Bibel genannt werden: Michael, Gabriel, Raphael; außerdem vielleicht Uriel, der in anderen Schriften vorkommt.
- Die *Christen* legen sich, wie wir noch sehen werden, im Hinblick auf die Zahl der Erzengel nicht fest. Mit Sicherheit gehören die drei aus dem Alten Testament dazu. Vielleicht auch Uriel. Vielleicht auch noch drei andere, so daß man auf eine Zahl von insgesamt sieben käme.
- Für die *Muslime* liegt die Zahl der Erzengel bei vier. Nicht mehr und nicht weniger.

Der Erzengel Michael wägt ab, ob die Seelen in den Himmel oder in die Hölle kommen.

Viele Angaben und Hinweise zu den Erzengeln stammen aus zwei Quellen:

1. Aus dem »katholischen« Buch Tobit (oder Tobias), das in die protestantische Bibel nicht aufgenommen wurde. Es handelt sich um eine phantasievolle Geschichte aus der Zeit der Gefangenschaft, die schildert, wie Gott sich um die Menschen kümmert. Im Laufe der Erzählung nennt der Erzengel Gabriel sechs andere Engel seines Ranges – woraus sich eine Gesamtzahl von sieben Erzengeln ergibt. Die Sieben, die Zahl der Schöpfungstage plus einem Ruhetag, ist immer eine magische Zahl gewesen.

2. Aus den beiden Henoch-Büchern, die zu den hebräischen Apokryphen gehören. Henoch ist in der Genesis der siebte Patriarch, ein Abkömmling von Adams Sohn Seth. Mit 365 Jahren wird Henoch in den Himmel entrückt – außer ihm ist es nur noch einer Gestalt aus dem Alten Testament, dem Propheten Elias, gelungen, dem Tod ein Schnippchen zu schlagen.

Das erste und das zweite Buch Henoch, möglicherweise im 2. Jahrhundert v.u.Z. entstanden, ähneln in Inhalt und Stil den biblischen Schriften. Sie sind jedoch nicht kanonisch und werden als Pseudepigraphen bezeichnet. Sie erzählen, wie Henoch von Gott zum bedeutendsten Schreiber der Welt erwählt wird, wie ihm eine Rundreise durch das Himmelreich zuteil wird, auf der er die Engel bei ihrem Tagewerk beobachten kann, woraufhin er ein »Who is Who« der himmlischen Heerscharen zusammenstellt, in dem er sieben Erzengel nennt, die gleichen sieben, die im Tobit-Buch auftauchen.

Betrachten wir sie im einzelnen:

Michael, »Wer ist wie Gott?«: der Beschützer Israels

Den bekanntesten, meistbeschäftigten von allen Engeln, Michael, nennt der Prophet Daniel den »Engelsfürst«, der den »Kindern deines Volkes zur Seite steht«. So wurde Michael der Fürst Israels, sein Schutzpatron.

Ein peruanischer Luftgott (links) und ein assyrischer Botengott. Engel entstammen der Mythologie.

Zweimal überreichte Michael dem Moses die Zehn Gebote, und er hielt Abraham in letzter Minute davon ab, seinen Sohn Isaak zu opfern.

Jahrhunderte später ermutigte er Jeanne d'Arc, Männerkleider anzulegen und den Dauphin davon zu überzeugen, daß er zum König von Frankreich gekrönt würde, wenn er sie für ihn kämpfen lasse.

In den Schriftrollen, die man in den Höhlen von Qumran am Toten Meer ausgegraben hat, tritt Michael als der »Fürst des Lichts« auf – so scheint ihn die in der Abgeschiedenheit lebende jüdische Sekte der Essener gesehen zu haben.

Die Katholiken ehren Michael (wie auch alle anderen Erzengel) mit dem Titel »Heiliger« und haben ihn zum »Verteidiger der katholischen Kirche« erhoben. So beschützt Michael also beides: Israel *und* den Katholizismus.

Im apokryphen Bartholomäus-Evangelium erschafft Gott den Menschen nach seinem Bild aus Lehm, den Michael von den vier Enden der Erde herbeigeholt hat. Michael deutet auf den Mann aus Lehm und sagt zu Luzifer: »Das ist Gottes Ebenbild, wir müssen ihm huldigen.« Luzifer jedoch, damals Gottes liebster Engel, entgegnet barsch: »Ich, der erste Engel, den Gott je schuf, soll diesem Lehmklumpen huldigen? Niemals!« Die hochmütige Erwiderung bekräftigt die verbreitete Vorstellung, daß sich der himmlische Kampf der Engel an der Erschaffung des Menschen durch Gott entzündete.

Der Name »Michael« geht zurück auf das hebräische *mika'el*: *mi* + *ka'el* = »wer ist« + »wie Gott«.

Michael, der mächtigste Verteidiger des Himmels, führt den Kampf gegen Luzifer und verbannt die gefallenen Engel in die Hölle. Thomas von Aquin weissagt: »Am Ende der Welt wird er den Antichrist vernichten, wie er es an ihrem Anbeginn mit Luzifer getan.«

Woher stammt ein derart starkes Wesen?

Ägyptische Wurzeln.

Was den Ursprung und die »englischen« Aufgaben Michaels angeht, so nimmt man an, daß die alten Israeliten während ihrer Gefangenschaft in Ägypten Anleihen bei der ägyptischen Mythologie gemacht haben, insbesondere bei der Gestalt des Anubis, eines ägyptischen Mischgottes mit dem Kopf eines Schakals.

Anubis wehrt das Böse ab, geleitet die Seelen zum Gericht und wägt die Gerechtigkeit unter den Menschen. Michael wird in der alten Kunst oft mit einer Waage in der Hand dargestellt, auf der die Tugendhaftigkeit eines Mannes und einer Frau gewogen wird. Anubis verwendete eine ähnliche Waage – in einer Schale lag das Herz des Verstorbenen, in der anderen eine Feder: Ein wenig Tugendhaftigkeit im Leben tut im Nachleben große Wirkung.

Auch die Bibel (Sprüche 21,1-2) deutet an, daß Gott die Güte im Herzen jedes Menschen abwägt.

Michael war der erste Engel, dem ein Festtag gewidmet wurde. Der Brauch, Sankt Michaelis zu feiern, entstand in Rom um das 4. Jahrhundert, nachdem Kaiser Konstantin seine Schlachtensiege dem Erzengel zugeschrieben hatte; zu Ehren Michaels ließ er in Konstantinopel eine Kirche erbauen und nannte sie Michaelion.

Im Mittelalter wurde Michael zum Schutzheiligen der Ritter. In der mittelalterlichen Kunst wird er meist mit blank gezogenem Schwert dargestellt – jung, stark, in einer Rüstung, mit nackten Beinen und Sandalen an den Füßen.

Auch der Islam machte sich, wie wir noch sehen werden, Michael zu eigen, veränderte allerdings sein Erscheinungsbild; in der islamischen Kunst wird er mit grünschimmernden Schwingen aus massivem Smaragd dargestellt, die mit einem pfirsichartigen Pelz aus Safranhaaren bedeckt sind, deren jedes (angeblich) »eine Million Gesichter und eine Million Zungen« besitzt.

Katholiken und Anglikaner feiern den Michaelstag heute am 29. September; in der griechischen und der armenischen Kirche wird sein Fest am 8. November begangen.

Gabriel, »Gott ist meine Stärke«: der Schutzheilige des Post- und Fernmeldewesens

An zweiter Stelle nach Michael kommt ein Überbringer froher Botschaften, der zur Linken Gottes sitzt, Gabriel, ein besonders problematischer Erzengel – nicht nur, weil ihm bisweilen 140 Flügelpaare zugeschrieben werden.

Viermal wird er in der Bibel erwähnt, aber nie mit dem Titel »Erzengel« – dieser ist ihm erst im Laufe der Zeit aus dem Volksglauben zugewachsen.

Der Name »Gabriel« leitet sich von dem hebräischen *gowri'el* her, »Gott ist [meine] Stärke« – *gewura* bedeutet »Macht« oder »Stärke«.

Der Erzengel Gabriel erscheint dem Zacharias – ist er männlich oder weiblich?

Was die Wunder angeht, so wird Gabriel das eindrucksvollste von allen, die die Bibel verzeichnet, zugeschrieben: die Teilung des Roten Meeres, die die Israeliten vor der sicheren Vernichtung rettete; Gabriel erbat diese Gunst allerdings von Gott. Die Engel selbst vollbringen keine Wunder.

Nach mehreren mittelalterlichen Darstellungen ist Gabriel ein weiblicher Erzengel, die einzige Engelin. Die Frage ihres Geschlechts hat allerlei Kontroversen ausgelöst, und oft ist sie als männlich beschrieben worden. Der Prophet Daniel, der viele seiner Mitteilungen von Gabriel bekam, zieht das männliche Pronomen vor: »Sein Leib war wie Türkis, sein Antlitz sah aus wie ein Blitz, seine Augen wie feurige Fackeln, seine Arme und Füße wie helles, glattes Kupfer.« (Daniel 10,6)

Ein männlicher Gabriel kündigt die Geburt von Johannes dem Täufer (Lukas 1,11) und Jesus Christus (Lukas 1,26) an.

Im Islam ist es ein männlicher Gabriel – *Jibril*, der Engel der Wahrheit –, der Mohammed den Koran diktiert.

In der Kunst und in den Legenden des Mittelalters jedoch symbolisiert ein weiblicher Gabriel – mit langen, wehenden Locken, einem mit Edelsteinen verzierten Stirnreif und einer Lilie als Attribut – Empfängnis und Schwangerschaft. *Sie* weissagt Daniel die Geburt des Messias; *sie* verkündet Maria die Empfängnis Jesu; *sie* teilt Zacharias mit, daß seine Frau Elisabeth Johannes den Täufer gebären wird; *sie* überbringt den Hirten von Bethlehem die Nachricht von der Geburt Jesu.

Diese Geschlechtsverwirrung ergab sich vielleicht aus solchen mit Empfängnis und Schwangerschaft zusammenhängenden Aufgaben. Hinzu kamen die wehenden Locken, der Stirnreif und die langstielige Lilie. Der katholische Volksglaube sieht in dem männlichen Gabriel den Beschützer der Seele des Embryos während seiner neun Monate im Mutterleib.

Katholiken feiern das Fest des heiligen Gabriel am 24. März. Am 12. Januar 1951 erklärte Papst Pius XII. Gabriel, Gottes wichtigsten Nachrichtenüberbringer, zum Schutzheiligen aller, die im Post- und Fernmeldewesen tätig sind. Telefone, Fernschreiber, Fernsehen und Radio, Modems, Faxgeräte, das Internet und der Cyberspace gehören in seinen Zuständigkeitsbereich.

Raphael, »Gott hat geheilt«: der Schutzheilige der Stigmatisierten

Eine hebräische Legende erzählt, Adam, der erste Mensch, habe sich nach der Vertreibung aus dem Paradies nacheinander alle irdischen Krankheiten geholt, auch jene, die es damals noch gar nicht gab. Ein Engel – er bleibt ungenannt, es soll aber Raphael gewesen sein (oder Rasiel, der indessen kein Erzengel ist) – habe daraufhin Adam ein Buch über die Heilkräuter geschenkt, in dem alle Pflanzen der Schöpfung und ihre Heilwirkungen verzeichnet waren.

Der Name »Raphael« geht auf das hebräische *reaphel*, »Gott hat geheilt«, zurück. Der Erzengel gilt als Gottes wichtigster Heiler auf Erden. Alles, was man über ihn weiß, stammt aus dem Buch Tobit oder aus apokryphen Schriften und Legenden.

Im Tobit-Buch wird sein Name genannt. Tobit verliert dort durch einen Unfall sein Sehvermögen. Sein Sohn Tobias, ein verstörter Junge, der mit Selbstmordabsichten umgeht, begegnet einem Mann namens Asarja – dem Erzengel Raphael in menschlicher Gestalt. Sie gehen gemeinsam an den Tigris zum Angeln, und der verkleidete Engel empfiehlt Tobias, er solle mit der Galle eines Fisches, den sie gefangen haben, die Augen seines Vaters salben. Der Sohn hält sich an den Rat des Fremden, und dem Vater wird sein Augenlicht wunderbarerweise zurückgegeben. (Mit anderen Teilen des Fisches, seinem Herz und seiner Leber, gewinnt Tobias eine schöne, reiche Frau.)

Im Mittelalter, als das Auftauchen von Stigmata – also der fünf blutenden Wunden Christi an den Händen, den Füßen und der Seite des Leibes – bei frommen Mystikern epidemische Ausmaße annahm, wurde Raphael zum Schutzpatron dieser Leidenden.

Beschneidung.
Für die Juden ist Raphael der Schutzpatron der Beschneidung, da er die Schmerzen bei dem Schnitt Abrahams gelindert haben soll.

Der Ursprung dieser Praxis in der Bibel ist die Stelle in der Genesis (1. Mose 17,10), wo »Abram« einwilligt, Gott als einzigen Gott seines Volkes anzunehmen, und Gott mit ihm eine Abmachung trifft: »Das aber ist mein Bund, den ihr halten sollt zwischen mir und euch ... Alles, was männlich ist unter euch, soll beschnitten werden.«

Das hebräische Wort für »Bund« ist *bris* (auch *berit* oder *brit*) und bezeichnet zugleich den Beschneidungsritus. »Abram« besiegelt die Abmachung mit dem Vorhautopfer, woraufhin es ihm erlaubt ist, sich Abraham, »Vater vieler Völker«, zu nennen. Raphael fungiert hier als spiritueller Anästhesist.

Noahs Arche.
Der Überlieferung zufolge übermittelt Raphael dem Noah die technischen Anweisungen zum Bau der *tewa* oder Arche: 135 Meter lang, 22 Meter breit und 14 Meter hoch.

Seltsamerweise bedeutet das hebräische Wort *tewa* »Kasten« oder »Truhe« und wird sowohl zur Bezeichnung des Rohrkörbchens verwendet, in dem Moses als Kind im Schilf am Ufer des Nils ausgesetzt wurde, wie auch zur Bezeichnung der gewaltigen Arche, die Noah aus »Tannenholz«, wie es in der Luther-Übersetzung heißt, bauen soll.

Die Arche soll nach den Anweisungen Raphaels drei Stockwerke und eine Tür haben. Ein vierzig Zentimeter breiter Spalt ringsum unter dem Dach soll Licht und Luft in das dunkle Innere lassen. Interessanterweise gibt es verschiedene Ähnlichkeiten zwischen Raphaels für die Sintflut bestimmter Arche und dem riesigen Schiff, das in der Sintfluterzählung des älteren sumerischen Gilgamesch-Epos vorkommt.

In der Lesart, die das Alte Testament als Vorschein des Neuen Testaments deutet, werden die Sintflut und Noahs Rettung zu einem »Vor-Bild« des Taufritus, der Errettung durch Eintauchen in Wasser (1. Petrus 3,20-21). Die Sintflut ist eine Präfiguration des Taufsakraments.

Uriel, »Licht Gottes«: der Schutzpatron der Dichter

Der Name »Uriel« geht auf das hebräische *uri'el* zurück – *uri* bedeutet »Licht« oder »Feuer«. Der Name taucht in hebräischen Apokryphen, aber nicht in der Heiligen Schrift auf.

Das Licht, das von Uriel ausgeht, wird meist als Feuer geschildert, denn er gilt allgemein auch als Engel der Reue. In der christlichen Kunst wird der Heilige mit ausgestreckter, über einer Flamme gewölbter Hand dargestellt.

Sein islamisches Gegenstück ist *Israil*, der Engel des Todes. Im Christentum und im Judentum hat dieser Erzengel eine freundlichere Persönlichkeit: Er ist der Engel der Musik. Und auch die Dichter haben ihn sich zum Schutzheiligen erwählt. Die Päpste haben Uriel kaum Beachtung geschenkt.

Der Legende nach war es Uriel, der Noah vor der drohenden Sintflut warnt. Und in der jüdischen Mystik flüstert, singt und diktiert Uriel die Kabbala, ein System theoretischer und praktischer Weisheiten, das dem Gläubigen zu innerem, spirituellem Wachstum verhilft. (*Siehe* Kabbala)

Die drei geringeren, weniger bekannten und weniger verbürgten Erzengel, die der Islam nicht anerkennt:

Ramiel, »Gott erhebt sich«, ist der Engel der Hoffnung. In Konfessionen, die an Vorhölle und Fegefeuer glauben, wacht Ramiel über diese Sphäre und kümmert sich um die Seelen derer, die eines Tages in das Reich Gottes eingehen werden.

Raguel, »Freund Gottes«, begleitete Henoch bei seiner Entrückung in den Himmel; die Henoch-Bücher schildern den Engel als kriegerische Gestalt.

Sariel, »Wille Gottes«, wird von Henoch als himmlischer Wahrer des göttlichen Rechts geschildert.

Reformierte Engel: 16. Jahrhundert u.Z.

Der Engel erscheint Joseph im Traum und versichert ihm, daß Maria vom Heiligen Geist empfangen hat.

Die protestantischen Reformatoren waren den Engeln nicht sehr freundlich gesonnen. Männer wie Martin Luther und Johannes Calvin wandten sich gegen die Vorstellung von höheren Wesen, die Gottes Werk verrichteten und sich gegenüber schwer arbeitenden Leuten als etwas Besseres aufspielten. Luthers Vorstellung von der Erlösung allein durch den Glauben und Calvins strenge Prädestinationslehre ließ den Engeln nicht viel Raum.

Im übrigen gab es im 16. Jahrhundert Millionen und Abermillionen von Engeln. Albertus Magnus berechnete ihre Zahl und kam auf genau 399920004, ein Ergebnis, das erstaunlich dicht bei dem der jüdischen Kabbalisten des Mittelalters lag, die eine Gesamtzahl von 301655722 Engeln ermittelten.

Auch der architektonische Überschwang der Renaissance – dekadent dekorative Flügelwesen an den Wänden und in den farbigen Fenstern der Dome – erschien den Reformatoren als heidnischer Götzendienst.

Die Verehrung der Schutzengel, die inzwischen Kultstatus erreicht hatte, war ihnen ein besonderes Ärgernis. Aus dem Wunsch nach einem gründlichen Neuanfang verwarfen die Protestanten nicht nur den Papst und die päpstliche Bürokratie, sondern gleich auch die himmlische Hierarchie der Engel. Der Mensch konnte direkt mit seinem Schöpfer kommunizieren, ohne Vermittlung durch irgendwelche geflügelten Boten.

Protestantische Theologen haben sich kaum ernsthaft mit dem Thema Engel beschäftigt. Eine Ausnahme bildet in neuerer Zeit Billy Graham mit seinem Bestseller *Angels: God's Secret Agents* (dt. *Engel. Gottes Geheimagenten*) aus dem Jahre 1975. Graham argumentiert darin, man könne nicht die wörtliche Auslegung der Heiligen Schrift propagieren und dann die Rolle der Engel in der Bibel einfach außer acht lassen. Hier ein Überblick über die Aktivitäten der Engel in der Heiligen Schrift:

- Engel helfen Abraham (1. Mose 18), Lot (1. Mose 19), Jakob (1. Mose 28), Elias (2. Könige), Daniel (Daniel 6), Tobit (Tobit 5), dem Apostel Petrus (Apostelgeschichte 10).
- Das Gesetz wird von Engeln übermittelt (Hebräer 2).
- Engel erscheinen der Mutter des Samson (Richter 13), dem Sacharja (Sacharja 2), dem David (2. Könige), dem Zimmermann Joseph (Matthäus 1), der Jungfrau Maria (Lukas 1), den Hirten (Lukas 2), Jesus Christus im Garten Gethsemane (Lukas 22), den Jüngern nach der Auferstehung (Matthäus 28), den Jüngern nach der Himmelfahrt (Apostelgeschichte 1), dem Evangelisten Paulus (Apostelgeschichte 27).
- Engel offenbaren dem Evangelisten Johannes die Offenbarung.

Islamische Erzengel: Mikal, Jibril, Israil, Israfil

Die islamischen Cherubim, die *karubijun*, preisen beständig Gott mit dem Lied *tasbih*, »Ruhm sei Allah«. In einem Zustand ewigen Friedens halten sich die zarten islamischen Cherubim in einem Bezirk des Himmels auf, der den boshaften Angriffen von Iblis, dem Teufel, unerreichbar ist.

Der Islam hat vom Judentum vier Erzengel übernommen und leicht abgewandelt:

Michael (Mikal): der kriegerische Anführer der himmlischen Heerscharen – der im Islam die Menschen auch mit Nahrung und Wissen versieht.

Gabriel (Jibril): Gottes wichtigster Sendbote, der Mohammed sein Prophetentum ankün-

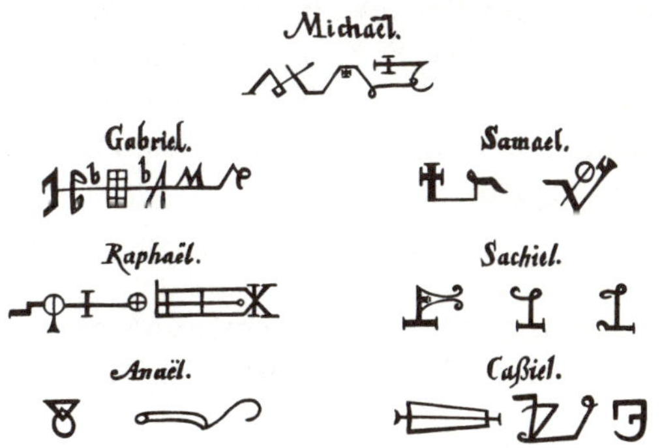

Die magischen Symbole der sieben Engel für die sieben Wochentage: Michael, Sonntag; Gabriel, Montag; Samael, Dienstag; Raphael, Mittwoch; Sachiel, Donnerstag; Anael, Freitag; Caßiel, Samstag

digt und ihm dann im Laufe von zwanzig Jahren den göttlichen Koran diktiert, Gottes eigene Worte.

Uriel (Israil): Er wird zum islamischen Todesengel, beaufsichtigt die unteren Teile der Hölle und hält die Dämonen in Schach. Im Volksglauben heißt es, wenn ein Muslim zittere, dann blicke Israil auf ihn.

Raphael (Israfil): Er gibt den Körpern der Menschen Seelen und läßt am Tage des Jüngsten Gerichts die Trompeten erschallen. Er ist ein Heiler.

Die Angelologie des Zarathustra.
Daß es so viele Ähnlichkeiten zwischen jüdischen, christlichen und islamischen Engeln gibt, ist nicht weiter überraschend, da sich alle drei Religionen auf die persische Angelologie des 6. Jahrhunderts v.u.Z. stützen.

In dieser Zeit waren die Juden im babylonischen Exil (in Persien) und gerieten unter den Einfluß der Lehren des Propheten Zarathustra (Zoroaster), der eine Theologie der Engel entwickelt hatte. So kam es, daß sich gerade im Exil auch die Engellehre des Judentums weiter entwickelte. Ein großer Teil der die Engel betreffenden Überlieferungen, die in das Christentum und später in den Islam Eingang fanden, geht, vermittelt durch das Judentum, auf den Zoroastrismus zurück. *(Siehe Zoroaster)*

Tatsächlich ist die Bibel nicht die wichtigste Quelle für die Angelologie. Diese Ehre gebührt vielmehr einer Bibliothek jüdischer, christlicher und gnostischer Texte, die zwischen 200 v.u.Z. und 200 u.Z. geschrieben wurden und nicht zur Bibel gehören. Diese Bücher, die das Bild eines von regsamen Engeln erfüllten Kosmos entwerfen, waren stark durch die zoroastrische Kosmologie beeinflußt. Der Prophet Zarathustra kannte nicht nur gute und böse, sondern auch ambivalente Engel, die rittlings auf dem Zaun der Moral saßen. Diese letzteren nannte man später auch Genien.

Islamische Genien – ambivalente Engel: nach dem 6. Jahrhundert u.Z.

Die Angelologie (und die Dämonologie) des Islam unterscheidet sich in einer merkwürdigen Hinsicht von der des Christentums. Die Christen schätzen es, wenn ihre Geister Gegensätze verkörpern: Engel – Dämonen, Gut – Böse. Es ist dies ein Erbe des persischen Dualismus.

Der Islam dagegen kennt auch eine dritte Klasse von Geistern, die *dschinns* oder Genien, die beides sein können – gutwillig und böswillig.

Einer islamischen Legende zufolge schuf Gott die Genien zweitausend Jahre vor Adam und formte sie aus reinem Feuer. Genien können ganz nach ihrem Belieben sichtbar oder unsichtbar sein, sie können Tier- oder Menschengestalt annehmen und der Menschheit hilfreich oder lästig sein. Den Menschen ihrerseits gelingt es bisweilen, mit List und Verstand die Dienste einen Genius oder *dschinn* für sich zu gewinnen – aber nie können sie sich ihre Erfolges sicher sein.

Der Todesengel: vorbiblische Zeit

Daß ein bestimmter Engel für das Eintreten des Todes auf Erden verantwortlich sei, ist eine polytheistische Vorstellung, die wahrscheinlich auf die Kanaaniter und ihren Gott Moth zurückgeht.

Die alten Israeliten kannten Moth, und irgendwann nach ihrer Bekehrung zum Monotheismus scheinen sie eine eigene Vorstellung von einem Todesengel, *malach hamawet*, entwickelt zu haben. Obwohl der jüdische Monotheismus diese Vorstellung im Prinzip ablehnt und in Jahwe/Gott den Herrn über Leben und Tod sieht, gibt es im Alten Testament einige Passagen, wo der »Tod« Gestalt annimmt und von Engelsboten begleitet wird, vor allem in den Sprüchen Salomos (16,14) und bei Hosea (13,14). Diese allegorischen Vorstellungen sind wahrscheinlich Überbleibsel des Polytheismus.

Im Monotheismus gründet der Tod des Menschen in seiner eigenen Sündhaftigkeit, wie es die Bestrafung Adams in der Genesis veranschaulicht. Keine andere übernatürliche Kraft als Gott selbst nimmt dem Menschen das Leben. *(Siehe Monotheismus; Polytheismus)*

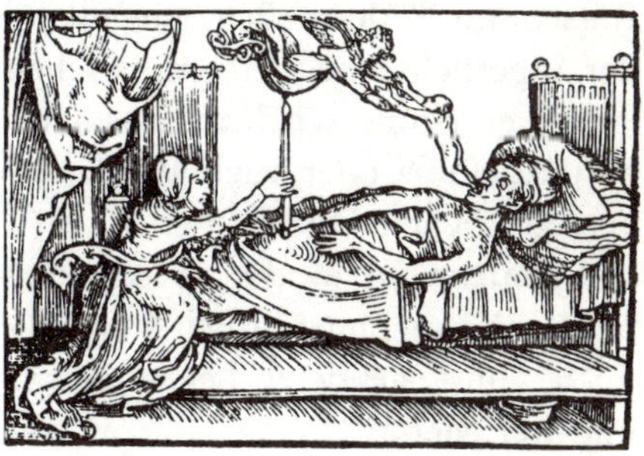

Der Todesengel nimmt die Seele, in Form eines Kindes, von einem Sterbenden entgegen.

In nachbiblischer Zeit wurde der Titel »Todesengel« jedoch dem Satan zugewiesen. Der Teufel hatte zwar keine Herrschaft über den physischen Tod, wohl aber konnte er den seelischen Tod eines Menschen verursachen. Eigentlich gibt es also zwei verschiedene Todesengel: Der erste, eine urtümliche, im Polytheismus wurzelnde Gestalt, bläst tatsächlich das Lebenslicht aus; der zweite, aus dualistischen Vorstellungen der nachbiblischen Zeit erwachsen, verführt zur Sünde.

Erscheinungsbild im Volksglauben.
Die Augen des Schnitters Tod sind groß wie Untertassen, denn nichts entgeht ihm. Er ist ein alter, grimmig dreinblickender Bettler oder Hausierer, der umherzieht und von der Spitze seines gezückten Schwertes Gift in die Münder der Sterblichen träufelt.

Die jüdische Volksüberlieferung kennt eine Pflanze, das »Kraut des Lebens«, das gegen den umherschweifenden Tod schützt; es ist dies eine Anleihe bei dem sumerischen Gilgamesch-Epos aus der Zeit 3000 v.u.Z. Viele jüdische Volksbräuche, die mit Begräbnis und Trauer in Verbindung stehen – das Zerbrechen von Töpfen, das Stärkungsmahl, das Freunde und Verwandte den Trauernden bereiten, das Austauschen von Geschichten –, sind Versuche, den Engel des Todes zu vertreiben.

Christentum und Judentum haben den Todesengel im wesentlichen abgelehnt, der Islam dagegen hält an dieser Vorstellung, wenn auch in abgewandelter Form, fest: Israil (oder Asail) verursacht nicht den Tod, sondern holt an Gottes Stelle nur die Seele ab, nachdem der Tod eingetreten ist. In der islamischen Volksüberlieferung ist Israil verheiratet und hat Kinder. Den Menschen kann er auch Krankheit bringen.

Metatron: der größte aller Engel

Rätsel und Widersprüche umgeben Metatron, dessen Name klingt, als sei er der Superheld eines zeitgenössischen Computerspiels.

Dieser Name wird auf das lateinische Wort *metator* = Grenzabstecker zurückgeführt oder auch auf das griechische *meta thronon* = nach (nächst) dem göttlichen Thron.

Metatron ist in der jüdischen Mystik, vor allem in der Kabbala, der bedeutendste Engel. Auch körperlich ist er der größte von allen, mißt er doch, von Legende zu Legende etwas unterschiedlich, zwischen zweieinhalb und vier Metern.

Seine Identität ist so wandelbar wie seine Größe. Bisweilen wird er als »Engelfürst« bezeichnet (der noch über dem Erzengel Michael steht) oder als »Fürst der Anwesenheit«; man nennt ihn auch »Geringerer Jahwe« (ein blasphemischer Titel) oder »Henoch Droben« – was auf den Schreiber Henoch verweist, der wunderbarerweise in den Himmel aufgenommen wurde. Wieder anderswo heißt es, er *sei* der Erzengel Michael.

Selbst seine Aufgaben wandeln sich von einer Legende zur anderen. Manchmal wird er als der oberste Schreiber bezeichnet, der die Sünden und Verdienste der Menschen festhält. Anderswo ist er der Beschützer der himmlischen Geheimnisse Gottes. Oder ein Mittler zwischen Gott und den Menschen. Oder das Urbild des Menschen, das Modell, nach dem Gott den Adam aus Lehm formte.

In der hebräischen Zahlenmystik hat Metatron den Beinamen »Dessen Name wie der seines Herrn ist«. Damit hat es folgende Bewandtnis: Wenn man die Konsonanten in den Namen »Metatron« und »Schaddai« (Allmächtiger) entsprechend der ihnen vorab zugewiesenen Zahlenwerte analysiert, ergeben beide Namen einen Wert von 314 – deshalb: »Dessen Name wie der seines Herrn ist«.

Nicht minder verwirrend ist seine äußere Erscheinung. Obwohl er als Prototyp des Menschen bezeichnet wird, überragt er mit seinen vier Metern die Menschen um einiges. In manchen Erzählungen besitzt er sechsunddreißig Flügel und obendrein, um die gesamte Schöpfung beaufsichtigen zu können, »zahllose Augen«.

Offensichtlich ist Metatron ein Ungeheuer, das in der heidnischen Überlieferung wurzelt und nie gründlich anthropomorphisiert oder »vermenschlicht« worden ist.

Lilit, die erste Feministin: zoroastrische Dämonologie

In der osteuropäischen Volksüberlieferung ist der Todesengel mit Lilit verheiratet, einer satanischen Frauengestalt, die Männer verführt, kleine Kinder tötet, schwangeren Frauen Schaden zufügt und ihnen besonders schmerzhafte Wehen beschert.

Dieser weibliche Dämon tritt bei Jesaja als einer der Schrecken am Tage des göttlichen Strafgerichts auf:

»Da werden Wüstentiere und wilde Hunde einander treffen, und ein Feldgeist wird dem anderen begegnen. Das Nachtgespenst [lilit = die Nächtliche] wird auch dort herbergen und seine [ihre] Ruhestatt dort finden.« (Jesaja 34,14)

Ein protestantischer Geistlicher schließt die Ehe zwischen einem Narren und der Teufelin Lilit.

Von Lilit haben die Israeliten wahrscheinlich durch die Dämonologie des Zoroastrismus erfahren, die ebenso reich entwickelt ist wie seine Angelologie. Im Mittelalter hat sich *Ben Sirachs Alphabet* ausgiebig mit der Legende beschäftigt, derzufolge Adam schon vor Eva eine Frau namens Lilit hatte. Lilit verläßt Adam – läßt ihren Mann im Stich, weil er sich weigert, sie, wie sie es fordert, als gleichberechtigt anzuerkennen. Lilit ist selbständig, sie will keine Kinder, der Gedanke an Mutterschaft ödet sie an; sie wird ganz von ihrer Karriere in Anspruch genommen (die darin besteht, Böses zu tun). Sie ist die erste Feministin.

Männliche Schreiber haben Lilit geschaffen – wahrscheinlich als literarisches Gegengewicht zu der fügsamen und (abgesehen von der Apfel-Episode) gehorsamen Eva, die sich an Adam, ihren Mann, lehnt, keine eigene Karriere einschlägt, sondern Kinder bekommt. Die Schreiber haben aus Lilit ein Miststück gemacht, das ihren Mann allein läßt und sich die Zeitalter damit vertreibt, Kinder umzubringen und Fehlgeburten zu verursachen.

Vulva.

Die englische *King James Bible* übersetzt *lilit* mit *screech owl*, »Schleiereule«, wörtlich »Krächzeule«. Die ebenfalls englische Douai-Bibel (deren Altes Testament 1609 erschien) nennt die Figur *lamia* (oder *labia*) – und bringt sie in Verbindung mit einem blutsaugenden weiblichen Vampir; das Wort *lamia* geht auf das griechische *lamos*, »klaffender, offenstehender Mund«, zurück.

Das lateinische Wort *labia* bezeichnet sowohl die Lippen des Mundes als auch die des weiblichen Geschlechts. Lilit wird hier also in eine enge Verbindung mit dem weiblichen Geschlecht gebracht. Die Bezeichnung suggeriert, daß Adams erste Frau nichts anderes war als ein »klaffender Mund«, eine Vulva. Die erste Frau erscheint also nicht nur als böses Wesen, sondern zugleich als bloßes Sexualobjekt. Sexismus ist uralt.

Teil III. Weise Worte

6. Kapitel
Moralische Gebote
Dekalog bis Goldene Regel

Die Moral trennt sich von der Religion: europäische Aufklärung, 18. Jahrhundert

Für viele Menschen hängen die Begriffe »Moral« und »Religion« irgendwie zusammen, und doch handelt es sich um gesonderte Ideen.

Moral, so sagen wir, betrifft das Handeln des einzelnen und seine *Beziehungen zu anderen Menschen*. Die Moral hat es mit den Beziehungen zwischen Menschen zu tun, mit dem Tun und Lassen im Hier und Jetzt.

Religion betrifft die *Beziehung der Menschen zu Gott* oder zu einer transzendenten Realität. Religion hat mit der Frage zu tun, wie sich unser Handeln im Hier und Jetzt auf unsere Stellung im Jenseits auswirkt. Während ein »religiöser« Mensch an ein Leben nach dem Tod glaubt, kann ein »moralischer« Mensch auch glauben, daß auf den Tod nur noch der Zerfall des Körpers folgt.

Diese Unterscheidung zwischen Moral und Religion ist allerdings kaum älter als dreihundert Jahre.

Zwar erörterten auch schon die griechischen Philosophen diese beiden Ideen, aber die heute geläufige Vorstellung, daß Religion und Moral zwei getrennte Phänomene sind, wurzelt in der europäischen Aufklärung des 18. Jahrhunderts, einer philosophischen Bewegung, die sich durch einen aggressiven Rationalismus und einen geistvollen Skeptizismus, durch Liebe zu den Wissenschaften und einen beharrlichen Willen, alles zu durchdenken, auszeichnete. Dem Glauben bekam das nicht. Blinder Glaube wurde verspottet. Religion und Moral gingen im Bewußtsein dieser Zeit getrennte Wege. Ein »aufgeklärter« Mensch konnte sagen: »Religiös bin ich nicht, wohl aber äußerst moralisch« – eine Unterscheidung, die in früheren Zeiten kaum vorstellbar gewesen wäre.

Die Spaltung zwischen Moral und Religion wurde paradoxerweise durch die Religion selbst vorangetrieben. Viele Denker in Europa waren der jahrhundertelangen Religionsstreitigkeiten und Religionskriege – der Kreuzzüge, Inquisitionen, Schismen, des Ablaßhandels, der scheinheiligen Päpste, der Reformation und Gegenreformation – überdrüssig und bemühten sich, ethische Maßstäbe zu entwickeln, die nicht auf göttlicher Offenbarung, sondern auf menschlicher Vernunft oder zumindest auf Empfindungen beruhten, die allen Menschen gemeinsam waren.

Zu Beginn des 19. Jahrhunderts waren moralische Denk- und Handlungsweisen vorstellbar, die nicht auf göttliche Offenbarungen zurückgingen. So begann man sich zu fragen, warum in der Geschichte der Menschheit die Ideen von Religion und Moral stets so eng miteinander verbunden gewesen waren.

Sigmund Freud stellte sogar die These auf, die Religion müsse aufgegeben werden, weil sie das moralische Verantwortungsbewußtsein untergrabe und phantastischen Vorstellungen und dem Fanatismus Vorschub leiste: dem Wunderglauben und dem Glauben an die Überlegenheit der eigenen Religion.

Diese Anschauungen wurden im Laufe unseres Jahrhunderts wieder in Frage gestellt, vor allem durch das vergleichende Studium der verschiedenen Religionen und ihrer zentralen moralischen Gebote. Es zeigt sich nämlich, daß alle Religionen erstaunlich ähnliche Gebote für das menschliche Handeln aufgestellt haben. Wir wollen nun die Ursprünge der religiösen Vorschriften näher betrachten, die zu einem moralischen Lebenswandel auffordern – die Zehn Gebote des Judentums, den Gebotskatalog des Koran, die Zehn Regeln Buddhas, die Analekten des Konfuzius, die leiblichen und geistlichen Werke der Barmherzigkeit im Christentum.

Die Zehn Gebote: Zeit vor dem Alten Testament

Diesen Dekalog (griechisch: *deka* = »zehn«, *logos* = »Wort«) des Moralgesetzes hat nach der Überlieferung Gott durch Moses seinem auserwählten Volk, auf zwei steinernen Tafeln verzeichnet, geschenkt, als Anleitung zu einem Leben im Einklang mit den Forderungen des Bundes, den er mit den Menschen geschlossen hatte.

Tatsächlich wurden die Zehn Gebote am Berg Sinai zweimal aufgeschrieben. Die ersten beiden Tafeln zerschmetterte Moses, als er sah, wie sein Volk in die Vergnügungen der Götzendienerei zurückgefallen war: »Als Mose aber nahe zum Lager kam und das Kalb und das Tanzen sah, entbrannte sein Zorn, und er warf die Tafeln aus der Hand und zerbrach sie unten am Berge.« (2. Mose 32,19) Die zweiten Tafeln wurden dann sicher in der Bundeslade untergebracht. (2. Mose 40,18)

Moses zerschmettert die Gesetzestafeln. »Er sah das Kalb und das Tanzen ... und warf die Tafeln aus der Hand.«

Die Zehn Gebote tauchen an zwei Stellen der hebräischen Bibel auf, im zweiten Buch Mose (20,1-14) und im fünften Buch Mose (5,6-18); außerdem gibt es an mehreren anderen Stellen, auch im Neuen Testament, Hinweise und Zitate von Auszügen. Die Unterschiede zwischen den Gebotskatalogen in den beiden Moses-Büchern sind geringfügig, sie lassen erkennen, wie sich Deutung und Anwendung des Gesetzes bei den Israeliten im Laufe der Zeit wandelten. Beide Bücher wurden in der Zeit zwischen 1400 und 1200 v.u.Z. geschrieben.

Juden, Katholiken und Protestanten teilen die Zehn Gebote unterschiedlich ein und zählen sie daher auch unterschiedlich. Für die Juden lautet das erste Gebot: »Ich bin der Herr, dein Gott, der ich dich aus Ägyptenland, aus der Knechtschaft geführt habe.« Das Christentum dagegen hat die Gesetze auf ihren Kern reduziert und alle Hinweise auf die jüdische Geschichte getilgt.

Ursprung.

Für die Wissenschaft ist klar, daß sich die Rechtsvorschriften der hebräischen Bibel im Laufe von Jahrhunderten entwickelt und zur Zeit des Moses feste Gestalt angenommen haben. Ein erheblicher Teil des Gehalts der Zehn Gebote gehört aber unverwechselbar in die Epoche des Moses. Das gilt vor allem für die Forderung »am siebten Tage sollst du ruhen«, das Sabbatgebot, und für die Verurteilung der Götzendienerei. Für beide Ideen gibt es in der altorientalischen Welt keine Vorbilder. Die moralischen Vorschriften der Zehn Gebote legten fest, wie die Israeliten ihr religiöses Leben führen sollten. Moral und Religion gingen damals Hand in Hand.

Es ist interessant, den jüdisch-christlichen Dekalog mit den weiter unten aufgeführten Moralgeboten anderer Religionen zu vergleichen. Man beachte vor allem, wie sehr die Zahl der positiven Gebote (Du sollst) hinter der der negativen Gebote (Du sollst NICHT) zurückbleibt; solche Verbote sind, psychologisch gesehen, ein wirksameres Abschreckungsmittel, das sich dem Gedächtnis tiefer einprägt.

1. Ich bin der Herr, dein Gott, du sollst NICHT andere Götter neben mir haben.
2. Du sollst den Namen des Herrn, deines Gottes, NICHT mißbrauchen.
3. Gedenke des Sabbattages, daß du ihn heiligst.
4. Du sollst deinen Vater und deine Mutter ehren.
5. Du sollst NICHT töten.
6. Du sollst NICHT ehebrechen.
7. Du sollst NICHT stehlen.
8. Du sollst NICHT falsch Zeugnis reden wider deinen Nächsten.
9. Du sollst NICHT begehren deines Nächsten Weib.
10. Du sollst NICHT begehren deines Nächsten Hab und Gut.

Die Zehn Gebote warnten die Israeliten vor einem Lebenswandel, der für den Bestand ihrer Gemeinschaft verderblich gewesen wäre.

Die Zehn Regeln Buddhas: 6. Jahrhundert v.u.Z.

Buddha. Der Buddhismus kennt zehn Regeln – ähnlich den Zehn Geboten.

Im Buddhismus erstreckt sich die Moral (*sila*) auf das richtige Sprechen, das richtige Handeln und die richtige Lebensführung. Moralisches Handeln ist eine Stufe der Entwicklung, die das Individuum auf dem »achtteiligen Pfad« zur spirituellen Vervollkommnung führt und in Weisheit oder Erleuchtung gipfelt.

Die Zeit wird als Kreislauf gedacht; Wiedergeburt ist unvermeidlich, wenn der Buddhist bei der ersten »Runde« die vollständige Erleuchtung nicht erlangt hat. Durch Befolgen der moralischen Gebote räumt man aus dem Weg, was von der Erleuchtung ablenken könnte. Das ideale Ziel des Buddhisten besteht darin, die Flamme des menschlichen Begehrens auszulöschen, sich vom eigenen Ich zu lösen, so daß er nicht wiedergeboren wird, sondern statt dessen das endgültige Nirwana erreicht.

Die Zehn Gebote oder *dasa-sila* des Buddhismus, hier zum leichteren Vergleich in die Form der jüdisch-christlichen Gebote gebracht:

1. Du sollst NICHT anderes Leben töten.
2. Du sollst NICHT nehmen, was dir nicht gegeben wird.
3. Du sollst dich NICHT auf geschlechtliche Verfehlungen einlassen.
4. Du sollst NICHT die Unwahrheit sagen.
5. Du sollst NICHT berauschende Getränke trinken.
6. Du sollst NICHT nach Mittag essen.
7. Du sollst weltliche Belustigungen meiden.
8. Du sollst NICHT Schmuck und Parfüm benutzen.
9. Du sollst NICHT in hohen oder prächtigen Betten schlafen.
10. Du sollst NICHT Gold und Silber annehmen.

Die ersten fünf Gebote sollen von Mönchen und Laien gleichermaßen befolgt werden. Das dritte Gebot, die sexuellen Verfehlungen betreffend, verlangt vom Mönch nichts Geringeres als vollständige Enthaltsamkeit und von allen anderen die Beachtung des gesellschaftlich Zulässigen, also Verbot des Ehebruchs usw. Sämtliche zehn Gebote werden in der Regel nur von buddhistischen Mönchen und Nonnen befolgt.

Die Analekten des Konfuzius: 5. Jahrhundert v.u.Z. bis 1. Jahrhundert u.Z.

Das Wort »Analekten« bedeutet »ausgewählte Sprüche«. Diese moralischen Gebote wurden angeblich von Konfuzius selbst festgehalten, der um das Jahr 551 v.u.Z. geboren wurde und im Jahre 479 v.u.Z. starb. Chinesische Gelehrte debattieren über die Berechtigung dieser Behauptung genauso, wie westliche Gelehrte über die Authentizität der Worte Jesu Christi im Evangelium oder der Worte des Sokrates in den platonischen Dialogen diskutieren. Wahrscheinlich kamen diese in vier Bücher gegliederten »ausgewählten Sprüche«, im Chinesischen *Lun yü*, im Laufe von mehreren Jahrhunderten zusammen.

Konfuzius – ein Philosoph der Politik und der Moral.

Die zahlreichen Analekten befassen sich mit allen ethischen Grundbegriffen des Konfuzius. Sie erörtern die Bedeutung des »Wohlwollens«, *jen*, gegenüber den Mitmenschen. Sie entfalten den Begriff des »frommen Menschen«, *chun tzu* (das Gegenstück zum abendländischen Heiligen); sie erörtern die Voraussetzungen dafür, in den »Himmel«, *T-ien*, zu gelangen, und das »rechte Betragen« im Alltag, *li*.

Interessanterweise legen die »Sprüche« großen Wert darauf, daß das Leben eines Menschen in all seinen Aspekten in vollkommener Harmonie mit den »Namen« steht, die diese Aspekte bezeichnen. Eine Ehe zum Beispiel muß dem Wort »Ehe« entsprechen und darf nicht etwa ein Konkubinat umfassen. Dem liegt das Prinzip *cheng ming* oder »Angleichung an die Namen« zugrunde. Ihm zufolge kann ein Paar keine »offene« oder »moderne« Ehe führen; Adjektive verwässern nur die Reinheit des Begriffs, den das Substantiv bezeichnet.

Dem jüdisch-christlichen Gebot »Du sollst Vater und Mutter ehren« kommt in den Analekten das *hsiao* am nächsten, das Gebot der »kindlichen Pietät«. Hsiao bedeutet nicht nur, daß man für die alternden Eltern sorgt, denn das, so sagt Konfuzius, »tun selbst Hunde und Pferde«; kindliche Frömmigkeit ist untrennbar verbunden mit einem tiefen, aufrichtigen, lebenslangen Respekt der Kinder für ihre Eltern.

Einen Eindruck vom Ton und von der äußeren Form der Analekten gewinnt man schon aus den Anfangszeilen des Ersten Buches:

1. Lernen und nach der gehörigen Zeit wiederholen, was man gelernt hat, ist das nicht eine Lust?

Daß Freunde von weither zu Besuch kommen, ist das nicht eine Freude?

Unverdrossen bleiben, auch wenn die eigenen Verdienste von anderen nicht erkannt werden, ist es nicht das, was von vornehmen Menschen erwartet wird?

2. Jene, die sich im Privatleben ihren Eltern und älteren Brüdern gegenüber gut benehmen, zeigen auch im öffentlichen Leben selten Neigung, sich der Autorität der über ihnen Stehenden zu widersetzen.

Die Zehn Gebote des Koran: Islam, 7. Jahrhundert u.Z.

Die Zehn Gebote des Islam finden sich wie die hebräischen Zehn Gebote (2. Mose) in der Heiligen Schrift: im Koran (17,22-39).

Das Kapitel, in dem sie aufgeführt sind, die 17. Sure, trägt den Titel »Die Kinder Israels« und macht deutlich, daß Gott »Moses die Schrift gab und machte sie zu einer Führung für die Kinder Israels«. (17,3) Durch den Erzengel Gabriel offenbarte Gott jedoch dem Mohammed noch weitere Teile der Heiligen Schrift, und zwar von 610 u.Z. bis in die Zeit kurz vor dem Tod des Propheten. Daher braucht es nicht zu überraschen, daß der Dekalog des Islam den hebräischen Zehn Geboten sehr nahe steht.

Aus dem längeren, verbindenden Text zum Zweck des Vergleichs herausgelöst, lesen sich diese Gebote so:

1. Setze neben Allah NICHT einen andern Gott.
2. Erweiset Güte den Eltern.
3. Gib dem Verwandten, was ihm gebührt, und ebenso dem Armen und dem Wanderer.
4. Vergeude NICHT in Verschwendung.
5. Tötet eure Kinder NICHT aus Furcht vor Armut.
6. Nahet NICHT dem Ehebruch; siehe, das ist eine Schändlichkeit und ein übler Weg.
7. Tötet NICHT das Leben, das Allah unverletzlich gemacht hat, es sei denn mit Recht.
8. Nahet NICHT dem Gut der Waise, es sei denn zum Besten.
9. Verfolge NICHT das, wovon du keine Kenntnis hast.
10. Wandle NICHT hochmütig auf Erden.

Die Goldene Regel: alle Religionen, Antike

Das 3. Buch Mose, entstanden zwischen 1400 und 1200 v.u.Z., diente den Priestern des alten Israel als Handbuch. Es enthält vor allem detaillierte Vorschriften im Hinblick auf Opfergaben, rituelle Reinheit, Priesterweihe, Feiertage und Feste. Aber ein Satz darin hat allem Wandel der Zeiten widerstanden: »*Du sollst deinen Nächsten lieben wie dich selbst.*« (3. Mose 19,18)

Im rabbinischen Judentum wurde er von dem Weisen Hillel als Verneinung umformuliert: »*Was dir unlieb ist, das tu auch deinem Nächsten nicht.*«

Der Ursprung der Goldenen Regel für das Christentum ist Matthäus 7,12: »*Alles nun, was ihr wollt, das euch die Leute tun, das tut ihnen auch.*«

In den Analekten des Konfuzius (12,2) liest sich die Goldende Regel für

China so: »*Tu anderen nicht, was dir selbst nicht gefallen würde.*« Der Weise fährt dann fort: »Es wird dann keine Regungen von Widersetzlichkeit gegen dich geben, gleichgültig ob du es mit Staats- oder Familienangelegenheiten zu tun hast.«

Der Ursprung der Goldenen Regel im Buddhismus ist das *Dhammapada*, 10, 129-130: »*Wer sich zum Vorbild gemacht hat, soll weder schlagen noch Anlaß zu Schlägen geben.*« Im Text heißt es dann erklärend: »Wie ich bin, so sind die anderen Wesen; daher soll eines das andere nicht schlagen noch sich [von einem anderen] schlagen lassen. Das ist die Bedeutung.«

Die Goldene Regel ist so einfach, so universell verbreitet und wird doch leider viel zu wenig angewendet. Würde man sie überall auf der Welt im Alltag anwenden, könnten die meisten Probleme gelöst werden. Gehe mit anderen so um, wie du möchtest, daß sie mit dir umgehen.

Die leiblichen und geistlichen Werke der Barmherzigkeit: Christentum, Mittelalter

Die katholische Kirche hat schon im Mittelalter zwei Listen von moralischen Handlungen zusammengestellt, die den Körper und die Seele der Gläubigen betreffen.

Seit sie im Mittelalter feste Form annahmen, waren diese Listen auch immer wieder Thema von Gemälden und Plastiken, von denen sich viele erhalten haben. In der hektischen, egozentrischen Welt von heute haben diese einfachen, mehr als tausend Jahre alten Gebote nichts von ihrer Bedeutung verloren.

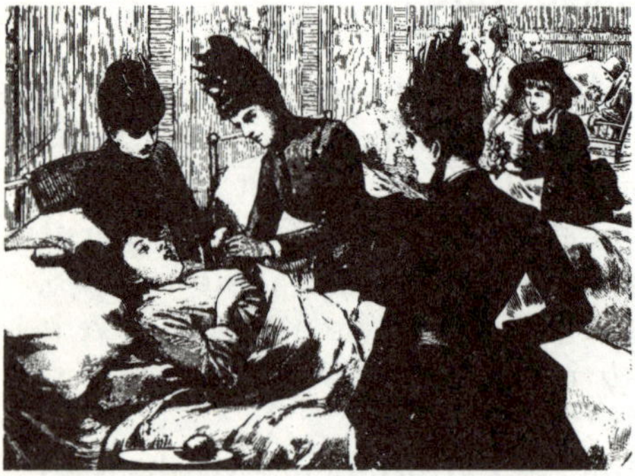

Die Kranken besuchen – ein leibliches Werk der Barmherzigkeit.

Die körperlichen Werke der Barmherzigkeit, die den Leib stärken:

1. Die Hungernden speisen.
2. Die Durstigen tränken.
3. Die Nackten bekleiden.
4. Die Gefangenen besuchen.
5. Die Fremdlinge beherbergen.
6. Die Kranken besuchen.
7. Die Toten begraben.

Die geistlichen Werke der Barmherzigkeit, die die Seele stärken:
1. Den Sünder ermahnen.
2. Den Unwissenden belehren.
3. Dem Zweifelnden raten.
4. Den Bekümmerten trösten.
5. Widerfahrenes Unrecht geduldig ertragen.
6. Alle Kränkungen verzeihen.
7. Für die Lebenden und die Toten beten.

7. Kapitel
Bibelworte
»Schrift an der Wand« bis »Auge um Auge«

Die Bibel mit ihren zahlreichen, aus der Inspiration durch Gott geschriebenen Büchern hat unsere Alltagssprache durch zahllose Wendungen und »geflügelte Worte« bereichert, die jeder kennt, oft jedoch ohne zu wissen, woher sie stammen.

Als Grundbuch der westlichen Kultur bietet die Bibel weise und gelegentlich auch witzige Sprüche zu allen Aspekten des Lebens, zu den weltlichen ebenso wie den spirituellen. Jeden Tag benutzen wir Wendungen und Formeln aus der Bibel bei den verschiedensten Gelegenheiten – im Geschäftsleben und in der Rechtsprechung, wenn wir unsere Toten beklagen und wenn wir unsere Kinder zurechtweisen. Manchmal bedeuten solche Wendungen noch das, was sie den Menschen in alter Zeit bedeuteten; manchmal hat sich ihre Bedeutung auch radikal verändert, sei es aus sprachlichen oder aus gesellschaftlichen Gründen. Übersetzer, die die Bibel aus dem Hebräischen, aus dem Griechischen oder dem Lateinischen in unsere Sprachen übertragen haben, bedienten sich dabei der Wörter ihrer eigenen Zeit, um den Sinn der verschiedenen Abschnitte der Bibel möglichst getreu zu erfassen, und die Bedeutung mancher dieser Wörter hat sich im Laufe der Zeit verändert.

Zunächst jedoch einige Hinweise zu den Ursprüngen der Bibel selbst.

Die Bibel, das meistgedruckte Buch aller Zeiten, ist ganz oder teilweise in 2062 Sprachen übersetzt worden.

Die Bibel: etwa 1800 v.u.Z. bis 100 u.Z.

Die zentralen Abschnitte der Bibel, die selbst ungebildete Leute vom Hörensagen kennen, sind zugleich Marksteine abendländischer Spiritualität:

Die Schöpfungsgeschichte, 1. Mose 1,1-2,7; der Sündenfall, 1. Mose 3,6-24; Noah und die Sintflut, 1. Mose 6,1-9,17; die Berufung Abrahams, 1. Mose 12,1-9; die Zehn Gebote, 2. Mose 20,1-17; die Geburt Jesu Christi, Matthäus 1,18-2,23, Lukas 1,26-2,40; die Bergpredigt, Matthäus 5-7; der Verlorene Sohn, Lukas 15,11-32; der Gute Samariter, Lukas 10,29-37; das Letzte Abendmahl, Matthäus 26,20-25, Markus 14,12-26; Christi Tod, Lukas 23,26-56, Johannes 19,16-24; die Auferstehung Christi, Matthäus 28, Lukas 24, Johannes 20; die Herabkunft des Heiligen Geistes, Apostelgeschichte 2,1-21.

Der Buchdruck gab die volkssprachliche Bibel auch den einfachen Leuten in die Hand.

Originalsprachen und Übersetzungen. In drei Sprachen wurden die verschiedenen Teile der Bibel ursprünglich verfaßt. Das Alte Testament wurde in hebräischer Sprache geschrieben, ausgenommen die Sprüche Salomos und das zweite Makkabäer-Buch, die ursprünglich griechisch sind. Es gibt auch eine Anzahl von Abschnitten in Aramäisch.

Die Bücher des Neuen Testaments wurden alle in Griechisch geschrieben, ausgenommen das Matthäus-Evangelium, das zunächst in Aramäisch geschrieben wurde.

Die *Septuaginta*, die erste bedeutende Übersetzung des Alten Testaments ins Griechische, wurde zwischen 250 und 100 v.u.Z. in Alexandria angefertigt. Sie war für die große Zahl von Juden in Ägypten bestimmt, die dort die griechische Sprache angenommen hatten. Der Name dieser Übersetzung leitet sich aus dem lateinischen Wort für »siebzig« her, weil der Legende nach die ersten fünf Bücher, der Pentateuch, von siebzig (oder zweiundsiebzig) Gelehrten übersetzt wurde.

Die *Vulgata* (die »Volkstümliche«), die wichtigste Übersetzung der Bibel ins Lateinische, wurde gegen Ende des 3. und zu Beginn des 4. Jahrhunderts u.Z. im Auftrag des Papstes Damasus von dem Kirchenvater Hieronymus hergestellt.

Bis zum Jahre 1994 ist die Heilige Schrift zumindest teilweise in 2062 verschiedene Sprachen übersetzt worden. Allein 1993 wurden Teile der Bibel in 44 neue Sprachen übersetzt. In Auszügen kann sie heute in 587 afrikanischen Sprachen, 513 asiatischen, 358 mittel- und südamerikanischen, 341 pazifischen, 189 europäischen und 71 nordamerikanischen Sprachen bzw. Dialekten gelesen werden.

Vollständige Ausgaben der Bibel mit Altem und Neuem Testament sind zur Zeit in 337 der annähernd 6000 Sprachen, die auf der Erde gesprochen werden, erhältlich.

Hier folgt ein Überblick über die wichtigsten Bücher der Bibel, ihre Entstehungszeit, ihre Verfasser und ihre wichtigsten Motive:

Die *Fünf Bücher Mose* sind zwischen 1400 und 1200 v.u.Z. entstanden. Ihr Verfasser ist der Überlieferung nach Moses.

1. Buch Mose – Genesis (»Entstehung«): Gottes Existenz, seine Rolle bei der Erschaffung der Welt, seine Besorgnis über den Sündenfall des Menschen und sein fortgesetztes Eingreifen in das menschliche Dasein.

2. Buch Mose – Exodus (»Auszug«): Gott sorgt für sein Volk, erhört seine Rufe und errettet es aus der Knechtschaft. Gott hat einen Heilsplan für die Menschheit, der allerdings nicht immer offenkundig ist.

3. Buch Mose – Leviticus (nach Levi, dem israelitischen Priesterstamm): Die Sünde muß durch rituelle Opfer und Buße gesühnt werden. Die Religion hat ihre eigenen Gesetze und Vorschriften. Gott wacht über die Menschen.

4. Buch Mose – Numeri (»Zahlen«): Der Mensch wandelt durch das Leben wie durch eine Wüste und muß ständig auf der Hut sein vor Versuchungen. Gott wird ihm beistehen, wenn er glaubt, die Zeit sei gekommen; aber er verlangt stets vollkommenen Gehorsam.

5. Buch Mose – Deuteronomium (»zweites Gesetz«): Gott hat das Gesetz nicht erlassen, um die Menschheit einzuschränken, sondern um den Menschen von der Geburt bis zu ihrem Tod beizustehen. Vielleicht ergeben nicht alle Gesetze zu jeder Zeit einen Sinn, sie gehören aber zu Gottes geheimnisvollem Heilsplan.

Diese fünf Bücher sind der älteste Teil der hebräischen Bibel.

Das Evangelium des Matthäus. Entstehungszeit: 65 bis 70 u.Z. Matthäus war Jude und von Beruf Zöllner. Er starb in Äthiopien angeblich den Märtyrertod. Motive: Alle Ereignisse in Jesu Leben wurden von den Propheten des Alten Testaments vorhergesehen und offen oder in versteckter Form vorausgesagt: Jesu Geburt, seine Heilungen, seine Lehren, sein Leiden, sein Tod, seine Auferstehung.

Das Evangelium des Markus. Entstehungszeit: 60 u.Z. Markus war Jude, sein Beruf ist nicht bekannt. Angeblich starb er als Märtyrer. Sein Text diente sowohl Matthäus als auch Lukas als Grundlage für ihre Evangelien. Motive: Jesus ist der Sohn Gottes, der für unsere Sünden starb. Erlösung ist nur durch die geistliche Wiedergeburt in der Taufe und durch den Glauben an Jesus Christus möglich.

Das Evangelium des Lukas. Entstehungszeit: 65 u.Z. Lukas, ein griechischer Arzt, starb in Griechenland den Märtyrertod. Motive: Nachdem er Jesu Abstammung über David und Abraham bis zu Adam und Eva zurückverfolgt hat, zeigt Lukas besonderes Interesse für die Rolle der Frauen in Jesu Lehren; die »frohe Botschaft« (griechisch: *euangelion*), die Jesus verkündete, war für Männer, Frauen und Sklaven, für Juden und Nicht-Juden gleichermaßen bestimmt. Lukas schrieb um 65 u.Z. auch die *Apostelgeschichte.*

Das Evangelium des Johannes. Entstehungszeit: 95 u.Z. Johannes, ein jüdischer Fischer, soll eine Zeitlang auf die Insel Patmos verbannt gewesen und später eines natürlichen Todes gestorben sein. Motive: Jesus war zugleich Gottes Sohn und ein Mensch; er war der Gute Hirte, und wir sollen seine gehorsamen Schafe sein und Christus auf seinem Weg folgen. Ohne Jesu Hilfe können wir nichts ausrichten. Johannes soll um 90 bis 95 u.Z. auch die *Offenbarung,* das »apokalyptischste« Buch der Bibel, verfaßt haben.

Hier folgt eine Auswahl von Wendungen, Formeln, Bildern, die aus dem Buch der Bücher in die Alltagssprache eingegangen sind:

Wie ein Lamm zur Schlachtbank: Jesaja 53,7

Als er gemartert ward, litt er doch willig und tat seinen Mund nicht auf wie ein Lamm, das zur Schlachtbank geführt wird.

Das Buch Jesaja, das etwa siebenhundert Jahre vor Christi Geburt entstand, ist eines der bekanntesten Bücher des Alten Testaments. Es ist dasjenige, das mit seinen in Erfüllung gegangenen Prophezeiungen im Neuen Testament am häufigsten zitiert wird und auf das sich auch Jesus selbst am häufigsten bezieht. Hierfür gibt es einen einfachen Grund. Das Buch Jesaja gibt innerhalb des Alten Testaments die klarste Darstellung einiger zentraler Themenkomplexe wie Sünde, Hilflosigkeit des Sünders, die wunderbare Liebe Gottes, seine Verheißung eines Erlösers, Aufrufe zur Buße und zum Glauben. Wegen dieses breiten Spektrums von Themen, die in den Evangelien dann erneut aufgegriffen wurden, wird Jesaja oft auch der »erste Evangelist« genannt.

Der sprichwörtliche »Stein des Anstoßes« geht ebenso auf Jesaja (8,14) zurück wie der »Prediger in der Wüste« (40,3), wobei allerdings in der *Vulgata* von einer *vox clamantis in deserto* die Rede ist: »Es ruft eine Stimme: In der Wüste bereitet dem Herrn den Weg …«

Die Wurzel alles Übels: 1. Timotheus 6,9-10

Denn die da reich werden wollen, die fallen in Versuchung und Stricke und viel törichte und schädliche Lüste, welche die Menschen versinken lassen in Verderben und Verdammnis. Denn Habsucht ist eine Wurzel alles Übels.

Oder ist etwa das Geld selbst die Wurzel? In englischen Bibel-Übersetzungen jedenfalls ist oft *money the root of all evil* – was dem amerikanischen Bankier J. P. Morgan nicht behagte. Er wünschte sich, der heilige Paulus wäre genauer gewesen: Nicht das Geld, sondern die Liebe zum Geld sei die Wurzel alles Übels.

Der Atheist George Bernard Shaw sah die Sache noch anders: »Der Mangel an Geld ist die Wurzel alles Übels.«

Auch die höchst weltlich klingende Wendung »einen guten Kampf kämpfen« geht auf den Brief des heiligen Paulus an seinen jungen Schüler Timotheus zurück (6,12), dort allerdings ist ein ganz bestimmter, durchaus nicht weltlicher Kampf gemeint, der Glaubenskampf: »Kämpfe den guten Kampf des Glaubens.«

Auge um Auge, Zahn um Zahn: 2. Mose 21,23-24

Entsteht ein bleibender Schaden, so sollst du geben Leben um Leben, Auge um Auge, Zahn um Zahn, Hand um Hand, Fuß um Fuß…

»Wie du mir, so ich dir« lautet das unerbittliche Rezept für Recht und Ordnung, das Gott dem Moses übermittelt. Manche Abschnitte des Alten Testaments entwerfen tatsächlich das Bild eines strengen, um nicht zu sagen: gehässigen und rachsüchtigen Schöpfergottes. Das Strafgesetzbuch der Israeliten war äußerst streng, und die oben wiedergegebenen Worte waren durchaus nicht metaphorisch gemeint.

Das 2. Buch Mose mit seiner dramatischen Geschichte vom Rückfall in

Knechtschaft und Sklaverei schildert, wie Gottes auserwähltes Volk in der Fremde nach Rettung ruft, die ihm dann in der Gestalt des Moses zuteil wird. Moses führt das Volk in die Wüste, wo Gott ihm als leibliche Nahrung Manna und zur geistigen Nahrung die Zehn Gebote schenkt.

Zu den Wendungen, die aus dem 2. Buch Mose überliefert sind, gehören auch:

die »ägyptische Finsternis« (10,21)
die »Fleischtöpfe Ägyptens» (16,3)
und der »Tanz um das goldene Kalb« (32).

Aus dem 3. Buch Moses 16, 21 kennen wir außerdem den »Sündenbock«:

Dann soll Aaron seine beiden Hände auf dessen Kopf legen und über ihn bekennen alle Missetat der Kinder Israel und alle ihre Übertretungen, mit denen sie sich versündigt haben, und soll sie dem Bock auf den Kopf legen und ihn durch einen Mann, der bereit steht, in die Wüste bringen lassen, daß also der Bock alle ihre Missetat auf sich nehme und in die Wildnis trage; und man lasse ihn in der Wüste.

Menetekel – Die Schrift an der Wand: Daniel 5,5-30

Im gleichen Augenblick gingen hervor Finger wie von einer Menschenhand, die schrieben gegenüber dem Leuchter auf die getünchte Wand in dem königlichen Saal.

Bei einem Fest des babylonischen Königs Belsazer, der sich kaum zu lassen weiß vor Freude über die Unterjochung der Juden, erscheint eine geheimnisvolle Hand und schreibt etwas an die Wand. Der erschrockene König beobachtet die körperlosen Finger, er bittet seine Weisen, ihm die Schrift zu deuten – *Mene mene tekel u-parsin* – und verspricht ihnen dafür Reichtum und Einfluß. Aber die versammelten Wahrsager, Magier und Astrologen des Königs sind ausnahmsweise einmal sprachlos. Aus lauter Verzweiflung läßt der König den jüdischen Propheten Daniel kommen, der ihm die Schrift an der Wand, das »Menetekel«, erklärt: Es kündigt eine bevorstehende Katastrophe an, den Niedergang des Königtums und den Tod des Königs selbst. Noch in der gleichen Nacht wird Belsazer erschlagen. Seither ist klar, was die »Schrift an der Wand« zu bedeuten hat.

Der Name Daniel bedeutet »Gott ist mein Richter«, und das im 6. Jahrhundert v.u.Z. geschriebene Buch Daniel besteht vor allem aus einer Reihe prophetischer Träume und Visionen. Ohne es zu wissen, zitieren wir dieses Buch (2,31-35) auch, wenn wir von etwas sagen, es stehe »auf tönernen Füßen«.

Der Wolf im Schafspelz: Matthäus 7,15

Sehet euch vor vor den falschen Propheten, die in Schafskleidern zu euch kommen, inwendig aber sind wie die reißenden Wölfe. An ihren Früchten sollt ihr sie erkennen.

Rund fünfhundert Jahre, bevor Jesus diese Ermahnung äußerte, die uns Matthäus überliefert hat, schrieb der griechische Fabeldichter Äsop eine Geschichte, in der ein hinterhältiger Wolf sich in böser Absicht an eine Herde nichtsahnender Schafe heranmachen will. Um den wachsamen Hirten zu überlisten, schlüpft er in ein Schafsfell und wirkt nun in dieser Verkleidung so überzeugend, daß der Hausherr, den es nach einem leckeren Hammelkotelett gelüstet, den zähen alten Wolf schlachtet. Hatte Jesus Äsop gelesen? Oder Matthäus? Immerhin war Äsop eine Art Bestseller-Autor seiner Zeit.

Wenn wir heute vor dem Wolf im Schafspelz warnen, vergessen wir meistens, daß dem Wolf in der ursprünglichen Geschichte seine Heimtücke kräftig heimgezahlt wird.

Ein anderes Bild, das uns von Matthäus (6, 28-29) überliefert wird, ist das der »Lilien auf dem Felde«. Jesus preist die göttliche Vorsehung und lenkt die Aufmerksamkeit seiner Jünger auf die herrlichen Blumen: *»Schauet die Lilien auf dem Felde, wie sie wachsen. Sie arbeiten nicht, auch spinnen sie nicht. Ich sage euch, daß auch Salomo in all seiner Herrlichkeit nicht bekleidet gewesen ist wie derselben eine.«*

Perlen vor die Säue werfen: Matthäus 7,6

Ihr sollt das Heilige nicht den Hunden geben, und eure Perlen sollt ihr nicht vor die Säue werfen, auf daß sie dieselben nicht zertreten mit ihren Füßen und sich wenden und euch zerreißen.

Jesu Worte aus der Bergpredigt raten uns, nichts wahrhaft Gutes oder Heiliges jemandem zu geben, der einer solchen Gabe nicht würdig ist. Er wird nur darauf herumtrampeln und sich zuletzt noch gegen den Schenkenden wenden.

Der barmherzige Samariter.

In seinem Bericht über die Bergpredigt prägte Matthäus zahlreiche Wendungen, die uns auch heute noch beeindrucken.

Suchet, so werdet ihr finden: »Bittet, so wird euch gegeben; suchet, so werdet ihr finden; klopfet an, so wird euch aufgetan.« (7,7)

Das *Salz der Erde*: Damit sagen wir von einem Menschen, daß er vertrauenswürdig und zuverlässig ist und damit so wertvoll, wie das Salz für die Menschen der Antike war. (Matthäus 5,13)

Die andere Backe hinhalten: also statt Rache zu nehmen dem Rat folgen, den Jesus in dieses Bild kleidete: »Wenn dir jemand einen Streich gibt auf deine rechte Backe, dem biete die andere auch dar.« (5,39)

Die rechte Hand weiß nicht, was die linke tut: Wir verwenden diesen Ausdruck, um Verwirrung oder Täuschung, auch Selbsttäuschung, zu beschreiben. Jesus allerdings erklärte nach dem Bericht des Matthäus (6,3): »Wenn du aber Almosen gibst, so laß deine linke Hand nicht wissen, was die rechte tut« – und meinte damit, daß wir, wenn wir gute Werke tun, also zum Beispiel Almosen geben, so viel Zurückhaltung üben sollen, daß wir sie selbst kaum bemerken (und uns mit ihnen schon gar nicht vor unseren Nachbarn brüsten sollen).

Die Heimkehr des verlorenen Sohnes.

Ein anderer Evangelist, Johannes, prägte die folgenden Wendungen:

Neu geboren: »Wahrlich, ich sage dir: Es sei denn, daß jemand von neuem geboren werde, so kann er das Reich Gottes nicht sehen.« (3,3)

Den ersten Stein werfen: »Wer unter euch ohne Sünde ist, der werfe den ersten Stein.« (8,7)

Die Wahrheit wird euch frei machen: »Und ihr werdet die Wahrheit erkennen, und die Wahrheit wird euch frei machen.« (8,32)

In den Evangelien des Johannes und des Lukas tauchen auch drei Gestalten auf, die bis heute lebendig und denkwürdig geblieben sind:
der ungläubige Thomas: Johannes 20,24-25
der barmherzige Samariter: Lukas 10,30-34
der verlorene Sohn: Lukas 15,11-14.
Wie oft am Tag verwenden wir Zitate oder Wendungen aus der Bibel, ohne darüber nachzudenken, woher sie stammen?

Essen, trinken, fröhlich sein: Prediger Salomo 8,15

Darum pries ich die Freude, daß der Mensch nichts Besseres hat unter der Sonne, als zu essen und zu trinken und fröhlich zu sein.

Die Empfindung, die hier zum Ausdruck kommt, wirkt sehr weltlich, fast egozentrisch und hedonistisch, ohne jeden Gedanken an Gott, Seele oder Sünde – ein alttestamentarisches Gegenstück zum modernen *Don't worry, be happy*.

Das um das 10. Jahrhundert v.u.Z. entstandene Buch des Predigers Salomo ist ein schwieriger Text, vor allem weil in ihm zwei sehr unterschiedliche Vorstellungskomplexe aufeinanderstoßen. Einerseits schildert das Buch pessimistisch, wie die Menschen, nachdem sie ihr Leben ausgelebt haben, in einen Zustand ewigen Nichtseins ohne Empfinden und Bewußtsein übergehen, aus dem es keine Wiederkehr gibt.

Vanitas vanitatum, et omnia vanitas heißt es gleich zu Beginn des Predigers Salomo in der lateinischen Vulgata: »Es ist alles ganz eitel.« (1,2) »Eitel« wird hier im alten Sinne von »vergeblich« oder »wertlos« verwendet.

Und es geschieht nichts Neues unter der Sonne. (1,9) Auch hier klingt der pessimistische Ton des Predigers Salomo an: Wirklich neue Ideen gibt es nicht, alles ist schon einmal gesagt worden, denn: *Des Büchermachens ist kein Ende.* (12,12)

Exegeten, die diese düstere Sicht des Prediger Salomo in den Vordergrund stellen – derzufolge alles menschliche Streben eitel und leer ist –, vertreten die Auffassung, daß die optimistischen Abschnitte, aus denen ein gläubiges Vertrauen in Gott und seine Gerechtigkeit spricht, spätere Zutaten sind.

Eine andere Deutung sieht im Predigers Salomo eine Folge von Predigten über die Eitelkeit eines Lebens *ohne* Gott; anders gesagt, nur ein Leben ohne Gott ist aussichts- und ausweglos. Gottes Gegenwart hingegen vertreibt die

Leere und Vergeblichkeit; seine Gnade macht alles unter der Sonne an jedem Tage neu und interessant.

Wen der Herr liebt, den straft er: Sprüche 3,12

Mein Sohn, verwirf die Zucht des Herrn nicht und sei nicht ungeduldig, wenn er dich zurechtweist; denn wen der Herr liebt, den weist er zurecht, und hat doch Wohlgefallen an ihm wie ein Vater am Sohn.

Das Buch der Sprüche Salomos enthält die kollektive Weisheit Israels, oft verdichtet zu kurzen, prägnanten Formeln – eine Sammlung von Lehren für ein Leben in der Gegenwart Gottes, wobei »Gottesfurcht« die Grundlage aller echten Weisheit ist.

Die Bibel sagt, König Salomo habe dreitausend Sprüche oder Sprichwörter geprägt. Aber hat er das Buch der Sprüche tatsächlich selbst zusammengestellt?

Wir wissen, daß Salomo durch seine Heirat mit der Tochter des Pharao enge Beziehungen zu Ägypten hatte, und es ist denkbar, daß er mit den *Lehren des Amenemope* vertraut war, die auffällige Parallelen zu den Sprüchen Salomos aufweisen. Heute stimmen die Gelehrten weitgehend darin überein, daß die Sprüche in die Zeit der ersten Könige Israels gehören, obgleich sie noch jahrhundertelang immer wieder bearbeitet wurden. König Hiskia zum Beispiel, der eine solche Bearbeitung veranlaßte, lebte 250 Jahre nach Salomo. Das Buch, wie wir es heute kennen, nahm spätestens im 2. Jahrhundert u.Z. endgültige Gestalt an.

Hochmut kommt vor dem Fall geht zurück auf Sprüche 16,18: »Wer zugrunde gehen soll, der wird zuvor stolz; und Hochmut kommt vor dem Fall.«

Wer anderen eine Grube gräbt, fällt selbst hinein geht auf Sprüche 26,27 zurück: »Wer eine Grube macht, der wird hineinfallen; und wer einen Stein wälzt, auf den wird er zurückkommen.«

Auch die Wendung *etwas wie seinen Augapfel hüten* begegnet uns in den Sprüchen (7,2) und obendrein das sprichwörtliche *zweischneidige Schwert* (5,4), eine Metapher für eine Angelegenheit, deren offenbare Vorteile sich leicht in Nachteile verwandeln können.

Die Aphorismen in den Sprüchen Salomos beziehen sich auf alle Lebensbereiche: die Züchtigung der Kinder (»Wer seine Rute schont, der haßt seinen Sohn«, 13,24), die Ehrfurcht gegenüber den Eltern, das Erwachsenwerden, das Altern, die Versuchung, die Torheit des Reichtums, die vollkommene Frau.

Tod, wo ist dein Stachel? 1. Korinther 15,55

Tod, wo ist dein Stachel? Hölle, wo ist dein Sieg?

Paulus hielt sich während seiner zweiten Reise achtzehn Monate lang in Korinth auf, gründete dort eine Kirche und schrieb dann um das Jahr 56 u.Z. seinen Brief an die Korinther. Er war in der geschäftigen Hafenstadt auf viel Ablehnung gestoßen. Korinth, wo es von Durchreisenden wimmelte, war berüchtigt für seine Lasterhaftigkeit. Über der Stadt thronte ein Tempel der Aphrodite, der Göttin der freien Liebe, der die Soldaten oft mit ihrer Kriegsbeute Tribut zollten. Korinth war ein Tummelplatz für Prostituierte und zugleich ein Synonym für sexuelle Ausschweifung: *Korinthisieren* war damals ein verbreiteter Euphemismus für »Unzucht treiben«. Für Paulus war die Missionsarbeit in Korinth eine schwierige Aufgabe.

Überdies geht die Rede, daß Unzucht unter euch ist, und zwar eine solche Unzucht, von der auch die Heiden nicht zu sagen wissen: daß einer seines Vaters Frau habe. Und ihr seid aufgeblasen... Ich zwar, der ich mit dem Leibe nicht da bin, doch mit dem Geist, habe schon, als sei ich gegenwärtig, beschlossen über den, der solches getan hat ... Wir wollen diesen Menschen übergeben dem Satan zum Verderben des Fleisches, auf daß der Geist gerettet werde am Tage des Herrn. (1. Korinther 5,1-5)

Im gleichen Brief ist von dem *Glauben, der Berge versetzt,* die Rede (13,2), gleich darauf (13,9) von dem *Wissen, das Stückwerk ist,* und am Ende dieses Abschnitts finden wir (13,13) die berühmte, schier unauflösliche Kette aus den drei Perlen: *Glaube, Hoffnung, Liebe.*

An anderer Stelle, in der Apostelgeschichte (20,34-35), fordert Paulus seine Anhänger auf, sie sollten *gedenken an das Wort des Herrn Jesus, da er sagt: Geben ist seliger als nehmen.*

Ein Mann nach meinem Herzen: 1. Samuel 13,14

Der Herr hat sich einen Mann gesucht nach seinem Herzen, und der Herr hat ihn bestellt zum Fürsten über sein Volk.

Die beiden Bücher Samuel, wahrscheinlich im 10. Jahrhundert v.u.Z. entstanden (aber nicht von Samuel geschrieben; der Verfasser ist unbekannt), waren in der hebräischen Bibel ursprünglich ein einziges Buch. Sie schildern sehr anschaulich die Geschichte Israels vom Ende der Richterzeit bis in die letzten Jahre Davids, des zweiten und größten Königs dieses Volkes – erstrecken sich also über einen Zeitraum von rund hundert Jahren.

Den Namen Samuel tragen die Bücher, weil Samuel in der Frühzeit Israels eine beherrschende Figur war, der von Gott geleitete »Königsmacher«. Es war Samuel, der zunächst Saul zum König salbte, einen sonderbaren Mann, der zwischen vernünftigem Handeln und Ausbrüchen von sinnloser Gewalt hin- und herschwankte, und später David: »*Samuel aber sprach zu Saul: Du hast töricht gehandelt und nicht gehalten das Gebot des Herrn ... Aber nun wird dein Königtum nicht bestehen. Der Herr hat sich einen Mann gesucht nach seinem Herzen.*« (1. Samuel 13,13-14)

Der Verfasser der Bücher Samuel war ein geborener Geschichtenerzähler, ein Meister der Spannung, und in seiner Erzählung vom Kampf zwischen einem munteren Knirps und einem riesenhaften Philister schenkte er uns das denkwürdige Gespann von *David und Goliath* (1. Samuel 17), ein eindrucksvolles Sinnbild für jeden Kampf zwischen einem Schwachen, der das Recht auf seiner Seite hat, und einem äußerlich viel stärkeren Feind.

Sein Haus bestellen: 2. Könige 20,1

So spricht der Herr: Bestelle dein Haus, denn du wirst sterben und nicht am Leben bleiben.

Der hier spricht, ist Jesaja, und er warnt den jüdischen König Hiskias, der todkrank daniederliegt. Aber der Herr erhört das Flehen und Seufzen des Königs und schenkt ihm weitere fünfzehn Lebensjahre.

Vier Jahrhunderte der Geschichte Israels werden in den beiden Büchern der Könige wiedergegeben. Ihr Verfasser war wahrscheinlich ein Prophet, der um 550 v.u.Z. im babylonischen Exil lebte. Der Bericht erstreckt sich von der machtvollen Regierungszeit Davids über das goldene Zeitalter Salomos bis zum Fall von Samaria im Jahre 722 v.u.Z. und der Zerstörung Jerusalems im Jahre 587 v.u.Z., also von der höchsten Höhe bis in die tiefste Bedrückung. Und über alledem steht die Moral: Güte wird belohnt, Bosheit bestraft. Denn wenn das Volk und seine Anführer Gottes Gesetze achteten, genossen sie Frieden und Wohlstand; wenn hingegen ihre Moral verfiel, dann verfiel auch alles andere.

Hiobsbotschaften und andere Nachrichten: Hiob 1,13-19

An dem Tage aber, da seine Söhne und Töchter aßen und Wein tranken im Hause ihres Bruders, des Erstgeborenen, kam ein Bote zu Hiob und sprach: Die Rinder pflügten, und die Eselinnen gingen neben ihnen auf der Weide, da fielen die aus Saba ein und nahmen sie weg und erschlugen die Knechte mit der Schärfe ihres Schwerts, und ich allein bin entronnen, daß ich dir's ansagte. Als er noch redete, kam ein anderer und sprach: Feuer Gottes fiel vom Himmel und traf Schafe und Knechte und verzehrte sie, und ich allein bin entronnen, daß ich dir's ansagte…

Das Buch Hiob, von einem Unbekannten um das 10. Jahrhundert v.u.Z. verfaßt, beschäftigt sich mit einer elementaren Frage menschlichen Daseins: Wenn Gott doch die Welt beherrscht, warum leiden dann die Menschen immerzu? Die ausführliche Antwort wird in einer vielschichtigen Dichtung über einen Mann namens Hiob gegeben, der alles verliert, zum Außenseiter wird und außerhalb der Stadt inmitten des Unrats auf seinen Tod wartet. Mehrere Freunde kommen vorbei und versuchen Hiob zu erklären, warum er leiden muß; sie verkörpern unterschiedliche Lebenshaltungen.

Einer der Freunde erklärt, Hiob habe gesündigt und sei von einem gerechten Gott gestraft worden. Ein anderer meint, Stolz, die schlimmste Sünde, habe in Hiobs Herz die Oberhand gewonnen. Schließlich ergreift Gott selbst das Wort und erklärt, sie alle hätten Unrecht. Gott drückt sich nicht besonders klar aus, will jedoch offenbar andeuten, daß wir erst dann, wenn wir außer Gott nichts im Leben mehr haben, wirklich begreifen, daß Gott alles ist. Hiob begreift die Lektion, und sein Habe wird ihm zurückgegeben.

Der Herr gibt, der Herr nimmt – so lautet heute unsere Redenart, die Hiobs traurige Geschichte zusammenfaßt. Hiob selbst sagt: »*Ich bin nackt von meiner Mutter Leibe gekommen, nackt werde ich wieder dahinfahren.*

Der Herr hat's gegeben, der Herr hat's genommen; der Name des Herrn sei gelobt.« (1,21)

Hier noch eine kleine Auswahl geläufiger Worte und Wendungen aus der Bibel:

Schwefel und Feuer – Sodom und Gomorra: »Da ließ der Herr Schwefel und Feuer regnen vom Himmel herab auf Sodom und Gomorra.« (1. Mose 19,24)

wie eine Salzsäule: »Und Lots Weib sah hinter sich und ward zur Salzsäule.« (1. Mose 19,26)

aus der Gnade fallen: »Ihr habt Christus verloren, die ihr durch das Gesetz gerecht werden wollt, und seid aus der Gnade gefallen.« (Galater, 5,4)

Meines Bruders Hüter: »Da sprach der Herr zu Kain: Wo ist dein Bruder Abel? Er sprach: ich weiß nicht; soll ich meines Bruders Hüter sein?« (1. Mose 4,9)

So gebt dem Kaiser, was des Kaisers ist, und Gott, was Gottes ist! (Matthäus 22,21)

Aus dem Munde der Kinder: »Aus dem Munde der jungen Kinder und Säuglinge hast du eine Macht zugerichtet um deiner Feinde willen.« (Psalm 8,3)

Seid fruchtbar und mehret euch: »Und Gott segnete sie und sprach zu ihnen: Seid fruchtbar und mehret euch und füllet die Erde ...« (1. Mose 1,28)

übertünchte Gräber: »Weh euch ... ihr Heuchler, die ihr seid gleichwie die übertünchten Gräber, welche auswendig hübsch scheinen, aber inwendig sind sie voller Totengebeine und lauter Unrat.« (Matthäus 23, 27)

Erde zu Erde: »Denn du bist Erde und sollst zu Erde werden.«
(1. Mose 3,19)

Teil IV. Riten und Rituale

8. Kapitel
Religiöse Symbole
Nimbus bis Davidstern

Symbole können mächtig sein. Man kann zwei Hölzer quer übereinanderlegen und auf diese Weise den Wesenskern des Christentums ausdrücken. Das Hakenkreuz faßt ein Unmaß von Greueln und Bosheit in sich. Eine Flagge kann für Jahrhunderte des Strebens und der Aufopferung von Menschen stehen, aber auch für ihre Arroganz und ihre Torheit. Ein Zwinkern ist ebenso ein Symbol wie ein Kopfnicken, ein Handschlag oder eine erhobene Faust.

Es gibt weltliche und sakrale Symbole, und es gibt sie überall.

Innerhalb eines Volkes oder einer Gruppe ist die Sprache der Symbole oft allgemeinverständlich. Ihre Bedeutung und ihr Gefühlsgehalt bedürfen keiner langen Erklärung. Pfeile, die das Herz eines Heiligen durchbohren, sprechen von Sünde und Wehklage. Ein Heiligenschein *ist* die Heiligkeit. Symbole stellen eine unmittelbare Gleichung zwischen zwei Dingen her, das, was Mathematiker eine »umkehrbar eindeutige« Abbildung nennen. Lotus = Buddhismus. Davidstern = Judentum. Kruzifix = Christentum.

Heraldik und Wappen verfügen über eine komplexe Symbolsprache, die von Stämmen und Clans, Geschlechtern und Familien handelt. Ein sechseckiger Benzolring ist ein chemisches Symbol. Alle Abkürzungen sind Symbole: das U.A.w.g. auf einer Einladung, das RIP auf einem Grabstein. IHS *ist* Christus. JHWH *ist* Gott.

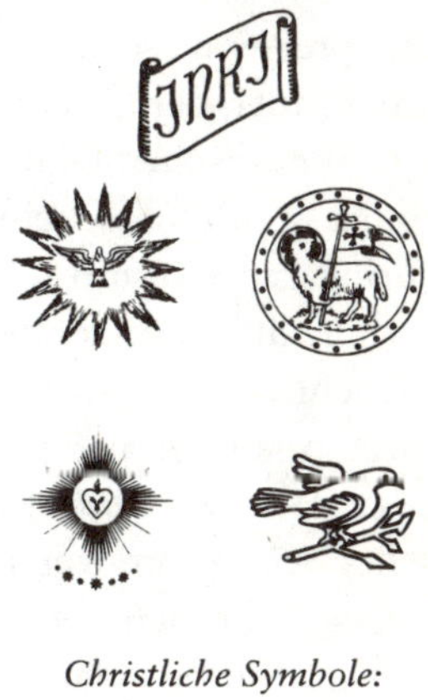

Christliche Symbole: I.N.R.I., »Jesus von Nazareth, König der Juden«; der Heilige Geist; das Lamm Gottes; das Herz Jesu; die Friedenstaube.

Wasser ist ein Symbol des Lebens; Feuer steht für die Hölle, der Phallus für Fruchtbarkeit. Jahrhundertelang und in vielen Kulturen stand die Farbe Gold für die Sonne, Silber für den Mond, Blau für den Himmel, Schwarz für den Tod und Weiß für die Lauterkeit.

Symbole gehören also zu den elementaren Ausdrucksformen des Menschen. C.G. Jung hielt manche dieser Bilder für universell und zeitlos. Im Orient und im Okzident, in der fernen Vergangenheit und in unserer hektischen Gegenwart seien sie gleichermaßen wirksam. Er vertrat die These, solchen universellen Bildern oder »Archetypen« wohnten dynamische, schöpferische Kräfte inne, die uns in unserem tiefsten Inneren bewegen.

Das Wort »Symbol« geht zurück auf das griechische *symbolon* = »Kennzeichen«.

Im folgenden wollen wir die Ursprünge jener Symbole näher untersuchen, die den Menschen besonders heilig sind und waren.

Nimbus – Heiligenschein: Naher Osten, vorchristliche Zeit

Die Lichtscheiben und Strahlenkränze, mit denen Künstler jahrhundertelang die Häupter von Heiligen und religiösen Führern krönten, sind ursprünglich kein christliches, sondern ein heidnisches Symbol, auf das sich auch die Königskrone zurückführen läßt.

In Schriften aus vorchristlicher Zeit ist häufig davon die Rede, daß die Häupter von Gottheiten mit einem Nimbus umgeben seien. In der Kunst der alten Inder, der Griechen und Römer strahlt hinter den Köpfen der Götter oft ein himmlischer Glanz hervor. Auf griechischen und römischen Mosaiken findet man Lichtscheiben hinter den Köpfen von Jupiter, Apollon, Venus und geringeren Göttern und Halbgöttern.

Für die Könige der Vergangenheit war die goldene, mit Edelsteinen, manchmal auch mit Federn verzierte Krone Sinnbild und Ausdruck sowohl ihrer besonderen Beziehung zu einem Gott als auch ihrer göttlichen Autorität. Die *Dornenkrone*, die Christus aufgesetzt wurde, sollte sein himmlisches Königtum verspotten und wurde darüber selbst zu einem Symbol. (*Siehe* Reliquien: Dornenkrone)

Der Nimbus war ein so stark heidnisch geprägtes Symbol, daß die frühen Christen ihre Künstler davon abhielten, die Heiligkeit eines Märtyrers durch einen Nimbus darzustellen.

Der christliche Heiligenschein.

Die frühesten Beispiele für die Verwendung des Nimbus durch Christen finden sich auf Gemälden in den Katakomben von Rom, wo eine Scheibe, von der Lichtstrahlen ausgehen, Christus symbolisierte. Hier ist der Nimbus noch Teil einer Untergrund-Ikonographie.

Aber im 7. Jahrhundert tauchten plötzlich überall an freistehenden Statuen in und um Rom Heiligenscheine auf, und zwar mit päpstlicher Billigung. Warum?

Die Antwort ist ziemlich profan. Diese Heiligenscheine waren große, kreisrunde Scheiben, und sie lösten das peinliche Problem des Vogelkots, indem sie, wie Hüte, die andächtigen Gesichtszüge der Heiligen vor Verunzierungen schützten. Die Mosaiken jener Zeit zeigen bisweilen auch rechteckige Heiligenscheine. Auf vielen Fresken sind lebende Heilige mit Rechtecken versehen, während die kreisförmigen Scheiben den verstorbenen Heiligen vorbehalten bleiben.

Von da an ist der Heiligenschein in der Ikonographie der Apostel, der Jungfrau Maria, der Heiligen und Christi selbst allgegenwärtig. In der abendländischen Kunst verschwindet er erst wieder in der Renaissance. Damals erschien er vielen Künstlern als zu »plakativ«. Lieber wollten sie die Heiligkeit eines Heiligen durch eine eindringliche Darstellung seiner Gesichtszüge zum Ausdruck bringen.

Kruzifixe und Kreuze: Phönizien, vorchristliche Zeit

Das Kreuz ist unter allen christlichen Symbolen das bekannteste. Es tritt in rund vierhundert verschiedenen Ausprägungen auf. Bis zum Ende des 6. Jahrhunderts waren Kreuze nie mit einer Christusfigur versehen. Die bildliche Darstellung der Passion wäre zu schmerzlich gewesen. Und wer hätte es gewagt, Christus noch einmal zu kreuzigen?

Die Römer, die Jesus kreuzigten, haben sich diese grausame Form von Strafe nicht ausgedacht. Sie haben das Symbol und die Folter von den Phöniziern übernommen, die damals das Gebiet des heutigen Libanon und Teile von Syrien und Israel bewohnten. Das Volk, dem wir das Alphabet verdanken, schenkte uns also auch das Kruzifix.

Die Römer kreuzigten Christus mit ausgestreckten Armen an einem sogenannten »lateinischen« Kreuz – einem Kreuz in Form eines »T«, dessen Längsbalken über den Querbalken hinausragt.

Zu anderen Zeiten fesselten und nagelten sie Gefangene mit ausgebreiteten Armen und geschlossenen Füßen an Y-förmige Kreuze. Oder sie benutzten X-förmige Kreuze, bei denen sowohl die Arme als auch die Beine gespreizt wurden. Dieses Kreuz, das seit dem Mittelalter als Andreaskreuz bezeichnet wird, nannten die Römer *crux decussata*, nach dem Verb *decussare* = »kreuzweise, in der Form eines X [= römisches Zeichen für die Zahl 10, *decem*] abteilen«.

Verbrecher wurden bisweilen auch an einem T-förmigen Kreuz (ohne verlängerten Längsbalken), dem sogenannten *Tau*, nach dem griechischen Buchstaben *tau*, gekreuzigt. Einige Legenden behaupten, auch das Kreuz Christi habe diese Form gehabt.

Unser Wort »Kreuz« geht zurück auf das lateinische *crux* (»Marterpfahl«), das uns außerdem in dem Fremdwort »die Crux« erhalten ist als Bezeichnung für eine schwierige, belastende Situation, eine unlösbare (Interpretations-)Aufgabe.

Das Substantiv »Kruzifix« geht zurück auf das lateinische *crucifixus* = »ans Kreuz geschlagen« (*crux* + *figere* »anheften«).

Hakenkreuz – Swastika: Mesopotamien, 3000 v.u.Z.

Für viele mag es überraschend sein, daß das Hakenkreuz, das wir heute mit dem Nationalsozialismus identifizieren, ein uraltes Zeichen ist. Die Griechen nannten es *crux gammata*, da jeder seiner Arme der Form des großen Gamma im griechischen Alphabet ähnelte. Es wird auch *gammadion*-Kreuz genannt.

In frühchristlicher Zeit taucht die Swastika als verschlüsseltes Christussymbol oft an Christengräbern auf, eine Verschleierung des lateinischen Kreuzes, an dem Christus gekreuzigt wurde, dessen Verwendung aber damals gefährlich war. In der frühen byzantinischen und christlichen Kunst sind Hakenkreuze als sakrale Symbole sehr häufig.

Herkunft des Wortes.

Das Wort Swastika geht auf das Sanskrit-Wort *svastika* zurück, »dem Wohlergehen dienlich«. Es setzt sich aus zwei Sanskrit-Wörtern zusammen: *su* + *asti* = »gut« + »es ist«.

Das Swastika-Kreuz war ein wichtiges Symbol für die Bewohner des alten Mesopotamien und bedeutete Wohlstand und Glück. Auch auf der anderen Seite des Globus, bei den Maja in Mittelamerika und bei den Navajos in Nordamerika, war das Swastika-Zeichen bekannt.

Im indischen Hinduismus und Buddhismus ist es bis heute ein vielverwendetes Symbol. Vielen Menschen in Indien gilt es als Kennzeichen eines Heiligen, weil seine vier im rechten Winkel abgebogenen Arme an die vier möglichen Plätze der Wiedergeburt erinnern: 1. im Tier- oder Pflanzenreich; 2. in der Hölle; 3. wieder auf der Erde als Mensch oder 4. im Reich des Geistes. Hindus bringen das Swastika-Kreuz über den Türen ihrer Häuser an und setzen es auf die Titelseiten ihrer Geschäftsbücher.

Man unterscheidet rechtsläufige, also im Uhrzeigersinn »rotierende« und linksläufige, also im Gegenuhrzeigersinn »rotierende« Hakenkreuze. Das rechtsläufige Hakenkreuz gilt als Sonnensymbol, wobei die Drehung der Arme den täglichen Gang der Sonne nachahmt, der in der nördlichen Hemisphäre von Osten über den Süden nach Westen zu verlaufen scheint. Die linksläufige Swastika, das eigentliche Hakenkreuz, steht meist für die Nacht, für Zauberei und in Indien auch für die furchterregende Göttin Kali.

Das Hakenkreuz der Nazis.
Guido von List, 1848 geborener Sproß einer reichen Wiener Kaufmannsfamilie, besuchte mit vierzehn Jahren die Katakomben unter dem Stephansdom in Wien und tat vor einem verfallenen Altar den Schwur, einen heidnischen Tempel für den Gott Wotan zu errichten. Wotan ist in der nordischen Sage der Erfinder des mit magischen Kräften ausgestatteten Runenalphabets.

List hielt sich für einen Abkömmling der »Armanen«, eines alten germanischen Priester- und Weisenstammes, den er selbst erfunden hatte. 1908 gründete er eine Art Geheimgesellschaft, den Armanenbund, dessen Mitglieder den »Heil«-Gruß praktizierten und das Hakenkreuz zu ihrem Emblem machten. In der germanischen Mythologie war die Swastika ein Symbol für das »Sonnenvolk« oder die »Sonnenanbeter«, eine reine, weißhäutige Rasse, die anderen Rassen von Natur aus überlegen war. In solchen Vorstellungen wurzeln auch die arisch-germanischen Ideale Hitlers und des Nationalsozialismus.

Das lateinische Kreuz im Christentum: 4. Jahrhundert u.Z.

Im 4. Jahrhundert, während der Regierungszeit Konstantins des Großen, setzte sich das lateinische Kreuz, an das Christus genagelt worden war, als Symbol des Christentums durch. Niemand getraute sich damals jedoch, Christus in seiner tiefsten Erniedrigung, an das Kreuz genagelt, darzustellen.

Die Kreuzigung. Jahrhundertelang wurde die Gestalt Christi am Kreuz nicht dargestellt.

Nach dem Bericht des Papstes Eusebius (sein Pontifikat fällt in das Jahr 310) erblickte Konstantin »mit eigenen Augen die Kreuzestrophäe im Himmel und darauf die Inschrift ›In diesem Zeichen wirst du siegen!‹« Nach dieser Vision ließ Konstantin auf die Schilde seiner Soldaten die griechischen Buchstaben Chi und Rho malen, die Anfangsbuchstaben des Namens »Christos«. Nachdem er das zahlenmäßig weit überlegene Heer des Tyrannen Maxentius besiegt hatte, sandte Konstantin seine fünfundachtzigjährige Mutter, die heilige Helena, aus, in Jerusalem nach dem wahren Kreuz zu suchen. Der Überlieferung zufolge wurde die alte Dame tatsächlich fündig. (*Siehe* Reliquien: Christi Kreuz)

Nach seiner Kreuzesvision schaffte der Kaiser die Kreuzigung als reguläre Strafform ab.

Im 5. Jahrhundert begannen die Künstler, auf ihren Bildern neben oder über das Kreuz ein Lamm zu setzen – denn Jesus war das »Lamm Gottes«, das geopfert wird für die Sünden der Welt.

Ein Corpus kommt ans Kreuz: spätes 6. Jahrhundert

Gegen Ende des 6. Jahrhunderts begann man, das Kreuz mit einem Corpus, einer figürlichen Darstellung von Christus, zu versehen. Aber noch immer wagte es kein Künstler, ihn in seinen Qualen und seiner Erniedrigung darzustellen. Jesus trug vielmehr ein langes königliches Gewand, manchmal auch eine goldene Königskrone. Nur Hände und Füße waren soweit entblößt, daß in stilisierter Form die Nägel sichtbar wurden. Diese Darstellungen kündeten von einem Triumph. Jesus, dessen Reich kommen würde, regierte mit offenen Augen und lächelnd.

Das erste Bild eines am Kreuz *leidenden* Christus tauchte im 10. Jahrhundert auf. Es fand wenig Anklang, wurde vom Papst sogar als gotteslästerlich verurteilt.

Im Laufe der nächsten drei Jahrhunderte erschienen immer häufiger leidende Christusgestalten am Kreuz. Die Wunden an den Händen wurden tiefer, die quälende Dornenkrone und reichlich Blutspritzer kamen hinzu, und das lange Gewand schrumpfte zum schmalen Lendentuch, das die Martern, die dieser Leib erlitten hatte, eher hervorhob als verdeckte.

Christi Lendentuch und das Problem der Beschneidung

Interessanterweise wurde Jesus jedoch nie vollkommen nackt dargestellt. Nach Meinung vieler Kunsthistoriker ist der Grund hierfür nicht so sehr die Zurückhaltung des Mittelalters, mit der es ohnehin nicht weit her war, als vielmehr die Tatsache, daß Jesus Christus als Jude beschnitten hätte dargestellt werden müssen. Alle europäischen Christenmänner waren jedoch unbeschnitten. Ein Jesus ohne Vorhaut wäre eine unliebsame Erinnerung daran gewesen, daß der Gott, zu dem sie beteten, Jude war – Angehöriger eben jenes Volkes, dem die Christen nun die Gefangennahme und den Tod Christi zur Last legten.

Tatsächlich verurteilten das 3. und das 4. Laterankonzil (1179 und 1215) die Juden offiziell als »Christusmörder« und empfahlen, alle Juden sollten bestimmte Abzeichen als Hinweis auf ihre Schande tragen – auch dies eine Art von Symbol. Im christlichen England mußten Juden eine gelbe Binde tragen, in Deutschland einen »gelben Fleck«, in Frankreich einen »rotweißen Fleck«, in Italien und anderswo kleine spitze Hüte. Ein moderner Autor schreibt über diese Zeit:

Juden wurde jeder Kontakt zu Christen untersagt, sie wurden von der Verwaltung ausgeschlossen, durften kein Land und keine Läden besitzen, wurden in Ghettos gepfercht, die man nachts verriegelte. ... Ein Jude, der sich am Karfreitag auf die Straße wagte, beging praktisch Selbstmord, obwohl der Schmerzensmann am Kreuz selbst eine jüdische Nase hatte. Keine Apartheid ist jemals mit solcher Strenge durchgesetzt worden.

Im 13. Jahrhundert wurde der gekreuzigte Christus zu einem blutüberströmten Bild des Grauens. Die Künstler bemühten sich in ihren Darstellungen, soviel wie möglich von den Qualen, die er litt, zum Ausdruck zu bringen. Bemerkenswert ist, daß christliche Mystiker, die solche blutigen Kruzifixe in jener Zeit betrachteten, das Phänomen der »Stigmatisierung« erlebten: Es kam bei ihnen zu spontanen Blutungen an den Händen, den Füßen und der Seite des Leibes, also dort, wo auch die fünf Wunden Christi lagen. War hier die Kraft der Suggestion am Werk? (*Siehe* Stigmata)

Das Symbol des gekreuzigten Christus gewann während der Gegenreformation noch weiter an Popularität, als die römische Kirche ihr frommes Ansehen und ihr ursprüngliches Verhältnis zu Jesus Christus wiederherstellen und sich gleichzeitig von dem aufkommenden Protestantismus distanzieren wollte. Der gekreuzigte Erlöser in seinem tiefen Leiden wurde zum neuen Bild des »reformierten« Katholizismus.

Kreuze für alle Gelegenheiten: vom Altertum bis in die Neuzeit

Neben dem Taukreuz und dem lateinischen Kreuz gibt es das *griechische Kreuz* mit vier gleich langen Armen, auch *crux quadrata* genannt. Es ist heute das Symbol des »Roten Kreuzes«.

Kreuzformen: (von links nach rechts) Gammadion, Tau (Antoniuskreuz), Kalvarienkreuz, keltisches, griechisches (Georgs-), lateinisches Kreuz, Malteser, Papst-, Lothringerkreuz.

Wenn man ein lateinisches Kreuz auf drei (Marmor-)Stufen – die Sinnbilder für Glaube, Hoffnung und Barmherzigkeit – stellt, entsteht ein Kalvarienkreuz. Das *Kalvarienkreuz* ist in der Regel ohne Corpus, da es nicht an Christi Leiden und Tod erinnert, sondern an seine glorreiche Auferstehung und Himmelfahrt.

Das *Jerusalemer Kreuz* ist eine komplexe Kombination von fünf Kreuzen: Vier gleich große Taukreuze treffen sich in einem Mittelpunkt und bilden ein einziges großes Kreuz, in dessen vier Teilabschnitten jeweils ein griechisches Kreuz plaziert ist. Die fünf Kreuze verweisen auf die fünf Wunden Christi.

Ein Sinnbild Johannes des Täufers ist das *Malteserkreuz*. Seine vier Arme sind ebenfalls gleich lang, jeder Arm wird aber von der Mitte nach außen breiter, und die Enden der Arme sind eingekerbt, so daß dieses Kreuz acht Spitzen aufweist, die die acht Seligpreisungen aus der Bergpredigt symbolisieren sollen.

Das *Papstkreuz* weist statt *eines* Querbalkens drei Querbalken von unterschiedlicher Länge auf, es wird nur bei Prozessionen verwendet, an denen der amtierende Papst teilnimmt.

Beim *keltischen Kreuz* wird das lateinische Kreuz von einem Ring überlagert. Diese Kreuzform ist sehr viel älter als das Christentum – ein Fruchtbarkeitssymbol: Das Kreuz selbst steht für die männliche Zeugungskraft und der Ring für die weibliche Empfänglichkeit. Für das Christentum stellt dieses Kreuz die Vereinigung von Himmel und Erde dar.

Die Kreuzigung des heiligen Petrus.
Das umgekehrte lateinische Kreuz heißt *Petruskreuz*. Der Legende nach hielt sich Petrus, der erste Papst, als er den Märtyrertod erleiden sollte, nicht für würdig, aufrecht, wie Christus, gekreuzigt zu werden, und wünschte sich, daß man ihn umgekehrt ans Kreuz schlüge. Das Petruskreuz ist daher ein Sinnbild der Demut.

Im Jahre 1968 verkündete Papst Paul VI., die Gebeine seines allerersten Vorgängers in Rom seien tatsächlich die des heiligen Petrus. Archäologen des Vatikan, die die sterblichen Überreste untersuchten, stellten fest, daß sie einem Mann im Alter zwischen siebenundsechzig und zweiundsiebzig Jahre gehört hätten, was historisch passen würde. Petrus wird allerdings traditionell als großer, kräftiger Fischer dargestellt, während die Überreste, die jetzt als Reliquien verehrt werden und eine große Touristenattraktion bilden, zu einem Mann gehören, der nur etwa 1,62 m groß war.

Gottvater im Bild: Altes und Neues Testament

Ein Blick hinauf zur Decke der Sixtinischen Kapelle im Vatikan zeigt das am leichtesten erkennbare Symbol für Gott: die ausgestreckte *Hand* mit dem deutenden Finger, die Hand, die die Schöpfung formte und den Leibern aus »Lehm« das Leben gibt.

Die Hand als Symbol taucht in der Bibel an vielen Stellen auf: »Herr, deine rechte Hand tut große Wunder.« (2. Mose 15,6) Oder: »Deine rechte Hand ist voll Gerechtigkeit.« (Psalm 48,10)

Die frühen Christen stellen die Hand Gottes oft dar, wie sie vor einem mit Sternen übersäten Nachthimmel aus einer Wolke auftaucht. Oder sie stellen Gott überhaupt als eine *Wolke* dar, von der nimbusartig Lichtstrahlen ausgehen. Diese Wolkensymbolik geht wohl auf den Bericht im 2. Buch Mose zurück, wo der Berg Sinai sechs Tage lang in Wolken gehüllt ist.

Später bereicherten die Christen das Sinnbild von Hand und Wolke durch einen *Kreis* im Hintergrund, der für die meisten Weltregionen ungebrochene Kontinuität und Ewigkeit symbolisiert.

Mitunter ist die Gotteshand, die aus einer Wolke hervordringt, auch behutsam gewölbt und trägt vier oder fünf Menschenwesen. Dieses Bild geht auf den Psalter zurück: »Nähme ich Flügel der Morgenröte und bliebe am äußersten Meer, so würde auch dort deine Hand mich führen und deine Rechte mich halten.« (Psalm 139,9-10)

Ein anderes bekanntes Symbol für Gott ist das *Auge*, ein einzelnes, alles sehendes Auge. Gott ist allgegenwärtig, ihm entgeht nichts. Dieses Gottesauge ist meist von einem Dreieck umgeben, dem Symbol der Dreifaltigkeit. Auch dieses Bild läßt sich auf die Bibel zurückführen: »Siehe, des Herrn Auge achtet auf alle, die ihn fürchten.« (Psalm 33,18)

»Gott Sohn« im Bild: Neues Testament

Der hebräischen Praxis des Ritualopfers haben die Christen das *Lamm* als Sinnbild für Jesus Christus entlehnt. So verkündet Johannes der Täufer: »Sehet das Lamm Gottes, das hinwegnimmt die Sünden der Welt.« Die Bibel bezeichnet Christus an mehreren Stellen als reines, unschuldiges Lamm, das sich für die Sünden der Menschen opfert.

Der *Fisch* als Sinnbild Christi geht auf die Zeit zurück, als das Christsein noch gefährlich war. Die Anhänger Christi, unter ihnen viele Fischer, brauchten ein geheimes Symbol, das für andere Christen, nicht aber für ihre Feinde verständlich war. Leicht konnte man mit einem Stock einen Fisch in den Sand zeichnen und auf diese Weise sagen: »Auch ich bin ein Christ« und die Zeichnung nachher rasch wieder verwischen.

Manche Forscher sind der Ansicht, das griechische Wort für »Fisch«, *ichtys*, sei von Griechisch sprechenden Christen als Akrostichon oder Abkürzung für die Wendung »*I*esus *Ch*ristos *Th*eou *Y*os *S*oter – Jesus Christus Gottes Sohn, Erlöser« verwendet worden. Ein einzelner Fisch symbolisierte Jesus, mehrere Fische standen für seine Anhänger, und bei Matthäus heißt es: »Folgt mir nach; ich will euch zu Menschenfischern machen.« (4,19)

Zusätzliche Bedeutung gewinnt das Symbol des Fisches vor dem Hintergrund der Vermehrungswunder, von denen die Evangelien berichten – der Speisung der Fünftausend mit fünf Broten und zwei Fischen und der Speisung der Viertausend mit »sieben Broten und wenigen Fischlein« (Matthäus 14,13-21). In der Katakombenkunst wurde der Fisch auch zu einem häufig verwendeten Symbol für die christliche Taufe.

Viele bildhafte Symbole für Christus gehen auf die Bibel zurück:

Der gute Hirte: »Ich bin der gute Hirte. Der gute Hirte läßt sein Leben für die Schafe.« (Johannes 10,11)

Christus als *Weinstock*: »Ich bin der rechte Weinstock, und mein Vater der Weingärtner.« (Johannes 15,1) An anderer Stelle nennt Christus seine Kirche einen *Weinberg* (Matthäus 21,33-41). Schon im Alten Testament nannte Jesaja das Volk Israels den Weinberg des Herrn Zebaoth. (5,1-7)

Christus wird auch als *Tür* versinnbildlicht, durch die die Menschen treten müssen, um Erlösung zu erlangen: »Ich bin die Tür; wenn jemand durch mich eingeht, der wird gerettet werden.« (Johannes 10,9)

Auch die *Kerzen* auf dem Altar sind Symbole für Christus, die an sein Wort erinnern: »Ich bin das Licht der Welt.« (Johannes 8,12)

Alphabetische Monogramme

Außer durch Bilder und Sakramentalien wird Christus auch durch vier alphabetische Monogramme symbolisch dargestellt:

Alpha und Omega.
Der erste und der letzte Buchstabe des griechischen Alphabets tauchen in der kirchlichen Kunst als Symbol für Christus häufig auf, gemäß dem Satz in der Offenbarung des Johannes: »Ich bin das A und O, der Erste und der Letzte, der Anfang und das Ende.« (22,13)

IHS, »Sohn Gottes«.
Für dieses Monogramm gibt es sieben Deutungen. Nur die erste hat eine faktische Grundlage, die anderen dürfen aber nicht einfach übergangen werden, denn auch an sie knüpft eine im Laufe der Jahrhunderte immer reicher werdende Überlieferung an. (Und das Konzil von Trient hat der Überlieferung den gleichen hohen Rang zuerkannt wie der Heiligen Schrift selbst.)

1. Eine Zusammenziehung aus dem griechischen Wort für Jesus: IHCOYC, wobei das C für den griechischen Buchstaben Sigma steht. Anfangs war das Monogramm IHC, aber durch falsches

IHS, Monogramm für »Jesus«. Die Zeichen X (Chi) und P (Rho) erschienen Konstantin in einer Vision. Dieses »Konstantinische Kreuz« + I + C steht für »Jesus Christus, Erlöser«.

Abschreiben wurde aus dem C im Laufe der Zeit ein S. Da IHS die ersten drei Buchstaben des Wortes »Jesus sind, werden sie eigentlich ohne Punkte geschrieben.

Doch die Christen fügten später oft Punkte hinzu, schrieben also I.H.S. und öffneten damit einen weiten Raum für zusätzliche Deutungen. Aus dem Wort »Jesus« ließen sich nun zahlreiche Sätze über Jesus ableiten:

2. *Iesus Hominum Salvator*, lateinisch: »Jesus, Erlöser der Menschen«
3. *In Hoc Signo*, lateinisch: »In diesem Zeichen (wirst du siegen).«
4. *In Hac Salus*, lateinisch: »In diesem (Zeichen des Kreuzes liegt) das Heil.«
5. *Iesus, Heiland, Seligmacher*.
6. *I have suffered* – Ich (Christus) habe gelitten.

I.N.R.I., »Jesus von Nazareth, König der Juden«, 30 u.Z.
Dieses bekannte, vielfach auf Hostien geprägte Monogramm bezieht sich auf den lateinischen Spott-Titel von Jesus: *Iesus Nazarenus Rex Iudaeorum*. Johannes berichtet: »Pilatus aber schrieb eine Überschrift und setzte sie auf das Kreuz: Jesus von Nazareth, der Juden König ... und es war geschrieben in hebräischer, lateinischer und griechischer Sprache.« (19,19-20) Da die Buchstaben mehrere Wörter abkürzen, werden sie korrekterweise mit Punkten versehen.

Schon die Griechen und Römer verwendeten Abkürzungen zur Bezeichnung ihrer Götter. I.O.M. zum Beispiel stand für *Iupiter Optimus Maximus* – »Jupiter, der Beste, der Größte«.

Östliche Symbole.
Tiere werden oft mit Heiligen in Verbindung gebracht. So wie Christus als Lamm oder als Fisch dargestellt wird, erscheint im Buddhismus Buddha selbst als *weißer Elefant*. In dieser Gestalt soll er in den Leib seiner Mutter eingegangen sein. Die Tiersymbolik verweist auf Buddhas Geduld, seine Weisheit und sein unbegrenztes Gedächtnis.

Ein Buchstabensymbol, das im Hinduismus wie im Buddhismus eine große Rolle spielt, ist das »Om« (*a-u-m* ausgesprochen). Es ist keine Abkürzung für einen Gottesnamen, sondern ahmt den ewigen, heiligen Klang nach, der die Schöpfung begleitet und immer noch durch das Universum tönt, eine Art akustischer »Hintergrundstrahlung«. Als Mantra besitzt dieses Wort göttliche Kraft. Es kann der spirituellen Erneuerung dienen, indem man es laut singt oder still im Geist erklingen läßt.

ΧΡΙΣΤΟΣ

Ein anderes verbreitetes Symbol für »Gott Sohn« sind die beiden übereinandergelegten griechischen Buchstaben Chi und Rho (X und P), die beiden ersten Buchstaben des griechischen Wortes ΧΡΙΣΤΟΣ – *christos*. Dieses Symbol ist mindestens sechzehnhundert Jahre alt, denn man weiß, daß schon Kaiser Konstantin es auf die Schilde seiner Soldaten malen ließ. Heute findet man es oft an Altären oder auf der Stola des Priesters.

»Gott Heiliger Geist« im Bild: Neues Testament

Eine herabsteigende Taube, deren Kopf oft von einem dreistrahligen Nimbus umgeben ist, symbolisiert häufig das dritte Element der christlichen Gottheit. Das Bild taucht zum Beispiel im Bericht des Markus über Jesu Taufe auf: »Und alsbald sah er, daß sich der Himmel auftat und der Geist gleichwie eine Taube herabkam auf ihn.« (1,10)

Die *Taube mit dem Olivenzweig* versinnbildlicht das Ende einer Zeit des Kampfes und der Not. Dieses Symbol geht zurück auf die biblische Erzählung von Noah und der Sintflut:

»Da ließ er abermals eine Taube fliegen aus der Arche. Die Taube kam zu ihm um die Abendzeit, und siehe, ein Ölblatt hatte sie abgebrochen und trug's in ihrem Schnabel. Da merkte Noah, daß die Wasser sich verlaufen hätten auf Erden.« (1. Mose 8,10-11)

Tauben waren überall im Nahen Osten verbreitet. Noch heute bewohnen Ringeltauben in ungeheurer Zahl die bewaldeten Gebiete Palästinas, Hohltauben sind im Jordantal weit verbreitet, und Felsentauben nisten in den Gebirgsgegenden westlich des Jordan und im Libanon. Die Taube ist scheu, gutmütig und monogam und war für die Propheten des Alten Testaments häufig ein Symbol des Friedens und der Reinheit. Tauben wurden, wie wir aus dem 3. Buch Mose erfahren, nicht gegessen, wohl aber als Opfertiere verwendet. (Heute werden sie als Delikatesse verspeist, während ihre rituelle Opferung mißbilligt wird.) Im Neuen Testament opfern Maria und Joseph bei der Darstellung Jesu im Tempel zwei Turteltauben. Es war das instinktive Heimkehrvermögen der Tauben, auf das sich Noah verließ, als er die Taube aussandte.

Ein anderes verbreitetes Bild für den Heiligen Geist sind die Feuerzungen.

Auch von ihnen ist in der Bibel die Rede: »Und es erschienen ihnen Zungen, zerteilt wie von Feuer ... und sie wurden alle voll des heiligen Geistes.« (Apostelgeschichte 2,3-4)

In der christlichen Theologie wird der Heilige Geist vom Vater *und* vom Sohn »ausgehaucht«, um Werke der Liebe wie Offenbarung, Erneuerung und Heiligung zu verrichten. Bei Jesu Taufe steigt der Geist in Gestalt einer Taube herab (Heiligung); bei der Empfängnis Mariä ist es der Geist, der sie schwängert (Erneuerung); nach Christi Auferstehung kommt der Geist über die Apostel und ermutigt sie, das Evangelium zu predigen und »Seelen zu fischen« (Offenbarung).

Woher stammt die Vorstellung von einem derart reinen, flüchtigen Geistwesen?

Der Geist wird Bild: Johannesevangelium

In der hebräischen Bibel gibt es kein Wort für »Geist«. Der Begriff wurde durch Metaphern wie »Wind«, »Hauch«, »Atem« oder »Odem« ausgedrückt – im Hebräischen *ruah*, im Griechischen *pneuma.* (Daher unser Wort »pneumatisch«, das beides heißt: 1. »mit Luft oder Luftdruck betrieben« und 2. »den Heiligen Geist betreffend«. Die Lehre vom Heiligen Geist nennt man »Pneumatologie«.) Das lateinische Wort für »Atem« oder »Hauch« ist *spiritus,* aus dem sich zahlreiche Wörter herleiten: »Spiritualismus«, »Spiritismus«, »Spiritus« und »Spirituosen« (was wiederum übersetzt wird mit »geistige Getränke«).

In den frühen Büchern des Alten Testaments wehen immer wieder himmlische, von Jahwe ausgehende Winde und Hauche in die Ohren der Propheten, vermitteln Offenbarungen oder beleben Körper. Dieser »Wind« oder »Hauch« wird aber nicht als *Geist* personifiziert. Keiner der Propheten aus der Zeit vor dem Exil schreibt seine Prophetengabe dem Wirken des Geistes zu, und überhaupt ist bei ihnen von Wind, Hauch und Geist kaum die Rede. Im Himmel gibt es Gott, auf der Erde die Prophezeiung eines Messias, und darüber hinaus wird keine besondere Gestalt erwähnt. Kein Heiliger Geist, kein *spiritus sanctus*.

Nach dem Exil nimmt die vage Vorstellung von einem göttlichen Wind/Hauch/Geist festere Züge an, vor allem in den Schriften des Propheten Hesekiel, der 597 v.u.Z. ins babylonische Exil geführt wurde. Er benutzt das Wort »Atem« ohne die früher übliche Präzisierung »von Gott«; zum ersten

Mal gewinnt bei ihm der »Atem« eine eigenständige Bedeutung, wird zu einer Art Person.

Aber erst im Johannesevangelium entwickelt sich die Lehre vom Geist, der dort »Paraklet« oder »Fürsprecher« genannt wird – abgeleitet aus dem griechischen *paraklein* = »von jenseits herbeirufen«.

Nach Jesu Rückkehr in den Himmel besteht die Aufgabe des Geistes darin, die Gemeinde tiefer in die von Jesus selbst verkündeten Wahrheiten einzuführen. So läßt sich also der »Geist« des Neuen Testaments auf den »Atem« Gottes des Alten Testaments zurückführen, der die doppelte Funktion hatte, Offenbarung und Leben zu stiften. Im Christentum führt der Heilige Geist diese Tradition der Offenbarung und der Erneuerung des »spirituellen« oder geistlichen Lebens fort.

Das Dreieck steht für die Dreifaltigkeit: 4. Jahrhundert u.Z.

Drei gleiche Seiten, drei gleiche Winkel und nirgendwo Fugen oder Lücken – das gleichseitige Dreieck ist ein perfektes Sinnbild für die Gleichheit und Einheit von Gottvater, Sohn und Heiligem Geist. Manche Christen sehen die drei Gestalten der Gottheit in den Seiten, andere erblicken sie in den Scheiteln der drei Winkel.

Im Laufe der Jahrhunderte haben die Künstler das Dreieck der christlichen Dreifaltigkeit oder Trinität auf vielerlei Arten dargestellt: drei Fische, deren Kopf jeweils an den Schwanz des anderen stößt. Oder das Wappenschild der Trinität: ein Kreis (die Gottheit) in einem Dreieck (die drei Glieder der Dreifaltigkeit). Dieses Zeichen wird durch sechs Sätze ergänzt, die das Mysterium der Koexistenz und der Unabhängigkeit in der Dreifaltigkeit zusammenfassen: »Der Vater ist Gott«, »Der Sohn ist Gott«, »Der Heilige Geist ist Gott«, und: »Der Vater ist nicht der Sohn«, »Der Sohn ist nicht der Heilige Geist«, »Der heilige Geist ist nicht der Vater«.

Solche aufwendigen Erläuterungen in Bildlichkeit und Theologie waren nötig, um den von den Juden und später auch von den Muslimen erhobenen Vorwurf abzuwehren, das Christentum mit seiner Verehrung von Vater, Sohn und Heiligem Geist bete in Wirklichkeit nicht zu einem Gott, sondern zu drei Göttern. Das Wort »Trinität« taucht allerdings weder im Neuen Testament noch in den Schriften der frühen Kirche auf und wurde erst auf dem Konzil von Nicäa im 4. Jahrhundert u.Z. näher definiert. Man sagt ja oft, ein Bild erkläre mehr als tausend Worte, und sicherlich half das Bild des gleichseitigen Dreiecks den Christen, ihren Kritikern die Vorstellung von einem dreifaltigen Gott zu erklären.

Ebendies war auch die Funktion des dreiblättrigen Kleeblatts, mit dem der heilige Patrick seinen Anhängern die Dreifaltigkeit erläutert haben soll und das auf diese Weise zum Symbol Irlands wurde.

Symbole für das Wort Gottes: Altes Testament

Gottes Worte werden im Alten Testament besonders einprägsam durch die beiden *Tafeln mit den Zehn Geboten* versinnbildlicht. Die hohen rechteckigen Tafeln mit den gerundeten Oberkanten, auf denen oft nur die römischen Zahlen von I bis X oder einige hebräische Buchstaben stehen, sind der Inbegriff der Grundregeln, die Gott für seine Kinder erlassen hat.

Einer jüdischen Legende zufolge wurden die Tafeln aus dem Saphir von Gottes Thron gemeißelt. Anderswo heißt es, die Tafeln seien zusammengerollt gewesen wie Schriftrollen aus Pergament. Jedenfalls waren sie so schwer, daß Moses sie nur mit Gottes Hilfe schleppen konnte. Als aber die Tafeln dem Goldenen Kalb näher kamen, ergriffen – einer Legende zufolge – die hebräischen Buchstaben darauf die Flucht. Gott zog seine helfende Hand zurück, Moses ließ die schweren Tafeln fallen, und sie zerbrachen. Moses verbrachte danach vierzig Tage und Nächte auf dem Berg, um die Gebote noch einmal abzuschreiben. Die ersten Tafeln wären demnach das Werk Gottes gewesen, die zweiten das Werk eines Menschen.

Die Zehn Gesetze oder Gebote, im Hebräischen *dibrot* – »Wörter« oder »Dinge« – genannt, bilden eine Art von Einleitung zum sogenannten Buch des Bundes, der ersten großen Gesetzessammlung der hebräischen Bibel. Später bildete sich in der jüdischen Überlieferung die Auffassung heraus, das gesamte Recht des Pentateuch oder der Thora sei dem Moses in Gestalt der »613 Gebote und Verbote« auf dem Berg Sinai übergeben worden.

Gemäß der jüdischen Tradition bringen Nachbildungen der Gesetzestafeln meist auf jeder Tafel fünf Gebote. Der in hellenistischer Zeit lebende jüdische Philosoph Philon unterschied zwei Gruppen von Geboten: Die ersten fünf fordern Frömmigkeit gegenüber Gott und den Eltern, die letzten fünf befassen sich mit der Beziehung zu den Mitmenschen und fordern Rechtschaffenheit (nicht töten, nicht Ehebruch begehen, nicht stehlen, nicht falsches Zeugnis ablegen, nicht begehren).

Weitere Symbole für das »Wort Gottes« sind die *Lampe* und die *Fackel*, die mit dem Licht der Weisheit die Dunkelheit der Unwissenheit zerstören, und das *offene Buch*.

Die christliche Kirche als Schiff: 4. Jahrhundert u.Z.

Seit der Schrift des heiligen Ambrosius *De Noe et Arca* war Noahs hölzerne *Arche*, oft von einem *Regenbogen* überwölbt, eines der verbreitetsten Symbole für die christliche Kirche selbst. Für Ambrosius und die Autoren seiner Zeit war die Arche ein Sinnbild der »Kraft, alle Dinge zu bewahren und ihre Wiedergeburt zu sichern« – wie ja die Arche die Schöpfung rettete, so daß sie nach der Sintflut neu geboren werden konnte. Arche und Regenbogen erinnern die Christen an den Bund, den Gott mit Noah schloß, und an den Neuen Bund, den Gott mit seiner Kirche schloß.

Der Regenbogen nach heftigem Gewitter oder Regenschauer war für viele Völker und Religionen das schimmernde Zeichen der Gegenwart eines gütigen Gottes. Und weil er sich vom Himmel bis zur Erde zu spannen schien, war er ein besonders starkes Symbol – für die Inkas ebenso wie für die Griechen. Diese letzteren sahen in ihm die geflügelte Göttin Iris (griechisch: »Regenbogen«), die als Götterbotin zwischen dem Olymp und den Sterblichen auf der Erde unterwegs war.

In der Tradition des Hinduismus und des Buddhismus steht der Regenbogen für die höchste Stufe, die ein Mensch symbolisch erreichen kann. Wer den »Regenbogenleib« erreicht hat, für den ist der irdische Körper wahrhaft gegenstandslos geworden.

Im Christentum symbolisieren die sieben natürlichen Farben des Regenbogens die Sieben Gaben des Heiligen Geistes für die Kirche: Sakramente, Lehre, Amt, Verfassung, Gebet und die Macht, die Sünde zu lösen oder zu binden.

Das Bild der Kirche als Schiff erscheint schon im Alten Testament und in späteren jüdischen Schriften, die das sturmgepeitschte Meer als Sinnbild für das unberechenbare Auf und Ab im Schicksal der Welt sehen. Die Episode, in der Christus die Wellen des Sees Tiberias für die Apostel beruhigt, weist zurück auf die Geschichte von Noahs Arche. Das Schiff im Sturm ist auch ein Symbol für die Erschütterungen, die die Kirche durch Verfolgung, Häresie und Spaltung erlitten hat, ohne von ihrem Kurs abzuweichen.

Der Märtyrer Justinus ergänzte die Schiffssymbolik durch die Vorstellung, daß Christi Kreuz ein Mast ist: »Man kann nicht über die Meere segeln«, schrieb er, »solange man nicht das Siegeszeichen, welches man das Segel nennt, richtig aufgepflanzt hat.« Mit anderen Worten: Christus mußte den Kreuzestod erleiden, damit seine Kirche durch die Zeit segeln kann.

Im Deutschen wird der langgestreckte Teil des Kirchengebäudes »Kirchenschiff« genannt. Im Englischen heißt er *nave*, im Französischen *nef*, beides abgeleitet aus dem lateinischen Wort für »Schiff«: *navis*.

Ein heute weniger gebräuchliches Symbol für die Kirche ist der *Bienenstock*. Die Menschen in früheren Zeiten, für die Honig der wichtigste Süßstoff war, wußten, wie emsig die Bienen zum Wohl ihrer Gemeinschaft arbeiten – so unermüdlich wie die Nachfolger Christi zum Wohl seiner Kirche.

Ein weiteres Symbol für die Kirche kommt in dem bekannten Wort zum Ausdruck, das Jesus an den heiligen Petrus richtet: »Du bist Petrus, und auf diesen Felsen will ich meine Kirche bauen.« (Matthäus 16,18) Tatsächlich ist ein Kirchengebäude, das sicher auf einem Felsbrocken steht, ein altes christliches Symbol. Das lateinische *petra*, ein aus dem Griechischen übernommenes Fremdwort, bedeutet nichts anderes als »Fels«. (*Siehe* Papsttum)

Symbole für die Bibel: Altes Testament

Es sind vor allem vier Symbole, die neben vielen anderen die hebräische Bibel in Bilder fassen.

1. Der *brennende Dornbusch* (2. Mose 3), aus dem Gottes Stimme Moses zur Befreiung der Israeliten aus der ägyptischen Knechtschaft aufruft.

2. Der *vielarmige Leuchter*, die Menora, die beim Gottesdienst in der Synagoge verwendet wird. (*Siehe* Menora)

3. Der *Opferaltar*, der auf das rituelle jüdische Opfer von reinen, unbefleckten Tieren zur Sühne der Sünde verweist. Er wird im 3. Buch Mose genau beschrieben. Das Tier muß vollständig verbrannt werden, und Gott nimmt die Gabe als »besänftigenden Duft« an.

4. Die mit Cherubim verzierte *Bundeslade*, ein Symbol für die Beziehung zwischen Gott und dem Volk Israel. Die Bundeslade, in der die beiden Tafeln mit den Zehn Geboten aufbewahrt wurden, war im Krieg immer in den vordersten Linien des israelitischen Heeres mit dabei. Später fanden sie ihren Platz im Tempel Salomos.

Neben dem dornigen Akazienbusch, der für das Alte Testament steht, und neben dem bereits erwähnten Kleeblatt (für die Dreifaltigkeit) und dem Olivenzweig (für verläßlichen Frieden) haben auch andere Pflanzen für Juden und Christen symbolische Bedeutung gewonnen:

Die *Zeder des Libanon*: Christus – nach einer mystischen Deutung des Hohelieds: »Seine Gestalt ist wie der Libanon, auserwählt wie Zedern.« (Hohelied 5,15)

Der *Feigenbaum*: Wollust – ein Hinweis auf die Feigenblätter, mit denen Adam und Eva, nachdem sie gesündigt hatten, ihre Blöße bedeckten.

Die *rote Rose*: Martyrium – wegen ihrer Dornen und ihrer blutroten Farbe symbolisiert sie in der Ikonographie der Heiligen das Leiden.

Die *Akelei*: Heiliger Geist – diese Pflanze aus der Familie der Hahnenfußgewächse hat Blüten, von denen es heißt, sie glichen einem »Taubenschwarm«.

Der *Apfelbaum*: Bosheit – offenbar eine Anspielung auf die Sünde Adams und Evas. Aber ging es dabei wirklich um einen Apfel?

Der Davidstern als Symbol des Judentums: Europa, 17. Jahrhundert

Der sechszackige Davidstern, das Hexagramm, wird im Hebräischen *Magen David* genannt, wörtlich: »Schild Davids«. Aber dieses zentrale Symbol des Judentums ist als solches erst seit wenigen Jahrhunderten in Gebrauch. Man hat ihm im Laufe seiner Entstehungsgeschichte viele Namen gegeben, und es hat ganz unterschiedliche Vorstellungen verkörpert.

Der Ursprung des Davidsterns liegt im Dunkeln. So gut wie sicher ist allerdings, daß er mit der Herrschaft des Königs David im 10. Jahrhundert v.u.Z. nichts zu tun hat. Darin sind sich die Historiker einig. Wahrscheinlich entstand er unter einem anderen Namen, als »Siegel Salomos« – unter diesem Namen erscheint das Symbol in einigen magischen Schriften aus salomonischer Zeit.

Das *Siegel Salomos* besteht aus zwei ineinandergeschobenen gleichseitigen Dreiecken, weist also sechs Spitzen auf. Das aufwärts gerichtete Dreieck, Sinnbild des »Feuers und der männlichen Kraft«, überlappt mit dem abwärts gerichteten Dreieck, dem Sinnbild des »Wassers und der weiblichen Kraft«. Die beiden Gegensätze verschmelzen zur Harmonie. (Der Ausgleich von Gegensätzen wie männlich-weiblich, gut-böse, Dunkelheit-Licht begegnet uns in den Symbolen vieler Religionen, etwa in dem fernöstlichen Symbol von *Yin und Yang*.) Die Grundlinien der beiden Dreiecke teilen das jeweils andere unterhalb bzw. oberhalb seiner Spitze und bilden auf diese Weise zwei Horizontalen, die Luft und Erde symbolisieren. Das Siegel Salomos ist also ein Symbol für die vier Elemente: Feuer, Wasser, Luft, Erde.

Die früheste nachweisbare Verwendung in der jüdischen Welt, allerdings nicht in religiösem Zusammenhang, ist ein Siegel aus dem 7. Jahrhundert v.u.Z., das einem gewissen Josua ben Asajahu aus Sidon gehörte. Man findet das Salomonsiegel auch auf einem Fries in einer galiläischen Synagoge aus dem 2. Jahrhundert u.Z. – neben einem Swastika-Kreuz, das damals nicht auf Verfolgung, sondern auf heidnische Zusammenhänge hindeutete.

Im Christentum.
Während des Mittelalters erscheint der sechszackige Stern vor allem in der christlichen und muslimischen Kunst und Architektur: auf königlichen Siegeln, Notarsstempeln, auf Friesen in byzantinischen und spanischen Kirchen, in Holzschnitzereien für den kirchlichen Raum und als Illustration in Bibeln, die in christlichen und muslimischen Ländern hergestellt wurden. Juden, die unter Christen und Muslimen lebten, übernahmen das Symbol von diesen.

Zwischen dem 10. und 14. Jahrhundert erscheint es in magischen jüdischen Texten, in alchimistischen Handschriften und dann als Verzierung auf *mesusot* (Plural von *mesusa*, *siehe* Mesusa). Meistens hatte das Symbol magische Bedeutung, wurde abwechselnd »Siegel Salomos« oder »Davidstern« genannt und war im mittelalterlichen Deutschland auch das Symbol des »Superengels« Metatron. (*Siehe* Metatron.)

Die erste jüdische Gemeinde, die den Davidstern verwendete, war die in Prag, wo Karl IV. 1354 den Juden das Recht einräumte, eine Fahne mit dem Hexagramm zu führen. Von da an fand das Symbol rasche Verbreitung. 1613 erschien es auf dem Grabstein des Astronomen und Geschichtsschreibers David Gans, der ein Buch mit dem Titel *Magen David* geschrieben hatte.

Die jüdische Antwort auf das christliche Kreuz.
Als die europäischen Christen im späten Mittelalter Steinkreuze aufstellten, um ihre Gebiete abzugrenzen und die Juden fernzuhalten, errichteten die Juden zur Abgrenzung der eigenen engen Bezirke ihrerseits Holzzäune, auf die sie Davidsterne malten. Mehrere Bewegungen, die auf die Emanzipation der Juden zielten, machten sich das Symbol zu eigen, und bis zum 17. Jahrhundert war es das jüdische Gegenstück zum christlichen Kreuz geworden. Die Juden brauchten ein eigenes kraftvolles Symbol.

Um 1770 wurde der Stern zum Symbol für den »Seder«, den häuslichen

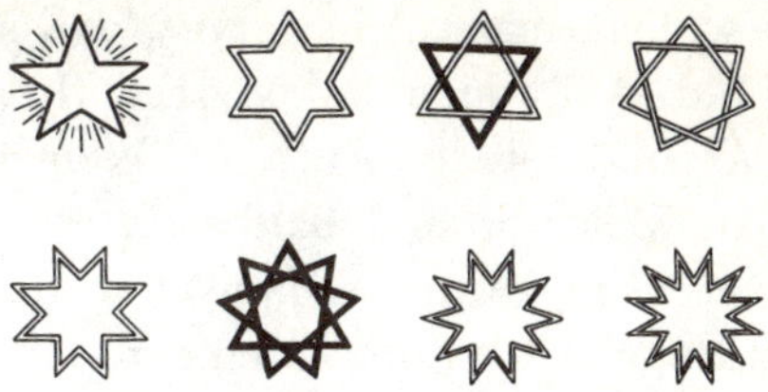

(Oben, von links nach rechts) Der Stern von Bethlehem, der Stern der Schöpfung, der Davidstern (Siegel Salomos) und der Mystische Stern. (Unten) Der achteckige Stern der Erneuerung, der Stern des Heiligen Geistes, der Stern der zehn Jünger Jesu, der Stern der zwölf Stämme Israels.

Gottesdienst, an den ersten beiden Tagen des Pessachfestes. 1882 nahm die Bankiersfamilie Rothschild den Davidstern in ihr Familienwappen auf. 1897 wählte ihn der Erste Zionistenkongreß zum Symbol der zionistischen Bewegung, und 1948 wurde er zum zentralen Emblem der Flagge des neuen Staates Israel. Obwohl ihm keine biblische oder talmudische Autorität zukommt, ist der Davidstern eines der wichtigsten Zeichen des Judentums.

Seit die Nazis alle Juden in Deutschland und in den während des Zweiten Weltkriegs von Deutschland besetzten Teilen Europas zum Tragen des gelben »Judensterns« zwangen, steht der *Magen David* auch für Märtyrertum und Heroismus.

Heute sollen die sechs Zacken des Sterns vielerlei symbolisieren: die sechs Tage der Schöpfung, die sechsmal zwei Stämme Israels; die sechshunderttausend Israeliten am Berg Sinai; die dortige Offenbarung der Thora am sechsten Tage des hebräischen Monats Siwan (Mai/Juni); und die sechs Millionen Juden, die im Holocaust vernichtet wurden.

Der Stern von Bethlehem: Matthäus 2,1-12

Im Christentum ist er das wichtigste Sternsymbol: Er geleitete die Weisen aus dem Morgenland, die ersten Heiden, die Jesus anbeteten, zu seinem Geburtsort: »Da kamen Weise vom Morgenland nach Jerusalem und sprachen: Wo ist der neugeborene König der Juden? Wir haben seinen Stern gesehen im Morgenland und sind gekommen, ihn anzubeten.« (Matthäus 2,2)

Für die christlichen Theologen gewann der Stern im Zusammenhang mit Jesu Geburt große Bedeutung. Ein halbes Jahrhundert, ehe der heilige Paulus aufbrach, den Heiden die Lehren Christi zu bringen, hatte dieser Stern drei Heiden zu dem neuen »König« geführt. So steht der Stern für das Aufleuchten des Christentums am Horizont.

Alle Einzelheiten, die über diese Weisen aus dem Morgenland berichtet werden, sind in Wahrheit spätere Zutaten. Daß sie zu dritt gewesen seien, erschließt man allein daraus, daß in der Bibel drei Gaben erwähnt werden: Gold, Weihrauch und Myrrhe. (In der östlichen Überlieferung ist von zwölf Weisen die Rede.) Auch ihre Namen sind erst später hinzugekommen – Caspar, Melchior und Balthasar. (»C + M + B« lautet die Inschrift, die die »Sternsinger« am 6. Januar, dem Dreikönigstag, in katholischen Gebieten mit Kreide über die Türen der Häuser schreiben. Sie bedeutet auch: *Christus Mansionem Benedicat* = »Christus segne dieses Haus«.) Und daß sie reich und sogar Könige gewesen seien, hat man einzig und allein daraus geschlossen, daß sie der Bibel zufolge eine Unterredung mit dem König Herodes hatten.

Menora: Altes Testament, 2. Buch Mose

Der vielarmige Leuchter, den die Juden seit Jahrhunderten während des achttägigen Chanukkafestes verwenden, hat viele Formen angenommen. Seine wesentlichen Merkmale aber sind gleich geblieben: Er besitzt acht Näpfe für Öl und Docht oder acht Kerzenhalter; am ersten Tag wird das erste Licht angezündet, am zweiten das zweite und so weiter. Ein gesondertes, »dienendes« Licht, der *Schammach*, wird zum Entzünden der anderen Lichter verwendet.

Die Menora ist dem siebenarmigen goldenen Leuchter aus der Stiftshütte des Moses nachgebildet, der für die Israeliten unter anderem die sechs Tage der Schöpfung und den Ruhetag symbolisierte. Der mittlere Kelch über dem Fuß dieses siebenarmigen Leuchters steht für den Sabbat und überragt die anderen Lichter, je drei auf jeder Seite.

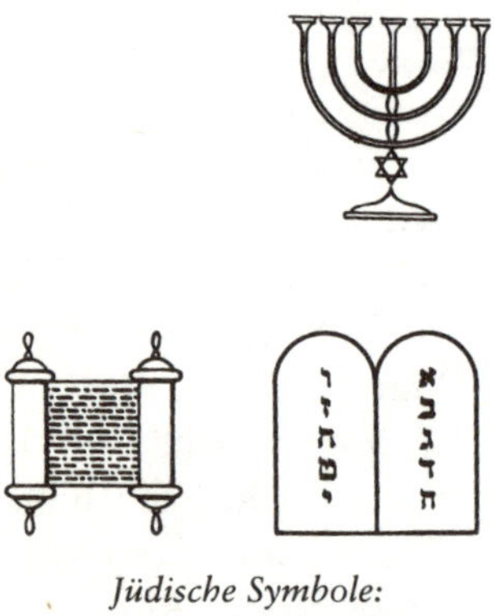

Jüdische Symbole: Menora, ein Symbol des Heiligen Tempels (oben). Die Thora (das Gesetz); die Zehn Gebote.

Der Überlieferung zufolge wurden Moses und Bezalel, der Baumeister seiner Stiftshütte, während des Zuges der Israeliten durch die Wüste von Gott beauftragt, einen Leuchter mit sieben Armen zu machen. (2. Mose 25,31-40; 37,17-14) Jeder Arm sollte drei Kelche wie Mandelblüten mit Blumen und Knäufen haben, der Arm über dem mittleren Schaft aber sollte vier Kelche haben. Der ganze Leuchter sollte aus einem einzigen Stück reinen Goldes getrieben werden, dazu auch Lampen, Lichtscheren und Löschnäpfe, ebenfalls aus reinem Gold. Die Kelche an den Seitenarmen dieses Leuchters hatten die gleiche Höhe wie die Kelche über dem Schaft, nach einer Quelle achtzehn Handbreit.

Der Leuchter stand vor dem Vorhang, der die Bundeslade verdeckte, an der Südseite der Stiftshütte. Er brannte von abends bis morgens; in der Abenddämmerung wurde er angezündet und im Morgengrauen vom Hohepriester gelöscht. Er stand auf einem Tisch, der die Freuden des Paradieses versinnbildlichte, und sein Licht symbolisierte die Gegenwart Gottes. Angeblich mußte Gott dem Moses die Anweisungen zur Fertigung des Leuchters für die Stiftshütte mehrmals geben, weil der alte Mann sie immer wieder vergaß; aus Ärger hierüber soll sich Gott den Bauplan sogar auf die eigene Hand gezeichnet haben.

Es ist diese siebenarmige Menora, die im Talmud erwähnt wird und die in der jüdischen Kunst immer wieder auftaucht.

Nach der Zerstörung des ersten und des zweiten Tempels kam die ehrfurchtsvolle Vorstellung auf, daß kein Gerät aus dem Tempel je nachgebildet werden dürfe. Insofern war für einen Leuchter jede Zahl von Armen außer sieben akzeptabel. Lange Zeit gab man der Zahl Sechs den Vorzug.

Das Schicksal der Menora des zweiten Tempels ist ungewiß. Sie wurde von den Römern erbeutet. Auf einem Relief am Titusbogen auf dem Forum in Rom sieht man, wie die Römer sie im Triumphzug mit sich führen.

Heute stellen viele Gemeinden elektrisch beleuchtete siebenarmige *menorot* (so der hebräische Plural) auf, mit dem plausiblen Argument, ein elektrischer Leuchter sei keine Nachbildung des Originals.

Kabbala, »Überlieferung«: 1. Jahrhundert u.Z.

Das hebräische Wort »Kabbala« bedeutet »Überlieferung«. Es bezeichnet ein auf mystischen Deutungen der Heiligen Schrift beruhendes System okkulter Weisheit, das dem, der sich mit ihm beschäftigt, einen Weg zu innerem, geistigem Wachstum weisen soll, gleichsam eine symbolische Landkarte der Schöpfung selbst. Obwohl die mosaischen Gesetze auch weiterhin die Grundlage des Judentums bildeten, bot die Kabbala eine Möglichkeit der direkten Annäherung an Gott.

Die früheste Form der Kabbala entstand unter dem Namen *Merkawa* (»Wagen«) im 1. Jahrhundert u.Z. in Palästina. In ihrem Mittelpunkt stand die mystische Betrachtung des göttlichen Throns oder »Wagens«, von dem in der Vision des Propheten Hesekiel die Rede ist. Ursprünglich wurde die Kabbala mündlich überliefert. Der früheste kabbalistische Text, den wir kennen, ist das Jezira-Buch aus dem 3. Jahrhundert, das auch auf den damals aufblühenden christlichen Glauben großen Einfluß hatte. In bestimmten Formeln der Kabbala fanden einige christliche Mystiker einen »Beweis« für die Dreifaltigkeit.

Die Kabbala ist im wesentlichen ein System esoterischer Symbole, die das Geheimnis Gottes und des Universums in sich bergen sollen, und die Aufgabe des Kabbalisten besteht darin, den Schlüssel hiefür zu finden, etwa indem er die Heilige Schrift anhand eines Systems von numerischen Äquivalenzen entschlüsselt. Diese sogenannte *gematria* (nach griechisch: *geometria*) ordnet den zweiundzwanzig Buchstaben des hebräischen Alphabets jeweils eine bestimmte Zahl zu.

Zum Beispiel:

Man betrachte die eherne Schlange, die Moses an einer Stange aufrichtet: »Und wenn jemanden eine Schlange biß, so sah er die eherne Schlange an und blieb leben.« (4. Mose 21,9) Dieses Symbol wird nun durch *gematria* in die magische Zahl 358 verwandelt, die zugleich das numerische Äquivalent für das Wort »Messias« ist. So wird die eherne Schlange als Prophezeiung der Ankunft des Messias erkannt, der all jene retten wird, die von dem Verlangen nach spiritueller Wahrheit »gebissen« sind. Auf diese Weise kamen christliche Kabbalisten im Mittelalter dazu, eine Schlange als Symbol für Jesus Christus um das Kreuz zu schlingen.

Warum die Juden immer unterwegs sind.

Nach ihrer Vertreibung aus Spanien im Jahre 1492 wandten sich viele Juden, die nach einer Erklärung für ihr schweres Los suchten, mit neuer Ehrfurcht der Kabbala zu. Das Zentrum der Kabbala war im 16. Jahrhundert Safed in Galiläa, wo Isaak Luria, einer der bedeutendsten Kabbalisten, lebte.

Warum wurden die Juden von den Nicht-Juden immer wieder ins Exil getrieben, entwurzelt und verfolgt? Isaak Luria behauptete, die Antwort ergebe sich klar und deutlich aus der Kabbala. Die Zerstreuung des »göttlichen Lichts«, das Gott selbst versinnbildlicht, im gesamten Kosmos weise schon auf die Zerstreuung der Juden über die ganze Welt voraus. Es sei ihre Mission, sich zu verstreuen – sie könnten sowenig zur Ruhe kommen, wie ein Lichtstrahl zur Ruhe kommt.

Viele abergläubische Bräuche von Juden und Christen gehen auf die Kabbala zurück – etwa wenn der Bräutigam nach dem Trinkspruch bei der

Hochzeit ein Glas zertrümmert. Der kabbalistische Grund hierfür: Die Dämonen, die das Glück des jungen Paares zerstören wollen, lassen sich durch Lärm am besten vertreiben.

Als einige Kabbalisten des 16. Jahrhunderts erklärten, es sei wesentlich, daß die Leiber der Toten in direkte Berührung mit der Erde kämen, gaben viele Juden die Beerdigung in Särgen auf. Den Leichnam, in Totenkleider gehüllt, direkt in die Erde zu betten, ist auch im heutigen Israel weitverbreitete Sitte. Seit dem Aufleben des Zionismus in diesem Jahrhundert erfreut sich auch die kabbalistische Mystik wieder eines stärkeren Interesses. Ihre Tiefen sind noch keineswegs ausgelotet.

Die christliche Kabbala liefert einen Beweis für die Dreifaltigkeit: Florenz, 15. Jahrhundert

Heute spielt die katholische Kirche ihr mystisches Erbe eher herunter, aber im 15. Jahrhundert und in der Zeit danach entwickelten viele theosophische Mystiker eine christliche Kabbala und versuchten, für einige der tiefsten Glaubensgeheimnisse, etwa das der Dreifaltigkeit und das der Menschwerdung Gottes, »Beweise« zu finden – ein Unterfangen, an dem sich viele Heilige beteiligten und bei dem auch Astrologie und Zahlenmystik ins Spiel kamen.

»Keine Wissenschaft vermag uns besser von der Göttlichkeit Jesu Christi zu überzeugen«, so schrieb der christliche Kabbalist Pico della Mirandola 1486, »als die Magie und die [hebräische] Kabbala.«

Etwa so: Eine zentrale Formel, die die trinitarische Gleichwertigkeit von Vater, Sohn und Heiligem Geist beweist, beruft sich auf die verschiedenen Namen, unter denen sich der Herr offenbart hat – *Schaddaj* gegenüber den alten Patriarchen; *Jahwe* gegenüber Moses; *Logos* gegenüber den Evangelisten, usw. Wenn man nun die Buchstaben aus den verschiedenen Sprachen in ihren Zahlenwert umsetzt und die Summen normalisiert, wird das Geheimnis des dreieinigen Gottes für jene, die an die Zahlenmystik glauben, zu einer schlichten Tautologie.

Manche Christen behaupteten, den Lehren der jüdischen Kabbala käme eine direkte Bedeutung für das Christentum zu, weil in ihnen, wie im Alten Testament, ein Vorschein auf Entwicklungen in der christlichen Welt enthalten sei. Das empörte die Juden in jener Zeit. Zuerst hatten die Christen Anspruch auf die hebräische Bibel erhoben und sie respektlos als *Altes* Testament bezeichnet, und nun bemächtigten sie sich auch noch der jüdischen Mystik.

Ihre Blüte erlebte die christliche Kabbalistik in der von den Medici gestifteten Platonischen Akademie in Florenz. Angesichts der raschen Entfaltung der empirischen Wissenschaften in der Renaissance wirkte eine quantitative Theologie begreiflicherweise verlockend. Eine »kalkulierende« Annäherung an Christus faszinierte viele frommen Christen, die wissenschaftlich auf der Höhe ihrer Zeit sein wollten. Ein folgenreiches Werk der christlichen Kabbalistik war das 1494 erschienene Buch *De Verbo Mirifico* (Vom wundertätigen Wort) des deutschen Humanisten Johannes Reuchlin. Die Kabbalistik ist eine christliche Grenzwissenschaft, die in unserem Jahrhundert der Seelenerkundung nur darauf wartet, wiederbelebt zu werden.

9. Kapitel
Pietät und Putz
Gewänder bis Gefäße

Bischöfe in ihren Prachtgewändern. Christus mahnte: »Sorget nicht um ... euren Leib, was ihr anziehen werdet.«

Was trägt man beim Opfer?

Die Mode war immer ein wesentliches Element der Religion und die Farbe ein Zeichen für Rang und Stellung – die erdbraune, aus grobem Wolltuch gefertige Kutte des demütigen Mönchs ebenso wie die in Passionspurpur gehaltenen königlichen Seidengewänder des *Pontifex Maximus,* des »Obersten Priesters« oder Papstes mit der edelsteinbesetzten Tiara auf dem Kopf.

Die Kirche hat fast immer großen Wert auf Eleganz gelegt, trotz Christi Mahnung: »Darum sage ich euch: Sorget nicht um euer Leben... auch nicht um euren Leib, was ihr anziehen werdet.« (Matthäus 6,25)

Christus warnte vor übertriebenem Modebewußtsein, und gewiß hätte sich der Sohn eines armen Zimmermanns nie und nimmer die Gewänder leisten können, die später die Priester zur Feier seines Opfers trugen und noch immer tragen. Andererseits haben sich die Männer schon immer vor allem zu zwei Anlässen in Schale geworfen: für den Krieg und für das religiöse Ritual.

Seit jeher haben die Priester die feinsten Klamotten angezogen, die sie zu ihrer Zeit bekommen konnten, und haben auf diese Weise den aristokratischen Stil irdischer Könige und Edelleute nachgeahmt. Die Hohepriester vieler Religionen rund um den Erdball haben sich die Gesichter geschminkt und die Brust tätowiert. Sie haben sich mit gefiedertem Kopfschmuck, wehenden Fransen und Ketten aus Muscheln, Menschenknochen oder Zähnen behängt. Durch sein Kleid unterscheidet sich der Priester vom Laien. Und in den meisten Religionen ist es den Laien verboten, die heiligen Gewänder des Priesters zu tragen.

Viele dieser Gewänder haben ihren Ursprung im Ritual des Opfers, das in dieser oder jener Form den Mittelpunkt der meisten Religionen bildet – das Brandopfer bei den Israeliten, der Opfertod Jesu Christi am Kreuz oder auch die unblutige Eucharistie, die im Mittelpunkt der christlichen Messe steht.

Das Opfer als Sühne für die Sünde war immer ein zentrales Element der Religion, sei es daß unschuldige Lämmer, keusche Jungfrauen oder hilflose Kinder tatsächlich getötet wurden, sei es daß das Opfer symbolisch vollzogen wird wie bei der Messe.

Der jüdische Hohepriester: Frühzeit des Alten Testaments, 1800 v.u.Z.

Gott selbst gab den Priestern die ersten Anweisungen dafür, wie sie sich anziehen sollten. Nachdem er Moses über die richtige Bauweise eines Altars ins Bild gesetzt hatte, fügte er hinzu:

»Dies sind aber die Kleider, die sie machen sollen: Brusttasche, Schurz, Obergewand, gewirktes Untergewand, Kopfbund und Gürtel. ... Sie sollen Gold, blauen und roten Purpur, Scharlach und feine Leinwand dazu nehmen.« (2. Mose 28,4-5)

Die Tracht des levitischen Priesterstammes war reich verziert. Beim Gottesdienst trug der Priester einen *me'il*, ein ärmelloses purpurfarbenes Gewand, das an seiner Unterkante mit einem Saum aus goldenen Glöckchen versehen war, die sich mit Granatapfelquasten in Rot, Scharlach, Purpur und Violett abwechselten.

Das prachtvollste Element seiner Ausstattung war der *Choschen*, das viereckige Brustschild, eine Art Tasche für liturgische Gegenstände. Das 2. Buch Mose (28,15-28) führt aus, daß dieses Brustschild aus Gold und Leinenfäden in blauem und rotem Purpur und Scharlach gewirkt sein soll. Auf der Vorderseite war es mit zwölf Edelsteinen besetzt, die die zwölf Stämme Israels darstellten. In der ersten Reihe ein »Sarder«, ein Topas und ein Smaragd; in der zweiten ein Rubin, ein Saphir und ein Diamant; in der dritten ein »Lynkurer«, ein Achat und ein Amethyst; und in der vierten ein Türkis, ein Onyx und ein Jaspis.

Dieses mit Stickereien reichverzierte Brustschild wurde auch »Tasche der Rechtsentscheidung« genannt. Es mahnte Priester und Volk an ihre Pflichten gegenüber Gott, indem es die Symbole aller Stämme in die Gegenwart Gottes trug. Außerdem erteilte es, wie ein mit Vernunft begabtes Wesen, göttliche Antworten auf Fragen des Lebens und gewährte Offenbarung. (2. Mose 28,30) Die »Tasche der Rechtsentscheidung« enthielt das *urim* und *tummin*.

Was diese beiden hebräischen Wörter bezeichnen, ob dingliche Gegenstände oder abstrakte Begriffe, ist nicht klar. Viele Gelehrte vermuten, es seien zwei Edelsteine gewesen, die ihre Farbe wechselten, wenn der Priester das Allerheiligste betrat, und auf diese Weise Gottes Urteil in irgendeiner offenen Frage kundtaten. Manche Bibelübersetzungen lassen die beiden Wörter unübersetzt, andere sprechen von »Losen«. Die lateinische Vulgata gibt die Worte mit »Lehre« und »Wahrheit« wieder, Luther spricht von »Licht« und »Recht«.

Auf dem Kopf trug der Hohepriester eine *Mitznefet*, eine Art Tiara oder Turban. An Jom Kippur, dem »Versöhnungstag«, trug er nur wallende weiße Leinengewänder.

Das *Efod* ähnelte der späteren christlichen *Kasel*, dem Meßgewand. Es war golden, violett und scharlachrot, mit zwei Onyxen auf den Schultern, in die die Namen der zwölf Stämme Israels graviert waren. Über dem Efod wurde das Brustschild getragen.

Bei der Zerstörung des zweiten Tempels im Jahre 70 u.Z. wurden viele im Gottesdienst verwendete Gewänder und Geräte zerstört, und ihr Aussehen geriet in Vergessenheit.

Christliche Priester in der Frühzeit: vor 313 u.Z.

Vor dem frühen 4. Jahrhundert, als Kaiser Konstantin das Christentum zur Staatsreligion machte und die Christenverfolgung aufhörte, besaßen die Priester keine speziellen liturgischen Gewänder. Sie trugen gewöhnliche Kleidung. Sie mußten sich vor den Römern in acht nehmen und wollten sowenig wie möglich auffallen. Bei der Meßfeier trug der Priester die gleichen Kleider wie die Laien, die der Feier beiwohnten.

Die kirchlichen Gewänder der späteren Zeit entwickelten sich aus der weltlichen Alltagskleidung im Römischen Reich: lange wallende Tuniken mit reichem Faltenwurf aus oft wertvollen, farbenprächtigen Stoffen. Nach dem Niedergang des Römischen Reiches verschwand auch die Mode. Als Stoffe Mangelware wurden, begnügten sich einfache Leute mit kurzen, knappen, enganliegenden Kleidungsstücken. Überfluß an Stoffen und Textilien wurde zu einem Kennzeichen des Priesters am Altar. Hier liegen die Anfänge der christlichen Meßgewänder.

Christliche Geistliche in späterer Zeit: 6. Jahrhundert

Hier zunächst ein kurzer Überblick: Zu den Kleidungsstücken, die während der Messe nach *lateinischem Ritus* getragen werden, gehören: der *Amikt* (auch: das *Humerale* genannt), die *Albe*, das *Zingulum*, der *Manipel*, die *Stola*, die *Kasel*, der *Chorrock*, die *Dalmatik* (das Obergewand des Diakons), die *Tunicella* (das Obergewand des Subdiakons), das *Superpelliceum*, das *Birett* und das *Scheitelkäppchen*.

Zu den Gewändern der Priester in der *Ostkirche* gehören: das *Sticharion*, das der Albe ähnelt; das *Epitrachelion*, ein breites, der Stola ähnliches Band, das um den Hals getragen wird; die *Zone*, der Gürtel; das *Epigonation*, ein viereckiges Tuch, das vom Gürtel bis auf die Knie herunterhängt; das *Phelomium*, das der Kasel ähnliche, mantelartige Meßgewand.

Die Stola.
Dieses wichtige Kleidungsstück, ein schalähnlicher, etwa handbreiter, eineinhalb Meter langer Stoffstreifen, der wie eine nicht geknotete Krawatte um den Hals getragen wird, versinnbildlicht das Joch des Gehorsams und war bei den Römern ursprünglich ein Symbol der Autorität. Der Papst verlieh den Erzbischöfen, später auch den Bischöfen eine Stola in Rot, Grün, Violett, Schwarz oder Weiß als Zeichen ihres Anteils an seiner Amtsgewalt. Seit dem 6. Jahrhundert und vor allem im 9. Jahrhundert während der Regierungszeit Karls des Großen fand die Stola immer weitere Verbreitung. Heute trägt sie jeder Priester bei der Messe, manchmal lang herunterhängend, manchmal über der Brust gekreuzt.

Der biblische Ursprung der Stola weist zurück auf das Tuch, das die Stadtbewohner um den Hals trugen, wenn sie müde Reisende begrüßten und ihnen die staubbedeckten Füße wuschen. Als Zeichen der Demut und Dienstbarkeit steht die Stola auch für die Verantwortung des Pfarrers im Dienst an seiner Gemeinde.

Die Albe.
Zur Feier der Messe legt der Priester dieses bis auf die Füße herabreichende Leinengewand mit langen Ärmeln an, das stets weiß ist. Sein Name geht auf das lateinische Wort *albus*, »weiß«, zurück. Die kirchliche Albe hat ihren Ursprung in der antiken *tunica alba*.

Im Altertum gab es zwei Formen von Alben, lange und kurze. Der knielange griechische *chiton* glich einem modernen Hemd und war manchmal ärmellos. Die lange Form, der *chiton poderes* (lateinisch: *tunica talaris*), hatte in der Regel Ärmel.

Im Neuen Testament begegnet uns der *chiton* in einer bemerkenswerten Maxime: »Und wenn jemand mit dir rechten will und deinen Rock *[chiton]* nehmen, dem laß auch den Mantel *[himation]*.« (Matthäus 5,40) Dieses Kleidungsstück trug Jesus (Johannes 19,23), und sprachlich wird es von seinen anderen Kleidungsstücken *(himatia)* unterschieden, die die römischen Soldaten bei der Kreuzigung unter sich aufteilten. Die lange Albe, der *chiton poderes*, kommt in der Offenbarung des Johannes vor, wo eingangs von einer Person die Rede ist: »eines Menschen Sohn gleich, der war angetan mit einem langen Gewand«. (Offenbarung 1,13)

Ein Mosaik in Ravenna aus dem 6. Jahrhundert zeigt den Kaiser Justinian (links) und den Erzbischof Maximianus.

Das Zingulum.
Die Albe und bisweilen auch die Stola werden mit einem Band oder Strick aus Leinen, Wolle oder Seide gegürtet. Das Zingulum erinnert an die von Pilatus befohlene Geißelung Christi und ist ein Symbol der Selbstbeherrschung und des geduldigen Leidens. Auf das lateinische Wort *cingulum* (»Gürtel«) geht auch das deutsche »umzingeln« zurück.

Die Kasel.
Die Kasel – von lateinisch *casula*, »kleines Haus« – ist das aus einem allseits herabfallenden, ärmellosen Mantel hervorgegangene Obergewand des Priesters bei der Messe, mit einem Loch, durch das der Kopf geschoben wird. Die Kasel erinnert an das purpurne Gewand, das Jesus vor Pontius Pilatus trug. Später wurden die Kaseln mit Stickereien reich verziert und ihre Farbe – rot, grün oder weiß – an die Liturgie der einzelnen Tage angepaßt. Die Kasel geht auf den gewöhnlichen Mantel zurück, wie ihn römische Männer und Frauen im Alltag trugen.

Der Amikt.
Um den Hals und über den Schultern trägt der Priester ein rechteckiges Leinentuch. Dieser Amikt war in früherer Zeit kapuzenförmig und stellt den »Helm der Erlösung« dar, ein Symbol der Hoffnung. Er ist das erste Kleidungsstück, das der Priester zur Messe anlegt, noch unter der Albe.

Der Name geht auf das lateinische Verb *amicio*, »umhüllen«, zurück, und als Halstuch wurde der Amikt verwendet, um an heißen Tagen die anderen Kleidungsstücke vor Schweiß zu schützen. Die römischen Soldaten des 1. Jahrhunderts u.Z. trugen ein ähnliches Tuch, das *focale*, einen mit Wasser getränkten Schal, den sie sich zur Kühlung um den Hals schlangen. Mosaiken in Ravenna und anderswo zeigen, daß der Amikt nicht vor dem 6. Jahrhundert in Gebrauch kam.

Der Manipel.

Am linken Unterarm trug der Priester früher ein seidenes Band, das einem Taschentuch ähnlich war und anfangs als Wischtuch beim Altardienst verwendet wurde, den Manipel. Er soll die Fesseln symbolisieren, mit denen Jesus im Garten Gethsemane, bei seiner Geißelung und später, als er durch Jerusalem gezerrt wurde, die Hände gebunden waren. Der Manipel steht für spirituelle Kraft und Beharrlichkeit. Papst Sylvester I. hat ihn zu Beginn des 4. Jahrhunderts für Diakone vorgeschrieben. Seit dem Zweiten Vaticanum ist er nicht mehr in Gebrauch.

Es besteht kein Zweifel, daß dieses Kleidungsstück direkt auf ein Rangabzeichen des römischen Konsuls zurückgeht, auf die *mappa*, das Tuch, das in die Höhe geworfen wurde, um anzuzeigen, daß ein Rennen oder die Zirkusspiele beginnen sollten. In späteren Jahrhunderten gab der Papst durch Winken mit dem Manipel das Zeichen für den Aufbruch einer Kreuzwegprozession.

Die römische *mappa* ihrerseits geht auf das Taschentuch zurück, das in einer Zeit, als die Kleider noch keine Taschen hatten, gefaltet über dem Arm getragen und auch als Serviette verwendet wurde. Man schneuzte sich in die *mappa* oder wischte sich mit ihr die Bratensoße von den Fingern. So entwickelte sich ein ursprünglich rein praktischen Zwecken dienendes Stück Stoff zunächst im Römischen Reich und später in der Kirche zu einem Rangabzeichen und Insignium der Macht. Auf dem berühmten Teppich von Bayeux trägt der Erzbischof Stigand einen Manipel in der Hand.

Das Wort geht auf das lateinische *manipulus*, »Handvoll« zurück (aus *manus* + *plere* = »Hand« und »füllen«), ein römische Maßeinheit für Getreide und Heu, soviel wie ein Schnitter mit einem Arm fassen konnte – eine Garbe.

Das Chorhemd.

Dieses weitärmlige, bis über die Hüften reichende weiße Obergewand kam im Mittelalter als Abwandlung der Albe auf. Manchmal mit Spitze verziert, entwickelte es sich zum gewöhnlichen Kleid der Meßdiener und Gemeindehelfer, die nicht die Priesterweihe empfangen hatten. Nach der christlichen Lehre ist das Chorhemd ein Symbol für Rechtschaffenheit, Unschuld und Reinheit.

Im 12. Jahrhundert wurde es im kalten Norden Europas über der pelzgefütterten Soutane getragen; daher sein lateinischer Name *superpelliceum* = »über dem Pelz«. Seither war das Chorhemd ein Erkennungsmerkmal des niederen Klerus und wurde von den Priestern getragen, wenn sie nicht die Messe lasen. Auch heute wird es von Klerikern vielfach über der Soutane getragen, aber auch von Laien, die im Chor oder beim Gottesdienst mitwirken.

Die Soutane.

Die Soutane, das Alltagskleid der Priester, geht zurück auf das Obergewand der barbarischen Gallier, auf die sogenannte *caracalla*, an der der römische Kaiser Bassianus im 3. Jahrhundert großes Gefallen fand. Er mied allen königlichen Pomp und hielt sich an das einfache, bequeme schwarze Gewand, das ihm schließlich auch seinen Spitznamen bescherte: Caracalla. Der Kaiser kleidete sich gleichsam wie ein Bauer, wie jedermann, und aus ebendiesem Grund befürwortete auch die christliche Kirche in ihrer Frühzeit die Verwendung der Soutane: Auf diese Weise waren der Priester und seine Gemeinde gleichgestellt.

Das gewöhnliche Priestergewand: weißes Chorhemd über schwarzer Soutane.

Im 5. Jahrhundert rügte Papst Cölestin Bischöfe, die etwas Aufwendigeres als eine Soutane trugen. Sie wurde zum gewöhnlichen Kleidungsstück von Prälaten und Priestern aller Art. Deren Stellung innerhalb der kirchlichen Hierarchie wurde schließlich durch unterschiedliche Farben kenntlich gemacht: eine purpurne Soutane für Bischöfe und Erzbischöfe, eine rote für Kardinäle, eine weiße für den Papst und die schwarze für alle anderen.

Die Cappa.

Die Cappa ist eine Abwandlung der Kasel, ein vorn offener Mantelumhang, der über der Brust von einem großen verzierten Knopf oder einer Spange zusammengehalten wird. Die Cappa wird zu feierlichen Anlässen mit Ausnahme der Messe angelegt und statt der Kasel zum Beispiel bei der Taufe, bei Hochzeitszeremonien und Prozessionen getragen.

Die Reformation des 16. Jahrhunderts richtete auch in den Kleiderschränken des Klerus manche Verheerungen an. Reformatoren, die das katholische Dogma der Transsubstantiation – demzufolge Brot und Wein beim Abendmahl tatsächlich in den Leib und das Blut Christi verwandelt werden – ablehnten, widersetzten sich auch Kleidungsstücken, die ihnen zu katholisch erschienen.

Die Lutheraner behielten die Kasel für den Abendmahlsritus, das Chorhemd und die Albe für andere Feiern bei. Auch die Cappa wurde von lutheranischen und anglikanischen Bischöfen beibehalten – in der anglikanischen Hochkirche wurde sie für manche zum liturgischen Gewand schlechthin.

Der Kragen.
Der aufrechte Priesterkragen hat keinen spirituellen Ursprung, sondern entstand aus einer Gepflogenheit der römischen Redner auf dem Forum. Um ihre Stimme und ihre Gesundheit an kalten Wintertagen zu schonen, schlangen sie sich ein weißes Tuch um den Hals. Dieses Tuch entwickelte sich bald zum Erkennungsmerkmal des Redners und wurde von den Geistlichen der frühen Kirche als einfaches, wohlfeiles Symbol für ihr Amt übernommen.

Die Mitra.
Der Name leitet sich aus dem griechischen *mitra*, »Kopfband, Turban«, her. Diese hohe Mütze, deren abgeflachte Vorder- und Rückseite nach oben spitz zulaufen, wird von Päpsten, Bischöfen und Äbten als Zeichen ihres Amtes getragen. Vorder- und Rückseite sind steif, die Seitenteile dagegen biegsam, so daß man die Mitra, wenn sie nicht gebraucht wird, zusammenlegen kann. Zwei Bänder, die sogenannten »Infuln«, hängen von der Rückseite auf die Schultern herab.

Die Mitra war die offizielle Kopfbedeckung des Hohepriesters im alten Judentum. Im 2. Buch Mose tragen der Hohepriester Aaron und seine Nachfolger eine Tiara oder einen Turban. Dieser Hut wurde mit einem purpurnen Band verziert, an dem eine goldene Platte mit den Worten »Heilig dem Herrn« befestigt war.

Um das 11. Jahrhundert war die Mitra die bevorzugte liturgische Kopfbedeckung der Bischöfe. Im 13. Jahrhundert wurden nebeneinander drei verschiedene Mitren verwendet. Je nachdem, wie feierlich der Anlaß war, trug der Bischof eine *mitra pretiosa* (mit Edelsteinen besetzt), eine *mitra aurifrigiata* (mit Figuren, aber nicht mit Edelsteinen verziert) oder die einfache *mitra simplex*.

Die Mönche und ihre Kluft für die Einsamkeit: 6. Jahrhundert u.Z.

Herkunft des Wortes »Mönch«.
Mönche führten ein religiöses Leben in strenger Askese, ohne überflüssiges Sprechen und in tiefer Abgeschiedenheit. Das griechische Wort *monachos* bezeichnet »einen, der allein wohnt«, einen »Einsiedler«.

In christlichem Sinne wird das Wort erstmals im apokryphen Thomas-Evangelium (um das 3. Jahrhundert u.Z.) für einen »einsam und unverheiratet lebenden Menschen« verwendet. Um die Mitte des 4. Jahrhunderts bezeichnete es jeden Angehörigen einer anerkannten Asketengemeinschaft.

Seit der zweiten Hälfte des 4. Jahrhunderts, vor allem dank dem von Athanasius von Alexandrien verfaßten *Leben des Antonius* (Antonius der Große war ein ägyptischer Eremit, vielleicht der erste echte Mönch) und dank der Schriften des heiligen Hieronymus, beschränkte man diese Bezeichnung auf Asketen, die sich aus der Christengemeinde zurückzogen, um den Kampf gegen den Teufel und seine Dämonen entweder allein als »Eremiten« oder »Anachoreten« (wörtlich: »jene, die sich zurückziehen«) oder in Gemeinschaften als »Zönobiten« (wörtlich: »jene, die ein gemeinsames Leben führen«) aufzunehmen. Sie alle waren Mönche.

Antonius zog sich in die Wüste zurück und harrte dort zwanzig Jahre in einsamem Gebet aus. Zu einem Leben in Askese bekehrte er sich, nachdem er gelesen hatte, was die Evangelien über die Vorzüge der Armut sagen. Wir erfahren, daß er schließlich aus der Einsamkeit »wie aus einem Heiligtum« wiederaufgetaucht sei, »nachdem Gott ihn in die Geheimnisse des Glaubens eingeweiht und erleuchtet hatte«. Der vervollkommnete, verwandelte Antonius »bewog viele dazu, ein Leben in Einsamkeit zu führen«, und wurde zu einem wichtigen Anreger für die Entwicklung des Mönchtums. Nach seinem Tod im Jahre 355 u.Z. breitete sich das Mönchtum von Ägypten und Palästina weiter nach Norden aus und faßte um das 5. Jahrhundert auch in Europa Fuß.

Die Tracht.
Eine feste Form bekam die Kleidung der Mönche erstmals im 6. Jahrhundert durch den heiligen Benedikt (480-547), den Vater des abendländischen Mönchtums, der durch seine Anleitung für das Klosterleben, die *Regula monasteriorum*, berühmt wurde. Unter anderem schreibt Benedikt den Mönchen darin einfache Kleidung vor: ein schmuckloser schwarzer Mantel mit Kapuze, die »Kutte«, dazu Ledergürtel und »Skapulier« – ein langer, schmaler, ärmelloser Überwurf, der über der Tunika getragen wurde. Der Gürtel konnte auch als Bußwerkzeug zur Selbstgeißelung verwendet werden. Auf bildlichen Darstellungen erscheint Benedikt oft mit einer Zuchtrute in der Hand. Mönche standen morgens um 2 Uhr 15 auf und begaben sich am Abend gegen halb sieben zur Ruhe. Im Sommer blieben sie noch eine Stunde länger auf.

Mönche in dunkler »Kutte« mit Kapuze.

In seiner *Regula* verknüpfte Benedikt, der zwar aus einer wohlhabenden Familie stammte, jedoch der Einfachheit des einsamen Höhlenlebens den Vorzug gab, langes Gebet, schwere Arbeit und gemeinschaftliches Leben zu einem Entwurf für die Entwicklung des Mönchtums in Europa. Benedikt erhob knechtische Mühsal und körperliche Arbeit zu einem erstrebenswerten, würdigen, gottgefälligen Tun. Man kann sich vorstellen, daß seine Lehre große Anziehungskraft auf die Bauern seiner Zeit ausübte. Da die Arbeit des Mönchs der des Bauern in vieler Hinsicht ähnelte – pflügen, pflanzen, beten –, war die einfache Kleidung des Benediktinermönchs auch zweckmäßig.

Männliche Nonnen.
In seiner *Regula* untersagte es Benedikt den Mönchen, einander mit dem bloßen Namen anzusprechen; dem Namen eines älteren Mönchs sollte das Wort *pater*, »Vater«, vorangestellt werden, dem Namen eines jüngeren das Wort *nonnus*, die männliche Form von »Nonne«. Junge Mönche sind demnach männliche Nonnen. Im Laufe der Zeit geriet diese Form der Anrede außer Gebrauch – aber das Wort *nonnus* starb nicht aus, wie wir noch sehen werden.

Benedikt soll in seinem Kloster Monte Cassino am 21. März 547 gestorben sein, während er betend vor dem Altar kniete, aufrechtgehalten von zwei

Brüdern. Sechs Tage zuvor hatte er seinen Tod vorausgesehen und angeordnet, sein Grab schaufeln zu lassen. Wegen seiner Vorahnung und der Gelassenheit, mit der er sein Schicksal annahm, wurde er zum Schutzheiligen der Sterbenden.

Später gaben reformierte Benediktiner, die gefärbte Stoffe für übertriebene Prachtentfaltung hielten, Gewändern in natürlichem, gebrochenem Weiß den Vorzug, das sie schließlich bleichten. Weiß galt ihnen als Farbe der Keuschheit.

Der vom heiligen Franziskus von Assisi gegründete Franziskanerorden kleidete sich in Grau. Die Franziskaner wurden deshalb auch »Graue Brüder« genannt. Der Name blieb ihnen selbst nach dem 15. Jahrhundert erhalten, als sie ihr graues Habit gegen ein braunes tauschten.

Auch die Angehörigen des im 12. Jahrhundert gegründeten Karmeliterordens benannte man nach der Farbe ihrer Kleidung – sie hießen die »Weißen Brüder«.

Die Dominikaner, gegründet von dem aus Spanien stammenden heiligen Dominikus, wählten als Ordenstracht einen schwarzen Mantel über einer weißen Tunika.

Nonnen: 6. Jahrhundert; Schwestern: 19. Jahrhundert

Eine »Nonne« ist keine »Schwester«, auch wenn wir heute oft keinen Unterschied zwischen diesen beiden Begriffen machen.

Nonnen gab es etwa seit dem 6. Jahrhundert, sie waren das weibliche Pendant zum Mönch. Nonnen legten feierlich ein privates Gelübde ab, führten in Klöstern ein asketisches Leben und beteten für die vielen Sünder draußen in der Welt. Ihr Leben stand im Zeichen »frommer Betrachtung und Kasteiung«.

Mit bedecktem Haupt erfüllten Frauen viele Aufgaben: als Putzfrau in der Kirche, als Schwester, als Nonne.

Schwestern dagegen wurden von der Kirche erst im 19. Jahrhundert offiziell anerkannt. Sie geloben öffentlich Armut, Keuschheit und Gehorsam und betätigen sich in der Welt. Sie unterrichten, arbeiten in der Krankenpflege und erheben, zumindest heute, auch ihre Stimme in sozialen Fragen, in Fragen der Kirchenreform und der Teilhabe der Frauen am Priesteramt. Schwestern engagieren sich auch in der Missionsarbeit.

Ein regulärer Schwesternorden entstand erst im Jahre 1841, als der damals amtierende Papst die Kongregation der Barmherzigen Schwestern offiziell anerkannte. Auch vorher hatten Frauen schon in Gruppen zusammengelebt und sich im Hinblick auf ihre keusche, familienähnliche Lebensweise »Schwestern« genannt. Fromme Jungfrauen und Frauen haben natürlich schon seit den Anfängen des Christentums unter einer Vielzahl von Bezeichnungen nach Vervollkommnung im geistlichen Stand gesucht.

Wortursprünge.
Das Wort »Nonne« geht auf das Sanskrit-Wort *nana* für »Mutter« zurück und entwickelte sich über das griechische *nanna*, »Tante«, zum lateinischen *nonna*, »Amme, Kinderbetreuerin«.

Die maskuline Form *nonnus* als Bezeichnung für den jungen Mönch starb zwar aus, aber im Italienischen lebt das Wort fort: *nonno* bedeutet »Großvater« und *nonna* »Großmutter«.

Das Wort »Kloster« geht auf das lateinische *claustrum*, »Verschluß, Schloß«, zurück.

Die Tracht der Nonnen ähnelte von Anfang an der der Mönche, mit dem wesentlichen Unterschied, daß an die Stelle der Kapuze im Mittelalter die Haube, der sogenannte »Wimpel«, trat, und dazu der »Weihel«, ein Brust und Hals umhüllender Latz, der nur das Gesicht frei läßt. Im Mittelalter trug die Nonne als »Braut« Christi oft auch einen Schleier.

Die Farben der Gewänder: Christentum, vor dem 12. Jahrhundert

Die symbolische Verwendung von Farben ist ein universales Phänomen, dem man bei Opferritualen und in der Liturgie ebenso begegnet wie in Heraldik, Alchimie, Kunst und Literatur. Schon die ältesten Religionen haben bestimmte Eigenschaften oder Gefühlsregungen durch Farben versinnbildlicht, wobei den Farben allerdings durchaus nicht immer der gleiche Sinngehalt zugeordnet wurde.

Christliche Geistliche trauern in Schwarz und Violett, während der Konfuzianismus die Farbe Weiß vorzieht. Buddhistische Priester kleiden sich in

Gelb und Orange, während es in der christlichen Kirche nie gelbe Gewänder gab und Gold nur sparsam verwendet wird.

C.G. Jung hat die Verwendung von Farben in unterschiedlichen Kulturen untersucht und ist dabei auf ein übergreifendes Muster gestoßen:

Rot wird oft assoziiert mit Blut, Wunden, Todesqualen und Läuterung; *Grün* mit pflanzlichem Leben und Wiedergeburt; *Hellblau* mit dem Himmel, dem Tag, der ruhigen See; *Dunkelblau* mit dem Nachthimmel und stürmischer See; *Orange* mit Feuer, Unruhe und Aufstand; *Gelb* mit Sonnenlicht, geistiger Erleuchtung und Verständnis; *Braun* und *Ocker* mit Erde und Bauerntum; *Schwarz* mit fruchtbarer Erde, Tod und Trauer; *Gold* mit der Sonne selbst und der Aufklärung; *Silber* mit dem Mondlicht.

In der Liturgie.
Farbige Gewänder tauchten in der christlichen Kirche ziemlich spät auf, und erst sehr viel später wurden die verschiedenen Farben in ihrer Symbolbedeutung festgelegt.

Nach Christi Tod hatten seine Anhänger wenigstens zweihundert Jahre lang kein bestimmtes, der Liturgie der verschiedenen Abschnitte des Jahres angepaßtes Farbschema. Aus der *Kirchengeschichte* des Theodoretus wissen wir, daß Kaiser Konstantin Anfang des 4. Jahrhunderts dem Bischof Macarius von Jerusalem ein »heiliges Gewand mit goldenen Fäden« schenkte, das dieser bei Taufen verwenden sollte. Und gegen Ende des 4. Jahrhunderts finden sich in den Quellen Hinweise auf Priester, die bei der Eucharistiefeier strahlend weiße Gewänder tragen. Aber die Farbpalette war noch sehr beschränkt.

Papst Innozenz III (1198–1216) entwarf das Farbschema für die liturgischen Gewänder.

In einem heftigen Streit mit Pelagius, der die Lehre von der Erbsünde bestritt, empfahl der heilige Hieronymus im Jahre 415 die Farbe Weiß als Zeichen der Erinnerung an Christi Opfertod am Kreuz. Eine Zeitlang wiesen solche weißen Gewänder blutrote Streifen auf.

Aus fränkischen Kircheninventaren des 9. Jahrhunderts geht hervor, daß damals für Gewänder eine ganze Reihe von Farben ohne spezifische liturgische Bedeutung verwendet wurden. Jahrzehnte früher hatte allerdings der heilige Amandus geschrieben, dunkle Gewänder – in Schwarz oder Weinrot – seien den helleren bei allen wichtigen Liturgien vorzuziehen. Einen Grund hierfür nennt er nicht. Vielleicht hing seine Vorliebe mit dem Übermaß an roten Trauben in den französischen Weinbaugebieten zusammen, in denen er predigte und Klöster gründete. Amandus ist heute der Schutzheilige der Brauer, der Winzer, der Hoteliers und des Barpersonals.

Liturgische Farben in neuerer Zeit: spätes 12. Jahrhundert

Das moderne Farbschema der katholischen Kirche und die dazugehörige Symbolik wurde zuerst in einer Abhandlung mit dem Titel *De sacro altaris mysterio* entworfen, die Papst Innozenz III. (1198-1216) noch vor seiner Wahl zum Oberhirten der Kirche schrieb. Die Grundlage seiner Symbolik ist eine allegorische Interpretation der Farben und Blumen, die in der Heiligen Schrift vorkommen, vor allem im Hohelied Salomos. Dieses wahrscheinlich nicht von Salomo (961-922 v.u.Z.) verfaßte, sondern erst zwischen dem 5. und 3. Jahrhundert v.u.Z. entstandene Buch der Bibel spricht sehr offen und mit großer Leidenschaft von der menschlichen Liebe. Es erzählt die Geschichte einer »Sulamitin« und ihres Geliebten und schildert sogar die sexuelle Liebe dieser beiden. Farben spielen dabei eine große Rolle. Die Empfehlungen des Papstes Innozenz wurden von Papst Pius V. im Jahre 1570 für verbindlich erklärt.

Damals und heute gilt:

Grün symbolisiert die Hoffnung. Für die alten Völker bedeutet Grün Frühling, pflanzliches Leben, Wiedergeburt, Hoffnung auf reiche Ernte. Katholische Priester tragen grüne Gewänder an »gewöhnlichen« Tagen, an denen kein spezielles Fest begangen wird; außerdem an den Sonntagen nach Epiphanias (»Dreikönigstag«) und nach Pfingsten. Grün wird auch am ersten Sonntag nach Trinitatis (»Trinitatis« ist der Sonntag nach Pfingsten) getragen – während die Lutheraner an diesem Tag Weiß bevorzugen.

Weiß symbolisiert die Reinheit und die Freude. Freudiges Weiß ist der Weihnachts- und der Osterzeit und Festen wie Christi Himmelfahrt und Epiphanias vorbehalten, die nicht an die Leiden und den Tod Christi erinnern. Reines Weiß wird auch bei Marien- und Engelfesten getragen und an den Festtagen von Heiligen, die keine Märtyrer waren. Heute legen christliche Geistliche, die den Tod als spirituelle Wiedergeburt auffassen, bei Totenmessen oft weiße Kleidung statt schwarzer an – wie es schon Konfuzius empfohlen hatte.

Schwarz symbolisiert Feierlichkeit und Tod. Schwarze Gewänder werden an Karfreitag bevorzugt und auch bei Totenmessen häufig verwendet. Eine andere Möglichkeit sind Purpur oder Violett. Schwarz wird auch in der Advents- und der Fastenzeit verwendet. Die schwarze Soutane, die der Priester im Alltag trägt, gilt manchen als Sinnbild für die fortwährende Sündhaftigkeit des Menschengeschlechts, während das kurze weiße Obergewand, der Chorrock, Gottes Vergebung und Gnade symbolisiert. Für Gärtner und Bauern war Schwarz zu allen Zeiten auch die Farbe der reichen, fruchtbaren Erde, aus der neues Leben hervorgeht.

Violett oder *Purpur* symbolisiert Buße und Trauer. Diese Farbe wird in der Karwoche getragen, an den Sonntagen der Fastenzeit und an den vier Adventssonntagen. Purpur war in alter Zeit die Farbe der Königsgewänder. Das Wort »Purpur« geht auf *porphyra* zurück, die griechische Bezeichnung für die Purpurschnecke, aus deren Saft der Farbstoff gewonnen wurde.

Rot symbolisiert Feuer, Blut und Königtum. Rot erscheint in der Kirche an den Festtagen der Passionszeit, auch am Karfreitag, und an Tagen, die an den Tod von Märtyrern, Aposteln und Evangelisten erinnern. Als Farbe des Feuers ist Rot auch für Pfingsten eine naheliegende Wahl, wo es die feurige Herabkunft des Heiligen Geistes versinnbildlicht.

Gold als Gewandfarbe tritt erst spät in Erscheinung und wurde immer sparsam verwendet; es steht für Tugend und für die Herrlichkeit Gottes.

Blaue Gewänder, die im Spätmittelalter für kurze Zeit an Marienfesttagen getragen wurden, sind nachher nie wieder so recht in Mode gekommen, außer in Spanien und Lateinamerika, wo Blau die bevorzugte Farbe am Fest der unbefleckten Empfängnis Mariä ist. Der Papst hat die Farbe Blau zugelassen, aber er untersagt die Verwendung von mehrfarbigen Stoffen; eine bestimmte Farbe muß dominieren.

Die reformierten Kirchen haben im 16. Jahrhundert die Farbe als Element des Gottesdienstes im allgemeinen abgelehnt. Die Galvinisten schafften alle Farben- und Stoffvielfalt ab und entschieden sich für schwarze Predigerröcke über dunkler Straßenkleidung. Viele Protestanten, vor allem Lutheraner und Anglikaner, haben die Farbe schließlich wieder eingeführt und bisweilen auch ein eigenes Farbschema entwickelt; so konnte zum Beispiel Gelb an die Stelle von Grün treten.

Die Kleidung der Muslimen: nach dem 7. Jahrhundert

Der Islam hat liturgischen Gewändern und Farben stets weniger Bedeutung beigemessen als andere Religionen. Alle Gläubigen ziehen allerdings beim Betreten einer Moschee ihre Schuhe aus – um den Boden nicht zu verunreinigen –, und alle Mekkapilger legen das gleiche *weiße saumlose Gewand* an, den *Ihram*, betreten also die heilige Stadt gleichsam als demütige Bettler. Gläubige Frauen tragen einen *Schleier*.

Der Islam kennt kein Priestertum nach katholischem Muster, das durch die Vollmacht, Sakramente zu spenden, von der Laienschaft getrennt wäre. Die geistlichen Aufgaben werden vom *Ulama*, dem »Gesetzeskundigen«, wahrgenommen, dessen auffälligstes Kennzeichen der *Turban* ist. »Was uns [äußerlich] von denen unterscheidet, die an viele Götter glauben«, so sagt der Prophet Mohammed, »ist der Turban«.

Vom Turban abgesehen, wechselt die Kleidung des *ulama* von Gegend zu Gegend. Allen muslimischen Männern, Geistlichen wie Laien, hat es der Prophet streng verboten, sich in Gold und Seide zu kleiden.

Das gebräuchlichste Gewand ist die *Dschellaba*, ein langer, bis auf die Füße reichender Mantel mit weiten Ärmeln, der sich vorn auf der halben Länge knöpfen läßt, und darunter ein gestreifter Kaftan. Als Kopfbedeckung dient oft eine weiche, faltbare Kappe aus rotem Filz mit blauen Quasten, der *Kalansuwa*, um den ein weißer Musselinturban gewickelt wird. Ein grüner Turban weist seinen Träger als Abkömmling des Propheten aus. In Indien wird der Turban seit langem auch von Nicht-Muslimen getragen, der muslimische Turban unterscheidet sich jedoch durch die Kappe in seiner Mitte.

Die tanzenden Derwische.
Der dem mystisch geprägten islamischen Sufismus nahestehende Orden, der im Abendland unter dem Namen »tanzende Derwische« bekannt ist, verfügt über eine eigene, symbolträchtige Kleidung: Ein schwarzes Obergewand (*kirka*) versinnbildlicht das Grab; ein hoher Hut aus Kamelhaar (*sikke*) steht für den hohen Grabstein. Unter dem schwarzen Gewand tragen die Derwische weiße »Tanzkleider«, ein weites Faltengewand (*tannur*) und eine kurze enganliegende Jacke *(destegul)*. Beim Tanz wirft der Derwisch die Schwärze des Grabes ab und erstrahlt im weißen Schleiertuch der Auferstehung.

Die Messe als Opfer: das Letzte Abendmahl

Die Messe steht im Mittelpunkt christlicher Religiosität, und Papst Pius XII. hat hierzu erklärt: »Das Geheimnis der allerheiligsten Eucharistie ist der Gipfel und die Mitte der christlichen Religion; sie ist die Krönung der heiligen Liturgie.«

In der englischen Douai-Bibel wird die Messe so definiert:

Das Opfer [sacrifice] *des Neuen Testaments, in dem das Opfer vom Kalvarienberg auf unblutige Weise dargestellt und erneuert wird, wobei das göttliche Opfer* [victim = Jesus] *sich in der Gestalt von Brot und Wein opfert* [offering Himself], *wie er dies beim Letzten Abendmahl tat, als er das eucharistische Opfer* [sacrifice] *einsetzte und zum erstenmal die Messe feierte.*

Jesus Christus begründete die christliche Messe kurz vor seinem Tod, um das Jahr 30 u.Z. Nachdem er den Aposteln von seinem Leib zu essen und von seinem Blut zu trinken gegeben hatte, sagte er zu ihnen: »Das tut zu meinem Gedächtnis.« (Lukas 22,19) Es handelt sich bei der Messe offenkundig um eine Opferhandlung, daher Wendungen wie: das Meßopfer feiern, das Opfermahl halten.

Kannibalismus.
Die christliche Kirche hat nie versucht, die Anklänge an kannibalistische Praktiken zu verheimlichen. Die theologischen Debatten in der Frühzeit der Kirche kreisten immer wieder um die Frage der realen Gegenwart Christi in Brot und Wein. Das 2. Vatikanische Konzil (1962-65) erklärte dazu:

In der Nacht, in der er verraten wurde, setzte unser Erlöser das eucharistische Opfer seines Leibes und Blutes ein. Er tat dies, um dem Kreuzesopfer Dauer zu geben ... Solange das Kreuzesopfer auf einem Altar gefeiert wird, so lange schreitet das Werk unserer Erlösung voran.

Dem Meß-»Opfer« liegt eines der ältesten Rituale der Menschheit zugrunde: der Kannibalismus.

Auch wenn den Katholiken die Vorstellung vielleicht nicht gefällt, daß sie sich bei der Kommunion das wirkliche Fleisch und das wirkliche Blut Christi einverleiben, so ist ebendies doch ein zentraler Artikel ihres Glaubens.

Der Kannibalismus ist ein uraltes Ritual der Menschen. Ein Mensch ißt das Fleisch eines anderen, um Anteil an der Stärke, der Güte, der Weisheit des »Opfers« zu erlangen. Wirklichen oder symbolischen Kannibalismus hat es in allen Kulturen und zu allen Zeiten gegeben, und die Priester aller Kulturen haben zu diesem Opfer ihre prächtigsten Gewänder angelegt.

Wortherkunft.
Das Wort »Messe«, bzw. lateinisch: *missa*, wurde im 6. Jahrhundert gebräuchlich. Vorher hatte es schon viele andere Bezeichnungen für den Ritus gegeben: »Opfer«, »Abendmahl«, »Pessachmahl« und »Eucharistie«, ein Ausdruck, der auf das griechische *eucharistia,* »Dankbarkeit«, zurückgeht.

Das lateinische Wort *missa* für »Messe« geht auf eine Wendung im Schlußsegen des lateinischen Ritus zurück: *Ite, missa est (contio)* – »Geht, ihr seid (die Gemeinde ist) entlassen.«

In der Apostelgeschichte (2,42 u. 46) wird angedeutet, daß die Apostel das Meßopfer täglich begingen. Im 5. Jahrhundert wurde die Messe an manchen Orten täglich gefeiert, an anderen samstags und sonntags oder nur sonntags. Im Mittelalter wurde den Priestern für die Feier der Messe etwas gezahlt. Durch fleißiges Messelesen konnten sie ihr Einkommen aufbessern, was sie auch taten, bis Papst Alexander II. den Mißbrauch abstellte und die Bestimmung erließ, jeder Priester dürfe nicht mehr als eine Messe pro Tag gegen Bezahlung lesen.

Ursprünglich war die Sprache der Messe das Griechische, aber im 3. Jahrhundert wurde Latein die offizielle Sprache des römischen Ritus. Nach dem zweiten Vatikanischen Konzil wurde Latein durch die jeweilige Landessprache ersetzt – ein Versuch, die Messe für alle Gemeindeangehörigen begreiflicher zu machen und mit mehr Sinn zu erfüllen. Allerdings gibt es heute mancherorts Tendenzen zu einer Wiederbelebung des Lateinischen.

Gefäße.
Eine Anzahl liturgischer Gefäße findet beim Meßopfer Verwendung.

Die *Patene* ist eine Schale für die große Hostie, den Leib Christi; der *Kelch* nimmt den Wein, Christi Blut, auf. Beide Gefäße sollen aus reinstem Metall hergestellt sein, vorzugsweise aus Gold; sie sollen unzerbrechlich und »unverderblich« sein, so daß sie Brot und Wein nicht verunreinigen können.

Die *Monstranz* ist, wie in dem Abschnitt über den sakramentalen Segen schon beschrieben, ein Schaubehältnis für den Leib Christi. Das *Ciborium* (von lateinisch *cibus* = »Nahrung«) ist ein kelchähnliches Gefäß für die kleinen Hostien, die bei der Kommunion an die Gläubigen ausgeteilt werden. In ihm werden auch die Hostien im Tabernakel aufbewahrt.

Zu den liturgischen Geräten gehört auch ein kleines weißes Tuch, mit dem sich der Priester die Finger trocknet, nachdem er sie vor dem Opfer in Wasser getaucht hat. Die beiden *Meßkännchen* enthalten den Wein für die Wandlung und das Wasser für die vorherige Waschung. Die *Kerzen* versinnbildlichen Christus als das Licht des Lebens und auch die »verbrannten Gaben« früherer Opfer. Natürlich kann kein Opfer ohne Altar begangen werden.

Der Altar: Zeit des Alten Testaments

Die Eucharistie wird auf einer erhöhten Plattform oder Tafel gefeiert, seit alters her eine bevorzugte Opferstätte. »Altar« geht auf das lateinische *altare* = »Erhöhung, Aufsatz auf dem Opfertisch« zurück. Im Hebräischen ist das Wort für »Altar« mit dem Wort für »schlachten« verwandt.

Das Opfer war bei den Israeliten und ihren Nachbarn ein zentraler Akt der Gottesverehrung, deshalb ist oft dann von Altären die Rede, wenn die Bibel davon berichtet, wie die Menschen Gott huldigen. Der erste im Alten Testament ausdrücklich genannte Altar ist der, den Noah zum Dank nach der verheerenden Flut errichtet:

»Noah aber baute dem Herrn einen Altar und nahm von allem reinen Vieh und von allen reinen Vögeln und opferte Brandopfer auf dem Altar. Und der Herr roch den lieblichen Geruch und sprach in seinem Herzen: Ich will hinfort nicht mehr die Erde verfluchen um der Menschen willen …« (1. Mose 8,20-21)

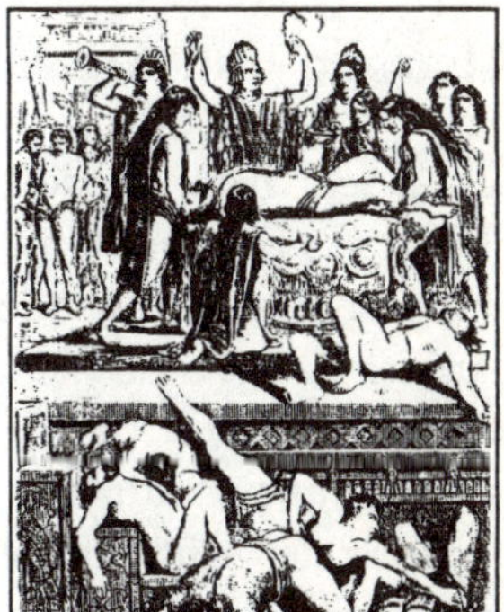

Altäre begegnen uns in den meisten Kulturen. Das Wort geht auf den lateinischen Ausdruck für »Erhöhung« zurück: altare, *vielleicht auch auf* adolere, *»verbrennen«.*

Auch Abraham errichtet einen Altar, als er daran geht, seinen Sohn zu opfern. (1. Mose 22,9) Der Bericht über Kain und Abel läßt darauf schließen, daß die beiden ersten Brüder ihre Opfer auf einem

Altar darbrachten. Am Berg Sinai befiehlt Gott dem Moses, einen Altar zu bauen, und gibt hierfür zwei Anweisungen: 1. Der Altar soll nicht aus behauenen Steinen errichtet werden. 2. Es sollen keine Stufen zu ihm hinaufführen. (1. Mose 20,25-26)

Ausgrabungen im Heiligen Land und im Nahen Osten haben die Überreste zahlreicher Altäre zutage gefördert, angefangen bei einfachen Anhäufungen roher Steine, wie sie Elias am Berg Karmel dienten – zwölf Steine für die zwölf Stämme Israels –, bis hin zu Fragmenten von vergoldeten hölzernen Altären aus dem Inneren von Bethäusern.

Den primitiven Religionen genügte ein natürlicher Felsblock, ein Stein- oder Erdhaufen als Altar – und das Blut des Opfers befleckte diesen Altar. Wo Heiligtümer und Tempel entstanden, wanderte der Altar von draußen nach drinnen, und hier wurde das Blut des Opfers oft über in den Altartisch gehauene Rinnen abgeleitet.

Im Mittelalter ging man in Westeuropa vielfach dazu über, die Kirchen mit mehreren Altären zu versehen, die von verschiedenen Zünften oder Bruderschaften gestiftet und betreut wurden. So konnten in einer Kirche sogar mehrere Messen gleichzeitig gelesen werden. Die Ostkirche hat von solcher Vielfalt nie viel gehalten, sie beließ es bei einem Altar und bei einer Eucharistiefeier am Tag.

Altarbild und Altaraufsatz: frühes Christentum

Schon sehr früh wurden die Kirchenaltäre mit bildlichen Darstellungen von Heiligen, Frommen und biblischen Szenen geschmückt: Malereien, Reliefs, Skulpturen aus Holz oder Stein. Eine besondere Tradition bildeten die sogenannten Flügelaltäre: Nach der Zahl ihrer Tafeln unterscheidet man zwischen Diptychon (zwei Tafeln), Triptychon (drei Tafeln) und Polyptychon (vier und mehr Tafeln).

Eines der frühesten Altarbilder stammt aus dem 11. Jahrhundert, das großartige Triptychon aus dem Dom von Tivoli in Italien: *Der Heiland zwischen der Jungfrau Maria und dem heiligen Johannes*. Zu den berühmtesten gehört die *Anbetung des Lammes*, der sogenannte *Genter Altar*, ein Polyptychon mit zwölf Tafeln in der Kirche St. Bavo in Gent, das im Jahre 1432 von Hubert und Jan van Eyck vollendet wurde.

Tisch und Kelch des Abendmahls.
Schon im 3. Jahrhundert nannten die Christen den Tisch, an dem der Priester die Kommunion vorbereitete, »Altar«. Der erste christliche Altar war nach traditioneller Auffassung der lange Holztisch, an dem Christus beim Letzten Abendmahl das Meßopfer einsetzte. Reliquien, von denen man annimmt, sie stammten von diesem ersten Altartisch, werden in Rom in der Lateranbasilika aufbewahrt und verehrt.

Es gibt zwei Kelche, in denen manche den Heiligen Gral sehen, also den Becher, aus dem Christus beim Letzten Abendmahl Wein trank. Der eine befindet sich im New Yorker Metropolitan Museum, der zweite im Dom von Valencia in Spanien. Beide stammen aus der Frühzeit der römischen Kirche. (*Siehe* Reliquien)

10. Kapitel
Sakramente
Paten bis Todsünden

»Sakrament« – Wortherkunft: Christentum, 3. Jahrhundert u.Z.

Für die Christen des 3. Jahrhunderts bezeichnete das Wort »Sakrament« einen heiligen Geheimritus. Sie verstanden diesen Ausdruck als eine Verbindung des lateinischen Wortes für »heilig«, *sacer*, mit dem griechischen *mysterion*, »geheimer Ritus«. Zu einer Zeit, in der Christsein Verfolgung bedeutete, mußten alle christlichen Riten heimlich vollzogen werden.

In Wirklichkeit haben schon die Römer das Wort *sacramentum* benutzt – in einer anderen, rechtlichen Bedeutung: Es bezeichnete den Treueeid des Soldaten gegenüber seinem Befehlshaber vor dem Beginn eines Feldzugs. Der Soldat war bereit, für seinen General zu sterben, so wie der Christ bereit war, für seinen christlichen Glauben zu sterben.

Die frühen Christen glaubten, durch sakramentale Zeremonien würde Jesus Christus ihnen besonders nahe kommen und ihre Seele mit seiner Gnade erfüllen. Der heilige Augustinus gab dem Sakrament eine dauerhafte Definition: »Die sichtbare Gestalt einer unsichtbaren Gnade.«

Sieben Sakramente: 12. Jahrhundert

Die katholische und die orthodoxe Kirche des Ostens kennen sieben »heilige Geheimriten«, die heute allerdings in aller Öffentlichkeit zelebriert werden: *Taufe*, *Kommunion* (Abendmahl oder Eucharistie), *Firmung*, *Buße*, *Letzte Ölung* (die »Salbung« der Sterbenden), *Ordination* (Priesterweihe) und *Ehe*. Diesem letztgenannten Sakrament soll wegen seiner historischen Komplexität und der Begleiterscheinungen von Scheidung und Annullierung ein eigenes Kapitel gewidmet werden – und ebenso der Priesterweihe, mit deren Erörterung sich die Fragen nach dem Ursprung des priesterlichen Zölibats und nach der Priesterweihe für Frauen verbinden.

Die Siebenzahl der Sakramente wurde erst im 12. Jahrhundert festgelegt, dank der theologischen Überzeugungskraft des Bischofs Petrus Lombardus. Er »bewies« zur Zufriedenheit der Kirche, daß Christus selbst sieben Sakramente eingesetzt hatte, und führte für jedes von ihnen die expliziten oder impliziten Belegstellen aus dem Neuen Testament an.

Nicht jeder war mit ihm einer Meinung, aber Thomas von Aquin, der *Doctor Angelicus*, stellte sich von ganzem Herzen auf seine Seite. Er äußerte sich ausführlich über die Kraft, die den »Sakramentalien« innewohnt – dem Weihwasser, dem geweihten Öl, dem Weihrauch, den Kerzen und Gewändern, dem Schlagen des Kreuzzeichens, dem Fasten und der Abstinenz. So stimmte schließlich auch das wichtige Konzil von Florenz 1439 zu.

Nur drei Sakramente?

Die protestantischen Reformer des 16. Jahrhunderts reduzierten die Zahl der Sakramente von sieben auf zwei – mitunter auch drei.

Bis zum heutigen Tag vertreten die Protestanten die Auffassung, Jesus Christus habe nur zwei Sakramente eingesetzt – Taufe und Abendmahl. Manche lassen als drittes noch die Buße zu. Aber Firmung, Priesterweihe, Ehe und Letzte Ölung lehnen sie ab, da es in der Bibel keine Grundlage für sie gebe. Nicht, daß diesen Zeremonien keine Bedeutung zukäme; ihnen fehlt jedoch nach protestantischer Auffassung die biblische Autorität.

Die Taufe Jesu: »Und siehe, eine Stimme vom Himmel herab sprach: ›Dies ist mein lieber Sohn, an welchem ich Wohlgefallen habe.‹«

Tatsächlich hat Christus nur die Taufe und die Eucharistie ausdrücklich eingesetzt. Er selbst hat getauft, und beim Letzten Abendmahl hat er Brot und Wein herumgehen lassen. Aber was die übrigen fünf Sakramente angeht, so ist alles eine Frage der Interpretation.

Die Katholiken haben also sieben, die Protestanten zwei oder drei Sakramente – und die Juden keines. Die jüdische Religion kennt die Vorstellung eines »heiligen Geheimritus« nicht, durch den eine »heiligmachende Gnade« gespendet wird. Eine jüdische Eheschließung zum Beispiel ist eine fromme, aber doch irdische Angelegenheit. (*Siehe* Ehe)

Vorchristliche Zeit.

Es wäre falsch anzunehmen, die Idee des Sakraments sei von Christen entwickelt worden. Auch heidnische Völker und schriftlose Gesellschaften hatten immer heilige Geheimriten, bei denen ein Gott oder eine Göttin durch ein bestimmtes Zeremoniell den Menschen eine besondere Kraft verlieh. Ein Sakrament wie die heilige Kommunion – die Teilhabe an Christi Leib und Blut durch Brot und Wein – weist, wie wir im Laufe dieses Kapitels noch sehen werden, enge Parallelen zu Riten der Azteken im alten Mexiko auf, die nicht nur das wirkliche Fleisch eines Opfers verspeisten, sondern sich auch durch Verzehr eines sogenannten »Kornbildes« eine Erntegottheit einverleiben konnten. Die mit Christi Initialen versehene Hostie aus ungesäuertem Weizenteig unterscheidet sich nicht allzusehr von dem Kornbild der Azteken.

Bevor wir auf die Ursprünge der einzelnen Sakramente eingehen, sollten wir uns klarmachen, worin das Besondere eines sakramentalen Ritus besteht. Thomas von Aquin formulierte es so: »Ein Sakrament ist das Zeichen von etwas Heiligem, insofern es die Menschen heiligt.« Die Heiligung wird durch etwas vollbracht, das es nur im christlichen Denken gibt: Gnade.

Gnade – eine Gabe Gottes: Augustinus, 4. Jahrhundert

Das Sakrament wird im Katholizismus definiert als »geheiligtes äußeres Zeichen oder geheiligter Ritus, von Christus eingesetzt, um der Seele Gnade zu spenden«. Jedes Sakrament besteht aus einer sichtbaren äußeren Zeremonie und der unsichtbaren Gewährung von heiligmachender Gnade. Die Auffassung, daß die Gnade eine Gabe Gottes sei, gehört zu den Eckpfeilern der christlichen Offenbarung. Gott *muß* den Menschen keine Gnade gewähren, aber er tut dies unter bestimmten Bedingungen von sich aus.

Zweck der mit einem Sakrament gewährten Gnade ist es, denen, die ihrer teilhaftig werden, bei der Erfüllung der mit dem Sakrament verbundenen Anforderungen beizustehen. So soll zum Beispiel die Gnade, die durch den Ritus der Eheschließung gespendet wird, das Paar sicher durch die Schwierigkeiten, das Auf und Ab eines gemeinsamen Lebens geleiten.

Die Gnade entspringt nicht der Heiligkeit des Priesters, der die Zeremonie ausführt, sondern einzig und allein der Kraft des sakramentalen Ritus selbst. Die Gnadengewährung macht den Ritus zu einem heiligen Sakrament und erhebt ihn über eine weltliche Zeremonie. Der Fachausdruck für die Art und Weise, wie der Ritus Gnade gewährt, lautet *ex opere operato*, »kraft des vollzogenen Ritus«.

Die Idee der Gnade ist, wie gesagt, ein zentrales Element christlichen Denkens und zugleich einer der schwierigsten Aspekte der katholischen Glaubenslehre. Es dauerte viele Jahrhunderte, bis der Begriff als solcher endgültig definiert wurde. Die Gnadentheologie läßt sich allerdings eindeutig auf den heiligen Augustinus zurückführen, der in der Westkirche auch »Doktor der Gnade« genannt wurde.

In der Heiligen Schrift.
In der Bibel bedeutet Gnade »Angenommenwerden«, etwa wenn es von Noah heißt, er »fand Gnade vor dem Herrn«. (1. Mose 6,8) Gnade kann auch, wie vielfach im Neuen Testament, eine Gabe bezeichnen, mit der Gott den Menschen in ihrem Tun und Lassen beisteht, etwa wenn Paulus sagt: »Aber von Gottes Gnade bin ich, was ich bin.« (1. Korinther 15,10) Auf diese Formel des Paulus gründete Augustinus seine Gnadenlehre.

Es gibt im wesentlichen zwei Arten von Gnade:

Aktuelle Gnade.
Eine vorübergehende Gabe, die der Seele gewährt wird. Sie ist eine Erleuchtung des Geistes oder Kräftigung des Willens, Gutes zu tun und das Böse zu meiden. Sie entspringt einer göttlichen Regung, dem Menschen bei wichtigen Handlungen, die seine natürlichen Kräfte überfordern, zu helfen. Beten zum Beispiel gewährt aktuelle Gnade, ebenso der Besuch der Messe.

Heiligmachende Gnade.
Ein dauerhafter, bleibender Glanz, der der Seele verliehen wird und erhalten bleibt, solange er nicht durch eine Todsünde zerstört wird. Sakramente spenden heiligmachende Gnade. Dieses leuchtende Geschenk verwandelt die Seele des Menschen und hebt sie auf eine Ebene, wo sie heilig, zu einem Tempel des Heiligen Geistes wird, bei Gott Gefallen findet und das Recht hat, in den Himmel zu kommen.

Durch die heiligmachende Gnade erfüllt Gott die Seele mit neuem Leben. Da dieses neue Leben ein geschaffener Anteil am Leben Gottes ist, sagt man von der Seele, die der heiligmachenden Gnade teilhaftig ist, sie habe »Anteil am göttlichen Wesen«. Es ist diese heiligmachende Gnade, die der Katholik durch die sieben Riten – Taufe, Firmung, Kommunion, Buße, Ehe, Priesterweihe und Letzte Ölung – empfängt und durch die diese Riten überhaupt zu Sakramenten werden.

Sakramentale Gnade.
Dieser Begriff bezeichnet die spezifische Form, die die heiligmachende Gnade in den verschiedenen Sakramenten annimmt, die spezifische spirituelle Erhe-

bung, die dem Gläubigen aus den verschiedenen Sakramenten zuteil wird. Paulus deutet dies an, Augustinus hat es entfaltet und Thomas von Aquin ausgeführt. Und so kommt die sakramentale Gnade den Christen zugute:

Bei der *Taufe* befähigt sie das Kind, ein neues geistiges Leben zu beginnen und später seinem Taufgelübde zu genügen.

Bei der *Firmung* hilft sie dem Jungen oder dem Mädchen, den Glauben zu bewahren und, wenn nötig, durch das Martyrium zu verteidigen.

Bei der *Eucharistie* nährt sie das Leben der Seele und vereint die Seele durch Barmherzigkeit mit Gott.

Bei der *Buße* befähigt sie den Sünder, begangene Sünden wiedergutzumachen und künftigen Fährnissen aus dem Weg zu gehen.

Bei der *Letzten Ölung* hilft sie, die Anfechtungen der letzten Lebensstunden – Verzweiflung und Selbstmord – zu meiden, und bereitet die Seele auf den unmittelbaren Eintritt in das Himmelreich vor.

Bei der *Ordination* hilft sie dem Priester, seinen Dienst vor Gott zu verrichten, seiner Gemeinde die Sakramente zu spenden und sein Keuschheitsgelübde zu wahren.

Bei der *Ehe* hilft sie dem Mann und der Frau, einander treu zu bleiben, hilft ihnen beim Zeugen von Kindern und stärkt sie im Widerstand gegen die Versuchung zur Geburtenkontrolle und in der Erfüllung aller Pflichten und Aufgaben, die der Ehestand mit sich bringt. Die katholische Kirche begründet ihr Unbehagen gegenüber der Zivilehe damit, daß ein solchermaßen getrautes Paar nicht den zusätzlichen spirituellen Beistand der sakramentalen Gnade empfängt, um die zahlreichen Wechselfälle des Ehelebens zu bestehen.

Taufe: Neues Testament, Matthäus 28,19

Darum gehet hin und machet zu Jüngern alle Völker; taufet sie auf den Namen des Vaters und des Sohnes und des Heiligen Geistes.

Hier liegt der christliche Ursprung der Taufe – in den Worten, die Jesus an seine Apostel richtete. Klarer kann ein Beleg kaum sein.

Aber der Ritus, den Jesus predigte, war zu seiner Zeit bereits rund dreitausend Jahre alt. Schon die alten Sumerer, die auch das erste Schriftsystem erfunden haben, praktizierten ihn in ihrer Tempelstadt Eridu, wo der Wassergott Ea verehrt wurde, wörtlich: der »Gott des Wasserhauses«. Das Symbol dieses Gottes war das zehnte Tierkreiszeichen, der mit einem Fischschwanz versehene Steinbock. Unter diesem astrologischen Zeichen tritt die Sonne bei der Winntersonnenwende Ende Dezember in die Phase ihrer »Wiedergeburt« ein – die Tage werden wieder länger und verheißen Frühling und Wachstum.

Merkwürdig ist nun: Jener Wassergott Ea wurde in hellenistischer Zeit *Oannes* genannt, im Griechischen *Ioannes*, im Hebräischen *Johanan* und im Lateinischen schließlich *Johannes*. Ist es ein Zufall, daß Johannes der Täufer, der um das Jahr 27 u.Z. den Wasserritus der Taufe einsetzt, den gleichen Namen hat wie der sumerische Wassergott aus der Zeit um 3000 v.u.Z.?

Einige Wissenschaftler sind der Meinung, Johannes der Täufer habe nie existiert – es handele sich nur um die christliche Umdeutung eines legendären heidnischen Wassergottes und eines alten heidnischen Ritus. Die Chronik des jüdischen Geschichtsschreibers Josephus (um 85 u.Z.) scheint jedoch die Existenz des Johannes als historischer Gestalt zu bestätigen. Joseph Campbell schreibt zu dieser Frage in seinem Buch *Occidental Mythology*: »Ich überlasse es dem Leser, sich auszumalen, wie er [Johannes der Täufer] zu seinem Gottesnamen und zu seinem Ritus gekommen ist.«

Nach christlicher Auffassung werden das Auftreten von Johannes dem Täufer und das Sakrament der Taufe schon im Alten Testament, bei Maleachi 3,1, geweissagt: »Siehe, ich will meinen Boten senden, der vor mir den Weg bereiten soll.«

Johannes der Täufer war der Überzeugung, jeder Israelite müsse sich der Wassertaufe unterziehen, um wiedergeboren zu werden. Er zog sich »ein Kleid von Kamelhaaren« an (Matthäus 3,4), schon seit den Zeiten des Elias das stolze Zeichen der Propheten, und predigte, daß es nicht mehr genüge, wenn sich ein Jude auf seine Abkunft von Abraham berufe. Das Ende sei nah, das Gottesgericht stehe unmittelbar bevor, und um dem Feuertod und der Vernichtung zu entgehen, müsse jeder seine Sünden bekennen und in die Fluten des Jordan getaucht werden. Es ist nicht verwunderlich, daß die frühen Christen, die an das unmittelbare Bevorstehen des göttlichen Gerichts glaubten, im selben Atemzug von Taufe und Buße sprachen.

Hinweise auf die Taufe finden sich in der Bibel an vielen Stellen. Johannes der Täufer predigte »die Taufe der Buße zur Vergebung der Sünden« (Markus 1,4). Jesus erklärte dem Nikodemus: »Es sei denn, daß jemand geboren werde aus Wasser und Geist, so kann er nicht in das Reich Gottes kommen.« (Johannes 3,5)

In seiner Pfingstpredigt drängte Petrus die Anwesenden: »Tut Buße und lasse sich ein jeglicher taufen auf den Namen Jesu Christi zur Vergebung eurer Sünden.« (Apostelgeschichte 2,38) Rund dreitausend Menschen wateten ins Wasser und erlebten ihre spirituelle Wiedergeburt. Seither ist Pfingsten für manche Christen ein bevorzugter Zeitpunkt für den Taufritus. Für alle christlichen Konfessionen ist die Taufe ein heiliger Ritus.

Wasser und Exorzismus.
Wasser ist lebenswichtig für den Körper. Es ist entscheidend für die Erlösung der Seele. Und außerdem ist das »Wiedergeburts«-Sakrament der Taufe – lateinisch: *baptisma*, »das Untertauchen« – eine notwendige Voraussetzung für den Empfang der übrigen sechs Sakramente.

Im Christentum gibt es drei Arten von Taufe: die *Wassertaufe*, wie sie Johannes der Täufer, der Vetter Jesu, zu seiner Zeit praktizierte; die *Bluttaufe*, die durch das Martyrium schwer errungene Erlösung; die *Begierdetaufe* (die Nottaufe) für den, der ausdrücklich oder unausgesprochen den Wunsch hegt, in den Glauben aufgenommen zu werden, obwohl der förmliche Ritus aus irgendeinem Grund, meist drohender Tod und Fehlen eines Priesters, nicht vollzogen werden kann. Die Nottaufe kann jeder spenden, sogar jemand, der selbst nicht getauft ist, sofern die Taufe im rechten Geist vollzogen wird.

Ihrem Wesen nach ist die Taufe ein Exorzismus, bei dem Satan abgeschworen wird. Satan war es schließlich, der Adam und Eva in Versuchung führte und damit die spirituelle »Wiedergeburt« nötig machte. Im katholischen Ritus haucht der Priester dem Kind dreimal ins Gesicht und spricht dazu: »Hebe dich hinweg, du unreiner Geist, und mach Platz dem heiligen Geist, dem Paraklet!«

Beschneidung des Herzens.
Es ist wenig bekannt, daß es in der Frühzeit des Christentums eine Weile dauerte, bis die behutsame Praxis der Taufe das traumatische Ritual der Beschneidung tatsächlich ablöste.

Für Juden war die Beschneidung seit alters her ein Initiationsritus. Die verlorene Vorhaut besiegelte den Bund mit Gott. Die neuen Priester des Christentums behielten den Brauch bei und verlangten, daß erwachsene nichtjüdische Männer, die den neuen Glauben annehmen wollten, sich zunächst der Beschneidung unterzögen. Den nicht-semitischen Völkern war dieser Brauch allerdings fremd und zuwider – von der Gefährlichkeit in einer Zeit, die von Anästhesie und Keimfreiheit nichts wußte, ganz zu schweigen. Kurzum, das Beharren auf der Beschneidung wurde zu einem Hindernis für die Ausbreitung der neuen Religion.

Der heilige Paulus, der sich um die Bekehrung nicht-jüdischer Männer bemühte, erkannte das Problem und schlug eine Lösung vor. Notwendig zur Bekehrung, so schrieb er, sei nur mehr eine Beschneidung »des Herzens, im Geist« – nicht im Fleisch. Im Jahre 50 u.Z. entschied das apostolische Konzil, daß nicht-jüdische Konvertiten ihre Vorhaut behalten könnten, und seither sind Taufe und Beschneidung getrennte Wege gegangen.

Paulus gab der Taufe eine zusätzliche symbolische Deutung: Das Untertauchen und Wiederauftauchen erinnere an die Grablegung und die Auferstehung Jesu Christi. Taufe war Wiedergeburt. Das Sakrament wurde zum entscheidenden Symbol für den Beitritt zur Gemeinschaft der Christen.

Heute ist es üblich, schon die Kinder zu taufen. Darüber vergessen wir leicht, daß in früherer Zeit meist erst die Erwachsenen und nur selten Neugeborene getauft wurden.

Kindertaufe: frühes 4. Jahrhundert u.Z.

Man weiß nicht genau, wann der Brauch aufkam, die Neugeborenen zu taufen. Der einzige Fleck auf der Seele eines neugeborenen Kindes ist die Erbsünde, und der Kirchenvater Tertullian stellte in seiner Abhandlung *Über die Taufe* deshalb die Frage, warum ein Säugling »in der unschuldigen Zeit seines Lebens« einem Ritual zur »Vergebung der Sünde« unterzogen werden solle. Die Idee der Erbsünde war damals noch wenig entwickelt. (*Siehe* Erbsünde).

In den frühen Jahren der Kirche wurden nur erwachsene Bekehrte getauft. Als jedoch das Christentum 313 u.Z. im Römischen Reich zur Staatsreligion erhoben wurde, ging man dazu über, alle Angehörigen einer Familie gleichzeitig zu taufen. Irgendwann im Laufe dieses Jahrhunderts wurde dann auch die Kindertaufe allgemein üblich. Die Taufe eines Säuglings wird zwar schon im 2. Jahrhundert erstmals erwähnt, aber ihr wichtigster Verfechter trat erst zweihundert Jahre später in Gestalt des heiligen Augustinus auf. Dank seiner einflußreichen Schriften wurde die Kindertaufe in den meisten christlichen Kirchen obligatorisch.

Nach Auffassung mancher Theologen hat jedoch Christus selbst die Kindertaufe eingesetzt, als er seine Jünger tadelte, weil sie den kleinen Kindern den Zutritt zu ihm verwehrten:

»Und sie brachten Kinder zu ihm, daß er sie anrührte. Die Jünger aber fuhren die an, die sie trugen. Da es aber Jesus sah, ward er unwillig und sprach zu ihnen: Lasset die Kinder zu mir kommen und wehret ihnen nicht, denn solcher ist das Reich Gottes.« (Markus 10,13-14)

Baptisten.
Mit der Ausbreitung der Kindertaufe verlor das Sakrament natürlich den Charakter eines aktiven Glaubensbekenntisses, zu dem das Neugeborene schlechterdings nicht imstande war. Dies bereitete den Theologen immer wieder Kopfzerbrechen.

Einige Reformatoren des 16. Jahrhunderts wollten die Kindertaufe abschaffen und die Taufe durch Untertauchen des ganzen Körpers wieder einführen – und zwar nur für mündige Personen, die ihren Glauben aktiv und bewußt bekennen konnten. Diese sogenannten »Baptisten« riefen eine neue christliche Konfession ins Leben.

Heute werden bei der Mehrheit der christlichen Konfessionen – bei Katholiken, Methodisten, Presbyterianern, Anglikanern, Lutheranern, Kongregationalisten und Orthodoxen – die Kinder getauft. Dagegen vertreten die Baptisten, die zur Pfingstbewegung gehörenden »Assemblies of God« und die amerikanische »Church of the Brethren«, die Kirche der Brüder, auch »Dunker« (von deutsch: *tunken*) genannt, die Auffassung, daß ein Taufkandidat mündig sein und seinen Glauben bekennen können muß. Überdies soll er seine innere Wandlung auch äußerlich, vor allem durch eine deutliche Besserung seines sozialen Verhaltens, erkennbar werden lassen.

So hat sich die alte Vorstellung von der mit einem Glaubensbekenntnis verbundenen Erwachsenentaufe in vielen Teilen der Welt bis heute erhalten. Aber wie steht es mit den Kindern, die ungetauft oder schon im Mutterleib sterben? (*Siehe dazu* Limbus)

Es ist nicht verwunderlich, daß Kirchen, die die Kindertaufe beibehielten, ein weiteres Sakrament einführten, bei dem der aktive Ausdruck des eigenen Glaubens im Mittelpunkt steht, die *confirmatio* oder Firmung.

Paten: frühes 3. Jahrhundert u.Z.

Wenn ein Kind doch leibliche Eltern hat, warum bekommt es dann bei der Taufe auch noch Paten?

Die Eltern des Kindes versprechen bei dieser Gelegenheit, ihr Kind die

Zehn Gebote, das Vaterunser und das Apostolische Glaubensbekenntnis zu lehren, und das ist auch gut und schön so, wenn sie lange genug leben, um ihr Versprechen zu erfüllen. Aber zur Zeit der Christenverfolgung war das oft nicht der Fall.

Deshalb brauchten die Kinder ein Paar Ersatzeltern – die Paten. Das deutsche Worte geht auf das lateinische Wort *pater spiritualis* zurück: »geistlicher Vater«. Die Vorstellung von geistlicher Elternschaft war im 3. Jahrhundert allgemein verbreitet, und die Paten gelobten, das Kind als Christen zu erziehen. Interessant ist das Argument, mit dem Tertullian sich gegen das Patenwesen aussprach: Was ist, so fragte er, wenn das Kind heranwächst und seinem Taufgelübde nicht nachkommt? Muß man dann nicht die Paten dafür verantwortlich machen?

Formell gesehen enden die Pflichten und die Aufgabe der Paten, wenn das Kind die Firmung erhalten hat – wenn es selbst seine Absicht erklärt hat, dem Glauben gemäß zu leben und zu handeln.

Firmung: frühes 3. Jahrhundert u.Z.

Dem Wasser bei der Taufe entspricht das Öl bei der Firmung; das Wort geht zurück auf das lateinische *confirmare*, »festigen«, »bestätigen«. Mit Öl wurden seit alters her von Gott erwählte Propheten, Priester und Könige gesalbt.

Wie wir gesehen haben, entstand im Zusammenhang mit der Ausbreitung der Kindertaufe das Bedürfnis nach einer weiteren Zeremonie, die den Beginn der aktiven Teilnahme am Geschehen innerhalb der Kirche markierte. Am Anfang war der Ritus der »Bestätigung des Glaubens« ein charismatisches, apostolisches *Handauflegen*. Dieser alte jüdische Brauch wurde für die Christen eine Art Gnadenübermittlung durch den Heiligen Geist: »Da legten sie die Hände auf sie, und sie empfingen den heiligen Geist« (Apostelgeschichte 8,17)

Die frühesten Hinweise auf eine förmliche Firmzeremonie findet man in den Ausführungen über die Taufriten in Tertullians Traktat *De Baptismo* (198 u.Z.) und in der *Traditio Apostolica* (215 u.Z.) des heiligen Hippolytos. Beide Werke erwähnen ein Gebet, das der Bischof spricht, während er dem Kandidaten die Hand auflegt und seine Stirn salbt. Es gibt Hinweise darauf, daß Kinder bei ihrer Taufe oft gleichzeitig auch mit geweihtem Firmöl gesalbt wurden, so zum Beispiel die spätere Königin Elisabeth I. im Jahre 1533 als gerade mal drei Tage alte Prinzessin.

Erst im 16. Jahrhundert trennten alle christlichen Konfessionen die Taufe von der Firmung. Letztere wird nun beim Erreichen des mündigen Alters gespendet, das allerdings von den verschiedenen Glaubensgemeinschaften unterschiedlich zwischen sieben und vierzehn Jahren angesetzt wird. Das Konzil von Trient bestimmte die Zeit zwischen dem siebenten und dem zwölften Lebensjahr als angemessen und sprach sich für einen eher späten Zeitpunkt aus.

Manche Theologen sind der Auffassung, die Firmung vermittele eine spezifische neue Gnadengabe des Heiligen Geistes. Andere sehen in ihr nur mehr eine Stärkung oder Stützung der Gnade, die dem Firmling schon bei der Taufe zuteil wurde.

Den Wörtern »Firmung«, »firmen« und »Firmling« im katholischen Sprachgebrauch entsprechen im evangelischen Gebrauch »Konfirmation«, »konfirmieren« und »Konfirmand«. Auch die Konfirmation ist ein öffentliches Glaubensbekenntnis des mündigen Konfirmanden. Die Konfirmation selbst ist im Protestantismus kein Sakrament und gilt auch nicht als notwendig zur Erlangung des Heils, mit ihr ist jedoch die erstmalige Teilnahme am Sakrament des Abendmahls verbunden.

Bar-Mizwa und Bat-Mizwa

Das Christentum ist nicht die einzige Religion, die den Eintritt von Jungen und Mädchen in das Alter der moralischen Mündigkeit feierlich begeht. Im Judentum gilt ein Kind als jüdisch, wenn seine Mutter jüdisch ist (auf die Religion des Vaters kommt es nicht an). Ein Junge wird am achten Tag nach seiner Geburt beschnitten und bleibt bis zum Alter von dreizehn Jahren minderjährig – danach übernimmt er die volle moralische und rechtliche Verantwortung eines Erwachsenen. Er erhält eine Einführung in die religiöse Lehre und seine neuen religiösen Pflichten und wird durch die Feier zu einem *bar-mizwa*, einem »Sohn der Pflicht«. Vor dem 14. Jahrhundert war der Brauch, die Bar-Mizwa zu feiern, unbekannt. Quellen aus dem 2. Jahrhundert erwähnen jedoch

Bar-Mizwa: die moralische und rechtliche Mündigkeit.

schon das Alter von dreizehn Jahren als Schwelle zur religiösen Volljährigkeit.

Das Mädchen erreicht das Alter der moralischen Mündigkeit mit zwölf Jahren und wird in seiner Zeremonie zu einer *bat-mizwa*, einer »Tocher der Pflicht«. Die Sitte, auch das moralische Erwachsenwerden des Mädchens zu feiern, entstand im 19. Jahrhundert und hat sich erst seit den zwanziger Jahren dieses Jahrhunderts allgemein verbreitet. Gefördert wurde sie vor allem auch, um die Gleichberechtigung zwischen den Geschlechtern zu fördern.

»Kinder der Pflicht« werden die jüdischen Jugendlichen allerdings automatisch – auch ohne förmliche Zeremonie. Einst trafen sowohl Abraham als auch Jakob mit dreizehn Jahren wichtige Entscheidungen, durch die sie ihrem weiteren Leben eine neue Richtung gaben: Abraham ließ vom Götzendienst ab, und Jakob trennte sich von seinem Bruder Esau.

Im Mittelpunkt der Bar-Mizwa-Zeremonie stehen die Erwachsenenpflichten des Jungen. Traditionell besucht er am Montag oder Donnerstag nach seinem 13. Geburtstag (gemäß dem jüdischen Kalender) den Morgengottesdienst in der Synagoge. Zum erstenmal legt er die *tefillin*, die Phylakterien oder Gebetsriemen, an und liest einen Abschnitt aus der Thora. In traditionellen jüdischen Gemeinden bestand die Bar-Mizwa-Zeremonie in nichts anderem. Ein aufwendiges Fest mit Angehörigen und Freunden, bei dem der Junge Geschenke bekommt, ist eine festliche Zugabe. Heute findet die Zeremonie zumeist an einem Samstagmorgen statt. Es ist üblich, daß der Junge während des Festessens einen gelehrten Vortrag, einen *derasch*, hält oder eine Dankrede an die versammelten Verwandten und Freunde richtet.

Bei seiner Bat-Mizwa-Zeremonie kann das Mädchen in der Synagoge eine kurze Auslegung einer Thora-Stelle vortragen. Es kann auch Psalmen oder Gebete aus der Bibel lesen. Heute wird die Bat-Mizwa oft genauso aufwendig gefeiert wie die Bar Mizwa.

Im 19. Jahrhundert ersetzten jüdische Reformgemeinden in Deutschland die Bar-Mizwa durch eine Zeremonie, die sie Konfirmation nannten, und setzten das Mündigkeitsalter auf sechzehn Jahre herauf. In amerikanischen Reformgemeinden und auch in vielen konservativen Gemeinden wird die Konfirmation neben den *b'nai mizwa* (hebräischer Plural) gefeiert. Die Konfirmation wird meist an Schawuot begangen, dem Festtag, der an die Übergabe der Gesetzestafeln am Berg Sinai erinnert.

In Zungen reden

Der Heilige Geist war für die frühen Christen auch ein Stimulans zum Erreichen höherer Bewußtseinszustände durch das sogenannte »Zungenreden«: das Hervorbringen von sprachlichen Lauten jenseits von gewöhnlicher Sprache und verstehbarem Sinn. Diese sogenannte »Glossolalie« (griechisch *glossa*, »Zunge« + *lalein*, »schwatzen, lallen«) erfreute sich in der Zeit der Apostel großer Beliebtheit, wenngleich der heilige Paulus nicht viel von ihr hielt.

Das Zungenreden wird in der Apostelgeschichte erwähnt und hat Anlaß zu allerlei Spekulationen gegeben. Was beim ersten Pfingstfest geschah, als die Apostel von Zuhörern verstanden wurden, die ganz andere Sprachen als sie sprachen, ist offenkundig eine Art Wunder gewesen. Ein Apostel sprach aramäisch, schien aber für die Ohren eines Zuhörers, der des Griechischen mächtig war, doch griechisch zu sprechen. Der Kirche ist gerade bei diesem Wunder nie recht wohl gewesen.

Der Heilige Geist kommt am Pfingsttag über die Jünger und schenkt ihnen die Gabe des Zungenredens.

Schon um die Mitte des 2. Jahrhunderts wurde das Zungenreden mit Mißtrauen betrachtet und in eine Verbindung mit Besessenheit und bösen Geistern gebracht. In unserem Jahrhundert hat es in Amerika und Europa eine gewisse Renaissance in der Pfingstbewegung und den Pfingstkirchen erlebt. Oft bezeichnen sich die Anhänger dieser Bewegungen selbst als »Charismatiker«, nach dem griechischen *charisma*, »Gnadengeschenk«.

Heilige Kommunion: Neues Testament, Matthäus 26,26-28

Neben der Taufe ist die Eucharistie – griechisch *eucharistia*, »Dankbarkeit« – der wichtigste christliche Ritus, in dem alle christlichen Konfessionen ein durch die Bibel begründetes Sakrament sehen. Die Hinweise im Neuen Testament sind ziemlich spärlich, aber immerhin soviel erfahren wir: Beim Letzten Abendmahl, das in Wirklichkeit ein Pessachseder war, brach Jesus ungesäuertes Brot, trank Wein und sprach dazu: »Nehmet, esset; das ist mein Leib«; und über dem Kelch sprach er: »Trinket alle daraus, das ist mein Blut des neuen Testaments.« (Matthäus 26,26-28)

Was wollte Jesus damit sagen?

Die Antworten, über die die Theologen jahrhundertelang heftig gestritten haben, gehen in drei Richtungen:

Transsubstantiation.
Jesus wollte sagen, daß sich Brot und Wein auf geheimnisvolle – unerforschliche – Weise in seinen wirklichen Leib und sein wirkliches Blut verwandeln. So lautet das katholische Dogma der Transsubstantiation. Daher auch die Bezeichnung »Wandlung« für den zentralen Abschnitt der katholischen Messe. Von diesem Augenblick an *ist* das Brot Leib, und der Wein *ist* Blut. Der äußere Anschein von »Brot« und »Wein« ist bloße Täuschung. Diese Deutung ist am stärksten kannibalistisch gefärbt. Sie hat vielen religiösen Autoritäten Unbehagen bereitet, die in ihr heidnische Elemente erkennen.

Gedächtnis.
Jesus meinte seine Worte metaphorisch; Brot und Wein sind gleichsam Andenken an seine Leiden und seinen Tod. Die Symbole sollen uns veranlassen, über das Geschehen zwischen Abendmahl und Kreuzigung zu meditieren.

Reale Gegenwart – Konsubstantiation.
Dieser Lehre zufolge verändern sich Brot und Wein bei der Messe nicht; das Brot ist weiterhin aus Mehl gebacken und der Wein aus Traubensaft gegoren. Aber wunderbarerweise mischen sich der Leib und das Blut Jesu Christi in die irdischen Substanzen und sind wahrhaft vorhanden, koexistent, existieren mit ihnen.

Diese Auffassungen haben sich aus tiefen philosophischen Meinungsverschiedenheiten heraus entwickelt, die über kleinliche Zwistigkeiten zwischen den Konfessionen weit hinausgehen.

An die Transsubstantiation glauben Katholiken, Orthodoxe, manche Lutheraner und Anglikaner. In seiner *Summa Theologica* hat Thomas von Aquin das Geheimnis zu erläutern versucht: Die »Akzidentien« von Brot und Wein – d.h. ihre äußere Erscheinung in Form, Farbe, Beschaffenheit, Geschmack – verändern sich nicht. Was sich verändert, ist ihre »Substanz«, ihre elementare Grundstruktur, die, so nimmt die Kirche heute an, noch elementarer als die Struktur der Moleküle und Atome ist – Teilchen, von denen der heilige Thomas nichts wußte.

Viele Baptisten, Presbyterianer, Methodisten und manche Anglikaner glauben, Brot und Wein seien Symbole für den Leib und das Blut Jesu Christi. Dabei berufen sie sich auf das von Paulus überlieferte Wort, das Jesus an seine Jünger richtete: »Solches tut zu meinem Gedächtnis.« (1. Korinther 11,23-26) Das Wort »Gedächtnis«, so argumentieren sie, bedeutet, daß Brot und Wein nur »Andenken« sind, Anstoß zur Erinnerung an das Letzte Abendmahl.

Demgegenüber vertreten eine Mehrheit von Lutheranern, viele Anglikaner und einige andere protestantische Kirchen die Theorie der realen Gegenwart. Martin Luther hat sie im 16. Jahrhundert als erster aufgestellt. Das Brot sei aus Mehl, der Wein aus Traubensaft, aber Christi Leib und Blut würden, nach Luthers Formulierung, »*in, mit und unter* den Elementen von Brot und Wein« ausgeteilt und empfangen.

Warum Brot und Wein?

Brot und Wein gehörten bei den Bewohnern Palästinas im 1. Jahrhundert zur täglichen Kost, und sie waren billig. Christus bediente sich ihrer beim Letzten Abendmahl. In der Zeit des Alten Testaments wurde Wein als Opfer zur höheren Ehre Gottes und aus Reue für begangene Sünden auf den Boden gegossen. (2. Mose 29,40)

Bis zum 6. Jahrhundert durften Frauen das geweihte Brot nicht in die bloßen Hände nehmen – wegen deren möglicher Beschmutzung durch Menstruationsblut, das jüdische und christliche Männer seit jeher mit Abscheu erfüllte. Den Männern dagegen wurde empfohlen, ihre vom Genuß des Kommunionsweins noch feuchten Lippen mit den Händen zu berühren und »die eigenen Augen und Brauen und anderen Sinne damit zu heiligen«.

Alle christlichen Konfessionen erkennen die Eucharistie als ein durch die Bibel verbürgtes Sakrament an.

Seit dem 13. Jahrhundert verzichteten viele westliche Kirchen darauf, die Kommunion in beiderlei Gestalt, Brot und Wein, zu spenden. Der Grund hierfür war nicht etwa die Angst vor der Übertragung von Krankheiten durch das gemeinsame Trinken aus einem Kelch, denn von Bakterien und Ansteckung wußte man damals noch nichts. Vielmehr stiegen in jener Zeit die Preise für Kleiderstoffe stark an – und Weinflecken waren besonders hartnäckig. Die Hussiten, die Anhänger des Johannes Hus in Böhmen, behielten den gemeinsamen Abendmahlskelch bei und rieten zu vorsichtigem Trinken.

Wirkliches Fleisch und wirkliches Blut.
Martin Luther und die katholischen Päpste propagierten mit der Eucharistie – dem Verzehr von wirklichem Fleisch und wirklichem Blut – eine Form von Kannibalismus, der bekanntlich zu den ältesten Ritualen der Menschheit gehört. Seit grauer Vorzeit haben Menschen von anderen Menschen gegessen und von ihrem Blut getrunken, um Anteil an ihrer Kraft, Heiligkeit, Weisheit oder ihrem Mut zu gewinnen; die Liste der Eigenschaften, um deren Übertragung es bei diesem Brauch ging, ist lang und würdig.

Eskimos und Afrikaner knabberten mit Vorliebe an den Leichen von gefallenen Kriegern, Medizinmännern und Jungfrauen, um Mut, Weisheit beziehungsweise Reinheit zu erlangen. Slawonische Kinder aßen von ihren verstorbenen Eltern symbolische Happen, um die Blutsbande nicht abreißen zu lassen. Die frühen Siedler in Irland ließen sich alle verstorbenen Blutsverwandten (aber keine Angeheirateten) schmecken. Und heute äußern die Alten in den Stämmen am Orinoko in Venezuela als letzten Wunsch, von wem sie nach ihrem Tod verzehrt werden wollen. Um mehr als einen Bissen geht es dabei allerdings nicht.

Alle diese Völker glaubten oder glauben, durch den Kannibalismus auf eine geheiligte Weise an den Verstorbenen Anteil zu nehmen – mit ihnen zu »kommunizieren«.

Es war das Pech der frühen Christen, daß die Römer den Kannibalismus verabscheuten und als unzivilisiert verurteilten. Berichte darüber, daß die Anhänger Christi »seinen Leib aßen und sein Blut tranken«, verstärkten deshalb nur den Haß der Römer auf den jungen Glauben.

Warum nennt man das Brot bei der Eucharistie »Hostie«?
Das lateinische Verb *hostire* bedeutet »vergelten«, und das Substantiv *hostia* bezeichnet das Opfertier oder das Sühneopfer.

Warum ist der Wein bei der Eucharistie immer rot?
In einer Theologie, die sich bemüht, Wein und Blut in eins zu setzen, würde ein Chablis im Kelch die Ungläubigen nur unnötig irritieren. Prinzipiell kann jedoch auch Weißwein verwendet werden – saurer Wein allerdings gilt als ungeeignet für die Transsubstantiation.

Nach der Bibel zu urteilen, hat Noah als erster Wein gekeltert und den ersten Vollrausch erlebt: »Und da er von dem Wein trank, ward er trunken und lag im Zelt aufgedeckt.« (1. Mose 9,21) Historisch betrachtet, haben die alten Ägypter schon zweitausend Jahre vor Noah aus einer wilden Traubensorte, *Vitis sylvestris*, die vom Nil bis nach Gibraltar vorkam und die sie kultivierten, den ersten Wein hergestellt.

Warum wird der Wein in der katholischen Messe oft mit Wasser vermischt?
Nicht um dem Priester einen Schwips zu ersparen. Das Mischen ist selbst von symbolischer Bedeutung und geht auf einen Satz aus dem Evangelium zurück: »Der Kriegsknechte einer öffnete seine Seite mit einem Speer, und alsbald ging Blut und Wasser heraus.« (Johannes 19,34)

Warum wird der Psalm 34 auch als Kommunionspsalm bezeichnet?
Nach dem Bericht des heiligen Kyrill (376-444), des Patriarchen von Alexandria, war es in den Kirchen von Jerusalem im 4. Jahrhundert üblich, diesen Psalm anzustimmen. Außerdem empfehlen sowohl die Apostolischen Konstitutionen als auch der heilige Augustinus diesen Brauch, preist doch der Psalmist Gott in Dankbarkeit für die Errettung aus großer Gefahr, um dann mit der Mahnung zur Gottesfurcht und zur Einhaltung seiner Gebote zu schließen.

Warum ertönen in der katholischen Messe bei der Wandlung Glockentöne?
Schon im 4. Jahrhundert hielt der Priester am Altar eine kleine Glocke bereit und ließ sie an wichtigen Stellen des Gottesdienstes erklingen. Damit sollten die Gläubigen, vor allem die ungebildeten unter ihnen, darauf aufmerksam gemacht werden, daß in der geheimnisvollen, weitgehend in lateinischer Sprache vor sich gehenden Zeremonie ein besonders bedeutsamer Augenblick erreicht sei. Die Glocke wurde geläutet beim »Sanctus«, bei der Erhebung von Hostie und Kelch und vor der Kommunion des Priesters beim *Domine non sum dignus*, »Herr, ich bin nicht würdig, daß du eingehst unter mein Dach ...«

Buße: Neues Testament, Matthäus 16,19

In alter Zeit bereuten die Angehörigen semitischer Stämme, die gesündigt hatten, indem sie ein kratzendes, härenes Hemd anlegten und sich dadurch demütigten, daß sie Asche auf ihr Haupt streuten – ähnlich wie die Christen heutzutage am Aschermittwoch. Aus diesem sichtbaren Zeichen der Zerknirschung entwickelte sich die christliche Idee der Beichte – bei der der Sünder seine Missetaten und Verfehlungen (oft von sexueller Art) einem (im Zölibat lebenden) Priester ins Ohr flüstert.

Für die Katholiken gründet das Sakrament der Buße auf den Worten, die Jesus an die Apostel richtete: »Welchen ihr die Sünden erlasset, denen sind sie erlassen; und welchen ihr sie behaltet, denen sind sie behalten.«

Für die Juden (und die frühen Christen) war die Zerknirschung, der persönliche Kummer über die eigenen Sünden, eine notwendige, aber keine hinreichende Vorbedingung für das Erlangen von Vergebung. Öffentliche Demütigung in irgendeiner Form war erforderlich. Im 5. Buch Mose (Kapitel 30) verheißt Gott dem Büßenden Gnade und scheint zu sagen, daß die Vergebung der Sünde eine Sache allein zwischen dem Sünder und Gott ist. Eine Mittlerfunktion eines Priesters oder Rabbis ist nicht vorgesehen. Juden glauben nicht an eine mittelbare Zerknirschung.

Die Christen hingegen und vor allem die Katholiken finden die Basis für das Bußsakrament in den Worten, die Christus an den Apostel Petrus richtete:

»Ich will dir des Himmelreichs Schlüssel geben, und alles, was du auf Erden binden wirst, soll auch im Himmel gebunden sein, und alles, was du auf Erden lösen wirst, soll auch im Himmel los sein.« (Matthäus 16,19)

Mit anderen Worten: Petrus und seine priesterlichen Nachfolger können die Absolution für die Sünde erteilen oder verweigern. (Matthäus 18,18 sagt das gleiche.)

Der Evangelist Johannes wiederholt die Formel:

»Welchen ihr die Sünden erlasset, denen sind sie erlassen; und welchen ihr sie behaltet, denen sind sie behalten.« (Johannes 20,23)

Aus diesen Bibelworten leitet der katholische Priester seine Befugnis ab, die privaten Indiskretionen der Gläubigen im Namen Gottes anzuhören. Damit die Buße ein wirkliches Sakrament ist, muß sie von einem Priester gespendet werden, der über eine eigene Jurisdiktion, einen eigenen Amtsbereich verfügt. Ohne Erlaubnis seines Bischofs kann ein Priester nicht einfach jenseits der Grenzen seiner Pfarrei im Bezirk eines anderen Priesters die Beichte hören und Sünden vergeben. Das war jahrhundertelang immer wieder ein besonders heikler Punkt.

Irische Gerechtigkeit.
Die Idee der Reue geht bis in die früheste Zeit des christlichen Kirche zurück, aber die Formen, die diese Reue annahm, schwankten im Laufe der Jahrhunderte stark zwischen Milde und Brutalität. Schon früh und mit Sicherheit im 2. Jahrhundert widersetzten sich die Christen der Idee, ihre Sünden einem Priester zu beichten. Priester waren damals oft einfache Leute, wie alle anderen, sie waren verheiratet und hatten eigene Kinder.

Im 3. Jahrhundert wurde es üblich, direkt bei einem Bischof zu beichten, wenn es um Abfall vom Glauben, Mord oder Ehebruch ging, als wäre zur Vergebung schwerer Sünde eine höhere Autorität vonnöten.

Seit dem 7. Jahrhundert erschienen in Irland Bußbücher, die eine »abgestufte Buße« empfahlen, wobei das Strafmaß nach dem Prinzip »Auge um Auge, Zahn um Zahn« der Schwere des Vergehens entsprechen sollte. Ein Mörder wird ermordet. Einem Gewalttäter wird Gewalt angetan.

Erst um das 12. Jahrhundert wurde die Buße zu einer persönlichen Angelegenheit zwischen dem Sünder und dem Priester, der jenem bisweilen die Absolution erst erteilte, nachdem er die ihm auferlegte Bußstrafe abgeleistet hatte. Im Jahre 1215 erhielt das Bußsakrament vom vierten Laterankonzil den Stempel der offiziellen Billigung, und jeder Gläubige war verpflichtet, wenigstens einmal im Jahr bei einem Priester zu beichten – in der Osterzeit. Das kirchliche Bußwesen umfaßte allerdings auch die Möglichkeit des Gnadenerwerbs durch »Ablässe«, was schließlich zu skandalösen Mißbräuchen führte. In der Zeit Luthers konnten sich Christen den Nachlaß ihrer Sünden vom Priester gegen Geld kaufen. Luthers Revolte richtete sich zum großen Teil gegen dieses Bußwesen, das dann um die Mitte des 16. Jahrhunderts durch das Konzil von Trient auch für den Katholizismus reformiert wurde. (*Siehe* Ablässe)

Im Judentum.
Bei den Juden gibt es eine spezielle Zeit der Zerknirschung, die sogenannten *Zehn Bußtage* zwischen Rosch Haschana und Jom Kippur. Sie bieten Gelegenheit, das zu tun, was den Israeliten seit alters her aufgetragen ist: »Das

soll euch eine ewige Ordnung sein, daß ihr Israel einmal im Jahr entsühnt wegen all seiner Sünden.« (3. Mose 16,34)

In dieser Zeit, so nimmt man an, bildet sich Gott über jeden einzelnen Menschen ein Urteil, wobei er den Urteilsspruch bis Jom Kippur, bis zum »Versöhnungstag«, aufschiebt. (*Siehe* Feste)

Die sieben Todsünden: Papst Gregor der Große, 590-604

Die fernere Abkunft des Wortes »Sünde«, das auf mittelhochdeutsch *sunde* und althochdeutsch *suntea* zurückgeht und mit dem englischen *sin* verwandt ist, liegt im Dunkeln. Die frühen Christen benutzten das griechische bzw. das lateinische Wort für »Sünde«: *hamartia* und *peccatum*.

Für die Theologen ist Sünde eine aus freiem Willen begangene, bewußte Übertretung des göttlichen Gesetzes. Das Wesen der Sünde ist die Auflehnung; so waren die Auflehnung des Erzengels Luzifer die erste Sünde im Himmel und die Auflehnung von Adam und Eva im Garten Eden die erste Sünde auf Erden.

Der Katholizismus unterscheidet nach der Schwere der Übertretung und dem Grad der Bewußtheit oder Absichtlichkeit zwei Arten von Sünden:

Läßliche Sünden sind geringfügige Verfehlungen, die die Freundschaft der Seele mit Gott nicht zerstören. Sie sind eine Krankheit der Seele, nicht ihr Tod, und die heiligmachende Gnade bleibt der Seele erhalten.

Todsünden sind schwere Verfehlungen, die in vollem Wissen um ihre Verworfenheit begangen werden. Sie »ertöten« das sprituelle Leben der Seele, zerstören also auch die heiligmachende Gnade. Wer im Zustand der Todsünde stirbt, kommt unweigerlich in die Hölle. Mord war immer eine Todsünde, Gotteslästerung oder Blasphemie (von griechisch *blasphemein* = »schmähen«) jahrhundertelang ebenfalls.

Der griechische Theologe Evagrius von Pontus stellte zum erstenmal einen Katalog von acht Todsünden und bösen Leiden-

Die sieben Todsünden: Stolz, Neid, Zorn, Trägheit, Habgier, Völlerei, Wollust. Deutscher Holzschnitt, 1510.

schaften des Menschen auf: *Völlerei, Wollust, Habgier, Traurigkeit, Zorn, geistige Faulheit, Ruhmsucht* und *Stolz*. Die Sünden sind hier nach dem Ausmaß ihrer Ichbezogenheit in aufsteigender Folge angeordnet, wobei der Stolz als die schwerste Sünde erscheint.

Gegen Ende des 6. Jahrhunderts reduzierte Papst Gregor der Große die Zahl der Todsünden auf sieben. Er faßte Ruhmsucht und Stolz zusammen, ebenso Traurigkeit und Faulheit, und fügte den Neid hinzu. Dann änderte er die Reihenfolge und gelangte so zu dem jahrhundertelang gültigen Katalog der Todsünden: *Stolz, Neid, Zorn, Traurigkeit, Habgier, Völlerei, Wollust*. Im 7. Jahrhundert wurde die unspezifische Sünde der *Traurigkeit* durch die klarer umrissene *Trägheit* ersetzt.

Letzte Ölung: 9. Jahrhundert

Als Übergangsritus *(rite de passage)*, der den Sterbenden in sein nächstes Leben geleiten soll, ist die Salbung der Todkranken mit geweihtem Öl von der katholischen Kirche erst um das 9. Jahrhundert zu einem Sakrament gemacht worden. Luther und andere Reformatoren fanden in der Bibel keinen Hinweis, mit dem sich hätte rechtfertigen lassen, diesem uralten Brauch den Rang eines Sakraments zu verleihen. Rom fand einen einzigen – eine Verfügung im Brief des Jakobus, des Halbbruders Jesu.

Jakobus hatte an der Verkündigung von Jesus bis zu dessen Auferstehung gezweifelt, nachher jedoch betete er so ausgiebig und inbrünstig, daß seine Knie Schwielen davon bekamen, was ihm den Spitznamen »Kamelknie« eintrug. Er schrieb seine kurze, aber eindrucksvolle Epistel irgendwann zwischen 45 und 48 u.Z. im Stil seines Halbbruders, und gegen Ende des Textes empfiehlt er die Salbung der Kranken:

»Ist jemand unter euch krank, der rufe zu sich die Ältesten der Gemeinde, daß sie über ihm beten und ihn salben mit Öl in dem Namen des Herrn. Und das Gebet des Glaubens wird dem Kranken helfen.« (Jakobus 5,14-15)

Selbstverständlich wurde nicht aus jeder frommen Empfehlung des Neuen Testaments ein Sakrament. Zur Rechtfertigung ihrer Entscheidung berief sich die katholische Kirche auch auf die Tradition, die Überlieferung, die mehr als bloßer Brauch ist, nämlich durch offenbarte Wahrheit bekräftigter Brauch.

Die Tradition der Salbung mit reinem Olivenöl reicht weit in die vorchristliche Zeit zurück. Mit diesem Ritus wurden schon Jahrhunderte vor dem Auftreten Christi Hohepriester und Könige in ihre geheiligten Ämter eingeführt. Salböl war für die Israeliten so wichtig, daß das 2. Buch Mose (29,7 und 30,23-31) mehrere Vorschriften über seine Zubereitung und seinen Gebrauch enthält. Durch Zutaten von Balsam, Weihrauch und Myrrhe wurde dieses Öl wohlriechend gemacht.

In der katholischen Kirche wird Salböl oder Chrisam auch zur sakramentalen Salbung bei der Taufe, bei der Firmung und bei der Priesterweihe verwendet. Bei der Letzten Ölung wird nur reines Olivenöl verwendet, das von einem Bischof bei der Messe am Gründonnerstag – der sogenannten Chrisammesse – vor dem Vaterunser geweiht wurde.

Öl absondernde Heilige.
Mystiker und Heilige haben immer wieder behauptet, sie seien Zeuge geworden, wie aus allgemein verehrten Reliquien wunderbarerweise Öl ausgetreten sei. Die Reliquien dreier bedeutender Heiliger – des heiligen Andreas (gest. im 1. Jahrhundert), des Geschenkebringers Nikolaus (gest. im 4. Jahrhundert) und der heiligen Walburga (gest. im 8. Jahrhundert) – sollen noch heute gelegentlich ein geheimnisvolles, heilkräftiges Öl absondern. Das gleiche gilt für die Reliquien von wenigstens einem Dutzend weiterer Heiliger. (Wissenschaftliche Untersuchungen wurden dabei anscheinend nie gemacht.) Der heilige Sharbel Makholouf, der 1898 starb, soll bis zu seiner Seligsprechung im Jahre 1965 eine Flüssigkeit abgesondert haben, danach ist er anscheinend ausgetrocknet. (*Siehe* Reliquien) Jahrhundertelang war es Brauch, Märtyrerreliquien mit Öl zu übergießen und dieses Öl wieder aufzufangen, das sogenannte *oleum martyris*.

Petrus und Johannes und das »Handauflegen« – ein Ritus, der Kraft, Macht oder Gesundheit verschaffen oder Dämonen vertreiben konnte.

In den Ostkirchen war die Ölung nie auf Sterbende beschränkt, sondern wurde von drei bis sieben Bischöfen durchaus freigebig als spiritueller Antrieb zur Genesung von Krankheit gespendet. Dabei mußte das geweihte Öl auch nicht in Form von kleinen Kreuzen auf die Stirn, die Handflächen und die Füße des Empfängers gestrichen werden.

Historisch gesehen steht die Letzte Ölung mit einem selten angewendeten Ritus in Verbindung, den die Christen von den Juden übernahmen: dem Exorzismus. Traditionell wurde das geweihte Öl auf verschiedene Stellen am Körper des Besessenen gestrichen, um den Teufel auszutreiben. Geisteskrankheit wurde lange als Teufelsbesessenheit mißverstanden, und in der orthodoxen Ostkirche wird sie noch heute mit geweihtem Chrisam behandelt.

11. Kapitel
Gelübde
Priesterzölibat bis Frauenordination

Bei der Ordination oder Priesterweihe werden Männern und bisweilen auch Frauen die »höheren Weihen« verliehen, wodurch sie zu Dienern der Kirche werden.

In manchen Kirchen kann der Anwärter ein glücklich verheirateter Mann mit Kindern sein, in anderen muß er geloben, niemals zu heiraten und niemals sexuell mit einer Frau (oder einem Mann) zu verkehren. Er muß unverheiratet bleiben, d.h. im Zölibat (von lateinisch *caelebs* = »ehelos«), und enthaltsam oder »keusch« leben (von lateinisch *conscius* = »bewußt«, nämlich »im Wissen um die christliche Tugendhaftigkeit«).

In manchen Kirchen kann sich eine Frau, auch eine Mutter und selbst eine Lesbierin um das Priesteramt bewerben, in anderen Kirchen ist ihr Geschlecht als solches ein unüberwindliches Hindernis für die Ordination. Dabei waren in alter Zeit und mit Sicherheit vor dem Jahre 2000 v.u.Z. Frauen als Priesterinnen in den Religionen sogar dominierend. Wir werden der Frage nachgehen, wie die Priesterin vom Priester verdrängt wurde und wie der Sexismus in die Religion Einzug hielt.

Jesus beruft Petrus und Andreas zum Priesteramt.

Papst Johannes Paul II. versicherte den Gläubigen vor nicht allzu langer Zeit, das rein männliche Priestertum der katholischen Kirche stelle keine Diskriminierung der Frauen dar, sondern erwachse allein aus dem treuen Festhalten an den Bestimmungen, die Christus selbst für seine Kirche erlassen habe. »Ich erkläre«, so sagte der Papst 1994, »daß die Kirche keinerlei Amtsgewalt besitzt, Frauen die priesterlichen Weihen zu spenden.« Er verkündete diese apostolische Gewißheit, »um alle Zweifel in dieser Frage auszuräumen«.

In diesem Kapitel werden wir die verwickelte Entstehung des priesterlichen Zölibats untersuchen – eine erbauliche Geschichte mit unerbaulichem Ausgang –, und wir werden fragen, woher jene »gläserne Tür« stammt, die katholischen Frauen einen Blick in das Allerheiligste ihrer Kirche gestattet, während sie ihnen zugleich den Zutritt zu deren Hierarchie verwehrt.

Wurzeln das priesterliche Zölibat und die Bestimmung über den Ausschluß der Frauen vom Priesteramt in der Heiligen Schrift oder in der kirchlichen Überlieferung? Betrachten wir zunächst die Entstehung der christlichen Priesterschaft.

Das Sakrament der Priesterweihe: spätes 2. Jahrhundert

Die christliche Kirche nimmt für sich in Anspruch, daß sich die Autorität ihrer Amtsträger, der Bischöfe, Priester und Diakone, direkt von Jesus Christus herleitet. Beim Letzten Abendmahl trug Jesus dem Petrus auf: »Und wenn du dermaleinst dich bekehrst, so stärke deine Brüder.« (Lukas 22,32) Außerdem erklärte er: »Und auf diesen Felsen will ich meine Kirche bauen...« (Matthäus 16,18-19)

In der katholischen Kirche ordinieren Bischöfe neue Priester durch Handauflegen, eine symbolische Übertragung der »Weihegewalt« – der Kraft, zu firmen, die Absolution zu erteilen, zu segnen, die Wandlung zu vollziehen und weitere Priester zu weihen. Ein bekannter Hinweis in der Bibel auf die Tradition des Handauflegens ist der Bericht von den sieben Männern, die kurz nach Jesu Himmelfahrt den Wunsch hatten, bei der Ausbreitung des Evangeliums mitzuwirken:

»Diese stellten sie vor die Apostel; die beteten und legten die Hände auf sie. Und das Wort Gottes breitete sich aus, und die Zahl der Jünger ward sehr groß zu Jerusalem.« (Apostelgeschichte 6,6-7)

Ansprüche auf eine von den Göttern ererbte Macht oder auf direkte Abstammung von ihnen wurden auch schon lange vor der Zeit der christlichen und der jüdischen Religion erhoben. Im alten Sumer, am Unterlauf des Euphrat, bezeichneten sich die Hohepriester um 3500 v.u.Z. als Abkömmlinge der Götter und vererbten ihre Amtsgewalt innerhalb der eigenen Familien.

Im Judentum gab es während der Zeit der Patriarchen keine förmliche Priesterschaft. Abraham, Isaak und Jakob bauten Altäre und brachten Opfer dar, aber die wichtigste Funktion dieser frommen Männer der Frühzeit bestand darin, Offenbarungen von Gott entgegenzunehmen und umgekehrt: »den Herrn zu befragen«. (1. Mose 25,22)

Erst nach dem Auszug aus Ägypten, als Israel eine Nation wurde, wies man den Priesterberuf dem Stamm Levi zu und innerhalb dieses Stammes einem bestimmten Geschlecht. Moses und sein Bruder Aaron, die das Volk Israel beim Exodus geleitet hatten, gehörten beide dem Stamm Levi an, und der Herr befahl Moses: »Du sollst Aaron, deinen Bruder, und deine Söhne zu dir herantreten lassen aus der Mitte der Kinder Israel, daß er mein Priester sei, er und seine Söhne ...« (2. Mose 28,1) (An einer anderen Stelle der Bibel kann man lesen, daß die Priester nicht dem Geschlecht Aarons entstammen mußten.)

Der erste Gegenpapst.
Der früheste bekannte Ritus für die Weihe christlicher Geistlicher ist in der *Traditio Apostolica* aufgezeichnet. Ihr Verfasser war der heilige Hippolytos von Rom (170-235), ein glänzender Theologe, dem die zweifelhafte Auszeichnung zukommt, daß er auch der erste Gegenpapst in der Geschichte der Kirche war; sein Pontifikat dauerte von 217 bis kurz vor seinem Tod im Jahre 235.

Hippolytos war der erste römische Priester, der ein theologisches Werk über die christliche Dogmatik, die Riten der Taufe, der Eucharistie und der Priesterweihe schrieb. In einem anderen Buch, der *Chronik*, erzählt er die Weltgeschichte von Adam und Eva bis zum Jahre 234 u.Z. Seine Auffassung von der Dreifaltigkeit – drei gesonderte Gottheiten (Vater, Sohn und Heiliger Geist) in unteilbarer Koexistenz – wurde von seinem Vorgänger auf dem Heiligen Stuhl, dem heiligen Zephyrin, als ketzerisch bezeichnet, der seinerseits erklärte, die Namen Vater, Sohn und Heiliger Geist seien nur verschiedene Titel derselben Gottheit. Hippolytos trennte sich von Rom und wurde als führender Kopf einer Gruppe von Abweichlern der erste Gegenpapst der Geschichte. Schließlich versöhnte er sich jedoch wieder mit Rom und starb kurze Zeit später als Märtyrer.

Die meisten Christen und alle Katholiken glauben an die »apostolische Sukzession« als Grundlage für die Gültigkeit der Ordination, also an die Weitergabe der Weihegewalt von den Aposteln an die Priester. Manche Konfessionen, vor allem fundamentalistische Protestanten, vertreten die Auffassung, die einzige notwendige Voraussetzung für die gültige Übernahme des Priesteramtes sei ein innerer Ruf, der den Betreffenden dazu bringe, den Glauben zu verkünden. Hierbei beziehen sie sich auf die Propheten der Bibel, etwa auf Jesaja, dessen »Amt« begann, als Gott rief und Jesaja seinem Ruf folgte: »Hier bin ich, sende mich!« (Jesaja 6,8) Außerdem steht nirgendwo in der Bibel, daß eine Priesterweihe ohne apostolische Sukzession ungültig sei. (Siehe auch *Papsttum*)

Verheiratete Priester: 1. bis 12. Jahrhundert u.Z.

Das Zölibat hat es in dieser oder jener Form in der Geschichte der Religionen immer wieder gegeben. Seine wichtigste Funktion ist die symbolische Betonung der Heiligkeit eines von sexueller Begierde befreiten Lebens im Dienst eines höheren Wesens. Der Priester, der Mönch, die Nonne, Jesus Christus, Buddha – ist idealerweise ein Hermaphrodit, der eine geschlechtsneutrale Spiritualität verkörpert. In der Theorie sieht das gut aus, aber in der Geschichte hat sich daraus eine lange Kette von Mißbräuchen ergeben, von den sexuellen Kapriolen der Priester bis zum vertraulichen Hin und Her zwischen Mönchs- und Nonnenklöstern. Manchen Menschen fällt die sexuelle Enthaltsamkeit eben leichter als anderen.

Wo liegen die Ursprünge des in der katholischen Kirche geltenden Priesterzölibats? Gibt es in der Heiligen Schrift oder in der Überlieferung eine Bestimmung, die verheiratete Männer von der Priesterweihe ausschließt? Und wie konnten sich die Ideen des Zölibats (keine Ehe) und der Keuschheit (kein Sex) in der katholischen Kirche so festsetzen, daß sie heute zu einem der größten Hindernisse für eine Versöhnung Roms mit anderen christlichen Konfessionen geworden sind?

Der erste Papst war glücklich verheiratet.
Der Apostel Petrus, der erste Priester der Kirche – und ihr erster Papst –, war verheiratet. Der »große Fischer« vom Ufer des Sees Genezareth, den Jesus sorgfältig ausgewählt und zum Anführer seiner Jünger bestimmt hatte, lebte damals mit seiner rechtmäßig angetrauten Frau Perpetua in Kapernaum bei deren Mutter. Jesus war sich dessen wohl bewußt. Er hätte einen alleinstehenden Mann wählen können, aber das tat er nicht. Es ist erstaunlich, wie viele katholische Darstellungen von Petrus' Leben seine Ehe unerwähnt lassen.

Wir wissen wenig darüber. Immerhin erfahren wir, Petrus habe seine Frau während der drei Jahre, da er Jesus nachfolgte, verlassen. Aber nach Jesu Tod ist er der Überlieferung zufolge als ehrbarer Ehemann zu Perpetua zurückgekehrt. Nichts deutet darauf hin, daß sie nicht ein sexuell erfülltes Eheleben geführt hätten.

Einer Überlieferung zufolge nahm Petrus seine Frau mit nach Rom, wo er den Sitz der römischen Kirche errichtete. Nach dem französischen Gelehrten Abbé Constant Fouard verkündete Perpetua in Rom das Evangelium. Sie predigte. Sie leitete Betversammlungen. Fouard behauptet, sie habe sogar Konvertiten getauft.

Christus wählte Petrus zum Oberhaupt der Kirche, wohl wissend, daß er verheiratet war.

Da es in den frühen Jahren der Kirche ein förmliches Priesteramt nicht gab, sind solche Thesen keineswegs abwegig. Der neue Glaube brauchte jeden, der sich an seiner Verkündigung beteiligen wollte, ob Mann oder Frau. Faktisch war Perpetua in jener Zeit, als die Priesterweihe noch keine feste Form angenommen hatte, eine Priesterin. Petrus und Perpetua waren ein Priesterehepaar. Sie war Frau Papst.

Die Heilige Schrift bevorzugt verheiratete Priester.
Tatsächlich begrüßte es die Kirche der Frühzeit, wenn verheiratete Männer das Priesteramt übernahmen. Sie gab ihnen wegen ihrer Beständigkeit, ihres Verantwortungsgefühls, ihres höheren Alters sogar den Vorzug. Die einzige Einschränkung lautete, der Mann, der Priester oder Bischof werden wolle, dürfe nur einmal geheiratet haben, gemäß dem Gebot aus dem Ersten Brief des Paulus an Timotheus, geschrieben 64 u.Z.:

»Wenn jemand ein Bischofsamt begehrt ... [dann soll er] unsträflich sein, eines *Weibes Mann, nüchtern, mäßig, sittig, gastfrei, geschickt zur Lehre, nicht dem Wein ergeben, nicht händelsüchtig ...« (1. Timotheus 3,1-3)*

Timotheus, der Bischof von Ephesus, war von Paulus bekehrt worden. In dem zitierten Brief schreibt Paulus, der mehr als jeder andere zum Aufblühen des Christentums beitrug, noch mehr über verheiratete Männer im Klerus und ihre Vorzüge. Der Bischofsanwärter, so Paulus, solle jemand sein,

»der seinem eigenen Haus wohl vorstehe, der seine Kinder im Gehorsam halte mit aller Ehrlichkeit; denn wenn jemand seinem eigenen Hause nicht weiß vorzustehen, wie wird er die Gemeinde Gottes versorgen?« (1. Timotheus 3,4-5)

Misogyne Zölibatäre.
Viele Kleriker der frühen Zeit wählten das Zölibat nach dem Vorbild Jesu Christi. Anfangs war dies jedoch nicht Pflicht, sondern Resultat eines persönlichen Entschlusses. Tatsächlich waren mehrere Päpste verheiratet und hatten Kinder. Andere hatten Geliebte.

Traurig, aber wahr ist, daß zölibatär lebende Kirchenväter in der Zeit vom 2. bis zum 4. Jahrhundert geradezu eine Woge der Misogynie oder Frauenfeindlichkeit und auch der Sexualitätsfeindlichkeit auslösten. Zu ihnen gehörten:

Der heilige Ambrosius, Bischof von Mailand: »Ich stelle die Keuschheit über die Ehe.« Ambrosius pries die Jungfräulichkeit. »Ich verurteile die Ehe nicht«, räumte er ein, »aber höher als sie stelle ich die Keuschheit. Erstere ist zulässig, aber letztere bewundere ich.« Er verstieg sich sogar zu der These, nur indem sie Jungfrau bleibe, könne eine Frau die Sünde abbüßen, die ihre Eltern begingen, als sie sie zeugten.

Der heilige Ambrosius, Bischof von Mailand: »... aber höher als die Ehe stelle ich die Keuschheit.«

Der heilige Hieronymus, ein hochgelehrter Einsiedlermönch: »Die Jungfräulichkeit ist natürlich, die Ehe kam nach dem Sündenfall.« In einem Bußhandbuch für Priester, dem *Poenitentiale*, schrieb er: »Jene, die in ehelicher Verbindung leben, sollen sich, bevor sie die Kommunion empfangen, für drei Nächte des Beilagers entschlagen« – so schmutzig war die Sexualität, selbst innerhalb der Ehe.

Der Kirchenvater Tertullian aus Karthago nannte die Frau einen »Tempel über einer Kloake«. Er war ein eingefleischter Anhänger des Zölibats, der fortwährend gegen die sexuelle Verlockung ankämpfte und darüber schrieb: »Frau! Du bist des Teufels Pforte! Du bringst noch den vom Wege ab, den der Teufel direkt nicht anzugreifen wagt.«

Der heilige Augustinus, der eine krankhafte Angst vor dem Geschlechtsverkehr hatte, empfahl die »leidenschaftslose Fortpflanzung«, also Beischlaf zur Erzeugung von Kindern ohne Lust, Sexualität ohne Erregung. Unmöglich? Augustinus war anderer Meinung.

Selbst der heilige Paulus äußerte sich sehr streng über die Ehe: »Den Ledigen und Witwen sage ich: Es ist ihnen gut, wenn sie auch bleiben wie ich.

Wenn sie aber sich nicht können enthalten, so laß sie freien; es ist besser freien als von Begierde verzehrt werden.« (1. Korinther 7,8-9) Auch für ihn kommt die Ehe nach der Keuschheit, eine Notlösung für jene, die sich nicht enthalten können.

Im Judentum.
Man vergleiche diese Anschauungen mit denen des Judentums. Das hebräische Wort für »Prostituierte«, *kedescha*, hat die gleiche Wurzel wie das Wort für »heilig« und erinnert an eine Zeit, da die Prostituierten ihrem Gewerbe noch in den Tempeln nachgingen.

Der Talmud singt ein Loblied auf die menschliche Libido: »Wäre nicht der Geschlechtstrieb, würde kein Mann ein Haus bauen, eine Frau heiraten oder Kinder zeugen.« Tatsächlich stellt der Schöpfungsbericht in der Genesis die Ehe als einen guten, natürlichen Zustand dar. »Ein Jude, der keine Frau hat, ist kein Mann«, lehrte im 3. Jahrhundert Rabbi Eleazar. (*Siehe* Ehe)

Warum die Priester der Frühzeit die Sexualität verabscheuten.
In den Jahrhunderten nach Christi Tod waren die Christen fest überzeugt, das Ende der Welt stehe unmittelbar bevor. Von einem auf den anderen Tag konnte das Jüngste Gericht anbrechen. Die Aussicht auf irdische Vernichtung und himmlische Wiedergeburt ließ die Fortpflanzung unwichtig und Kinder zwecklos erscheinen. Allein auf die Erlösung der Seele kam es noch an. Deshalb galt es, sich der Sünde, vor allem der geschlechtlichen, zu enthalten, deshalb ermahnten die großen Kirchenväter unverheiratete Männer, Junggesellen zu bleiben, und den verheirateten empfahlen sie, ein Leben in Keuschheit zu führen.

Die Ehelosigkeit wurde moralisch hoch über die Ehe gestellt. Die Frau, als Gattin und Mutter einst unentbehrlich, verlor ihre Daseinsberechtigung in der Gesellschaft und erschien nun als das größte Hindernis auf dem Weg des Mannes zur Erlösung. Männer, die sich ihre Schwäche für die Frauen eingestanden, verfluchten die Frauen für ihre eigene Schwäche.

Paulus lehrte, beim Jüngsten Gericht würden die Jungfrauen in die höchste Sphäre des Himmels aufsteigen, und Frauen, die ihr Leben lang Jungfrauen geblieben seien, würden als erste erlöst werden. Danach kämen die bekehrten Unverheirateten, wie er selbst einer war, und zuletzt die verheirateten Leute. (Die Hölle war für diejenigen bestimmt, die sich außerhalb der Ehe sexuell betätigt hatten.)

Das Zölibat war der erstrebenswerte Zustand schlechthin. Auch weil »das

Ende« nahe war. Im Königreich Gottes würden bald alle braven Christen geschlechtslose Engel sein. Viele männliche Anhänger Jesu verließen ihre Frauen und Kinder. Einige Fanatiker unter ihnen kastrierten sich sogar, um die Quelle der Begierde ein für allemal zu verschütten.

So tritt das Zölibat im Christentum zunächst vor dem Hintergrund apokalyptischer Erwartungen in Erscheinung. Jahrzehnte und Jahrhunderte vergingen, die Apokalypse ließ auf sich warten – aber die Kirche hielt an ihrer Doktrin fest. Ihre düstere Auffassung vom Geschlechtsverkehr und ihr Enthusiasmus für die Jungfräulichkeit konnten tiefe Wurzeln schlagen. Und doch gab es damals noch kein offizielles Gesetz, das es Priestern, Bischöfen und selbst Päpsten verboten hätte, zu heiraten und Kinder zu zeugen. Was viele auch taten.

Das Zölibat wird Gesetz: zweites Laterankonzil, 1139 u.Z.

Das Ringen um die Frage des priesterlichen Zölibats innerhalb der Kirche setzte zu Beginn des 4. Jahrhunderts ein. Wir wollen diese Auseinandersetzungen Schritt für Schritt nachzeichnen.

Eine Frau mit Keuschheitsgürtel steckt ihrem Geliebten den Schlüssel zu und nimmt zugleich Abschied von ihrem Mann.

306 u.Z., *die Synode von Elvira.* Dieses spanische Regionalkonzil erließ die Bestimmung, alle Geistlichen, auch die schon verheirateten, sollten enthaltsam leben; mit anderen Worten, ein verheirateter Priester konnte mit seiner Frau zusammenwohnen, sie durften jedoch nicht mehr sexuell verkehren. Die Idee der »enthaltsamen Ehe« blieb von Anfang an weitgehend unbeachtet. Das Konzil stellte auch fest, vor allem für das Bischofsamt sollten unverheiratete Männer ausgewählt werden – und ignorierte damit den Brief des heiligen Paulus an Timotheus.

325, *das ökumenische Konzil von Nicäa.* Im Gegensatz zur Synode von Elvira lehnte es dieses Konzil ab, irgendwelche Verbote gegen verheiratete Priester zu erlassen. Es verurteilte allerdings die Praxis mancher vorgeblich im

Zölibat lebender Priester, junge Frauen in ihren Haushalt aufzunehmen, um die »eigene Zurückhaltung auf die Probe und die eigene moralische Stärke unter Beweis zu stellen«. Es ist unwahrscheinlich, daß alle diese Priester ernsthaft beabsichtigten, der Versuchung zu widerstehen.

419, *das Konzil von Karthago*. Dieses Konzil sprach sich entschieden für das Zölibat aus und dehnte den Kreis derer, für die es gelten sollte, über die Bischöfe, Diakone und Gemeindepriester auch auf die Subdiakone aus. Aber der Erlaß war nicht allgemein verbindlich. Außerdem stürzte das Auseinanderbrechen des Römischen Reiches gegen Ende des Jahrhunderts auch die kirchliche Hierarchie in ein Chaos. Die Kommunikation stand kurz vor dem Zusammenbruch.

567, *das zweite Konzil von Tours*. Diese Kirchenversammlung erließ die Bestimmung, jeder Geistliche, der des Geschlechtsverkehrs mit einer Frau überführt würde, solle für ein Jahr exkommuniziert werden. Bald fand man allerdings so viele Geistliche, die mit ihren Frauen schliefen, daß die Kirche beschloß, statt Hunderte von Priestern durch Exkommunikation zu verlieren, lieber die Frauen durch Exkommunikation zu bestrafen. In späterer Zeit erklärte der italienische Bischof Rathurio, wenn er unkeusche Priester exkommunizieren würde, wären außer jungen Knaben bald keine männlichen Wesen mehr da, um die Sakramente zu spenden.

580. Papst Pelagius II. duldete verheiratete Kleriker, solange sie nicht Kirchenbesitz an ihre Frauen und Kinder weitergaben. Und solange sie ihr Hab und Gut auf dem Sterbebett der Kirche vermachten.

Auch während der nächsten 550 Jahre untersagte die römische Kirche ihren Priestern das Heiraten nicht formell (gelegentlich gab es Erlässe dagegen, daß Bischöfe eine Ehe eingingen), bestand aber darauf, daß diese Ehen enthaltsam sein sollten. Priester, Bischöfe und Päpste indessen zeugten auch weiterhin Kinder und machten die enthaltsame Ehe zum Gespött der Leute.

1012-1024. Papst Benedikt VIII. erließ drastische Vorschriften, die die Ehe ebenso untersagten wie das Konkubinat. Denn Geistliche, denen das Heiraten verboten wurde, nahmen sich statt dessen Geliebte. Der Papst verbot auch den Subdiakonen, die Ehe einzugehen. Außerdem erklärte er alle Nachkommen aus Priesterehen für unehelich und verurteilte sie damit zu einem Dasein in Leibeigenschaft.

Aber auch diese Statuten waren nicht allgemein gültig. Sie machten außerdem die Ehen von Klerikern, die sich den Verboten widersetzten, nicht ungültig. Und davon gab es viele. Kein verheirateter Priester konnte verstehen, warum der Verkehr mit der eigenen Frau plötzlich Unzucht sein sollte; verheiratete Priester vermochten auch nicht einzusehen, was verwerflich daran sein sollte, wenn sie selbst am Sakrament der Ehe teilhatten.

Erste verbindliche Gesetze.
Das zweite Laterankonzil von 1139 erließ erstmals verbindliche Gesetze, die in der gesamten christlichen Kirche Priesterweihe und Ehe für unvereinbar erklärten. Dieses Konzil machte auch der Heuchelei um die enthaltsame Priesterehe ein Ende.

Doch die Pest, der Hundertjährige Krieg und schließlich die Spaltung der Westkirche führten erneut zu einem Niedergang der priesterlichen Moral. Und das Aufkommen einer weltlichen, dem Diesseits zugewandten Geisteshaltung in der Renaissance tat ein übriges. Die meisten Historiker dieser Ära weisen darauf hin, daß die Priesterehe wieder weit verbreitet war, daß die Söhne der Priester vielfach legitimiert und zuweilen, wie im Falle des Erasmus von Rotterdam, mit einer Dispens der römischen Kurie sogar selbst zu Priestern geweiht wurden.

Luther setzt sich für die Heirat der Kleriker ein.
Diese Nachlässigkeit im Umgang mit den selbstauferlegten Verboten kam Martin Luther zugute. In seinem Kommentar zum Brief des Paulus an die Galater erklärt er, seine Reformbewegung hätte gegen das römische Papsttum wenig ausrichten können, wenn das Zölibat der Priester in solchem Ansehen gestanden hätte wie zu Zeiten des Hieronymus, des Ambrosius und des Augustinus. Damals sei das Zölibat in den Augen der Welt etwas Außergewöhnliches gewesen, das einen Mann engelgleich machte.

Martin Luther erklärte, das Priesterzölibat in der römischen Kirche habe die Ausbreitung seiner Reformbewegung gefördert.

Nachdem sich Martin Luther und andere Reformatoren für einen verheirateten Klerus ausgesprochen hatten, erließ das Konzil von Trient 1563 noch schärfer als zuvor formulierte Bestimmungen über die Pflicht der Priester zum Zölibat. Zum ersten Mal formulierte hier die katholische Kirche ihre Haltung in dieser Frage mit jener Unnachgiebigkeit, von der sie bis heute nicht abgewichen ist.

Papst Benedikt XV. (1914-1922) verdammte im Jahre 1920 eine christliche Vereinigung, die sich für die Abschaffung des geistlichen Zölibats eingesetzt hatte, und verkündete, die Kirche werde »das Gesetz des priesterlichen Zölibats niemals aufheben oder abmildern«. Hieran hält auch der derzeitige Papst fest.

Die Position der Kirche wurde durch die 1967 von Papst Paul VI. erlassene Enzyklika *Sacerdotalis Caelibatus*, »Über das priesterliche Zölibat«, noch einmal bekräftigt. Aus ihrer Sicht muß der Priester zur höheren Ehre Christi und seines bevorstehenden Reiches ohne familiäre Rücksichten und Bindungen ganz für seine Gemeinde dasein können.

Damit sagte der katholische Oberhirte aber auch, daß das Gebot des geistlichen Zölibats nicht biblischen oder göttlichen Ursprungs ist. Allein die Kirche hat es erlassen. Infolgedessen unterliegt es nicht dem Unfehlbarkeitsanspruch, und jeder Papst könnte es jederzeit abschaffen.

Der Ehelosigkeit von Geistlichen geben heute neben der katholischen Kirche auch die Ostkirche, der Hinduismus, der Buddhismus und der Taoismus den Vorzug. Auf der anderen Seite stellen die jüdische Religion, der Islam, der Konfuzianismus und der Protestantismus die Ehe über das Zölibat.

Als Gott noch eine Frau war

Der Widerstand dagegen, daß auch Frauen Priester werden können, ist ohne historischen Hintergrund nicht zu begreifen.

In alter Zeit lag das Priesteramt vielfach in den Händen von Frauen – so etwa im Nahen Osten in einer Epoche, als dort Göttinnen wie Astarte, Isis und Istar die Götterwelt regierten, als Gott für viele Völker tatsächlich noch eine Frau war.

Göttinnen wurden als Verkörperungen der Fruchtbarkeit oder auch als weise Schöpferinnen und Quelle der Ordnung des Universums verehrt. Damals verfügten Frauen über Grundbesitz und trieben Handel auf dem Markt. Titel und Besitztümer wurden von der Mutter an die Tochter vererbt.

Und was geschah dann? Wie kam es, daß die Männer die Religion übernahmen – und alles andere ebenfalls?

Hinweise zur Beantwortung dieser Frage finden sich, ob man es glaubt oder nicht, sogar im Alten Testament, in den Berichten über den Kampf zwischen dem hebräischen Monotheismus und den gelegentlichen Rückfällen der Israeliten in die heidnische Anbetung »falscher Götter und Göttinnen«. Es ging dabei vor allem um die Göttin Aschtoret, die Himmelskönigin der Kanaaniter, und ihren Gemahl Baal. Die Kultur der Kanaaniter blühte während des 2. Jahrtausends v.u.Z. in Palästina und im südlichen Syrien. Aber die alttestamentarischen Befürworter des Monotheismus äußerten sich sehr kritisch über die »verderbte Religion« der Kanaaniter.

Scharfe Verurteilungen jener Israeliten, die zu Aschtoret (auch Aschera oder Astarte genannt) beten, finden sich im Buch der Richter und im ersten Buch Samuel:

Richter 2,13: »Denn sie verließen je und je den Herrn und dienten dem Baal und den Astarten.«

Richter 3,7: »...und die Kinder Israel taten, was dem Herrn mißfiel, und vergaßen den Herrn, ihren Gott, und dienten den Baalen und Ascheren.«

1. Samuel 7,2-4: »Samuel aber sprach zum ganzen Hause Israel: ... tut von euch die fremden Götter und die Astarten und richtet euer Herz zu dem Herrn und dient ihm allein, so wird er euch erretten aus der Hand der Philister.«

Das Buch der Richter und die Bücher Samuel berichten über Ereignisse, die in das 11. Jahrhundert v.u.Z. gehören. Und damals geschah es, der Heiligen Schrift zufolge, daß Männer, vor allem die levitischen Priester, der Verehrung von Göttinnen ein Ende machten und die Frauen als Priesterinnen zurückdrängten. Parallel dazu wurde das matrilineare System endgültig zerstört, und es folgte der Siegeszug des Monotheismus mit einem einzigen männlichen Gott und einer ausschließlich männlichen Priesterschaft.

Indem die hebräischen Priester Göttinnen als zügellos, verderbt und heidnisch hinstellten, brachten sie die Religion unter ihre Kontrolle. Die Geschichte Evas – ihrer Verworfenheit, ihrer Verführung Adams und des Fluchs, den sie über die Menschheit brachte – bildete die Grundlage für diesen feindseligen Coup.

Der Männerclub der Beschnittenen.

In ihrem Buch *Als Gott eine Frau war* behauptet die Historikern Merlin Stone, levitische Priester hätten sich die Legende von Adam und Eva ausgedacht, um die Unterdrückung der Frauen zu rechtfertigen. So stehe am Anfang der Bibel nun eine Frau, und zwar gleich die erste Frau, die sündigt und für viele Jahrhunderte Leid über die Menschheit bringt. Männer hätten hier eine Machtübernahme geplant, sagt Stone, bei der sie nicht nur den Frauen all ihre Macht raubten, sondern ihnen obendrein auch die Schuld an allem gaben, was auf dieser Welt böse ist.

Außerdem machten die Männer ausgerechnet die Beschneidung zum Aufnahmeritus ihres Männerclubs, die von nun an den Bund oder Vertrag zwi-

Der Untergang der Göttinnen (von links nach rechts): Athene, Weisheit und Künste; Hera, Ehe und Geburt; Aphrodite, Liebe und Schönheit; Artemis, der Mond und die Jagd.

schen dem neuen Gott Abrahams und der Menschheit besiegelte. Wie sollten die Frauen da ihre Macht zurückerlangen? Im 1. Buch Mose (17,7-10) erwirbt »Abram« das Recht, sich künftig »Abraham« zu nennen, indem er in die Beschneidung als eine Art »Unterschrift« unter das neue Bündnis mit Gott einwilligt. Im Gegenzug verspricht Gott Abraham das heilige Recht am Lande Kanaan. Auf diese Weise reißt der Mann der Göttin nicht nur die Zügel der Religion aus der Hand, er beansprucht auch noch das heilige Recht an ihrer heimischen Reitbahn. Die Machtübernahme ist total.

Über die Anfangskapitel des 1. Buches Mose schreibt Stone: *»Es könnte sich herausstellen, daß der scheinbar so harmlose Mythos vom Paradies und vom Anfang der Welt in Wirklichkeit sehr bewußt entwickelt und in Umlauf gebracht wurde, um den Frauen zu zeigen, ›wo sie hingehören‹, nämlich an den Platz, den ihnen der Stamm Levi aus dem biblischen Kanaan zuwies.«* Moses, der traditionell als der Verfasser der Genesis gilt, gehörte zum Stamm Levi.

Das letzte Gastspiel der Göttinnen.

Von einigen Völkern wurden Aschtoret und andere Göttinnen noch im 3. Jahrhundert u.Z. verehrt. Der griechische Theologe Clemens von Alexandria (150-215) zitiert das *Evangelium nach den Ägyptern*, das Jesus Christus die folgenden Worte in den Mund legt: »Ich bin gekommen, die Werke des Weibes zu zerstören.« Historiker meinen, dies beziehe sich auf die Göttin Isis, deren Kult zu Christi Zeiten weit verbreitet war.

In christlicher Zeit fallen die Göttinnen schnell:

- Im Jahre 300 u.Z. ließ der »christliche« (damals noch ungetaufte) Kaiser Konstantin das uralte Heiligtum der *Aschtoret* in Aphaka schließen und machte ihrem Kult unter dem Vorwand, er sei »unmoralisch«, in ganz Kanaan ein Ende. Der Kaiser stand im Begriff, sich zum Christentum zu bekehren.
- Im Jahre 380 u.Z. schloß der christliche Kaiser Theodosius im westanato-

lischen Ephesos den Tempel der unter dem Namen *Artemis* (oder *Diana*) bekannten Göttin; er verachtete die »Frauenreligion«. Auch in Eleusis und Rom ließ er mehrere Tempel schließen, die Göttinnen geweiht waren.
- Im Jahre 450 u.Z. machte der christliche Kaiser Justinian aus mehreren erhalten gebliebenen *Isis*-Tempeln christliche Kirchen.
- Um die gleiche Zeit wurde der Parthenon auf der Athener Akropolis, wo seit mykenischen Zeiten Göttinnen verehrt worden waren, in eine christliche Kirche umgewandelt.
- Im 7. Jahrhundert machte Mohammed dem im ganzen Land verbreiteten Kult der Sonnengöttin *Al-Lat* (dem arabischen Gegenstück zu Aschtoret) und der Göttin Al-Uzza ein Ende. Al-Lah bedeutet »Gott«, *Al-Lat* bedeutet »Göttin«.

Mohammed griff das Thema, das die levitischen Priester entfaltet hatten, wieder auf, als er in den Koran schrieb:

Die Männer sind die Verantwortlichen über die Frauen, weil Allah die einen vor den andern ausgezeichnet hat und weil sie von ihrem Vermögen hingeben. Darum sind tugendhafte Frauen die Gehorsamen und die (ihrer Gatten) Geheimnisse mit Allahs Hilfe wahren. (Koran 4,35)

Mohammed erklärte auch: »Als Eva erschaffen wurde, frohlockte Satan.«

Das Alte Testament, das die Entwicklung des Christentums und des Islam stark beeinflußte, entstand in eben jenen Jahrhunderten, in denen männliche Priester die heidnische Verehrung von Göttinnen mit aller Kraft auszumerzen versuchten. Viele seiner Verfasser beteiligten sich tatkräftig an dieser Unterdrückung.

Man muß allerdings einräumen, daß in der Frühzeit des Judentums auch Frauen noch Prophetinnen werden konnten, durch die Gott zu den Menschen sprach. Es gab mehrere solcher Prophetinnen. Aber die wichtigste Rolle der Frau war von nun an die der Gattin und Mutter. Im Tempel und später in der Synagoge durften die Frauen nicht den Gottesdienst leiten und nicht aus der Thora lehren. Noch heute wird vielen jüdischen Männern ein Gebet beigebracht, das sie jeden Tag sprechen sollen: »Gepriesen seist Du, o Herr unser Gott, König der Welt, der du mich nicht zu einer Frau gemacht hast.«

Als die Blütezeit des Christentums im Abendland anbrach, war die Göttin tot, und die Frauen waren sozusagen in die Küche gesperrt – verschleiert, mit Schürze, auf den Knien.

Die Ordination der Frauen: Protestantismus, 20. Jahrhundert

Im Jahre 1994 schloß sich die Kirche von England einer Gruppe von mehr als zehn anderen Kirchen innerhalb der *Anglican Communion*, der Anglikanischen Kirchengemeinschaft, an und gestattete die Ordination von Frauen zum Priesteramt. Das britische Parlament und die Königin bestätigten diesen Beschluß. Die Ordination der ersten zweiunddreißig Frauen fand am 12. März 1994 in der Kathedrale von Bristol statt. Durch weitere Ordinationen erhöhte sich allein in jenem Jahr die Zahl der Priesterinnen in der Kirche von England auf mehr als zwölfhundert.

Es war das gleiche Jahr, in dem Papst Johannes Paul II., der sich doch um eine Aussöhnung mit der anglikanischen Kirche bemüht, verkündete: »Ich erkläre, daß die Kirche keinerlei Amtsgewalt besitzt, Frauen die priesterlichen Weihen zu spenden, und daß dieses Urteil für alle Gläubigen der Kirche verbindlich ist.«

Wie können zwei Konfessionen, die aus den gleichen Wurzeln hervorgegangen sind, die denselben Gott verehren und sich auf die gleiche Heilige Schrift berufen, zu so gegensätzlichen Anschauungen gelangen? Werden sie ihre Meinungsverschiedenheiten jemals überwinden können?

Was das Neue Testament sagt.
Jesus heißt die Frauen in seiner neuen Kirche willkommen. Sie leiten örtliche Gemeinden und wandern als Verkünderinnen des Evangeliums umher. Die Taufe tritt an die Stelle der Beschneidung und wird zum Zeichen dafür, daß Christus Männer und Frauen zur Mitwirkung aufruft.

Aber Widersprüche im Hinblick auf die Gleichberechtigung der Frauen belasten auch das Neue Testament. Johannes (4,1-41) zum Beispiel stellt in der Episode »Jesus und die Samariterin« die Frauen auf eine Stufe mit den Männern; er schätzte die Frauen offenbar.

Paulus schreibt im Gefängnis seinen Brief an die Epheser: »Die Frauen seien untertan ihren Männern als dem Herrn.«

Paulus dagegen, einst ein notorischer Frauenheld, wollte die Frauen auf das Kinderkriegen festlegen. In seinen Episteln gibt er der Frau die Schuld am Sündenfall und behauptet, ihr Heil liege im Gebären. In den Worten des Paulus können wir die Grundlage für die katholische Einstellung zum »schönen Geschlecht« erkennen:

Eine Frau lerne in der Stille mit aller Unterordnung. Einer Frau gestatte ich nicht, daß sie lehre, auch nicht, daß sie sich über den Mann erhebe, sondern sie sei stille. Denn Adam ist am ersten gemacht, danach Eva. Und Adam ward nicht verführt; das Weib aber ward verführt und ist der Übertretung verfallen. Sie wird aber selig werden dadurch, daß sie Kinder zur Welt bringt, wenn sie im Glauben bleiben und in der Liebe und in der Heiligung samt der Zucht. (1. Timotheus 2,11-15)

An anderen Stellen seiner Hirtenbriefe erwähnt Paulus Frauen als Kolleginnen bei der Missionsarbeit und verwendet für Männer und Frauen, die das Evangelium verkünden, die gleichen Bezeichnungen. Paulus, der einst Jude war, hält es sogar für selbstverständlich, daß Gott auch Frauen zu Propheten berufen könnte, wie es im Judentum geschah. (Die Behauptung, das Neue Testament schließe die Frauen als Priester aus, ist schon deshalb falsch, weil es in den Jahren, als die Evangelien geschrieben wurden, ein förmliches Priestertum bei den Christen noch gar nicht gab.) In Wirklichkeit spielten die Frauen in der frühen Kirche eine bedeutende Rolle.

Aber auch im Brief des Paulus an die Epheser lesen wir:

Die Frauen seien untertan ihren Männern als dem Herrn. Denn der Mann ist des Weibes Haupt, gleichwie auch Christus das Haupt ist der Gemeinde … Aber wie nun die Gemeinde ist Christus untertan, so seien es auch die Frauen ihren Männern in allen Dingen. (Epheser 5,22-24)

Die eigentliche Verdrängung der Frauen aus der aktiven Teilnahme am Geschehen in der Kirche erfolgt erst im 3. und 4. Jahrhundert, als eine neue Generation von zölibatären Priestern die Frauen nur noch als Versucherinnen und Auslöser der eigenen Sünden wahrnimmt. Nun tauchen alle möglichen Verbote auf. Frauen dürfen nicht lehren. Frauen dürfen nicht in die Nähe des Altars kommen. Frauen sollen sich in der Kirche still verhalten. Frauen müssen in der Kirche den Kopf bedeckt halten.

Der heilige Johannes Chrysostomos, ein Kirchenlehrer aus dem 5. Jahrhundert, warnte: »Einmal hat die Frau gelehrt und alles verdorben. Deswegen … laßt sie nicht lehren.«

Um die gleiche Zeit behauptete der heilige Augustinus, der Mann, nicht aber die Frau, sei nach dem Bild Gottes geschaffen. Die Frau sei vielmehr *aus* dem Mann geschaffen und daher weniger vollkommen als dieser.

Wenn es in diesen Jahrhunderten ein zentrales Motiv gibt, dann dieses: Frauen sind die Töchter Evas. So schrieb in späterer Zeit der täuferische Theologe Balthasar Hubmaier (ca. 1480-1528): »Adam wußte sehr wohl, daß die Worte der Schlange den Worten Gottes zuwiderliefen. Gegen sein Gewissen willigte Adam ein und aß die Frucht, um seine Rippe, sein Fleisch, Eva nicht zu erzürnen. Lieber hätte er es nicht getan.« Mit anderen Worten: Ohne die Frau würde der Mann seiner natürlichen Neigung zur Tugend folgen. Die Frauen sind es, die die Männer zur Sünde verführen.

Warum nur Männer ordiniert werden.

Papst Paul VI. (1963-78) verkündete: »Die Kirche hält sich nicht für berechtigt, Frauen zur Priesterweihe zuzulassen.« Warum?

Papst Paul erklärte dies so: »Der eigentliche Grund besteht darin, daß Christus, als er der Kirche ihre elementare Verfassung, ihre theologische Lehre vom Menschen, gab, dies so bestimmt hat.« Mit anderen Worten: Christus hat nur Männer zu Aposteln erwählt. So lautet das maßgebliche Argument der katholischen Kirche. Aber als Christus sich nach Aposteln umsah, da fiel seine erste Wahl auf einen verheirateten Mann – der dann sogar auch Papst wurde. Die inneren Widersprüche sind kaum zu übersehen.

In Wirklichkeit läßt sich aus der Heiligen Schrift kein Verbot der Ordination von Frauen ableiten. Andere christliche Konfessionen haben das inzwischen erkannt. So schreibt ein zeitgenössischer Kommentator: »Heute haben verheiratete Männer nichts dagegen einzuwenden, daß ihre Frauen Präsidentinnen, Premierministerinnen, Politikerinnen, Richterinnen, Anwältinnen, Ärztinnen und so weiter sind. Aber Priestern, die im Zölibat leben, ist die Vorstellung immer noch unerträglich, daß ihnen die Frauen, denen sie entsagt haben, ebenbürtig sein könnten.«

Viele Konfessionen ordinieren heutzutage Frauen. Im Jahre 1995 gab es in der anglikanischen Kirche zweitausendzweihundert Priesterinnen und vier weibliche Bischöfe. Im gleichen Jahr bekräftigte Papst Johannes Paul II. die Stellungnahme seines Vorgängers: Nie werde es eine katholische Priesterin geben. Das Oberhaupt der katholischen Kirche machte allerdings ein Zugeständnis: Frauen können dem Priester bei der Meßfeier am Altar jetzt assistieren.

Jeder Papst könnte die Priesterweihe von Frauen jederzeit zulassen. Angesichts des zunehmenden Priestermangels könnte die Ordination von Frauen vielleicht sogar jene geistige Erneuerung und Verjüngung herbeiführen, die die Priesterschaft offenkundig braucht. Aber vielleicht würden sich dann die Frauen bald in so großer Zahl zu Priesterinnen weihen lassen, daß sie binnen weniger Jahrzehnte als Priesterinnen, Bischöfe, Erzbischöfe und Kardinäle die Oberhand gewinnen würden. Vielleicht würde es eines Tages sogar eine Päpstin geben. Die Frauen übernähmen wieder, wie vor 3000 Jahren, die Verantwortung in der Religion. Vielleicht ist es das, was der Heilige Vater vor allem fürchtet: daß die Frauen die Zügel der Religion wieder in ihre Hände nehmen könnten. Aber was wäre so schlimm daran? Vielleicht ist es genau dies, was dem Christentum nottut.

Teil V. Feste und Feiertage

12. Kapitel
Christliche Feste
Aschermittwoch bis Palmsonntag

In der Geschichte der menschlichen Kultur sind immer wieder gewisse Ausnahmetage – heilige Tage – der Feier oder dem Nachvollzug wichtiger religiöser Vorgänge oder Geschehnisse gewidmet worden. Manchmal schwelgen und prassen die Angehörigen einer Religion an solchen Tagen, an anderen läutern sie sich durch Enthaltsamkeit und Fasten.

Die Römer, bekannt für ihre ausschweifenden Gelage, waren tatsächlich eifrige Feierer: Mehr als hundert Tage im Jahr reservierten sie für Feste zu Ehren ihrer verschiedenen Götter und Göttinnen. Von dem Wort, mit dem sie solche Tage bezeichneten: *feriae*, leiten sich nicht nur unsere »Ferien«, sondern auch unsere Wörter »Feier« und »feiern« her. Das Wort »Fest« geht ebenfalls auf ein lateinisches Wort zurück: *festus*, das gleichfalls »Feier-« oder »Festtag« bedeutet.

Manche Gebräuche aus alter Zeit wirken nach heutigen Maßstäben so sonderbar, wie den Völkern der Vergangenheit vielleicht unsere heutigen Sitten erscheinen würden. Bei den Maja in der Ära vor Kolumbus war der erste Monat des neuen Jahres, der Monat »Pop«, eine Zeit der Erneuerung im übertragenen wie im buchstäblichen Sinne: Das Geschirr, die Flechtmatten, die Kleider des alten Jahres wurden zerstört und statt ihrer neue Töpfe getöpfert, neue Matten geflochten und neue Kleider genäht.

Manche Feste dienen der Bekräftigung der eigenen Identität so das Pessachfest der Juden und das Osterfest der Christen. Die Juden besinnen sich an diesem Tag darauf, daß sie dem »Gottesvolk« angehören, das beim Auszug der Israeliten aus Ägypten im 13. Jahrhundert v.u.Z. in den Genuß der befreienden Liebe Jahwes kam. Pessach, das an den Exodus erinnert, und andere jüdische Feste werden im nächsten Kapitel besprochen.

Die Christen ihrerseits besinnen sich an Ostern darauf, daß sie dem »neuen Gottesvolk« angehören, das Christus sich erwählt hat, der gekreuzigt wurde und durch Gott wieder auferstanden ist. Ostern erinnert an die Auferstehung Christi.

Geburt, Pubertät, Hochzeit und Tod – diesen und anderen Anlässen haben die Menschen bestimmte Feiertage gewidmet. Und immer wieder wird der Kalender um neue Festtage erweitert.

In Amerika riefen die frühen Siedler den *Thanksgiving Day* ins Leben, den »Danksagungstag« am vierten Donnerstag im November, da sie während ihres ersten Winters in der Neuen Welt große Not gelitten hatten und erst im Herbst des folgenden Jahres, nachdem die Indianer ihnen gezeigt hatten, wie man Mais anbaut, sicher waren, daß sie den nächsten Winter überstehen würden. Später trugen die Kolonisten, die sich von der britischen Krone befreit hatten, den *Independence Day*, den Unabhängigkeitstag, unter dem Datum des 4. Juli in ihren Kalender ein. Die Schwarzen in Amerika fügten einen Gedenktag für Martin Luther King hinzu. In Israel wird am »Holocaust-Tag« der systematischen Vernichtung der europäischen Juden durch Nazideutschland gedacht. Heute besteht allerdings – nicht nur in Amerika – eine starke Tendenz, das Sakrale und das Säkulare zu vermischen und an Tagen, die ursprünglich der Besinnung gewidmet waren, auf Schnäppchenjagd im Shopping-Center zu gehen oder vor dem Fernseher irgendwelche Sportereignisse zu bejubeln.

In diesem Kapitel soll von den Ursprüngen der wichtigsten Festtage des Christentums und den Geschehnissen, an die sie erinnern, die Rede sein. Dazu muß man allerdings wissen, wie die Kalender der verschiedenen Religionen zustande kamen und wie sie das Jahr gliedern. Das religiöse Jahr der Juden etwa beruht auf dem durch Gott offenbarten Gesetz des Alten Testaments. Der christliche Fest- und Fastenkreis ist dagegen nie mit einer göttlichen Offenbarung begründet worden.

Das christliche Kirchenjahr: nach dem 4. Jahrhundert u.Z.

Das christliche liturgische Jahr ist ein Zyklus von Zeitabschnitten und Tagen, die an Leben, Tod und Auferstehung Jesu Christi und an das tugendhafte Leben seiner wichtigsten Jünger und Gefährten erinnern. Es ist dies aber gewiß nicht der Kalender, nach dem Jesus selbst lebte.

In jungen Jahren war Jesus durch den hebräischen Kalender an das Sabbatgebot und an die Beachtung der Feste und Fastenzeiten gebunden, die vom Alten Testament vorgeschrieben wurden. Obwohl er sich im Laufe der Zeit von einer strengen Befolgung der jüdischen Gebote löste – »Der Sabbat ist um des Menschen willen gemacht, und nicht der Mensch um des Sabbats willen« (Markus 2,27) –, war sein Letztes Abendmahl dennoch ein Pessachmahl. Pessach war das wichtigste Frühlingsfest im Mondkalender der alten nomadischen Israeliten, es wurde beim ersten Vollmond nach der Tagundnachtgleiche im Frühjahr gefeiert.

Das Fest der Auferstehung war das erste Datum im liturgischen Kalender der katholischen Kirche. Maria Magdalena, Salome und Maria, die Mutter des Jakobus, am leeren Grab.

Die Grundidee des liturgischen Jahres ist – bei Christen, Juden und den Angehörigen anderer Religionen – tief verwurzelt in dem uralten Bestreben und der Notwendigkeit, den beiden miteinander zusammenhängenden elementaren Zyklen der Schöpfung selbst zu folgen: erstens den Mondphasen und den Tagundnachtgleichen der Sonne und zweitens der Abfolge der Jahreszeiten für Aussaat und Ernte. Kosmische Gesetze geben uns einen Kalender vor, und das göttliche Gesetz hält sich, wie wir noch sehen werden, ziemlich genau an diesen Kalender.

Während der ersten drei Jahrhunderte des Christentums wurde im wesentlichen nur das Osterfest (Christi glorreiche Auferstehung) gefeiert – in geringerem Maße auch Pfingsten (die Herabkunft des Heiligen Geistes auf die Apostel).

Seit dem 4. Jahrhundert wurde der liturgische Kalender dann zusehends komplexer. Eine der ersten Erweiterungen war die Karwoche: die Festtage, die zum Ostersonntag hinführen, eine Zeit, in der Christus verraten wird, in der er leidet, gekreuzigt wird und stirbt. Weiter unten werden wir auf jeden dieser Festtage näher eingehen.

Ausgehend von Ostern und der Karwoche, erweiterte sich der Kalender um die vorösterliche Fastenzeit und den Aschermittwoch. Etwas später kam dann der Weihnachts- und Epiphanias-Festkreis hinzu, in dessen Mittelpunkt Christi Geburt steht. Er entwickelte sich zu einem zweiten Schwerpunkt, der um eine Phase der Vorbereitung, die Adventszeit, erweitert wurde.

Um noch einmal zusammenzufassen: Den Ausgangspunkt des christlichen liturgischen Kalenders bildet das Fest der Auferstehung, das wichtigste Fest des Christentums; hinzu kamen dann Festtage, die an Ereignisse im Zusammenhang mit Christi Tod erinnern – der österliche Zyklus; und schließlich

Festtage, die an Ereignisse im Zusammenhang mit seiner Geburt erinnern – der weihnachtliche Zyklus. Der Tod hatte im Christentum immer größere Bedeutung als die Geburt. Sehr viel später kamen Festtage hinzu, die der heiligen Jungfrau Maria gewidmet waren: ihrer Unbefleckten Empfängnis (die 1854 zum Dogma erhoben wurde) und ihrer Himmelfahrt (die 1950 zum Dogma erhoben wurde).

Der Sonntag als Tag des Herrn: spätes 1. Jahrhundert u.Z.

Die Israeliten kannten seit langem eine Woche mit sieben Tagen, deren letzter, der Samstag oder Sabbat, ein der Ruhe gewidmeter Festtag war – eine Erinnerung an Gottes Ruhetag nach der Erschaffung der Welt.

Zu Jesu Zeiten war der Sabbat dem hebräischen Jahwe geweiht. Er wurde in hohen Ehren gehalten und war von zahlreichen Bestimmungen darüber, was man an diesem Tag tun durfte und was nicht, umstellt. Es war eben ein wichtiges Kennzeichen des Judentums, »den Sabbat zu heiligen«.

Nach Christi Tod behielten seine Nachfolger die jüdische Siebentagewoche bei, aber gegen Ende der Apostelzeit, also gegen Ende des 1. Jahrhunderts u.Z., als die Zahl der Nichtjuden innerhalb der Kirche die der Juden zu übersteigen begann, machten die Christen den ersten Tag der Woche, den Sonntag, zu ihrem heiligen Tag, an dem sie sich zum Gottesdienst versammelten.

Wie der Sonntag zum »ersten« Tag der Woche wurde, deutet sich in dem Bericht über die Auferstehung im Markus-Evangelium (16,2) an, wo es von den Frauen, die den Leichnam Jesu Christi salben wollten und statt dessen das leere Grab fanden, heißt: »Und sie kamen zum Grabe am ersten Tage der Woche sehr früh ...«

Als »Tag des Herrn« wurde der Sonntag zu einem Symbol, mit dem sich die Christen von den Juden absetzten. Den ersten unmißverständlichen Hinweis in der christlichen Literatur auf den Sonntag als besonderen Tag, mit dem sich das Wort »Herr« verbindet, findet man in der um 95 u.Z. geschriebenen Offenbarung des Johannes (1,10), wo dieser erklärt, wie ihm seine Visionen von der letzten Apokalypse der Welt zuteil wurden: »Der Geist kam über mich an des Herren Tag, und ich hörte hinter mir eine große Stimme wie von einer Posaune ...«

Aber erst als das Christentum in den ersten Jahrzehnten des 4. Jahrhunderts zur Staatsreligion des Römischen Reiches wurde, löste der Tag des Herrn in seiner Bedeutung den Sabbat ab, dessen Feier die Christen fortan ganz den Juden überließen. Damals galt jeder Sonntag als eine wöchentlich wiederkehrende Feier des österlichen Mysteriums von Christi Auferstehung, mit anderen Worten als eine Art Mini-Ostern.

Der astrologische Ursprung des Wortes Sonntag ergibt sich aus seiner lateinischen Herkunft: Der *dies solis*, wörtlich »Tag der Sonne«, war dem römischen Sonnengott gewidmet. Die meisten unserer Wochentage sind, wie wir noch sehen werden, nach heidnischen Göttern benannt.

Ostersonntag: seit dem 2. Jahrhundert u.Z.

Datum:
Der Sonntag nach dem ersten Vollmond, der auf die Tagundnachtgleiche im Frühjahr folgt (immer zwischen dem 22. März und dem 25. April).
Anlaß und Bedeutung: Jesu Christi Auferstehung von den Toten.

Für das Christentum ist Ostern das wichtigste und höchste Fest, weil es an das zentrale Wunder erinnert, auf dem der christliche Glaube gründet. Wäre Christus nicht auferstanden, hätte sich das Christentum nie derartig ausgebreitet, denn der Mensch Jesus hätte nicht gezeigt, daß er der Sohn Gottes ist. Unser Name für dieses Fest geht allerdings auf ein altes heidnisches Frühlingsfest und den Namen einer germanischen Frühlings- und Fruchtbarkeitsgöttin zurück – Eostrae.

Wie kam es zu dieser sonderbaren Verbindung zwischen dem christlichen Hochfest und einer germanischen Göttin?

Die Missionare, die seit dem 2. Jahrhundert den christlichen Glauben in den nördlichen Ländern verbreiteten, stießen dort auf zahlreiche »heidnisch«-religiöse Gebräuche. Statt sie anzugreifen oder abzuschaffen, bemühten sie sich oft mit viel Geschick und Einfallsreichtum, diese tief verwurzelten Bräuche soweit wie möglich aufzugreifen und in Zeremonien umzuformen, die mit den christlichen Lehren in Einklang standen.

Hierfür gab es auch einen praktischen Grund. Bekehrte, die zu einer Zeit, in der die übrigen Stammesangehörigen nichts feierten, an einer christlichen Zeremonie teilnahmen, fielen besonders auf und setzten sich der Gefahr der Verfolgung aus. Wenn jedoch die christliche Feier am gleichen Tag wie irgendein uralter heidnischer Ritus abgehalten wurde und wenn dabei die äußeren Formen nicht allzusehr voneinander abwichen, waren die Bekehrten weniger bedroht und konnten vielleicht sogar neue Gläubige gewinnen.

Den christlichen Missionaren entging nicht, daß das alte Fest der Göttin Eostrae, mit dem der Anbruch des Frühlings begangen wurde, in eben jenen Zeitraum fiel, in dem ihr Glaube die Auferstehung Christi ansiedelte. Deshalb stellten sie die Feier der Auferstehung unter den schützenden Namen der Eostrae, aus dem sich dann das englische Wort *easter* und das deutsche »Ostern« entwickelten.

Ein Symbol der Fruchtbarkeitsgöttin Eostrae (die ihrem Namen nach mit Eos und Aurora, der griechischen bzw. römischen Göttin der Morgenröte verwandt ist) war der fortpflanzungsfreudige Hase. Hier liegt der Ursprung unseres Osterhasen.

Jahrzehntelang wurde Ostern an einem Freitag, einem Samstag oder einem Sonntag gefeiert. Schließlich erließ das von Kaiser Konstantin einberufene Konzil von Nicäa die sogenannte Osterregel: Ihr zufolge sollte Ostern »am ersten Sonntag nach dem ersten Vollmond nach dem Frühjahrsäquinoktium« gefeiert werden. Aus astronomischen Gründen kann Ostern daher nicht auf ein Datum vor dem 22. März oder nach dem 25. April fallen.

Auf dem gleichen Konzil bestimmte Konstantin auch das Kreuz zum offiziellen Symbol des jungen Glaubens.

Aufgrund der großen Bedeutung des Osterfestes kamen die frühen Christen zu der Auffassung, Ostern könne nicht ohne spirituelle Vorbereitung begangen werden. Die Seele sollte durch tagelanges – schließlich vierzig Tage langes – Fasten, Büßen und Beten auf die Feier eingestimmt werden. Dies war die Funktion der Fastenzeit.

Fastenzeit: seit dem 4. Jahrhundert u.Z.

Datum: Die vierzig Tage vor dem Ostersonntag.
Zweck: Vorbereitung auf das Fest der Auferstehung durch Buße.

Als sich der religiöse Eifer der Apostelzeit in der Kirche legte, nahm auch die allgemeine Frömmigkeit ab, und die Bischöfe suchten nach neuen Mitteln und Wegen, um die Menschen zur seelischen Vorbereitung auf Ostern, den Höhepunkt des geistlichen Jahres, zu bewegen.

Viele Christen widmeten schon damals eine gewisse Zeitspanne vor Ostern dem Fasten, Beichten und dem Unterricht derer, die in der Osternacht getauft werden sollten. Aber der zeitliche Rahmen und die Regeln waren nie festgelegt worden. Manche Gemeinden fasteten mehrere Tage, andere mehrere Wochen. Manche fasteten genau vierzig Tage (die Sonntage jeweils ausgenommen) – aus dieser sogenannten *Quadragesima* (lateinisch: »vierzig«) entwickelte sich dann die Fastenzeit.

Die Zahl Vierzig besaß eine tiefe religiöse Bedeutung: Jesus fastete nach seiner Taufe vierzig Tage in der Wüste, bevor er öffentlich zu wirken begann; im Alten Testament verbrachten Moses und Elias vierzig Tage in der Wildnis; die Israeliten waren vierzig Jahre lang auf der Suche nach dem Gelobten Land unterwegs; Jona ließ der Stadt Ninive eine Frist von vierzig Tagen, um Buße zu tun.

So bildete sich um die Mitte des 4. Jahrhunderts eine Fastenzeit von vierzig Tagen heraus, wobei die Sonntage ausgenommen blieben. Eine offizielle Festlegung erfolgte aber erst im 8. Jahrhundert.

Das deutsche Wort »Fasten« geht zurück auf ein germanisches *vasten* oder *fasten* in der Bedeutung von »festhalten«, »beobachten«, »bewachen«, verweist also wahrscheinlich auf das »Festhalten« an den Fastengeboten. Diese konnten durchaus variieren: vierzig Tage lang kein Fleisch; keine Milch und keine Eier; oder nur eine leichte Mahlzeit am Tag.

In der westlichen Kirche beginnt die Fastenzeit heute sechseinhalb Wochen vor Ostern, so daß sich, wenn man die Sonntage abzieht, vierzig Fastentage ergeben. In der Ostkirche jedoch beginnt die Fastenzeit acht Wochen vor Ostern, da nicht nur die Sonntage, sondern auch die Samstage vom Fasten ausgenommen werden. Heute kann das Fasten auch darin bestehen, daß man in dieser Zeit auf Eis oder Schokolade verzichtet – ein symbolisches Fasten.

Aschermittwoch: 6. Jahrhundert u.Z.

Der erste Tag der Fastenzeit war immer ein besonderer Tag, und Aschermittwoch heißt er nach einem alten Brauch: Die Christen treten in der Kirche vor den Altar und lassen sich ein Aschekreuz auf die Stirn zeichnen, das oft eher wie ein grauer Fleck aussieht. Asche ist ein altes Symbol der Reue, und der Priester spricht, während er das Aschekreuz zeichnet, die Worte: »Denn du bist Staub und sollst zu Staub werden.« (1. Mose 3,19) Als Ausdruck der Reue für ihre Sünden tragen die Gläubigen das Zeichen während des ganzen Tages auf der Stirn. Hergestellt wird die Asche aus den geweihten Palmzweigen, die vom Palmsonntag des letzten Jahres übrig geblieben sind. Dieser Fastenbrauch entstand im 6. Jahrhundert während des Pontifikats von Gregor dem Großen.

Das Wort *Mittwoch* (»Mitte der Woche«) sollte die Erinnerung an die heidnischen Gottheiten verdecken, die den Wochentagen in vielen europäischen Sprachen ihre Namen gegeben haben. Im Lateinischen war der Mittwoch der Tag des Götterboten Merkur, *Mercurii dies*, und ist es z.B. im Französischen und Italienischen geblieben: *mercredi* und *mercoledì*. In manchen germanischen Sprachen wurde Merkur gegen den nordischen Kriegsgott Wotan ausgetauscht, so daß der Mittwoch hier zum »Wotanstag« wurde: *wednesday*, im Englischen, *woensdag* im Niederländischen.

Palmsonntag: seit dem 4. Jahrhundert u.Z.

Datum: Der Sonntag vor Ostern.
Anlaß und Bedeutung: Erinnerung an Jesu triumphalen Einzug in Jerusalem.

Der Einzug nach Jerusalem – Palmsonntag.

In der christlichen Kirche wird der ganzen Woche vor Christi Tod und Auferstehung große Bedeutung beigemessen, und jeder Tag wird auf besondere Weise begangen. Am Sonntag vor seiner Auferstehung ritt Jesus unter dem Jubel der Menge, die ihn mit Palmzweigen begrüßte, in Jerusalem ein. Matthäus berichtet (21,8-9):

»Aber viel Volks breitete die Kleider auf den Weg; andere hieben Zweige von den Bäumen und streuten sie auf den Weg. Das Volk aber, das ihm voranging und nachfolgte, schrie und sprach: Hosianna dem Sohn Davids! Gelobt sei der da kommt in dem Namen des Herrn!«

Mit zunehmender Ausbreitung der Sitte, am Palmsonntag Palmzweige zu segnen, mußte man in Ländern, wo keine Palmen wuchsen, für Ersatz sorgen. »Palmzweige« wurden aber auch folgende Substitute genannt: Stechpalme, Wacholder, Weide, Weißtanne, Buchsbaum.

Mit dem Palmsonntag beginnt die Karwoche, auch »Heilige Woche« genannt, in der die Passion Christi liturgisch von Tag zu Tag nachvollzogen wird.

Der Montag der Karwoche. Vierundzwanzig Stunden nach seinem triumphalen Einzug in Jerusalem soll Jesus den Tempel gereinigt haben, indem er die Geldwechsler daraus vertrieb: »Mein Haus soll ein Bethaus sein, ihr aber macht eine Räuberhöhle daraus.« (Matthäus 21,13) Dann predigte er und heilte die Kranken.

Der astrologische Ursprung des Wortes »Montag« wird an seinem lateinischen Namen deutlich: *Lunae dies.* Das deutsche Wort ist eine Lehnübersetzung: »Mond-Tag«.

Der Dienstag der Karwoche. Jesus wandte sich an diesem Tag auf dem Ölberg an seine Jünger, klagte über die bevorstehende Zerstörung Jerusalems und sprach über die Anzeichen für das Kommen Christi und des Weltgerichts. An diesem Tag versuchten die Pharisäer, Jesus eine gotteslästerliche Aussage zu entlocken: »Da gingen die Pharisäer hin und hielten Rat, wie sie ihn fingen in seiner Rede ...« (Matthäus 22,15-21) Auch fiel an diesem Tag das bekannte, von Lukas (20,25) überlieferte Jesus-Wort: »So gebt dem Kaiser, was des Kaisers ist, und Gott, was Gottes ist!«

Im alten Rom war der Dienstag dem Kriegsgott Mars geweiht: *dies Martis.* Der deutsche Dienstag läßt sich auf eine friesisch-römische Inschrift aus dem 3. Jahrhundert zurückführen, in der von einem »Mars Thingsus«, dem »Thingbeschützer«, die Rede ist, dem germanischen Himmelsgott Ziu oder Tiw (vgl. englisch: *tuesday*) oder Tyr, der später zum Kriegsgott wurde und daher mit Mars gleichgesetzt werden konnte.

Der Mittwoch der Karwoche. An diesem Tag erklärte sich Judas Ischariot bereit, den Häschern für dreißig Silberlinge zu zeigen, wo sie Jesus gefangennehmen konnten, ohne im Volk Unruhe zu stiften.

Der Gründonnerstag. Drei Ereignisse von großer Bedeutung folgen an diesem Tag kurz hintereinander: das Letzte Abendmahl mit den Aposteln, Jesu Einsamkeit im Garten Gethsemane und seine Gefangennahme.

Der Name »Gründonnerstag« rührt wahrscheinlich daher, daß es an diesem Tag früher weitverbreitete Sitte war, etwas Grünes, vor allem Grünkohl, zu essen.

Der Gottesdienst ist an diesem Tag voller symbolischer Hinweise auf Christi Gefangennahme und seine Not. Nach der Messe, dem »letzten« Abendmahl bis zur Auferstehungsfeier in der Osternacht, symbolisiert das Löschen der Altarkerzen den Sieg der Mächte der Finsternis. Der Altar wird »entkleidet« und zur Vorbereitung auf die Auferstehung Christi gewaschen. Die geweihten Hostien werden feierlich an den Ort, etwa einen Nebenaltar, übertragen, an dem sie für die Kommunionsspendung am Karfreitag aufbewahrt werden.

Auch das Wort Donnerstag ist eine Lehnübersetzung aus dem Lateinischen: Der *dies Jovis* war dem Jupiter gewidmet, dem der germanische Donnergott Donar gleichgesetzt wurde.

Der Karfreitag. An diesem schwärzesten Tag der Christusgeschichte wird Jesus gegeißelt, muß dann das eigene Kreuz tragen und wird gekreuzigt.

Die Kreuzigung am Karfreitag. kar bedeutete »Wehklage, Trauer«.

In der Bezeichnung »Karfreitag« hat sich ein altes, ansonsten untergegangenes mittelhochdeutsches Substantiv erhalten: *kar* bedeutete »Wehklage, Trauer« und ist mit dem englischen *care*, »Kummer«, »Sorge«, ebenso verwandt wie mit unserem Adjektiv »karg«.

Der Gottesdienst am Karfreitag unterscheidet sich von der gewöhnlichen Messe dadurch, daß keine Eucharistie gefeiert wird. Bei der Kommunion werden die Hostien ausgeteilt, die tags zuvor geweiht wurden. Bei diesem Gottesdienst, der möglichst in der Todesstunde Christi, um drei Uhr nachmittags, gehalten werden soll, meditieren die Christen über die sieben letzten Worte Christi:

1. »Vater, vergib ihnen, denn sie wissen nicht, was sie tun.« (Lukas 23,34)
2. »Wahrlich, ich sage dir: Heute wirst du mit mir im Paradies sein.« (Lukas 23,43)
3. »Weib, siehe, das ist dein Sohn! ... Siehe, das ist deine Mutter!« (Johannes, 19,26-27)
4. »Mein Gott, mein Gott, warum hast du mich verlassen?« (Matthäus 27,46; Markus 15,34)
5. »Mich dürstet!« (Johannes 19,28)

6. »Es ist vollbracht!« (Johannes 19,30)
7. »Vater, ich befehle meinen Geist in deine Hände!« (Lukas 23,46)

Im Lateinischen heißt der Freitag *Veneris dies*, »Tag der Venus« – unser »Freitag« ist eine Lehnübersetzung, hergeleitet aus dem Namen der nordischen Göttin Frija (Freia, Frigga), der Gemahlin Wotans (oder Odins), die die Germanen mit Venus gleichsetzten.

Der Karsamstag. Mit ihm schließen die Karwoche und die vierzigtägige Fastenzeit. Der Karsamstag ist dem Gedächtnis der Grabesruhe Christi gewidmet. An diesem Tag der Trauer und der Ostererwartung bleibt der Altar leer. Die abendliche oder nächtliche Messe mit Auferstehungs- und Tauffeier gehört schon zu Ostern. Dabei wird eine große Osterkerze, in deren Wachs fünf Weihrauchkörner als Symbole der fünf Wunden Christi eingebettet sind, entzündet. Als sichtbares Zeichen des auferstandenen Christus bleibt diese Kerze vierzig Tage auf dem Altar oder in seiner Nähe – bis zum Fest Christi Himmelfahrt.

Christi Himmelfahrt: vielleicht seit 68 u.Z.

Datum: Vierzig Tage nach Ostern.
Anlaß und Bedeutung: Erinnerung an Jesu Aufstieg in den Himmel.

Nachdem Jesus von den Toten auferstanden war, so lesen wir in der Apostelgeschichte (1,3), »hat er sich auch als der Lebendige erzeigt nach seinem Leiden in mancherlei Erweisungen« und erschien seinen Jüngern und »redete mit ihnen vom Reich Gottes«. Am vierzigsten Tag, nachdem er ihnen verheißen hatte: »Ihr werdet aber die Kraft des heiligen Geistes empfangen«, fuhr er zum Himmel auf – »und eine Wolke nahm ihn auf vor ihren Augen weg«.

Deshalb wird seit alters her am vierzigsten Tag nach Ostern (immer ein Donnerstag) in der christlichen Kirche das Himmelfahrtsfest gefeiert. Dem Johannes-Evangelium zufolge scheint sich die in der Auferstehungsepisode geschilderte Verherrlichung Christi schon unmittelbar nach seiner Auferstehung vollzogen zu haben. Und der Bericht im Lukas-Evangelium gleicht zwar in seiner Schilderung dem der Apostelgeschichte, aber von vierzig Tagen ist dort nicht die Rede.

Der Überlieferung zufolge wurde dieser Tag erstmals im Jahre 68 u.Z. begangen, und dreihundert Jahre später behauptete der heilige Augustinus, die Apostel hätten dieses Fest eingeführt. In den liturgischen Kalender wurde es allerdings erst im späten 3. Jahrhundert aufgenommen, und es dauerte weitere hundert Jahre, bis die Himmelfahrt Christi zu einem wichtigen Motiv der christlichen Kunst wurde. Es gab eine Zeit, da hielt es die Kirche aus theologischen Gründen für überflüssig zu betonen, daß Jesus in den Himmel aufgefahren sei – als Teil der Dreifaltigkeit war er selbst der Himmel.

Eine der frühesten bildlichen Darstellungen der Himmelfahrt im Abendland zeigt Jesus, der auf einen Berg gestiegen ist und nach der Hand greift, die ihm Gott aus einer Wolke entgegenstreckt, um ihn himmelwärts zu ziehen. Die versammelten Apostel beobachten die Szene.

Zehn Tage, nachdem Christus aufgefahren war, wurde sein Versprechen, den Aposteln neue Kraft zu verleihen, mit der Herabkunft des Heiligen Geistes eingelöst – das Pfingstwunder.

Pfingsten: seit dem frühen 3. Jahrhundert u.Z.

Datum: Fünfzig Tage nach Ostern.
Anlaß und Bedeutung: Herabkunft des Heiligen Geistes auf die Apostel.

Da der Heilige Geist den Aposteln Kraft und Autorität verlieh und aus zwölf verängstigten Nachfolgern einen Trupp mutiger Prediger machte, gilt Pfingsten auch als der »Geburtstag der Kirche«. Und die Apostelgeschichte (2,1-6) erzählt das Geschehen in dramatischen Einzelheiten:

»Und als der Tag der Pfingsten erfüllt war, waren sie alle beieinander an einem Ort. Und es geschah plötzlich ein Brausen vom Himmel wie eines gewaltigen Windes und erfüllte das ganze Haus, da sie saßen. Und es erschienen ihnen Zungen, zerteilt, wie von Feuer; und er setzte sich auf einen jeglichen unter ihnen, und sie wurden alle voll des heiligen Geistes und fingen an zu predigen in andern Zungen …«

Die Apostel fühlten sich plötzlich so stark, daß sie gleich darauf dreitausend Menschen tauften.

Wie es sich ergab, kam der Heilige Geist ausgerechnet an dem alten jüdischen Fest Schawuot über die Apostel, jenem Fest, das dem Dank für die Erstlingsfrüchte der Weizenernte gewidmet ist. Die Anverwandlung des jüdischen Feiertages durch die christliche Kirche ging wohl auch von der Vorstellung aus, daß die Gaben, die der Heilige Geist den Aposteln spendete, die Erstlingsfrüchte einer neuen Ernte – einer Seelenernte – waren. Schawuot wird sieben Wochen nach dem Pessachfest gefeiert, so wie Pfingsten fünfzig Tage nach Ostern. Das Wort »Pfingsten« geht auf das griechische *pentekoste (hemera)*, »der fünfzigste (Tag)« zurück. (Noch deutlicher ist dieser Ursprung im englischen *Pentecost* und im französischen *Pentecôte* erkennbar.)

Wann das christliche Pfingstfest zum erstenmal gefeiert wurde, ist ungewiß. In einem Werk aus dem 2. Jahrhundert, der *Epistola Apostolorum,* wird es erwähnt, später dann auch von den Kirchenschriftstellern und Theologen Origenes und Tertullian. Mit Sicherheit war es als Feiertag im 3. Jahrhundert allgemein anerkannt.

Pfingstkirchen.
Diese Gruppe protestantischer Kirchen entstand im 19. Jahrhundert und lehrte, daß alle Christen eine zweite Bekehrung, eine religiöse Erweckung, eine »Geisttaufe«, anstreben sollten. Die Angehörigen der Pfingstkirchen behaupten, daß ein so getaufter Gläubiger einige der übernatürlichen Gaben erlangen kann, von denen wir aus der Frühzeit der Kirche wissen: die Prophetengabe, die Kraft zu heilen, die Fähigkeit des »Zungenredens« und die Fähigkeit, den, der in Zungen redet, zu verstehen. Die aus der Hippie-Kultur der späten sechziger Jahre hervorgegangene Bewegung der »Jesus-People« wies manche Ähnlichkeiten und Nähen zu den Pfingstkirchen auf.

Mariä Himmelfahrt: nach 431 u.Z.

Datum: 15. August.
Anlaß und Bedeutung: Aufnahme der Heiligen Jungfrau Maria mit Leib und Seele in den Himmel.

Erst seit dem 1. November 1950 ist es ein Glaubensdogma für Katholiken, daß Maria, die Mutter Jesu Christi, mit Leib und Seele in der Stunde ihres Todes in den Himmel aufgenommen wurde und auf diese Weise dem körperlichen Zerfall entging. Die bildlichen Vorstellungen, die die Himmelfahrt Marias umgeben, weisen deutliche Parallelen zu denen von Christi Himmelfahrt auf. Aber nur im Deutschen wird für beide Ereignisse das gleiche Wort, »Himmelfahrt«, verwendet. Andere Sprachen, die sich an den lateinischen Begriffen orientieren, unterscheiden klar zwischen *ascensio* und *assumptio*, also zwischen Christi »Aufstieg« und Mariä »Aufnahme« in den Himmel.

Mariä Himmelfahrt wurde in der Kirche seit dem 5. Jahrhundert gefeiert, aber vor Pius XII. hatte noch kein Papst sie zum Dogma erhoben. Mariä Himmelfahrt wird im Neuen Testament nicht ausdrücklich erwähnt, aber auch vor Pius XII. hatten die Päpste schon Passagen ausfindig gemacht, die eine solche Lehre zu stützen vermochten – als Verherrlichung der Person Marias und als Ausblick auf den von Gott verheißenen Jüngsten Tag für die übrige Menschheit.

Pius formulierte das neue Dogma auch deshalb, weil der Glaube an die Aufnahme Marias in den Himmel in der Laienschaft und beim Klerus weit verbreitet war. Für die orthodoxe Kirche des Ostens ist sie jedoch keine offenbarte Lehre und hat sich auch als Hindernis für den ökumenischen Dialog zwischen Rom und vielen protestantischen Kirchen erwiesen.

Seinen Namen »Assumptio« bekam das im byzantinischen Reich entstandene Fest erst um das Jahr 630 u.Z. Vorher sprach man von »dormitio«: Maria sei an ihrem Lebensende »entschlafen«, womit sich reichlich Raum für Debatten über die Frage auftat, ob sie tatsächlich gestorben oder ob der leibliche Tod ihr erspart geblieben sei. Eine Legende erzählt, bei ihrem Hinscheiden sei Marias Leib von einer Wolke nach Jerusalem befördert worden, und der Erzengel Gabriel habe unter den Augen der Apostel ihre Seele in den Himmel getragen.

Der heilige Johannes selbst erzählt die bekannteste Version der Geschichte von Mariä Himmelfahrt. Als die Mutter von Jesus Christus dreiundsiebzig Jahre alt gewesen sei und im Sterben lag, sei die Nachricht über ihren Zustand zu den Aposteln gelangt, die sich in alle Welt zerstreut hatten, um das Evangelium zu predigen. Alle eilten zurück und wurden Zeugen von Marias friedlichem Hinscheiden – es fehlte nur der heilige Thomas (der auch schon das erste Erscheinen des auferstandenen Christus vor seinen Aposteln verpaßt hatte). Als er schließlich eintraf, bat er, noch einen Blick auf den Leichnam Marias werfen zu dürfen, doch als man das Grab öffnete, war sie verschwunden – die Himmelfahrt hatte schon stattgefunden.

Das Dogma von Pius XII. aus dem Jahre 1950, das in der apostolischen Konstitution *Munificentissimus Deus* niedergelegt ist, beruht allerdings nicht auf Legenden; statt dessen führten die Theologen verschiedene Stellen aus dem Neuen Testament an, um seine Stichhaltigkeit zu begründen. Ausführlicher wird der Ursprung dieses Dogmas weiter unten im Kapitel »Die Jungfräulichkeit der Jungfrau« erörtert.

Mariä Unbefleckte Empfängnis: nach 431 u.Z.

Datum: 8. Dezember.
Anlaß und Bedeutung: Erinnerung daran, daß die Mutter Christi ohne den Makel der Erbsünde geboren wurde.

Dieses katholische Dogma besagt, daß Maria, die Mutter Jesu, insofern einzig dasteht, als unter allen Menschen nur sie ohne den Makel der Sünde Adams gezeugt wurde. Sie wurde geboren, ohne daß sinnliche Begierde ins Spiel gekommen wäre, und war nie versucht, zu sündigen.

Obwohl man später verschiedene Texte aus dem Alten und dem Neuen Testament zum Beleg dieser Doktrin angeführt hat, entwickelte sie sich in der östlichen Kirche doch erst, nachdem Maria auf dem Konzil von Ephesus im Jahre 431 feierlich zur Mutter Gottes erklärt worden war. Die meisten Theologen, die Marias besondere Heiligkeit bereitwillig anerkannten, waren der Ansicht, wer Gott so nahe sei, könne niemals gesündigt haben.

Nicht alle waren einverstanden. Bedeutende Theologen wie der heilige Thomas von Aquin und der heilige Bonaventura lehnten die Vorstellung von Marias angeborener Sündelosigkeit ab und beriefen sich dabei auf den Brief des Paulus an die Römer, in dem es heißt, daß ausnahmslos alle Menschen in Adam gesündigt haben. Wenig später wandte sich der franziskanische Theologe Johannes Duns Scotus gegen ihre These und erklärte, Maria sei die erlösende Gnade Christi zuteil geworden, damit die Sünde ihre Seele nicht erreiche, und durch diese besondere Einwirkung sei es in ihrem und nur in ihrem Fall zu einer vollkommenen Tilgung der Sünde gekommen. Marias Vorrangstellung verdankt sich also der Gnade Gottes und nicht einem persönlichen Verdienst.

Diese Auffassung setzte sich bei den Päpsten im Laufe der Zeit durch. Vor allem Sixtus IV. vertrat sie im späten 15. Jahrhundert mit Nachdruck. Aber erst am 8. Dezember 1854 erklärte Papst Pius IX. auf Drängen einer Mehrheit katholischer Bischöfe in der ganzen Welt mit seiner Bulle *Ineffabilis Deus* feierlich, diese Lehre sei von Gott offenbart worden und müsse deshalb von allen Katholiken als Dogma geglaubt werden. (Ausführlicher hierzu das Kapitel »Die Jungfräulichkeit der Jungfrau« weiter unten.)

Jahre später, im Sommer 1870, gab derselbe Papst die berüchtigte und heftig umstrittene Bulle über die päpstliche Unfehlbarkeit heraus. Im Grunde war das Dogma von der Unbefleckten Empfängnis für Pius IX. eine Art Versuchsballon, um festzustellen, wie die sehr viel kühnere These, daß der Papst nicht irren könne, aufgenommen werden würde. (Ausführlicher hierzu das Kapitel »Päpstliche Unfehlbarkeit«.)

Ursprung der Mariologie.
Es ist bemerkenswert, daß alle wichtigen Marienfeste, die mit der *Inkarnation* Marias, ihrer »Fleischwerdung«, zusammenhängen, im Osten nach dem dritten ökumenischen Konzil von Ephesus im Jahre 431 u.Z. entstanden, auf dem Maria als *Theotokos*, als »Gottesgebärerin«, bezeichnet wurde.

Die Mariologie, die theologische Beschäftigung mit der Gestalt der Heiligen Jungfrau, begann mit diesem Konzil. Seither gewann die nunmehr offiziell als »Gottesgebärerin« anerkannte Muttergottes in der Kirche eine immer größere Bedeutung – die schließlich zur Vertiefung der Kluft zwischen Protestanten und Katholiken beitrug. Die Mariologie wird weiter unten in den beiden Kapiteln »Die Jungfräulichkeit der Jungfrau« und »Marienvisionen« eingehend erörtert.

Zum Kreis der Marienfeste gehören außerdem: Mariä Geburt (8. September); Mariä Reinigung, das Fest der Darstellung des Herrn (2. Februar), es wird mit einer Kerzenprozession begangen, daher auch »Mariä Lichtmeß«; Mariä Verkündigung (25. März); Mariä Heimsuchung (2. Juli) und Mariä Himmelfahrt (15. August).

Weihnachten: seit dem 4. Jahrhundert

Datum: 25. Dezember.
Anlaß und Bedeutung: Fest der Geburt Christi.

Der biblische Bericht von Jesu Geburt nennt kein Datum – wahrscheinlich jedoch fiel sie eher ins Frühjahr als in den Winter. Lukas schreibt nämlich in seinem Evangelium (2,8): »... und es waren Hirten in derselben Gegend auf dem Felde bei den Hürden, die hüteten des Nachts ihre Schafe«. Tagsüber und nachts hüteten die Schafhirten ihre Herden aber nur in der Zeit des Lammens, im Frühjahr; im Winter blieben die Tiere in ihren Hürden unbewacht.

Die Idee, die Geburt des Herrn am 25. Dezember zu feiern, kam im frühen 4. Jahrhundert auf – ein geschickter Schachzug der Kirchenväter, die die Festlichkeiten einer rivalisierenden heidnischen Religion in den Schatten stellen wollten, die des Mithras-Kultes, der damals eine ernste Bedrohung für den Fortbestand des Christentums war.

Das christliche Weihnachten stand anfänglich in Konkurrenz zu einem heidnischen Sonnenfest.

Man muß sich vor Augen halten, daß in den ersten zweihundert Jahren nach der Geburt Christi niemand das genaue Datum seiner Geburt kannte und daß sich auch kaum jemand für diese Frage interessierte. Geburtstage waren bedeutungslos – es zählten die Todestage. Außerdem war Christus ein göttliches Wesen, und seine natürliche Geburt wurde absichtlich heruntergespielt. Gelegentlich ließ die Kirche sogar verlauten, es sei sündhaft, Christi Geburt zu feiern, »als wäre er ein König Pharao«.

Nun feierten die heidnischen Römer, die noch in der Mehrheit waren, am 25. Dezember *Natalis Solis Invicti*, den »Geburtstag des unbesiegbaren Sonnengottes« Mithras. Der Mithras-Kult stammte aus Persien und faßte im Laufe des 1. Jahrhunderts v.u.Z. in der römischen Welt Fuß. Er wurde bei den Volksmassen so populär, daß Kaiser Aurelian den Mithraismus im Jahre 274 u.Z. zur Staatsreligion erklärte. In den ersten Jahren des 4. Jahrhunderts bedrohte dieser Kult ernsthaft das Christentum – eine Zeitlang war nicht klar, welche Religion die Oberhand gewinnen würde.

Die Kirchenväter berieten darüber, was zu tun sei.

Es war bekannt, daß die Patrizier ebenso wie die Plebejer in Rom ausgedehnte Feste sehr schätzten. Die Kirche brauchte ein Fest, das in den Dezember fiel.

Um also den Bekehrten Gelegenheit zu einer Feier zu geben, die sie voller Stolz begehen konnten, erkannte die Kirche Christi Geburt als Festtag an und suchte auch sogleich die direkte Konkurrenz zu dem populären Fest der Sonnenanbeter, indem sie ihren neuen Feiertag auf eben jenen 25. Dezember legte. Um 320 schrieb ein Theologe: »Wir halten diesen Tag heilig, nicht wie die Heiden, wegen der Geburt der Sonne, sondern um dessentwillen, der die Sonne gemacht hat.«

Das Weihnachtsfest setzte sich im Abendland endgültig im Jahre 337 durch, als der Kaiser Konstantin getauft wurde und Krone und Kirche zum erstenmal vereint waren. Das Christentum war schon 313 Staatsreligion geworden, und 354 bekräftigte Bischof Liberius von Rom, wie wichtig es sei, nicht nur Christi Tod, sondern auch seine Geburt zu feiern.

Der heilige Franziskus von Assisi machte mit seiner Weihnachtsfeier im italienischen Greccio 1223 die Weihnachtskrippe populär. Zur Darstellung der Geburtsszene nahm er hölzerne Figuren von Maria, Joseph, dem Kind, den Schafen und den Hirten und stiftete damit eine Tradition, die noch heute weit verbreitet ist.

Die Zeit vor Weihnachten, beginnend mit dem Sonntag, der dem 30. November am nächsten ist, wird Advent genannt, von lateinisch *adventus*, »Ankunft, Kommen«. Die Adventszeit wird seit dem späten 4. Jahrhundert begangen – früher mit strengem Fasten, Gebet und Meditation, heute mit Weihnachtsfeiern und Einkaufsstreß.

Erscheinung des Herrn, Epiphanias, Dreikönigstag: seit dem 2. Jahrhundert u.Z.

Datum: 6. Januar.
Anlaß und Bedeutung: Jesu erstes Sichtbarwerden für die Ungläubigen.

Der Epiphanientag (von griechisch *epiphaneia,* »Manifestation«, »Erscheinung«) gehört neben Ostern und Weihnachten zu den drei ältesten und wichtigsten Festen der christlichen Kirche. Seine Bedeutung ergibt sich daraus, daß er an drei »erste Male« in Christi Leben erinnert: an den Besuch der Weisen aus dem Morgenland, an Christi Taufe im Jordan und sein erstes Wunder bei der Hochzeit von Kana. Von diesen Ereignissen hieß es, sie hätten zweierlei gemeinsam: Mit allen sei ein Eingreifen Gottes verbunden gewesen, und alle hätten sich am gleichen Tag, am 6. Januar, zugetragen, wenn auch in verschiedenen Jahren.

Der Besuch der Weisen.

Das Fest der Erscheinung des Herrn erinnert daran, wie Jesus Christus zum erstenmal für die Ungläubigen als Gott sichtbar wurde – für die Weisen, die ihn im Stall zu Bethlehem besuchten. Matthäus (2,10-11) schreibt: »Da sie den Stern sahen, wurden sie hoch erfreut … und taten ihre Schätze auf und schenkten ihm Gold, Weihrauch und Myrrhe.«

Indem sich das Jesuskind den Weisen aus dem Morgenland zeigt, bekräftigt es, daß sich die göttliche Erlösung auch auf die Heiden erstreckt. Die Bibel nennt uns ihre Namen nicht, sie weiß auch nichts von »drei« Besuchern, geschweige denn von drei »Königen«; nach den Quellen könnten es auch zwei Besucher oder zwölf gewesen sein; die Zahl Drei hat man wohl aus der Anzahl der Gaben abgeleitet, die sie dem Kind überbrachten – Gold als traditioneller Tribut an den Herrscher verweist auf Christus, den König; Weihrauch als Element der Verehrung verweist auf Christus, den Gott; und Myrrhe verweist auf den Tod, auf den sich opfernden Christus.

Die Weisen aus dem Morgenland, geleitet von dem Stern, den sie im Osten sahen.

Erst um das 9. Jahrhundert wurde es üblich, den Weisen Namen beizugeben: Kaspar, König von Tarsus; Melchior, König von Arabien; und Balthasar, König von Scheba.

Christi Taufe.

Epiphanias erinnert auch an die erste Manifestation der Göttlichkeit Christi bei seiner Taufe im Jordan. Nachdem Jesus das Sakrament von Johannes dem Täufer empfangen hatte, tat sich der Himmel auf: »...und er sah den Geist Gottes wie eine Taube herabfahren und über sich kommen. Und siehe, eine Stimme vom Himmel herab sprach: ›Dies ist mein lieber Sohn, an welchem ich Wohlgefallen habe‹«. (Matthäus 3,16-17)

Das Epiphanienfest entstand im Osten und erinnerte zunächst an Christi Geburt; später wurde an diesem Tag, der nun »Jordan-Fest« genannt wurde, vor allem seine Taufe gefeiert. Wegen außergewöhnlicher Lichterscheinungen, die bei Christi Taufe aufgetreten sein sollen, nannte man diesen Tag auch »Lichterfest«.

Das Wunder von Kana.

Epiphanias feiert auch das erste Wunder, das Christus tat – die Verwandlung von Wasser in Wein bei der Hochzeit in Kana im Lande Galiläa. Dies war die erste öffentliche Manifestation seiner himmlischen Kraft.

Warum wurden diese Ereignisse oder Epiphanien, die, wie gesagt, nirgendwo in der Bibel mit einem Datum versehen sind, auf den 6. Januar gelegt?

Der erste Hinweis auf Epiphanias findet sich in den *Stomata* des Clemens von Alexandria, verfaßt gegen Ende des 2. Jahrhunderts. Er berichtet, daß manche Christen in Alexandria die Taufe Jesu am 6. Januar feierten – vielleicht weil an diesem Tag seit alters her ein wichtiges heidnisches Fest in Alexandria und seiner Umgebung gefeiert wurde, das überraschende Ähnlichkeiten mit dem Fest von Christi Geburt aufwies: die Geburt eines neuen Gottes (Aeon oder »Zeitalter«) aus den Lenden einer Jungfrau (Kore) zu einer Zeit, da ein Stern am Himmel aufstieg.

Während die Sonnenwende den Nil über die Ufer treten ließ, bewirkte die heilige Geburt, daß sich das Wasser in den königlichen und den öffentlichen Brunnen in Wein verwandelte. Auch hier also wieder die Praxis, die uns schon mehrfach begegnet ist: Die bekehrten Christen übernehmen die Daten alter heidnischer Festtage und feiern an ihnen ihre neuen Feste.

Reformationstag: seit dem frühen 16. Jahrhundert

Datum: 31. Oktober.
Anlaß und Bedeutung: Martin Luther bricht mit der katholischen Kirche.

Der Reformationstag erinnert an den kühnen Protest, den Martin Luther am 31. Oktober 1517 formulierte. An diesem Tag schlug der Mönch, der die katholische Priesterweihe empfangen hatte und an der Universität von Wittenberg Philosophie und Theologie lehrte, an der Tür der Wittenberger Schloßkirche seine »Fünfundneunzig Thesen« an – und löste damit unverhofft eine Reformbewegung aus, die sich wie ein Flächenbrand über weite Teile Europas ausbreitete.

Luther wollte den Bruch mit Rom nicht, aber ihn stießen einige Gebräuche ab, die in den Jahren zuvor immer stärker in den Vordergrund getreten waren, vor allem der Verkauf von Ablässen, mit denen die Menschen glaubten, sich gegen Geld von ihrer Sündenstrafe loskaufen zu können . Als Papst Leo X. begann, die Einnahmen aus dem schwunghaften Ablaßhandel für die Vergrößerung der Peterskirche in Rom zu verwenden, empörte sich Luther und sah sich genötigt, seine fünfundneunzig Thesen aufzustellen.

Nicht ohne Vorbedacht brachte er seine Beschwerde an einem 31. Oktober unter die Leute. Ende Oktober kamen wegen des bevorstehenden *Allerheiligenfestes* (1. November) zahlreiche Pilger in die Stadt: Luther hoffte, unter ihnen würdige Gegner für eine Debatte und vor allem ein großes Publikum für seine Klagen zu finden.

Papst Leo X. (1513–21) verkaufte Ablässe, um den Ausbau der Peterskirche in Rom zu finanzieren.

Das Ergebnis übertraf alle seine Erwartungen. Niemand in Wittenberg ließ sich auf einen Streit mit Luther ein. Vielmehr stimmten ihm so viele Menschen aus ganzem Herzen zu, daß sich seine Reformideen in kurzer Zeit in ganz Nordeuropa verbreiteten. Bald war der halbe Kontinent in eine heftige Kontroverse verwickelt.

Andere »Reformatoren« traten auf – Johannes Calvin in Frankreich und später in Genf, Ulrich Zwingli ebenfalls in der Schweiz, John Knox in Schottland –, und viele Christen brachen mit der römischen Kirche, um eigene, unabhängige Religionsgemeinschaften zu gründen.

Dies war nicht die erste Spaltung der Christenheit. Fünfhundert Jahre zuvor, im Jahre 1054, waren der römische Papst und der Patriarch von Konstantinopel getrennte Wege gegangen, und als sich Antiochia, Alexandria und Jerusalem auf die Seite Konstantinopels stellten, kam es zum Schisma, zur Spaltung zwischen Ost- und Westkirche. Die von Luther ausgelöste protestantische Reformation war jedoch mehr als ein theologischer Streit zwischen Kirchenführern – sie war ein Aufstand der Gläubigen, die die Kirchen Europas füllten, ein Erdbeben, das die Kirche bis in ihre Fundamente erschütterte.

13. Kapitel
Jüdische Festtage
Pessach bis Chanukka

Das religiöse Jahr bei den Juden: Zeit des Alten Testaments

Unsere aus sechs Werktagen und einem Ruhetag bestehende Woche geht, wie zahlreiche christliche und islamische Feste, auf den religiösen Kalender der Juden zurück.

Der jüdische Kalender ist »lunisolar« – das heißt, er orientiert sich an der astronomischen Position sowohl des Mondes als auch der Sonne. Infolgedessen fallen die jährlich wiederkehrenden jüdischen Feste von Jahr zu Jahr auf unterschiedliche Wochentage – es handelt sich also um »bewegliche Feste« –, obwohl jedem Fest innerhalb des jeweiligen Monats ein fester Platz zukommt. Hier zunächst die Monate des jüdischen Kalenders und die ihnen ungefähr entsprechenden Abschnitte im Gregorianischen Kalender:

1. Tischri, der siebte Monat nach dem alten hebräischen Kalender, September/Oktober, mit den Festen Rosch Haschana (am 1.), Jom Kippur (am 10.) und Sukkot (vom 15. bis zum 21.)
2. Marcheschwan (auch Cheschwan), der achte hebräische Monat, Oktober/November.
3. Kislew, der neunte hebräische Monat, November/Dezember, mit dem Beginn des Chanukkafestes (am 25.)
4. Tewet, der zehnte hebräische Monat, Dezember/Januar, in dem Chanukka endet.
5. Schewat, der elfte hebräische Monat, Januar/Februar.
6. Adar, der zwölfte hebräische Monat, Februar/März, mit Purim (am 14.)
7. Nissan, der erste hebräische Monat, März/April, mit Pessach (vom 15. bis 22.)
8. Ijjar, der zweite hebräische Monat, April/Mai.
9. Siwan, der dritte hebräische Monat, Mai/Juni, mit Schawuot, dem jüdischen Pfingstfest (am 6.)
10. Tammus, der vierte hebräische Monat, Juni/Juli.
11. Aw, der fünfte hebräische Monat, Juli/August, mit dem Tag des Gedenkens an die Zerstörung des Tempels (am 9.)
12. Elul, der sechste hebräische Monat, August/September.

Außerdem haben die Juden einen dreizehnten Monat, den Schaltmonat Adar Scheni. Seit dem 4. Jahrhundert u.Z. wird dieser Monat innerhalb eines Zyklus von neunzehn Jahren nach einem bestimmten Schema insgesamt siebenmal eingeschaltet.

Sabbat – Ruhetag: 2. Buch Mose, etwa 1400 v.u.Z.

Der jüdische Sabbat – von hebräisch *schawat* = »ruhen« – wird das ganze Jahr hindurch am siebten Tag der Woche, am Samstag, gefeiert. Er erinnert an jenen »ersten« siebten Tag, an dem Gott ausruhte, nachdem er die Welt erschaffen hatte.

Der Sabbat ist der einzige jüdische Festtag, dessen Einhaltung von den Zehn Geboten gefordert wird. Sein biblischer Ursprung ist das zweite Buch Mose (20,8): »Gedenke des Sabbattages, daß du ihn heiligst.« Zu Beginn der Genesis hatte Gott den siebten Tag gesegnet und geheiligt (1. Mose 2,3).

Interessanterweise hat man keine andere Kultur finden können, die einen solchen geheiligten »Ruhetag« kennt. Wie es scheint, ist die Idee eines heiligen Tages der Entspannung, der Gott mit seinem Volk verbindet und alle sieben Tage wiederkehrt, tatsächlich im alten Israel entstanden. Andere Ruhetage, wie der christliche Sonntag und der islamische Freitag, gehen direkt auf diesen Luxus zurück, den sich die Juden allwöchentlich gönnten.

Die religiöse Bedeutung des Sabbats für das Judentum wird in der talmudischen Literatur und in Volkslegenden immer wieder deutlich. »Wenn du das jüdische Volk zerstören willst, nehme ihm zunächst seinen Sabbat« oder »Mehr als Israel den Sabbat hielt, hielt der Sabbat Israel.«

Man hat gesagt, daß der Tag des Ausruhens von *jeglicher* Arbeit – die talmudischen Rabbiner führten neununddreißig Kategorien von Arbeit an, die an diesem Tag untersagt waren: Feldarbeit, Handwerk, Bautätigkeit usw. – das jüdische Volk wenigstens einmal in der Woche dazu nötigte, sich auf geistige Betätigung und spirituelle Erneuerung zu konzentrieren. Der Ruhetag verstrich nicht in fauler Muße, sondern war nach den strengen Vorschriften der Rabbiner ein Tag der Einkehr und Erbauung. So wurde eine Tradition der Gelehrsamkeit und Meditation begründet, deren Wert und Wirkung sich als unschätzbar erwiesen haben.

Der Sabbat ist ein »weiblicher« Tag, er wird als Braut versinnbildlicht, deren Bräutigam nach der Genesis »die Gemeinde Israel« ist. Der Sabbat, eine Braut, die allwöchentlich von neuem ihren Bräutigam erwartet, beginnt am Freitagabend eine Stunde vor Sonnenuntergang. Als die Christen im 4. Jahrhundert den Sonntag zu ihrem Ruhetag machten, begann dieser interessanterweise ebenfalls eine Stunde vor Sonnenuntergang am Samstag – im Anschluß an die semitische Praxis, während für die Römer ein neuer Tag immer um Mitternacht begann.

Pessach oder Passah: der Überlieferung zufolge seit 1400 v.u.Z.

Datum: Beginnt am Vorabend des 15. Nissan (März/April) und dauert sieben Tage (für reformierte Gemeinden und israelische Juden) oder acht Tage (für orthodoxe und konservative Juden).
Anlaß und Bedeutung: Erinnerung an den Auszug der Israeliten aus der ägyptischen Knechtschaft.

Seit die Juden vor mehr als dreitausend Jahren der ägyptischen Knechtschaft entronnen sind, heißt das jüdische Pessachfest auch »Fest der Befreiung«. Es gilt als der »Unabhängigkeitstag« der Israeliten, als der eigentliche Beginn der Nation und der religiösen Gemeinschaft Israel.

Die Einsetzung des Festes steht in Verbindung mit der zehnten und letzten der Plagen, die Gott über Ägypten brachte – der Tötung aller Erstgeborenen. Die Juden sollten die Türpfosten ihrer Häuser mit dem Blut der Lämmer bezeichnen, die sie an diesem Abend aßen:

»Wo ich das Blut sehe, will ich an euch vorübergehen, und die Plage soll euch nicht widerfahren, die das Verderben bringt, wenn ich Ägypten schlage. Ihr sollt diesen Tag als Gedenktag haben und sollt ihn feiern als ein Fest für den Herrn, ihr und alle eure Nachkommen, als ewige Ordnung.« (2. Mose 12,13-14)

Die Israeliten sollten das Lamm *(pessach)* über dem Feuer braten und zusammen mit bitteren Kräutern *(maror)* und ungesäuertem Brot *(mazza)* essen. Wenn Fleisch übrigblieb, sollte es im Feuer verbrannt und nicht aufbewahrt werden. Es war die letzte Mahlzeit der Israeliten in Ägypten vor ihrer Erlösung aus der Sklaverei. Jede Familie vollzieht bei der eigenen alljährlichen Pessachmahlzeit dieses erste Pessach symbolisch nach.

Obwohl dieser »Gedenktag« ein Freudenfest ist, müssen strenge Speisevorschriften eingehalten werden, die sich vor allem gegen den Genuß von

Sauerteig richten. Außerdem darf am ersten und letzten Tag des Pessachfestes (wie an allen heiligen Tagen) nicht gearbeitet werden.

So wie die Auferstehung als zentrales Ereignis des Christentums betrachtet wird, wird mit dem Pessachfest das Schlüsselereignis der jüdischen Geschichte begangen – ohne den Auszug aus Ägypten wären die Juden nicht zu dem Volk geworden, das sie dann wurden. Zwischen beiden Ereignissen besteht eine symbolische Beziehung, insofern Jesu Christi Letztes Abendmahl ein Pessachmahl war.

Uralte Wurzeln.
Schon vor dem Auszug aus Ägypten, als die Juden noch nomadische Hirten in der Wüste waren, feierten sie ein Frühjahrsfest. Zum Neubeginn des Wachstumszyklus der Natur opferten sie ein Lamm (oder eine Ziege) und aßen dazu nur ungesäuertes Brot und bittere Kräuter. Vielleicht ist dies der ältere und eigentliche Ursprung des Festes, das dann später Pessach genannt wurde. Ein uralter Ritus bekam im 2. Buch Mose eine neue Bedeutung und wurde in die Saga vom Auszug aus Ägypten einbezogen.

Jahrhundertelang, bis zu den Reformen des Königs Josia, wurde Pessach nicht gemäß den Vorschriften der Thora gefeiert. Nach der Errichtung des Zweiten Tempels im 6. Jahrhundert v.u.Z. wurde der Ritus neu belebt und bekam eine neue Bedeutung, entsprechend den Worten in 2. Mose 13,8: »Ihr sollt euren Söhnen sagen an demselben Tag: Das halten wir um dessentwillen, was uns der Herr getan hat, als wir aus Ägypten zogen.« Die Unterweisung über die Bedeutung des Pessachfestes und seine Beziehung zum Exodus sollte beim Seder erfolgen.

Seder.
Der Seder – hebräisch für »Ordnung« – soll die Geschichte vom Auszug aus Ägypten lebendig erhalten. Die Weitergabe des Berichts von einer Generation zur nächsten, im einzelnen festgelegt in der sogenannten Haggada (hebräisch: »Erzählung«), findet in Form eines häuslichen Ritus am ersten Abend (oder den beiden ersten Abenden) des Pessachfestes am Eßtisch statt.

Traditionell stellt das jüngste Kind am Tisch vier Fragen, denen eine einleitende Frage vorangeht, die vom Hausherren beantwortet werden:

Einleitung:
Warum unterscheidet sich diese Nacht von allen anderen Nächten?

Die vier Fragen:
(1.) Warum essen wir nur ungesäuertes Brot? (2.) Warum essen wir Bitterkräuter? (3.) Warum tauchen wir die Bitterkräuter zweimal feierlich ein? (4.) Warum essen wir in zurückgelehnter Haltung?

Es ist nicht sicher, wann der erste »moderne« Seder abgehalten wurde, man nimmt aber an, daß Rabbi Gamaliel II. diese Tradition gegen Ende des 1. Jahrhunderts u.Z. begründete. Von ihm stammt die Ermahnung: »Wer diese drei Wörter an Pessach nicht erklärt hat, der hat seine Pflicht nicht getan: *pessach, mazza, maror*« – Lamm, ungesäuertes Brot, Bitterkraut.

Die Seder-Schüssel. Das Wort »seder« bedeutet »Ordnung«. Das Pessachfest ist der Erinnerung an den Auszug der Juden aus Ägypten gewidmet.

Wie Schawuot (das Wochenfest, das jüdische Pfingsten) und Sukkot (das Laubhüttenfest) ist Pessach ein sogenanntes Wallfahrtsfest, also eines jener Feste, an denen die männlichen Israeliten nach Jerusalem gehen sollten, um im Tempel zu opfern und Feldfrüchte als Opfergaben darzubringen. Im Synagogengottesdienst werden an diesen Tagen spezielle Abschnitte aus der Heiligen Schrift vorgelesen: das Hohelied Salomos an Pessach, das Buch Ruth an Schawuot und der Prediger Salomo an Sukkot.

Als biblischer Ursprung des Pessachfestes gilt der Abschnitt 3. Mose 23,4-8.

Schawuot: Zeit des Alten Testaments

Schawuot ist das einzige biblische Fest, dessen Datum nicht durch Vorschriften in der Bibel festgelegt ist. Es wird von den Reformgemeinden und israelischen Juden einen Tag, von orthodoxen und konservativen Juden zwei Tage lang gefeiert, beginnend am fünfzigsten Tag nach Pessach, das ist der sechste Tag des Mondmonats Siwan (Mai/Juni). Da es am fünfzigsten Tag nach Pessach beginnt, nannte man es auch *Pentekoste* (»Pfingsten«) nach dem griechischen Wort für »fünfzig«.

Der israelitische Bauer sollte einen Teil der Erstlingsfrüchte seines Korns dem Herrn widmen – zur Bekundung dessen, daß Gott der Beschützer der Feldfrüchte ist. Einige Zeit nachdem König Salomo den Tempel in Jerusalem errichtet hatte, verlagerte sich das Opferritual von den ländlichen Heiligtümern in die Hauptstadt – so wurde Schawuot zu einem Wallfahrtsfest.

In frühchristlicher Zeit kam dann, ausgehend von einer unsicheren Bibeldeutung, die Vorstellung auf, an Schawuot habe Israel die Zehn Gebote empfangen und seinen Bund mit Gott besiegelt. So erhielt ein ursprünglich landwirtschaftlich motiviertes Fest eine sehr viel tiefere Bedeutung.

An Schawuot werden Zweige und Früchte gesammelt

Bis heute heißt Schawuot auch »die Zeit unserer Gesetzgebung« und erinnert an den Bund Gottes mit dem Volk Israel und an seine bereitwillige Annahme von Gottes Gesetz und Schutz. Das Buch Ruth (von einem unbekannten Verfasser um das 11. Jahrhundert v.u.Z. geschrieben) wird an diesem Tag wegen seiner Symbolhaftigkeit gelesen: Es erzählt von einer Frau aus dem Land der Moabiter, die die Felder eines Mannes bestellt; später nimmt dieser Mann sie zur Frau, und sie nimmt seinen Gott bereitwillig an.

Jüdische Reformgemeinden haben eine wichtige Zeremonie im Zusammenhang mit der Annahme des göttlichen Gesetzes auf das Schawuot-Fest gelegt: die Konfirmation, die das Ritual der Bar-Mizwa ergänzt (und früher ersetzte).

Als biblische Grundlage für Schawuot wird bisweilen 3. Mose 23,9-22 genannt.

Sukkot – das Laubhüttenfest: 3. Mose 23,33-43

Sukkot, was soviel bedeutet wie »Hütten«, ist ein Herbstfest, das an die zeltähnlichen Behausungen erinnert, in denen die alten Israeliten während ihres vierzigjährigen Zuges durch die Wüste unter der Führung des Moses lebten, nachdem sie unter dramatischen Umständen der ägyptischen Knechtschaft entronnen waren. Tatsächlich wohnten die Juden während der Sukkot tagelang in Hütten, die sie aus Zweigen und Ästen errichtet und mit Früchten behängt hatten.

Beim Bau einer *sukka* (Singular) mußten genaue Bestimmungen beachtet werden. Die Hütte durfte nicht niedriger als 1 Meter 50 und nicht höher als 9 Meter sein. Das Dach mußte aus Blättern und Stroh bestehen und durfte den Blick auf den Himmel nicht völlig verdecken. Auch mußte in jedem Jahr eine neue *sukka* gebaut werden. Die alten Israeliten in der Wüste hatten für den Bau ihrer *sukkot* sehr wahrscheinlich nicht so reichliches Material wie später diejenigen, die Sukkot feierten. Auch heute bauen sich viele gläubige Juden zu diesem Fest noch *sukkot*.

Wichtig für das Sukkot-Ritual ist nach wie vor das biblische Gebot, Zweige und Früchte von vier verschiedenen Baumarten zu sammeln und fröhlich zu sein. Es wurde Sitte, einen Zitronen- oder Paradiesapfelzweig, einen Palmwedel, einen Myrtenzweig und einen Weidenzweig zu einem »Feststrauß« zu binden und nach allen vier Himmelsrichtungen und außerdem nach oben und unten zu schwingen. Einige Gelehrte behaupten, die vier Baumarten symbolisierten die Patriarchen Abraham, Isaak, Jakob und Joseph.

Im Laufe der Zeit wurden die Motive und die Symbolik des Sukkot-Festes immer reichhaltiger. Schriftlesungen aus dem dritten Buch Mose, aus Hesekiel und dem Prediger Salomo erinnern an die Heiligkeit der Jahreszeitenfeste, an die Wichtigkeit des Regens, an den apokalyptischen Kampf des Herrn mit den Ungeheuern Gog und Magog und an die ständige Bedrohtheit des Lebens.

Das Sukkot-Fest mit seinen traditionellen Umzügen und Gesängen fällt in den Monat Tischri (September/Oktober), den siebten Monat des jüdischen Kalenders. Es beginnt mit einem Tag der Ruhe und der Zeremonien am 15. Tischri und dauert acht Tage.

Rosch Haschana: seit dem 2. Jahrtausend v.u.Z.

Datum: Beginnt am ersten Tag des Monats Tischri (September/Oktober) und dauert einen Tag (für reformierte Gemeinden und israelische Juden) oder zwei Tage (für orthodoxe und konservative Juden).
Anlaß und Bedeutung: Der feierliche Beginn des neuen religiösen Jahres.

Die festlichste Zeit besteht für die Juden aus den ersten zehn Tagen des neuen Jahres. Sie beginnt mit Rosch Haschana (»Jahresanfang«) und endet zehn Tage später mit Jom Kippur. Da das Neujahrsfest eine zehntägige Phase der Selbstprüfung und Buße einleitet, in der jeder Jude sein Verhältnis zu Gott als höchstem Richter bedenkt, wird es auch als jährlich wiederkehrender »Tag des Gerichts« bezeichnet.

Während dieser zehn Tage, so glaubt man, wird im Himmel das Schicksal

Mit Rosch Haschana beginnt für die Juden das neue Jahr. Das Blasen der Widderhörner markiert ein geistiges Erwachen, das mit der Offenbarung auf dem Berg Sinai in Verbindung gebracht wird.

jedes Menschen für das kommende Jahr besiegelt. Einer uralten Überlieferung zufolge öffnet Gott an Rosch Haschana drei Bücher: eines für die Bösen, eines für die Rechtschaffenen und eines für die Mittelmäßigen. Die Rechtschaffenen werden sofort in das Buch des Lebens eingeschrieben; die Bösen sofort in das Buch des Todes. Das Urteil über die Mittelmäßigen jedoch wird bis Jom Kippur aufgeschoben. Sie erhalten eine Frist von zehn Tagen zur Besinnung und Besserung. Daher lautet der typische Neujahrsgruß: »Zu einem guten Jahre mögest du eingeschrieben werden.«

Ein besonderes Kennzeichen der Liturgie an Rosch Haschana ist das Blasen der Schofar, der Widderhörner, das im 4. Buch Mose vorgeschrieben wird: »Ein Tag des Posaunenblasens soll er für euch sein.« (29,1) Die Töne des Horns rufen das jüdische Volk zu einem geistigen Erwachen, das mit der Offenbarung am Berg Sinai in Verbindung gebracht wird.

Rosch Haschana wird auch als »Tag des Gedenkens« bezeichnet, denn an diesem Tag besinnen sich die Juden auf die Erschaffung der Welt, und so wie Gott sich der guten Werke seiner Geschöpfe erinnert, erinnert sich die jüdische Nation ihrer Verantwortung als Gottes auserwähltes Volk.

Rosch Haschana ist, ähnlich wie Jom Kippur, eines der wenigen jüdischen Feste, die mehr öffentlich als im häuslichen Rahmen begangen werden. Abgesehen von den Festmahlzeiten zu Hause, wird dieser Tag mit einem langen, aufwendigen Gottesdienst in der Synagoge gefeiert.

Uralte Wurzeln.
Schöpfungsmythen der alten Babylonier und der Kanaaniten haben das Fest, das dann später Rosch Haschana genannt wurde, beeinflußt. Die Babylonier feierten am Neujahrstag den Sieg ihres Gottes Marduk über die Kräfte des Chaos und die Erschaffung von Himmel und Erde; und bei den Kanaanitern gab es eine ähnliche Legende über ihren Gott Baal. Diese Vorstellungen fanden auch Eingang in die hebräische Heilige Schrift und steuerten das Motiv der Welterschaffung zu dem Vorstellungskomplex bei, der Rosch Haschana, den »Geburtstag der Welt«, umgibt.

In alten Zeiten umfaßte der jüdische Kalender nicht nur einen, sondern vier Jahresanfänge, die sich aus verschiedenen Aspekten des landwirtschaftlichen Jahreszyklus ergaben, und derjenige, der auf den ersten Tag des Herbstmonats Tischri (September/Oktober), einen wichtigen Neumond, fiel, war einer der unklarsten von ihnen. Die Bibel nennt diesen Tag niemals »Jahresanfang«, sondern »Gedenktag« oder »Tag des Hornblasens«. Erst im Laufe der Zeit wurde dieser Tag als der eigentliche Jahresanfang oder Rosch Haschana angesehen und zusammen mit dem »Versöhnungstag« Jom Kippur zum höchsten und wichtigsten jüdischen Festtag erhoben.

Als um das Jahr 200 u.Z. die Mischna zusammengestellt wurde, eine Sammlung von Rechtsvorschriften, die einen wesentlichen Bestandteil des Talmud ausmacht, da war das Fest Rosch Haschana schon so wichtig, daß ihm eine ganze Abhandlung gewidmet wurde. Die Rabbiner nannten es den Tag, an dem »alle, die auf die Welt kommen, wie Schafherden an Ihm vorüberziehen«.

Als biblischer Ursprung von Rosch Haschana gilt 3. Mose 23,24-25.

Jom Kippur: seit dem 2. Jahrtausend v.u.Z.

Datum: Am 10.Tag des Monats Tischri (September/Oktober).
Anlaß und Bedeutung: Die Wiederherstellung der freundlichen Beziehung zu Gott durch Buße.

Mit Jom Kippur, dem Versöhnungstag, den Moses vor mehr als 3000 Jahren einsetzte, endet die feierlichste Zeit des jüdischen Jahres. An Rosch Haschana wurde im Himmel das Buch des Lebens geöffnet, und Gott machte sich bereit, die Namen derer einzutragen, die eines guten Jahres würdig sind. Aber in seiner Barmherzigkeit traf er noch keine endgültige Entscheidung, sondern gewährte den Mittelmäßigen eine Frist von zehn Tagen, in denen sie bereuen und Buße tun konnten. An Jom Kippur läuft diese Frist ab, und das Schicksal eines jeden Juden wird nun endgültig besiegelt. Kein Wunder, daß Jom Kippur der heiligste und feierlichste Tag im jüdischen Jahreszyklus ist.

Die Bibel nennt Jom Kippur den »Sabbat der feierlichen Ruhe«, denn dieser Tag wird besonders feierlich begangen und die Enthaltung von jeglicher Arbeit wird besonders streng beachtet – auch wenn Jom Kippur auf einen anderen Wochentag fällt.

Der Tag der Versöhnung steht im Zeichen der Enthaltsamkeit: kein Essen, kein Trinken, kein Geschlechtsverkehr; verboten sind auch das Salben mit Öl und das Tragen von Lederschuhen. Die Beichte der Sünden wird begleitet von Gebeten um Vergebung; Freunde erbitten voneinander und gewähren einander Vergebung für Beleidigungen, denn Gottes Vergebung kündigt sich darin an, daß man Vergebung von seinen Mitmenschen erlangt. Die spirituelle Wirksamkeit von Jom Kippur für jeden einzelnen beruht auf der eigenen Aufrichtigkeit und Reumütigkeit.

Den größten Teil des Tages verbringt man in der Synagoge. Kein Jude darf arbeiten oder Geschäfte betreiben. Das Fastengebot ist absolut; von Sonnenuntergang bis Sonnenuntergang darf man nicht einmal Wasser zu sich nehmen. Von diesem strengen Fasten ausgenommen sind die Kranken (sofern sie dies wünschen) und Kinder unter neun Jahren. Wie erwähnt, steht der Tag im Zeichen der Versöhnung auch unter den Menschen, denn niemand kann von Gott Vergebung erwarten, wenn sein eigenes Herz gegen die Mitmenschen hart bleibt.

Jom Kippur ist außerdem ein Tag der Wohltätigkeit gegenüber den weniger Begüterten, der Tag, an dem zu Spenden für die Synagoge, für jüdische Einrichtungen und Wohltätigkeitsvereine aufgerufen wird.

Der Sündenbock.

In alter Zeit vollzog der Hohepriester im Tempel eine aufwendige Opferzeremonie, wobei er nacheinander seine eigenen Sünden bekannte, dann die der anderen Priester und schließlich die Sünden ganz Israels. In einem weißen Leinengewand betrat er das Allerheiligste (was nur zu dieser Zeit des Jahres erlaubt war), um dort das Blut des Opfers – eines Stiers oder einer Ziege – zu versprühen und Weihrauch zu spenden.

Der Abschluß dieser Zeremonie bestand darin, eine zweite Opferziege, den sogenannten Sündenbock, der symbolisch mit den Sünden des ganzen Volkes beladen war, in die Wüste hinauszutreiben. Tatsächlich führte der Priester den Sündenbock durch einen geheimen Gang, der eigens angelegt war, um Störung und Sabotage von Heiden und rivalisierenden Sekten zu verhindern, an einen Abgrund, von dem er ihn in die Tiefe stieß – und mit ihm alle Sünden des Volkes.

Diese gewaltsamen und dennoch anschaulichen Rituale und Opferhandlungen hörten mit der Zerstörung des Zweiten Tempels im Jahre 70 u.Z. auf. Sie wurden durch Beten, Bitten und Bußübungen ersetzt. Damals trat der persönliche Charakter des Versöhnungstages in den Vordergrund. Der Schwerpunkt des Festes verlagerte sich vom Hohepriester und vom Tempel auf die Synagoge und die Mitglieder der Gemeinde selbst.

Die Idee der Reue und der inneren Läuterung wurde wichtiger als alle Versöhnungsgesten. Das Ritual des Versöhnungstages genügte nicht, einen Menschen von seinen Sünden zu reinigen, solange dieser Mensch nicht bereit war, das eigene Verhalten zu ändern.

Als biblischer Ursprung von Jom Kippur gilt 3. Mose 23,26-32.

Chanukka: Palästina 165 v.u.Z.

Datum: Beginnend mit dem 25. Kislew (November/Dezember) acht Tage lang.
Anlaß und Bedeutung: Die Neuweihe des Zweiten Tempels in Jerusalem.

Chanukka, auch »Lichtfest« oder »Makkabäer-Fest« genannt, erinnert an die Neuweihe des Zweiten Tempels in Jerusalem im Jahre 165 v.u.Z., nachdem er drei Jahre zuvor von dem syrischen König Antiochus IV. Epiphanes in dem Bestreben, die jüdische Religion zu vernichten, entweiht worden war.

Eine der wichtigsten Informationsquellen zu dieser Epoche sind die jüdischen Apokryphen, unter ihnen die Makkabäer-Bücher, die über den historischen Hintergrund des Chanukka-Festes berichten.

Antiochus IV. war ein ehrgeiziger Monarch, der sein riesiges Reich, zu dem auch Palästina gehörte, politisch und religiös vereinheitlichen und deshalb die Juden »hellenisieren« wollte – in Kleidung und Sitten und in ihren religiösen Überzeugungen, bis hin zu einem Verbot der Beschneidung. Viele Juden gaben dem Druck nach.

Zum empörendsten Verstoß gegen das jüdische Brauchtum kam es, als Antiochus befahl, den Tempel in Jerusalem in einen Tempel für den griechischen Gott Zeus zu verwandeln – eine regelrechte Schändung. Auf den Altar wurden Zeusstatuen gestellt, die die Züge des Königs selbst trugen, der sich, indem er den Beinamen Epiphanes (»der geoffenbarte Gott«) annahm, zu einer Verkörperung von Zeus erklärte. Ein Trupp aufständischer Juden unter der Führung des Juda Makkabi trug in den sogenannten Makkabäer-Kriegen schließlich den Sieg über Antiochus davon und rettete so die jüdische Religion vor dem Untergang.

Der Bericht über die Taten der Makkabäer hebt hervor, daß der syrische König mit seiner Hellenisierungskampagne nur deshalb so weit kommen konnte, weil die jüdische Gemeinschaft so nachlässig geworden war und viele Juden den Wunsch hatten, sich zu assimilieren. Daher steht Chanukka für das Festhalten der Juden an den Gebräuchen und Idealen, durch die sie als eine unverwechselbare Gemeinschaft miteinander verbunden sind.

Das moderne Israel hebt zwar den militärischen Sieg des Juda Makkabi hervor, doch das feierliche Ritual, nach und nach die Lichter an dem vielarmigen Leuchter, der Menora, zu entzünden, hat eine spirituelle Bedeutung und steht für das unauslöschliche Vertrauen in Gott.

Die Zeremonie erinnert auch eine Geschichte aus dem Talmud, derzufolge ein kleiner, für einen Tag genügender Vorrat von nicht entweihtem Öl im Tempel volle acht Tage gebrannt habe, bis neues Öl beschafft werden konnte.

Die Chanukka-Bräuche ähneln heute denen der Christen beim Weihnachtsfest, das in die gleiche Zeit fällt: Geschenke, Kerzenanzünden, Schmücken der Wohnung, Festessen. Die Christen lassen einen Bethlehem-Stern leuchten – die Juden einen Davidstern.

Ein besonderes Chanukka-Symbol ist der Elefant. Er erinnert an die gezähmten Elefanten, die die syrischen Heere einsetzten. Ein anderes Symbol ist der Hammer, nach dem Beinamen des hartnäckigen Anführers Juda Makkabi – »der Hammerschläger«.

Teil VI. Heilige und ihre Gebeine

14. Kapitel
Heilige
Geschändete Jungfrauen bis zölibatäre Kleriker

Vermischtes

• Zahl der Heiligen in der katholischen Kirche: 4500, aufgeführt im *Römischen Martyrologium.*

• Der erste christliche Heilige: Stephanus, ein griechisch sprechender Jude, der im Jahre 35 u.Z. den Märtyrertod erlitt; wir wissen von ihm aus den Kapiteln 5 und 6 der Apostelgeschichte.

• Der erste regulär kanonisierte Heilige: Ulrich von Augsburg, heiliggesprochen von Papst Johannes XV. im Jahre 993.

• Die erste in Amerika geborene Heilige: Elizabeth Ann Seton (1774-1821), geboren in New York City. Sie gründete den Orden der »Barmherzigen Schwestern«, setzte sich für das System der kirchlichen Privatschulen in Amerika ein und wurde am 14. September 1975 von Papst Paul VI. heiliggesprochen.

• Der bekannteste Heilige, der in den sechziger Jahren von der Kirche aus dem allgemeinen Heiligenkalender gestrichen wurde: der heilige Christopherus, Schutzpatron der Reisenden; nachdem man ihn fast zweitausend Jahre allgemein verehrt hat, wird er jetzt nur noch »lokal verehrt«. Mehr über die Rücknahme oder Einschränkung von Heiligsprechungen weiter unten.

• Die schnellste Kanonisierung nach dem Tod: der heilige Antonius von Padua, zwischen Tod und Heiligsprechung lag bei ihm ein Jahr. Zweitschnellster: der heilige Franziskus von Assisi, zwei Jahre. Dritter Platz: der heilige Thomas von Canterbury, drei Jahre.

• Die erste Heilige, die Opfer einer Vergewaltigung wurde: Agatha (gest. 251); um ihr Keuschheitsgelübde zu halten, wies sie den Präfekten ihrer Provinz ab, der ihr Gewalt antat und sie dann tötete. In jüngerer Zeit: Maria Goretti (1890-1902), heiliggesprochen von Papst Pius XII. im Jahre 1950 als Vorbild der Reinheit für die Jugend; sie wurde von einem Mann ermordet,

Die Heilige Maria Goretti (gest. 1902), getötet von einem Mann, der sie vergewaltigen wollte; Schutzheilige der jungen Mädchen.

der sie vergewaltigen wollte (und dem sie wenige Augenblicke vor ihrem Tod verzieh).

• Die erste Heilige, die von ihrem Ehemann mißhandelt wurde: Monika (331-387), die Mutter des heiligen Augustinus, des Kirchenvaters und Bischofs von Hippo; sie war mit einem Heiden namens Patricius verheiratet, einem gewalttätigen, trinkfreudigen Mann, der sie wegen ihrer christlichen Frömmigkeit verspottete. Nur ihre christliche Tugend soll sie vor ernstlichem Schaden bewahrt haben. Monika ist die Schutzheilige der Opfer körperlicher Mißhandlung.

• Gesamtzahl der Selig- und Heiligsprechungen im 20. Jahrhundert: 1369. Den Rekord hält Papst Johannes Paul II. mit 555.

• Ungefähre Kosten einer modernen Heiligsprechung: eine Million Dollar pro Fall.

• Zahl der Päpste, die von späteren Päpsten heiliggesprochen wurden: achtzig – vom heiligen Petrus (gest. 64 u.Z.) bis zum heiligen Pius X. (1903-14).

Wörter und ihre Herkunft: Was ein Heiliger ist

Seher: Jemand, der Zukünftiges voraussagt oder über die Gabe tiefer moralischer oder spiritueller Einsicht verfügt.

Prophet: Jemand, der Botschaften verkündet, die ihm direkt von Gott, vielleicht auch durch einen Engel übermittelt wurden. Das griechische Wort *prophetes* bezeichnet ursprünglich den »Verkünder und Deuter der Orakelsprüche«.

Priester: Er vollzieht die Riten und leitet den Gottesdienst. Das Wort »Priester« geht zurück auf das kirchenlateinische *presbyter* = »Gemeindeältester«. Das Wort »Pastor« geht zurück auf das lateinische *pastor* = »Hirte«.

Rabbi: Der jüdische Gesetzeslehrer und geistliche Vorsteher einer Gemeinde. Das hebräische Wort bedeutet »mein Herr« oder »mein Lehrer«: *rabb* + *i* = »Herr« + »mein«.

Mystiker: Jemand, der von unerklärlichen, okkulten oder übersinnlichen, nicht immer angenehmen, oft unvorhersehbaren Erfahrungen zu berichten weiß, durch die er intuitiv zu Einsichten gelangt, die jenseits des gewöhnlichen

Die Verbrennung von Märtyrern in Rom ist zugleich die Geburtsstunde des christlichen Heiligen

Menschenverstandes liegen. Das Wort geht zurück auf das griechische *mystes* = »Eingeweihter«.

Heiliger: Jemand, der in einer besonderen Beziehung zur Sphäre Gottes, zu den Göttern, spirituellen Kräften oder mystischen Sphären steht. Die Herkunft des deutschen Wortes »heilig« ist unklar – entweder es leitet sich von germanisch *haila* = »Zauber, günstiges Vorzeichen, Glück« oder von germanisch *heil* = »gesund, unversehrt, gerettet« her. Von diesem letzteren *heil* ist auch das Wort »Heiland« abgeleitet: »Retter, Erlöser« – lateinisch: *salvator*. Das Wortelement »Sankt« in Heiligennamen und auf solche zurückgehenden Ortsnamen ist abgeleitet aus dem lateinischen *sanctus* = »heilig«.

Alle Weltreligionen haben eine Vorstellung von Heiligkeit, von individueller Frömmigkeit, die in einer besonderen Beziehung zur sakralen Sphäre gipfelt. Viele Religionen in Ost und West, nicht nur die katholische Kirche, verehren einzelne Heilige und ihre sterblichen Überreste oder Reliquien.

Heiligenkult

Manchen Religionen hat man ihren Heiligenkult vorgeworfen – etwa dem Katholizismus, dessen Pantheon besonders dicht mit kanonisierten Märtyrern, Mystikern und Visionären bevölkert ist.

Die Katholiken etwa in Lateinamerika haben oft ein innigeres Verhältnis zur Jungfrau Maria und zu bestimmten Schutzheiligen als zu Gott oder Jesus. Die örtlichen Kalender führen für jeden Tag des Jahres einen Heiligen auf, und die Feste mancher dieser Heiliger werden mit viel Pomp und begeisterter Anteilnahme der Bevölkerung gefeiert. Tatsächlich richten lateinamerikanische Katholiken ihre Gebete meistens an Heilige oder an die Jungfrau Maria.

Die Vorstellung vom Heiligen als einem Mittler zu Gott – die leicht in eine unwillentliche Vergötzung umschlagen kann – hat Reformatoren wie Martin Luther und Johannes Calvin tief beunruhigt.

Auch die Muslimen haben jahrhundertelang erklärt, die katholische Kirche – mit ihrer Dreifaltigkeitslehre, ihrer an Vergötterung grenzenden Verehrung der Jungfrau Maria, ihrem Heiligenkult und ihrer von einem unfehlbaren Papst gelenkten Hierarchie – sei in Wesen und Form eine polytheistische Religion im Gewande des Monotheismus.

Judentum und Islam haben den Heiligenkult offiziell immer abgelehnt. Dazu weiter unten mehr.

Der griechische Heros als Modell des christlichen Heiligen: 5. Jahrhundert v.u.Z.

Viele hundert Jahre, bevor das Christentum Märtyrer des Glaubens als Heilige zu verehren begann, praktizierten die alten Griechen einen Heroenkult, bei dem jeder Verstorbene, der ein Muster an Vortrefflichkeit und Größe gewesen war, zu einem tatkräftigen spirituellen Helfer der Menschheit erhoben wurde. Diese Art der Heldenverehrung ist älter als die griechische Zivilisation, man findet sie auch in vielen »primitiven« Kulturen.

Für die Griechen jedoch wurde ein Mensch durch seine heroischen Taten, vor allem durch siegreichen Kampf, nach seinem Tod zum Helden »kanonisiert«. Ein gutes Beispiel ist Herkules, der seine »zwölf Arbeiten« so bravourös bewältigte und mit seinem Tod einen ähnlichen Status erlangte wie später die christlichen Heiligen: Der tätige Geist eines solchen toten Heroen konnte nicht nur als Fürsprecher der Menschen bei den Göttern wirken, er konnte auch zum mythischen Erzeuger eines ganzen Geschlechts von Heroen werden. Und obendrein konnte er Wunder tun.

Dem Heros Apollonios von Tyana, der im 1. Jahrhundert, um die gleiche Zeit wie Christus, lebte und als Heiliger verehrt wurde, schrieb man übernatürliche Kräfte zu, vor allem das Vermögen, Tote zum Leben zu erwecken. Als Wundertäter wurde er oft mit Jesus verglichen. Den frühen Christen war die religiöse Idee der Heldenverehrung also durchaus vertraut.

Eine weitere Quelle für die Idee der Heiligkeit und des Heiligen war der im 6. Jahrhundert v.u.Z. von dem persischen Propheten Zoroaster begründete Zoroastrismus. Dieser Religion zufolge steht das Leben des Menschen im Zeichen eines unerbittlichen Kampfes zwischen den Kräften des Guten und des Bösen (verkörpert durch den Gott der Weisheit, Ahura Mazda, und den Geist des Bösen, Ahriman) und zwischen Wahrheit und Lüge (verkörpert von den Gottheiten Ascha und Druj). In seinem Kampf steht dem Menschen eine ganz Schar von »Heiligen« zur Seite, die sogenannten *Frawaschis*.

Die Frawaschis erinnern in vieler Hinsicht an die christlichen Heiligen. In Zeiten der Not oder in Augenblicken der Versuchung werden sie angerufen, und sie legen Fürsprache bei den höheren Göttern ein. Die Liturgie des Zoroastrismus umfaßt Lobgesänge, sogenannte *Jaschts*, auf mehr als dreihundert männliche und weibliche Frawaschis. Es gibt sogar »Heilige«, die als Schutzpatrone für besondere Anliegen zuständig sind. Zoroasters Frau wurde nach ihrem Tod selbst eine Heilige.

Jüdische Heilige – »die Frommen« oder Chassidim: 300 v.u.Z.

Auch im Judentum fanden die frühen Christen Vorbilder für »Heiligkeit«. Jüdische Heilige im strengen Sinne gibt es nicht. Ein Kult um besonders verehrte Heilige hat in der Religion Israels nie Fuß fassen können, obwohl die alten Israeliten während des babylonischen Exils dem Einfluß des Zoroastrismus ausgesetzt waren. Dennoch hat auch die jüdische Vorstellung von »Heiligkeit« das christliche Denken beeinflußt.

Heiligkeit war eine Eigenschaft, die die jüdischen Propheten, Seher und Könige, später auch die Rabbis in besonderem Maße besaßen. Es war ein Zustand, den viele Fromme anstrebten. Das Muster des vollkommenen jüdischen »Heiligen« war der »Gerechte«, der in den Psalmen oft besungen wird: »Er erfreut sich am Gesetz des Herrn und sinnt über dieses Gesetz am Tag und in der Nacht.« Abraham, Moses, Josua, Samuel, David, Elias, Jesaja – sie werden nicht Heilige genannt, aber sie sind Muster der Heiligkeit.

Während der hellenistischen Zeit von etwa 300 v.u.Z. bis 300 u.Z. waren die Juden in hohem Maße fremden Einflüssen ausgesetzt, die ihre Religion zu verändern drohten. Um ihren Glauben rein zu erhalten, sonderten sich viele Juden von ihren Mitmenschen ab und nannten sich auf hebräisch *chassidim* – »Fromme«. Über diese »Frommen« gibt es zwar viele erbauliche Legenden, aber eine kultische Verehrung, wie man sie im Christentum findet, wurde ihnen nie zuteil.

Ehe wir im einzelnen betrachten, wie – und warum – das Christentum aus dem »Frommen« im Leben ein »seliges« Idol im Tod und später einen »kanonischen« Heiligen machte, wollen wir der Frage nachgehen, wie andere Religionen zu ihrer Vorstellung vom »Heiligen« gelangt sind.

Chinesische Heilige – »Wahrhaftige Menschen« oder *tschen jen*: nach dem 6. Jahrhundert v.u.Z.

Taoismus.
»Wahrhaftige Menschen« oder *tschen jen* werden die Heiligen im Taoismus genannt, der zweitgrößten Religion Chinas (nach dem Konfuzianismus). Der Taoismus wurde im 6. Jahrhundert v.u.Z. von dem Weisen Lao-tse oder »Meister Lao« gegründet und verehrt ein ganzes Pantheon von Heiligen.

Das wichtigste Kriterium der Heiligkeit im Taoismus ist das Erreichen einer leidenschaftslosen Einheit mit dem göttlichen Absoluten. Ein alter Text faßt die schlichten Merkmale der »wahrhaftigen Menschen« zusammen: »Sie vergessen nicht, woher sie kommen; es kümmert sie nicht, wohin sie gehen; bereitwillig nehmen sie hin, was ihnen zugedacht ist; friedlich erwarten sie ihr Hinscheiden.« Diese bewußt passive Heiligkeit steht in einem deutlichen Gegensatz zu der hyperaktiven Spielart, die die tapferen, trotzigen Märtyrer des Christentums verkörpern.

Die »wahrhaftigen Menschen« waren oft Einsiedler, die ein naturnahes Leben führten und sich ganz auf den Weg (Tao) der Natur einließen. Im Christentum entsprechen ihnen der Eremit oder der Mönch, der durch seinen passiven, friedlichen Lebensstil ebenfalls zur Heiligkeit gelangen konnte.

Konfuzianismus.
In dieser nach ihrem Begründer Konfuzius (oder Kung-fu-tse, »Meister Kung«, 551-479 v.u.Z.) benannten Religion wird Heiligkeit vor allem durch eine ideale sittliche Lebensführung erlangt. Konfuzius lehrte, durch das richtige Leben könne die ideale Harmonie mit dem Weg des Himmels erlangt werden – der Tao des Himmels. Heilige oder »reine Menschen«, wie sie genannt werden, sind jene, die nach Weisheit streben und die ethischen Gebote ihrer Religion gewissenhaft befolgen. Auf diese Weise werden sie »mehr als menschlich«.

Japanische Heilige – »Große« oder *kami*: nach dem 5. Jahrhundert v.u.Z.

Die Ur- und Nationalreligion Japans ist der Schintoismus. In seinem Mittelpunkt steht der Ahnenkult, der gewisse Ähnlichkeiten mit dem griechischen Heroenkult aufweist. Allerdings geht es hier nicht um siegreich bestandenen Kampf, sondern um Blutsbande.

Der Schintoismus kennt keine Heiligen, die sich nach christlichem Muster durch besondere Frömmigkeit oder nach konfuzianischer Vorstellung durch sittliche Vollkommenheit auszeichnen oder dem taoistischen Ideal einer passiven, harmonischen Unterwerfung unter die Natur nachstreben. Statt dessen wird jeder Mensch nach dem Tod zu einem übernatürlichen Wesen, einem *kami*, der sich auch weiterhin seines Lebens in Familie, Gemeinschaft und Volk erfreut. Menschen, die im Leben gut waren, werden gute *kami*, Menschen, die im Leben bedeutend waren, werden bedeutende *kami*, und so weiter.

Die *kami* gleichen in mancher Hinsicht den christlichen Heiligen, mit einem Unterschied: Böse, gewissenlose Menschen werden nach ihrem Tod böse *kami* – dämonische Heilige. Die Heiligkeit wird also niemandem verwehrt – dem Mystiker sowenig wie dem Mörder; doch das Leben, das der Mensch gelebt hat, bestimmt darüber, was für ein Heiliger er wird und ob er von den Lebenden verehrt oder verachtet wird.

Der Schintoismus kennt auch Schutzheilige. Ein Zwerggott namens Sukumabikona ist der Schutzheilige der Zubereitung von Reisgetränken; und Okuninuschi, der »Meister des Großen Landes«, ist der Schutzheilige der Medizin und Magie.

Buddhistische Heilige – »werdende Buddhas« oder *bodhisattwas*: 2. Jahrhundert v.u.Z.

Im frühen Buddhismus (der sogenannten *Therawada*, der »Lehre der älteren Mönche«) waren die Heiligen, die *arhats*, Individuen, die durch ihre eigenen frommen Bemühungen das Nirwana erreichen, den Zustand der Seligkeit und damit die Erlösung aus dem Kreislauf der Wiedergeburt. Heilige waren Seelen, die nicht mehr in die Welt wiedergeboren werden mußten, um sich weiter zu vervollkommnen. Sie waren ruhende Seelen.

Der Buddha oder »Erleuchtete« mit Namen Siddharta Gautama gründete die Religion um das Jahr 530 v.u.Z. und wurde ihr erster Heiliger. Er proklamierte seine eigene Heiligkeit, als er von sich sagte: »Ich bin der Heilige auf dieser Welt, ich bin der oberste Lehrer, ich allein bin der vollkommen Erleuchtete; ich habe den Frieden erlangt und das Nirwana erreicht.«

In einer späteren Ausformung des Buddhismus, *Mahajana* oder »Großes Fahrzeug« (das vielen Menschen Platz bietet) genannt, die zu Beginn des christlichen Zeitalters entstand, übernehmen die Heiligen oder *bodhisattwas* (werdende Buddhas) ähnliche Funktionen wie die christlichen Heiligen. Sie verzögern die eigene Vervollkommnung, um den Menschen, die nicht imstande sind, ihren weltlichen Besitz aufzugeben und ein Einsiedlerdasein zu führen, in ihrem Bemühen beizustehen.

Der *bodhisattwa*-Heilige als Helfer unterscheidet sich deutlich von dem auf die eigene Vollkommenheit bedachten *arhat*-Heiligen des frühen Buddhismus. Die letzten Worte Buddhas vor seinem Tod lauteten: »Strebe mit Eifer nach deiner eigenen Erlösung.«

Eine andere Ausformung des Buddhismus, *Wadschrajana* oder »Donnerkeil-Fahrzeug« genannt, kennt auch *lebende Heilige* (von denen im Abendland nur im metaphorischen Sinne die Rede ist, um besonders geduldige, besonders fromme Menschen zu charakterisieren). Lebende Heilige, die auf der Erde umhergehen, sind in Wirklichkeit »Wiedereinkörperungen« oder *tulku* von verblichenen Gelehrten oder Frommen. Die Dalai Lamas, die Oberhäupter der tibetischen Hierarchie, gelten als heilige Reinkarnationen des beliebten *bodhisattwa* der Barmherzigkeit mit Namen Awalokiteschwara. Der derzeitige Dalai Lama ist also ein lebender Heiliger. Im Christentum gibt es nichts Vergleichbares.

Hindu-Heilige – »Fromme« oder *sadhus*: nach 400 v.u.Z.

Ein *sadhu*, ein Hindu-Heiliger oder »Frommer«, ist ein Mensch, der sich an den vedischen Wahlspruch aus den Upanischaden hält: »Wenn ein Mensch ohne Begierde ist, frei von Gelüsten, werden ihn seine Lebensgeister nicht verlassen; Brahman ist er, und ins Brahman geht er ein.« Das Brahman ist die »Weltseele«, und die Einheit mit ihr läßt sich am besten erreichen, indem man ein asketisches Leben führt.

Die Upanischaden, eine Sammlung später wedischer Abhandlungen über den Menschen und seine Beziehung zum Universum, gehen auf die Zeit um 400 v.u.Z. zurück. Sie bilden eine wichtige Grundlage der späteren indischen

Philosophie. Der Hinduismus, die vorherrschende Religion Indiens, ist mystisch geprägt, und solche Mystik erwächst oft aus asketischen Praktiken, die darauf zielen, niedrige Begierden abzutöten. Wie die Mönche im Christentum genießen die Asketen im Hinduismus hohes Ansehen.

Islamische Heilige – »Vertraute Allahs« oder *wali*: nach dem 6. Jahrhundert u.Z.

Der Islam ist eine streng monotheistische Religion, die keinerlei Begleitgestalten in der Umgebung Allahs duldet. Was die Heiligkeit angeht, so steht Allah ohne Konkurrenten da. Deshalb lehnten die Anhänger des Islam in seiner Frühzeit jeden Heiligenkult strikt ab.

Und doch tauchten auch im Islam mit der Zeit Heilige auf. Es gab ein Bedürfnis nach Menschen, von denen eine Inspiration zur Frömmigkeit ausging. Die religiösen Führer betonten zwar auch weiterhin die Allmacht Allahs, ließen aber auch Platz für jene, die aufgrund ihrer Frömmigkeit als Mittler fungierten. Diese Heiligen oder *wali*, »Vertraute Allahs«, besaßen, so glaubte man, charismatische Kräfte, die es ihnen erlaubten, sich wunderbarerweise binnen eines Augenblicks von einem Ort an einen anderen zu versetzen.

Den *wali* wurden bald übernatürliche Kräfte im Umgang mit Pflanzen, Tieren, Wolken und Wetter zugeschrieben. Während der Prophet Mohammed die christliche Idee der Heiligen immer verurteilt hatte, begannen die Muslimen nach seinem Tod fromme Männer zu verehren und »kanonisierten« manche von ihnen noch zu deren Lebzeiten. Wenn solche »kanonisierten« Männer gestorben waren, wurden ihre Gräber zu Wallfahrtsstätten, und es entstand ein Kult um ihr Andenken. Von den Vertrauten Allahs glaubte man, sie besäßen Gehör bei Gott. Von einem *wali* konnte man ein Wunder zugunsten eines einzelnen Menschen erbitten, auch wenn Allah selbst es dann bewirkte.

Arabische Begräbnisstätte; im Islam entsprangen Heilige und Reliquien aus Volksfrömmigkeit.

In der islamischen Mystik, dem sogenannten Sufismus, sind die *wali* nichts weiter als Menschen, die ihr Leben dem gehorsamen Dienst an Allah widmen, und sie gelten zu ihren Lebzeiten als lebende Heilige. Man glaubt sogar, der Fortbestand der Welt von einem Tag zum anderen verdanke sich den häufigen Fürbitten dieser lebenden, betenden Vertrauten Allahs. In einem Sufitext aus dem 11. Jahrhundert heißt es: »Gott hat Heilige durch seine Freundschaft besonders ausgezeichnet und dazu auserwählt, sein Königtum zu bezeugen ... Er hat sie durch vielfältige Wunder begünstigt.«

Nach dem Glauben der Muslimen wird das Andenken der Heiligen wegen ihrer Taten und nicht wegen bestimmter persönlicher Eigenschaften in Ehren gehalten. Deshalb bieten die Biographien islamischer Heiliger kaum persönliche Einzelheiten.

Christliche Heilige – Märtyrer: 1. Jahrhundert u.Z.

Wie wir bei unserem Ausblick in verschiedene Kulturen gesehen haben, liegen dem Aufkommen der Idee und der Gestalt des Heiligen vor allem zwei Bedürfnisse zugrunde: die Sehnsucht nach einem »übermenschlichen« Wesen, das unter uns lebt, und der Wunsch nach Wundererlebnissen, die uns mit Ehrfurcht erfüllen und in unserem Glauben bestärken.

Diese sehr menschlichen Wünsche stellen nun aber besonders die monotheistischen Religionen vor ein Problem: Wird die Göttlichkeit Gottes herabgewürdigt, wenn wir verstorbene Menschen ehren, verehren oder gar anbeten? Ist der Heiligenkult nicht eine Form von Polytheismus? Die protestantischen Reformer des 16. Jahrhunderts waren, wie erwähnt, genau dieser Auffassung. Und die sogenannten »Protestanten des Islam«, die Wahabiten des 18. Jahrhunderts, ebenfalls. Reformatoren gehen gern auf das Grundsätzliche zurück.

Die katholische Kirche hat versucht, das Problem, das sich aus dem volkstümlichen Heiligenkult ergab, durch begriffliche Unterscheidungen zu umgehen.

Die kirchliche Doktrin macht einen Unterschied zwischen Anbetung und Verehrung. Gott und nur Gott wird angebetet, lateinisch: *adorare*. Die Heiligen dagegen werden verehrt, lateinisch: *venerari*. So wurde das Problem auf theologischer Ebene gelöst, obwohl diese Lösung in der Praxis kaum wahrnehmbar ist. Wer sagt sich denn schon, wenn er von einem Schutzheiligen etwas erbittet: »Ich darf die Grenze zwischen Verehrung und Anbetung nicht überschreiten.« Tatsächlich werden Heilige, die sich irgendwo in Südamerika oder in Polen oder in Bayern besonderer Beliebtheit erfreuen, oft angebetet: Ihre Gräber werden zu Heiligtümern und Wallfahrtsstätten; ihre Gebeine werden als wundertätige Reliquien bewahrt; die Häuser, in denen sie gewohnt haben, werden in Kapellen umgewandelt.

Mehrere Untersuchungen in bezug auf verschiedene Religionen rund um die Welt haben gezeigt, daß sich Bitten, die an Heilige gerichtet werden, von den Gebeten, die an Gott oder die Götter gerichtet werden, nicht unterscheiden lassen.

Im Christentum und vor allem in der katholischen Kirche gibt es verschiedene Arten von Heiligen: zunächst die Apostel, Evangelisten, Märtyrer und Bekenner, sodann aus Zeiten, da ein Martyrium nicht mehr zu erlangen war, Asketen, Ordensgründer, Bischöfe, Missionare, Päpste, Jungfrauen, Witwen, Mystiker, Kirchenlehrer.

Ein heiliger Apostel.

Der heilige Paulus ist ein ausgezeichnetes Beispiel für einen heiligen Apostel. (Der Titel Apostel wurde in der frühen Kirche über die zwölf Jünger Jesu hinaus auch auf andere ausgedehnt, die sich für die Ausbreitung des Glaubens einsetzten.) Paulus wird von den Katholiken, Orthodoxen und Protestanten gleichermaßen als wichtigster Verkünder des Evangeliums in der frühen Kirche verehrt. Ihm wird das Verdienst zugeschrieben, aus einer unscheinbaren, am Rande des Untergangs stehenden, vielleicht zweihundert oder zweitausend Mitglieder umfassenden jüdischen Sekte eine Weltreligion gemacht zu haben. Für seine harte Arbeit und seine Voraussicht wurde ihm der Titel eines »Heiligen« gewährt. Dazu mußte er keine Wunder vollbringen und auch nicht das Martyrium erleiden, wenngleich er einer Legende zufolge um das Jahr 68 u.Z. auf Befehl des Kaisers Nero in Rom enthauptet wurde.

Die Bekehrung des Paulus.

Andere heilige Verkünder sind die vier Evangelisten: Matthäus, Markus, Lukas und Johannes.

Eine heilige Mystikerin.

Theresa von Avila wurde 1518 im kastilischen Avila geboren. Als junges Mädchen las sie ein Buch mit Heiligenlegenden, faßte den Entschluß, bei den Mauren das glorreiche Martyrium zu finden, und lief von zu Hause fort. Doch ihr Vorhaben scheiterte, sie starb eines natürlichen Todes (1582). Zahlreiche mystische Erfahrungen, darunter akustische Halluzinationen und Levitationen im Zustand der Ekstase, sowie ihre Verdienste als Gründerin des Ordens der Unbeschuhten Karmelitinnen und nicht zuletzt als Schriftstellerin trugen ihr den Titel einer Heiligen ein. Als erster Frau wurde ihr im Jahre 1970 auch der Titel eines *Doctor Ecclesiae* (Kirchenlehrer) verliehen.

Ein heiliger Kirchenlehrer.
Thomas von Aquin war weder Mystiker noch Verkünder, sondern ein Gelehrter, wie er im Buche steht. Die Kirche verehrt ihn nicht wegen irgendwelcher Wunder, die er bewirkt hätte, sondern wegen seiner intellektuellen Leistungen, wegen des von ihm entwickelten theologischen und philosophischen Systems, das die oft scheinbar auseinandergehenden Anschauungen von Platon, Aristoteles und den lateinischen Kirchenvätern in verschiedenen zentralen Punkten in Einklang bringt, etwa in den Fragen der Erkenntnis durch den Glauben, der Existenz der Seele und der Macht der Gnade. Thomas von Aquin wurde 1323 heiliggesprochen und 1567 zum Kirchenlehrer erhoben.

Ein heiliger Märtyrer.
Die ersten glaubensbedingten Todes-»Opfer« des Christentums wurden automatisch zu den ersten anerkannten Heiligen.

Stephanus, der im Jahre 35 u.Z. zu Tode gesteinigt wurde, gilt traditionell als der erste christliche Heilige. Er gehörte nicht zu den zwölf Aposteln, wohl aber zu den zweiundsiebzig Jüngern Jesu Christi und wurde nach Christi Tod von frommen Juden angeklagt, gotteslästerliche Lehren zu verkünden. Vor dem feindseligen Hohen Rat hielt er eine flammende Predigt (Apostelgeschichte 7,2ff.), die mit einer Vision Christi, der im Himmel zur Rechten Gottes steht, endet. Der Gerichtshof war daraufhin so empört, daß er alle Formalitäten vergaß. Seine Ankläger trieben Stephanus vor die Stadt und steinigten ihn zu Tode. Mit von der Partie war übrigens ein gewisser Saulus, der sich später bekehrte, den Namen Paulus annahm und selbst ein Heiliger wurde (siehe oben).

Die Steinigung des Stephanus, des ersten christlichen Märtyrers.

Stephanus ist der Schutzpatron der Steinmetze und Maurer. Sein angebliches Grab wurde 415 in Kafa Gamala entdeckt, und seine Reliquien – darunter auch Steine, die bei seiner Ermordung Verwendung gefunden hatten – wurden nach Konstantinopel und später nach Rom gebracht. Stephanus wird auch als »Protomärtyrer« bezeichnet, insofern er das Modell des Märtyrertums begründete. Das Wort Märtyrer geht auf das griechische Wort *martys* = »Bekenner, Zeuge, Blutzeuge« zurück.

Kanonisierung durch einen Papst: 10. Jahrhundert u.Z.

Der erste Heilige, der von einem Papst kanonisiert wurde, war Ulrich, der Bischof von Augsburg (gest. 973). Während seines fünfzigjährigen Pontifikats hatte er in der Kirche und in seiner Stadt eine wichtige Rolle gespielt. Die einzige Verfehlung, die ihm nachgesagt wurde, war ein Brief gegen das Zölibat der Geistlichen. Er stellte sich allerdings als verleumderische Fälschung heraus.

Ulrich wurde von Papst Johannes XV. am 31. Januar 993 auf dem Laterankonzil heiliggesprochen. Der erste Papst, der einen Heiligen schuf, griff also nicht auf die dramatischen Geschehnisse und Schicksale der Märtyrerzeit zurück, sondern wählte einen bekannten und beim Volk beliebten frommen Zeitgenossen.

Heute erinnert man sich an Ulrich allerdings nicht mehr wegen irgendwelcher Wunder oder wegen außerordentlicher Frömmigkeit, sondern nur deswegen, weil er der erste vom Papst kanonisierte Heilige ist, von dem wir wissen. Warum fiel Johannes' erste Wahl auf den frommen, aber nicht besonders auffälligen Bischof Ulrich?

Der offizielle Grund liegt auf der Hand: In ihren jeweiligen Diözesen hatten Bischöfe auf Verlangen ihrer Gemeinden seit Jahrhunderten immer wieder örtliche Heilige »geschaffen« – seit im 2. Jahrhundert die Christen in Smyrna die Gebeine des Märtyrers Polykarp aus der Asche des Scheiterhaufens, auf dem sein Leichnam verbrannt worden war, errettet und der Verehrung zugeführt hatten. In der Kirche verbreitete sich die Ansicht, die Päpste selbst sollten kraft ihrer obersten Amtsgewalt die Ehrung vornehmen. Der Kult um einen vom Papst geschaffenen Heiligen würde mehr Ansehen gewinnen und weit über die örtliche Gemeinde hinaus Anerkennung finden.

Daß sich Papst Johannes zu einer Heiligsprechung entschloß, hatte jedoch auch aktuelle politische Gründe: Sie sollten seine geistige Autorität in wirren

Zeiten bekräftigen. Der Gegenpapst Bonifatius VII. war vor kurzem gestorben, und in der Kirchenführung herrschte Unruhe. Der Kirchenstaat wurde von Johannes Crescentius gelenkt, der sich »Patricius« nannte und das Oberhaupt der mächtigen Familie der Crescentier war. Die Macht des Papstes Johannes beschränkte sich auf kirchliche Angelegenheiten. Eine Heiligsprechung war ein gewagter Schritt, durch den er seine Position festigen konnte.

Es dauerte jedoch noch siebenhundert Jahre, bis nach langem Streit um allerlei Spitzfindigkeiten das komplizierte Verfahren der Heiligsprechung oder Kanonisierung endgültig feste Gestalt annahm. Die Kanonisierung verleiht dem Auserwählten sieben Vorrechte:

1. Er (oder sie) wird in das Verzeichnis der Heiligen, den »Kanon«, aufgenommen.
2. Der Name der auserwählten Person darf in öffentlichen Gebeten der Kirche angerufen werden.
3. Kirchen dürfen dem oder der Heiligen zu Ehren benannt werden – geweiht sind sie jedoch Gott.
4. Im Namen des oder der Heiligen dürfen Messen gelesen werden.
5. Im kirchlichen Kalender wird ein Tag bestimmt, der dem Andenken des oder der Heiligen gewidmet ist.
6. Bildnisse des oder der Heiligen dürfen zum Zeichen seines oder ihres neuen Status im Himmel mit einem »Heiligenschein« versehen werden. Mit der Kanonisierung wird die Seele des oder der Heiligen aus dem Fegefeuer, wo sie nach Meinung mancher Kirchenlehrer bis zum Tag des Jüngsten Gerichts ausharrt, direkt in den Himmel versetzt.
7. Reliquien des oder der Heiligen dürfen öffentlich verehrt werden.

Seligsprechung.
Bevor ein Anwärter heiliggesprochen werden kann, muß er zunächst seliggesprochen werden, und vor der Seligsprechung erfolgt eine genaue Prüfung: Das Leben wird auf Beweise für außergewöhnliche Frömmigkeit, heldenhafte Tugend und Wunder, die mit seinem Namen in Verbindung stehen und vor oder nach seinem Tod vorgefallen sind, durchforstet.

Es wird tatsächlich eine Art von Gerichtsverhandlung abgehalten, bei der es einen Verteidiger und einen Staatsanwalt gibt. Die Person, die der Bischof zur Verteidigung des Anwärters auswählt, wird *postulator causae* genannt. Sie führt alles an, was für die Heiligkeit des Anwärters spricht. Ihr steht ein amtlicher Bedenkenträger gegenüber, der sogenannte *promotor justitiae* oder *promotor fidei*, im Volksmund auch *advocatus diaboli*, »Anwalt des Teufels« genannt. Seine Aufgabe besteht darin, alle vorgelegten Zeugnisse in Zweifel zu ziehen. Zweck des Verfahrens ist es, die Wahrheit und nichts als die Wahrheit zu ermitteln, wenn sie sich denn ermitteln läßt. Als Richter fungiert letztlich der amtierende Papst. Wenn er die Seligsprechung anordnet, so geschieht dies in Form einer feierlichen päpstlichen Proklamation, begleitet von einer feierlichen Messe. Die seliggesprochene Person kann von nun an innerhalb einer Teilkirche verehrt werden.

Wunder.
Das Heiligsprechungsverfahren – das Jahre oder Jahrzehnte später stattfinden kann und ähnlich abläuft – kann traditionell erst dann beginnen, wenn in der Zeit seit der Seligsprechung nachweislich mindestens zwei Wunder vorgefallen sind, die mit dem Anwärter in Verbindung stehen. Nun ist heutzutage die Beurteilung von Wundern im Lichte unserer medizinischen und physiologischen Kenntnisse allerdings etwas ganz anderes als in früheren Zeiten. Der Nachweis etwa eines Heilungswunders ist heute so schwer zu erbringen, daß der Papst unter Umständen beschließt, diese Klausel im Heiligsprechungsverfahren zu modifizieren oder zu suspendieren.

Erst im 17. und 18. Jahrhundert, unter den Päpsten Urban VIII. und Benedikt XIV., bekamen die Verfahren der Selig- und der Heiligsprechung ihre feste Form. Ein spezielles Verfahren, die sogenannte »gleichwertige Seligsprechung« *(beatificatio aequipollens per viam cultus)* wurde für Personen entwickelt, die schon seit langer Zeit öffentlich verehrt worden waren.

Entfernung eines Heiligen aus dem Kanon

So wie der Papst durch »Annullierung« eine an sich unauflösliche Ehe – nachdem Mann und Frau jahrelang miteinander geschlafen und Kinder großgezogen haben – auflösen kann, so kann er auch einen Heiligen »unterdrücken«, nachdem dieser jahrzehnte- oder jahrhundertlang öffentliche Verehrung und päpstliche Anerkennung genossen hat.

Wie kann es geschehen, daß ein seit alters her verehrter Heiliger plötzlich aus dem »Kanon« entfernt wird?

Neue historische Nachforschungen können ernsthafte Zweifel an der Frömmigkeit des Heiligen, an seiner Tugendhaftigkeit, an den mit seinem

Namen verbundenen Wundern aufkommen lassen. Aber so wie ein Staatsanwalt die Akten eines abgeschlossenen Kriminalfalls nur ungern noch einmal öffnet, weil er damit zugibt, daß er sich geirrt haben könnte, zeigt auch der Vatikan wenig Neigung, einen Heiligen oder die Zeugnisse, die sich auf ein Wunder beziehen, das mit ihm in Verbindung steht, neu zu prüfen.

Die meisten Heiligen werden aus dem allgemeinen Heiligenkalender entfernt, weil historische Nachprüfungen offenbaren, daß sie nie leibhaftig, sondern nur in der Phantasie des Volkes existiert haben. So tilgte z.B. Papst Paul VI. 1968 vierzig Heiligenfeste aus dem kirchlichen Kalender.

Unter den Betroffenen (die jedoch weiterhin »lokal« verehrt werden) waren:

Die heilige Barbara, Jungfrau und Märtyrerin aus dem 4. Jahrhundert; die Schutzheilige der Schützen, der Artilleristen, der Feuerwehrleute, der Feuerwerker, der Bergleute, Beschützerin gegen Feuer, Blitz und jähen Tod. Ihr Festtag war der 4. Dezember.

Barbara, eine Jungfrau von großer Schönheit, die heimlich Christin geworden war, wurde von ihrem Vater Dioskurus in einen Turm gesperrt – zu ihrem eigenen Wohl, wie er behauptete. Dioskurus ließ sich neben dem Turm ein Bad bauen. Der Bauarbeiter erblickte die keusche Schönheit, die ihn darum bat, ihrem Turm ein drittes Fenster zuzufügen – als Symbol der Dreifaltigkeit. Der Vater, überzeugt, daß das dritte Fenster nicht die einzige Gunst war, die der Arbeiter seiner Tochter erwiesen hatte, zog sein Schwert und wollte sie töten, doch sie sprang aus dem neuen Fenster.

Vater und Tochter stritten nun miteinander; er verlangte von ihr, sie solle ihrem Glauben abschwören, so wie sie ihre Jungfräulichkeit aufgegeben habe; sie weigerte sich. Er riß ihr die Kleider vom Leib, peitschte sie bis aufs Blut und schlug ihr zuletzt den Kopf ab. Da entfuhr dem Himmel ein gewaltiger Blitz und verwandelte den Vater augenblicklich in Asche. So wurde Barbara zur Schutzheiligen von allem, was mit Explosivstoffen zu tun hat.

Nachdem die heilige Barbara in Italien während des ganzen Mittelalters verehrt worden war, stufte die moderne Kirche sie herab, da sich außer der phantasievollen Legende kein Beweis für ihre Existenz finden ließ.

Der heilige Christophorus, Junggeselle und Märtyrer aus dem 3. Jahrhundert; Schutzheiliger der Reisenden, der Autofahrer, Pilger, Bus-, Lastwagen- und Skifahrer und überhaupt aller, die unterwegs sind. Sein Festtag war der 25. Juli. Als einer der bekanntesten und beliebtesten Schutzheiligen war er jahrhundertelang verehrt worden, bevor er 1969 aus dem Kanon entfernt wurde.

Mit seinen sieben Metern und seinem Hundegesicht (in manchen Legenden ist sogar von einem Hundekopf die Rede) war Christophorus der am meisten gefürchtete Mann in seiner Heimat Palästina. Selbst den Satan versetzte er in Angst und Schrecken. In einer stürmischen Nacht trug er einmal ein kleines Kind auf seinen Schultern durch einen reißenden Fluß. Seltsamerweise wurde das Kind unterwegs immer schwerer, aber der Riese Christophorus wankte nicht, und als er das andere Ufer erreicht hatte, gab sich das Kind als Christus zu erkennen. Der Name »Christophorus« stammt aus dem Griechischen. *Christophoros* bedeutet »Christus-Träger«, zunächst allerdings im spirituellen und nicht im körperlichen Sinne.

Im Mittelalter nahm seine Verehrung immer mehr zu, und seit dem Aufkommen des Automobils baumeln an vielen Rückspiegeln Christophorus-Medaillons. Inzwischen hatte er allerdings das Antlitz eines gutaussehenden, wenn auch übergroßen Mannes angenommen.

Die »Unterdrückung« keines anderen Heiligen hat in neuerer Zeit bei den Gläubigen soviel Enttäuschung ausgelöst. Viele Katholiken tragen auch weiterhin ihre Christophorus-Medaillons.

Der heilige Eustachius, ein Märtyrer der frühen Kirche; Schutzheiliger der Jäger sowie der Menschen in verzweifelten Situationen und der Familien mit traurigem Schicksal. Sein Festtag war der 20. September.

Im Mittelalter gehörte Eustachius zu den beliebtesten Heiligen: ein wohlhabender Römer, vielleicht ein Hauptmann der Wache des Kaisers Trajan. Als er eines Tages in den Wäldern bei Tivoli auf die Jagd ging, begegnete ihm ein Hirsch mit einem leuchtenden Kreuz inmitten des Geweihs. »Du sollst um meinetwillen vieles erleiden«, erklärte eine geheimnisvolle Stimme. Und so kam es. Der Jäger bekehrte sich zum Christentum, wurde aus dem Heer verstoßen und geriet in tiefe Armut. Piraten entführten seine Frau. Wildschweine raubten ihm seinen Sohn.

Viele Jahre später tauchte seine Frau wohlbehalten wieder auf, und auch sein Sohn kehrte unverletzt zurück. Während die Familie noch ihr Glück feierte, befahl ihnen der Kaiser, Götzenbilder anzubeten. Als sich die Löwen in der Arena weigerten, die Familie in Stücke zu reißen, wurde sie in den Bauch eines ehernen Stiers gestopft und zu Tode geröstet. So wurde Eustachius der Schutzheilige der Familien mit traurigem Schicksal. Die Legende hielt jedoch der Nachprüfung in neuerer Zeit nicht stand.

Der heilige Expeditus, ein armenischer Märtyrer, der Schutzheilige bei Notfällen und auf Intensivstationen. Sein Festtag war der 19. April.

Über diesen Heiligen ist erstaunlich wenig bekannt, und darin besteht das Problem. In Deutschland und Sizilien wurde er lange Zeit in Fällen dringender Not angerufen. Aber möglicherweise verdankt er seine Existenz bloß einem Mißverständnis.

Und dies ist die Geschichte: Aus Rom schickte man eines Tages eine Kiste mit den Gebeinen eines ungenannten Heiligen zur Aufbewahrung an ein Kloster in Paris. Auf der Kiste stand in italienischer Sprache *Spedito*, »Express« oder »Eilsendung«. Die wohlmeinenden lateinkundigen Nonnen glaubten, *Spedito* sei der Name des Heiligen und tauften ihn auf das entsprechende lateinische Wort: *Expeditus*. Angesichts einer derart fadenscheinigen Legende überrascht es, daß der Heilige nicht früher zurückgestuft wurde.

Die heilige Margareta, Jungfrau und Märtyrerin; Schutzheilige des Kindbetts. Ihr Festtag war der 20. Juli.

Margareta war im Mittelalter eine der beliebtesten Heiligen – auch sie eine jener berauschenden Schönheiten, die ein Leben lang danach trachteten, die eigene Jungfräulichkeit vor den sexuellen Belästigungen aufdringlicher Männer zu retten. Einer von diesen brachte sie ins Gefängnis. In der Zelle suchte sie der Satan in Gestalt eines Drachen heim und verschlang sie. Ein Kruzifix, das sie um den Hals trug, verlängerte sich zum Schwert, mit dem sie sich aus dem Bauch des Satans herausschneiden konnte. Auf diese Weise wurde sie die Schutzheilige beim Kaiserschnitt.

Ein anderer verschmähter Freier ließ sie enthaupten. Ihre zahlreichen Reliquien waren im Mittelalter hochgeschätzt, und in mehr als einem Fall kam es zu Kirchendiebstählen. Spätere Nachforschungen ergaben, daß ihr Leben reine Erfindung war, eine Art Abenteuerroman, geschrieben von einem Mann, der sich Theotimus nannte. Gleichgültig ob Faktum oder Fiktion – die Geschichte von der schönen Jungfrau, die von ihren Bedrängern schließlich abgeschlachtet wird, fesselte die einfachen Leute und erschien offenbar auch glaubwürdig.

Die heilige Philomena, Jungfrau und Märtyrerin. Ihr Festtag war der 11. August. Im Jahre 1802 wurden in den Priscilla-Katakomben in Rom die Gebeine eines halbwüchsigen Mädchens ausgegraben. Sie gelangten zu einem Pfarrer in Mugnano bei Neapel, der sie in einem Schrein in seiner Kirche als Reliquien der legendären heiligen Philomena aufbewahrte. Die Verehrung in der Umgebung steigerte sich fast zur Anbetung; von Wunderheilungen vor dem Reliquienschrein wurde berichtet; die Wallfahrten nach Mugnano nahmen zu; neue Kirchen wurden nach der heiligen Philomena benannt. Ihr wurde ein Festtag gewidmet.

In diesem Jahrhundert bewies die wissenschaftliche Archäologie, daß die Gebeine nicht die einer vor vielen hundert Jahren gestorbenen Jungfrau und Märtyrerin sein konnten. Der Befund löste einen großen Skandal aus, denn Philomena war keine obskure, halbvergessene Gestalt, sondern eine in ganz Italien hochverehrte Heilige. Trotzdem erklärte der Papst die heilige Philomena im Jahre 1961 für »unterdrückt«. Der Reliquienschrein in Mugnano wurde entfernt, und ihr Name wurde aus dem Kirchenkalender gestrichen.

Heiligenpatronate

Eine besondere Beziehung zu einem Patron oder Schutzheiligen kann auf verschiedene Arten zustande kommen. Nach christlicher Tradition wird jedes Kind auf den Namen eines Heiligen getauft, der auf diese Weise zum Schutzpatron oder himmlischen Helfer des Kindes wird. Manche Gläubigen erwählen sich zu ihrem bevorzugten Heiligen denjenigen, dessen Festtag auf ihren Geburtstag fällt.

Ein Heiliger, der im Leben als Maurer tätig war, kann zum Patron der Bauarbeiter werden.

Adam, der sich im ersten Garten dieser Welt abmühte und zusammen mit Eva am 24. Dezember als Heiliger verehrt wird, ist der Patron der Gärtner.

Der heilige Paulus, von Beruf Zeltmacher, ist der Patron der Zeltmacher und Polsterer. Einer Legende zufolge wurde Paulus im Jahre 68 u.Z. auf Befehl des Kaisers Nero in Rom enthauptet. An der Stelle, wo dies geschehen sein soll, steht heute die Kirche San Paolo alle Tre Fontane, »Sankt Paul zu den drei Brunnen« – so genannt, weil der Kopf des Paulus bei seiner Enthauptung dreimal auf den Boden aufschlug und sich wunderbarerweise an diesen drei Stellen Quellen auftaten. Heute locken dort drei Marmorbrunnen die Touristen an. Das Haupt des heiligen Paulus wird zusammen mit dem des heiligen Petrus in einer goldenen Urne auf dem päpstlichen Altar der Laterankirche aufbewahrt.

Der heilige Franziskus von Assisi, der die Vögel, die Bienen und die ganze Natur liebte, war lange der Patron der Tiere und ist heute – die Erweiterung seines Aufgabenbereichs scheint plausibel – auch der Patron der Ökologie.

Eine ähnliche Ausweitung seines Wirkungskreises hat der heilige Gabriel erlebt. Als Gottes wichtigster Sendbote wurde der Erzengel 1951 von Pius XII. zum Patron der Telekommunikation erklärt und wacht infolgedessen heute auch über den Cyberspace.

Manchmal, wie in diesem Falle, werden die Patronate den Heiligen von der Kirche offiziell zugewiesen. In anderen Fällen sind sie aus dem Volksglauben erwachsen.

Der Märtyrer Sebastian, dessen Körper in der Kunst stets von zahlreichen Pfeilen durchbohrt dargestellt wird, ist der Patron der Bogenschützen und sinnigerweise der Nadelmacher. Er ist zudem auch ein gutes Beispiel dafür, wie sich verschiedene Patronate bei einem Heiligen häufen können. Sebastian ist nämlich außerdem der Patron von Deutschland, von Gent, von Oppenheim, der Grafschaft Oettingen, von Rom, der Büchsenmacher, Soldaten, Bürstenbinder, Eisenhändler, Gerber, Kornhändler, Leichenträger, Raketenmacher, Steinmetze, Töpfer, Tuchmacher, Zinngießer, der Frauen und Sterbenden, und er hilft gegen die Pest und andere Seuchen sowie gegen Ketzerei und Religionsfeinde.

Die heilige Apollonia von Alexandria aus dem 3. Jahrhundert ist die Patronin der Zahnärzte und wird gegen Zahnschmerzen angerufen, weil ihr im Laufe ihres langen Martyriums ein heidnischer Pöbel die Zähne einschlug und mit einer Zange ausriß. Ihr Wappen oder Emblem ist ein von einer Zange gefaßter Zahn. Teile ihres Unterkiefers und zahlreiche Zähne werden als Reliquien in mindestens fünf Kathedralen in Europa aufbewahrt.

Zuständigkeiten – die Vierzehn Nothelfer: seit dem 9. Jahrhundert

Einige der neuerdings unterdrückten Heiligen gehörten zu den vor allem in Süddeutschland seit dem 9. Jahrhundert verehrten vierzehn Nothelfern.

St. Georg – angerufen gegen Seuchen der Haustiere.
St. Blasius – angerufen gegen Halsleiden,
namentlich verschluckte Fischgräten.
St. Erasmus – angerufen gegen Leibschmerzen.
St. Pantaleon – der Patron der Ärzte.
St. Veit – angerufen gegen Epilepsie.
St. Christophorus – angerufen gegen unvorbereiteten Tod.

St. Dionysius – angerufen gegen Kopfschmerzen.
St. Cyriakus – angerufen gegen Anfechtung in der Todesstunde.
St. Achatius – angerufen gegen Todesangst und Zweifel.
St. Eustachius – angerufen in allen schwierigen Lebenslagen.
St. Ägidius – angerufen zur Ablegung einer guten Beichte.
St. Margareta – Patronin der Gebärenden.
St. Barbara – Patronin der Sterbenden.
St. Katharina – angerufen gegen Leiden der Zunge und schwere Sprache.

Ein heiliger Märtyrer des 20. Jahrhunderts: Maximilian Kolbe

In der Nachfolge Christi starb dieser polnische Franziskaner am 14. August 1941 in Auschwitz an einer tödlichen Injektion, die ihm in seiner Zelle verabreicht worden war: Er hatte sich für einen Mitgefangenen geopfert. »Es gibt keine größere Liebe«, so verkündete Jesus, »als wenn einer sein Leben für seine Freunde hingibt.« (Johannes 15,13)

Pater Kolbes heldenmütiges Handeln ist gut belegt: »Gegen sechs Uhr abends am 30. Juli 1941«, so schreibt Kenneth Woodward in seinem aufschlußreichen Buch *Making Saints*, »wurden die Häftlinge von Block 14 zu einem Appell vor dem Lagerkommandanten Fritsch nach draußen gerufen. Ein Häftling aus dem Block war entflohen, und deshalb sollten nun zehn Männer ausgewählt werden und durch ihren Hungertod die Flucht sühnen. Unter den Ausgewählten war auch Franz Gajowniczek, der anfing zu weinen. ›Meine arme Frau, meine armen Kinder‹, schluchzte er. Da trat Kolbe vor und bat darum, ihn anstelle von Gajowniczek auszuwählen.«

In einem Keller des Bunkers II wurden die zehn Männer nun im Laufe von sechzehn Tagen zu Tode gehungert. Am 14. August erhielten die letzten vier, unter ihnen Kolbe, eine tödliche Giftspritze. Bei seiner Seligsprechung im Jahre 1971 kam der Vatikan zu dem Schluß, daß Kolbes Akt nicht als Martyrium zu bewerten sei, doch eine Delegation von Geistlichen – zu der auch Karol Wojtyla, der spätere Papst Johannes Paul II., gehörte – richtete an Papst Paul VI. die Bitte, Pater Kolbe als einen »Märtyrer der Barmherzigkeit« anzuerkennen.

Am 10. Oktober 1982 verkündete Johannes Paul II. auf dem Petersplatz vor 250000 Gläubigen, einer der größten Menschenmengen, die je zu einer Heiligsprechung zusammengekommen war: »So habe ich kraft meiner apostolischen Vollmacht beschlossen, daß Maximilian Maria Kolbe, der von seiner Seligsprechung an als Bekenner verehrt wurde, nunmehr auch als Märtyrer verehrt werde!«

Der Festtag des heiligen Maximilian Kolbe ist sein Todestag, der 14. August. Er ist der Patron der Drogensüchtigen.

15. Kapitel
Reliquien
Buddhazahn bis Christuskreuz

Sterbliche Überreste und heilige Gegenstände: alle Religionen

Ein linker Eckzahn Buddhas wird in dem Zahn-Heiligtum von Kandy in Sri Lanka verehrt. Seine beiden Schlüsselbeine und drei andere Eckzähne sind an anderen Stellen Asiens Gegenstand intensiver Andachtsübungen. Die Schale, mit der er um milde Gaben bat, wird im indischen Peschawar verehrt.

Tatsächlich spielen Reliquien im Buddhismus eine größere Rolle als in jeder anderen nicht-christlichen Religion. Der Gläubige umschreitet mehrmals den *Stupa* oder Reliquienschrein, wobei er Speise- und Blumenopfer darbringt und über die Lehren Buddhas meditiert.

Im Christentum gibt es die *Schweißtüchlein* des heiligen Paulus, mit denen er die Kranken betupfte. Die Tüchlein selbst sind zwar nicht mehr vorhanden, aber im Neuen Testament ist von ihnen die Rede, und dies ist in der christlichen Überlieferung der erste Hinweis auf Reliquien – persönliche Gegenstände oder sterbliche Überreste heiliger Männer und Frauen, die noch lange nach ihrem Tod Wunder tun. In der Apostelgeschichte (19,11-12) berichtet der Evangelist (und Arzt) Lukas im Jahre 65 u.Z.:

»Und Gott wirkte nicht geringe Taten durch die Hand des Paulus, so daß sie auch von seiner Haut die Schweißtüchlein oder Binden über die Kranken hielten und die Krankheiten von ihnen wichen und die bösen Geister von ihnen ausfuhren.«

Im Kloster von Avila wird das Herz der heiligen Theresa (gest. 1582) aufbewahrt. Nun schützt und hilft sie gegen Herzkrankheiten, nachdem sie im Leben, wie sie selbst es ausdrückte, Gottes Liebe erfahren hatte »wie eine Lanze, die ins Herz gestoßen wird«. Dieses Herz wird heute hinter Glas, mit einer kleinen Krone verziert, ausgestellt. Der Überlieferung zufolge befindet sich ein Teil dieses Herzens in Mailand. Ein Arm in Lissabon. Eine Brust in Rom, in der Kirche des heiligen Pankratius, der seinerseits ebenfalls, wie der hl. Dionysius, vor Kopfschmerzen schützt. Die Überreste der heiligen Theresa sollen wunderbarerweise unverwest geblieben sein und noch immer »einen überwältigenden Rosenduft« verströmen.

Sodann gibt es unzählige Splitter von Christi blutigem Kreuz; außerdem die Nägel, mit denen er ans Kreuz geschlagen wurde; den in Essig getauchten Schwamm, an dem er saugte, und die Lanze, mit der man ihm in die Seite stach das Schweißtuch der heiligen Veronika mit einem Abbild des leidenden Christus mit der Dornenkrone sowie das Leintuch, in das Christi Leichnam gehüllt wurde. Es befindet sich heute in Turin.

Was soll man von alledem halten? Was ist authentisch?

Sicher ist jedenfalls, daß das Wort »Reliquien« auf das lateinische *reliquiae*, »Überreste«, zurückgeht.

Heilige Gegenstände im Judentum: Altes Testament, 2. Könige 13,20-21

Die Juden kennen keine Heiligen, und sie verehren auch keine Reliquien.

Für die Juden sind bestimmte religiöse Gegenstände heilig, die Thora etwa, eine Mesua und die *Tefillin.* Im Hebräischen werden solche Dinge *taschmischai kodesch*, »Gerätschaften der Heiligkeit«, genannt, und sie sollen mit Respekt behandelt und an einem würdigen Ort aufbewahrt werden, wenn man sie nicht gerade braucht.

Der Talmud erläutert im einzelnen, wie man mit heiligen Gegenständen, die nicht mehr benötigt werden oder einem anderen Gebrauch zugeführt werden sollen, verfahren darf. So darf man zum Beispiel ein ewiges Licht oder eine Menora verkaufen, um das Geld zu bekommen, für das man einen Schreiber beauftragt, eine Thora zu schreiben. Eine Thora darf jedoch nicht verkauft werden, um mit dem Geld eine Menora zu erwerben, weil diese von geringerer Heiligkeit ist. Diese Wertabstufung ähnelt der christlichen Vorstellung von drei unterschiedlich wichtigen Klassen von Reliquien, von denen noch die Rede sein wird.

Aus der hebräischen Heiligen Schrift geht hervor, daß manche Menschen glaubten, den sterblichen Überresten heiliger Propheten wohnten Wunderkräfte inne. Elisa zum Beispiel war seit langem tot und begraben, als die Leiche eines zweiten Mannes in das Grab des Propheten gelegt wurde:

»Und als er die Gebeine Elisas berührte, wurde er lebendig und trat auf seine Füße.« (2. Könige 13,21)

Hinduismus.
Wie das Judentum kennt auch der Hinduismus keine Reliquien. Dafür gibt es zwei Gründe. Zum einen hat der Hinduismus keinen historisch bestimmbaren Stifter, vergleichbar mit Abraham in der jüdischen Religion, mit Christus im Christentum, mit Mohammed im Islam oder mit Buddha im Buddhismus. Zum anderen betrachtet der Hinduismus die materielle Welt und das menschliche Dasein selbst als eine Art von Illusion. Aus dieser Perspektive wirkt es von vornherein zwecklos, die körperlichen Überreste und weltlichen Besitztümer heiliger Menschen zu verehren.

Christliche Reliquien: 2. Jahrhundert u.Z.

Die Reliquienfrömmigkeit geht bis in die frühe Zeit der christlichen Kirche zurück. Es überrascht nicht, daß die sterblichen Überreste der Märtyrer und Gegenstände aus ihrer persönlichen Umgebung zu den ersten Objekten gehörten, die verehrt wurden. Sie waren in großer Fülle vorhanden, und ihre Echtheit stand dank der räumlichen und zeitlichen Nähe außer Zweifel.

Im 2. Jahrhundert nennt ein Bericht über das Martyrium des Polykarp die nach der Verbrennung dieses Bischofs von Smyrna in Kleinasien aus der Asche geborgenen Gebeine »wertvoller als Edelsteine, kostbarer als Gold«. Der Reliquienkult hatte schon begonnen.

Der heilige Polykarp (etwa 65 bis etwa 151) verkündete das Evangelium in ganz Griechenland. Als er schon über achtzig war, nahm er an einem Fest in Smyrna teil, bei dem auch der römische Prokonsul Statius Quadratus zugegen war. In der öffentlichen Arena forderte Statius den Polykarp dreimal auf, Christus zu verleugnen und dem Kaiser zu huldigen. Dreimal weigerte sich Polykarp mit den Worten: »Sechsundachtzig Jahre habe ich Christus gedient, und er hat mir kein Unrecht getan. Wie könnte ich da meinen König und Erlöser lästern? Hör, was ich hier sage: Ich bin Christ.«

Wutentbrannt befahl Statius, den Bischof lebendig auf dem Scheiterhaufen zu verbrennen. Als die Flammen schon an seinen Kleidern leckten, hörte man Polykarp beten: »Ich danke dir, himmlischer Vater, daß du mich dieses Tags und dieser Stunde für würdig befunden hast, daß ich eingehen soll in die Zahl deiner Märtyrer im Kelch Christi.« Der Festtag des heiligen Polykarp ist der 23. Februar, der Tag, an dem er sein Martyrium erlitten haben soll.

Jede neue Christengemeinde bemühte sich um Reliquien von heiligen Märtyrern für den Altar ihrer Kirche. Seit dem 6. Jahrhundert wurden in den Kirchen eigens Seitenaltäre zu Ehren bestimmter Heiliger und ihrer sterblichen Reste errichtet. Drei Klassen von Reliquien bildeten sich heraus:

1. Leibliche Teile von Heiligen – Haar, Knochen, Zähne, »unverwesliches« Fleisch, Blut, Herzen – sowie Gegenstände, die bei Christi Leiden und Sterben eine Rolle spielten.
2. Teile von Kleidungsstücken und Gebrauchsgegenständen, die von Heiligen berührt wurden, sowie Werkzeuge, mit denen sie während ihres Martyriums gefoltert wurden.
3. Die letzte Klasse erweitert den Begriff der *reliquiae* über den von »Überbleibseln« hinaus – bei diesen Reliquien ergibt sich die Verehrungswürdigkeit nämlich daraus, daß sie mit Reliquien der ersten oder zweiten Klasse in Berührung gebracht worden sind. Nach der Logik der Heiligenverehrung ist die Fähigkeit, Wunder zu wirken, bei diesen sogenannten Kontaktreliquien natürlich weniger eindrucksvoll als bei den Reliquien der beiden anderen Klassen.

Reliquien im Islam.
Wie die Christen haben auch die Muslime sterbliche Überreste und persönliche Gegenstände ihrer zahlreichen Heiligen und ihres Propheten Mohammed aufbewahrt und verehrt: *Zwei Haare* vom Haupt Mohammeds werden im sogenannten Felsendom zu Jerusalem aufbewahrt, der über dem Kalksteinfelsen errichtet wurde, von dem Mohammed zum Himmel aufgefahren sein soll. Der Felsen selbst ist ebenfalls eine Reliquie, da er von Mohammed berührt worden ist.

Im Unterschied zum Christentum hat aber der Islam die Verehrung von Reliquien oder von Heiligengräbern nie offiziell anerkannt. Die Heiligen selbst wurden ja, wie wir gesehen haben, nur widerstrebend und dem Druck der Volksfrömmigkeit folgend zur Kenntnis genommen. Der Grund für diesen offiziellen Widerstand liegt auf der Hand. Anders als Christus beharrte Mohammed immer darauf, daß er seiner Natur nach rein menschlich und nicht göttlich sei; keiner der Knochen in seinem Leib war mehr als ein Knochen. Nur Allah sollte verehrt werden, jegliche Götzendienerei wurde verurteilt.

Kirchliche Billigung.
Die Reliquienverehrung nahm im Christentum rasch zu. Der heilige Augustinus stellte fest, daß auch Erdreich aus dem Heiligen Land Wunder bewirkte (und das Wachstum der Pflanzen förderte), und der heilige Hieronymus unterschied von Anfang an zwischen dem Beten zu Gott und der Verehrung von Reliquien: »Wir beten die Reliquien der Märtyrer nicht an, sondern verehren sie, um besser zu jenem beten zu können, dessen Märtyrer sie sind.«

Das Konzil von Gangra im Jahre 340 u.Z. bedrohte Christen, die nicht aus ganzem Herzen an die Reliquien glaubten, mit der Exkommunikation. Das zweite Konzil von Nicäa im Jahre 787 verurteilte jene, die an der Kraft der Reliquien zweifelten, ebenfalls streng, und das Konzil von Konstantinopel im Jahre 1084 bekräftigte diesen Standpunkt.

Wie Wunder geschehen.
Obwohl Wunder von Anfang an mit ihnen in Verbindung gebracht wurden, gewannen die Reliquien ihre fast magische Kraft in den schweren Zeiten des frühen Mittelalters – und obendrein eine zweifelhafte Authentizität. Damals ergoß sich eine Flut heiliger Überbleibsel aus allen Teilen Europas und Kleinasiens über die Christenheit. Die blutigen Kreuzzüge förderten zahllose fragwürdige Reliquien zutage und ließen auch starke moralische Zweifel an den bei ihrer Beschaffung angewendeten Methoden aufkommen.

Die Idee, Echtheit mit Hilfe wissenschaftlicher Methoden zu prüfen, gab es natürlich noch nicht. Tradition war der einzige Maßstab für den Wert einer Reliquie; wenn die Legende, die sich mit einer Reliquie verband, alt und glaubwürdig genug war, und wenn die Reliquie Wunder wirkte – ein wesentliches Kriterium –, dann galt sie als echt.

Thomas von Aquin setzte sich nachdrücklich für die Reliquienverehrung ein und erklärte, Gott wirke in Gegenwart einer Reliquie tatsächlich Wunder. Er erläuterte auch, wie dies geschah. Die Reliquie funktioniere gleichsam wie ein Vergrößerungsglas, indem sie die glorreichen Strahlen von Gottes Gnade bündele. Ein Splitter vom Gebein eines Heiligen war also eine Art Ausgangsbasis, von der aus der Heilige Geist aktiv werden konnte.

Heutzutage stellen viele Reliquien in Kirchen und Heiligtümern auf der ganzen Welt hohe Ansprüche an unsere Glaubensbereitschaft. Ihre Echtheit beruht weitgehend, wenn nicht vollständig, auf Legende und Volksüberlieferung. Daß sie immer noch Wunder wirken und Pilger anlocken, sagt weniger über die Reliquien selbst aus als über die Rolle, die Glaube und Zuversicht bei Heilungsphänomenen spielen. Die Kirche selbst gibt dies zu.

Wichtige Reliquien aus dem Umkreis von Christi Geburt:

Fünf Bretter der hölzernen Krippe, in der das Jesuskind gelegen hatte, gelangten unter dem Pontifikat von Theodor II. (642–649) nach Rom.

Die Krippe des Jesuskindes in Bethlehem.
Fünf Bretter von der Krippe, in der der kleine Jesus gelegen hat, werden in der Basilika Santa Maria Maggiore zu Rom aufbewahrt. Die Bretter (von einem Maulbeerbaum, wie eine spätere Untersuchung ergeben hat), die einst den Leib Christi berührten, sollen während des Pontifikats von Papst Theodor I. (642-649) von Palästina nach Rom gelangt sein. Die Krippenteile sind in einem reichverzierten Reliquiar aus Gold und Silber hinter Glas untergebracht. Durch mehrere Fenster kann man sie sehen. Eines der Bretter trägt eine griechische Inschrift aus späterer Zeit.

Christi Windeln.
In dem auf Karl den Großen zurückgehenden Dom in Aachen werden in einem goldenen Reliquiar die Windeln des Jesuskindes aufbewahrt. Alle sieben Jahre werden sie bei der »Aachener Heiligtumsfahrt« (zusammen mit anderen textilen Reliquien: einem Untergewand der Muttergottes, dem Lendentuch Jesu und dem Leinentuch, auf dem Johannes der Täufer enthauptet wurde) gezeigt und öffentlich verehrt. Die Aachener »Heiltümer« gelten zusammen mit dem »Heiligen Rock«, dem Leibrock Christi im Trierer Dom, als die bedeutendsten Reliquien in Deutschland.

Papst Gregor I. (590–604) erklomm die Stufen der Heiligen Treppe aus dem Palast des Pilatus zu seiner spirituellen Verjüngung.

Wichtige Reliquien aus dem Umkreis von Christi Passion:

Die Stufen aus dem Palast des Pilatus.
In einer Kapelle in der Nähe der Laterankirche in Rom werden achtundzwanzig ausgetretene Stufen gezeigt, die *scala santa* oder »heilige Treppe«, die Jesus an dem Abend hinaufgestiegen sein soll, an dem Pilatus ihn zum Tode verurteilte. Sie soll im 4. Jahrhundert unter den wachsamen Augen der heiligen

Helena, der Mutter des Kaisers Konstantin, nach Rom gebracht worden sein; der Kaiser hatte seine betagte Mutter mit dem Auftrag nach Palästina geschickt, dort nach dem wahren Kreuz zu suchen.

Pilger küssen die Glasabdeckungen über den Flecken, die Christi blutige Füße auf den Stufen zurückgelassen haben. Papst Gregor der Große (590-604) stieg die Stufen gern zu seiner spirituellen Verjüngung hinauf, und am Vorabend des Einmarschs der Truppen des italienischen Königs Viktor Emanuel II. in Rom erklomm der achtundsiebzigjährige Papst Pius IX. (1846-78) die Treppe auf seinen Knien.

(Zum gegenwärtigen Aufbewahrungsort des Kelchs, aus dem Christus beim Letzten Abendmahl trank, *siehe* Gral)

Der Pfahl, an dem Christus gegeißelt wurde.
Ein Teil des Pfahls, an den Christus bei seiner Geißelung gefesselt wurde, wird in der Kirche San Prassede in Rom gezeigt. Der Kardinal Johannes Colonna soll ihn 1223 aus Konstantinopel nach Rom gebracht haben; wie und von wo er dorthin gelangte, ist unbekannt. Der Pfahl ist übrigens nicht aus Holz, es handelt sich vielmehr um eine Säule aus orientalischem Jaspis.

Christi Dornenkrone.
Heute ist diese Krone nur noch ein kahler Rankenkranz. Die Dornen wurden im Laufe der Jahrhunderte als Einzelreliquien verteilt. Mehrere Kirchen in verschiedenen europäischen Ländern behaupten, im Besitz solcher Dornen zu sein. Die Krone selbst wird in einem prachtvollen Reliquiar in der Kathedrale Notre-Dame in Paris aufbewahrt. Einmal im Jahr wird sie gezeigt – während des Gottesdienstes am Karfreitag, also an dem Tag, an dem Christus selbst sie trug.

Diese Reliquie soll im 6. Jahrhundert auf dem Fußboden des Heiligen Grabes gefunden worden sein. Im 11. Jahrhundert gelangte sie nach Konstantinopel und wurde später dem König von Frankreich zum Geschenk gemacht, der sie barfuß und nur mit einer einfachen Tunika bekleidet zur allgemeinen Verehrung durch die Straßen trug. Auch Napoleon verehrte die Dornenkrone.

Im Jahre 590 u.Z. hatten die Ranken noch ihre Dornen. Damals schrieb der heilige Gregor von Tours, sie seien frisch und grün und »erneuern sich an jedem Tag in wunderbarer Weise«. Die Dornen waren ausgezeichnete Geschenke. So erfahren wir zum Beispiel, daß der letzte römische Kaiser in Byzanz, Justinian, den heiligen Germanus, den Bischof von Paris, mit der

Überreichung eines einzelnen Dorns in einem goldenen Kästchen tief beeindruckte. Karl der Große, der erste Kaiser des Heiligen Römischen Reiches, erhielt acht Dornen zum Geschenk, die heute im Aachener Dom aufbewahrt werden (zusammen mit den oben erwähnten textilen Reliquien). Die schottische Königin Maria Stuart hielt die in ihrem Besitz befindlichen Dornen in hohen Ehren. Heute werden sie in Stanbrook Abbey aufbewahrt.

Die zahlreichen Dornen, die in Kirchen und Museen auf der ganzen Welt gezeigt werden – mehr als siebzig, zu denen noch Dutzende von angeblich verlorengegangenen Dornen gerechnet werden müssen –, können nun allerdings unmöglich von einem einzigen Rankenkranz jener Pflanze stammen, die heute den Namen *Zizyphus spina-christi* trägt. Es heißt dazu, die überzähligen Dornen seien eigentlich Reliquien dritter Klasse – Dornen, die in späterer Zeit mit der Krone in Berührung gebracht worden seien und auf diese Weise einen gewissen Grad an Heiligkeit erlangten.

Die Dornenkrone wird in Frankreich aufbewahrt, ein Teil des Kreuzes in Spanien und die Nägel in Italien.

Das Kreuz Christi.
Im 4. Jahrhundert schickte Kaiser Konstantin seine achtzigjährige Mutter, die heilige Helena, mit dem Auftrag, das wahre Kreuz zu suchen, nach Palästina. Die alte Dame unterhielt sich, von göttlicher Eingebung geleitet, mit ortsansässigen Juden und Christen und entdeckte schließlich ein hölzernes Kreuz, versteckt unter allerlei Unrat im Heiligen Grab – über dem ihr Sohn wenig später eine prächtige Basilika errichten ließ.

Eine Legende erzählt, die Juden hätten in Wirklichkeit drei Kreuze im Heiligen Grab versteckt, um den Christen die Verehrung des wahren Kreuzes zu erschweren. Dieses sei als solches erst erkannt worden, als man mit ihm den Leichnam eines Mannes berührte, der daraufhin sofort wieder lebendig wurde. Mit den beiden anderen Kreuzen hatte man dies ebenfalls probiert, jedoch ohne Erfolg.

Beträchtliche Teile des wahren Kreuzes (so viele, daß sie nicht alle von einem Kreuz stammen können) haben im Laufe der Jahrhunderte ihren Weg nach Europa gefunden, wo sie oft Anlaß zur Errichtung neuer Kirchen waren, etwa der Basilika Santa Croce in Rom.

Die katholische Historikerin Joan Carroll Cruz schreibt in ihrem Buch *Relics* (Reliquien): »Anspruch auf den Besitz von Kreuzesreliquien von nennenswerter Größe erheben der Trierer Dom, Notre-Dame in Paris, die Kathedrale von Gent in Belgien, die Kathedrale von Oviedo in Spanien und das Kloster St. Toribio in der nordspanischen Liebana. Ein ziemlich grobes Stück der Reliquie befindet sich im Vatikan, und zwar in einem der vier riesigen Pfeiler am Hochaltar des Petersdoms. Der Pfeiler läßt sich anhand einer monumentalen Statue der heiligen Helena, die vor ihm steht, leicht erkennen.« Eine mikroskopische Analyse der Reliquie im Vatikan deutet darauf hin, daß es sich um Kiefernholz handelt.

Kreuzesnägel.
Ein Nagel für jedes der beiden Handgelenke und ein Nagel für jeden Fuß (die übereinandergelegten Füße sind eine Bildidee späterer Künstler) – das macht insgesamt vier Nägel. In Europa behaupten allerdings mindestens dreißig Kirchen, einen oder mehrere Kreuzesnägel zu besitzen. Notre-Dame zum Beispiel besitzt drei, ebenso der Dom von Florenz. Santa Croce nimmt für sich in Anspruch, die einzigen echten Nägel zu besitzen. Alle diese Nägel sind tatsächlich alt, sie stammen aus römischer Zeit.

Einwänden gegen diese verdächtige Fülle von Reliquien wird im allgemeinen mit dem Hinweis begegnet, bei den unechten handele es sich um Kontaktreliquien. Man hat vermutet, diese Klasse von Reliquien sei eigens geschaffen worden, um das allgemeine Verlangen nach Reliquien überhaupt stillen zu können.

Christi Schwamm.
Der Meerschwamm, der in Essig getaucht und Christus dargeboten wurde, als ihn dürstete, ist in verschiedene Stücke aufgeteilt worden. Ein großes Stück befindet sich in Frankreich, kleinere Teile werden in Reliquiaren in den römischen Kirchen San Giovanni in Laterano, Santa Maria Maggiore und Santa Maria in Trastevere sowie im Aachener Dom aufbewahrt.

Die Lanze, die Christi Seite durchbohrte.
Der römische Soldat Longinus soll mit ihr zugestochen haben. Sie wurde jedoch erst spät, im 6. Jahrhundert, im Heiligen Grab gefunden, genau wie die Dornenkrone und das wahre Kreuz. Die Lanze und vor allem ihre Spitze wurden in vielen Städten Europas verehrt, denn diese Reliquie ging seit ihrer Auffindung durch viele Hände. Die Lanzenspitze ist anscheinend verlorenge-

gangen – vielleicht wurde sie gestohlen –, aber der Schaft befindet sich heute in Sankt Peter in Rom.

In den Umkreis der Passion Christi gehören auch das vieldiskutierte *Turiner Grabtuch*, in das Joseph von Arimathia den Leichnam Jesu gehüllt haben soll, das *Schweißtuch der heiligen Veronika*, das Veronika Jesus auf dem Kreuzweg gereicht haben soll und in dem er ein Abbild seiner Gesichtszüge zurückließ (heute im Petersdom), sowie das *Grabtuch*, das in der Kathedrale von Oviedo gezeigt wird.

Neben diesen mit Christus verbundenen Reliquien werden an vielen Orten zahllose andere Heiligenreliquien verehrt.

Authentizität.

Nach der Echtheit dieser Reliquien – manchmal ganze Leichname, die sich unverwest erhalten haben, oder Blut, das sich in regelmäßigen Abständen verflüssigt – fragt die katholische Kirche nur ungern, da sie doch vielerorts so fromm und andächtig verehrt werden.

Das Konzil von Trient erklärte 1563 die Reliquienverehrung für rechtmäßig und legte die Regeln fest, nach denen die Bischöfe die Echtheit der sterblichen Überreste von Heiligen beglaubigen sollten. Diese Aufgabe war nie leicht. Früher genügte die Überlieferung. Heute, im Zeitalter der Gen-Tests, könnte sich das, was man für das Herz eines gelehrten Heiligen hielt, am Ende als das Herz eines Ebers erweisen.

Um die gleiche Zeit, als das Konzil von Trient die Reliquienverehrung sanktionierte, zogen die protestantischen Reformatoren gegen sie zu Felde – und bei dieser Ablehnung ist es in weiten Bereichen des Protestantismus bis heute geblieben.

In der orthodoxen Ostkirche tritt die Reliquienverehrung hinter der Verehrung der mit Edelsteinen reichverzierten, oft in Silberrahmen gefaßten Heiligenikonen zurück.

Teil VII. Himmlische Gestalten

16. Kapitel
Gott
Erscheinungsbild bis Existenz

Das deutsche Wort »Gott« (ebenso wie das englische *god* und das schwedische *gud*) gehen auf ein germanisches *guda* (»Gott«) zurück, dessen Herkunft allerdings nicht sicher geklärt ist. Es könnte auf ein erschlossenes indogermanisches *ghau* = »anrufen« zurückgehen und würde dann »das (durch Zauberwort) angerufene Wesen« bedeuten: oder es steht mit der indogermanischen Wurzel *gheu* in Verbindung, die auf das Verb »gießen« zuläuft, und würde bedeuten: »das, dem (gießend, d.h. durch Trankopfer) geopfert wird«. Jedenfalls war das germanische Wort *guda* ursprünglich sächlichen Geschlechts und bezeichnete männliche ebenso wie weibliche Gottheiten. Mit dem Aufkommen des Christentums im Norden wurde es zur Bezeichnung des christlichen Gottes verwendet.

Namen sagen uns viel. Aus ihren Ursprüngen läßt sich manches erschließen – auch aus den verschiedenen Namen, mit denen Gott bezeichnet wurde.

»Ich bin der Herr, dein Gott«, erklärte dieser Gott, vielleicht schon um 1400 v.u.Z., und fügte hinzu: »Du sollst keine anderen Götter neben mir haben.« (2. Mose 20,2-3)

Beginnen wir mit seinem ältesten Namen.

Jahwe: Naher Osten, um 1400 bis 1200 v.u.Z.

Für Muslime ist er *Allah*, was im Arabischen »Gott« bedeutet.

Für die Christen ist er *Gottvater*, der sich von den beiden anderen Gestalten der Dreifaltigkeit absetzt: dem Sohn und dem Heiligen Geist.

Für die alten Israeliten jedoch war er *Jahwe* – und trug damit einen persönlichen Namen.

Aus einem brennenden Busch am Berg Sinai rief Gott den Moses an (dessen Name bedeutet »aus dem Wasser gezogen«) und befahl ihm, die Israeliten aus der Knechtschaft in Ägypten zu befreien. Erschrocken fragte Moses:

»Siehe, wenn ich zu den Kindern Israel komme und spreche zu ihnen: Der Gott eurer Väter hat mich zu euch gesandt! und sie mir sagen werden: Wie ist sein Name?, was soll ich ihnen sagen?« (2. Mose 3,13)

Gott gab darauf eine verschlüsselte Antwort, er hüllte seinen Namen in vier hebräische Konsonanten JHWH – das sogenannte Tetragramm (griechisch: »vier Schriftzeichen«). Man spricht es Jahwe aus, und es gibt verschiedene Übersetzungen: »Ich bin, der ich bin« oder »Ich werde sein, der ich sein werde« und schließlich auch: »Der zum Dasein bringt alles, was da ist«.

Alle drei Bedeutungen zeigen, wie das Wort »Jahwe« mit dem hebräischen Verb für »sein« verbunden ist und wie sich die Bedeutung dieses Verbs zu »dasein, existieren« und schließlich auch zu »in etwas wirkend gegenwärtig sein« erweitert. Diese letzte Bedeutung deutet auf die »wirksame Anwesenheit« Gottes unter den Menschen und sein Eingreifen in das tägliche Geschehen hin.

Ungesprochen, ungeschrieben.

Bis zur Zerstörung des Ersten Tempels im Jahre 586 v.u.Z. sprachen die Menschen, wenn sie ihren Gott anriefen, den Namen »Jahwe« laut aus. Im 3. Jahrhundert v.u.Z. kam das Verbot auf, den persönlichen Namen Gottes auszusprechen. Nur der Hohepriester durfte ihn an Jom Kippur, dem »Versöhnungstag«, im Allerheiligsten des Tempels anrufen und so dazu beitragen, die Sünden des ganzen Volkes Israel zu sühnen.

Der Name »Jahwe« taucht in der hebräischen Bibel schon in der Schöpfungsgeschichte des ersten Buches Mose auf.

Das erste der Zehn Gebote, die Gott dem Moses am Berg Sinai übergab, forderte, wie wir gesehen haben, besondere Hingabe: »Du sollst keine anderen Götter haben neben mir.«

Und aus dem zweiten Gebot: »Du sollst den Namen des Herrn, deines Gottes, nicht mißbrauchen« leiteten die Hohepriester des 3. Jahrhunderts die Vorstellung ab, Gott wolle nicht, daß man seinen persönlichen Namen laut ausspreche. Aus Ehrfurcht scheuten die Juden davor zurück, »Jahwe« auszusprechen, und bezeichneten Gott statt dessen mit dem hebräischen Wort für »Herr« oder »Herrscher«: *adonaj.*

Jahrhunderte später übersetzten die Griechisch sprechenden Juden, die die erste griechische Version der hebräischen Bibel, die Septuaginta, herstellten, das Wort *adonaj* mit *kyrios* (»Herr«). Und noch später verwendeten die lateinischen Kirchenväter das Wort *dominus*.

Es war kein Zufall, daß der Evangelist Lukas (sein Name bedeutet »Lichtspender«) und der heilige Paulus (sein Name bedeutet »klein«) den Ausdruck *kyrios* als wichtigste Bezeichnung auch für Jesus Christus übernahmen. Die Juden hatten Gott (den Vater) *kyrios* genannt, und nun nannten die Christen den Sohn Gottes beim gleichen Namen. So wurde *kyrios* eine Art Familienname, der Sohn und Vater verband.

Auch heute schreiben strenggläubige Juden den Namen Gottes nicht einfach auf; statt »Gott« schreiben sie »G-t«.

»Jehova« als Verfälschung von Jahwe: 16. Jahrhundert u.Z.

Jehowa ist ein sehr viel später auftauchender Name für Gott, eine falsche Wiedergabe von Moses' ursprünglichem Zungenbrecher *JHWH*.

Die Massoreten, die jüdischen Gelehrten und Schreiber, die sich zwischen dem 6. und 10. Jahrhundert u.Z. um einen gesicherten, korrekt überlieferten Text ihrer Bibel, den sogenannten *Tenach*, bemühten (der im wesentlichen das gleiche Material wie das christliche Alte Testament enthält, wenn auch in etwas anderer Anordnung), verknüpften das unaussprechbare JHWH mit den Vokalen zweier verbreiteter hebräischer Bezeichnungen für Gott: Adonaj und Elohim – und gelangten so zu »JeHoWah«, was dann von christlichen Autoren der Renaissance in der Schreibung »Jehova« aufgegriffen wurde.

Gab es das Wort »Jahwe« schon, ehe Moses es am Berg Sinai hörte?

Sprachwissenschaftler erklären, Jahwe sei einer von vielen Namen eines wichtigen heidnischen Gottes, den alle alten semitischen Völker vor dem Aufkommen des Monotheismus kannten. Der Stamm Levi, dem Moses angehörte, kannte das Wort und war sich dessen bewußt, daß es in verkürzter Form in frommen, einem Mantra ähnlichen Ausrufen – *Jo!* oder *Jah!* oder *Jahu!* – enthalten war. Seltsamerweise hieß Moses' Mutter Jochebed, ein Name, der sich von Jahwe herleitet. Klingt in dem Namen Gottes, der dem Moses offenbart wurde, eine Echo aus einer älteren matriarchalen Zeit an?

Der Jahwist: Deutschland, um 1800

Heute nimmt man an, daß nicht Moses der Verfasser der ersten fünf Bücher der hebräischen Bibel, des Pentateuch bzw. der Thora, gewesen ist. Die Gelehrten stimmen darin überein, daß es sich um ein aus mehreren Teilen zusammengesetztes, auf verschiedene Quellen bzw. verschiedene Verfasser zurückgehendes Werk handelt, das um das Jahr 500 v.u.Z. von einem sogenannten »Redaktor« geschickt zu einem Ganzen gefügt wurde.

Die ältesten Teile dieses Textes sollen von einem Verfasser geschrieben sein, den die Gelehrten den »Jahwisten« nennen, weil er den vierbuchstabigen Gottesnamen verwendet, im Unterschied zum »Elohisten«, der den Gottesnamen *Elohim* benutzt.

Wer könnte jener Jahwist, der Verfasser des sogenannten »Buches J«, gewesen sein? Gibt es irgendwelche Hinweise auf seine Identität?

In seinem faszinierenden Buch *The Book J* von 1990 vertritt Harold Bloom die These, J sei eine Frau gewesen, eine große Dichterin vom Range eines Homer oder eines Shakespeare, die um die Mitte des 10. Jahrhunderts v.u.Z. am Hof König Salomos gelebt habe. Bloom stützt seine Argumentation unter anderem auf die unvergeßlich kraftvollen und anschaulichen Frauenporträts im Alten Testament: Eva, Sara, Rebekka, Tamar und Zippora. Bloom glaubt, in diesen Porträts trete eine weibliche Perspektive zutage, die ein männlicher Verfasser damals nicht hätte einnehmen können.

Gottes äußere Erscheinung: Buch Daniel, etwa 6. Jahrhundert v.u.Z.

Wie sieht Gott aus?

Die Bibel gibt keine klare Beschreibung der äußeren Erscheinung des Allmächtigen, obwohl er im Mittelpunkt der Darstellung steht.

Die Verfasser des Alten Testaments vermenschlichen Gott, indem sie ihn mit Händen, Ohren und Augen ausstatten, auch mit Füßen, so daß er im Garten Eden umhergehen kann, und sogar mit einem Geruchssinn, so daß er den Duft von Noahs Brandopfer wahrnehmen kann.

Juden und Muslimen ist es verboten, Jahwe bzw. Allah bildlich darzustellen, da ihnen jedes Bild als eine Form von Götzenbild erscheint; im 2. Buch Mose (20,4) steht die Ermahnung: »Du sollst dir kein Bildnis noch irgendein Gleichnis machen.« Die unzähligen christlichen Künstler, die »Gottvater«

dargestellt haben, ließen sich vor allem von einer Stelle, einer Vision im Buch Daniel beeinflussen:

»Ich sah, wie Throne aufgestellt wurden, und einer, der uralt war, setzte sich. Sein Kleid war weiß wie Schnee und das Haar auf seinem Haupt rein wie Wolle; Feuerflammen waren sein Thron und dessen Räder loderndes Feuer.« (Daniel 7,9)

Diese schlichte Passage ist der Ursprung unserer geläufigen Vorstellung von einem großväterlichen Allmächtigen.

Der Name Daniel bedeutet »Gott ist mein Richter«, und das Buch, das Daniel irgendwann im 6. Jahrhundert v.u.Z. schrieb, besteht vor allem aus prophetischen Träumen und Visionen, während die tatsächliche Geschichte bloß als Hintergrund dient.

Daniel war entweder von königlicher Abstammung oder kam aus einer vornehmen Jerusalemer Familie. In Babylon wurde er von König Darius zu einem der drei Fürsten gemacht, nachdem er bei jenem denkwürdigen Festmahl die geheimnisvolle Schrift an der Wand gedeutet und dem Belsazar seinen Tod geweissagt hatte. Dies und der Umstand, daß Gott ihm immer wieder (zum Beispiel in der Löwengrube) auf wundersame Weise seinen Schutz gewährte, befähigte ihn, ein Buch mit Vorhersagen und Vorahnungen zu schreiben. Über seine späteren Jahre und seinen Tod wissen wir nichts. Es wäre natürlich hilfreich gewesen, wenn Daniel Gott etwas genauer beschrieben hätte.

Mehrere Gestalten in der Bibel haben Gott gesehen, aber es ist auffällig, wie wenig dabei sichtbar wurde.

- Moses sah Gott von hinten. (2. Mose 33,23)
- Jakob träumte: »... und siehe, eine Leiter stand auf Erden, die rührte mit der Spitze an den Himmel, und siehe, die Engel Gottes stiegen daran auf und nieder.« (1. Mose 28,12) Oben an der Leiter stand der Herr, aber beschrieben wird er nicht.
- Micha sah »den Herrn sitzen auf seinem Thron, und das ganze himmlische Heer stand zu seiner Rechten und zu seiner Linken.« (2. Chronik 18,18)

Viele sahen Throne:

- Jesaja sah »den Herrn sitzen auf einem hohen und erhabenen Thron«. (Jesaja 6,1)

• Hesekiel sah etwas, das aussah »wie ein Saphir, einem Thron gleich, und auf dem Thron saß einer, der aussah wie ein Mensch.« (Hesekiel 1,26)

• Johannes bleibt im Neuen Testament ebenfalls vage: »Alsbald kam der Geist über mich. Und siehe, ein Thron war gesetzt im Himmel, und auf dem Thron saß einer ...« (Offenbarung 4,4)

Selbst Jesus beschreibt im Laufe von vier detailreichen Evangelien seinen Vater an keiner Stelle.

Gleichnisse für Gott.
Den Juden war Gott vielerlei, wenngleich es ihnen schwerfiel, ihn zu schildern. Er war der persönliche Gott jedes einzelnen Israeliten und nahm in ihrer Vorstellung vielerlei Gestalten an:

Fels (2. Mose 17,1-7), *Hirte* (Psalm 23,1), *Schild* (Psalm 18,2), *Licht* (Psalm 27,1), *Vater* (Psalm 89,26), *schützender Vogel* (Psalm 91,4), *Schatten* (Psalm 121,5), *Psalm* (Jesaja 12,2), *Erlöser* (Jesaja 41,14), *Kriegsmann* (Jesaja 42,13), *Töpfer* (Jesaja 45,9), *Ehemann* (Jesaja 54,5), *Quelle* (Jeremia 2,13), *Tau* (Hosea 14,5), *Löwe, Panther, Bär* (Hosea 13,7-8).

Keines dieser Gleichnisse sagt uns, wie Gott aussah. Deshalb müssen wir Daniel für den kurzen Blick, den er uns gewährte, besonders dankbar sein.

Aus Göttern wird Gott: Vorderer Orient, etwa 1800 bis 1400 v.u.Z.

Der Gott der hebräischen Bibel, des Tenach, ist nun allerdings ein auffälliger Fall von multipler Persönlichkeit. Er leidet in hohem Maße unter einer Persönlichkeitsspaltung. Außerdem auch an heftiger Paranoia, Mangel an Selbstwertgefühl, diffuser Wut, Rachsucht und einer krankhaften Liebe zum Krieg. Er nimmt verschiedene Rollen ein, erscheint mal als freundlicher Befreier und dann als strenger Gesetzgeber, mal als maßvoller Schiedsrichter und dann wieder als völkermordender Kriegsherr gegen die Ungläubigen.

Ganz gewiß ist er nicht der grundgütige, mitfühlende Allmächtige späterer Zeiten, kein »lieber Gott«.

Der Turm zu Babel und die babylonische Sprachverwirrung: »Laßt uns herniederfahren und dort ihre Sprache verwirren.«

Es gibt einen Grund für die multiplen Persönlichkeiten, die der Gott der Israeliten aufweist. Im Nahen Osten erwuchs der Monotheismus nur schrittweise aus dem Polytheismus. Außerdem ist das Alte Testament kein in sich geschlossenes Buch, sondern eine Sammlung von Erzählungen verschiedener Verfasser, die in verschiedenen Ländern über einen Zeitraum von mehr als einem Jahrtausend entstanden sind.

Wenn vor allem in der Genesis, im 1. Buch Mose, zuweilen zwei verschiedene Wesen als Gott auftreten – dann deshalb, weil er von zweierlei Wesen war.

Auf der einen Seite der erhabene, selbstsichere Weltenschöpfer, der den Menschen nach seinem Bilde schuf. Auf der anderen Seite der grüblerische, unentschlossene, launische, strafende Griesgram. Viele Gelehrte sind der Meinung, daß Reste von Polytheismus, von einer Götterpluralität, aus der hebräischen Heiligen Schrift nie vollständig getilgt worden sind.

Als beispielsweise Adam das göttliche Gebot mißachtet, nicht vom Baum der Erkenntnis zu essen, erklärt Gott (Hervorhebung des Verfassers):

»Siehe, der Mensch ist geworden wie einer von uns *und weiß, was gut und böse ist.« (1. Mose 3,22)*

Und später, als die Menschen in ihrer Vermessenheit einen Turm zu bauen versuchen, der bis in den Himmel ragen soll, den Turm zu Babel, da blickt Gott aus dem Himmel auf sie herab und sagt (Hervorhebung des Verfassers):

»Wohlauf, laßt uns *herniederfahren und dort ihre Sprache verwirren.« (1. Mose 11,7)*

In diesem »uns« scheint noch eine Spur des alten Polytheismus im Vorderen Orient erhalten geblieben zu sein.

Von El zu Elohim: Die Entwicklung des Gottesnamens

Elohim, das gebräuchliche hebräische Wort für »Gott«, das in der hebräischen Bibel mehr als zweitausendmal als Bezeichnung für den Gott Israels erscheint, ist eine Pluralbildung und wird in seiner ältesten Verwendung mit »Götter« übersetzt. (Später wird es in der Bedeutung »Göttlichkeit« verwendet.) Der Singular *eloha* kommt in der Bibel außer im Buch Hiob, wo es etwa vierzigmal auftaucht, relativ selten vor.

Im Vorderen Orient wurde der Plural *elohim* als Bezeichnung für heidnische Götter, für einen einzigen Gott und auch zur Bezeichnung von weiblichen Gottheiten verwendet. Manche Bibelwissenschaftler, die im Alten Testament keine Spuren von Polytheismus wahrhaben wollen, argumentieren, das Wort *elohim* statte den einen Gott mit all den Eigenschaften aus, die einst auf mehrere heidnische Götter verteilt waren. Deshalb benutze die Bibel die Pluralform.

Man nimmt an, *elohim* sei eine Erweiterung des allerersten semitischen Wortes für »Gott«: *el.* El war der Hauptgott im kanaanitischen Götterpantheon.

Und warum nannten die alten Völker ihren Hauptgott El?

»Macht« – so lautet die Antwort. Die Etymologie von »El« ist unklar, aber im allgemeinen nimmt man an, dieses Wort sei abgeleitet aus der Wurzel *jl*, »mächtig sein«.

Man beachte, wie sehr dieser heidnische Göttername El im Alten Testament zum Dreh- und Angelpunkt zahlreicher Bezeichnungen für den Gott der Patriarchen wird:

- *El Elohei Jisrael* – »Der Gott Israels« (1. Mose 33,30).
- *El Eljon* – »Gott der Höchste« (1. Mose 14,18) – das hebräische Adjektiv *eljon* bedeutet »höher«.
- *El Olam* – »der ewige Gott« (1. Mose 21,33) – wörtlich bedeutet *olam* »eine unbestimmt lange Zeit«.
- *El Schaddaj* – »der allmächtige Gott«. Diese Bezeichnung taucht an zahlreichen Stellen in der Genesis auf. Die Übersetzer der Septuaginta übertrugen *Schaddaj* mit *Pantokrator*, »Allherrscher, Allmächtiger«. In der lateinischen Vulgata wird daraus *deus omnipotens* – »allmächtiger Gott«.
- *El Roi* – »Gott, der mich sieht« (1. Mose 16,13).
- *El Brit* – »Gott des Gelübdes, des Bundes« (1. Mose 31,13).

Tatsächlich wird in der Bibel der Artikel *ha* dem Wort *elohim* häufig vorangestellt: *ha-elohim* bedeutet dann »der [wahre] Gott«. Aber während viele Bibelwissenschaftler behaupten, *el* und die Erweiterung *elohim* habe für die Israeliten einfach »die Gottheit« bedeutet, sind sich die Sprachwissenschaftler dessen keineswegs sicher. Es ist möglich, daß in den frühesten mündlichen Überlieferungen, auf denen die Bibel beruht, die in der Genesis geschilderte Schöpfungsgeschichte tatsächlich das Werk einer Mehrzahl von Göttern war – wie dies auch für Schöpfungsgeschichten in vielen antiken Mythen gilt.

In dem Maße, wie der Gott der Bibel seine gutmütige Persönlichkeit entfaltet, sind auch die Ausdrücke, mit denen er bezeichnet wird, immer entschiedener monotheistisch geprägt. Anders gesagt: Indem die Bücher des Alten Testaments immer wieder aufs neue bearbeitet wurden, gewann Gott an Reife, und der Monotheismus wurde zum Hauptthema der Bibel.

Ein rachsüchtiger Gott wird zum Schweigen gebracht: das Buch Hiob, etwa 10. Jahrhundert v.u.Z.

Die Juden ordnen ihre Bibel, den Tenach, anders an als die Christen ihr von den Juden ererbtes Altes Testament. »Tenach« ist eigentlich kein Wort, sondern eine Abkürzung, die die Anfangsbuchstaben der hebräischen Bezeichnungen für die drei Hauptteile der jüdischen Heiligen Schrift zusammenbringt:

Thora – Der Pentateuch. Auch die »Fünf Bücher Mose« genannt: Genesis, Exodus, Levitikus, Numeri, Deuteronomium.

Newiim – Die Propheten. Dazu gehören einige der geschichtlichen Bücher (Josua, Richter, 1. und 2. Buch Samuel, 1. und 2. Buch Könige), die drei großen Propheten (Jesaja, Jeremia, Hesekiel) und die zwölf kleinen Propheten (Hosea, Joel, Amos, Obadja, Jona, Micha, Nahum, Habakuk, Zephanja, Haggai, Sacharja, Maleachi).

Ketuwim – Die Schriften. Dazu gehören: der Psalter, die Sprüche Salomos, Hiob, das Hohelied, Ruth, die Klagelieder des Jeremias, der Prediger Salomo, Esther, Daniel, Esra, Nehemia, das 1. und 2. Buch der Chronik.

Thora + Newiim + Ketuwim = Tenach (**oder Tanak**).
Diese Anordnung der jüdischen Heiligen Schrift offenbart eine faszinierende Struktur. Von der Genesis bis zum 2. Buch der Könige *handelt Gott.* Von den

Propheten bis zu Hiob *spricht Gott*, handelt aber nicht mehr selbst. Nach Hiob *fällt Gott in tiefes Schweigen.*

»Vom Schluß des Buches Hiob bis zum Schluß des Tenach«, so schreibt Jack Miles in *Gott. Eine Biographie*, »spricht Gott kein einziges Mal mehr. Seine Rede aus dem Wettersturm ist tatsächlich sein letzter Wille und sein Testament.« Gottes frühere Reden werden noch wiederholt, Wunder werden ihm hier und da noch zugeschrieben, hier und da tritt er für einen Moment noch einmal in Erscheinung, aber nach und nach verschwindet er aus dem Blickfeld, tritt von der Bühne ab, die er geschaffen hat, und überläßt sie seinem auserwählten Volk.

Warum?

Der Verfasser des Buches Hiob ist unbekannt. Dieses komplexe Werk formuliert, ohne sie angemessen beantworten zu können, eine der verwirrendsten Fragen, die sich die Menschheit immer wieder gestellt hat: Wenn Gott doch allmächtig und allwissend ist – wie kann er dann zulassen, daß unschuldige Menschen leiden müssen?

Hiob stellt Gott diese Frage, er stellt ihn zur Rede und will wissen, warum Gott einen unschuldigen Mann gestraft hat. Gott ist verlegen, macht Ausflüchte und sorgt schließlich für Wiedergutmachung. Von da an aber schweigt er. Miles und andere vertreten die Auffassung, daß wir in der Anordnung der jüdischen Heiligen Schrift miterleben, wie ein zunächst zorniger, rachsüchtiger Gott – der Gott Abrahams und Moses' – zum Schweigen gebracht und in ein mitfühlendes Wesen verwandelt wird, das sich im Hintergrund seiner eigenen Geschichte hält. Gott, der Macher – Gott, der Redner – Gott, der Schweiger: Diese Abfolge bietet viel Stoff zum Nachdenken.

17. Kapitel
Christus
Gottessohn bis Dreifaltigkeit

Gott-Vater, Gott-Sohn und Gott-Heiliger-Geist. Drei Götter in einem, die trinitarische Formel. Die Vorstellung von einem dreifaltigen Gott kennen nur die Christen. In diesem Kapitel werden wir ihre verwickelte Entstehung eingehender betrachten.

Der reine, unverfälschte Monotheismus ist natürlich das große Vermächtnis der Juden an das Christentum, an den Islam und an die Religion überhaupt. Die Juden begründeten den Monotheismus. Ähnliche Vorstellungen gab es allerdings auch schon vorher. Wie sie entstanden, ist ziemlich klar.

Auf eine kurze Formel gebracht: Die Juden entwickelten den Monotheismus, die Griechen verfeinerten ihn, die Christen bauten ihn (mit der Lehre von der göttlichen Dreifaltigkeit) aus, und die Muslimen schließlich besannen sich Jahrhunderte später auf den Ausgangspunkt. Die Art, wie die Christen mit dem Monotheismus umgingen – wie sie Gottvater einen Sohn und einen Geist an die Seite stellten –, erregte Anstoß bei den Juden und empörte später auch die Muslimen.

Prophetie als letzte Quelle: Das Alte Testament wird gedeutet, 1. Jahrhundert u.Z.

Nach Auffassung der Christen aller Glaubensrichtungen wird das Kommen Jesu Christi, des Gottessohnes, in den messianischen Prophezeiungen der hebräischen Heiligen Schrift vorausgesagt. Hier einige Prophezeiungen und ihre spätere Erfüllung:

Prophezeiung: Ein neuer Herrscher werde aus der Stadt Bethlehem hervorgehen: »Und du, Bethlehem, die du klein bist unter den Städten in Juda, aus dir soll mir der kommen, der in Israel Herr sei, dessen Ausgang von Anfang und von Ewigkeit her gewesen ist.« (Micha 5,1) Der jüdische Prophet Micha (sein Name bedeutet: »wer ist wie Gott?«) notierte diese Weissagung im 8. Jahrhundert v.u.Z.

Erfüllung: »Da machte sich auf auch Joseph ... in das jüdische Land zur Stadt Davids, die da heißt Bethlehem ..., auf daß er sich schätzen ließe mit

Maria, seinem vertrauten Weibe, die war schwanger.« (Lukas 2,4-5) Jesus Christus wird zwischen dem Jahr 6 und dem Jahr 3 u.Z. geboren; der Bericht des Lukas stammt etwa aus dem Jahr 65 u.Z.

Prophezeiung: »Einen Propheten wie mich wird dir der Herr, dein Gott, erwecken aus dir und deinen Brüdern, dem sollt ihr gehorchen.« (5. Mose 18,15) Diese Weissagung wurde um das Jahr 1400 v.u.Z. geschrieben, angeblich von Moses.

Erfüllung: »Und es begab sich, als ... Jesus auch getauft war und betete, da tat sich der Himmel auf, und der heilige Geist fuhr hernieder in leiblicher Gestalt auf ihn wie eine Taube, und eine Stimme kam aus dem Himmel, die sprach: ›Du bist mein lieber Sohn, an dir habe ich Wohlgefallen.‹« (Lukas 3,21-22) Jesus wurde am Anfang seines Wirkens, etwa zwischen den Jahren 24 und 27 u.Z. getauft; Lukas schrieb sein Evangelium, wie gesagt, um das Jahr 65 u.Z.

Nach Auffassung vieler Christen (und zumindest aller Katholiken) wird auch die Geburt Christi aus einer Jungfrau geweissagt:

Prophezeiung: »Siehe, eine Jungfrau ist schwanger und wird einen Sohn gebären, den wird sie nennen Immanuel« (Jesaja 7,14). Diese Prophezeiung des Jesaja stammt aus dem 8. Jahrhundert v.u.Z. Der Name Immanuel bedeutet »Gott bei uns«.

Erfüllung: nach dem Bericht des Lukas über den Besuch des Engels Gabriel: »Fürchte dich nicht, Maria ... Siehe, du wirst schwanger werden und einen Sohn gebären, des Namen sollst du Jesus heißen.« (Lukas 1,30-31)

Für alle Christen wird auch Christi Tod am Kreuz im Alten Testament geweissagt:

Prophezeiung: »Als er gemartert war, litt er doch willig und tat seinen Mund nicht auf wie ein Lamm, das zur Schlachtbank geführt wird; und wie ein Schaf, das verstummt vor seinem Scherer, tat er seinen Mund nicht auf.« (Jesaja 53,7) Jesaja berichtet im 8. Jahrhundert v.u.Z., wie ein Diener des Herrn von seinem Volk zurückgewiesen wird und wie er leidet.

Erfüllung: »Und als sie kamen an die Stätte, die da heißt Schädelstätte, kreuzigten sie ihn daselbst und die Übeltäter mit ihm, einen zur Rechten und einen zur Linken. Jesus aber sprach: ›Vater, vergib ihnen; denn sie wissen nicht, was sie tun!‹« (Lukas 23,33-34)

Dies sind die biblischen »Quellen« (oder Wurzeln) für die zentralen Ereignisse des christlichen Glaubens. Vor allem das Buch Jesaja enthält Weissagungen, die auf diese Schlüsselereignisse vorausweisen. Im Zentrum von Jesajas theologischer Botschaft steht das Kommen des Messias. Die Worte des jüdischen Propheten werden von den Verfassern des Neuen Testaments häufig zitiert und oft sogar Jesus selbst zugeschrieben.

Das jüdische Buch der Psalmen entstand zwischen dem 10. und dem 4. Jahrhundert v.u.Z. Es wurde von den christlichen Evangelisten als »Quelle« für ihre Schilderungen der Passion Christi und seiner glorreichen Auferstehung benutzt.

Prophezeiung: Der Messias werde verspottet und beleidigt werden. (Psalm 22,7-8)

Erfüllung: Die Volksmenge verhöhnt Christus am Kreuz. (Lukas 23,35)

Prophezeiung: Dem Messias werde Essig und Galle gegeben. (Psalm 69,22)

Erfüllung: Um seinen Durst zu löschen, bekommt Christus Essig, vermischt mit Galle. (Matthäus 27,34)

Prophezeiung: Die Kleidung des Messias werde aufgeteilt und das Los darüber geworfen. (Psalm 22,19)

Erfüllung: Als Christus am Kreuz hängt, teilen die römischen Soldaten seine Kleider unter sich auf, indem sie das Los werfen. (Matthäus 27,35)

Prophezeiung: Gott werde den Messias aus dem Grab heben; sein Körper werde nicht verwesen. (Psalm 16,9; 49,16)

Erfüllung: Jesu Auferstehung wird zum zentralen Ereignis des christlichen Glaubens. (Markus 16,6-7)

Die Verfasser der vier Evangelien – Matthäus (»Geschenk Jahwes«), Markus (»der Höfliche«), Lukas (»Lichtspender«) und Johannes (»Gnade«) – waren mit der hebräischen Heiligen Schrift gut vertraut und durchstöberten die Schriftrollen nach Vorausdeutungen, sogenannten Präfigurationen, die sich auf Christus als den Messias bezogen.

Auf dem Berg Golgatha stößt ein römischer Soldat Christus mit einer Lanze in die Seite, und Johannes, der dieses Geschehen um 95 u.Z. aufschreibt, findet in dem sechshundert Jahre früher entstandenen Buch des Sacharja (12,10) eine Weissagung, daß der Leib des Messias durchbohrt werden wird.

Wir werden noch sehen, daß es diese Art der Interpretation alter Texte den christlichen Theologen des 3. und 4. Jahrhunderts u.Z. ermöglichte, in den Evangelien Belege für die Lehre von der Dreifaltigkeit auszumachen.

Aber bevor diese Lehre formuliert werden konnte, bevor Christus als Messias prophezeit werden konnte, bevor das Christentum selbst entstehen konnte – mußte sich zunächst einmal der Monotheismus herausbilden.

Kehren wir also noch einmal zurück an den Anfang.

Vom Monotheismus zum Polytheismus: Vorderer Orient, etwa 1800 bis 1400 v.u.Z.

Der römische Bacchus (links). Der griechische Poseidon. Die indische Kali.

Die Geschichte der Religion ist eine Folge von immer enger gefaßten »Ismen« – Animismus, Polytheismus, Monotheismus.

Animismus im weitesten Sinne nennt man die Vorstellung, daß jedes Ding einen Geist oder eine Seele besitzt: murmelnde Bäche, mächtige Eichen, durchtriebene Katzen, weise Menschen. Unzählige Geistwesen »animieren« oder beleben oder beseelen die Welt und mischen sich im Guten wie im Bösen in die Angelegenheiten der Menschen ein. Das Wort »Animismus« geht auf das lateinische Wort für »Seele« zurück: *anima*.

Animistische Religionen waren in vorgeschichtlicher Zeit wahrscheinlich vorherrschend; heute findet man sie noch in manchen Stammeskulturen.

Der *Polytheismus* errichtet ein Pantheon verschiedener mit Namen versehener Gottheiten – männliche, weibliche, Zwitter. Diese Götter werden charakteristischerweise meist in einem »Anderswo«, einem »Jenseits« angesiedelt – hoch oben im Himmel, auf dem Olymp oder an einem weit entfernten, heiligen Ort. Oft regiert ein Himmelsgott über alle anderen Götter. Die Gelehrten sprechen in diesem Fall von *primitivem Monotheismus*.

Das Wort »Polytheismus« ist eine Zusammensetzung aus den griechischen Wörtern *polys*, »viel«, und *theos*, »Gott«.

Wie wir noch sehen werden, war selbst der islamische Allah einst ein Himmelsgott, der über eine Schar niederer Götter herrschte, bis der Prophet Mohammed ihn als den Einen und Einzigen bestimmte und die anderen Götter der Vergessenheit überantwortete.

So war es nur *ein* Schritt von einer Vielzahl himmlischer Götter zu einem einzigen himmlischen Schöpfergott – aber ein Riesenschritt.

Wie kam es, daß bei Juden, Christen und Muslimen ein einziger Gott in den Mittelpunkt der Verehrung rückte?

Die Antwort hat mit dem »Zeitgeist« im Vorderen Orient vor rund dreitausend Jahren zu tun.

Der Monotheismus triumphiert in der Zeit des Exils: Babylon, 6. Jahrhundert v.u.Z.

Im alten Babylon gab es keinen Monotheismus. Ein Babylonier konnte sich aus einem ganzen Pantheon von Göttern eine Gottheit aussuchen und diese vor allen anderen anbeten – er konnte die anderen sogar ignorieren. Man nennt das Henotheismus – aus den griechischen Wörtern *hen*, »eins«, und *theos*, »Gott«: Verehrung eines Gottes, ohne deshalb die Existenz anderer Götter zu leugnen. Spuren hiervon findet man im Alten Testament, wenngleich in der hebräischen Bibel diese anderen Götter zumeist als falsche Götter klassifiziert werden.

Moloch oder *Molech* war der Nationalgott im Lande Ammon (Zephanja 1,5). *Marduk* oder *Merodah* war der Hauptgott Babylons (Jeremias 50,2). *Baal* war ein wichtiger Gewittergott im Lande Kanaan (1. Könige 16,31-32), und *El* war, wie wir im vorigen Kapitel gesehen haben, das Oberhaupt des kanaanitischen Pantheons.

Der Henotheismus war den alten Israeliten also nicht unbekannt. Manche Bibelwissenschaftler bezeichnen die Gottesvorstellung im Alten Testament als »Monolatrie« – Verehrung von einem unter vielen – und nicht als reinen Monotheismus. Sie vertreten die Auffassung, der Gott Abrahams (um 1800 v.u.Z.) sei noch nicht der ausschließende, keinen anderen neben sich duldende Gott oder Jahwe des Moses (1400 v.u.Z.) gewesen.

Die Ägypter nähern sich dem Monotheismus.
Auch im alten Ägypten, im 14. Jahrhundert v.u.Z., während der religiösen Reformen des Pharaos Echnaton, beginnt der Henotheismus den »Zeitgeist«

zu prägen. Aus einer Vielzahl von Göttern – es waren so viele, daß man kaum den Überblick behalten konnte – griff der Pharao einen heraus: Aton, den Sonnengott, der fortan mehr als alle anderen verehrt werden sollte.

In der Folgezeit wurden die Ägypter gegenüber ihren geringeren Göttern, die nicht so mächtig wie Aton waren, immer unduldsamer. Ihre Namen wurden aus dem Verzeichnis der Götter getilgt. Ägypten stand an der Schwelle zum exklusiven Monotheismus: *ein* Gott, Aton.

Aus irgendeinem Grund schlug die Entwicklung jedoch wieder um, und die ägyptischen Herrscher erhoben viele der geringeren Götter zu neuem Ansehen. Ihre Religion fiel in den Polytheismus zurück.

Aber die Idee des exklusiven Monotheismus lag damals in der Luft.

Die Juden werden ein monotheistisches Volk.

Der Gott Israels, der Jahwe des Moses, hätte seine Forderung nach ausschließlicher Verehrung kaum deutlicher formulieren können: »Denn ich, der Herr, dein Gott, bin ein eifernder Gott, der die Missetat der Väter heimsucht bis ins dritte und vierte Glied an den Kindern derer, die mich hassen.« (2. Mose 20,5)

Es waren die Israeliten unter Moses, die sich als erste den reinen Monotheismus zu eigen machten. Die leidenschaftliche Ablehnung aller anderen Götter wurde zu ihrem Glaubensbekenntnis: »Höre, Israel, der Herr ist unser Gott, der Herr allein.« (5. Mose 6,4)

Gelegentlich jedoch fielen die Israeliten aus diesem Monotheismus in die Götzendienerei zurück – als sie sich das Goldene Kalb schufen, aber auch später, bis zur Zeit des babylonischen Exils. Alte Sitten halten sich eben lange.

Auf das babylonische Exil von 586 bis 539 v.u.Z., als das jüdische Volk die schwerste Zeit seiner bisherigen Geschichte durchzustehen hatte, läßt sich der endgültige Sieg des Monotheismus datieren. Der glorreiche Tempel und die Hauptstadt Jerusalem lagen in Trümmern. Aber die spirituelle Katharsis des Exils trieb dem Volk der Juden ein für allemal jede Neigung zum Götzendienst aus. In seinem Monotheismus war Israel einzigartig.

»Es ist auffällig«, schreibt der bedeutende Bibelwissenschaftler Theodorus Vriezen, »wie das ganze Leben des Volkes als von Jahwe und nur von Jahwe beherrscht angesehen wird. Der Glaube an Jahwe ist die Lebensgrundlage des Israeliten.«

Dieses Vermächtnis sollten die Juden schließlich an die Christen weitergeben.

Der Monotheismus ergreift die griechische Phantasie: Griechenland, 4. Jahrhundert v.u.Z.

Was die Juden praktizierten, könnte man einen *ethnischen Monotheismus* nennen – es gibt nur einen Gott, und dieser Gott gehört allein seinem auserwählten Volk. Die Griechen hielten diese Vorstellung für beschränkt.

Seit dem 6. Jahrhundert v.u.Z. weiteten die griechischen Philosophen den ethnischen Monotheismus der jüdischen Religion in eine Richtung aus, die schließlich auch das Christentum und noch später den Islam beeinflussen sollte. Ihr Grundgedanke: Wenn es nur *einen* Gott gibt, dann muß er der Schöpfer aller Menschen sein und auch allen gehören. Ein demokratischer Gedanke.

In früherer Zeit waren die Griechen reine Polytheisten gewesen. Aber der Monotheismus als Idee beeindruckte sie, da sie sich philosophisch der Vorstellung von der »Wesenseinheit aller Dinge« annäherten.

Das bekannteste Dokument, in dem die Annäherung der Griechen an den Monotheismus zum Ausdruck kommt, ist die aus dem 3. Jahrhundert stammende Hymne des stoischen Philosophen Kleanthes an Zeus. Sie preist Zeus als das Wesen aller Göttlichkeit, als Erschaffer und Beherrscher des Kosmos, als allmächtigen Spender aller Gaben, als Vater der Menschheit. Der Monotheismus begann Fuß zu fassen.

»Ismen«. Interessanterweise haben sich im asiatischen Raum keine Formen von Monotheismus entwickelt; alle Vorstellungen von einem einzigen, ausschließlichen Gott waren Importe aus dem Abendland. Zwar übertrifft oft ein Gott die anderen an Bedeutung – dies gilt zum Beispiel für Schiwa oder Vischnu –, aber sein Vorrang negiert nicht die anderen Gottheiten.

Drei grundlegende »Ismen« haben jahrhundertelang für unterschiedliche Gottesvorstellungen gestanden:

Der *Deismus*, von den Griechen formuliert, erklärt, Gott habe die Welt geschaffen und in Bewegung gesetzt und sei dann gleichsam zurückgetreten, um untätig, vielleicht auch nachdenklich, dem Lauf der Welt zuzusehen. Diese Auffassung leugnet die Idee einer göttlichen Vorsehung. Sie glaubt auch nicht an Wunder oder an andere Formen von göttlichem Eingreifen in das Leben der Menschen.

Außerdem vertritt der Deismus (aus dem lateinischen *deus*, »Gott«) die

Auffassung, daß der Mensch durch den Gebrauch seiner Verstandeskräfte die Naturgesetze und die Moralgesetze erkennen kann; eine Offenbarung durch Gott ist nicht nötig.

Der *Theismus* bildet die Grundlage der jüdischen Religion, des Christentums und des Islam. Er sieht in Gott den Schöpfer der Welt, der auch nach der Erschaffung der Welt mit seiner Macht in ihr wirkt und waltet.

Die Griechen jedoch übernahmen die Vorstellung von Gottes unumschränkter Macht über die Natur und den Menschen nicht. Der Monotheismus war in ihren Augen eine vernünftige Vorstellung, die dazu taugte, die vielen Götter im Pantheon miteinander zu verbinden, aber der *eine* Gott, der dabei zustande kam, konnte nicht allmächtig, allwissend und allgegenwärtig sein.

Für die Griechen war der monotheistische Gott ein abstraktes Prinzip der Vereinheitlichung, das ihrer Idee von der »Wesenseinheit aller Dinge« entgegenkam. Der jüdische Gott war ein persönlicher, erkennbarer Herr, im hellenisierten Monotheismus dagegen ist Gott völlig unerkennbar: ein *deus absconditus*, ein »verborgener Gott«.

Das Wort Theismus geht auf das griechische *theos*, »Gott«, zurück.

Als *Pantheismus* bezeichnet man eine ganz andere Gottesauffassung, die uns vor allem in asiatischen Religionen begegnet. Ihr zufolge gilt: Gott *ist* die Welt, er ist identisch mit ihr, ununterscheidbar von ihr. Im Hinduismus zum Beispiel ist Gott – oder Brahman – die einzige Wirklichkeit; die Welt der menschlichen Sinneserfahrungen ist bloßer Schein, Täuschung.

Das Wort »Pantheismus« wurde 1705 von dem englischen Deisten J. Toland in Anlehnung an den Begriff »Pantheon« geprägt: griechisch *pan*, »alles« + *theos*, »Gott«. »Pantheon« bedeutet demnach »Wohnsitz aller Götter«.

Dreifaltigkeit – Drei Götter in einem: Christentum, 2. Jahrhundert u.Z.

Das Christentum entlehnte von den Juden nicht nur die Vorstellung des Monotheismus, sondern auch die hebräische Bibel. Die Christen bezeichneten das Zeugnis der Propheten als das »Alte Testament«, so wie sie auch vom »Alten Bund« zwischen Gott und den Juden sprachen, im Gegensatz zum

»Neuen Bund« Gottes mit den Anhängern Jesu Christi. So nannten sie auch ihre eigene Heilige Schrift das »Neue Testament«.

Die Dreifaltigkeit – Vater, Sohn und Heiliger Geist.

Aber im Unterschied zu den beiden anderen großen monotheistischen Religionen entwickelte sich nur im Christentum die Vorstellung von einer göttlichen Dreifaltigkeit: einer Koexistenz von Gott-Vater, Gott-Sohn und Gott-Heiliger-Geist in einer Gottheit – der Person nach verschieden, der Natur nach eins, in ihrer Majestät gleich. Kein Wunder, daß die Römer, die die frühen Christen belauschten, sie der Götzendienerei verdächtigten; wie viele Götter beteten diese Leute denn nun eigentlich an?

Man könnte fragen – wie es Juden und Muslime mehrfach getan haben –, ob es nicht Trug ist, wenn sich eine Religion als monotheistisch bezeichnet und gleichzeitig drei verschiedene Gottheiten anerkennt. Drei Götter, drei Namen, drei Funktionen: Schöpfer, Erlöser, Heiliger. Sollte man das, so meinten die Muslimen, nicht eher als Tritheismus bezeichnen?

Wie kamen die Christen zu ihrer Vorstellung vom dreifaltigen Gott?

In den christlichen Büchern der Bibel – in den Evangelien, in der Apostelgeschichte, der Offenbarung des Johannes und den Apokryphen – ist bezeichnenderweise von einer Dreifaltigkeit nicht ausdrücklich die Rede.

Und auch Jesus, ein vielleicht von Rabbinern ausgebildeter Jude, verstieß in seinen Lehren nicht gegen den Wahlspruch »Höre, Israel, der Herr ist unser Gott, der Herr allein«.

Allerdings erwähnt Gottvater im Neuen Testament den Sohn Gottes, und der Sohn seinerseits erwähnt den Vater *und* den Heiligen Geist. Die Umrisse einer Dreifaltigkeit waren also vorhanden, aber sie waren nicht klar bestimmt.

Ein Anwalt springt ein.

Die Aufgabe, eine nähere Bestimmung vorzunehmen, fiel dem Kirchenvater Tertullian zu. Er war um das Jahr 160 u.Z. in Karthago geboren und hatte sich in Rom zum Rechtsgelehrten ausgebildet. Nach seiner Bekehrung zum Christentum gab er das Recht auf, um sich der Theologie zu widmen, und schrieb Texte, die während der nächsten tausend Jahre den Glauben beeinflussen sollten.

Mit seinen juristischen Kenntnissen durchstöberte Tertullian die Evangelien nach Stellen, an denen von der Dreifaltigkeit die Rede war, vor allem solche, an denen die drei göttlichen Personen in einem Satz miteinander verknüpft wurden. Er förderte mehrere Beispiele zutage und hielt sich dann vor allem an Matthäus 28,19, wo Jesus seinen Aposteln die Taufformel mitteilt (Hervorhebung des Verfassers):

»Darum geht hin und machet zu Jüngern alle Völker; taufet sie auf den Namen des Vaters *und des* Sohnes *und des* heiligen Geistes.« *(Matthäus 28,19)*

Dem Juristenblick des Tertullian gefiel auch Lukas 1,35, wo der Engel Gabriel Maria die Geburt Jesu aus ihrem Leib ankündigt (Hervorhebung des Verfassers):

»Der heilige Geist *wird über dich kommen, und die Kraft* des Höchsten *wird dich überschatten; darum wird auch das Heilige, das von dir geboren wird,* Gottes Sohn *genannt werden.« (Lukas 1,35)*

Diese Stellen bewiesen in den Augen Tertullians die Gültigkeit der These von der göttlichen Dreifaltigkeit. Und um die zentrale Vorstellung des exklusiven Monotheismus zu bewahren, kam er zu dem Schluß, daß die drei Personen als »eine Substanz« existieren müßten – *homoousious*, wörtlich: »aus dem gleichen Stoff gemacht«.

Aber die Bibelstellen, die auf einen dreieinigen Gott hinzudeuten scheinen, überzeugten damals nicht alle Theologen. Jahrzehntelang debattierten die Kirchenväter erbittert über die Einzelheiten der Lehre. Einige waren der Ansicht, der Sohn stehe unter dem Vater, und niemand war sich sicher, welchen Rang der Heilige Geist einnehmen sollte.

Nach Auffassung einiger bestand die Trinität aus *Gott*, seinem *Wort* und seiner *Weisheit*, wobei der Sohn das Fleisch gewordene Wort des Vaters und der Geist die geoffenbarte Weisheit des Vaters war.

Kritiker des Christentums, Römer und Juden gleichermaßen, machten der jungen, kaum zweihundert Jahre alten Religion den Vorwurf, sie sei nichts weiter als eine Neuauflage des heidnischen Polytheismus. Die Christen, so erklärten sie, beteten ganz offensichtlich drei Götter an. Die neue Kirche mußte etwas unternehmen.

Der Streit um den Arianismus und die trinitarische Formel: Nicäa, 325 u.Z.

Zu Beginn des 3. Jahrhunderts schlugen die Wogen der Kontroverse um die Dreifaltigkeit so hoch, daß sich die Hauptwortführer, Athanasius und Arius, gegenseitig der Häresie bezichtigten und damit die Besorgnis des Kaisers Konstantin erregten, der sich gerade für das Christentum zu erwärmen begann und sich wenig später auch tatsächlich zu ihm bekehren sollte.

Um das Jahr 320 verfocht Arius, ein Priester aus Alexandria, der die Heilige Schrift in- und auswendig kannte, zugleich auch ein geschickter Propagandist und Musiker, die These, Christus, das Wort, der Logos, könne nur ein den Menschen ähnliches Geschöpf sein, das heißt, *von Gott geschaffen*. Als Arius seine Gedanken in Liedform faßte, die von der Zweitrangigkeit Christi gegenüber Gott handelten, wurde Tausenden von Christen, die bis dahin zufrieden mit ihrer Art von Monotheismus gelebt hatten, klar, daß zwischen den Bischöfen ein leidenschaftlicher Streit entbrannt war.

Arius verfügte über ein ganzes Arsenal von Textstellen, die er gegen die Theologen ins Feld führte, um zu beweisen, daß Christus nicht Teil des höchsten Gottes sei. Die wichtigste war ein Abschnitt aus den Sprüchen Salomos, der die göttliche Weisheit beschreibt und ausdrücklich erklärt, Gott habe die Weisheit – das Wort, den Logos, Christus – im Anbeginn der Welt geschaffen. Christus, so erklärte Arius, sei also seit langem, sogar seit Anbeginn der Welt bei Gott, und unzweifelhaft komme ihm hohe Heiligkeit zu, aber weil das Wort *von* Gott geschaffen sei, sei der Logos von anderem Wesen und von Gott verschieden; und Jesus Christus sei Gott gewiß nicht ebenbürtig.

Besorgt über den immer tiefer werdenden Zwiespalt zwischen den Theologen, verlangte Konstantin eine Lösung der Streitfrage. War die Göttlichkeit Gottes einzigartig, oder teilten sie der Sohn und der Heilige Geist mit ihm?

Die Bischöfe stecken die Köpfe zusammen.

Die christlichen Bischöfe versammelten sich am 20. Mai 325 in Nicäa zu einem Konzil, das nach langen, erbitterten Auseinandersetzungen die entscheidende Formel für die Trinitätslehre festlegte und in einem Credo, dem sogenannten Nizäischen Glaubensbekenntnis, formulierte. Der Sohn, so hieß es darin, sei »von gleicher Substanz *(homoousious)* wie der Vater«. Über den Heiligen Geist sagte das Glaubenbekenntnis allerdings beklemmend wenig.

Das ausführliche Credo in seiner ersten Fassung ringt mit Logik und Menschenverstand, um Vater und Sohn gleichzusetzen, und hat dann für den Heiligen Geist in der letzten Zeile nur noch ein Nicken übrig: »Und wir glauben an den Heiligen Geist.«

Damit hat es sich. Eine Zeile. Ein Nachtrag. Dreihundert Jahre nach Christi Auferstehung wußten die lateinischen Doktoren der Kirche noch immer nicht, wie sie es mit dem Heiligen Geist halten sollten, der als friedliche Taube oder in Gestalt von Feuerzungen erscheinen konnte.

Trotzdem war der Kaiser über die scheinbare Einigkeit der Bischöfe im Hinblick auf die Gleichheit zwischen Gottvater und Gottsohn erfreut.

Das Nizäische Glaubensbekenntnis wird umgeschrieben.
In Wahrheit hatten sich die Theologen nicht wirklich geeinigt, und die arianische Krise schwelte noch fünfzig Jahre weiter.

Mehrere Kirchenväter überarbeiteten das Nizäische Glaubensbekenntnis und versuchten dabei, den drei Personen in Gott gleiches Gewicht zu verleihen, ohne eine von ihnen zurückzusetzen. Unter der Führung des Bischofs Basileios von Caesarea (gest. 379) nahmen die Trinitätslehre – und das Nizäische Glaubensbekenntnis – jene Form an, die sie bis heute behalten haben. Hier ein Auszug:

»Wir glauben an den einen Gott,
den Vater, den Allmächtigen,
der alles geschaffen hat, Himmel und Erde ...
Und an den einen Herrn Jesus Christus,
Gottes eingeborenen Sohn,
aus dem Vater geboren vor aller Zeit ...
gezeugt, nicht geschaffen,
eines Wesens mit dem Vater ...
Wir glauben an den Heiligen Geist,
der Herr ist und lebendig macht,
der aus dem Vater und dem Sohn hervorgeht ...«

Die Nizäische Glaubensbekenntnis wird von der großen Mehrheit der Christen gebetet. Die Baptisten und einige neuere amerikanische Kirchen wie die Disciples of Christ und die United Church of Christ lehnen es ab – genau wie jedes andere Credo. Nach Ansicht dieser Religionsgemeinschaften ist ein von Menschen gemachtes Glaubensbekenntnis unnötig, da die Bibel alles offenbarte, was man wissen muß.

Die Dreifaltigkeitsvorstellung fand also erst vierhundert Jahre nach Christi Tod ihre gegenwärtige Form.

Namen für Jesus: 1. Jahrhundert u.Z.

Die Juden hatten schon eine Fülle von Gleichnissen und Bildern für Gottvater gefunden, und die Autoren des frühen Christentums schenkten uns zahlreiche unauslöschliche Bilder und Namen für den Sohn Gottes.

A und O – Alpha und Omega (Offenbarung 1,8), *Christus* (Matthäus 1,16), *Guter Hirte* (Johannes 10,14), *Heller Morgenstern* (Offenbarung 22,16), *Herr aller Herren* (Offenbarung 19,16), *König aller Könige* (Offenbarung 19,16), *Lamm* (Offenbarung 5,6-13), *Lamm Gottes* (Johannes 1,29), *Nazarener* (Matthäus 2,23), *Rabbi – Meister* (Johannes 1,38), *Rechter Weinstock* (Johannes 15,1), *Sohn Davids* (Matthäus 15,22), *Tür* (Johannes 10,9), *Wort* (Johannes 1,1), *Wort Gottes* (Offenbarung 19,13), *Wurzel Davids* (Offenbarung 5,5).

18. Kapitel
Allah
Abraham bis Koran

Allah, der Jahwe des Islam: arabische Halbinsel, 7. Jahrhundert u.Z.

Keine Religion hat sich den Monotheismus konsequenter zu eigen gemacht als der Islam. Die erste der fünf »Säulen« oder Grundsätze des Islam besagt unmißverständlich: »Es gibt keinen Gott außer Allah.«

Wie gelangten die Araber zu diesem ihrem Gott, der theologisch gesehen mit dem jüdischen Jahwe und dem christlichen Gottvater identisch ist?

Zu Zeiten Mohammeds, im 7. Jahrhundert u.Z., war der christliche Monotheismus auf der arabischen Halbinsel bekannt. Die Araber jedoch waren noch polytheistisch. Und sie befanden sich in einer Krise. Der Handel mit Ost und West hatte Mekka zu einer reichen Stadt voller kosmopolitischer Verlockungen gemacht. Die Araber, die lange Zeit ein einfaches Nomadenleben geführt hatten, verloren das Bewußtsein ihrer kulturellen Identität und übernahmen fremde, elitäre Lebensstile. Die alten Sitten wurden aufgegeben, die Reichen rückten immer mehr von den Armen ab – nach herkömmlichen Maßstäben ein skandalöses Verhalten.

Aus Sorge um das Schicksal des eigenen Volkes versuchten viele Araber die alten Werte mit neuem Leben zu erfüllen. Es gelang ihnen dank Mohammed, der für die Araber leistete, was Moses für die geknechteten Israeliten in Ägypten geleistet hatte: Er begründete aus göttlicher Offenbarung ihre Identität als auserwähltes Volk.

Im Fall des Moses war es Jahwe, der Gott der Israeliten, der sich in den heiligen Büchern der Thora offenbarte.

Im Fall Mohammeds, der im Jahre 570 u.Z. in Mekka geboren wurde, war es Allah, der Gott aller Araber, der sich im heiligen Koran offenbarte.

Der Koran ist das Wort Gottes, das Mohammed in der Zeit von 610 bis kurz vor seinem Tod (er starb am 8. Juni 632 in Medina) nach und nach offenbart wurde.

»Koran« – in der wissenschaftlichen Transliteration aus dem Arabischen: *Qur-ân* – bedeutet »Lesung«.

Die Nachfolger des Propheten nennt man heute eher *Muslime* und nicht mehr, wie früher, »Moslems«.

Das Wort »Islam« bedeutet »Hingebung«, und »Muslime« bezeichnet »einen, der sich hingibt«.

Von al-Lah zu Allah: Mekka, 610 u.Z.

Namen können sehr aussagekräftig sein. In den semitischen Sprachen wurde El zu Elohim verlängert, und auf diese Weise verwandelte sich »ein« heidnischer Gott der Macht in »den« Gott des Monotheismus. Die Menschen geben Wörter und Begriffe, die ihnen vertraut sind, nicht gern auf. Lieber behalten sie sie und lassen zu, daß sich ihre Bedeutung weiterentwickelt.

Etwas Ähnliches geschah einige Jahrhunderte später auf der arabischen Halbinsel. In Teilen des Landes gab es schon einen bekannten heidnischen Gott namens *al-Lah*, wörtlich »der Gott«.

Zu Mohammeds Zeiten begannen die Araber, ernsthaft über den Monotheismus nachzudenken; dem Christentum oder dem Judentum wollten sie sich allerdings nicht zuwenden; darüber wäre ihre kulturelle Identität nur noch mehr verblaßt.

Außerdem litten die Araber unter einem Gefühl religiöser Minderwertigkeit. Die Juden und Christen auf der Halbinsel verspotteten den arabischen Polytheismus als heidnische Götzendienerei und machten sich über die rückständigen Araber lustig, die nicht begriffen hätten, daß es nur einen Gott gebe.

Auch viele Araber – wie vor ihnen schon die Griechen – hielten den Monotheismus für eine höhere, kultiviertere Glaubensform. Eine Gruppe, deren Angehörige von den Vertretern der alten Religion *hanifs* oder »Ungläubige« genannt wurden, suchte nach einer Lösung.

Im alten heidnischen Pantheon war *al-Lah* der wichtigste Gott gewesen. In den alten Legenden hatte er zwar nie große Macht über die niederen Götter besessen, aber nun entschlossen sich die *hanifs*, fortan nur noch ihn zu verehren, und sie erklärten obendrein, er sei derselbe Gott, der im Zentrum der jüdisch-christlichen Überlieferung stehe.

Sie entwickelten die Anschauung, daß den Arabern seit der Zeit Abrahams, also seit 1800 v.u.Z., eine wesentliche Rolle in Jahwes Plänen für die Menschheit zugedacht gewesen sei. Es hätte die Juden und Christen zu Mohammeds Zeiten gewiß bestürzt, wenn man ihnen gesagt hätte, daß die muslimische Religion schon im ersten Buch Mose klar und deutlich geweissagt wird.

Erstaunliche Abstammungsverhältnisse.
Abraham war der Gründervater des Judentums. Und die jüdische Heilige Schrift berichtet, daß Abrahams Frau Sara unfruchtbar gewesen sei. Um Abraham eine Nachkommenschaft zu sichern, ermunterte sie ihn, ihre ägyptische Sklavin Hagar als Konkubine zu nehmen – eine damals übliche Sitte.

Hagar und Ismael in der Wüste: »Aber auch den Sohn der Magd will ich zu einem Volk machen ...«

Hagar gebar Abraham einen Sohn namens Ismael, was soviel bedeutet wie »Gott hat gehört«, doch nachher lebte sie im Unfrieden mit Sara, die gegen ihre Absicht sehr eifersüchtig wurde. Aber Gott versprach Hagar, er werde ihr Kind beschützen.

Eines Tages bemerkte Sara, daß sie schwanger war. Sie gebar einen eigenen Sohn, Isaak, und zwang nun Abraham, Hagar und Ismael fortzuschicken. Abraham war bekümmert, aber Gott tröstete ihn – in Worten, die den *hanifs* lieb und teuer waren (Hervorhebung des Verfassers):

»*Laß es dir nicht mißfallen wegen des Knaben und der Magd. Alles, was Sara dir gesagt hat, dem gehorche; denn nur nach Isaak soll dein Geschlecht benannt werden.* Aber auch den Sohn der Magd will ich zu einem Volk machen, weil er dein Sohn ist.« *(1. Mose 21,12-13)*

Dieser letzte Satz, so erklärte Mohammed später, sei eine Prophezeiung des islamischen Glaubens. In Gottes Versprechen liegt der eigentliche Ursprung des Islam.

Die Bibel erzählt weiter, daß Gott ein wachsames Auge auf Hagar und Ismael in der Wüste hatte, daß er ihr Leben beschützte und sein Versprechen erneuerte, Ismael werde der Vater eines mächtigen Volkes werden. Die *hanifs*, die sich auf diesen Abschnitt und das in ihm gegebene Versprechen beriefen, erklärten auch, Ismael habe (um 1800 v.u.Z.) in der Wüste von Mekka gelebt, und die Araber seien seine Nachkommen.

So waren die Araber aufgrund einer anderen, aber gleichermaßen direkten Abstammungslinie ebenfalls Gottes auserwähltes Volk.

Abraham zu Besuch in Mekka.
Nach einer arabischen Legende kam, als Ismael herangewachsen war, sein inzwischen uralter Vater Abraham (»Vater einer großen Menge«), zu Besuch in die Wüste von Mekka. Gemeinsam errichteten Vater und Sohn das schwarze Steinheiligtum, die sogenannte Kaaba, das erste Allah gewidmete Heiligtum in Arabien und bis heute der zentrale Ort muslimischer Frömmigkeit.

Dieses Heiligtum, in dessen Wand ein Meteorit eingemauert ist, bestand schon vor der Begründung des Islam. Es war dem heidnischen Gott Hubal gewidmet. Und so wie die heilige Kaaba zunächst ein heidnisches Heiligtum gewesen war, hatte es Allah, den Gott des monotheistischen Islam, zumindest dem Namen nach auch schon vorher als wichtigsten heidnischen Gott *al-Lah* gegeben.

Allahu Akbar! »Gott ist groß!«: Mekka, 610 bis 632 u.Z.

Der Monotheismus erreichte die arabische Halbinsel im Jahre 610, als einem der *hanifs*, einem Mann namens Muhammad ibn Abdullah, Offenbarungen zuteil wurden, von denen er glaubte, sie kämen von Allah.

Und wie der Gott des Moses schon bald erklärte »Ich bin der Herr dein Gott, du sollst keine anderen Götter haben neben mir«, so lautete eine der ersten Botschaften, die Allah dem vierzigjährigen Mohammed sandte:

- »Mohammed ist der Bote Gottes.«
- »Es gibt keinen Gott außer *Gott.*«

Diese beiden Sätze, die sich (wenngleich an verschiedenen Stellen) im Koran finden, bilden das einfache islamische Glaubensbekenntnis, die *schahada* (»Bekenntnis«). Sie ist einer der Fünf Säulen des Islam.

Wie viele jüdische Propheten wurde auch Mohammed gelegentlich von Zweifeln befallen. Gehörten die Stimme und die Gestalt, die ihm immer häufiger erschienen, wirklich zu Gott? Oder handelte es sich um eine Sinnestäuschung?

Die Stimme – es war, wie sich später herausstellte, die des göttlichen Botenengels Gabriel – versprach, er wolle Allah der ganzen Menschheit in einem großen Buch, dem Koran, offenbaren, das dem Mohammed diktiert werden würde, ungefähr so, wie die ersten fünf Bücher der hebräischen Bibel dem Moses übermittelt worden waren.

Mohammed nannte die Religion, die er stiftete, *Islam*, was, wie gesagt, »Hingebung« bedeutet, und die Gläubigen nannte er *Muslime*, »die, die sich hingeben«.

Ramadan: seit der Mitte des 7. Jahrhunderts u.Z.

Datum: Während des gesamten neunten Monats des muslimischen Mondjahres.
Anlaß und Bedeutung: Erinnerung an den Sieg der Muslime in der Schlacht bei Badr während des Ramadan.

Der Ramadan ist der Fastenmonat des Islam und dem jüdischen Jom Kippur insofern vergleichbar, als beide eine Zeit der Versöhnung darstellen. Man nimmt an, daß das einmonatige Fasten der christlichen Fastenzeit von vierzig Tagen nachempfunden ist, was nicht weiter überraschend ist, da der Islam, die dritte große monotheistische Religion, von seinen Vorgängern, dem Judentum und dem Christentum, stark beeinflußt wurde.

Bei der blutigen Schlacht von Badr am 15. März 624, während des Ramadan, standen sich ein kleiner Trupp von Mohammeds Gefolgsleuten und eine Karawane reicher Bürger aus Mekka gegenüber, die die noch junge Religion auslöschen wollten. Doch der kleine Trupp schlug die Karawane in die Flucht, und der Prophet deutete den Sieg als göttliche Bestätigung seiner Priesterschaft. Der Sieg markierte einen Wendepunkt in der Ausbreitung des Islam in der arabischen Welt. In dem kurzen Zeitraum von zehn Jahren, dem letzten Jahrzehnt seines Lebens, stieg Mohammed zum politischen und religiösen Führer des gesamten mittleren und westlichen Arabien auf.

Zwei Jahre vor jener Schlacht war Mohammed vor einem Mordkomplott aus Mekka nach Medina geflohen, wo er unerkannt und unversehrt am 24. September 622 ankam. Diese Flucht wurde später als die große *hedschra* (»Loslösung«) gefeiert und ist der Beginn der Geschichte des Islams. Das islamische Jahr beginnt an dem Tag, an dem die *hedschra* begann – nach westlicher Zeitrechnung am 16. Juli.

Die Nacht vom 26. auf den 27. Tag des Ramadan wird die »Nacht des göttlichen Ratschlusses« genannt. Es ist die Nacht, in der der Überlieferung zufolge dem Propheten Mohammed die erste der göttlichen Offenbarungen zuteil wurde, aus denen dann der Koran hervorging. Während des gesamten heiligen Monats Ramadan verbietet das muslimische Gesetz zwischen Morgengrauen und Sonnenuntergang das Essen und Trinken und den Geschlechtsverkehr.

Die wichtigsten Fastenvorschriften sind in zwei Versen des Koran zusammengefaßt. Der erste besagt, daß sich das Fasten auf alle dreißig Tage des Ramadan erstreckt. Im zweiten heißt es:

»Erlaubt ist euch, in der Nacht des Fastens zu euren Frauen einzugehen… und esset und trinket, bis der weiße Faden von dem schwarzen Faden der Morgenröte zu unterscheiden ist. Dann vollendet das Fasten bis zum Einbruch der Nacht; und gehet nicht ein zu ihnen, solange ihr in den Moscheen zur Andacht verweilt.« (Koran 2, 188)

Der Überlieferung zufolge werden Anfang und Ende des Ramadan verkündet, wenn ein zuverlässiger Zeuge vor den religiösen Autoritäten bezeugt, daß er den neuen Mond am Himmel gesichtet habe; so kann es geschehen, daß sich der Beginn der Fastenzeit oder ihre Beendigung bei bedecktem Himmel verzögert. Das obligatorische einmonatige Fasten – das *saum* – ist eine der Fünf Säulen des Islam.

Den Wurzeln nachgehen

War Mohammed der erste Muslim?

Nein. Abraham, so argumentierte Mohammed, war der erste Muslim, weil sich der Vater des jüdischen Volkes Gott in so vollkommener Weise hingegeben hatte.

Eigentlich, so behauptete Mohammed, sei Abraham gar nicht jüdisch gewesen, weil er lange vor der Zeit lebte, in der Gott dem Moses am Berg Sinai die Thora übergab. Abraham war Muslim.

Mohammed erkannte Jesus als Propheten an und hielt das Neue Testament für ein göttliches Buch, aber Christus war nicht Gott; diese These erschien den Muslimen genauso gotteslästerlich, wie sie den Juden immer erschienen war. Der Koran lehnt die Vorstellung von einem Gott ab, der einen Sohn oder gar ein drittes Wesen innerhalb einer Dreifaltigkeit »zeugen« könnte.

Im Islam gibt es keine Gottheit außer Allah, dem Schöpfer des Himmels und der Erde: »Er zeugt nicht und ist nicht gezeugt.«

Der Ruf, der die Muslimen zum Gebet, zur *salat*, zusammenruft – *Allahu Akbar*! oder »Gott ist groß!« –, bekräftigt Gottes Einzigkeit und Überlegenheit.

Mohammed war, wie Jesus, ein Prophet – allerdings mit einem Unterschied: Er war der letzte in der Reihe der großen Propheten. Nach der Vollendung des Koran sollte Gott keine weiteren Botschaften offenbaren.

Obwohl sich der Islam als letzte und überlegene Offenbarung betrachtet, lehrt der Koran die Muslimen, Juden und Christen zu respektieren, das »Volk der Schrift«, der Bibel, des Alten und des Neuen Testaments.

»Und streitet nicht mit dem Volk der Schrift, es sei denn in der besten Art; doch (streitet überhaupt nicht) mit denen von ihnen, die ungerecht sind. Und sprecht: ›Wir glauben an das, was zu uns herabgesandt ward; und unser Gott und euer Gott ist Einer; und Ihm sind wir ergeben.‹«(Koran 29,47)

Schlußbemerkung

Gegen Ende des 7. Jahrhunderts u.Z. hatte der Monotheismus in der Gestalt des Judentums, des Christentums und des Islam den Polytheismus der Vergangenheit so gut wie ausgelöscht. *Ein* Gott war an die Stelle vieler Götter getreten.

Der hebräische »Jahwe«, der christliche »Gottvater« und der muslimische »Allah« wurden als ein und derselbe allmächtige Schöpfer betrachtet, und doch unterschieden sie sich deutlich voneinander, trugen unterschiedliche Namen und wurden von unterschiedlichen ethnischen Gruppen verehrt.

Es fällt nicht schwer, sich die drei als eine Art ethnischer Dreifaltigkeit vorzustellen, als eine dreieinige Gottheit, die darum kämpft, drei disparate Gruppen von Menschen zu einen, die Juden, die christlichen Völker und die Araber. Wenn man heute die Schlagzeilen der Zeitungen liest, fällt es oft schwer zu glauben, daß diese drei Gruppen zu demselben Gott beten.

Teil VIII. Jaworte

19. Kapitel
Ehe
Masel tow bis Ehering

In diesem und den beiden folgenden Kapiteln werden wir nach den Ursprüngen der Institution und des Sakraments der Ehe fragen, aber auch danach, wo und wie die Idee der Ehescheidung aufkam. Wer hat als erster eine Scheidung eingereicht – ein Ehemann oder eine Ehefrau? Zuletzt wenden wir uns der erstaunlichen Praxis der »Annullierung« in der katholischen Kirche zu, derzufolge Mann und Frau, nachdem sie in einer Kirche vor einem Priester geheiratet und womöglich mehrere Kinder gezeugt haben, mit genügend Bargeld und selbst aus geringfügigem Anlaß eine Petition an den Vatikan richten können, ihre Ehe für null und nichtig zu erklären – und diesen Wunsch auch erfüllt bekommen. Nachher sind beide frei, noch einmal in einer katholischen Kirche zu heiraten und weitere Kinder zu zeugen. Macht eine solche Annullierung die Nachkommen aus der für nichtig erklärten Ehe zu unehelichen Kindern?

Die erste Hochzeitszeremonie: im Garten Eden, etwa 4000 v.u.Z.

Adam und Eva waren das erste Brautpaar, und geleitet wurde die Zeremonie, wenn man so will, von Gott selbst. Ort des Geschehens: der üppige Garten im Tal von Eden – wahrscheinlich zwischen den Flüssen Euphrat und Tigris im Lande Sumer gelegen.

Der Zeitpunkt: Ende Oktober des Jahres 3761 v.u.Z. (nach der jüdischen Chronologie). Oder Anfang September des Jahres 4004 v.u.Z. (nach den Berechnungen des Bischofs James Usher, 1581-1656, in seinen *Annalen der Welt*). Die Feier fand im kleinen Kreis statt; Verwandtschaft gab es noch nicht. Braut und Bräutigam hatten nichts an, und kennengelernt hatten sie sich unter höchst ungewöhnlichen Umständen. Die Braut stammte nicht aus dem Nachbardorf, sondern aus der Rippe des Bräutigams.

»Es ist nicht gut, daß der Mensch allein sei; ich will ihm eine Gehilfin machen, die um ihn sei«, sagte Gott, nachdem er »den Menschen« in den Garten Eden gesetzt hatte. (1. Mose 2,18)

»Da ließ Gott der Herr einen tiefen Schlaf fallen auf den Menschen, und er schlief ein. Und er nahm eine seiner Rippen und schloß die Stelle mit Fleisch. Und Gott der Herr baute ein Weib aus der Rippe, die er von dem Menschen nahm.« (1. Mose 2,21-22)

Gott weckt Adam, macht ihn mit dem unbekannten Wesen bekannt und fordert ihn auf, sich einen Namen für es einfallen zu lassen, woraufhin Adam erklärt:

»Das ist doch Bein von meinem Bein und Fleisch von meinem Fleisch; man wird sie Männin (hebräisch: ischa) *nennen, weil sie vom Manne* (isch) *genommen ist.« (1. Mose 2,23)*

Der Verfasser der Genesis (und sein Übersetzer, Martin Luther) knetete an dieser Stelle offenbar ganz bewußt die Sprache, um diese bildhafte Szene in ihrer ganzen Gewichtigkeit herüberzubringen.

Wer heiratet wen?

Gott hat den Mann und die Männin vielleicht miteinander bekannt gemacht, aber er hat sie nicht miteinander verheiratet; er hat der Verbindung nur seinen Segen gegeben. Diese Vorstellung ist für die jüdische und die christliche Ehe gleichermaßen bestimmend. Braut und Bräutigam heiraten *einander*, die rituelle oder liturgische Handlung bildet nicht den Kern der Vereinigung; sie ist nur ein Segen über dem Vertrag, in den das Paar vor Zeugen einwilligt.

Im Alten Testament ist der Ehevertrag so heilig, daß er als ein Bund angesehen wird, der vor Gott und von Gott selbst bezeugt wird.

Nach dem römischen Recht, auf dem der christliche Ehevertrag beruht, entspringt eine gültige Ehe aus der Einwilligung, nicht aus der Lebensgemeinschaft. Auch heute bringt nicht der Priester den Ehebund zwischen Mann und Frau hervor. Er bestätigt ihn nur und erklärt, daß er soeben zustande gekommen ist.

Zustande kommt die Ehe faktisch durch das Ja-Wort, das die Eheleute einander geben, wenn der Priester fragt: »N., nehmen Sie Ihre Braut N. als Ihre Frau an ... bis daß der Tod Sie scheidet?« Und dann: »N., nehmen Sie Ihren Bräutigam N. als Mann an ... bis daß der Tod Sie scheidet?«

Ja. Ja. Ein kleines Wort, zweimal ausgesprochen. Einfacher kann ein Vertrag nicht sein.

Die christliche Verlobung: 2. Jahrhundert u.Z.

In frühchristlicher Zeit war die Verlobung in jeder Hinsicht genauso bindend wie die eigentliche Eheschließung. Tatsächlich entwickelte sich die heute übliche Hochzeitszeremonie aus dem Verlobungsritus.

Den Kirchenvätern Ignatius und Tertullian zufolge mußte eine Verlobung vor einem Bischof geschlossen werden. Dazu gehörte auch der Austausch von »ernstgemeintem Geld«, *arrhae* – eine Art Sicherheit dafür, daß die Ehe tatsächlich geschlossen werden würde. Der Mann schenkte der Frau einen Ring, der versinnbildlichen sollte, daß die Frau an das Haus »gebunden« oder für das Haus »verantwortlich« sein würde. Eine Mitgift wurde versprochen und der Frau ein Schleier angelegt – denn im Nahen Osten war der Schleier ein fester Bestandteil der Kleidung einer verlobten oder verheirateten Frau. Das Paar faßte sich an den Händen und tauschte einen Kuß.

Im Laufe der Zeit wurden viele Elemente aus der Verlobungszeremonie auf die Hochzeit selbst übertragen.

Die hebräische Verlobung – Kidduschin: Genesis und Talmud

In alter Zeit war eine hebräische Hochzeitszeremonie nicht so sehr eine religiöse oder rechtliche als vielmehr eine gesellschaftliche Angelegenheit. Die Eheschließung vollzog sich in zwei Phasen. Sie begann mit der Verlobung (hebräisch: *erussin*) und wurde mit der Hochzeit *(nissuin)* abgeschlossen. Bei der Verlobung versprach sich das Paar, zu einem späteren Zeitpunkt zu heiraten. Dann folgte die Hochzeitszeremonie *(kidduschin)*, durch die der Vollzug der Ehe erst zulässig wurde.

Kidduschin bedeutet »Heiligung«, ein Hinweis darauf, daß die Ehe für die Juden heilig war – eine Institution von kosmischer Bedeutung und ein fester Bestandteil der göttlichen Vorsehung.

Rücksicht auf die Interessen der Frau.
Im Jahr 80 v.u.Z. verfaßte der Gesetzeslehrer Simon ben Schetach in Aramäisch, der Sprache der Massen, die *ketuba*, in der die Pflichten des Ehemannes gegenüber seiner Frau aufgeführt wurden, für den Fall, daß er sterben oder sich von ihr scheiden lassen sollte. Die zahlreichen Pflichten der Ehefrau gegenüber ihrem Mann wurden lange Zeit nicht kodifiziert, sie galten vielmehr als selbstverständlich.

Der Vater wählte für seinen Sohn eine Frau unter den Mädchen des eigenen Stammes, wobei diese oft nicht älter als zwölf Jahre alt war. Tatsächlich gelten nach jüdischem Recht ein Junge von dreizehn und ein Mädchen von zwölf Jahren als erwachsen und heiratsfähig.

(Die Chassidim halten Achtzehn für das ideale Heiratsalter und versuchen, ihre Kinder möglichst in diesem Alter zu verheiraten.)

Der Vater der Braut bekam Geld für seine Tochter, das sogenannte *mohar*, meist fünfzig Silberschekel, und er sprach dazu die Worte, die Saul an David richtete: »Du sollst jetzt mein Schwiegersohn sein.« Über die Entstehung der Sitte des Brautpreises wird im ersten Buch Mose (34. Kapitel) berichtet.

In der Talmudzeit war der Begriff *mohar* nicht mehr gebräuchlich. Der Talmud macht aus den Verhandlungen zwischen den Eltern beider Partner eine Art von Feilschen: »Wieviel gibst du deinem Sohn mit? ... Wieviel gibst du deiner Tochter mit?« Die getroffenen Vereinbarungen wurden in einer verbindlichen Urkunde, *schetar* genannt, festgehalten. Die Summe, die dem Sohn mitgegeben wurde, nannte man *nedunja*, »Mitgift« – später ein Ausdruck, mit dem man das Geld bezeichnete, das eine Tochter mit in die Ehe bekam.

Die Verlobten waren eigentlich schon wie Mann und Frau. Sie sollten einander treu sein, auch wenn die Hochzeit vielleicht erst ein ganzes Jahr später stattfand.

Jesu Christi jüdische Eltern, Miriam (Maria) und Joseph, waren zur Zeit von Jesu Geburt verlobt, und Matthäus bezeichnet sie als Eheleute. Eine Verlobung konnte nur durch eine förmliche Scheidung gelöst werden. Im Judentum war eine solche Scheidung möglich. Mehr darüber weiter unten.

Eine wichtige Veränderung machte schließlich die Sitte des *mohar* durch. Da der Vater der Braut das Geld für sich selbst gebrauchen konnte – wie es im Fall von Rachel und Lea auch tatsächlich geschah (1. Mose 31,13) –, konnte es geschehen, daß eine Frau durchaus mittellos dastand, wenn ihr Mann sich von ihr trennte oder vor ihr starb. Deshalb wurde die *ketuba* im Interesse der Witwen umgeschrieben.

Jüdische Heiratsbräuche: Vergangenheit und Gegenwart

Monogamie war das hebräische Ideal. Warum? Weil der Eine Gott sich mit dem Einen auserwählten Volk der Juden verbunden hatte. Eine ausgewogene Gleichung. Eins zu eins. Treue wurde erwartet. In jeder Beziehung.

Polygamie wurde dennoch über viele Jahrhunderte geduldet. Warum? Weil vor der Entstehung des Monotheismus viele Götter mit einem lockeren Bund von Stämmen und Clans verbunden waren. Die Polygamie war ein Überbleibsel aus der vorbiblischen Vergangenheit der Juden, als die Verehrung der Menschen für die Götter so promiskuitiv war wie der Umgang der Männer mit den Frauen.

Noch die Patriarchen nahmen mehr als eine Frau, und die Könige Israels prahlten mit ihren Harems. Vor allem Salomo: »Er hatte siebenhundert Hauptfrauen und dreihundert Nebenfrauen.« (1. Könige 11,3)

Wie so oft, kamen vor allem die Elite und die Oberschichten in den Genuß der freizügigen Sitten. In römischer Zeit scheint sich jedoch die Monogamie im Judentum allgemein durchgesetzt zu haben – sie war eben auch ein symbolischer Ausdruck der monogamen Verbindung zwischen Gott und dem auserwählten Volk.

Zu solchen monogamen Verbindungen (*mono* + *gamie* = ein + Ehe) gehören auch die Gebräuche, die im folgenden dargestellt werden.

Hochzeitstage.
Am Sabbat und an Festtagen sollen keine Hochzeiten gefeiert werden, auch nicht an den Tagen des Pessach- und des Sukkotfestes, und zwar wegen des rabbinischen Gebots, daß Juden nicht eine Freude mit einer anderen vermischen sollen.

Nach altem Brauch werden Hochzeiten meist auch nicht am Tag vor einem großen Fest und möglichst auch nicht an Purim gefeiert – zulässig sind sie allerdings an Chanukka. Im Judentum werden Hochzeiten oft auf einen Dienstag gelegt, der als Glückstag gilt, weil Gott an diesem Schöpfungstag zweimal »sah, daß es gut war«. (1. Mose 1,10 und 12)

Der Dienstag ist der dritte Tag der jüdischen Woche, der Schöpfungstag, an dem »Gott das Trockene Erde [nannte], und die Sammlung der Wasser nannte er Meer.« Ebenfalls am Dienstag ließ »die Erde ... aufgehen Gras und Kraut, das Samen bringt, ein jedes nach seiner Art, und Bäume, die da Früchte tragen ... und Gott sah, daß es gut war.«

Die Braut mit einem Ring sichern.
Im frühen Judentum konnte der Mann eine Frau auf dreierlei Art gewinnen: durch Übergabe einer Wertsache, etwa Geld, durch Übergabe einer Urkunde oder durch Geschlechtsverkehr mit ihr. Tatsächlich war der erste Mann, der mit einer Jungfrau schlief, auch berechtigt, sie zu heiraten. Wenn eine Jungfrau sich einem Mann hingab, sagte sie im Grunde: »Ich heirate dich.« Der Mann indessen mußte ihren Vorschlag natürlich nicht annehmen. In der Talmudzeit betrachteten die Gelehrten jene Männer, die eine Ehe durch Geschlechtsverkehr vereinbarten, allerdings schon mit Stirnrunzeln.

Ein Mann, der ein junges Mädchen zu heiraten wünschte, hob ihren Zeigefinger hoch und ließ ihn durch die Öffnung eines einfachen, schmucklosen Ringes gleiten.

Bei dieser Zeremonie sagte der künftige Bräutigam: »Du bist mir angelobt *[mekkudeschet]* durch diesen Ring nach der Satzung Moses' und Israels.«

Darauf folgte ein Segen über dem Wein: »Selig bist du, o Herr, unser Gott ... der du uns durch deine Gebote geheiligt hast ... der du uns jene verboten hast, die mit anderen getraut sind.«

Auch heute noch werden Braut und Bräutigam nach der Hochzeitszeremonie zum *jischud* oder »Alleinsein« für kurze Zeit in ein Zimmer geführt, in dem sie ungestört sind – ein Brauch, der den Vollzug der Ehe symbolisiert.

Ein Glas zerschmettern.
Bei der eigentlichen Hochzeitsfeier *(nissuin)* spricht das Paar sieben Segenssprüche über einem weiteren Becher Wein, und zuletzt wird ein Glas zerschmettert – ein Brauch, den man unterschiedlich gedeutet hat.

Einige Gelehrte sagen, das Glas werde im Gedenken an die Zerstörung des Tempels in Jerusalem zerschlagen. »Das Klirren des zerbrechenden Glases ist eine eindringliche Erinnerung an den Verlust der Unabhängigkeit des jüdischen Volkes unter den Römern im Jahre 70 u.Z.«, schreibt ein moderner Rabbiner.

Andere behaupten, es handele sich um eine abergläubische Sitte, mit der böse Geister verscheucht werden sollen. Lärm war in alten Zeiten das beste Hilfsmittel gegen böse Geister.

Auch die Kabbalisten und jüdischen Mystiker betrachten das Zerbrechen eines Glases als abergläubische Handlung. Ihrer Meinung nach sind die Dämonen darauf aus, das Glück des jungen Paares zu zerstören, und das Durcheinander der Glassplitter soll ihre Vorliebe für Unordnung befriedigen.

Heute wird das Glas nicht zerschmettert, sondern zertreten. Manche Rabbiner ziehen dabei Glühbirnen vor, da deren Vakuum den Knall noch lauter macht und die Splitter noch weiter umherfliegen. Den chaosverliebten Dämonen kann das nur recht sein.

»Masel tow«.

Nach biblischem Gesetz darf der Mann eine zweite Frau heiraten. Das allein könnte schon Grund genug für den Trinkspruch »*masel tow*« (etwa: viel Glück) sein. Die Polygamie, die bei den großen Propheten noch allgemein üblich war, wurde in den aschkenasischen Gemeinden im Jahre 1000 u.Z. durch einen Erlaß des Rabbi Gerschom Meor Ha-Golah (auch Gerschom ben Juda genannt) verboten. (Verheiratete Frauen hatten sich nie einen zweiten Mann nehmen dürfen.) Heute gilt das Verbot in fast allen jüdischen Gemeinden, in den sephardischen ebenso wie in den aschkenasischen.

Der Segensspruch »Masel tow« – Viel Glück.

Im Mittelalter beglückwünschten Aschkenasim und Sephardim die Braut und den Bräutigam zum Abschluß der Trauungszeremonie. Die Aschkenasim riefen *masel tow*, die Sephardim *siman tow* – »gutes Vorzeichen«.

In der biblischen und der Talmudzeit hatte das Wort *masel* die Bedeutung »Stern«, auch »Planet« und »Sternbild«, vor allem Sternbild des Tierkreises. Damals glaubten die Menschen fest daran, daß das Schicksal jedes einzelnen von der Gunst des Himmels abhängig sei. Ursprünglich bedeutete *masel tow* nichts anderes als »guter Stern« und nahm erst im Laufe der Zeit die Bedeutung von »Glück« an.

In einigen aschkenasischen Gemeinden umkreist die Braut den Bräutigam einige Male, oft siebenmal. Dem liegt die Vorstellung zugrunde, daß der Bräutigam ein König im Kreis seiner treu liebenden Gefolgsleute sei. In anderen Gemeinden umschreitet die Braut den Bräutigam dreimal. Dieser Brauch geht auf Hosea 2,21-22 zurück, wo Gott (der Bräutigam) zu Israel (der Braut) spricht: »Ich will mich mit dir *verloben* für alle Ewigkeit, ich will mich mit dir *verloben* in Gerechtigkeit und Recht, in Gnade und Barmherzigkeit. Ja, in Treue will ich mich mit dir *verloben* ...« Jedes »verloben« wird mit einer Umkreisung dargestellt.

Mitunter tragen die Begleiter des Brautpaars brennende Kerzen – ein Symbol, das auf die »Hochzeit« am Berge Sinai verweist, wo der Bräutigam (Gott) seiner Braut (Israel) inmitten von Gewittertosen die Zehn Gebote zum Geschenk machte: »... da erhob sich ein Donnern und Blitzen und eine dichte Wolke auf dem Berge« (2. Mose 19,16)

Aus diesem Kapitel der Heiligen Schrift läßt sich auch erklären, warum es der Bräutigam ist, der unter dem Hochzeitsbaldachin vor der Braut steht: Gott empfing Israel so, wie der Bräutigam unter dem Baldachin die Braut empfängt, die ihm durch den Gang zwischen den Sitzreihen entgegenkommt.

Jüdische Eheverbote: früher und heute

Ehen, die gegen das biblische oder rabbinische Gesetz verstoßen, sind im Judentum verboten. Es gibt vorübergehende und dauernde Ehehindernisse. Eine Witwe darf erst neunzig Tage nach dem Tod ihres Mannes wieder heiraten, eine Geschiedene erst neunzig Tage nach der Scheidung – um Unklarheiten über eine etwaige Vaterschaft zu vermeiden.

Ein Mann darf keine schwangere oder stillende Frau heiraten, ehe das Kind vierundzwanzig Monate alt ist – so lange werden die Kinder meist gestillt. Sobald das Kind entwöhnt ist, darf das Paar heiraten.

Zu den Ursprüngen der dauernden Eheverbote:

• Mischehen sind verboten – da die Bibel es den Israeliten aus Angst vor der Götzendienerei und im Hinblick auf die Gefahr der Assimilierung untersagte, mit den Kanaanitern Ehen einzugehen: »Denn sie werden eure Söhne mir abtrünnig machen, daß sie andern Göttern dienen.« (5. Mose 7,4)

So gestattete Isaaks Vater, Abraham, nicht, daß sein Sohn eine Kanaaniterin heiratete, und schickte statt dessen einen Knecht auf eine weite Reise in das Land Haran, wo Abrahams Stamm einst gesiedelt hatte, um dort eine Braut für Isaak auszusuchen. (1. Mose 24)

Dieses Verbot wurde später auf alle Nichtjuden ausgedehnt.

• Wenn ein Mann sich von seiner Frau scheiden läßt und sie erneut heiratet und ihr zweiter Mann nachher stirbt, so darf der erste Mann die Frau nicht wieder heiraten. Es sähe nicht gut aus. Es könnte den Tod des zweiten Mannes in ein verdächtiges Licht rücken.

• Eine Frau, die Ehebruch begeht, darf mit ihrem Mann keinen Geschlechtsverkehr mehr haben; und wenn er sich von ihr scheiden läßt, darf sie den Mann, mit dem sie die Ehe brach, nicht heiraten. Zur Strafe.

• Eine Frau darf einen Mann nicht heiraten, der sie in ihrem Scheidungsverfahren vertreten hat oder der den Tod ihres früheren Mannes bezeugt hat – dies, um nicht den Verdacht einer heimlichen Absprache aufkommen zu lassen.

• 3. Mose 18 und 20 verbietet dem Mann die Heirat mit seiner Schwiegertochter, seiner Schwägerin, seiner Stieftochter, seiner Stiefenkelin oder der Schwester seiner Frau zu Lebzeiten der letzteren. Im Hinblick auf diese Verbindungen spricht die Bibel ohne nähere Erklärung von Schandtaten und Blutschande. Nach Maimonides sollen diese Beschränkungen helfen, Keuschheit und Moral innerhalb der Familie zu bewahren.

• Ein Priester darf nach 3. Mose 21,14 keine geschiedene Frau heiraten – auch nicht seine eigene, wenn er sich einmal von ihr hat scheiden lassen. Er darf auch keine Witwe heiraten, und wegen seiner Würde auch keine Hure. (3. Mose 21,7).

• Ein *Mamser* – ein »Bastard« oder Abkömmling aus einer ehebrecherischen oder inzestuösen Beziehung – darf keinen jüdischen Mann bzw. keine jüdische Frau heiraten. Maimonides erläutert, dieses Verbot erzeuge »einen Abscheu vor gesetzwidrigen Ehen – dem Ehebrecher und der Ehebrecherin wurde auf diese Weise bedeutet, daß sie durch ihr Tun ihrem Samen [also ihrer Nachkommenschaft] nicht wiedergutzumachenden Schaden zufügen« – die sogenannten Sünden der Väter.

Die christliche Ehe als Sakrament: Mittelalter

Ausführliche Lehren über die Ehe finden sich in den Evangelien nicht. Aus einigen Passagen, in denen es um Scheidung geht, kann man schließen, daß Jesus, der selbst keusch und ehelos lebte, die Ehe in einem positiven Licht sah und die Monogamie als ihr Ideal betrachtete.

Die ausführlichste Erörterung findet sich in 1. Korinther 7, wo Paulus von der Ehe sagt, sie sei ein Mittel gegen die sexuelle Unmoral, wenngleich weniger wirksam als die Keuschheit.

In der katholischen Kirche wurde die Ehe erst im Mittelalter zu einem Sakrament erhoben, und zwar aus zwei Gründen:

1. Man nahm an, sie sei göttlichen Ursprungs und daher heilig. Christus hatte die christliche Ehe mit ihrer unauflöslichen Bindung gestiftet, als er sagte: »Was nun Gott zusammengefügt hat, das soll der Mensch nicht scheiden.« (Matthäus 19,6; Markus 10,9)

2. Die unwiderrufliche Verbindung von Mann und Frau wurde zugleich

als Sinnbild für die unauflösliche Verbindung von Christus und seiner Kirche verstanden: »Um deswillen wird ein Mensch verlassen Vater und Mutter und seinem Weibe anhangen, und werden die zwei *ein* Fleisch sein. Dieses Geheimnis ist groß; ich rede aber von Christus und der Gemeinde.« (Epheser 5,31-32) Deshalb keine Scheidung – denn auch Christus wird sich von seiner Kirche nicht trennen. Auf dieser Argumentation beruht die beharrliche Weigerung des Vatikan, Scheidungen zuzulassen. Darüber im nächsten Kapitel mehr.

Sexualität in der Ehe: Judentum contra Christentum

Nicht nur in der Frage der Scheidung, auch in der Auffassung von der Sexualität in der Ehe sind Juden und Christen unterschiedliche Wege gegangen.

Die frühen Kirchenväter stellten Ehelosigkeit und Zölibat über die Ehe, schätzten die Keuschheit höher als den Geschlechtsverkehr, weil sie glaubten, das Ende der Welt stehe unmittelbar bevor. Das traditionelle Judentum dagegen riet eindringlich vom Zölibat ab.

Ein jüdisches Sprichwort sagt: »Ein Mann verdient nicht, Mann zu heißen, solange er sich nicht mit einer Frau zusammentut.«

Während die Heiligen Hieronymus, Ambrosius und Augustinus von der wahren Erfüllung in der Keuschheit predigten, lehrten die Rabbis, Erfüllung werde der Jude erst finden, wenn er heirate.

Ein anderes jüdisches Sprichwort lautet: »Ein Mann, der keine Frau hat, ist kein ganzer Mensch.«

Ein Aphorismus aus der rabbinischen Literatur geht noch weiter: »Die Ehe kommt noch vor dem Studium der Thora.« Ein gesundes Geschlechtsleben in der Ehe stand nach dieser Auffassung ganz im Einklang mit Gottes Willen. Schließlich hatte Gott die so ideal zueinander passenden Geschlechtsorgane geschaffen.

Im Talmud heißt es an einer Stelle: »Wäre nicht der Geschlechtstrieb, würde kein Mann ein Haus bauen, eine Frau heiraten oder Kinder zeugen.«

Nach biblischem Gesetz war der Bräutigam für ein Jahr vom Militärdienst befreit: »Er soll frei in seinem Hause sein ein Jahr lang, daß er fröhlich sei mit seiner Frau, die er genommen hat.« Nach dem Talmud gehört es zu den wichtigsten Pflichten des Vaters, für seinen Sohn eine Frau zu finden. Ein Sprichwort sagt: »Wer seinen Tag ohne Frau zubringt, hat keine Freude, keinen Segen und kein gutes Leben.«

Fairerweise sei noch einmal wiederholt, daß die ehe- und sexualitätfeindliche Prüderie der christlichen Kirchenväter in großem Maße aus ihrem Glauben an das unmittelbare Bevorstehen der Wiederkehr Christi und des Jüngsten Tages erwuchs. Warum sich vermehren, wenn alles Leben auf Erden ohnehin bald ein Ende nimmt?

Eine letzte jüdische Weisheit: »Wenn ein alter Mann eine junge Frau heiratet, wird der Mann jung und die Frau alt.«

Christliche Heiratsbräuche: früher und heute

Auf Brautraub im Nachbarort

Viele christliche Heiratsbräuche wurzeln in heidnischen Riten.

Ein Frau finden bedeutete in Zeiten, als die jungen Frauen innerhalb eines Stammes knapp waren, oft: eine Braut entführen. Auf diesen Ursprung scheint noch die Sitte zu verweisen, daß der Bräutigam seine Braut über die Schwelle der neuen Wohnung trägt. Die entführte Braut wird mit Gewalt in ihr neues Zuhause geschafft.

Daß die Braut links neben dem Bräutigam steht, ist nicht bloß Etikette: Bei den nordeuropäischen »Barbaren« (so nannten die Griechen all jene Völker, die nicht Griechisch sprechen konnten) stellte der Bräutigam die entführte Braut auf seine linke Seite, um mit der freien Rechten, der Schwerthand, gegebenenfalls eine Attacke des Vaters und der Brüder des Mädchens abwehren zu können.

Der goldene Ehering.

Ein Fingerring wurde in Ägypten schon in der dritten Dynastie des Alten Reiches um 2800 v.u.Z. bei einer Hochzeitszeremonie verwendet – Jahrhunderte vor der Zeit der hebräischen Patriarchen. Für die Ägypter versinnbildlichte der Ring, der keinen Anfang und kein Ende hat, die Ewigkeit – und so lange war eine Ehe bindend.

Es überrascht nicht, daß der endelose Ring auch ein Symbol für Christi weiter oben zitierte Worte über die Unauflöslichkeit der Ehe wurde.

Tertullian berichtete im 2. Jahrhundert u.Z., daß christliche Männer, die nur wenig besaßen, sich über der Anschaffung eines Ringes bisweilen ruinierten. Goldene Ringe waren besonders beliebt, und der Kirchenvater sagt: »Die meisten Frauen wissen von Gold nur durch den einen Ehering, der ihnen an den Finger gesteckt wird.« Anderes Gold bekamen sie ihr Leben lang nicht zu Gesicht. In der Öffentlichkeit trugen sie oft einen Ring aus Eisen und ließen den goldenen Ring zu Hause. Vielleicht liegt hier der Ursprung des Modeschmucks.

Der Ringfinger.
Die alten Hebräer steckten den Ehering an den Zeigefinger, mit dem eine des Schreibens unkundige Person ihr X unter einen Vertrag setzte.

Die christliche Sitte, den Ehering an den vierten Finger zu stecken, geht auf die Griechen zurück. Griechische Ärzte des 3. Jahrhunderts v.u.Z. glaubten, eine bestimmte Ader, die »Liebesader«, verlaufe vom vierten Finger direkt zum Herzen. So war es naheliegend, das ringförmige Symbol für eine Herzensangelegenheit an diesem Finger zu tragen.

Die Römer übernahmen die anatomischen Vorstellungen der Griechen und auch die Art ihres Umgangs mit dem Ehering. Der vierte Finger wurde außerdem der »heilende Finger«, mit dem römische Ärzte Arzneimittel anrührten.

Die frühen Christen trugen den Ring am vierten, dem Ringfinger, aber sie arbeiteten sich langsam, von Finger zu Finger, bis zur Liebesader vorwärts. Bei der sogenannten »trinitarischen Formel« steckte der Bräutigam den Ring seiner Braut zunächst an den Zeigefinger und betete dazu »Im Namen des Vaters«. Mit den Worten »Im Namen des Sohnes« schob er den Ring auf den Mittelfinger und ließ ihn erst mit den Worten »Im Namen des Heiligen Geistes. Amen« über den vierten Finger gleiten.

Das Aufgebot.
Das katholische Kirchenrecht schreibt vor, daß der Pfarrer die Namen des Mannes und der Frau, die heiraten wollen, öffentlich bekannt macht. Die Bekanntmachung muß während drei Gottesdiensten an drei aufeinanderfolgenden Sonn- oder Festtagen oder durch achttägigen Aushang in der Kirche erfolgen. Der Zweck des Aufgebots besteht darin, etwaige Ehehindernisse ausfindig zu machen. Vielleicht hat der Mann schon eine Frau. Vielleicht ist die Frau nicht katholisch.

Das waren allerdings nicht die Sorgen, die Karl den Großen im 8. Jahrhundert umtrieben, als er das Aufgebot zur notwendigen Voraussetzung jeder Eheschließung erhob.

Karl der Große machte das Eheaufgebot zum Gesetz.

Am Weihnachtstag des Jahres 800 u.Z. wurde Karl der Große zum Kaiser des *Heiligen* Römischen Reiches gekrönt – auch dies eine Art von Ehe, zwischen dem Papst und dem Kaiser. In jener Zeit waren bei Reich und Arm die Abstammungsverhältnisse der Kinder keineswegs immer klar; eine außereheliche Unbesonnenheit konnte dazu führen, daß später ein Halbbruder eine Halbschwester heiratete, und so geschah es nicht selten.

Beunruhigt durch die hohe Zahl von Geschwisterehen und die Geistesschwäche der Nachkommen aus diesen Ehen, gab Karl der Große einen Erlaß für sein vereinigtes Reich heraus: Jede Ehe mußte wenigstens sieben Tage vor der Zeremonie öffentlich angekündigt werden. Um sicherzugehen, daß Braut und Bräutigam nicht blutsverwandt waren, sollte sich jeder melden, der etwas über Verwandtschaftsbeziehungen zwischen den Heiratskandidaten wußte.

Darüber hinaus interessierte den Papst in Rom an der Institution des Aufgebots auch, daß sich auf diese Weise Mischehen mit nicht-katholischen Partnern verhindern ließen.

Protestantische Eheschließungen: seit dem 16. Jahrhundert

Die Eheschließung erlebte im 16. Jahrhundert infolge der Reformation zahlreiche Veränderungen. Geistliche durften nun offiziell heiraten. Die erste Ehe eines Priesters ist in einer Augsburger Urkunde aus dem Jahre 1523 dokumentiert. (*Siehe* Zölibat)

Für die Protestanten legte Martin Luther den Ritus in seinem »Traubüchlein« von 1529 fest. Die Zeremonie besteht aus drei Teilen: öffentliche Ankündigung, Trauung und Segen. Das Aufgebot ist zugleich ein öffentlicher Aufruf, für das Paar zu beten. Wenn niemand Einwände erhebt, folgt die

Trauung oder *copulatio* – sie findet vor der Kirche, vor dem »Brautportal« statt.

Nach dem Tausch der Ringe und nachdem sich die Brautleute die rechte Hand gegeben haben, wird Matthäus 19,6 gelesen: »Was nun Gott zusammengefügt hat, das soll der Mensch nicht scheiden.«

Der Priester erklärt die Brautleute für vereint, und die Bestätigung dieser Verbindung findet dann im Inneren der Kirche mit Schriftlesungen und Gebeten statt. Nach Luthers Auffassung ist die Ehe ein »heiliger Stand«, aber kein Sakrament wie in der katholischen Kirche. Nach seiner Auffassung muß bei einer Traufeier auch nicht die Heilige Eucharistie empfangen werden.

Die Ehe wird zum Sakrament: Mittelalter

Das Sakrament wird im Katholizismus definiert als »geheiligtes äußeres Zeichen oder geheiligter Ritus, von Christus eingesetzt, um der Seele Gnade zu spenden«.

Jedes Sakrament – und davon gibt es, wie wir in einem früheren Kapitel gesehen haben, sieben – besteht aus einer sichtbaren äußeren Zeremonie und der unsichtbaren Gewährung von heiligmachender Gnade.

Heute behauptet die katholische Kirche, die Ehe sei *immer* ein Sakrament gewesen. In Wirklichkeit dauerte es mehrere Jahrhunderte, ehe die Kirche den heiligmachenden Charakter der Ehe anerkannte.

In der Frühzeit der Kirche war die Liturgie der Trauung nicht festgelegt und nicht obligatorisch. Priester und Bischöfe rezitierten natürlich die einschlägigen Stellen aus der Schrift, aber sie verfügten über einen großen Spielraum in bezug auf das, was sie sagten – und wo sie es sagten. Ehen mußten nicht in einer Kirche geschlossen werden. Allzuviele gab es damals auch noch nicht.

Die Ehe war geheiligt, aber kein Sakrament. Anfangs kannte die Kirche nur zwei Sakramente: die Taufe und die Eucharistie – Riten, die Jesus selbst eingesetzt hatte.

Es gab allenfalls Hinweise auf den sakramentalen Charakter der Ehe und darauf, wie die Trauzeremonie abgehalten werden sollte. Der heilige Ignatius von Antiochia erklärte: »Es ist angebracht, daß die, die sich durch Heirat miteinander verbinden wollen, dies mit Zustimmung des Bischofs tun, auf daß die Ehe durch den Herrn und nicht durch die Wollust zustande kommt.«

Der Kirchenvater Tertullian sprach vom »Glück einer Ehe, die die Kirche vereint« und »bei der die Engel als Zeugen zugegen sind« und die »der Vater im Himmel gutheißt«. Aber Hinweise auf das Ehesakrament sind in den ersten drei Jahrhunderten der Kirchengeschichte erstaunlich selten.

Die Ehe wird zur göttlichen Berufung, deren Hauptzweck die Nachkommen sind.

Vor dem Hintergrund der gesellschaftlichen Verhältnisse, die Karl den Großen veranlaßten, das Aufgebot zur Vorbedingung jeder Ehe zu machen, begründete auch die Kirche den Eheritus *in facie ecclesiae*, »im Angesicht der Kirche«. Früher hatten die Leute auch in einer Schenke heiraten können, jetzt mußten sie in die Kirche kommen. Die ersten Zeugnisse dieser neuen Strenge stammen aus der Normandie des frühen 12. Jahrhunderts. Hier liegt der Ursprung der *kirchlichen Heirat*.

Die Kirche betrachtete die Ehe nun als heilige Berufung. Mann und Frau vernehmen dieser Auffassung zufolge einen »Ruf zur Heiligkeit« – ähnlich wie der Priester, bevor er einer wurde, eine »heilige Berufung« zum Priesterstand erfuhr. Doch noch immer hatte die Ehe nicht den Status eines Sakraments erlangt.

Bis zum 10. Jahrhundert war der kirchliche Segen für die Eheschließung nicht obligatorisch. Papst Innozenz III. (1198-1216) bezeichnete die Ehe als ein »Sakrament des Glaubens ... wahrhaft und beglaubigt« – lange Zeit blieb die Kirche bei solchen Andeutungen, ohne sich verbindlich über den sakramentalen Charakter der Ehe zu äußern.

Erst das Konzil von Florenz (1438-45) bestimmte: »Das siebte ist das Sakrament der Ehe, welche das Zeichen der Gemeinschaft Christi und seiner Kirche ist«. Mann und Frau heiraten nicht nur einander, sondern treten auch in eine höhere Verbindung mit dem mystischen Leib Christi.

Luther und Calvin: der Glaube genügt.

Erst das Konzil von Trient (1545-1563) legte Form und Status des Ehesakraments endgültig fest. Von nun an galt eine Ehe nicht mehr als gültig, wenn nicht Braut und Bräutigam ihre Einwilligung vor ihrem Pfarrer (oder dessen Stellvertreter) und zwei Zeugen gegeben und den Segen des Pfarrer empfangen hatten.

Martin Luther lehnte die katholische Auffassung von der Sakramentalität der Ehe ab. Für ihn war die Ehe zwar ein heiliger Stand, aber doch nur ein Ritus, der das Paar in seinem Glauben bestärkte. Der Glaube bringt in den Augen Luthers seine eigene Gnade hervor; der Heilige Geist brauchte an der Hochzeit des Paares nicht teilzunehmen.

Johannes Calvin legte mehr Gewicht auf die Gegenwart des Heiligen Geistes bei der Hochzeitszeremonie, aber vor dem Hintergrund seiner ausgeprägten Prädestinationslehre (die den Menschen zum passiven Erdulder eines vorbestimmten Schicksals macht) ging er nicht so weit wie die katholische Kirche, die nun die Auffassung vertrat, das Ehepaar, das eine »heilige Berufung« des Heiligen Geistes vernommen hat, habe Anteil am göttlichen Wesen. Die Eheleute hätten eine neue, höhere Stufe der Spiritualität erklommen. Nicht allein durch ihren Glauben, wie Luther meinte, sondern durch die Wirkung von Gottes heiligmachender Gnade, die der Heilige Geist spendet.

Angesichts der neuen Theologie der Reformation warf die katholische Kirche einen Blick zurück auf ihre lange Geschichte und »fand Zeugnisse« dafür, daß die Ehe immer ein Sakrament gewesen war, auch wenn man dies nicht immer mit der nötigen Klarheit erkannt hatte. Zwei Sakramente hatte Jesus unmißverständlich eingesetzt, die Taufe (am Jordan) und die heilige Eucharistie (beim Letzten Abendmahl), die anderen fünf ergaben sich, so die Kirche, aus der »lebendigen Verkündigung«. Spätere Äußerungen von Päpsten und Heiligen wurden zur Unterstützung dieser Doktrin herangezogen und neu gedeutet.

Selbst der heilige Augustinus, der die Sexualität immer wieder streng verurteilt hatte, wurde neu bewertet, indem nun seine wenigen positiven Bemerkungen über die drei Vorzüge des Ehestandes hervorgehoben wurden: *proles, fides, sacramentum* – »Nachkommen«, »gegenseitige Treue« (die Ehe als Mittel gegen sexuelle Promiskuität) und das »Gelöbnis«, die Unauflöslichkeit der Ehe. (*Sacramentum* wird hier im ursprünglichen römischen Sinne gebraucht, wo es das »Treueversprechen« der Soldaten gegenüber dem Feldherrn bezeichnet.)

20. Kapitel
Scheidung
»Get« bis Jackie O.

Biblischer Ursprung: Altes Testament, 5. Buch Mose 24,1-4

»Get« ist das hebräische Wort für »Scheidungsurkunde«.

So einfach konnte in der Frühzeit des Judentums eine Scheidung vonstatten gehen:

Wenn jemand eine Frau zur Ehe nimmt und sie nicht Gnade findet vor seinen Augen, weil er etwas Schändliches an ihr gefunden hat, schreibt er einen Scheidebrief und gibt ihn ihr in die Hand und entläßt sie aus seinem Hause. (5. Mose 24,1)

Ein Bund fürs Leben. Kreis, Händedruck, Weizen, Granatapfel – Symbole immerwährender Bindung, Freundschaft, Fruchbarkeit und Nachkommenschaft.

Aus diesen Worten wird deutlich, daß allein der Mann das Recht hatte, sich scheiden zu lassen, und daß die Scheidung in schriftlicher Form erfolgen mußte. Kummer und Schmerz, die mit einer Scheidung verbunden sind, scheinen ganz auf seiten der Frau gelegen zu haben.

Wenn die Frau noch ein mal heiratete, was ihr gestattet war, und von ihrem zweiten Mann ebenfalls einen *get* bekam, galt sie als »unrein«, als ein »Greuel vor dem Herrn« (5. Mose 24,4), und ihr erster Mann durfte sie nicht wieder zu sich nehmen.

Das 5. Buch Mose wurde natürlich von einem Mann geschrieben, wenn auch wohl nicht von Moses selbst.

Viel Aufmerksamkeit hat man der Formulierung »etwas Schändliches« geschenkt. Was war damit gemeint?

Die Schriftgelehrten haben hierauf drei Antworten gegeben:

1. Der Schule Schammajs zufolge, so benannt nach ihrem im 1. Jahrhundert u.Z. in Palästina geborenen Begründer, bezieht sich »etwas Schändliches« auf ehebrecherisches Verhalten. Ein schwerer Fehltritt. Die Frau könnte von einem anderen Mann schwanger werden.

2. Die Schule Hillels, begründet von dem zur gleichen Zeit in Babylon geborenen Hillel, genannt »der Alte«, vertrat die Auffassung, es genüge schon, wenn die Frau das Abendessen ihres Mannes anbrennen lasse. Das verschafft dem Ehemann einen erheblichen Ermessensspielraum.

3. Rabbi Akiba, ein Nachfolger Schammajs, erklärte, ein Mann könne sich von seiner Frau scheiden lassen, wenn er eine hübschere finde. »Schändlich« wäre in diesem Falle nur ihr Aussehen. Wenn hingegen die Frau keinen Gefallen mehr an ihrem Mann findet, kann sie nicht zum Mittel der Scheidung greifen.

Das hebräische Wort *get* ist abgeleitet von einem akkadischen Wort für »Gerichtsurkunde«. Mit diesem Wortursprung verbindet sich schon die Vorstellung, daß die Scheidung in schriftlicher Form erfolgen muß. Die ersten Scheidebriefe wurden auf Pergament geschrieben.

Ein Scheidung auf Antrag der Frau: 1. Jahrhundert u.Z.

Vor allem die rivalisierenden Schulen Schammajs und Hillels befaßten sich während der ersten Jahrhunderte unserer Zeit intensiv mit der Ausdeutung der biblischen Schriften. Daraus ging ein Komplex von Texten hervor, die unter dem Oberbegriff *Mischna* zur maßgeblichen Quelle der jüdischen Gesetzgebung wurden. Die Mischna wurde an Bedeutung nur von der Bibel selbst übertroffen.

So ungerecht der zweite und dritte der oben genannten Scheidungsgründe erscheinen mögen – gewisse Bestimmungen im Ehevertrag, der *ketuba*, verschafften der Frau doch einen finanziellen Schutz vor Obdachlosigkeit und Elend. Und zu Beginn unserer Zeit gewährten neue Scheidungsgesetze der Frau sogar einige erstaunlich modern anmutende Rechte. Auch sie konnte vor einem Gerichtshof von ihrem Mann die Scheidung verlangen:

1. Wenn er sie, nachdem ihn das Gericht schon einmal verwarnt hatte, weiterhin körperlich mißhandelte.

2. Wenn er sich eine Geschlechtskrankheit oder eine andere abstoßende Krankheit wie Lepra zuzog.
3. Wenn er seiner Frau das Haushaltsgeld verweigerte – oder in Armut geriet und nicht mehr für ihren und den Unterhalt der Kinder sorgen konnte.
4. Wenn er ihr regelmäßig den Geschlechtsverkehr verweigerte.
5. Wenn sie nach zehn Ehejahren immer noch kinderlos war – was darauf hinzudeuten scheint, daß man die »Schuld« an der Unfruchtbarkeit beim Mann suchte.

Der Ehemann kommt ins Gefängnis: 2. Jahrhundert u.Z.

Das biblische Gesetz im 5. Buch Mose gibt unmißverständlich allein dem Mann das Recht, sich von seiner Frau zu scheiden. Wie aber konnten dann in späterer Zeit dem zuwiderlaufende Gesetze, die die Frau rechtlich besserstellten, überhaupt legitimiert werden?

Der Talmud löst das Problem, indem er das Gericht dazu verpflichtet, dem betroffenen Ehemann so lange durch Zwangsmittel, wenn nötig auch Haft, zuzusetzen, bis er aufgibt und ausruft: »Ich will die Scheidung.« Die Rabbinatsgerichte im heutigen Israel scheuen sich zwar, Zwang auszuüben, aber sie geben einen Ehemann der Verachtung preis oder übergeben ihn auch den Zivilbehörden zur Inhaftierung, wenn er sich der Aufforderung des Gerichts widersetzt, seiner Frau die Scheidung zu gewähren. Der Mann bleibt im Gefängnis, bis er dem biblischen Gesetz Folge leistet und seiner Frau einen *get* ausstellt.

Einvernehmliche Scheidung: 10. Jahrhundert u.Z.

Das Konzept der einvernehmlichen Scheidung – *takana*, wenn beide Partner der Meinung sind, sie hätten sich auseinandergelebt – wurde im 10. Jahrhundert u.Z. von Rabbenu Gerschom entwickelt und von der europäischen Judenschaft als verbindlich angenommen.

Es sah vor, daß ein Mann sich nicht ohne Zustimmung der Frau scheiden lassen kann, und machte auf diese Weise die beiden Gatten ebenbürtig. Nur in einem einzigen Fall konnte der Mann einseitig eine »Not«-Scheidung erreichen: wenn seine Frau vom Glauben abfiel und die jüdische Gemeinschaft verließ. Dann brauchte der Ehemann beim rabbinischen Gericht nur ein *get* einzureichen.

Auch heute noch ist es erforderlich, daß der Ehemann an der Scheidung mitwirkt, indem er seiner Frau den *get* gibt, selbst wenn die Scheidung von ihr betrieben wird. Daraus ergeben sich bisweilen unüberwindliche Probleme, etwa wenn der Verbleib des Mannes nicht bekannt ist. Die Frau bleibt dann »gefesselt«, sie ist eine *aguna* und darf nach jüdischem Recht nicht wieder heiraten.

Annullierung im Judentum.

Es gibt eine Möglichkeit, wie eine *aguna* ihre Fesseln abschütteln kann. In den USA hat die Conservative Rabbinical Assembly 1953 eine Klausel in den Ehevertrag aufgenommen, durch die sich beide Teile einverstanden erklären, in äußersten Notfällen die Entscheidung des geistlichen Gerichts, des *bet din*, zu akzeptieren.

Wenn nun der Ehemann nicht vor dem *bet din* erscheinen kann (z.B. wenn er verschollen oder unauffindbar ist), dann beruft sich das Gericht auf das talmudische Prinzip der Annullierung, *hafkat kidduschin*, und erklärt damit, daß die Heiligung *(kidduschin)* der Verbindung nie zustande gekommen ist. In diesem Fall ist dann auch kein Scheidebrief erforderlich.

Annullierungen sind selten und werden von manchen orthodoxen Rabbinern auch nicht gebilligt. In der katholischen Kirche dagegen kommen Annullierungen immer häufiger vor (siehe das nächste Kapitel), während die »Scheidung« im eigentlichen Sinne unter keinen Umständen gebilligt wird.

Man muß allerdings hinzufügen, daß die Juden von Ehescheidungen immer abgeraten haben, denn die Institution der Ehe war und ist ihnen heilig. Gott »vergießt Tränen«, wenn er von einer Scheidung erfährt, und im Talmud heißt es, daß selbst »der Altar Tränen vergießt über den Mann, der sich von seiner Frau scheidet«.

Interessant ist aber doch, daß die Juden – anders als die Christen, die ansonsten so vieles aus dem Judentum übernommen haben – die Ehe nie als unauflöslich angesehen haben. Auf diese oder jene Weise war eine Scheidung für sie immer zu erreichen.

Der christliche Historiker Tertullian blickt gegen Ende des 2. Jahrhunderts auf sechshundert Jahre römische Sittengeschichte zurück und stellt fest, es habe »keine einzige Scheidung gegeben«. In seiner Zeit dagegen, so klagt er, »sehnen sich die Frauen nach der Scheidung, als wäre sie eine natürliche Konsequenz der Ehe«. Diese Bemerkung ist sehr aufschlußreich, wenn man sie mit den Statistiken aus unserer Zeit vergleicht: Heute werden Scheidungsverfahren in der Mehrzahl der Fälle von Frauen angestrengt; Männer neigen dazu, eine schlechte Ehe fortzuführen und ihre Frauen zu betrügen, so daß sie beides haben – eine Frau und Mutter und eine Geliebte. Die Gesetze, die die Ehescheidung regeln, haben sich im Laufe der Jahrhunderte verändert, das Verhalten der Menschen nicht.

Scheidung im Christentum: 16. Jahrhundert

Bei Markus (Kapitel 10) und Matthäus (Kapitel 19) lesen wir, wie Jesus Christus nach seiner Meinung über die Rechtsvorschriften aus dem 5. Buch Mose befragt wird, die wir zu Beginn dieses Kapitels zitiert haben: »Wenn jemand eine Frau zur Ehe nimmt und sie nicht Gnade findet vor seinen Augen, weil er etwas Schändliches an ihr gefunden hat, schreibt er einen Scheidebrief und ... entläßt sie aus seinem Hause.« Zu jener Zeit diskutierten die Pharisäer heftig darüber, was die Gesetzesvorschriften des Alten Testaments mit ihren unklaren Wendungen »wenn sie nicht Gnade findet vor seinen Augen« und »etwas Schändliches an ihr gefunden« meinten.

Jesus spricht über das mosaische Gesetz, das Ehescheidungen erlaubte.

In seiner Antwort verwarf Jesus das mosaische Gesetz und nannte es ein sündhaftes Zugeständnis an die menschliche Schwäche (Markus 10,2-12):

»Und es traten Pharisäer zu ihm und fragten ihn, ob ein Mann sich scheiden dürfe von seiner Frau, und versuchten ihn damit. Er antwortete aber und sprach: Was hat euch Mose geboten? Sie sprachen: Mose hat zugelassen, einen Scheidebrief zu schreiben und sich zu scheiden. Jesus aber sprach zu ihnen: Um eures Herzens Härtigkeit willen hat er euch dies Gebot geschrieben; aber von Anbeginn der Schöpfung hat Gott sie geschaffen als Mann und Weib. Darum wird der Mensch seinen Vater und seine Mutter verlassen und wird seinem Weibe anhangen und werden die zwei ein Fleisch sein. So sind sie nun nicht mehr zwei, sondern ein Fleisch. Was denn Gott zusammengefügt hat, soll der Mensch nicht scheiden.«

Hier liegt der Ursprung des christlichen und vor allem des katholischen Widerstandes gegen die Ehescheidung.

Nach dem Markus-Evangelium widersetzte sich Jesus der Scheidung entschiedener als alle Pharisäer: »Wer sich scheidet von seiner Frau und freit eine andere, der begeht Ehebruch an ihr.« (Markus 10,11) Das war zu jener Zeit eine revolutionäre Feststellung, stellte sie doch die Frauen innerhalb der Ehe gleichberechtigt neben die Männer.

Heinrich VIII. von England (gestorben 1547) hat später bekanntlich wegen der Ehescheidungsfrage mit der römischen Kirche gebrochen. Der König schied sich von seiner ersten Frau, Katharina von Aragon, die eine Reihe von Fehlgeburten gehabt hatte, um Anna Boleyn zu heiraten. Papst Clemens VII. (1523-34) exkommunizierte den König am 11. Juli 1533 und erklärte die Scheidung und die erneute Heirat für ungültig. So kam es zu einer weiteren großen Kirchenspaltung.

Die katholische Scheidung: frühes Mittelalter

Katholische Scheidung – das klingt wie ein Widerspruch in sich. Aber entgegen der landläufigen Meinung läßt der Vatikan Scheidungen zu und hat dies seit Jahrhunderten getan – er nennt sie nur nicht so, sondern spricht von »Auflösung« und »Trennung«. Zwei Begriffe müssen hier auseinandergehalten werden: »Auflösung« und »Annullierung«. Sie bezeichnen nicht das gleiche.

Die *Auflösung* zerbricht den Bund einer Ehe, die in den Augen der Kirche gültig war. In aller Stille hat der Vatikan diese Art von Scheidung über weite Strecken seiner fast zweitausendjährigen Geschichte immer wieder zugelassen, auch wenn er sich bemühte, die diesbezüglichen Dokumente nicht an die Öffentlichkeit gelangen zu lassen.

Ein Beispiel: Eine gültige, aber nicht vollzogene Ehe zwischen getauften Personen (die Behauptung, es habe kein Geschlechtsverkehr stattgefunden, läßt sich nicht immer leicht widerlegen) kann aufgelöst werden, wenn einer der Partner einem religiösen Orden beitreten will. Der Papst gibt seinen Segen dazu, und die Ehe wird automatisch gelöst, wenn die Person ihr Ordensgelübde ablegt. Der andere Teil hat das Recht, eine neue Ehe einzugehen. Der Papst hat auch die Befugnis, eine gültige, aber nicht vollzogene Ehe aus »schwerwiegenden Gründen«, die von Fall zu Fall näher bestimmt werden müssen, aufzulösen. Auflösungen werden zum »geistlichen Wohlergehen« der betroffenen Personen zwar nicht empfohlen, aber gewährt.

Die *Annullierung* dagegen stellt fest, daß zwischen den Partnern nie eine gültige Eheverbindung bestanden hat, daß sie nie wirklich verheiratet waren. Dem äußeren Anschein und womöglich vorhandenen Kindern zum Trotz. Die Annullierung wird heute den mehreren Millionen amerikanischer Katholiken, die sich zivilrechtlich haben scheiden lassen, tatsächlich nahegelegt. Denn wenn ihre früheren Ehen annulliert sind, können sie ohne Verlust an Ansehen in die Kirche zurückkehren. Es wird heute immer leichter, eine Annullierung zu erreichen. Mehr darüber im nächsten Kapitel.

Schlupflöcher und Hintertüren.

Zu Jesu Zeiten gab der männliche Chauvinismus den Frauen alle Schuld an Ehebruch und Scheidung. Das zeigt sich in dem Bericht des Matthäus über das, was Jesus zur Ehescheidung sagt. Ein Mann begeht Ehebruch »in seinem Herzen«, wenn er eine Frau begehrend ansieht, aber wenn er sich von einer treuen Frau scheidet, dann »macht er, daß *sie* die Ehe bricht«. (5,28-32)

Später nennt Matthäus eine Ausnahmeklausel, die die von Jesus geäußerte prinzipielle Ablehnung der Ehescheidung anscheinend einschränkt: »Wer sich von seiner Frau scheidet, es sei denn um der Unkeuschheit [bei Luther heißt es: Hurerei] willen, und freit eine andere, der bricht die Ehe.« (Matthäus 19,9)

So wie der Ausdruck »etwas Schändliches« im Alten Testament die hebräischen Gelehrten vor ein Rätsel stellte, so plagten sich die christlichen Exegeten mit der Wendung »es sei denn um der Unkeuschheit willen«. Worin besteht diese Unkeuschheit? Und darf ein Mann, der sich dieser Unkeuschheit wegen scheiden läßt, eine neue Ehe eingehen?

Drei Deutungen fanden allgemeine Verbreitung:

1. Die frühe Kirche, etwa bis zum Jahr 500 u.Z., verstand unter »Unkeuschheit« eine schwerwiegende sexuelle Verfehlung, etwa Ehebruch. Der betrogene Ehemann, der sich seiner Frau entledigte, durfte aber dennoch nicht wieder heiraten.

2. Im Anschluß an Erasmus von Rotterdam definierten die Protestanten des 16. Jahrhunderts »Unkeuschheit« als Ehebruch und gestatteten dem unschuldigen Ehemann eine erneute Heirat.

3. Noch später verstanden die Gelehrten unter »Unkeuschheit« auch voreheliche Geschlechtsverkehr seitens der Frau; sie war die Ehe dann nicht als Jungfrau eingegangen. Und sie war eine Lügnerin. Wenn ihr Geheimnis aufgedeckt wurde, konnte die Ehe annulliert werden. Der getäuschte Ehemann konnte erneut heiraten. Aber wehe der Frau!

Das »Privilegium Paulinum«: Neues Testament, 1. Korinther 7,12-15

Der heilige Paulus schuf in einem Punkt einen Ausweg aus Jesu Lehre von der Unauflöslichkeit der Ehe, das sogenannte Privilegium Paulinum. Der Zweck dieser Ausnahmeregelung ist der Schutz des Glaubens von bekehrten Christen.

Paulus erlaubt in seinem Brief an die Korinther die Scheidung »zugunsten des Glaubens«.

Dem Privilegium Paulinum zufolge darf eine vollzogene Ehe zwischen *ungetauften* Personen aufgelöst werden, wenn einer der Partner sich taufen lassen und zum Christentum bekehren will. Es ist eine Scheidung »zugunsten des Glaubens«. Faktisch bedeutet das: »Wenn du Christ werden willst, holen wir dich aus deiner heidnischen Ehe heraus.«

Man sollte meinen, daß das paulinische Schlupfloch in den Vereinigten Staaten mit ihrem großen christlichen Bevölkerungsanteil kaum genutzt werden kann. Schließlich erkennt Rom alle christlichen Taufen als gültig an, ohne Rücksicht auf die verschiedenen Konfessionen, und manche Christen, nämlich die »wiedergeborenen«, sind sogar zweimal getauft. Selbst die Juden werden getauft – in ihrem Ritualbad, der *mikwa*, und sie werden rituell beschnitten, *brit mila*. In Amerika sind echte »Heiden« deshalb schwer zu finden; und ein Paar ungetaufter Eheleute noch schwerer.

Dennoch konvertieren in den USA jährlich ungefähr fünfhundert ungetaufte Personen zum Christentum, empfangen die Taufe und erlangen die Auflösung ihrer Ehe mit einem »heidnischen« Partner. Der Grund: »Unvereinbarkeit des Kultus«.

Wie es anfing.
In der Zeit des Paulus war dieses Privileg eine weise Einrichtung. Die Römer verfolgten die Christen. Es konnte geschehen, daß sich eine Heidin zu dem neuen Glauben bekannte, während ihr Mann nicht bereit war, dieses Risiko einzugehen. Es konnte auch geschehen, daß er die neuen christlichen Vorstellungen seiner Frau im Hinblick auf das Geschlechtsleben und die Kinder offen ablehnte.

Man muß es Paulus zugute halten, daß er die Bekehrten darin bestärkte, möglichst bei ihren heidnischen Ehepartnern zu bleiben. Aber im ersten Brief an die Korinther (7,15) wies er ihnen auch einen Ausweg »zugunsten des Glaubens«:

»Wenn aber der Ungläubige sich scheiden lassen will, so laß ihn sich scheiden. Es ist der Bruder [im Glauben] oder die Schwester [im Glauben] nicht gebunden in solchen Fällen. Zum Frieden hat euch Gott berufen.« (1. Korinther 7,15)

Die Weigerung des Ungetauften, mit dem Bekehrten »in Frieden zu leben« und ohne ihn an der Ausübung seines Christentums zu hindern, rechtfertigt die Auflösung einer gültigen, vollzogenen Ehe.

Scheidung zugunsten des Priesteramtes: 12. bis 16. Jahrhundert

Papst Alexander III. (1159-81) verkündete offiziell, eine Ehe, in der zwei getaufte Partner nicht miteinander verkehren, sei zwar ein wirkliches Sakrament, könne aber dennoch aufgelöst werden. Wenn kein Versuch unternommen wird, Kinder zu zeugen, untergräbt dies den Hauptzweck der Ehe – so jedenfalls wurde später argumentiert. Ein Paar kann sich aus einer solchen Verbindung durch päpstlichen Dispens lösen.

Erst seit dem Pontifikat Martins V. (1417-31) scheint man häufiger Gebrauch von dieser Regelung gemacht zu haben. Doch schon Alexander III. berief sich in einem besonders vertrackten Fall, den ihm der Bischof von Exeter vorgelegt hatte, auf sie. Ein reicher, einflußreicher Adeliger hatte geschworen, seine Verlobte zu heiraten. Kurz vor der Hochzeit jedoch vernahm er den inneren Ruf zum geistlichen Stand. Statt Ehemann wollte er nun plötzlich Mönch werden.

Papst Alexander III. (1159–81) sagte, eine Ehe ohne Sexualität – wie die zwischen Maria und Joseph – sei dennoch ein Sakrament.

Der Papst riet nun dem Adeligen, die Frau zu heiraten, aber nicht mit ihr zu verkehren. Ein geleisteter Schwur war schließlich bindend. Die Ehe, so erläuterte Alexander, würde dann so gültig sein wie die keusche Verbindung zwischen Maria und Joseph.

Der Edelmann heiratete also und verfügte sich anschließend sogleich ins Kloster. Seine enttäuschte Braut ließ er am Altar zurück. Nachher erklärte Alexander, die Bindung zwischen Mann und Frau werde automatisch aufgelöst, sobald der Ehemann sein Ordensgelübde abgelegt habe. (Eine theologische Randbemerkung: Den Eheleuten bleibt in einem solchen Fall die heiligmachende Gnade, die ihnen durch das Sakrament der Ehe zuteil wurde, erhalten.)

Die Angelegenheit schuf einen Präzedenzfall, durch den die Macht des Papstes erweitert wurde. 1563 ging das Konzil von Trient noch einen Schritt weiter und verkündete, daß die Berufung zum geistlichen Stand ein gültiger Grund für die Auflösung jeder Ehe sei – auch wenn das Paar die Ehe vollzogen hatte.

Mit welcher Begründung?

Sie lautet »metaphorischer Tod«. Wenn ein Mann das Priesteramt übernimmt und damit ein neues geistliches Dasein beginnt, »stirbt« sein früheres Leben. Er hat sich also nicht wirklich von seiner Frau geschieden; er ist vielmehr gestorben und hat sie zurückgelassen. Folglich ist es nicht der Papst, der diese Ehe scheidet, sondern der »Tod« des Mannes.

Diese Regelung deutet darauf hin, daß das Sakrament der Priesterweihe über dem Sakrament der Ehe steht. Priester können nicht heiraten, wohl aber kann ein verheirateter Mann seine Frau verlassen und Priester werden.

Neue Grundlagen zur Auflösung einer Ehe: 20. Jahrhundert

In diesem Jahrhundert wurde die Machtbefugnis des Papstes zur Auflösung von Ehen noch stärker erweitert.

Viele Kirchenrechtler hatten seit Jahren die Auffassung vertreten, daß Gott dem heiligen Paulus und den Aposteln eine weitreichende Befugnis zur Auflösung von Ehen erteilt habe und daß diese Befugnis sich nicht auf das Privilegium Paulinum beschränke. Pius XI. legte den Streit am 8. November 1924 bei, indem er eine Ehe »zugunsten des Glaubens« auflöste.

Der Bischof von Helena im amerikanischen Bundesstaat Montana hatte dem Heiligen Stuhl einen Fall vorgelegt, bei dem es um einen ungetauften Mann ging, der eine getaufte Frau (eine Anglikanerin) geheiratet hatte. Später ließ sich der Mann von der Frau scheiden und trat zum katholischen Glauben über. Um wieder heiraten zu können, richtete er eine Petition an den Papst, die Bande seiner ersten Ehe aufzulösen, gleichsam zum Lohn dafür, daß er sich nun dem »wahren Glauben« zuwende. Pius XI. erfüllte ihm seinen Wunsch, und seither ist diese Ausweitung des Paulinischen Privilegiums vielfach angewendet worden unter dem Titel:

Privilegium Petrinum.
Das Wort »Petrinum« verweist darauf, daß die Befugnis, dieses Privileg zu erteilen, vom »Stuhle Petri«, also vom Vatikan ausgeht. Papst Pius XI. (1922-39) erklärte, er habe die Machtbefugnis, eine gültige vollzogene Ehe zwischen einem christlichen (einem getauften) und einem nichtchristlichen (ungetauften) Partner aufzulösen. Der heilige Paulus hatte von »zwei Ungetauften« gesprochen.

Der Papst führte zur Begründung seiner Machterweiterung keine Stellen in der Heiligen Schrift an – und es gibt sie auch nicht. Er sei, so erklärte Pius XI., Stellvertreter Christi auf Erden, und dieses sei Christi neue Lehre, herausgegeben unter dem Titel »Grundsätze für die Auflösung der Ehe zugunsten des Glaubens durch die oberste päpstliche Autorität«.

Die zentrale Formel lautet: »zugunsten des Glaubens«. Der Papst hielt den Nichtchristen einen Köder hin, um sie zum Übertritt zu ermuntern: »Wenn ihr euch taufen laßt, lasse ich euch aus eurer vollzogenen Ehe heraus. Ihr könnt eine neue Frau heiraten.« Das verstieß gegen jahrhundertealte päpstliche Lehren.

Die päpstliche Scheidung nach dem Privilegium Petrinum ist an eine Voraussetzung gebunden: Der ungetaufte Teil darf keinen Geschlechtsverkehr mit dem anderen Teil mehr gehabt haben, nachdem dieser getauft wurde.

Das Privilegium Petrinum, mit dem das Privilegium Paulinum praktisch überflüssig wird, ist von einer derart verblüffenden Kühnheit, daß der Vatikan die neuen Grundsätze nicht öffentlich gemacht hat. Die Fälle wurden durch örtliche Bischöfe vor den Papst gebracht. Ehen wurden in aller Stille, ohne öffentliches Aufsehen gelöst – und werden es noch immer.

Ausweitung der päpstlichen Macht.
Ohne viel Aufsehen zu erregen, ist die Macht des Papstes in Fragen der Ehescheidung im Laufe dieses Jahrhunderts stark erweitert worden. Das wäre nicht weiter schockierend – im Gegenteil, schließlich bewegt sich die Politik der Kirche anscheinend in die gleiche Richtung wie das zivile Scheidungsrecht –, wenn nicht der Vatikan so lautstark darauf bestehen würde, daß eine Scheidung unmöglich sei.

Die katholischen Päpste haben ihre Autorität auch in die Bereiche anderer Religionen ausgedehnt:

• Im Jahre 1957 löste Pius XII. (1939-58) eine gültige, vollzogene Ehe zwischen zwei Muslimen auf; der Mann wollte seine muslimische Frau verlassen, um eine Katholikin zu heiraten und zum Christentum überzutreten. »Zugunsten des Glaubens« wagte Pius einen Schritt, den vor ihm noch kein Papst getan hatte: Er löste die vollzogene Ehe zwischen zwei Angehörigen der islamischen Religion auf und berief sich dabei auf das Privilegium Petrinum.

Pius XII. löste in der folgenden Zeit noch fünf weitere Ehen zwischen Angehörigen anderer Religionen auf. Die Geistlichen dieser Glaubensgemeinschaften waren begreiflicherweise tief verärgert.

• Am 7. Februar 1964, während er an seiner Enzyklika über die Heiligkeit des Lebens, *Humanae Vitae*, schrieb, nahm sich Papst Paul VI. (1963-78) die Zeit, die Ehe zweier Juden aus Chicago zu scheiden. Der Mann hatte sich von seiner Frau geschieden und eine Katholikin geheiratet. Diese jedoch fühlte sich nicht recht wohl angesichts der jüdischen Scheidung ihres Mannes. Um das Gewissen der Frau zu beruhigen und ihr die Gewißheit zu geben, daß sie eine gültige Ehe in der katholischen Kirche geschlossen hatte, löste Papst Paul unter Berufung auf das Privilegium Petrinum rückwirkend die Ehe zwischen dem jüdischen Mann und seiner jüdischen Frau auf – obwohl der Mann ausdrücklich erklärt hatte, daß er nicht zum katholischen Glauben übertreten wolle. Die Rabbiner waren nicht erfreut.

• Den größten Skandal in den USA verursachte der Fall der Millionärin Consuela Vanderbilt, die 1916 Charles Spencer, den Herzog von Marlborough, geheiratet hatte. Beide waren getaufte Christen. Sie hatten in einer protestantischen Kirche vor einem protestantischen Bischof geheiratet. Dennoch *annullierte* Pius XI. auf Bitten Consuelas ihre zehnjährige Ehe – aus der zwei Kinder hervorgegangen waren – mit der Begründung, ihre Mutter habe sie gedrängt, diese Verbindung einzugehen. Die protestantischen Bischöfe gerieten in Zorn. Der New Yorker Bischof der Episkopalen verurteilte den Schritt des Vatikan als »unfaßbaren, unglaublichen« Angriff auf die »Heiligkeit und Dauerhaftigkeit der Ehe«.

Aber wie wir im nächsten Kapitel sehen werden, läßt sich mit dem erstaunlichen Instrument der Annullierung so gut wie jede Ehe auflösen.

Die »Exkommunikation« von Jacqueline Kennedy Onassis, Oktober 1968

Früher wurde ein Katholik, der sich scheiden ließ und nachher wieder heiratete, automatisch exkommuniziert – das heißt, aus der Kirche verstoßen, vom Empfang der Sakramente ausgeschlossen und, wenn er bis zuletzt unbußfertig blieb, dem Feuer der Hölle überantwortet. Die geschiedene, wiederverheiratete Person lebte im Zustand ständiger Todsünde – jeder Geschlechtsakt mit dem neuen Partner machte den schwarzen Fleck auf ihrer Seele noch schwärzer.

Der meistdiskutierte Fall einer Exkommunikation aus den genannten Gründen betraf die First Lady Jacqueline Kennedy, die damals neununddreißigjährige Witwe des fünfunddreißigsten amerikanischen Präsidenten. Im Herbst 1968 heiratete sie den geschiedenen Großreeder Aristoteles Onassis und wurde »Jackie O.« Der zweiundsechzigjährige Onassis gehörte zur griechisch-orthodoxen Kirche. Er hatte sich zivilrechtlich von seiner ersten Frau, der Marquise von Blandford, scheiden lassen, war damit in den Augen Roms aber doch ein verheirateter Mann geblieben. So lebte also Jackie O. in einem Zustand fortwährenden Ehebruchs und mußte, falls sie plötzlich und ohne zu bereuen sterben sollte, direkt in die Hölle kommen.

Im Prinzip war die Witwe des ersten katholischen Präsidenten der Vereinigten Staaten exkommuniziert, und viele Bischöfe vertraten auch diese Auffassung. Die vatikanische Wochenzeitung *L'Osservatore della Domenica* schrieb, die frühere First Lady befinde sich in einem Zustand der »geistlichen Erniedrigung«, sie sei »eine öffentliche Sünderin«. Doch wenn die Kirche eine so populäre Ikone wie Jackie Kennedy offiziell exkommuniziert hätte, hätte sie den Zorn von Millionen amerikanischer Katholiken auf sich gezogen. Allein schon das zu erwartende Ausbleiben von deren Spenden im sonntäglichen Klingelbeutel mußte ernsthaft bedacht werden. Was folgte, war eine reine Farce.

Kardinal Richard Cushing, ein guter Freund der First Lady, Erzbischof von Boston, wies Jackies Kritiker vor der Presse zurecht: »Zu sagen, sie sei exkommuniziert, sie sei eine öffentliche Sünderin! Was für ein Unsinn. Nur Gott weiß, wer ein Sünder ist und wer nicht.« Dafür wurde der Kardinal nun seinerseits vom Vatikan zurechtgewiesen. »Wer gegen das Gesetz der Kirche verstößt, muß mit ihren Sanktionen rechnen.« Worauf Kardinal Cushing wütend erwiderte: »Mir reicht's!« und drohte, zum Jahresende als Erzbischof zurückzutreten.

Hinter verschlossenen Türen entschied die Sacra Romana Rota, einer der drei obersten kirchlichen Gerichtshöfe, der auch für Ehefragen zuständig ist, daß sich Mrs. Kennedy Onassis in einer »irregulären Position« gegenüber der Kirche befinde und daß sie die Sakramente nicht empfangen dürfe, bis Rom die näheren Umstände der Ehe von Mr. Onassis mit der Marquise von Blandford untersucht hätte, und zwar, wie ein Bischof erklärte, »im Hinblick auf mögliche Unregelmäßigkeiten«. Damit meinte er, man wolle Ausschau halten nach Schlupflöchern, durch die sich der Vatikan aus seiner peinlichen Verpflichtung fortstehlen könne. Dann folgte eine lange Stille, und schließlich starb Aristoteles Onassis, womit der Fall automatisch abgeschlossen war.

Die Exkommunikation wird auch von der lutheranischen, der anglikanischen und der orthodoxen Kirche und einigen protestantischen Bekenntnissen praktiziert.

Die Aufhebung des Kirchenbanns: 1977

Im November 1977 haben die katholischen Bischöfe der Vereinigten Staaten die Exkommunikation für Katholiken, die sich scheiden lassen und wieder heiraten, abgeschafft. Ihrer Ansicht nach waren sie hierzu berechtigt, da sie es gewesen waren, die diese Strafe im Jahre 1884 eingeführt hatten. Papst Paul VI. gab diesem Schritt nur widerstrebend seine Zustimmung.

In Deutschland gilt nach wie vor, daß Geschiedene, die wieder heiraten, automatisch exkommuniziert werden – jedenfalls im Prinzip. Hier und da haben aber Bischöfe auch schon vorgeschlagen, die Strenge dieser Regelung zu lockern und dem Gewissen der Betroffenen selbst die Beantwortung der Frage zu überlassen, ob sie die Sakramente empfangen können oder sollten. Und die Pfarrer und Priester in den Gemeinden haben (oder nutzen jedenfalls) einen Ermessensspielraum, in dem sie bisweilen großzügiger verfahren, als es der Buchstabe des Kirchenrechts vorschreibt.

Nach verbreiteter Auffassung der meisten christlichen Konfessionen sollte die heilige Kommunion um der Betroffenen selbst willen nicht empfangen werden, gemäß der Warnung des heiligen Paulus:

»Welcher nun unwürdig von diesem Brot isset oder von dem Kelch des Herrn trinket, der ist schuldig an dem Leib und Blut des Herrn ... der isset und trinket sich selber zum Gericht.« (1. Korinther 11,27-29)

An der Messe sollen er oder sie ruhig teilnehmen. Auch beten. Und um die Annullierung ihrer Ehe bitten.

21. Kapitel
Annullierung
Impotenz bis Edward Kennedy

Nichtigkeit – Die Ehe hat nie bestanden: 15. August 1936

In den USA leben mehr als acht Millionen Katholiken, die die Qual einer Ehescheidung durchlitten haben. Einer zivilrechtlichen, wohlgemerkt. Diese Zahl nimmt jährlich um eine Viertelmillion zu. Nicht einer von all diesen Menschen darf in der katholischen Kirche wieder heiraten, solange der geschiedene Partner noch lebt. Da kann das Warten lang werden.

Es gibt jedoch einen Ausweg.

Er heißt Annullierung. Das bedeutet: Die Ehe hat *ab initio* (»von Anfang an«) als sakramentale Verbindung nach den Grundsätzen des Kirchenrechts nie bestanden. Das Paar mag geglaubt haben, es sei, sagen wir, zwei Jahrzehnte verheiratet gewesen; Kinder mögen während dieser Zeit zur Welt gekommen sein; wenn jedoch später einer der Partner beweisen kann, daß die Verbindung »von Anfang an« mit irgendeinem Mangel behaftet war oder daß der Partner irgendeinen Mangel aufweist, dann kann diese Ehe annulliert werden. Beide Teil sind frei und können erneut heiraten – denn die erste Ehe ist ja nie wirklich zustande gekommen.

Für Katholiken, die aus einer Ehe herauswollen, klingt das fast zu schön, um wahr zu sein. Für Nichtkatholiken hat der Vorgang etwas Surreales an sich. Wie kann man von einer lang währenden Ehe, aus der Kinder hervorgegangen sind, plötzlich behaupten, sie habe nie bestanden?

Auch in der Vergangenheit gab es die Annullierung aus diesem oder jenem schwerwiegenden Grund: etwa wenn der Mann impotent war oder die Frau keine Kinder wollte. Heute kann man, wie wir noch sehen werden, auch ganz andere Gründe ins Feld führen: vom Alkoholismus eines Gatten bis hin zur emotionalen Unreife des Paares zum Zeitpunkt der Eheschließung.

Die Grundsätze, nach denen ein Kirchengericht über die Nichtigkeit einer Ehe entscheidet, wurden von der »Kongregation für die Disziplin der Sakramente« am 15. August 1936 (unter Pius XI.) bestimmt und vor den Mitgliedern der Sacra Rota durch Pius XII. am 2. Oktober 1944 näher umrissen.

Die amerikanischen Katholiken haben sich über den Problemen »Pille«, »Abtreibung« und »Ehescheidung« immer weiter von Rom entfernt. Die acht Millionen zivilrechtlich geschiedenen amerikanischen Katholiken können im Prinzip die Sakramente nicht empfangen. Die römische Kirche würde alle diese Leute eigentlich gern wieder in ihrer Mitte begrüßen. Infolgedessen ist es heute einfacher geworden, eine Annullierung zu erlangen.

Ein Angehöriger eines Kirchengerichts, das über die Annullierung von Ehen befindet, sagte vor einiger Zeit: »Es gibt keine Ehe, die wir, wenn wir uns ein bißchen Zeit für die Prüfung nehmen, nicht für ungültig erklären können.« Dieses Zitat überliefert uns Joseph Zwack in seinem umfassenden Ratgeber *Annulment* [Annullierung].

Das bestgehütete Geheimnis des Vatikan

»Die Kirche hat deutlich zu erkennen gegeben, daß sie heute sehr viel eher bereit ist, Annullierungen zu bewilligen, als in der Vergangenheit«, schreibt Zwack. »Das deutlichste Indiz hierfür ist die überwältigende Zunahme von Annullierungen im Laufe des letzten Jahrzehnts.«

Wie überwältigend?

Bemerkenswert ist es immerhin. Im Jahre 1968 wurden amerikanischen Katholiken nur 338 Annullierungen bewilligt. 1978 lag die Zahl bei 27670. Und 1992 erreichten allein in den Vereinigten Staaten 59030 Paare, daß ihre Ehe für nichtig erklärt wurde; weltweit sprach die Kirche im gleichen Jahr 76829 Annullierungen aus – wohlgemerkt eine Kirche, die darauf besteht, daß die Ehe unauflöslich und Scheidung unmöglich ist. Diese Flut von Annullierungen, so Zwack, sei »eines der bestgehüteten Geheimnisse des Vatikan«.

Bemerkenswert ist auch, daß 1968 nur in 25 Prozent der untersuchten Fälle eine Annullierung ausgesprochen wurde. Ende des achtziger Jahre wurde von vielen Untersuchungsausschüssen in mindestens 95 Prozent der Fälle eine Annullierung gewährt. Rom will seine auseinandertreibende Herde wieder um sich scharen. »Ihre Erfolgschancen«, so schreibt Zwack, »sind von eins zu vier auf neun zu zehn gestiegen.« (Die Zahlen stammen aus dem *Statistischen Jahrbuch der Kirche*.)

Dennoch bemüht sich nicht einmal einer von zehn geschiedenen Katholiken um eine Annullierung. Warum? Weil es an Informationen fehlt. Obwohl die Kirche geradezu erpicht darauf zu sein scheint, abtrünnigen Katholiken die Annullierung zu bewilligen, will sie dies doch nicht öffentlich machen. Es wirkt eben ziemlich scheinheilig zu sagen: »Eine Scheidung bekommen Sie nicht. Und auch für eine Auflösung kommt Ihre Ehe nicht in Betracht. Aber die Annullierung können wir Ihnen verschaffen.«

Moderne Gründe für eine Annullierung: 1995

In katholischen Kreisen kam es zu heftiger Unruhe, als Senator Edward Kennedy 1995 bei der Totenmesse für seine Mutter Rose die heilige Kommunion empfing. Senator Kennedy stand mit der Kirche nicht auf gutem Fuß. 1982 hatte er sich nach zweiundzwanzig Ehejahren von seiner ersten Frau, Joan, scheiden lassen und 1992 in einer Ziviltrauung, bei der ein Bundesrichter als Zeuge zugegen war, Victoria Reggie geheiratet.

Damals ließ Kennedys Erzbischof, Kardinal Bernard Law aus Boston, verlauten: »Senator Kennedy ist in den Augen der Kirche verheiratet, und solange er verheiratet ist, ist er nicht frei, eine andere Ehe einzugehen.«

Der Pressesekretär des Senators erläuterte, der Empfang der Eucharistie bei der Totenmesse für seine Mutter sei keine Sünde gewesen, weil seine Ehe mit Victoria Reggie »den Segen der Kirche empfangen« habe. Dies wurde nicht näher erläutert. War seine Ehe mit Joan annulliert worden?

Mögliche Gründe für die Nichtigkeit einer Ehe sind heute breiter gefächert als je zuvor. Am häufigsten werden psychologische Probleme bei einem der Partner angeführt. Der alte Codex Canonicus von 1917 sprach nicht direkt von psychologischen Hindernissen; die Psychologie war damals noch eine junge Wissenschaft. Aber die Entwicklung der modernen Annullierungspraxis weist viele Parallelen zur Entwicklung der modernen Psychologie auf.

Zu den annehmbaren psychologischen Gründen, mit denen man aus einer katholischen Ehe herauskommt, gehören:

Alkoholismus.
Wenn einer der Ehepartner kurz nach der Heirat – besser noch vorher – zur Flasche griff, kann die Ehe möglicherweise wegen Geschäftsunfähigkeit für nichtig erklärt werden.

Das Untersuchungsgremium ist bereit, Indizien aus der Zeit kurz *nach* der Eheschließung als Beweis für ein *vor* der Ehe bestehendes Problem zu nehmen.

Auch wenn einer der Gatten bei der Hochzeit betrunken war, kann die Ehe wegen Unzurechnungsfähigkeit oder Geschäftsunfähigkeit möglicherweise für nichtig erklärt werden.

Drogensucht.
Wenn einer der Partner während der Hochzeit Drogen genommen hatte, kann sich daraus ein Grund für eine spätere Annullierung der Ehe ergeben.

Die Beweislast liegt immer bei dem Partner, der die Gültigkeit der Ehe anfechtet.

Homosexualität.
Wenn einer der Partner im Verlauf einer Ehebeziehung homosexuelle Tendenzen – ob in Form von Wünschen oder von Handlungen – offenbart, kann man darin einen Beweis für die »ungültige Zustimmung« dieses Partners bei der Eheschließung sehen. Eine Frau, die herausfindet, daß ihr Mann bisexuell ist, hat gute Erfolgsaussichten, ein Mann, der in Erfahrung bringt, daß seine Frau lesbische Empfindungen hegt, ebenso.

Unreife.
Dies ist nun eine sehr allgemeine Kategorie. Wer als Sechzehnjähriger seine gleichaltrige schwangere Freundin heiratet, weil er eben das Richtige tun will, kann später eine Nichtigkeitserklärung anstreben, wenn er zu beweisen vermag, daß er zum Zeitpunkt der Eheschließung unreif war.

Andere Gründe:

Eine Frau, deren Mann *Verantwortungslosigkeit in finanziellen Dingen* an den Tag legt – sich an Pferdewetten beteiligt, übermäßig viel Lotto spielt, nicht genug verdient, um die Familie zu unterhalten –, hat einen Grund.

Ebenso der Gatte, der beweisen kann, daß die Heirat ein *Akt der Auflehnung* gegen die eigenen Eltern war.

Ebenso der Mann, der beweisen kann, daß seine Frau es ablehnt, sich um *das Haus und die Kinder* zu kümmern.

Eine Frau kann gegen ihren Mann den Vorwurf der *Untreue* ins Feld führen. Vor allem wenn er sich mit einer alten Freundin abgibt, die er noch aus der Zeit vor der Eheschließung kennt. Der Vorwurf kann dann lauten, daß er bei der Eheschließung nur den »Anschein von Zustimmung« erweckt hat, während er innerlich das frühere Verhältnis nie beendet hat.

Druck aus dem Freundeskreis ist neuerdings auch auf die Liste der möglichen Gründe gesetzt worden. Wenn ein Paar geheiratet hat, weil es damit vor allem die Zustimmung von Freunden finden oder ihnen imponieren wollte, kann es damit später einen Weg aus der Ehe finden.

Alledem scheint die Berufung auf das eigene »Opfersein« zugrunde zu liegen. Für eine gescheiterte Ehe ist niemand mehr verantwortlich.

Eine neuartige Form von weiblicher »Impotenz« und andere Vorwände

Auch die Empfängnisverhütung ist jetzt ein Grund, der eine Annullierung rechtfertigt. Da Kinder der eigentliche Zweck einer katholischen Ehe sind – und der einzige wirkliche Vorwand für sexuelles Handeln –, läuft die dauernde Anwendung von Kondomen, Schwämmen, Pessaren, Pillen, Spermiziden, onanistischen Praktiken und dergleichen durch einen Partner darauf hinaus, diesen Zweck zu vereiteln. Wenn einer der Partner grundsätzlich keine Kinder will, so ist das ein Grund zur Annullierung.

Es gibt viele nichtpsychologische Gründe für eine Annullierung, mehr, als hier aufgezählt werden können. Zwei jedoch erscheinen besonders grausam.

Männliche Impotenz.
Wenn ein Mann auf Dauer impotent ist, so ist dies, wie schon erwähnt, ein Ehenichtigkeitsgrund, da er keine Kinder hervorbringen kann. Er hätte eine Ehe niemals eingehen sollen.

Wenn die Impotenz erst während der Ehe auftritt, etwa durch einen Unfall, liegt der Fall komplizierter. Der Mann kann verheiratet bleiben, aber er muß sich aller sexuellen Techniken enthalten, die ihrem Wesen nach nicht auf Zeugung zielen – was in seinem Fall alle sexuellen Aktivitäten betrifft. Er darf seine Frau zwar noch umarmen und küssen, liebkosen und trösten, aber er darf sie nicht sexuell erregen, da das Vorspiel ein Schritt zum Geschlechtsverkehr ist, an dem er sich nicht beteiligen kann.

Weibliche Impotenz.
Die Kirche betrachtet eine Frau als »impotent« (nicht als unfruchtbar, das ist etwas anderes), wenn der Samen infolge irgendeiner Mißbildung des Gebärmutterhalses, der Vagina oder der Eileiter nicht ungehindert zu einem Ei schwimmen und sich dort einnisten kann. Diese unglückliche Frau, die schon genug zu leiden hat, kann von ihrem Mann auf dem Weg über die Annullierung verlassen werden.

Man fühlt sich an jene Zeiten erinnert, als ein Mann nicht Priester werden konnte, wenn ihm ein Daumen oder ein Zeigefinger fehlte – einer jener beiden Finger, mit denen Christus beim letzten Abendmahl angeblich das Brot und den Wein in die Höhe gehalten hatte und die der Priester benutzt, um die Eucharistie zu weihen.

Besonders grausam ist es, daß sich die kirchliche Definition von weiblicher »Impotenz« über körperliche Hindernisse auch auf psychologische Hindernisse erstreckt. Wenn eine Frau infolge eines Vergewaltigungstraumas den Geschlechtsverkehr mit ihrem Mann nicht mehr erträgt, so ist das ein hinreichender Grund für eine Annullierung. Ebenso, wenn sie sich eine dauernde Erkrankung der Vagina (etwa Krebs) zuzieht, die den Mann vom Verkehr mit ihr abhält. Eine operative Entfernung der Gebärmutter eröffnet dem Mann sogar mehrere Möglichkeiten, seine Ehe eines Tages annullieren zu lassen, um noch einmal zu heiraten.

Die oben genannten Ehehindernisse gelten natürlich auch in zivilen Scheidungsprozessen als Gründe. Und man muß darauf hinweisen, daß die Kirche keine Annullierung ausspricht, solange das Paar nicht vorher eine zivile Scheidung erreicht hat.

Der sonderbare Fall der Sterilität.

Unfruchtbarkeit beim Mann oder bei der Frau ist *kein* Grund für eine Annullierung; und sie ist auch kein Ehehindernis. Warum nicht, wenn doch das Paar nicht zeugen und also den obersten Zweck der Ehe nicht erfüllen kann?

Die Antwort ergibt sich aus der medizinischen Ungewißheit in der Frage der Unfruchtbarkeit selbst. Geht die Unfruchtbarkeit auf die Eier der Frau oder das Sperma des Mannes zurück? Ist das Problem vielleicht nur ein vorübergehendes?

Wichtig ist, daß die oberste Absicht des Paares beim Geschlechtsverkehr der brennende Wunsch ist, Kinder zu bekommen. Vielleicht wird die Frau tatsächlich eines Tages noch empfangen. Wunder können geschehen.

Durchlöcherte Kondome oder: Wie überlistet man den lieben Gott?

Als die Ärzte in den sechziger Jahren daran gingen, das männliche Sperma zu untersuchen, um die Ursache für die Unfruchtbarkeit eines Paares zu ermitteln, geriet der Vatikan in einen Zwiespalt. Der Papst wünschte sich fruchtbare Paare, aber wie sollte der Mann eine Probe seines Spermas für eine solche Untersuchung liefern? Masturbation war eine schwere Sünde.

Ein Theologe empfahl, die Ärzte sollten das Sperma mit Nadel und Spritze direkt aus den Hoden des Mannes saugen. Rom winkte ab, war doch auch dies nichts anderes als »Samen vergeuden« und gleichbedeutend mit Masturbation. Das Ejakulat eines Mannes durfte nur an einem Ort abgesondert werden: in der Vagina der Frau.

Ein anderer Theologe schlug vor, das unfruchtbare Paar solle unmittelbar vor dem Gang zum Arzt miteinander verkehren. Der Arzt könne dann der

Vagina der Frau eine Spermaprobe entnehmen. Dem Papst sagte diese Lösung zu, den Ärzten nicht.

Schließlich entschied sich Rom für die Idee, ein leicht durchlöchertes Kondom zu verwenden. Der Mann streift ein Kondom über, das er zuvor mit einer Nadel durchlöchert hat. Die Löcher eröffnen immerhin die *Möglichkeit* einer Zeugung, so daß dem theologischen Imperativ Genüge getan ist. Nach dem trickreichen Geschlechtsakt zieht der Mann das Kondom mit dem übrigen Sperma vorsichtig ab, eilt in die Praxis des untersuchenden Arztes und kommt ohne Sünde davon.

Sind Kinder aus einer annullierten Ehe unehelich?
Im Prinzip ja. Eine Ehe hat ja nie wirklich bestanden.

Aber diese Antwort ist dennoch unangemessen und unfair. Schon vor einigen Jahrzehnten hat das Kirchenrecht eine humane Lösung gefunden. Die Kinder aus einer annullierten Ehe sind ehelich, wenn wenigstens ein Elternteil die Ehe aufrichtig und ohne Hinderungsgrund geschlossen hat. Eine Frau zum Beispiel, die Kinder bekommen hat, später herausfindet, daß ihr Mann homosexuell ist, und eine Annullierung ihrer Ehe erreicht, legitimiert ihre Kinder durch ihre Aufrichtigkeit und ihre guten Absichten.

Die Regeln für die Annullierung werden in Rom festgelegt, aber kirchliche Gerichte, die sich mit Ehefragen befassen, gibt es in jeder größeren Diözese. Einige lassen mehr Strenge walten, andere werden wegen ihrer Großzügigkeit bevorzugt. In besonders komplizierten Fällen wird Rom konsultiert, und es kann zu einem feierlichen Kirchengerichtsverfahren kommen. Aber das ist heutzutage selten. In der überwiegenden Zahl der Fälle haben die örtlichen Bischöfe die Macht, Ehen zu annullieren, und machen Gebrauch von ihr.

Die Kosten für eine Annullierung sinken in dem Maß, wie die Zahl der Annullierungen steigt; in den Vereinigten Staaten kosten sie inzwischen weniger als Zivilscheidungen. Anwälte werden nicht gebraucht. Der Vorgang selbst nimmt sechs bis achtzehn Monate, in schwierigen Fällen auch zwei Jahre in Anspruch. Die Formulare, die man ausfüllen muß, liegen in vielen Pfarreien aus.

Viele sehen in der Annullierung nur eine Scheidung mit anderem Namen. In Anbetracht der Vielzahl möglicher Gründe für eine Annullierung haben

Kirchenvertreter schon darauf hingewiesen, daß praktisch jede zerbrochene Ehe, wenn man sie nur genau genug prüft, für null und nichtig erklärt werden kann.

Faktisch läßt die katholische Kirche also die Scheidung zu – aber da sie sich im Laufe der Geschichte immer wieder so unnachgiebig gegen die Ehescheidung ausgesprochen hat, muß sie ihre Scheidungen nun Annullierungen nennen.

Teil IX. Der Böse und das Böse

22. Kapitel
Satan
Luzifer bis Genien

Beelzebub. Teufel. Luzifer. Baal. Fürst der Dunkelheit. Der Böse. Feind Gottes. Evas Versucher. Abaddon. Apollyon. Mephistopheles. Antichrist.

Er ist das mächtigste Symbol des Bösen im Abendland. Er hört auf viele Namen und Beschwörungen, die einen frösteln lassen. Er gibt uns unsere schwärzesten Gedanken ein, und er ist schlau genug, sich, wenn nötig, in eine reizende Gestalt zu verwandeln.

Der jungfräulich unschuldigen Eva im Garten Eden ringelte sich Satan im phallischen Gewand einer Schlange entgegen. Und war unwiderstehlich. Den zölibatären Mönchen des Mittelalters erschien er als verführerisches, splitternacktes Bauernmädchen.

Immer waren die Sexualität und der Teufel eng miteinander verbunden.

Nach frühchristlicher Lehre war die Sexualität der Teufel selbst.

Erstaunlicherweise tritt Satan als Erzfeind Gottes, als gestürzter Engel, der es darauf abgesehen hat, die Schöpfung zu zerstören, innerhalb der Religionsgeschichte erst ziemlich spät, nämlich im Neuen Testament, in Erscheinung. Der Satan, den wir fürchten, ist ein christliches Konstrukt.

Seine Ursprünge lassen sich an der Entwicklung seiner verschiedenen Namen ablesen – vom lichthaften »Luzifer« bis zu dem Code auf seiner Visitenkarte: »666«, der Vorwahl für die Hölle.

Die Geschichte beginnt im Himmel.

Luzifer: Christentum, 1. Jahrhundert

Den Namen Luzifer gaben die Christen im späten 1. Jahrhundert u.Z. Satan, als er noch nicht aus dem Himmel gestürzt, noch kein gefallener Engel war, sondern in prachtvollem weißen Gewand mit gefiederten Schwingen im Glanz von Gottes Gnade stand.

Luzifer regiert über die Seelen der Sünder.

Der Name »Luzifer« war nämlich nicht von vornherein mit Vorstellungen von Ungehorsam und Frevel verbunden.

In der antiken Mythologie ist Luzifer der helle Morgenstern, der Planet Venus, der im Morgengrauen über dem östlichen Horizont funkelt. Dargestellt wird er als kräftiger Mann mit einer Fackel in der Hand, der den Anbruch des neuen Tages verkündet.

Sein Name bedeutet nichts anderes als »Lichtträger«, zusammengesetzt aus dem lateinischen *lux* = »Licht« und dem Verb *ferre* = »tragen«.

Wie kam es dazu, daß die Christen den Namen Luzifer so sehr in Verruf brachten?

Metapherngemisch.
Die christliche Vorstellung vom gefallenen Engel Luzifer ergab sich aus der Kombination zweier Bibelverse, die im Abstand von neunhundert Jahren geschrieben wurden und auf den ersten Blick nichts miteinander zu tun haben:

»Wie bist du vom Himmel gefallen, o Luzifer, du schöner Morgenstern!« (Jesaja 14,12)

»Ich sah den Satan vom Himmel fallen wie einen Blitz.« (Lukas 10,18)

Lukas berichtet im Jahre 65 u.Z., was Jesus über die blendende Lichtfülle sagt, die von dem gefallenen Erzengel ausgeht. Zu Lukas' Zeiten glaubten die Christen schon an den himmlischen Kampf zwischen gehorsamen und aufrührerischen Engeln.

Im 8. Jahrhundert v.u.Z. benutzte Jesaja den Namen »Luzifer« (oder vielmehr das hebräische Wort *helel*, »Leuchtender« oder »Morgenstern«) als sarkastische Metapher für das mächtige babylonische Reich, das kurz zuvor gestürzt und wie Venus am Tageshimmel verschwunden war.

Bei der Übersetzung der hebräischen Bibel in die lateinische Vulgata wurde *helel* mit »Luzifer« wiedergegeben. Jesajas Metapher vom Sturz des Morgensterns wurde von den Christen als Anspielung auf den Sturz des ungehorsamen Erzengels gelesen.

Die Offenbarungen der Bibel sind so reichhaltig, daß sie mehr als eine Deutung erlauben. Später erblickten die Kirchenväter in Jesajas Formulierung eine Präfiguration dessen, was Jesus (nach dem Evangelium des Lukas) über den Satan sagte. Es mochte ja sein, daß Jesaja an dieser Stelle über den Sturz Babylons spottet, aber durch göttliche Offenbarung hatte der Heilige Geist dem Vers des Propheten eine zweite Stoßrichtung, eine tiefere Bedeutung beigegeben: Jenseits der wörtlichen Bedeutung lag das figurative Rätsel der Prophetie. So sahen es jedenfalls die Kirchenväter.

Streichhölzer.
Aus dem hebräischen Wort *helel*, »Leuchtender«, läßt sich nicht nur der Ursprung des christlichen Namens für den ungehorsamen Erzengel ableiten. In der griechischen Bibel wurde *helel* mit *phosphoros* übersetzt, dem Namen des Morgensterns in der griechischen Mythologie. Viele Jahrhunderte später, im Jahre 1669, entdeckte der deutsche Alchimist Henning Brand ein neues Element, das sich durch Reibung entzündete: »Phosphor«. Der englische Physiker Robert Boyle experimentierte mit diesem Stoff, und als er das Ende eines Holzspans in diesen Stoff tauchte und an einer rauhen Fläche rieb, entzündete sich das erste »Streich-« oder »Zündholz«, das man im Englischen später *lucifer* nannte und das im Holländischen noch heute so heißt. Ein moderner »Lichtträger«.

Miltons »Verlorenes Paradies«: England, 17. Jahrhundert

Der Name Luzifer als Bezeichnung für den Teufel war schon im Mittelalter weit verbreitet, und literarisches Ansehen gewann er in John Miltons Versepos »Das verlorene Paradies« von 1667.

Ein Drittel der himmlischen Heerscharen versammelt sich in Miltons Meisterwerk unter dem Banner Satans, und drei Tage währt die Schlacht, bis sie besiegt und in die Hölle verbannt werden, wo Satan beschließt, ein Gegenreich zu errichten.

Beim Verlassen des Himmels erklärt der gefallene Engel in Miltons Versfuß: »... Fahre wohl / Glückselig Feld, der ew'gen Freude Sitz! / Heil Schrecknis Dir! Heil Dir o Unterwelt! / Und Du o tiefste Hölle huldige jetzt / Dem neuen Herrn ...«

Und voller Hochmut fügt er hinzu: »... besser ist / Der Hölle Herr zu sein, als des Himmels Sklave.«

Für Milton war Satan der archetypische Antiheld.

Der Überlieferung nach war die Ursache für Satans Verstoßung aus dem

Himmel sein Stolz, die schlimmste aller Todsünden. Heute würde man seine Sünde als Aufruhr, Rebellion oder politischen Ehrgeiz bezeichnen, denn er wagte es, die Autorität in Frage zu stellen und gleichen Rang mit dem, der über ihm stand, zu beanspruchen.

Beelzebub: Vorderer Orient, vor dem 6. Jahrhundert v.u.Z.

»Geht hin und fragt Baal-Sebub, den Gott von Ekron, ob ich von dieser Krankheit genesen werde.« (2. Könige 1,2)

Hier spricht König Ahasja. Er liegt an einer rätselhaften Krankheit danieder und sendet einen Boten aus.

Wohlgemerkt: Der unbekannte Verfasser des 2. Buchs der Könige, wahrscheinlich ein jüdischer Prophet des 6. Jahrhunderts v.u.Z. in Babylon, meinte mit dem Namen »Baal-Sebub« nicht Satan, sondern den heidnischen Gott der Phönizier, der in Ekron verehrt wurde.

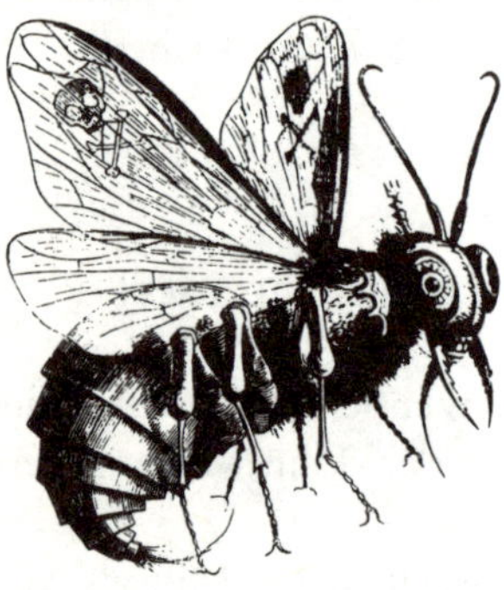

Beelzebub, wörtlich »Herr der Fliegen«.

Der hebräische Ausdruck *Baal'zebub* bedeutet wörtlich »Gott der Fliegen« oder »Herr des Misthaufens«. (Es handelt sich um eine verderbte Form des älteren *Baal'zebul.*) Bei mehreren semitischen Völkern war Baal ein Fruchtbarkeitsgott, dem man in manchen dieser Kulturen die Erstgeborenen als Brandopfer darbrachte, um sich anschließend eine um so reichere Nachkommenschaft zu sichern.

Die frühen Israeliten, die Götzendienst und Menschenopfer verabscheuten, verknüpften den Namen »Baal« – der einmal »Herr des himmlischen Hauses« bedeutet hatte – mit dem Wort für »Misthaufen« und verunglimpften auf diese Weise den Gott ihrer Feinde.

Griechen und Römer übernahmen das Wort »Beelzebub« als Bezeichnung für den Herrn über das Böse.

Die Christen identifizierten Beelzebub mit Satan aufgrund dreier praktisch gleichlautender Stellen in den Evangelien des Markus, des Lukas und des Matthäus. Es genügt, eine von ihnen zu zitieren:

»Er hat den Beelzebub und treibt die bösen Geister aus durch ihren Obersten.« (Markus 3,22)

Unser Wort »Teufel«, ebenso wie das englische *devil* und das französische *diable*, geht zurück auf das griechische Wort *diabolos* = »Verleumder«, »Widersacher«.

Der israelitische Satan: vor dem 6. Jahrhundert v.u.Z.

Das hebräische Substantiv *satan* bedeutet nichts weiter als »Feind«, und als Verb bedeutet es »sich verschwören gegen«. Sowohl das Verb als auch das Substantiv tauchen an verschiedenen Stellen der hebräischen Heiligen Schrift in dieser vergleichsweise harmlosen Bedeutung auf.

Das Substantiv *satan* soll auf ein älteres Verb *saton* = »verhindern«, »behindern« zurückgehen.

Als Eigenname für ein Dämonenwesen oder Gottes Erzrivalen wird *satan* in der hebräischen Bibel kaum verwendet.

Statt dessen bezeichnet es hier: erstens einen Menschen, der als Ankläger oder Feind auftritt; zweitens einen göttlichen Boten, der zur Erde gesandt wird, um Unruhe und Kummer zu stiften; drittens rechtmäßige Angehörige von Gottes himmlischem Gerichtshof, die sich seinen Entscheidungen, etwa der Ernennung Josuas zum Oberpriester, widersetzten.

Eigentlich ist es nicht überraschend, daß die alten Israeliten einen einzelnen, in einer Unterwelt residierenden Erzfeind Gottes nicht kannten, denn als Volk hatten sie noch keine klare Vorstellung von einer Hölle entwickelt.

Die alten Israeliten brauchten auch deshalb keinen Satan, der den Menschen Plagen und Pest, Hungersnot und Kummer schickte, weil ihr Gott, der zornige Gott Abrahams, alles das selbst besorgte.

In der Vorstellungswelt der Hebräer tauchen Widersacher Jahwes und der Menschheit erst etwa im 3. Jahrhundert v.u.Z. auf. Aber auch dann fällt es ihnen nicht leicht, Prominenz zu erlangen: Mastema, Semjas, Belial, Teufel.

Der jüdische Satan: das Buch Sacharja, etwa 520 v.u.Z.

Als besonderer Engel, als eine Art Anklagevertreter bei Gottes himmlischem Gerichtshof, taucht Satan zuerst um das Jahr 520 v.u.Z. im Buch des Propheten Sacharja auf:

»Der Herr schelte dich, du Satan! Ja, der Herr, der Jerusalem erwählt hat, schelte dich!« (Sacharja 3,2)

Gott und der Engel liegen in heftigem Streit, aber Todfeinde sind sie noch nicht.

Dann taucht Satan als Engel im Buch Hiob (1,6-12) auf. Aber hier ist er nur ein himmlischer Unruhestifter, der Hiobs Rechtschaffenheit in Frage stellt und Gott vorschlägt, den Propheten einer qualvollen Prüfung zu unterziehen. Satan ist Gott hier durchaus noch untergeordnet und vermag ohne seine Erlaubnis nichts zu tun – ein angesehenes Mitglied des himmlischen Hofes: *bene ha-elohim*, »einer von Gottes eigenen«.

In 1. Chronik 21,1 erscheint Satan als Eigenname. Er soll König David zu der Volkszählung angestiftet haben, die schließlich zum Tod von siebzigtausend Israeliten führt. Die Gelehrten sind der Ansicht, der Ausdruck »Satan« sei hier später anstelle des Ausdrucks »der Herr« eingesetzt worden. Mit anderen Worten: Um den Ruf des zornigen Gottes theologisch zu läutern, wurde Satan vorgeschickt.

Wir erkennen hier die Anfänge einer folgenreichen Polarisierung: Gott wird zuletzt von Grund auf gütig sein, Satan von Grund auf böse. Man nennt das Dualismus.

Im Exil wird Satan böse: Babylon, 586 bis 539 v.u.Z.

Während ihres traumatischen Exils in Babylon gerieten die Juden unter den Einfluß des »persischen Dualismus«, in dessen Mittelpunkt die Vorstellung von einem immerwährenden Kampf zwischen den Kräften des Guten und des Bösen steht. Die persischen Philosophen versinnbildlichten diesen Kampf in zwei archetypischen Gestalten:

- Ahriman, der zerstörerische Geist, der stets darauf aus ist, die Schöpfung zu verderben, und
- Ormazd (oder Ahura Mazda), der tugendhafte Mensch, der allein und

verschreckt dasteht und immer darum ringt, rechtschaffen zu bleiben.

Satan, aus einer Handschrift des 5. Jahrhunderts.

Zoroaster, der wichtigste persische Philosoph, lehrte, daß ein göttliches Wesen niemals Böses tun könne. Böse und Gut seien unvereinbare Begriffe. Wie Öl und Wasser. Sie vermischen sich nie. Das Böse entspringe allein einer von Grund auf schmutzigen Quelle.

Die verstörten Juden lauschten und lernten. Gott, so erfuhren sie, kann nicht böse, nachtragend, rachsüchtig sein. Gott verursacht keine Seuchen oder Erdbeben, er quält die Menschen nicht. Solche verwerflichen Dinge tut einer, der abgrundtief böse ist – und es bereitet ihm obendrein Vergnügen.

Die Juden im Exil nahmen sich den persischen Dualismus zu Herzen. Ihr Gott war von nun an ein guter Gott. Zweifellos war dies der Grund dafür, daß ein jüdischer Schreiber hinging und in der Szene von dem Massaker an den Juden in 1. Chronik 21,1-14 den Ausdruck »der Herr« durch »Satan« ersetzte.

Man vergleiche 2. Samuel 24,1, wo Gott den König dazu bringt, eine Volkszählung abzuhalten, mit dem später entstandenen Buch der Chronik, wo der König vom Satan provoziert wird:

»Und der Zorn des Herrn entbrannte abermals gegen Israel, und er reizte David gegen das Volk und sprach: Geh hin, zähle Israel und Juda!« (2. Samuel 24,1)

»Und der Satan stellte sich gen Israel und reizte David, daß er Israel zählen ließe.« (1. Chronik 21,1)

Wir werden vielleicht nie wissen, wie weit derartige Revisionen gingen, aber binnen kurzer Zeit wurden alle Übeltaten allein Satan zugeschrieben. Im jüdischen Talmud spielt er eine viel größere Rolle als in der Bibel. Er ist es, der die Menschen zum Ungehorsam gegen den Willen Gottes anstiftet.

So wurde aus *satan*, dem »Feind« und »Verhinderer«, der Erzfeind Gottes und der Versucher des Menschengeschlechts.

Den Christen sagte der Dualismus zu. Schwarz/Weiß. Tugend/Sünde.

Gott/Satan. Zölibat/Sexualität. Er wurde zur Grundlage ihrer frühen Theologie.

Die christlichen Autoren blätterten schließlich auch in der Bibel bis zu den ersten Seiten der Genesis zurück und erkannten in der namenlosen Schlange, die »listiger als alle Tiere auf dem Felde« war, denjenigen, der das Paradies für alle Menschen zerstört hatte: Satan.

Der christliche Satan: Neues Testament, 1. Jahrhundert v.u.Z.

Im Neuen Testament wächst sich Satan zu *dem* Übeltäter schlechthin aus – wenn auch zunächst noch nicht in der unverwechselbaren Gestalt des behaarten Gehörnten mit Pferdefuß und Dreizack.

Zwei Jahrzehnte nach Christi Tod gab der heilige Paulus der dualistischen Weltsicht, die in den späten Schriften des Alten Testaments bereits aufscheint, feste Gestalt. Gottes Streitmacht, so erfahren wir, sei angetan mit einem »Panzer aus Licht«, während Satan über das »Reich der Finsternis« herrsche. Auch hier also eine Aufspaltung der Welt in hell und dunkel, kalt und heiß, oben und unten, Himmel und Hölle.

Der Bösewicht schlechthin bei Matthäus, Markus, Lukas, Johannes und in der Offenbarung heißt Satan. Er ist Gottes schlimmster Widersacher, die Personifizierung allen Übels. Der Teufel, so erfahren wir, kann die Gestalt eines »Lichtengels« annehmen, er gebietet über die Lüfte und spukt als feuerspeiender »Drache« auf der Erde herum. Diese Vorstellung geht auf alte orientalische Mythen zurück, in denen gigantische Urweltungeheuer die Schöpfung verwüsten. Satan ist:

- der Urheber allen Übels (Lukas 10,19),
- der Versucher Jesu Christi (Matthäus 4),
- »die alte Schlange, die da heißt Teufel « (Offenbarung 12,9).

Juden, die Christus nicht als den Messias anerkennen wollen, werden »des Satans Synagoge« (Offenbarung 2,9 und 3,9) genannt.

Im Mittelalter berief sich die Kirche auf Passagen aus dem Neuen Testament wie etwa: »Ihr habt den Teufel zum Vater ...« (Johannes 8,44), um damit die These zu belegen, Juden seien die »Brut Satans« und besäßen sogar seine abstoßenden Gesichtszüge. Die Juden galten als Untermenschen, als Hexer, Zauberer, Übeltäter und wurden verfolgt, weil sie sich mit ihrer Ablehnung Christi auf die Seite Satans schlugen.

Satan und die Erlösungstheologie: 1. Jahrhundert u.Z.

Satan tauscht das Neue Testament gegen ein Buch über Schwarze Magie.

Nach der dualistischen Auffassung der frühen christlichen Theologen steht der Mensch zwischen Gott und Satan, zwischen dem Guten und dem Bösen.

Die Evangelisten pochten immer wieder darauf, daß das Böse eine Zeitlang über das Gute siegen könne. Letztlich jedoch werde Gott den Satan zerstören und eine neue Welt erschaffen. In ihren Augen waren die Kreuzigung und die Auferstehung Jesu Christi auch Zeichen für die bevorstehende Niederlage Satans.

Nach der christlichen Theologie wurden Adam und Eva zur Sünde verführt, wie es jedem Menschen widerfährt, und für eine solche Verfehlung kann man Verzeihung erlangen.

Luzifer und seine himmlischen Spießgesellen dagegen wurden nicht in Versuchung geführt, sie entschlossen sich aus freien Stücken zur Sünde. Für ihren Ungehorsam gibt es keine Verzeihung. Miltons Satan seufzt: »Wohin ich fliege, da ist Hölle; ich selbst bin Hölle.«

Der islamische Schaitan und die Genien: Zeit vor der Schlacht von Badr, 624 u.Z.

Die islamische Theologie ist reich an Hinweisen auf den Teufel. Er hört auf viele Namen, aber sein wichtigster ist offensichtlich mit dem Wort »Satan« verwandt: *Schaitan*.

Wie in der jüdisch-christlichen Tradition wird er auch »Feind Gottes« genannt: *aduw Allah*.

Sein persönlicher Name jedoch ist *Iblis*, vermutlich eine arabische Ableitung von dem griechischen *diabolos*, »Teufel«. Der Prophet Mohammed macht deutlich, daß Iblis der gefallene jüdisch-christliche Erzengel ist, der hochmütige Luzifer.

Außerdem erklärt der Heilige Koran (anders als die Thora), daß der gefallene Iblis identisch sei mit der Schlange, die Eva im Garten Eden in Versuchung führt.

In der islamischen Legendenwelt ist Iblis aber auch der Anführer der *dschinns* oder Genien, einer Bande von Geistern, die sich wie hilfreiche Engel oder schädliche Teufel aufführen können. Das Christentum hat nichts, was sich mit diesen ambivalenten Geistern vergleichen ließe.

Iblis, so lautet die Geschichte, meinte, er sei etwas Besseres als die anderen Engel, und sammelte ein Gefolge himmlischer Unzufriedener um sich. Wegen seines Stolzes wurden er und sein Trupp von Allah aus dem Himmel verstoßen und mit dem ewigen Höllenfeuer bestraft. Bis zum Jüngsten Gericht wird Iblis oder Schaitan immer wieder versuchen, Allah die Seelen der Menschen abspenstig zu machen.

Dämonen zu Engeln.

Die ersten göttlichen Offenbarungen wurden Mohammed im Jahre 610 zuteil. Bezeichnenderweise werden der böse Schaitan und die unberechenbaren Dschinn in den Teilen des Koran nicht mehr erwähnt, die aus der Zeit nach der Durchsetzung der islamischen Anschauungen und Praktiken datieren, d.h. aus der Zeit nach der siegreichen Schlacht bei Badr im Jahre 624. Dieses blutige Gefecht markiert die Wende in der Ausbreitung des neuen, kämpferischen Glaubens, der sich von nun an über die ganze arabische Halbinsel ausdehnte. Nun war Mohammed der unangefochtene Verkünder des neuen Glaubens und empfing keine Offenbarungen über Schaitan und andere Bösewichter mehr.

An die Stelle der abscheulichen Dämonen treten im Koran nun überschwengliche Engelsschilderungen. Mit dem Sieg des Islam scheinen die Teufel vertrieben, und die Engel werden eingelassen.

Diese Engel werden im Koran als unsichtbare, abstrakte Symbole der Macht Gottes dargestellt. Auch Satan wird im Koran zu einem abstrakten Symbol für das Böse und den Unglauben.

Im Laufe der Jahrzehnte verlor der Teufel in den muslimischen Anschauungen immer mehr an Boden, während gleichzeitig Gott auf die höchste Ebene gehoben wurde – als der Eine Schöpfer, der Erhalter des Lebens, der Richter am Ende aller Zeiten – alles in allem neunundneunzig Titel.

In mancher Hinsicht sind die Unterschiede zwischen den frühen und späten Teilen des Koran mit den Unterschieden zwischen den älteren und den jüngeren Teilen der hebräischen Heiligen Schrift zu vergleichen. Die Ideen entfalten sich. Der Dualismus tritt auf. Gott reift heran und übernimmt die Mitte der Bühne. Das Böse zieht sich in seine finstere Ecke zurück.

Spätere Glaubensströmungen innerhalb des Islam haben die Aussagen des Koran über Schaitan, die Dschinns und die Engel nicht erweitert. Aber der volkstümliche Islam hat den Glauben an den Teufel und eine ganze Welt von Geistern bewahrt, und er hat weitere Engel und Dämonen hinzugefügt, die mit allen möglichen Aspekten des Lebens im Diesseits und im Jenseits in Verbindung stehen.

23. Kapitel
Exorzismus
Satan bis Dibbuk

Für die frühen Christen war Satan erschreckend wirklich. Er konnte in den menschlichen Körper fahren und ihn dazu bringen, böse Taten zu begehen. Er konnte von einem Körper auf einen anderen überspringen. Große Furcht vor der Besessenheit durch Dämonen plagte schon die alten Assyrer, die Babylonier und die Ägypter, und alle entwickelten Riten zur Austreibung dieser Teufel.

Jesus Christus selbst trieb bei sechs Gelegenheiten böse Geister aus.

Die Evangelien des Matthäus und des Lukas aus dem 1. Jahrhundert u.Z. bilden die Grundlage für die Auffassung der katholischen Kirche von der Besessenheit und für ihren Glauben an die charismatische Fähigkeit des Priesters, den Exorzismus zu vollziehen.

Satans äußere Erscheinung: Mittelalter

Wie sieht Satan aus?

Die Bibel bietet viele verächtliche Beinamen für Satan: Lügner, Vater der Lügen, Engel des Abgrunds, Verkläger unserer Brüder, großer Drache. Aber nur der letzte vermittelt auch eine bildliche Vorstellung.

Tatsächlich tappten die Christen bei der Frage nach dem Aussehen Satans lange Zeit im Dunkeln.

Noch im 6. Jahrhundert u.Z. bildet ein Mosaik in Ravenna, auf dem das Jüngste Gericht dargestellt ist, Satan mit einem Heiligenschein ab, wie er allen Himmelswesen zustand.

Außerdem hat der Satan von Ravenna gefiederte Schwingen und steht links neben Christus. Der einzige Hinweis des Künstlers auf seine Verworfenheit ergibt sich aus der Farbe seines Gewandes – es ist blau statt rot. Rot war die Farbe der Engel, die Gott am nächsten standen; Blau hingegen war für jene Engel bestimmt, die als Boten allzeit bereit waren, auf die Erde herabzusteigen.

Die Ikonographie jener Zeit hatte den einstigen Erzengel Luzifer noch nicht dauerhaft in die Gestalt des bösen Tiers verbannt, das sich am Höllenfeuer wärmt.

Im Mittelalter jedoch hatte sich Satan zum Ungeheuer ausgewachsen. Jetzt besaß er Hörner, Hufe und einen struppig behaarten Körper. Der einstige »Lichtträger« war nun ein Mischwesen, halb Mensch, halb Ziegenbock – eine Bildidee, zu der der griechische Gott Pan die christlichen Künstler inspirierte.

Während der nächsten Jahrhunderte griffen die Künstler immer wieder auf die Ikonographie heidnischer Dämonen zurück, wenn es darum ging, neue Attribute für den Teufel zu finden: langer, schlangenartiger Schwanz mit herzförmiger Spitze, lange krallenartige Fingernägel, ledrige Fledermausflügel und Dreizack. Satan wurde zu einer Collage aus uralten Schreckbildern. Selbst die Ketzersekten, die den Teufel anbeteten, bevorzugten diese abstoßenden Darstellungen.

In fast allen Kulturen, zumal in den großen monotheistischen Religionen, ist der Teufel männlich.

Der christliche Exorzismus: Matthäus 10,1, um 70 u.Z.

Der Begriff »Exorzismus« geht auf das griechische Heidentum zurück und ist abgeleitet von dem griechischen Wort *exorkizein*, »beschwören«. Es bezeichnet die feierliche, eindringliche Ansprache an einen Dämon oder einen Gott, verbunden mit einer Bitte um sofortiges Handeln.

Lukas macht deutlich, daß Satan in böser Absicht in den Körper eines Menschen fahren kann. Er erklärt den Verrat des Judas an Christus mit dämonischer Besessenheit:

»Es war aber der Satan gefahren in den Judas, genannt Ischarioth, der da war aus der Zahl der Zwölfe. Und er ging hin und redete mit den Hohepriestern und mit den Hauptleuten, wie er ihn wollte ihnen überantworten. Und er ... suchte Gelegenheit, daß er ihn überantwortete ohne Lärm.« (Lukas 22,3-6)

Der Exorzismus geht auf die alten Griechen zurück; »exorkizein« bedeutet »beschwören«.

Judas war also nicht bei sich und nicht verantwortlich für sein Tun. Kuchendiebe und Mörder haben sich auf ähnliche Weise verteidigt. Vielleicht geht auch ihre Strategie auf Lukas 22,3-6 zurück.

Wie Gott der Kirche und ihren Priestern die Kraft schenkte, Dämonen auszutreiben, wird bei Matthäus berichtet:

»Und er rief seine zwölf Jünger zu sich und gab ihnen Vollmacht über die unsauberen Geister, daß sie die austrieben und heilten alle Krankheit und alle Gebrechen.« (Matthäus 10,1)

Bei Lukas (11,14) empfiehlt Jesus, den Namen des Heiligen Geistes anzurufen, um böse Geister auszutreiben. Jesus vertrieb solche Geister auf Bestellung und verkündete, seine Erfolge seien Zeichen für den bevorstehenden Anbruch des Reiches Gottes.

Die frühen Christen waren überzeugt, daß Satan über ihre Zeit herrschte, daß seine Herrschaft zugleich aber auch das Kommen des Gottesreiches ankündigte. Besessenheit durch böse Geister war etwas Alltägliches, und das Vermögen und die Vollmacht, sie auszutreiben, wurde Laien und Geistlichen großzügig gewährt. Schon geringfügige Formen von abweichendem Verhalten ließen einen förmlichen Exorzismus geboten erscheinen. Verrückte galten als hoffnungslos besessen. Kirchenväter wie Justin der Märtyrer, Tertullian und Origenes haben böse Geister aus den Leibern von Christen ausgetrieben, die dem Wahnsinn verfallen waren.

Aber nicht selten wechselte Satan aus dem Leib des Besessenen in den des Exorzisten über – auch dies eine Quelle ebenso haarsträubender wie unterhaltsamer Geschichten.

Taufe und Exorzismus.

Bei der Einführung in das Amt des Priesters, der Ordination, wurden bis in die jüngste Vergangenheit die höheren und die niederen Weihen unterschieden. Die dritte Weihestufe innerhalb der niederen Weihen war die des Exorzisten, das »Exorzistat«. Wer sich in diesem Amt bewährt hatte, konnte auf der Laufbahn zum Priester fortschreiten.

Schon sehr früh wurde der Exorzismus ein fester Bestandteil der vorbereitenden Zeremonien für die Taufe, und Reste dieses Ritus gehören bis heute zu einer katholischen Tauffeier.

Warum müssen Neugeborene automatisch einem Exorzismus unterworfen werden?

Weil sie verletzlich sind. Weil sie keinen freien Willen haben und der Makel der Erbsünde auf ihrer Seele lastet.

Sogar Wasser, Salz und Öl, die bei der Taufe verwendet werden, wurden früher dem Exorzismus unterzogen. Der Teufel konnte ja auch in den Sakramentalien stecken.

Das moderne Verfahren.
Im Jahre 1972 wurden die niederen Weihestufen in der katholischen Kirche abgeschafft und mit ihnen auch das Amt des Exorzisten. Heute kann jeder Priester mit Erlaubnis seines Bischofs Besessenheit austreiben, was in einer Welt, die über antipsychotische Medikamente und ein besseres Verständnis der Schizophrenie verfügt, allerdings nur noch selten vorkommt. Für diese seltenen Fälle hat das Kirchenrecht jedoch genaue Regeln vorgesehen.

Die zentrale Formel des Ritus, die mit ebensoviel Frömmigkeit wie Überzeugung gesprochen werden soll, lautet:

Höre, verfluchter Satan! Ich beschwöre dich im Namen des ewigen Gottes und unseres Erlösers Jesus Christus, weiche von dannen, mit deinem Neid, besiegt, zitternd und stöhnend. Du sollst keinen Anteil haben an diesem Diener Gottes [es folgt der Name], der sich schon mit Gedanken an den Himmel trägt und bereit ist, dir und deiner Welt zu entsagen und die selige Unsterblichkeit zu erlangen.

Die katholische Kirche zieht es heute vor, den Teufel nicht direkt anzusprechen, weil sie ihm nicht zuviel Gewicht beimessen will. Sie bricht hier mit einer jahrhundertealten Tradition. Statt dessen wendet sich der Priester nun an Gott und bittet um sein Eingreifen. Zwar ist es zulässig, Satan anzusprechen, aber dies soll möglichst nur in wenigen, kurzen Wendungen geschehen.

Außerdem werden Sakramentalien wie Weihwasser, Öl, Kruzifixe heute nicht mehr dem Exorzismus unterworfen – auch dies in der Absicht, dem Teufel nicht übermäßig viel Bedeutung beizumessen.

Teufelskerlchen.
Der Exorzismus als Teil der Kindstaufe wurde von der Kirche von England schon kurz nach ihrer Gründung im 16. Jahrhundert aufgegeben. Die anglikanischen Bischöfe argumentierten, diese Praxis besage, alle Kinder seien vor der Taufe vom Teufel besessen.

In der katholischen Kirche gehört der Exorzismus in einer milden Form nach wie vor zum Taufritus: zwei leise gesprochene Gebete, die Satan oder den Teufel erwähnen. Das erste Gebet erlöst das Kind von der Erbsünde; das zweite bittet Gott darum, das Kind vor der Macht der Finsternis zu beschützen.

In einem kirchlichen Handbuch heißt es: »Dreimal haucht der Priester das Gesicht des Kindes an [ein Symbol für den dreieinigen Gott] und spricht dazu: ›Weiche von ihm, du unreiner Geist, und mach Platz dem Heiligen Geist‹.«

Exorzismus im Judentum: nachbiblische Zeit

Erst nachdem die Juden den persischen Dualismus angenommen und alles Gute Gott, alles Böse hingegen Satan zugeordnet hatten, wurde der Exorzismus bei ihnen zu einem respektablen Ritus, der dem berufsmäßigen Exorzisten eine besondere Stellung verschaffte. Handbücher aus den ersten Jahrhunderten unserer Zeit bieten praktische Ratschläge, wie man *schedim* (Dämonen) und *masikim* (Geister) meidet oder beschwichtigt.

Die spätere rabbinische Literatur nennt einzelne Dämonen, die für bestimmte Krankheiten verantwortlich sind.

Der Exorzist suchte nach fünf Anzeichen für Besessenheit: erstens Halluzinationen (die interessanterweise als »Fesselung durch die Sinne« bezeichnet wurden), zweitens Wundstellen und Blasen am Körper, drittens häufige Masturbation (»Verderbnis des Organs«), viertens »Gliederzucken« und fünftens epileptische Anfälle.

Es ist nicht übertrieben, wenn man sagt, daß die Juden den Christen »Gott« schenkten und die Christen den Juden »Satan«. Als Verkörperung des Bösen ist Satan eine Entwicklung des Neuen Testaments, die später dann auch die jüdischen Vorstellungen vom Exorzismus stark beeinflußt hat. So seufzte ein Rabbi aus jener Zeit: »Rufen nicht alle Bücher in christlicher Sprache zum Exorzismus auf, und berichten sie nicht alle von Besessenheit?«

Dibbuk.

Heute ist der Dibbuk – der Geist eines Toten, der in den Körper eines Lebenden eintritt, wodurch dieser Lebende wie besessen erscheint – ein Teil der jüdischen Folklore, eine eher komische als erschreckende Gestalt. Das Wort ist relativ neu.

Jüdische Gelehrte mit spitzen Hüten saugen »Bosheit« aus dem Teufel in Schweinsgestalt. Ein antisemitisches Flugblatt aus Deutschland, 1475.

Ursprünglich wurden »böse Geister« im Hebräischen *ruot raot* genannt. Von ihnen hieß es, sie würden dem Körper des betroffenen Menschen »anhaften«, wie Entenmuscheln sich an einen Schiffsrumpf heften. Das hebräische Wort für »kleben« oder »anhaften« ist *mitdabake*, und in den drei letzten Silben liegt der Ursprung des Wortes »Dibbuk«, das soviel wie »Anheftung« bedeutet.

Der deutsche Kabbalist Jakob von Emden (1697-1776) scheint dieses Wort geprägt zu haben, als er 1752 über einen auffällig gewordenen Mann schrieb, er sei von einem Dibbuk besessen.

Dämonenwahn.

Aus Gründen, die bis heute nicht hinreichend geklärt sind, nahmen im letzten Viertel des 16. Jahrhunderts die Fälle von Besessenheit dramatisch zu. Handbücher über Exorzismus in Latein, Italienisch und Hebräisch waren Bestseller. Eine 1587 in Padua erschienene *Practica* für Exorzisten enthielt eine Checkliste für katholische Priester:

Was man von dem Dämon in Erfahrung bringen muß: Seinen Namen, damit man ihn auf Papier schreiben und verbrennen kann. Die Namen seiner Genossen und ihre Zahl. Heilige Wörter, die er besonders verabscheut, damit man sie immer wieder aussprechen kann. Man hüte sich aber vor neugierigen Abschweifungen. Auch halte man sich von ihm fern, wenn er aus eigenem Antrieb zuviele Mitteilungen von sich gibt.

Beim Exorzismus an einer Besessenen im Jahre 1571 hielt Rabbi Menasche ben Israel der Frau Rauch, Feuer und Schwefel unter die Nase. »Der Dämon sollte aus ihrem großen Zeh herausfahren«, erklärte er und fügte hinzu: »Alle Zuschauer kamen überein, die Geschichte für sich zu behalten, weil die Gefahr bestand, daß Nichtjuden die Frau wegen Hexerei verbrennen würden.«

Heute vertreten manche Kulturhistoriker die Auffassung, daß es sich bei der Flut von Teufelsaustreibungen im späten 16. Jahrhundert um ein kulturübergreifendes Phänomen gehandelt habe, wobei jüdische Autoritäten in starkem Maße aus christlichen Quellen schöpften.

Was ging da vor sich?

Vielleicht war das Ganze eine Reaktion auf die Entstehung der empirischen Wissenschaften. Physik, Chemie, Astronomie und Medizin wurden mit Vernunft und Logik zu einer Herausforderung für die Religion und den Aberglauben. Ungebildete Menschen scheuten das Neue, den Schock, der von den Naturwissenschaften ausging. Vielleicht erwuchs der Glaube an Dämonen und Besessenheit aus dem Bestreben, am Altbekannten festzuhalten. Wo auch immer die Ursachen für diese Entwicklungen lagen – die Konjunktur des Exorzismus hielt nicht an, und nach 1650 wurden nur noch sehr wenige Fälle von Besessenheit bekannt.

24. Kapitel
Antichrist
Apokalypse bis »666«

Der »Antichrist« wird definiert: Evangelium des Johannes, etwa 95 u.Z.

Satan ist der Erzfeind Gottes.

Der Antichrist ist der Erzfeind Jesu Christi – nach dem griechischen *anti*, »gegen«.

Ist Satan der Antichrist? Ja und nein. Der Teufel ist gewiß *ein* Antichrist. Aber es gibt auch andere. Viele. Antichrist ist jeder, der in den Diensten Satans steht.

Formuliert wurde der Begriff Antichrist im 1. Jahrhundert u.Z., in einer Zeit heftiger religiöser Verfolgungen und politischer Unruhen im ganzen Römischen Reich. Gegen Ende des 1. Jahrhunderts wurde Jerusalem von den Römern erobert und der zweite Tempel zerstört. Christen wurden von römischen Soldaten verfolgt, gefoltert, niedergemetzelt. Überall schien das Böse zu lauern. Die Menschen beteten darum, daß mit dem nächsten Sonnenaufgang auch der Jüngste Tag anbrechen und sie von ihrem Elend erlösen möge.

Zum erstenmal taucht der Ausdruck »Antichrist« in den gegen Ende des 1. Jahrhunderts abgefaßten Briefen des Johannes auf. Mit seinem Evangelium verband Johannes die Absicht, neue Anhänger für den neuen Glauben zu gewinnen. In seinen Episteln wendet er sich an Christen, deren Glauben durch »falsche Lehrer« oder »Antichristen« erschüttert worden ist. Er prägt das Wort, um eine bestimmte Botschaft zu übermitteln, und er benutzt es an drei Stellen:

»Kinder, es ist die letzte Stunde! Und wie ihr gehört habt, daß der Antichrist kommt, so sind nun schon viele Antichristen gekommen; daran erkennen wir, daß die letzte Stunde ist.« (1. Johannes 2,18)

Der Ausdruck »Antichrist« hat hier einen stark eschatologischen Klang. Die falschen Propheten sind zahlreich, und ihre Gegenwart kündigt den Untergang dieser Welt an.

Das Wort »Eschatologie« geht zurück auf das griechische *eschatos*, »weit draußen«. Die Eschatologie ist jener Zweig der Theologie, der sich mit den

»letzten Dingen« beschäftigt: Tod, Auferstehung, Jüngstes Gericht, Unsterblichkeit.

Einige Zeilen später heißt es bei Johannes:

»Wer ist ein Lügner, wenn nicht, der da leugnet, daß Jesus der Christus sei? Das ist der Antichrist, der den Vater und den Sohn leugnet.« (1. Johannes 2,22)

Hier wird nun jeder, der nicht glaubt, daß Jesus der Messias sei, als Antichrist geschmäht. Im zweiten Brief des Johannes wird das Wort im gleichen Sinne verwendet:

»Denn viele Verführer sind in die Welt hinausgegangen, die nicht bekennen, daß Jesus Christus im Fleisch gekommen ist. Das ist der Verführer und der Antichrist.« (2. Johannes 7)

Johannes nennt keine Namen. Wir wissen nicht, welche Antichristen er im Sinne hatte, als er seine Briefe schrieb. Wir kennen aber sehr wohl jene historische Gestalt, die die Juden im Sinne hatten, wenn sie vom Erzfeind ihres Glaubens sprachen und damit die Grundlage für die christliche Vorstellung vom Antichrist schufen.

Das jüdische Vorbild für den »Antichrist«: der syrische König, 2. Jahrhundert v.u.Z.

Die jüdische Eschatologie wurde von persischen und babylonischen Mythen beeinflußt, in denen Kämpfe zwischen Göttern und Dämonen das Ende der irdischen Zeit bezeichnen. Die Beschreibung eines solchen Kampfes findet man auch im Alten Testament, in den Prophezeiungen Daniels.

Die historische Gestalt, die zum Modell für den Antichrist wurde, war der syrische König Antiochus IV. Epiphanes, der im 2. Jahrhundert v.u.Z. die Juden verfolgte.

Antiochus, der auch »Epimanes«, der »Verrückte«, genannt wurde, stammte aus dem Geschlecht der Seleukiden und regierte von 175 bis 164 v.u.Z. Bei seinem eigenen Volk war er beliebt, propagierte die griechische Kultur, weitete sein Herrschaftsgebiet aus und eroberte auch Jerusalem, um die Stadt zu hellenisieren und die jüdische Religion und Kultur zu unterdrücken.

Dagegen entfachte Judas Makkabäus einen Aufstand, der schließlich zur Bildung eines unabhängigen Makkabäerstaates in Judäa führte.

Antiochus wurde für die Juden zum Inbegriff des Gewaltherrschers, der gegen Gottes Willen (und gegen Gottes Volk) kämpft und damit auf das Ende aller Zeiten hindeutet.

Die frühen Christen übernahmen diese Vorstellung und übertrugen sie auf eine ganze Reihe von Herrschern, unter deren Verfolgungen sie selbst zu leiden hatten: Caligula, Nero, Domitian, Decius, Diokletian. Ein verfolgtes Volk sieht überall Antichristen.

Die Vorstellung vom Antichrist entwickelt sich: Paulus, Korinth, um 50 u.Z.

Eine ganz und gar christliche Auffassung vom Antichrist tritt erstmals rund zwanzig Jahre nach der Kreuzigung Christi in Erscheinung, also fast vierzig Jahre, bevor Johannes den Ausdruck »Antichrist« in seinen Briefen verwendet, und zwar im zweiten Brief des Apostels Paulus an die Thessalonicher.

Die beiden Briefe an die Thessalonicher gehören zu den frühesten überlieferten Schriften des heiligen Paulus – er verfaßte sie im Abstand von wenigen Monaten um das Jahr 50 in Korinth, kurz nachdem er auf seiner zweiten Missionsreise in Thessalonich gepredigt hatte.

»Lasset euch von niemand verführen, in keinerlei Weise, denn er kommt nicht, es sei denn, daß zuerst der Abfall komme und offenbart werde der Mensch der Sünde, der Sohn des Verderbens.« (2. Thessalonicher 2,3)

Hier erscheint der Antichrist (»der Mensch der Sünde«) als ein Versucher, der sich mit Zauberei und Wundertaten göttliche Ehren zu erschleichen sucht. Wir erfahren auch, daß dieser »Frevler« die Juden leicht für sich gewinnen wird, da sie Christus und seine Lehren zurückgewiesen haben.

Die Christen machten sich diese Vorstellung zu eigen. Was lag näher als die Annahme, daß die Juden, die Jesus verhöhnt hatten, Gefolgsleute jenes »Menschen der Sünde« seien? Im Johannes-Evangelium (5,43), das etwa um die gleiche Zeit verfaßt wurde wie die beiden Paulus-Briefe, weissagt Jesus: »Ich bin gekommen in meines Vaters Namen, und ihr nehmt mich nicht an. Wenn ein anderer wird in seinem eigenen Namen kommen, den werdet ihr annehmen.«

In der Frage des Bösen gehen Juden und Christen getrennte Wege: 1. Jahrhundert u.Z.

Während die Christen ihre Vorstellung vom Satan im Laufe des 1. Jahrhunderts weiterentwickelten und immer anschaulicher machten, gelangten die Juden nach und nach zu einer eher abstrakten Auffassung vom Bösen.

Nachdem Jerusalem im Jahre 70 u.Z. von den Römern erobert und der zweite Tempel zerstört worden war, gingen viele Juden aus Palästina in die Diaspora, in die »Zerstreuung«. Sie siedelten im Mittelmeerraum und in ganz Europa. Nachdem die jüdische Religion ihr geographisches Zentrum verloren hatte, brach für sie eine neue Phase an.

Den Mittelpunkt des religiösen Lebens bildete von nun an nicht mehr der Tempel, sondern die Synagoge, und an die Stelle der Tempelpriester und Propheten traten nun die Rabbis oder »Lehrer«.

Das rabbinische Judentum löste sich in der folgenden Zeit von dem aus Persien übernommenen strikten Dualismus von Gut und Böse. Das Böse, so erklärten die Rabbis, erwachse aus der Unvollkommenheit der erschaffenen Welt (das metaphysische Böse) und aus dem falschen Umgang des Menschen mit seiner Willensfreiheit (das moralische Böse), aber nicht aus den bösartigen Umtrieben eines kosmischen Satan.

Die meisten Rabbis lehnten die Vorstellung von einem Wesen, das die Kräfte des Bösen anführte, ab und sprachen vom Teufel nur als einem Symbol für den Hang des Menschen zum Bösen. Der Herr schuf beides, die Neigung zum Guten und die Neigung zum Bösen, aber er hat den Menschen auch sein Gesetz geschenkt, so daß sie imstande sind, das Böse zu überwinden, indem sie die Thora befolgen.

Bei den Christen dagegen wurde das Böse mit jedem neuen Text, den sie verfaßten, immer deutlicher und anschaulicher zu einer Gestalt. Beständig waren sie auf der Hut und wollten jeden Antichrist, der sich unter sie mischte, aufspüren – auch weil das Kommen des Antichrist die Wiederkehr Jesu Christi verhieß.

Apokalypse heißt »Offenbarung«: um 95 u.Z.

Das Wort »Apokalypse« geht auf das griechische Verb *apokalyptein* = »offenbaren«, »enthüllen« zurück.

Im Alten Testament gibt es apokalyptische Passagen, zum Beispiel bei

Jesaja (etwa 8. Jahrhundert v.u.Z.) und vor allem bei Daniel (etwa 6. Jahrhundert v.u.Z.). Aber keines der kanonischen Bücher des Alten Testaments ist ganz und gar apokalyptisch.

Seit etwa 200 v.u.Z. bildete sich zunächst im Judentum, später auch im Christentum, ein neues literarisches Genre heraus. Die apokalyptische Literatur war geeignet, Völkern, die unter Verfolgung und dem Druck kultureller Umwälzungen zu leiden hatten, auch und gerade in Augenblicken tiefster Verzweiflung Hoffnung zu geben. Die Sprache der apokalyptischen Literatur ist oft verschlüsselt, aber diejenigen, an die sie sich richtete, verstanden sehr wohl, was die Symbole und Verrätselungen bedeuteten: Es war hier die Rede von einem plötzlichen Eingreifen Gottes in die menschlichen Angelegenheiten zugunsten der Gläubigen, das sich in Erschütterungen von kosmischen Ausmaßen – Hungersnöten, Seuchen, Kriegen, Erdbeben – und in der zeitweiligen Weltherrschaft des Fürsten der Finsternis ankündigte.

Das eigentümlichste und dramatischste Werk dieser Gattung ist zweifellos die sogenannte Offenbarung des Johannes aus der Zeit um 95 u.Z. Vielleicht wurde diese Apokalypse tatsächlich von dem Apostel Johannes verfaßt, wahrscheinlich aber nicht.

Mit seinen Visionen vom Jüngsten Gericht hat dieses Werk die abendländische Phantasie tief geprägt. Schon gegen Ende des 1. Jahrtausends u.Z. versuchten die Christen aus ihm herauszulesen, was ihnen bevorstand. Ein Jahrtausend später ist die Offenbarung des Johannes noch immer ein zentraler Text für all jene, die sich eine Vorstellung vom Ende der Welt zu bilden versuchen.

Der Verfasser.
Das Buch, das erst nach langen Auseinandersetzungen Aufnahme in die christliche Bibel fand, wurde auf der Insel Patmos im Ägäischen Meer von einem Mann geschrieben, der sich selbst als Johannes vorstellt: »Ich, Johannes, euer Bruder ... war auf der Insel, die da heißt Patmos ...« (Offenbarung 1,9) Nach einer Legende soll der Apostel Johannes dort eine Zeitlang in der Verbannung gelebt haben, doch viele Historiker bezweifeln dies. Jedenfalls lassen es Sprache, Stil und Vokabular der Offenbarung ausgeschlossen erscheinen, daß der Verfasser der Offenbarung identisch ist mit dem Evangelisten Johannes, dem Lieblingsjünger Christi.

Auf Patmos verfaßt der heilige Johannes die Offenbarung.

Was Johannes veranlaßte, zu Feder und Pergament zu greifen und »Die Apokalypse« zu schaffen (möglicherweise, während er im Gefängnis saß), kann man nur vermuten: vielleicht die blutigen Christenverfolgungen unter Kaiser Domitian, die ganz Kleinasien, wo Johannes als Missionar tätig war, in Not und Elend stürzten. Domitian wurde im Jahre 96 u.Z. ermordet; man nimmt an, daß die Offenbarung zwischen 90 und 95 u.Z. entstanden ist.

Die vier apokalyptischen Reiter: Krieg, Pest, Hungersnot und Tod.

Der Alptraum.

Das Buch bietet ein Kaleidoskop bestürzender Szenen – Angstträume und Schreckensvisionen werden in einer die Regeln der Grammatik immer wieder sprengenden Sprache geschildert. Es scheint, als hätte Johannes die quälendsten Bilder und Episoden von Not und Pest, Fluch und Unglück aus dem Alten Testament zusammengetragen und zu einer alptraumhaften Vision vom Untergang der Welt verschmolzen.

Und so verläuft dieser Untergang nach der Offenbarung:

Johannes wird in den Himmel gerufen. Er sieht Gott auf einem Thron sitzen, in seiner Hand ein Buch, das mit sieben Siegeln verschlossen ist, die niemand öffnen kann. Neben dem Thron steht ein Lamm, das den Christen schon vertraute Symbol für den Messias. Das Lamm erbricht die Siegel und löst damit eine Reihe von Katastrophen aus, in denen sich Gottes Zorn über die götzendienerische, unbußfertige Welt bekundet.

Aus den ersten vier erbrochenen Siegeln gehen vier Reiter auf vier Pferden hervor: Eines ist weiß, eines rot, eines schwarz und eines fahl. Es sind die »Vier apokalyptischen Reiter« – Krieg, Pest, Hungersnot und Tod.

Sieben Siegel werden aufgetan; *sieben* Posaunen geblasen; *sieben* Schalen von Gottes Zorn vergossen; der Antichrist, der Gesandte Satans, ist ein *sieben*köpfiges Tier. Die Stadt des Tiers, Babylon, »die große Hure«, wird zerstört, das Tier wird besiegt, Satan gefesselt; die Heiligen regieren ein Jahrtausend lang; dann wird Satan zu seinem letzten Ansturm und endgültigen Untergang noch einmal losgelassen. Gott hält Gericht über die Welt. Ein neuer Himmel und eine neue Erde treten an die Stelle der alten.

Die heilige Stadt, Jerusalem, die Braut, fährt aus dem Himmel herab, und alle Pracht der Erde versammelt sich in ihr.

»666« – die Vorwahl der Hölle

Kein Abschnitt der Offenbarung des Johannes hat soviel abergläubische Hysterie ausgelöst wie Kapitel 13, Vers 8:

»Hier ist Weisheit! Wer Verstand hat, der überlege die Zahl des Tiers; denn es ist eines Menschen Zahl, und seine Zahl ist sechshundertsechsundsechzig.«

Die magische »Sieben«: sieben Engel mit sieben Plagen.

Das Reich des Bösen war zu Johannes' Zeiten Rom, von wo die Unterdrückung der Juden und Christen ihren Ausgang nahm. Die Stadt wurde von einem »Tier« regiert, einem Antichrist, den Johannes nicht nennen mag – vielleicht um sich eine Anklage wegen Hochverrats mit anschließender Hinrichtung zu ersparen. In der oben zitierten Passage verschlüsselt er den Namen des Mannes so, daß seine kundigeren Leser das Rätsel wahrscheinlich lösen konnten, während ihm die römischen Gesetze nichts anzuhaben vermochten.

Wenn man versuchen will, die »666« zu entschlüsseln, muß man berücksichtigen, daß Juden, Griechen und Römer jahrhundertelang den verschiedenen Buchstaben ihrer Alphabete auch Zahlenwerte zuordneten. Am bekanntesten sind für uns heute noch die römischen Zahlzeichen: I = 1, V = 5, X = 10, L = 50, C = 100, D = 500, M = 1000. Aus diesen Buchstaben gebildete Wörter haben nicht nur eine Bedeutung, sondern auch einen Zahlenwert.

In der Zeit des Johannes (und noch bis weit ins Mittelalter) gingen viele Mystiker davon aus, daß den von Gott inspirierten Worten in der Bibel außer ihrer »buchstäblichen« Bedeutung auch eine numerische Bedeutung zukam. Diese Mystiker verbrachten viel Zeit damit, die Zahlenwerte der biblischen Wörter und Abschnitte zu analysieren – ein mühsames Geschäft, das man »Gematrie« nannte, abgeleitet von dem griechischen Wort *geometria*.

Die »Zahl des Tiers« 666 ist das prominenteste Objekt gematrischer Zahlenspekulationen in der Bibel.

Im Laufe der Zeit haben die Gelehrten zahllose Personen vorgeschlagen, die als Kandidaten für das Tier in Frage kommen, aber zwei unter ihnen ragen hervor – zwei römische Kaiser.

Nero.

Neros Name lautet auf griechisch Neron, und sein Titel »Caesar« wird im Griechischen zu *Kaisar*. *Kaisar Nero* wird, wenn man hebräische Buchstaben verwendet, zu *qsr nrwn*. Auch den hebräischen Buchstaben waren Zahlenwerte zugeordnet: q = 60, s = 100, r = 200, n = 50, w = 6. Aus *qsr nrwn* ergibt sich durch Addition die Zahl 666.

Nero war schon ein Vierteljahrhundert tot, als Johannes seine Offenbarung auf Patmos schrieb. Nero hatte sich selbst die Kehle durchgeschnitten, doch Legenden wollten wissen, daß er eines Tages von den Toten auferstehen würde oder im Osten in der Verbannung noch lebte, um eines Tages von dort mit einem alles zerstörenden Heer zurückzukehren.

Viele Gelehrte sind heute der Meinung, die Zahl 666 stehe für Nero, der für sich göttliche Autorität in Anspruch nahm und dessen Macht unbezwingbar schien. Demnach hätte Johannes seinen Lesern zu verstehen geben wollen, daß der römische Staat und seine Herrscher weder göttlichen Ursprungs noch unbesiegbar seien. Sie waren menschlichen Ursprungs, sie trugen den Keim zu ihrer Zerstörung in sich, und ihre Zahl ist eine Abfolge von lauter Sechsen, die niemals die mystische Vollkommenheit der »Sieben« erreichen werden.

Domitian.

Als Johannes seine Offenbarung schrieb, saß Domitian auf dem Thron in Rom, und seine Christenverfolgung war in vollem Gange. Er war noch bösartiger als Nero, und die Annahme liegt nahe, daß Johannes auf ihn als den Antichristen deuten wollte. Aber aus dem Namen Domitian läßt sich offenbar auf keine Weise die Zahl 666 errechnen, auch nicht, wenn man ihn mit einem seiner zahlreichen bekannten Beinamen kombiniert. Aber vielleicht hatte er einen Spottnamen, der bei den Christen der damaligen Zeit bekannt war, heute jedoch in Vergessenheit geraten ist. Vielleicht ergab dieser Spottname die Zahl 666. Jedenfalls gibt es auch eine Anzahl von Gelehrten, die in dieser Frage auf Domitian und nicht auf Nero tippen.

Der Papst als Teufel: Ego sum Papa. Ich bin der Papst. Ein Flugblatt der Reformationszeit gegen Alexander VI.

Der Papst selbst als Antichrist: Martin Luther, 1519

Der Begriff Antichrist wurde im Mittelalter in den verschiedensten Konflikten immer wieder auch als eine politische Waffe eingesetzt.

Im 12. Jahrhundert z.B. wurde Kaiser Friedrich II. als Antichrist bezeichnet, und man glaubte, die Apokalypse stehe unmittelbar bevor.

Auch die Päpste Bonifatius VII. (974, 984-85) und Johannes XXII. (1316-34) wurden als Antichrist geschmäht. Bonifatius war aufgrund politischer Machenschaften Papst geworden, und er war an der Ermordung des Grafen Sicco beteiligt, der versuchte, den rechtmäßigen Papst wieder einzusetzen. Als sich das Volk gegen Bonifatius wandte, entfloh er mit dem päpstlichen Schatz und führte eine Zeitlang in Süditalien ein bequemes Leben. Am 20. Juli 985 soll ein wütender Mob ihn erschlagen haben.

Johannes XXII., der zweite der sogenannten Avignoneser Päpste, wurde in der letzten großen Auseinandersetzung zwischen Kaisertum und Papsttum des Mittelalters von seinen Gegnern als Ketzer und Antichrist bezeichnet.

Zwei Jahre nachdem er seine 95 Thesen an das Portal der Wittenberger Schloßkirche geschlagen hatte, stritt Martin Luther dem Papsttum jegliche Grundlage in der Heiligen Schrift ab und verfluchte alle Päpste als Antichristen.

Es wurde eine Zeitlang geradezu üblich, daß politische Gegner – Päpste und Gegenpäpste, Könige und ihre Rivalen – einander als Antichrist titulierten. Gleichzeitig deutete man Zeiten massiver politischer Unterdrückung, aber auch Naturkatastrophen wie Erdbeben oder Vulkanausbrüche als Zeichen für das Erscheinen des Antichrist und für das Bevorstehen der Wiederkehr Christi.

Die Prediger des 15. Jahrhunderts beschworen nicht selten die drohende Ankunft des Antichrist, um die Menschen zur Buße zu bringen. Und um

Martin Luther triumphiert über einen katholischen Mönchsdämon. Protestantisches Pamphlet, 1521.

ihnen Spenden zu entlocken. Die amerikanischen Fernsehprediger wenden heute wieder den gleichen Trick an. Um die Spendenfreudigkeit ihrer Zuschauer zu steigern, predigen viele von ihnen in starken Worten von der Apokalypse, die sich angeblich in der moralischen Erschlaffung unserer Zeit ankündigt.

Teil X. Gebote und Verbote

25. Kapitel
Verbotene Speisen
Schweinekotelett bis fleischloser Freitag

Die verbotene Frucht

Die erste verbotene Frucht – überhaupt das erste, was auf dieser Erde je verboten wurde – war ein Apfel. Oder etwa nicht?

Nachdem Gott Adam in den üppigen Garten von Eden gesetzt hat (die Bibel gibt diesem Garten keinen eigenen Namen: »Und Gott der Herr pflanzte einen Garten in Eden gegen Osten hin«, 1.Mose 2,8), gestattet er ihm, alles zu genießen, was dieser Garten zu bieten hat, mit einer Ausnahme:

»Du darfst essen von allen Bäumen im Garten, aber von dem Baum der Erkenntnis des Guten und Bösen sollst du nicht essen; denn an dem Tag, da du von ihm issest, mußt du des Todes sterben.« (1. Mose 2,16-17)

Welcher Spezies dieser Baum angehörte, wird nirgendwo gesagt. Was für ein Leckerbissen mag das gewesen sein, der der Menschheit als erster verboten wurde?

Ein Granatapfel?
Dahin gehen die Vermutungen vieler hebräischer Gelehrter. Sie verweisen auf Salomos Liebeslied: »... dein Mund ist lieblich. Deine Schläfen sind hinter deinem Schleier wie eine Scheibe vom Granatapfel.« (Hohelied 4,3) Diese Frucht schmückte die Gewänder der Hohepriester. Ein berühmter Granatapfelbaum stand außerhalb der Stadt Gibea, und mehrere biblische Städte führen das hebräische Wort für Granatapfel, *rimmon*, in ihrem Namen.

Die kugelförmige Frucht mit der roten, festen Schale und den vielen Kernen im saftig roten, wohlschmeckenden Fruchtfleisch wurde in Ägypten schon lange vor der Zeit des Moses angebaut. Die Juden dachten während ihres langen Zuges durch die Wüste sehnsüchtig an die Granatäpfel Ägyptens zurück, und sie schöpften neuen Mut, als ihnen die Kundschafter, die sie nach Kana geschickt hatten, von dort Granatäpfel mitbrachten.

König Salomo besaß einen großen Granatapfelhain, und in einem Grab aus der Bronzezeit bei Jericho hat man karbonisierte Granatäpfel gefunden. Ein Granatapfelbaum hätte im Garten von Eden also durchaus wachsen können.

Ein Apfel?

Ihm geben die christlichen Gelehrten den Vorzug. Der Apfel gehört zu den frühesten Früchten, die in Kleinasien kultiviert wurden – schon um die Zeit von 1200 v.u.Z. Bei Ausgrabungen hat man karbonisierte Äpfel, steinhart und tiefschwarz wie Kohlebrocken, gefunden und auf die Zeit um 6500 v.u.Z. datiert. Aber als mögliche Paradiesfrucht wurde der Apfel erst spät in Betracht gezogen – erst nachdem christliche Künstler begonnen hatten, die biblische Geschichte auf ihren Bildern darzustellen.

Die Vertreibung aus dem Paradies: Haben Adam und Eva einen Apfel gegessen? Eine Banane? Einen Granatapfel?

Eine Banane?

Der Koran behauptet, die verbotene Frucht sei eine Banane gewesen. Bananen erfreuten sich im Tal des Indus schon vor mindestens viertausend Jahren großer Beliebtheit.

Den Koran diktierte der Engel Gabriel dem Propheten Mohammed im 7. Jahrhundert u.Z., genau zu der Zeit, als arabische Händler die Banane zu einem Importschlager machten. Sie waren es, die die Banane im Vorderen Orient und in Nordägypten einführten – im 7. Jahrhundert. Zu Mohammeds Zeiten war die Frucht sehr beliebt und ein gutes Geschäft, und so gelangte ihr Name in den Koran.

Essen als eine Form sozialer Ausschließung: von der biblischen Zeit bis heute

In Speisen und im Umgang mit ihnen haben immer auch gesellschaftliche Beziehungen ihren Ausdruck gefunden. Verwandte oder Freunde, die Bewohner eines Dorfes oder die Angehörigen eines Stammes, die zusammen essen, halten auch zusammen oder bekräftigen zumindest eine Freundschaft.

Sich gemeinsam den Bauch vollzuschlagen, war für die Menschen früherer Tage die höchste Form von Brüderlichkeit. Und vielleicht ist das auch heute noch so. Kollektive Völlerei war und ist eine Art gesellschaftlicher Kitt.

In der Zeit des Alten Testaments wurde ein irdischer Vertrag oder ein heiliger Bund fast immer durch eine gemeinsame Mahlzeit besiegelt. Sich das Salz zu teilen, war ein Ausdruck der unverbrüchlichen Treue zwischen Freunden.

Umgekehrt war die Weigerung, mit jemandem zu essen, ein Affront, eine Beleidigung, vielleicht auch die Aufkündigung einer Freundschaft. Jemanden nicht zu einer Festmahlzeit, zu einer schicken Dinnerparty, einem Hochzeitsbankett oder einer Bar-Mizwa einzuladen, sagt auch heute noch mehr als manches Wort.

Immer und überall hat man Essen und Trinken mit Gesundheit, glücklichen Zeiten und Gastfreundschaft assoziiert.

Der Alkohol spielte in den alten Religionen eine wichtige Rolle. In Mesopotamien tranken die Hohepriester beim Tempeldienst Bier, um ihren Austausch mit den Göttern zu beflügeln. Die alten Griechen zogen den Wein vor und führten sogar ihre intellektuelle Überlegenheit darauf zurück, daß sie sich an Wein und Olivenöl hielten.

Im Alten und im Neuen Testament wird der Wein oft gepriesen, aber auch verurteilt. Als ein Engel des Herrn die Geburt Samsons prophezeit, warnt er die Mutter: »... du wirst schwanger werden und einen Sohn gebären. So hüte dich nun, Wein oder starkes Getränk zu trinken«. (Richter 13,3-4)

Die Israeliten haben aus ihren Speisetabus geradezu eine Kunst gemacht.

Die jüdischen Speisegesetze: 3. Mose 11, 5. Mose 14, um 1400 v.u.Z.

In ihrem Buch *Reinheit und Gefährdung* führt die britische Anthropologin Mary Douglas aus, daß religiös sanktionierte Speisetabus – wie sie im 3. und im 5. Buch Mose ausführlich behandelt werden – ein Mittel sind, mit dem sich Gesellschaften von anderen abgrenzen und den Zusammenhalt der eigenen Gruppe oder die Eigenart sowie den ausschließenden Charakter ihrer religiösen Überzeugungen bekräftigen.

Vorstellungen, die die Unreinheit und Verdorbenheit von Speisen betref-

Speisegesetze waren eine Form der sozialen Ausschließung.

fen, haben nicht immer einen rationalen Grund, dienen nicht unbedingt dem Schutz der Gesundheit. Oft sind sie nichts weiter als ein Verhaltenskodex, den sich die Angehörigen einer Gruppe gegeben haben und an den sie sich halten. »Wir machen das *so*, und ihr nicht.«

Wer sich einer solchen Gruppe anschließt, übernimmt ihre Speisegebote und -verbote und bringt auf diese Weise seine Zugehörigkeit zum Ausdruck. Um die Mitte des 20. Jahrhunderts grenzten sich gewöhnliche Amerikaner von den Ausländern noch dadurch ab, daß sie exotische Gerichte und fremde Küchen mieden. Italienisch aßen nur Leute von italienischer Herkunft. Heute ist es ein Zeichen von Kultiviertheit, wenn man sich auf fremden Speisekarten auskennt. Der Multikulturalismus ist zur Realität geworden.

Ein populärer Irrtum.
Das größte Mißverständnis im Hinblick auf die jüdischen Speisegesetze (die sogenannten *kaschrut*-Gesetze) besteht in der Annahme, sie seien aus gesundheitlichen Gründen aufgestellt werden, etwa weil bestimmte Speisen leicht verderben oder der Genuß von Schweinefleisch eine Trichinose verursachen könnte.

Pessach-Mahl. »Koscher« bedeutet »tauglich« oder »erlaubt«.

Das 3. Buch Mose erklärt in einfachen, klaren Worten den wirklichen Grund für die Speisegesetze – man muß sich dabei nur vergegenwärtigen, daß der Gott der Juden sein Volk mit dem Wort »heilig« anweist, sich abzugrenzen und die eigene religiöse Identität zu bewahren:

»Denn ich bin der Herr, euer Gott. Darum sollt ihr euch heiligen, so daß ihr heilig werdet, denn ich bin heilig;

und ihr sollt euch nicht unrein machen an irgendeinem Getier, das auf der Erde kriecht. Denn ich bin der Herr, der euch aus Ägyptenland geführt hat, daß ich euer Gott sei. Darum sollt ihr heilig sein.« (3. Mose 11,44-45)

Mit anderen Worten: »Eßt nach der Speisekarte, die ich euch gebe, dann werdet ihr immer wissen, daß ihr Juden seid, und auch andere werden euch als Juden erkennen.« Gott wußte, was er tat; strenge Speisegesetze hielten die Juden vom geselligen Umgang mit Andersgläubigen ab. Weniger Geselligkeit bedeutete auch weniger Mischehen. »Heiligkeit« bedeutete Absonderung.

»Koscher« bedeutet »tauglich« oder »erlaubt«.
»Heiligkeit« heißt auf Hebräisch *keduscha*, abgeleitet aus dem hebräischen *kadosch* = »gesondert«. Was »tauglich« oder »koscher« (sprich: jüdisch) war, das war von allem und allen anderen abgesondert.

Ursprünglich bezog sich das Wort *koscher* (oder *kascher*) nicht auf Speisen. In der Bibel (Esther 8,5 und Prediger 11,6) wird es zuerst in der Bedeutung von »recht« oder »gut« verwendet – es bedeutete auch »geeignet« im Sinne von geistiger Kompetenz, z.B. »als Zeuge geeignet«.

In der späteren rabbinischen Literatur bezieht es sich auf heilige Gegenstände, die »zur rituellen Verwendung geeignet« sind. Man kann wohl sagen, daß den Juden die extreme Absonderung, die ihnen durch die strengen Speisegesetze auferlegt war, von seiten ihrer Feinde viel Unheil eingetragen hat.

Die Rabbis der Talmudzeit erklärten den Mitgliedern ihrer Gemeinden ganz unumwunden: »Versucht gar nicht erst, diese Vorschriften oder *chukkim* zu verstehen, sie haben keine rationale Grundlage, befolgt sie einfach.«

Der Philosoph Maimonides dagegen bemühte sich im 12. Jahrhundert in seinem *Führer der Unschlüssigen*, den *kaschrut*-Gesetzen eine zusätzliche Bedeutung zu geben: Sie »schulen uns darin, unsere Gelüste zu bezähmen; gewöhnen uns daran, unser Verlangen zu zügeln; und verhindern, daß wir auf den Gedanken kommen, die Freude am Essen und Trinken sei das Ziel des menschlichen Daseins«.

Speisegebote und Speiseverbote: Altes Testament

Als koscher gelten nach der Bibel unter den Säugetieren nur diejenigen, die wiederkäuen *und* gespaltene Klauen besitzen – als unrein gelten daher, neben dem Schwein, auch Pferd und Kamel.

Die jüdischen Speisevorschriften betehen auf einer genauen Trennung von Fleisch und Milch sowie von Fleisch- und Milchprodukten. Speisen, die weder »fleischig« noch »milchig« sind, werden *parwe* = »neutral« genannt. Bei den meisten *parwe*-Produkten, die nur aus einem einzigen Bestandteil bestehen – wie Salz, Zucker oder Kaffee – ist eine förmliche Bestätigung, daß sie koscher sind, nicht erforderlich.

Die alten Hebräer waren Hirten, deren Herden aus Schafen und Ziegen bestanden. Wiederkäuer mit gespaltenen Klauen waren für sie die übliche Nahrung. Schweine dagegen paßten nicht zur Lebensweise nomadischer Hirten.

»Dies aber sind die Tiere, die ihr essen dürft: Rind, Schaf, Ziege, Hirsch, Reh, Damhirsch, Steinbock, Gemse, Auerochs und Antilope.« (5. Mose 14,4-5)

»Diese Tiere aber sollt ihr nicht essen unter denen, die nur wiederkäuen oder nur gespaltene Klauen haben: das Kamel, den Hasen und den Klippdachs ... Das Schwein, das zwar durchgespaltene Klauen hat, aber nicht wiederkäut, soll euch darum unrein sein. Ihr Fleisch sollt ihr nicht essen, und ihr Aas sollt ihr nicht anrühren.« (5. Mose 14,7-8)

»Dies ist, was ihr essen dürft von allem, was im Wasser lebt: alles, was Flossen und Schuppen hat, dürft ihr essen. Was aber weder Flossen noch Schuppen hat, sollt ihr nicht essen; denn es ist euch unrein.« (5. Mose 14,9-10)

Der Genuß von Blut, gleichgültig von welchem Tier, ist verboten. Mit großem Nachdruck besteht die Bibel darauf, daß Blut nicht verzehrt werden darf: »Das sei eine ewige Ordnung für eure Nachkommen, überall wo ihr wohnt, daß ihr weder Fett noch Blut esset.« (3. Mose 3,17)

Hieraus leiteten die Rabbiner der Talmudzeit die Vorschrift ab, daß beim Schlachten eines Tiers möglichst viel Blut abgelassen werden müsse. Dazu wird die Halsschlagader durchschnitten. Der Mann, der diese rituelle Form des Schlachtens, die *schechita*, das Schächten, ausführt, heißt *schochet* – er benutzt ein sehr scharfes Messer, das sogenannte *challaf*, und kennt sich in den Gesetzen des koscheren Schlachtens genau aus. Übrigens ist die klangliche Nähe zwischen den Wörtern »schächten« und »schlachten« eine zufällige.

Weichtiere sind unkoscher: z.B. Kammuscheln und Austern.
Krebstiere sind unkoscher: z.B. Krabben und Hummer.
Alle kriechenden Lebewesen sind unkoscher: z.B. Schlangen.
Bestimmte in der Bibel aufgeführte Vögel sind unkoscher:

»Alle reinen Vögel esset. Diese aber sind es, die ihr nicht essen sollt: der Adler, der Habicht, der Fischaar, der Taucher, die Weihe, der Geier mit seinen Arten und alle Raben mit ihren Arten, der Strauß, die Nachteule, der Kuckuck, der Sperber mit seinen Arten, das Käuzchen, der Uhu, die Fledermaus, die Rohrdommel, der Storch, der Schwan, der Reiher, der Häher mit seinen Arten, der Wiedehopf, die Schwalbe.« (5. Mose 14,12-18)

Jagen ist im Judentum verboten: 2. Buch Mose und Talmud

Der Jäger tötet das Tier, das er jagt, meistens in der Wildnis. In der Regel ist es schon lange Zeit tot, wenn er es zerlegt. Das Blut ist also nicht sofort abgelassen worden. Daher verbietet die jüdische Überlieferung das Jagen.

Unkoschere Speisen werden *terefa* oder *trefe* genannt, hebräisch für »zerrissen«. Im 2. Buch Mose (22,30) heißt es: »... darum sollt ihr kein Fleisch essen, das auf dem Felde von Tieren zerrissen ist, sondern es vor die Hunde werfen«. Dies wird nun so gedeutet, daß jedes Tier, das von einem Jäger (oder einem anderen Tier) in der Wildnis getötet worden ist – auch wenn es koscher ist, also gespaltene Klauen hat und wiederkäut –, doch unkoscher wird, weil in einem solchen Fall die Vorschriften für das koschere Schlachten nicht eingehalten wurden.

Wenn aber ein koscheres Tier, etwa ein Reh, lebend in einer Falle gefangen wird, darf es gegessen werden, wenn es auf die vorgeschriebene rituelle Weise von einem *schochet* geschlachtet wird.

Tierfreunden muß die jüdische Religion sympathisch sein: nicht nur, daß die Thora die Jagd verbietet. Auch spätere Schriften, etwa der Talmud, wenden sich entschieden gegen die Jagd als Zeitvertreib und stellen sie auf eine Stufe mit absichtlicher Grausamkeit gegenüber Tieren. Schon in der Bibel wird dies verurteilt.

Rabbi Akiba, der im 1. Jahrhundert unter den Römern den Märtyrertod starb, machte sogar den symbolisch gemeinten Vorschlag, es solle kein Tier geschlachtet werden, ohne daß ihm ein rechtmäßiger Prozeß vor einem aus dreiundzwanzig Richtern bestehenden Gerichtshof gemacht worden sei. Dieser solle darüber befinden, ob es einen triftigen Grund für seinen Tod gebe. Indem Rabbi Akiba dem Leben des Tiers den gleichen Wert wie einem Menschenleben beimaß, bekräftigte er die Schutzwürdigkeit aller Geschöpfe Gottes.

Juden essen Fleisch- und Milchspeisen nicht während derselben Mahlzeit: Talmud

Die Talmudgelehrten leiteten dieses Verbot aus dem 5. Buch Mose (14,21) ab, wo es heißt: »Du sollst das Böcklein nicht kochen in der Milch seiner Mutter.« Dieses biblische Gebot wurde später insofern verschärft, als man nun zwischen der Beendigung einer fleischigen Mahlzeit und dem Beginn einer milchigen eine bestimmte Anzahl von Stunden verstreichen lassen mußte.

Die Wartezeit schwankt zwischen einer und sechs Stunden, je nachdem, was der Rabbiner einer Gemeinde für angemesen hält. Die osteuropäischen Juden warteten traditionell sechs Stunden, die westeuropäischen halb so lange. Strenggläubige holländische Juden warten genau 72 Minuten.

Die jüdischen Speisegesetze wirken bisweilen ziemlich kleinlich. Da harter Käse (milchig) zwischen den Zähnen hängen bleiben kann, verlangen manche Rabbis, auch wenn sie keine volle Stunde Wartezeit zwischen dem Verzehr von Milchigem und Fleischigem fordern, daß man jedenfalls Fleisch und Käse nicht unmittelbar hintereinander zu sich nimmt, damit das Fleisch nicht mit dem Käse in Berührung kommt.

Weil es verboten ist, Fleisch und Milch zu mischen, ist es auch nötig, das bei der Zubereitung und beim Verzehr von fleischigen und milchigen Speisen verwendete Geschirr und Besteck getrennt zu reinigen.

Früher verwendete man zur Herstellung von Käse häufig Lab, einen Auszug aus dem Enzym Rennin, das man aus der Innenhaut des Labmagens von Kälbern gewinnt. Lab beschleunigt die Gerinnung der Milch. Orthodoxe Juden mieden deshalb jeden kommerziell hergestellten Käse, weil sie fürchteten, er könnte mit Tierblut verunreinigt sein.

Man muß bedenken, daß alle jüdischen Speisegesetze allein dazu dienten, die Juden von anderen Kulturen und Religionen fernzuhalten, um einer »Ansteckung« des Judentums durch fremde Ideen vorzubeugen und Mischehen zu verhindern. Ein Jude, der sich an alle biblischen und talmudischen Vorschriften hielt, konnte sich nicht ohne weiteres mit Nichtjuden an einen

Tisch setzen oder auch nur für längere Zeit gesellschaftlich mit ihnen verkehren.

»Koscher« bleiben heißt sich absondern. Die Verfasser des Talmud gingen so weit, den Juden den Genuß von Wein zu verbieten, der durch die Hände von Nichtjuden gegangen war, auch von Wein, zu dem die Trauben von Nichtjuden gepflückt worden waren. Die Juden sollten sich nicht mit Anhängern jenes feindlichen Glaubens mischen, der ihnen die Heilige Schrift gestohlen und sie in *Altes* Testament umbenannt hatte.

Strenge chassidische Maßstäbe: Polen, 18. Jahrhundert

Chassidim (»Fromme«) nannte man schon jene Juden, die sich den Hellenisierungsbestrebungen des Antiochus IV. besonders heftig widersetzten. In der Neuzeit bezeichnet dieser Begriff eine von der Mystik der jüdischen Kabbala inspirierte Bewegung, die Israel ben Eliezer (genannt Baal Schem Tov) in der ersten Hälfte des 18. Jahrhunderts in Polen begründete. Heutzutage leben die meisten Chassidim in Israel und in den Vereinigten Staaten, und zwar, wie andere ultra-orthodoxe jüdische Gruppierungen, in mehr oder minder autochthonen Enklaven. In ihren Augen sind nicht nur Nichtjuden, sondern auch nichtchassidische Juden ungläubig.

Die Chassidim behaupten, daß der größere Teil der Judenheit, zumal in den USA, die Reinheitsvorschriften bei der Herstellung und Zubereitung und beim Verkauf von Speisen nicht ausreichend beachtet. So kommt es, daß viele koschere Erzeugnisse den Chassidim nicht koscher genug sind.

Selbst sogenannte neutrale Nahrungsmittel, etwa Gemüse, werden unkoscher, wenn die Hand eines Nichtchassid sie berührt. Die Hände eines Nichtjuden oder eines »laxen« Juden sind zwar nicht prinzipiell unrein, aber es besteht doch immer die Möglichkeit, daß ein Gemüse, das durch solche Hände ging, mit verbotenem Fleisch oder Blut in Berührung gekommen ist.

So darf eine chassidische Hausfrau nur solche Nudeln kochen, die von Angehörigen einer chassidischen Gemeinschaft hergestellt wurden. Nudeln werden nämlich aus Eiern gemacht, und Eier enthalten bisweilen einen Tropfen Blut, das um jeden Preis gemieden werden muß – gleichgültig, ob es von einer menstruierenden Frau oder von einem Eigelb stammt.

Die chassidische Hausfrau muß sich auch bei der Papiertüte, in der sie ihre Einkäufe nach Hause trägt, in acht nehmen. Nicht nur, daß die Tüte mit Fleisch oder Blut in Berührung gekommen sein könnte. Der Leim, mit dem sie verklebt ist, könnte von einem Tier stammen, das vielleicht gespaltene Klauen besitzt, aber doch kein Wiederkäuer ist.

Wozu diese strengen Bestimmungen?

Die Chassidim sehen in der zunehmenden Verweltlichung des jüdischen Lebens in den Vereinigten Staaten eine große Gefahr für den Bestand der alten Traditionen des Judentums. Der Extremismus wird dabei zu einer hohen Mauer gegen alle Tendenzen zur Assimilierung.

Das Christentum übernimmt das Alte Testament, aber nicht seine Speisegesetze: Mitte des 1. Jahrhunderts u.Z.

Die Juden stellten Speisegesetze auf, um ihre Identität zu bekräftigen und zu bewahren, und die Christen, die sich von den Juden so deutlich wie möglich abgrenzen wollten, verwarfen diese Verbote.

Der Apostel Paulus, dem man das Verdienst zuspricht, er habe eine kleine Gruppe jüdischer Christusanhänger auf den Weg zur Weltreligion geführt, erklärte rundheraus: »Nichts ist aus sich heraus unrein« – und wußte genau, was er damit sagte.

Das Neue Testament verwirft den gesamten Komplex der hebräischen Reinheitsgesetze, insbesondere jene, die sich auf Speisen beziehen. Zwar wurde nichts von dem, was Jesus gesagt hat, zu seinen Lebzeiten aufgezeichnet, aber später hat man ihm die These zugeschrieben, Verunreinigung könne nicht durch eine äußere Wirkung verursacht werden. Blut z.B. kann Speisen nicht verunreinigen – es kann auch eine Frau nicht im Sinne des Alten Testaments »unrein« machen.

Der Apostel Petrus, der erste Papst, führte diesen Gedanken weiter aus. Im Traum sieht er »ein Gefäß wie ein großes leinenes Tuch an vier Zipfeln niedergelassen auf die Erde«, darin allerlei vierfüßige und kriechende Tiere der Erde und Vögel des Himmels, von denen Gott erklärt, sie seien rein und zum Verzehr geeignet (Apostelgeschichte 10,11-16) – auch dies ein Anstoß für die Kirche, sich von den Speisegesetzen des Alten Testaments

Was die einen essen, verbieten sich die anderen.

abzuwenden. Das Christentum mußte sich eine eigene Identität durch eigene Gebote und Verbote schaffen.

Wein zu Blut, Brot zu Fleisch

Während der Genuß von Blut den Juden ein Greuel war, machten die Christen ihn zum Bestandteil ihres höchsten Sakraments, der Eucharistie.

Und während die Juden nur das Fleisch von Wiederkäuern mit gespaltenen Klauen essen durften, machten sich die Christen mit Freuden über den Leib Christi her.

Was bezweckte Christus, ein mit den Speisegesetzen des Moses wohlvertrauter Jude, mit dem, was er beim Letzten Abendmahl tat? Er gibt seinen Aposteln ein Stück Brot und sagt: »Nehmet, das ist mein Leib.« Dann läßt er einen Becher Wein herumgehen und sagt: »Trinket, das ist mein Blut.« Gibt er, außer daß er hier die Eucharistie stiftet, seinen Anhängern auch symbolisch zu verstehen, daß sie die alten hebräischen Speisevorschriften aufgeben sollen, um sich von den Juden abzugrenzen?

Der fleischlose Freitag: England 1548

Das Verbot, am Freitag Fleisch zu essen, an das sich die Katholiken jahrhundertelang gehalten haben, erwuchs nicht aus irgendwelchen frommen, sondern aus handfesten ökonomischen Erwägungen.

Das Fleisch war knapp im Reich des englischen Königs Eduard VI., und die Fischindustrie lag danieder. Deshalb erließ das Parlament mit dem Einverständnis der Kirche von England das Gebot, das Fleisch am Freitag durch ein Fischgericht zu ersetzen. Die Katholiken übernahmen dieses Gebot in Erinnerung an das Opfer Jesu Christi und machten den Verzicht auf Fleisch am Freitag obligatorisch. Wer hinfort an diesem Wochentag Fleisch zu sich nahm, beging eine Todsünde, die so schnell wie möglich gebeichtet werden mußte.

Die Katholiken behielten diesen Brauch bis in die sechziger Jahre dieses Jahrhunderts bei. Unter Papst Johannes XXIII. (1958-1963) wurde das Fasten am Freitag zu einer freiwilligen Übung, ausgenommen am Karfreitag.

Speisegesetze im Islam: 7. Jahrhundert u.Z.

Die alten Israeliten hatten strenge Speisegesetze erlassen, um ihre Identität zu bestimmen und zu bewahren. Die Christen wiederum hatten diese Gesetze verworfen, um ihr Anderssein zu unterstreichen. Was sollten nun die Muslime tun, um sich sowohl von den Juden als auch von den Christen abzusetzen?

Die islamischen Speisevorschriften sind im Koran festgehalten. Sie zeigen deutlich, daß sie auf die Abgrenzung der Muslime von den Christen und vor allem von den Juden zielten.

Um aus kriegerischen Araberstämmen eine Nation zu schmieden, mußte Mohammed einer Anzahl sehr unterschiedlicher Volksgruppen eine gemeinsame Identität vermitteln, zugleich aber ein Bewußtsein davon, wie sie sich von allen Nichtarabern unterschieden. Seine wichtigsten theologischen Prinzipien leitete er aus dem Judentum und dem Christentum ab, und bei den Speisevorschriften stützte er sich sehr stark auf die Gesetze des Moses – diejenigen, die die Christen aufgegeben hatten. Er gebot seinen Anhängern:

- kein Fleisch von tot aufgefundenen Tieren zu essen, also kein Aas;
- Blut in keiner Form zu verzehren;
- sich um jeden Preis von Schweinefleisch fernzuhalten;
- keine Speisen zu essen, die zuvor einem Götzenbild zum Opfer gebracht worden sind.

Diese Regeln grenzen die Anhänger Mohammeds von nicht-muslimischen Arabern und von Christen ab.

Um nun seine arabischen Anhänger auch von den Juden abzugrenzen, wich er in einem Punkt von der hebräischen Heiligen Schrift ab: in bezug auf alkoholische Getränke. Die Juden mißbilligten zwar starke alkoholische Getränke, aber sie untersagten sie nicht, und der Wein war ein wichtiger Bestandteil ihrer Rituale. Die Christen mißbilligten den Genuß von Alkohol nicht einmal, sofern er sich in Maßen hielt. Mohammed hingegen erließ ein strenges Verbot aller berauschenden Getränke und grenzte seine Anhänger auf diese Weise von den Juden so deutlich ab wie von den Christen.

Speiseverbote der »Nation of Islam«: USA, 20. Jahrhundert

Früher unter dem Namen »Black Muslims«, heute als »Nation of Islam« bekannt, bemüht sich diese religiöse Gruppierung darum, ihren Anhängern durch neue islamische Namen, durch Verbote von Speisen und Getränken und durch die Art ihrer Religionsausübung selbst eine gesellschaftliche Identität zu geben. Wer der Nation of Islam beitritt, nimmt nicht nur einen neuen Namen an, er verpflichtet sich auch, alkoholische Getränke *und Tabak* zu meiden – ein Verbot, das sich weder im Judentum noch im Christentum, noch im traditionellen Islam findet.

Zu den verbotenen Speisen gehören nicht nur die, die schon der Koran aufführt, sondern bezeichnenderweise auch mehr als ein Dutzend Gemüsesorten, die früher eine wichtige Rolle auf dem Speisezettel der schwarzen amerikanischen Sklaven gespielt hatten. Dieses Speiseverbot bekundet also im Kern: »Wir sind keine Sklaven mehr und wollen auch nicht als Abkömmlinge von Sklaven angesehen werden. Wir gehören uns selbst.«

Die Vorschriften des Buddhismus – Sündig ist das Schlachten: 534 v.u.Z.

Besonders verwickelt sind die Speisevorschriften im Buddhismus. Der niedrigsten Volkskaste fällt im allgemeinen die Aufgabe des Schlachtens von Tieren zur Deckung des Fleischbedarfs zu.

Nun darf aber ein Buddhist Tierfleisch nur essen, wenn dieses Fleisch nicht eigens zu diesem Zweck geschlachtet wurde, oder wenn der Esser glaubt, das Tier sei nicht zur Befriedigung seines Hungers gestorben, sondern aus einem anderen Grund. Während im Judentum und im Islam die Sünde darin besteht, bestimmte Fleischsorten zu essen, wird die Sünde im Buddhismus von dem begangen, der das Tier schlachtet, und nicht unbedingt von dem, der es ißt.

Auch in den Speisevorschriften des alten China kamen soziale Rangunterschiede zum Ausdruck. Um die Zeit, als die Rabbiner die mosaischen Speisegesetze überarbeiteten, durfte in China allein der Kaiser Rind-, Hammel- und Schweinefleisch essen; die Feudalherren durften Rindfleisch, hohe Beamte Hammelfleisch, niedere Beamte Schweinefleisch und Generäle Fisch essen. Dem einfachen Volk blieb das Gemüse. So kam es, daß die Chinesen ihre Staatsbeamten ganz allgemein »Fleischesser« nannten. Auch hier definiert sich eine gesellschaftliche Gruppe über das Essen.

Wie der Fisch auf den japanischen Speisezettel kam: 8. Jahrhundert u.Z.

In Japan, wo der Schintoismus vorherrschte, galten Reh, Kaninchen und Schwein als erlaubte Speisen. Das Fleisch von Ochse, Pferd, Affe und Geflügel war dagegen verboten. Fisch war in der frühen Zeit nicht sonderlich beliebt.

Etwa im 8. Jahrhundert u.Z. jedoch wurde pflanzliche Nahrung, Reis und Gemüse, für die Ernährung der Japaner wichtiger als Fleisch. Der Grund: Weideland war auf den Inseln knapp. Es war wirtschaftlicher, Vieh vor den Pflug zu spannen und pflanzliche Nahrung zu erzeugen, als Vieh zu züchten, um es anschließend zu schlachten.

Der Schintoismus unterstützte diese Tendenz, indem er die Vorstellung in Umlauf brachte, das Fleisch und vor allem das Blut von Rindern – überhaupt alles Blut, Menstruationsblut, blutige Wunden – seien unrein. Verunreinigung durch Blut, so glaubte man, könne Unheil über das Leben des Menschen bringen, und dieses Unheil werde auch die Nachkommen noch treffen.

Damals gewann Fisch und vor allem roher Fisch – den wir heute mehr als alles andere mit der japanischen Küche assoziieren – in Japan an Bedeutung und trägt bis heute ganz wesentlich zur Deckung des Eiweißbedarfs der Menschen bei.

26. Kapitel
Verbotener Sex
Schwul bis lesbisch

Im vorigen Kapitel haben wir das verbreitete Mißverständnis untersucht, die biblischen Speisegesetze seien aus gesundheitlichen oder hygienischen Gründen aufgestellt worden.

In diesem Kapitel wollen wir die Ursprünge der religiösen Verbote untersuchen, die sich gegen die Homosexualität richten, und die Auffassung, das Christentum sei gegenüber homosexuellem Verhalten schon immer intolerant gewesen. In seinem Buch *Christianity, Social Tolerance and Homosexuality* hat der Historiker John Boswell darauf hingewiesen, daß die Intoleranz gegenüber Homosexuellen nicht von Anfang an ein wesentliches Element des christlichen Glaubens war, daß sie vielmehr erst um das 12. Jahrhundert an Bedeutung gewann, als die Kirche auch ihren Standpunkt in der Frage des Priesterzölibats festlegte.

Das enge Zusammenleben zahlreicher unverheirateter Männer in Klöstern machte eine strenge Verurteilung homosexueller Aktivitäten anscheinend notwendig. Schon im 4. Jahrhundert richtete der Patriarch von Konstantinopel, Johannes Chrysostomos, zahlreiche Angriffe gegen das homosexuelle Treiben von Mönchen.

Anhand von neun Bibelstellen wollen wir der Frage nachgehen, wie die gegen die Homosexualität gerichteten Verbote entstanden sind. Zuvor jedoch ein Hinweis auf eine sonderbare »Gesetzeslücke«.

Lesbische Liebe – was die Bibel nicht sagt

Die Bibel, die wahrscheinlich ausnahmslos von Männern geschrieben wurde, sagt über die weibliche Homosexualität so gut wie nichts.

Daraus können wir schließen, daß die lesbische Liebe entweder in biblischer Zeit nicht weit verbreitet war oder daß man sie nicht für wichtig oder problematisch hielt. (Männer haben die Liebe unter Frauen immer bis zu einem gewissen Grad als erotisch empfunden und vielleicht nie den Wunsch verspürt, sie zu unterdrücken.)

Im Neuen Testament, im Römerbrief des Paulus, gibt es eine Zeile, die von manchen als eine Stellungnahme gegen den Lesbianismus gedeutet wird:

Die Liebe zwischen Frauen — oft mildert beurteilt als die Liebe zwischen Männern.

»...denn ihre Weiber haben verwandelt den natürlichen Umgang in den unnatürlichen.« (Römer 1,26) Aber es ist durchaus möglich, daß Paulus hier heterosexuelle Frauen meinte, die mit Männern auf eine Weise verkehrten, die nicht auf Zeugung zielte, etwa indem sie diese oder jene Art von Geburtenkontrolle praktizierten.

Im jüdischen Recht galt und gilt die lesbische Liebe als geringes Vergehen. Der Talmud mißbilligt sie, läßt jedoch die Heirat zwischen einer Lesbierin und einem Priester zu. Die Nachsicht gegenüber weiblicher Homosexualität und der Umstand, daß sie in der Bibel nicht erwähnt wird, veranlaßten Moses Maimonides im 12. Jahrhundert zu der Feststellung, sie sei weniger verwerflich als die männliche Homosexualität, da mit ihr nicht »das Vergeuden von Samen«, die biblische Sünde der »Onanie« verbunden sei (mehr dazu im nächsten Kapitel).

Dies deutet darauf hin, daß die Ablehnung der männlichen Homosexualität zumindest teilweise mit dem »Vergießen« des Samens zusammenhängt, der den Juden »heilig«, weil für die Ausbreitung ihres Volkes wesentlich, war.

Außerdem waren die Verfasser der Bibel vermutlich heterosexuell, und man darf wohl annehmen, daß heterosexuelle Männer von intimen Beziehungen zwischen Männern schon immer mehr oder minder unangenehm berührt waren.

Der ebenfalls von Männern verfaßte Talmud stellt kategorisch fest, jüdische Männer würden sich niemals auf homosexuelles Verhalten einlassen. Es sei unter Juden unbekannt. Maimonides, der auch Arzt war, schrieb: »Juden stehen nicht im Verdacht, sich homosexuell zu betätigen.« Aber »nicht im Verdacht stehen« ist etwas anderes als »nicht tun«.

Die Haltung des Alten Testaments zur Homosexualität: 3. Buch Mose, etwa 1400 v.u.Z.

Zwei besonders häufig zitierte Verbote gegen homosexuelles Verhalten finden sich im 3. Buch Mose, das für die Priester des alten Israel eine Art Handbuch war. Es behandelt hauptsächlich spezielle Vorschriften zu den verschiedenen Arten von Opfern, zur rituellen Reinheit, zum Priesteramt und zu den Festtagen.

Hier liest man:

»Du sollst nicht bei einem Mann liegen wie bei einer Frau; es ist ein Greuel.« (3. Mose 18,22)

Man sollte allerdings berücksichtigen, daß dieser unmißverständliche Satz umgeben ist von Hunderten nicht minder klarer Verbote, wie etwa: Iß kein Schweinefleisch. Berühre nichts, was eine menstruierende Frau berührt hat. Setze dich nicht auf einen Stuhl, auf dem eine menstruierende Frau gesessen hat.

Allein um die Vorschriften, die sich auf menstruierende Frauen beziehen, getreulich zu befolgen, müßte jeder Ehemann, der von einer buchstäblichen Deutung der Bibel überzeugt ist, samt seinen Kindern allmonatlich für sieben Tage ausziehen.

Die zweite Stelle fügt dem Verbot das Todesurteil bei:

> *»Wenn jemand bei einem Manne liegt wie bei einer Frau, so haben sie getan, was ein Greuel ist, und sollen beide des Todes sterben.« (3. Mose 20,13)*

Auch hier ist zu beachten, daß diesem Todesurteil gegen die Homosexualität andere Urteile vorangehen und folgen, die sich gegen vielerlei Spielarten von Heterosexualität richten:

> *»Wenn jemand die Ehe bricht mit der Frau seines Nächsten, so sollen beide des Todes sterben.« (3. Mose 20,10)*

> *»Wenn jemand mit der Frau seines Vaters Umgang pflegt und damit seinen Vater schändet, so sollen beide des Todes sterben.« (3. Mose 20,11)*

> *»Wenn jemand mit seiner Schwiegertochter Umgang pflegt, so sollen sie beide des Todes sterben.« (3. Mose 20,12)*

> *»Wenn jemand eine Frau nimmt und ihre Mutter dazu, der hat eine Schandtat begangen; man soll ihn mit Feuer verbrennen und die beiden Frauen auch.« (3. Mose 20,14)*

»Wenn ein Mann bei einer Frau liegt zur Zeit ihrer Tage und mit ihr Umgang hat und so den Brunnen ihres Blutes aufdeckt und sie den Brunnen ihres Blutes aufdeckt, so sollen beide aus ihrem Volk ausgerottet werden.« (3. Mose 20,18)

»Wenn jemand die Frau seines Bruders nimmt, so ist das eine abscheuliche Tat. Sie sollen ohne Kinder sein, denn er hat damit seinen Bruder geschändet.« (3. Mose 20,21)

Die Liste der Strafen ist lang und grausam. Viele im übrigen ehrbare Männer und Frauen wären heute des Todes, wenn man die Bibel in jedem Punkt wörtlich nähme.

Sodom und Gomorra: 1. Buch Mose 19

Die Geschichte von Sodom und Gomorra ist für die Haltung der christlichen Religionen zur Homosexualität von zentraler Bedeutung. Der Name der Stadt und der ihrer Bewohner wurden zu Synonymen für die Homosexualität und die Homosexuellen – aber auch für eine Reihe von tabuisierten heterosexuellen Sexualpraktiken. Als »Sodomie« bezeichnet man abwechselnd: Erstens den Geschlechtsverkehr zwischen Homosexuellen, zweitens den analen Geschlechtsverkehr zwischen zwei Personen, auch unterschiedlichen Geschlechts, drittens den Geschlechtsverkehr mit Tieren, viertens eine Anzahl anderer Sexualpraktiken, vom Berühren der Geschlechtsteile Minderjähriger mit der Hand bis zum Oralverkehr zwischen Eheleuten.

Wie kam es dazu, daß eine kleine Stadt am Ufer des Toten Meeres all diesen Verhaltensformen ihren Namen lieh?

Der historische Ausgangspunkt.
Die verruchten Städte Sodom und Gomorra sollen einst dort gelegen haben, wo das Tote Meer südlich der Halbinsel al-Lisan heute besonders flach ist. Mit Adma, Zeboim und Zoar gehörten Sodom und Gomorra zu den fünf biblischen »Städten der Ebene«.

Der Bibel zufolge wurden Sodom und Gomorra durch »Schwefel und Feuer« zerstört – in Wirklichkeit wohl durch ein schweres Erdbeben im Gebiet des sogenannten Ostafrikanischen Grabensystems, das sich vom Jordantal bis zum Sambesi in Ostafrika erstreckt. Dieses Erdbeben ereignete sich um 1900 v.u.Z., höchstens fünfhundert Jahre bevor die biblische Geschichte über Sodom aufgeschrieben wurde, also etwa um die Zeit Abrahams.

Archäologische Untersuchungen haben ergeben, daß der Boden in diesem Gebiet während der mittleren Bronzezeit, um 2000 v.u.Z., sehr fruchtbar war und Feldbau ermöglichte – was wahrscheinlich auch Abrahams Neffen Lot dazu veranlaßt hat, sich hier anzusiedeln.

Lot flieht mit Frau und Töchtern: »Da ließ der Herr Schwefel und Feuer regnen vom Himmel herab auf Sodom und Gomorra.«

Das schaurige Schauspiel von »Schwefel und Feuer« kam vielleicht dadurch zustande, daß unter dem Grabensystem lagerndes Erdöl und Erdgas durch das Erdbeben freigesetzt wurden und sich entzündeten. Es ist durchaus möglich, daß sich in der Erzählung von Sodom und Gomorra Erinnerungen an die katastrophale Verwüstung dieser Region niedergeschlagen haben.

Die Erzählung.
Kapitel 19 im 1. Buch Mose schildert die bizarre Geschichte, die sich in Sodom (so benannt nach dem Berg Sodom, *Har Sodom*, am südwestlichen Ende des Toten Meeres) zugetragen haben soll.

Zwei männliche Wesen sind eben in Lots bescheidenes Haus eingekehrt, da erscheint draußen ein Haufen Männer, die lautstark nach Geschlechtsverkehr mit den beiden Besuchern verlangen. Lots Gäste sind in Wirklichkeit Engel des Herrn. Sie schlagen den Mob mit Blindheit, und Gott zerstört die Stadt mit Feuer und Schwefel.

Wenn man drei prominenten biblischen Gestalten, dem Propheten Hesekiel, dem Evangelisten Lukas und Jesus Christus selbst, Glauben schenken darf, geht es in dieser Geschichte allerdings gar nicht um sexuelle Perversion und Homosexualität, sondern um zwei ganz andere Themen: um einen *Verstoß gegen das Gebot der Gastfreundschaft*, wie Lukas (10,10-13) erklärt, und um die *Weigerung, den Armen Hilfe zu leisten*, wie Hesekiel deutlich macht:

»Siehe, das war die Schuld deiner Schwester Sodom: Hoffart und alles in Fülle und sichere Ruhe hatte sie mit ihren Töchtern; aber dem Armen und Elenden halfen sie nicht.« (Hesekiel 16,49-50)

Peter Gomes, Professor für christliche Moraltheologie in Harvard und selbst ein baptistischer Geistlicher, schreibt dazu: »Die Behauptung, in Sodom und Gomorra gehe es um Homosexualität, taugt ungefähr soviel wie die These, die Geschichte von Jonas und dem Wal sei eine Abhandlung über den Fischfang.« Wir werden noch sehen, wie Christus selbst die Geschichte deutet.

Das Belegmaterial.
Der biblische Bericht weist zahlreiche irritierende Elemente auf, die mit Homosexualität nichts zu tun haben. Die beiden Engel treten bei Lot ein, während sich draußen die Rowdies aus der Stadt zusammenrotten und rufen:

»›Führe sie heraus zu uns, daß wir uns über sie her machen.‹ Lot ging heraus zu ihnen vor die Tür und schloß die Tür hinter sich zu und sprach: ›Ach, liebe Brüder, tut nicht so übel! Siehe, ich habe zwei Töchter, die wissen noch von keinem Manne; die will ich herausgeben unter euch, und tut mit ihnen, was euch gefällt.‹« (1. Mose 19,5-8)

Ein Vater bietet einem geilen Pöbelhaufen seine beiden unberührten Töchter – ist das nicht selbst eine Sünde, und zwar eine, die schwerer wiegt als die Vergewaltigung von Männern durch Männer? Falls die Leute aus der Stadt dergleichen mit den Engeln überhaupt vorhatten.

Also noch einmal die Frage: Was wollte der wütende Mob von den Besuchern?

In Martin Luthers Übersetzung hieß es ursprünglich: *Füre sie eraus zu vns / das wir sie erkennen.* »Erkennen« kann hier durchaus auch bedeuten: »erfahren, wer die Fremden sind«, »ihre Identität herausfinden«.

Wortursprung.
Entgegen der landläufigen Ansicht wird das hebräische Wort für »erkennen« in der Bibel nur selten im sexuellen Sinne verwendet. Nur bei 10 von 943 Stellen im Alten Testament bedeutet es »geschlechtlichen Umgang haben«. Außerdem wäre der Abschnitt über Sodom die einzige Stelle, wo das Verb »erkennen« in einem homosexuellen Zusammenhang erscheint.

Und schließlich kann man auch die Deutung, die Jesus selbst der

Geschichte gibt, nicht außer acht lassen. Zweitausend Jahre nach dem Erdbeben, das Sodom verwüstete, erklärt er, die Stadt sei zerstört worden, weil sie die Gastfreundschaft mißachtet habe:

»Und wenn euch jemand nicht aufnehmen wird noch eure Rede hören, so geht heraus von jenem Hause oder jener Stadt und schüttelt den Staub von euren Füßen. Wahrlich, ich sage euch: Dem Lande der Sodomer und Gomorrer wird es erträglicher gehen am Tage des Gerichts als solcher Stadt.« (Matthäus 10,14-15; auch Lukas 10,11-12)

Gott hatte zwei Engel gesandt, die die Verworfenheit der Stadt Sodom untersuchen sollten, und diese Engel werden höchst unfreundlich empfangen. Lot versucht, die aufgebrachten Leute zu beschwichtigen, indem er ihnen seine unberührten Töchter anbietet und hinzufügt: »... aber diesen Männern tut nichts, denn darum sind sie unter den Schatten meines Dachs gekommen.«

Prostitution und Inzest – die Geschichte geht weiter.
Lot flieht mit seiner Frau und den beiden Töchtern aus Sodom, bevor es zerstört wird. Doch Lots Weib blickt neugierig zurück und – erstarrt zur Salzsäule. Der Vater geht mit seinen Töchtern nach Zoar. Eine Wohnung kann er sich dort allerdings nicht leisten, deshalb beziehen sie zu dritt eine Höhle, in der die fast erwachsenen Mädchen bald unruhig werden.

Die ältere beklagt sich bei der jüngeren: »Kein Mann ist mehr im Lande, der zu uns eingehen könnte nach aller Welt Weise. So komm, laß uns unserem Vater Wein zu trinken geben und uns zu ihm legen, daß wir uns Nachkommen schaffen von unserem Vater.«

Also verführen sie ihren Vater. Die ältere Tochter bringt einen Sohn zur Welt, den sie Moab nennt. Er wird zum Stammvater der Moabiter. Die jüngere gebiert einen Sohn, den sie Ben-Ammi nennt, er wird der Stammvater der Ammoniten. So haben diese beiden Stämme (nach Darstellung der mit ihnen verfeindeten Juden) ihren Ursprung im Inzest.

Bei sorgfältiger Lektüre des hebräischen Textes der Geschichte von Sodom und Gomorra mit all ihren sonderbaren Elementen – zwei Engel, die am Abend zu Gast kommen, ein Mann, der seine beiden unberührten Töchter anbietet und nachher ihre inzestuöse Annäherung geschehen läßt – erkennt man, daß die Verdammung der Homosexualität gewiß nicht ihren Kern bildet. Die Homosexualität wird nicht einmal ausdrücklich erwähnt – wohl aber heterosexuelle Prostitution und Inzest.

Trotzdem übersehen heute viele Christen, daß Lot seine Töchter dem Pöbel anbietet, vergessen auch, wie diese ihren Vater schließlich verführen, und erblicken in der Zerstörung Sodoms einfach eine Strafe für homosexuelles Verhalten.

Bisweilen wird argumentiert, die Mädchen hätten in der Annahme, das Ende der Welt sei gekommen, ihren Vater nur verführt, um das Menschengeschlecht zu erhalten. Aber sie hatten Zoar besucht und wußten, daß diese Stadt verschont geblieben war. Auch der Wein, mit dem sie ihren Vater betrunken machten, muß irgendwoher stammen; aus Sodom waren sie jedenfalls mit leeren Händen fortgegangen.

Homosexualität im Neuen Testament: die Paulus-Briefe, 1. Jahrhundert u.Z.

In den vier Evangelien wird die Homosexualität nicht erwähnt. Mit keinem Wort. In seinen Lehren befaßt sich Jesus nicht mit diesem Thema. Anscheinend ist es ihm nie in den Sinn gekommen. Oder es war ihm nicht wichtig und dringlich genug.

Allerdings demonstrierte Jesus immer wieder eine ausgeprägte Sympathie für Außenseiter – ob Zöllner oder Prostituierte, Lahme oder Aussätzige; er schätzte ihre Gesellschaft, obwohl ihm das bei vielen anderen Verachtung eintrug.

Paulus jedoch hat zur Homosexualität manches zu sagen. Seine in den Jahrzehnten nach Christi Tod verfaßten Briefe wurden die Hauptquelle für die neutestamentlichen Verbote gegen die Homosexualität. Drei Stellen werden in diesem Zusammenhang meistens zitiert.

Paulus schimpft auf Ehebrecher, Diebe, Trunkenbolde, Lästerer, Weichlinge und Knabenschänder.

Römer 1, etwa 58 u.Z. Hier äußert sich Paulus streng gegen die Homosexuellen, aber ebenso streng auch gegen die Gottesverächter, also alle Nichtchristen, die die Götter ihrer eigenen Religionen anbeten.

»... desgleichen haben auch die Männer verlassen den natürlichen Umgang mit dem Weibe und sind aneinander entbrannt in den Lüsten und haben Mann mit Mann Schande getrieben und den Lohn ihrer Verirrung, wie es ja sein mußte, an sich selbst empfangen.« (1,27)

1. Korinther 6,9-11, etwa 56 u.Z. Hier führt Paulus die Homosexuellen in einer ziemlich umfangreichen Liste von Missetätern auf:

»Weder die Unzüchtigen noch die Götzendiener noch die Ehebrecher noch die Weichlinge noch die Knabenschänder noch die Diebe noch die Geizigen noch die Trunkenbolde noch die Lästerer noch die Räuber werden das Reich Gottes ererben.«

1. Timotheus 1,8-10, 64 u.Z. Hier erörtert Paulus die Aufgabe des Rechts im Alltag:

»Wir wissen aber, daß das Gesetz gut ist, wenn es jemand recht braucht und weiß, daß dem Gerechten kein Gesetz gegeben ist, sondern den Ungerechten und Ungehorsamen ... den Vatermördern und Muttermördern, den Totschlägern, den Unzüchtigen, den Knabenschändern, den Menschenhändlern, den Lügnern, den Meineidigen ...«

Vor seinem Damaskuserlebnis war Paulus, damals noch unter dem Namen Saulus von Tarsus, selbst ein großer Sünder gewesen. Mit seinem Namen änderte er auch seinen Lebenswandel und wandte nun sich gegen Wollust, Sinnlichkeit und Sexualität – bei allen Menschen, ob heterosexuell oder homosexuell veranlagt. Jeder, der sich und seine Begierden über Gott stellte, würde der Verdammnis anheimfallen.

Nach Christi Tod rechnete Paulus mit dem baldigen Ende der Welt. Deshalb empfahl er allen die Ehelosigkeit, da der Fortbestand des Menschengeschlechts ohnhin nicht zu erwarten war. Heißblütigen Männern und Frauen, die sich nicht enthalten konnten, machte er imerhin dieses Zugeständnis: »Es ist besser freien, als von Begierde verzehrt werden.« (1. Korinther 7,8-9)

Paulus dachte sich den Himmel als Hierarchie. Beim Jüngsten Gericht würde, wie wir schon in einem früheren Kapitel gesehen haben, der oberste Rang den Jungfrauen vorbehalten sein – sie würden als erste erlöst werden, gefolgt von den ehelos lebenden Bekehrten, wie Paulus selbst einer war. Als letzte würden schließlich all jene an die Reihe kommen, die der Verlockung zur Ehe erlegen waren. Für Paulus wie auch für den heiligen Augustinus war der Körper ein wildes Tier, das gezähmt werden mußte.

Augustinus: Homosexuelle können nicht zeugen, 4. Jahrhundert u.Z.

Der Bischof von Hippo (heute Annaba in Algerien) kam erst spät in seinem Leben zum Christentum, nach einer Zeit der Zügellosigkeit, über die er in seinen *Bekenntnissen* berichtet.

Das Karthago seiner Zeit nennt er einen »Kessel der zügellosen Liebe« und gesteht, er selbst habe sich »in die Liebe verliebt«.

Augustinus »verliebte sich in die Liebe« – und später in die Keuschheit.

Vor seiner Bekehrung zum Christentum hatte Augustinus der Manichäischen Kirche angehört, deren »electi« oder Auserwählte als Mönche streng zölibatär lebten. Augustinus entschied sich jedoch gegen das Auserwähltsein, weil er eine junge Konkubine nicht aufgeben wollte.

»Ich hatte zu dir um Keuschheit gebetet und gesagt: ›Gib mir Keuschheit und Enthaltsamkeit, aber noch nicht gleich.‹ Denn ich befürchtete, du würdest mein Gebet sofort erhören und mich zu bald von der Krankheit der Wollust heilen, die ich doch befriedigen, nicht ersticken wollte.«

Obwohl Augustinus' Mutter Monika eine fromme Christin war, wurde er erst 387, mit dreiunddreißig Jahren, von Bischof Ambrosius getauft, dem er in Rom begegnete. Augustinus berichtete dem Ambrosius, wie er sich aus den Fängen der Frauen, die allesamt Verführerinnen seien, befreit habe, als ihm eines Tages die Stimme eines Kindes zuflüsterte: »Nimm und lies.« Ein Buch fiel neben seinem Bett zu Boden und war wunderbarerweise dort aufgeschlagen, wo die Warnung stand, die der heilige Paulus dreihundert Jahre zuvor an die Römer (13,14) gerichtet hatte: »... und wartet des Leibes nicht so, daß ihr seinen Begierden verfallet.«

Erfüllt von Schuldbewußtsein ob seiner sündhaften Vergangenheit, bekehrte sich Augustinus noch am selben Tag zum Christentum, gelobte Ehelosigkeit und versuchte von nun an, allen die Keuschheit nahezubringen, auch Verheirateten.

Sein Haupteinwand gegen die Homosexualität war: Homosexuelle können nicht zeugen, verstoßen also gegen das, was Gott zum eigentlichen Zweck der menschlichen Sexualität bestimmt hat. Der einzige legitime Grund für den Geschlechtsverkehr auch von Heterosexuellen war die Zeugung von Nachkommen.

Zeugen ohne Leidenschaft.
Wie wir schon an anderer Stelle erwähnt haben, hielt Augustinus die »leidenschaftslose Fortpflanzung« für möglich und empfehlenswert – Mann und Frau sollten ohne wollüstige Empfindung, aus bloßer Willenskraft, miteinander verkehren und Kinder zeugen.

»Das menschliche Organ«, so schreibt er, »sollte doch ohne wollüstige Erregung dem menschlichen Willen zu allen Zwecken der Elternschaft gehorchen.«

Und wie soll der Penis dies ohne Erregung bewerkstelligen?

Augustinus nennt einige Beispiele ungewöhnlicher körperlicher Leistungen, die durch bloße Willenskraft vollbracht werden: »Manche Menschen können mit den Ohren wackeln, mit jedem einzelnen oder auch mit beiden zugleich.« Und: »Es gibt Leute, die können aus dem hinteren Teil ihrer Anatomie musikalische Töne hervorgehen lassen, daß man glauben könnte, sie sängen.«

Mit zunehmendem Alter entwickelte sich Augustinus zu einem entschiedenen Gegner des Geschlechtsverkehrs. Verheiratete Männer forderte er auf, es ihm nachzutun und sich in Selbstverleugnung zu üben. Je länger er darüber meditierte, daß Gott den Adam ohne geschlechtlichen Verkehr geschaffen hatte und daß auch die Jungfrau Maria Jesus Christus ohne geschlechtlichen Verkehr empfangen hatte, desto entschiedener verurteilte er den Geschlechtsakt zwischen Heterosexuellen als unnatürlich. Kein Wunder, daß er über den homosexuellen Umgang nicht anders dachte.

Heute werden oft nur noch die strengen Urteile des Augustinus über die Homosexualität zitiert. Eine gründliche Lektüre seiner Texte macht aber unübersehbar deutlich, daß er jegliche Form von Sexualität ablehnte.

Der Einwand des Thomas von Aquin: In der Natur gibt es keine homosexuellen Tiere, 12. Jahrhundert

Formelle Gesetze gegen homosexuelles Verhalten wurden erstmals in der Regierungszeit des byzantinischen Kaisers Justinian I. (527-565) erlassen. Zuvor hatte Homosexualität allenfalls als minderes Vergehen gegolten. Im *Codex Justinianus*, der das Ergebnis einer gründlichen Überarbeitung des römischen Rechts war, wurden homosexuelle Handlungen als schweres Verbrechen gewertet, vergleichbar dem Ehebruch. Dennoch zielten die neuen Gesetze eher auf Ermahnung als strenge Verurteilung.

Im Laufe des Mittelalters verurteilten mehrere Konzile homosexuelles Verhalten, aber – und das ist ein wichtiger Punkt – vieles spricht dafür, daß die eigentliche Sorge der Kirche nicht der Homosexualität in der breiten Bevölkerung, sondern der unter Mönchen und Nonnen galt, die Keuschheit und Ehelosigkeit gelobt hatten.

Tatsächlich leistete das Klosterleben mit seiner strikten Geschlechtertrennung der Tendenz zu homosexuellem Umgang sehr viel mehr Vorschub als das Leben außerhalb des Klosters, wo auch Männer mit homosexuellen Neigungen im allgemeinen eine Ehe eingingen. Daran hat sich bis zur Emanzipation der Homosexuellen in der Neuzeit nichts geändert. Heute sehen junge katholische Homosexuelle nicht mehr nur zwei Möglichkeiten vor sich: Heirat oder Priesterstand.

Im 13. Jahrhundert war die Verurteilung von homosexuellem Verhalten fester Bestandteil des Kirchenrechts und wurde nicht zuletzt durch die Schriften des Thomas von Aquin gestützt.

Thomas, vielleicht der bedeutendste christliche Theologe aller Zeiten, argumentierte, die Homosexualität verstoße gegen das Naturgesetz, weil sie bei Tieren nicht vorkomme. Hätte Thomas sein Pult einmal verlassen und einen Spaziergang auf dem Lande unternommen, dann hätte er sich ein neues Argument ausdenken müssen. Er mag ein großer Theologe gewesen sein, aber ein aufmerksamer Beobachter tierischen Verhaltens war er nicht.

Wir wissen heute, daß Homosexualität überall im Tierreich vorkommt, teils natürlich, teils durch bestimmte soziale Umstände bedingt. Männchen, denen die Weibchen vorenthalten werden, gehen häufig zu homosexuellen Verhaltensweisen über – Affen im Zoo, Mäuse im Käfig, Männer im Gefängnis.

Die Ordination von Schwulen und Lesbierinnen

Seit die moderne medizinische Forschung die Auffassung vertritt, daß Homosexualität möglicherweise auch genetisch verankert sei, haben viele Kirchen ihre ablehnende Haltung gemäßigt.

1976 machte ein Hirtenbrief der katholischen Bischöfe in den USA einen moralischen Unterschied zwischen homosexuellem Verkehr und homosexueller Orientierung – und fand damit die Zustimmung von Papst Johannes Paul II. Zum erstenmal rang sich ein Papst zu der Aussage durch, daß Schwulsein keine Sünde sei, sondern nur »eine Neigung zur Sündhaftigkeit, die in einen ständigen inneren Kampf mündet«.

Der Papst empfahl den Schwulen das gleiche, was Augustinus zu seiner Zeit den Heterosexuellen empfohlen hatte: Selbstverleugnung.

In Amerika bringen die Southern Baptists, die immer eine sehr harte Haltung gegenüber der Homosexualität eingenommen hatten, ihr christliches Mitgefühl nun so zum Ausdruck: »Gott haßt die Sünde, nicht den Sünder.«

Entschließungen, die eine förmliche Bestätigung homosexueller Geistlicher fordern, werden in verschiedenen protestantischen Kirchen heute lebhaft diskutiert. Der Papst allerdings will von solchen Diskussionen nichts wissen; in der katholischen Kirche soll es homosexuelle Priester nicht geben. (Ausgenommen jene, so möchte man hinzufügen, die aufgefallen sind und deshalb in eine andere Gemeinde versetzt werden.) Einige Bischöfe der Episkopalen in den USA haben sexuell aktive Homosexuelle trotz anderslautender kirchlicher Resolutionen zu Priestern geweiht.

Eine Gruppe von militanten Schwulen hat 1995 den Bischof von London, David Hope, damals der dritthöchste Repräsentant der Kirche von England, »geoutet«. Bischof Hope, der sich Hoffnung auf den zweithöchsten Rang, das Amt des Erzbischofs von York, machte (und dieses inzwischen auch innehat), räumte ein, daß seine sexuelle Orientierung schlimmstenfalls »ambivalent« sei.

Doch was sagt die Bibel nun zur Homosexualität?

Eigentlich sehr wenig. Jedenfalls enthält sie sehr viel mehr Verdammungsurteile gegen heterosexuelle Ausschweifungen – vom vorehelichen Geschlechtsverkehr über den Ehebruch bis hin zur Scheidung und zur Wiederverheiratung.

27. Kapitel
Empfängnisverhütung
Krokodilmist bis Kondom

Der Ursprung von »Eden«: Sumer, 3500 v.u.Z.

Gottes erstes Gebot an die ersten Eltern auf Erden – »Seid fruchtbar und mehret euch« (1. Mose 1,28) – enthält für viele Konfessionen unausgesprochen ein Verbot der Empfängnisverhütung und damit zugleich eine Bekräftigung des Rechtes, den Planeten zu übervölkern.

Dennoch haben die Menschen, zumindest seit es schriftliche Aufzeichnungen gibt, also seit rund 5500 Jahren, immer wieder versucht, Schwangerschaft und Familiengröße unter ihre Kontrolle zu bringen.

Die ersten Formen von Schrift scheinen in Mesopotamien bei den Sumerern entstanden zu sein, dort wo auch das biblische Paradies gelegen haben könnte: »Und Gott pflanzte einen Garten in Eden gegen Osten hin.« (1. Mose 2,8) In der sumerischen Sprache, die großenteils entschlüsselt ist und die mit keiner anderen Sprache verwandt zu sein scheint, ist das Wort für »fruchtbares Land« oder »Ebene« *eden*. Für die Israeliten, die später in dieser Gegend siedelten, nahm das Wort *eden* die Bedeutung »Freude« oder »Vergnügen« an – »ein »Garten der Freude«. So verbindet sich mit dem Wort *eden* die Vorstellung von Fruchtbarkeit und Vergnügen – wenn nicht gar Lustbarkeit.

Die ältesten Texte über Empfängnisverhütung, die sich erhalten haben, sind ungefähr 4000 Jahre alt und stammen aus Ägypten: Der Papyrus Petri wurde um 1850 v.u.Z. verfaßt, der Papyrus Eber ist dreihundert Jahre jünger. Ägyptische Paare waren ziemlich einfallsreich, wenn es um die Lust ohne das Risiko einer Schwangerschaft ging. Übrigens wurde etwa um die gleiche Zeit auch die Genesis, das erste Buch der Bibel, geschrieben.

»Seid fruchtbar und mehret euch« – die Bibelstelle gegen die Empfängnisverhütung.

Beginnen wir mit dem, was die Bibel über Empfängnisverhütung – und über die Masturbation – zu sagen hat.

Die Geschichte Onans – Coitus interruptus: 1. Buch Mose 38,6-10

Man muß wohl annehmen, daß die wichtigste Methode zur Empfängnisverhütung während Zehntausenden von Jahren der Coitus interruptus war: Der Mann zieht sich zurück und ejakuliert außerhalb des Körpers der Frau. Darin besteht die Sünde Onans, des zweiten Sohnes von Juda, und seiner kanaanitischen Frau Schua.

Im Christentum jedoch wird diese Geschichte immer wieder als das erste biblische Verbot der Masturbation gedeutet.

Juda hatte drei erwachsene Söhne: Ger, Onan und Schela. Aus irgendeinem Grund ließ Gott den bösen Ger (worin seine Bosheit bestand, wird nicht gesagt) kinderlos sterben. Juda befahl nun Onan, dem älteren der beiden noch lebenden Brüder, zu Gers Frau Tamar »einzugehen«, doch der junge Mann vergoß seinen Samen auf den Boden, und Gott ließ auch ihn sterben.

Auf diese Weigerung Onans, seine Schwägerin zu schwängern, geht der Begriff der Onanie zurück, der schließlich zu einem Synonym für Masturbation wurde. Doch es geht in dieser Episode gar nicht um die Frage der Verwerflichkeit der Selbstbefriedigung, auch wenn sie oft so verstanden wurde.

Warum läßt Gott den Onan sterben?

Die Fakten.

Onans Sünde war nicht im mindesten sexueller Natur. Sie bestand vielmehr darin, daß er sich weigerte, seiner Pflicht zur Levirats- oder Schwagerehe nachzukommen (5. Mose 25,5-10). Ein Mann war verpflichtet, die Frau seines Bruders zu ehelichen, wenn dieser Bruder ohne Erben gestorben war. Auf diese Weise sollten der Name und das Geschlecht des Bruders erhalten bleiben. Wenn der überlebende Bruder selbst schon verheiratet war, so galt das nicht als Hinderungsgrund. Er war zur Polygamie verpflichtet (während die Verbindung mit seiner Schwägerin als Blutschande gegolten hätte, falls sie von dem verstorbenen Bruder schon ein Kind empfangen hätte).

Die Schwagerehe – hebräisch *jibbum* – wurde in vorbiblischer Zeit von vielen Völkern im Nahen Osten praktiziert. Indo-europäische Stämme führten sie dort schon um 2000 v.u.Z. ein.

Onans sexuelle Handlung bestand also wahrscheinlich im Coitus interruptus: »Aber da Onan wußte, daß die Kinder nicht sein eigen sein sollten, ließ er's auf die Erde fallen und verderben, wenn er einging zu seines Bruders Frau, auf daß er seinem Bruder keine Nachkommen schaffe.« Seine Schuld bestand darin, daß er seiner brüderlichen Pflicht nicht genügte, und erschwerend kam hinzu, daß er den Anschein zu erwecken versuchte, er würde Tamar beiwohnen. Für diesen Betrug und für seinen Ungehorsam wurde er bestraft: »Dem Herrn mißfiel aber, was er tat, und er ließ auch ihn sterben.« Von Masturbation ist bei alledem keine Rede.

Das Verbot der Masturbation im Christentum

Tatsächlich verurteilten die Rabbis der frühen Zeit den Mann, der »Samen zwecklos hervorholt«. Das Gebot, den »Samen nicht zu vergeuden«, ist nach Ansicht vieler Gelehrter auch der eigentliche Grund dafür, daß zwar, wie wir im vorigen Kapitel gesehen haben, die männliche Homosexualität, nicht aber die weibliche mit einem Verbot belegt wurde.

Später haben die Rabbiner betont, Onans Sünde habe im Verstoß gegen das Gebot der Schwagerehe bestanden. Und moderne Rabbis (auch einige orthodoxe) teilen heute die Meinung der Medizin, daß Masturbation normal und harmlos und eine gesunde Form der Entlastung ist.

Für Katholiken jedoch bleibt die Masturbation ein abscheuliches Laster, das bis auf den heutigen Tag in päpstlichen Enzykliken verurteilt wird. Masturbation muß gebeichtet werden, und bei jeder Beichte muß der Sünder geloben, keinen Samen mehr zu vergeuden. Weibliche Masturbation wird in den Kreisen des männlichen Klerus allerdings selten erörtert – als gäbe es sie nicht und als gäbe es auch die weibliche Lust nicht. Theologisch gesehen ist die Masturbation eine schwerere Sünde als der Ehebruch, weil sie noch weniger im Einklang mit dem Naturgesetz steht als dieser.

Die Größe der jüdischen Familie – zwei sind genug: 1. Jahrhundert v.u.Z.

Gott hatte zu Adam gesagt: »Seid fruchtbar und mehret euch«, aber die Rabbis der Talmudzeit waren sich nicht einig, was genau ein Paar zu tun hatte, um dieses Gebot zu erfüllen. Die verbindliche Auffassung, die im jüdischen Recht, in der *Halacha*, schließlich festgeschrieben wurde, formulierte der Gesetzeslehrer Hillel im 1. Jahrhundert v.u.Z. so: *Der Elternpflicht, sich fortzupflanzen, ist Genüge getan nach der Geburt eines männlichen und eines weiblichen Kindes.*

Die konkurrierende Schule Schammajs forderte dagegen zwei Knaben.

Folglich ist im Judentum die Empfängnisverhütung in einer Vielzahl von Fällen erlaubt. Manche Rabbiner sind nachsichtiger als andere. Die meisten gestatten die Geburtenkontrolle – zumal nach der Geburt eines männlichen und eines weiblichen Kindes –, um die Abstände zwischen weiteren Kindern zu vergrößern. Wenn die Gesundheit der Frau durch eine Schwangerschaft gefährdet ist, darf sie ständig Kontrazeptiva verwenden.

Anders als die katholische Kirche propagiert die jüdische Religion in Härtefällen keine sexuelle Enthaltsamkeit; Abstinenz in der Ehe gilt sogar als abnorm.

Die Verwendung mechanischer Mittel zur Schwangerschaftsverhütung wurde auch im Hinblick auf eine Talmudstelle erlaubt, wo von »drei Arten von Frauen« die Rede ist, die sich eines *moschs* – eines Woll- oder Baumwollbauschs, der in die Vagina eingeführt wird – bedienen dürfen: Minderjährige, die eine Vergewaltigung befürchten, schwangere Frauen und stillende Mütter.

Jüdische Frauen besaßen schon in alter Zeit eine ganze Reihe überraschend wirksamer Methoden zur Empfängnisverhütung. Um die Geburtenkontrolle hatten sich damals (und in geringerem Maße auch heute noch) in erster Linie die Frauen zu kümmern.

Spermizide, Schwämme, Portiokappen: vom Altertum bis heute

Spermizide aus Krokodilmist. Diese Methode wird im Papyrus Petri und im Papyrus Eber beschrieben. Vor dem Geschlechtsverkehr stellte die Frau, eine Mischung aus frischem Krokodildung und Honig her, die sie in ihre Scheide einführte. Diese Masse versperrte dem Sperma nicht nur den Weg zur Eizelle, der stark säurehaltige Krokodilmist veränderte wohl auch den pH-Wert in der Vagina so, daß das Sperma abgetötet wurde. Das erste Spermizid der Geschichte war gefunden.

Spermizide waren in biblischer Zeit erstaunlich weit verbreitet. Im Vorderen Orient tränkten die Frauen Naturschwämme mit den unterschiedlichsten Flüssigkeiten, von denen wir heute wissen, daß sie Spermien abtöten: Alkohol, Jod, Chinin, Karbol. Syrische Schwämme waren berühmt für ihre Saugfähigkeit. Vor dem Geschlechtsverkehr wurden sie in parfümiertes Essigwasser getaucht und in die Scheide geschoben – die erste nachgewiesene Verwendung samentötender Schwämme.

(Die Papyri erwähnen auch, wie Frauen mit ihrer Regelblutung umgingen: Sie benutzten einen tamponähnlichen Pfropfen aus Leinenstreifen und zerstoßenem Akaziengummi, das später unter dem Namen Gummi arabicum bekannt wurde.)

Portiokappen werden zuerst im 6. Jahrhundert v.u.Z. von griechischen Ärzten erwähnt. Bevorzugt wurde ein halber ausgehöhlter Granatapfel, also ausgerechnet jene Frucht, deren verbotener Genuß nach Ansicht der hebräischen Schriftgelehrten Eva und allen Frauen nach ihr die Last und die Schmerzen der Geburtswehen beschert hatte.

Jahrhunderte später reichte Casanova seinen Geliebten eine halb ausgedrückte Zitronenhälfte; der saure Saft war ein ideales Spermizid.

Es ist unklar, ob Frauen in biblischer Zeit schon Intrauterinpessare benutzten. In Saudi-Arabien wurden sie allgemein verwendet, um zu verhindern, daß Kamelstuten auf langen Wüstenreisen schwanger wurden. Mit einem Röhrchen beförderte der Kameltreiber einen kleinen Stein oder eine Glaskugel in den Uterus des Tieres. Der Körper – des Tiers oder auch des Menschen – wehrt sich gegen den Fremdkörper, indem er weiße Blutkörperchen produziert, die Interferon abgeben, das wiederum Viren abwehrt, zugleich aber auch als Spermizid wirkt. Die physiologische Wirkungsweise eines Intrauterinpessars hat man erst in den siebziger Jahren unseres Jahrhunderts verstanden.

Jüdische Frauen und die Lust der Männer: Neuzeit

Heute ist die Pille im Judentum ein anerkanntes Verfahren zur Geburtenkontrolle. Orale Kontrazeptiva sind vielfach an die Stelle mechanischer Mittel getreten, aber nicht nur weil die Pille so praktisch ist, sondern auch deshalb, weil die Männer die Regeln aufstellen und dabei oft vor allem an ihre eigene Lust denken. Außerdem neigen die Rabbiner allgemein dazu, den Frauen die Verantwortung für die Geburtenkontrolle zu überlassen, damit nicht »Samen vergeudet« wird.

Schon im Mittelalter waren die jüdischen Rabbis, anders als die christlichen Priester, der Ansicht, daß die Sexualität in der Ehe nicht allein dem Zweck der Fortpflanzung diene. Die sexuelle Befriedigung von Mann und Frau gewann eine eigene Bedeutung. Gemeinsame Lust durch Geschlechtsverkehr war ein legitimes Ziel.

Im 13. Jahrhundert erlaubten die Rabbis in manchen Teilen Europas und des Vorderen Orients die Verwendung des *moschs*, wenn ein Ehepaar einen Jungen und ein Mädchen (oder zwei Jungen) bekommen hatte – allerdings unter einer Bedingung: Dieses mechanische Verhütungsmittel mußte ein vollständiges Eindringen des Mannes ermöglichen. Die männlichen Rabbis scheinen dabei vor allem an ihre eigene Lust gedacht zu haben: Das *mosch* durfte nicht zu groß sein, und es durfte nicht stören.

Heute gestatten die meisten Rabbis den Frauen die Pille. Viele mißbilligen die Verwendung mechanischer Mittel, die die physischen Empfindungen beim Geschlechtsverkehr beeinträchtigen. Oft wird auch gesagt, die Pille sei nach der biblischen Lehre eher akzeptabel, weil sie den Samen ungehindert seinen natürlichen Lauf nehmen lasse.

Empfängnisverhütung durch den Mann – Kondome und Vasektomie: vom Altertum bis heute

Strenggenommen untersagt das jüdische Gesetz dem Mann die Verwendung von Verhütungsmitteln, auch nachdem er zwei »Pflichtkinder« gezeugt hat. Der Grund hierfür ist, daß der Talmud das biblische »Seid fruchtbar und mehret euch« als ein Gebot deutet, mit dem sich Gott allein an die Männer gewendet habe. (Mit weiblichen Wesen sprach Gott nur selten.)

Demnach dürfte ein jüdischer Mann also keine Kondome verwenden; in der Praxis jedoch lassen viele Rabbiner in diesem Punkt vernünftigerweise Nachsicht walten.

Verhütungsmethoden, die die Lust des Mannes mindern, waren nie populär. Die ersten Kondome, die es schon in biblischer Zeit gab, erstickten fast jede Empfindung: Es handelte sich um Penishüllen aus eingeölten Tierblasen und Stücken von Tierdarm. Sie dienten hauptsächlich zum Schutz vor Geschlechtskrankheiten.

Um die Mitte des 16. Jahrhunderts entwickelte der italienische Anatom Gabriel Fallopius ein Leinenfutteral, das über die Eichel gestreift und von der Vorhaut gehalten wurde. Die ersten Gummikondome tauchten in den siebziger Jahren des 19. Jahrhunderts auf und waren etwa so »gefühlsecht« wie ein Gartenschlauch. Sie unterschieden sich nicht allzusehr von den »Gummifingern«, mit denen Bankkassierer Geldscheine zu zählen pflegten. Latexkondome gibt es erst seit den dreißiger Jahren dieses Jahrhunderts.

Entmannt oder verschnitten.
Anders als das Christentum und speziell die katholische Kirche hat die jüdische Religion im Hinblick auf die Geburtenkontrolle nur wenige strenge Regeln aufgestellt.

Noch heute mißbilligt sie allerdings die Vasektomie – eine Operation, bei der die Samenleiter des Mannes abgebunden oder durchtrennt werden. Diese Ablehnung ergibt sich aus dem 5. Buch Mose (23,2), wo es heißt: »Kein Entmannter oder Verschnittener soll in die Gemeinde des Herrn kommen.«

Seit die Vasektomie reversibel ist, erlauben viele Rabbis den Eingriff. Nun unterscheidet er sich hinreichend deutlich von der Kastration – ein kleiner, aber bedeutsamer Triumph der Wissenschaft über die Heilige Schrift.

Der Wendepunkt im Christentum: 1930

Der heilige Augustinus war der erste christliche Theologe, der die Geburtenkontrolle, die »Gifte der Unfruchtbarkeit«, wie er sie nannte, verurteilte. Der Bischof von Hippo, der seine Konkubine inzwischen aufgegeben und sich lebenslängliche Keuschheit auferlegt hatte, schrieb in einem Traktat über Ehe und Lüsternheit, ein Mann und eine Frau, die sich auf »das Böse« einlassen, seien »nur dem Namen nach verheiratet«.

Außerdem deuteten vor 1930 praktisch alle christlichen Konfessionen das traurige Schicksal des Onan als eine biblische Verdammung jeder Form von Geburtenkontrolle.

Am 31. Dezember jenes Jahres veröffentliche Pius XI., der, wie wir gesehen haben, die päpstlichen Machtbefugnisse auch auf die Scheidung von Christen und Nichtchristen ausdehnte, seine Enzyklika über die »keusche« oder »fromme« christliche Ehe, *Casti connubii*:

»Jede Form des Ehevollzugs, die darauf zielt, die natürliche Möglichkeit der Erzeugung von Leben zu vereiteln, ist ein Verstoß gegen das Gesetz Gottes und der Natur, und diejenigen, die so handeln, werden mit schwerer Sündenschuld gezeichnet.«

Der Papst revidierte in seiner Enzyklika zwar nicht die Haltung der Kirche zur Geburtenkontrolle, er brach jedoch mit einer jahrhundertealten Tradition, indem er erklärte, die eheliche Sexualität könne aus sich heraus »gut und heilig« sein. Es war eine gewagte, für viele aber auch längst überfällige Feststellung.

Im gleichen Jahr ließ die Anglikanische Kirche als erste protestantische Konfession bestimmte Formen von Geburtenkontrolle zu. Zwar erklärten die Bischöfe der Kirche von England, Enthaltsamkeit sei nach wie vor *die* Methode der Familienplanung. In bestimmten Fällen jedoch erlaubten sie Kondome, Kappen und Intrauterinpessare.

Das Timing war perfekt. Latexkondome waren gerade aufgekommen. Die Portiokappe, die um 1870 als eine Halbkugel aus Gummi entwickelt worden war, an deren Rand eine Uhrfeder befestigt war, damit sie nicht verrutschen konnte, bot eine Sicherheit von 98 Prozent, wie ein modernes Diaphragma. Und die erste »Spirale« hatte zwei Jahre zuvor ein deutscher Arzt entwickelt.

Im Jahr darauf, 1931, billigte in den USA der Ausschuß für Ehefragen des »Federal Council of Churches« den »behutsamen und zurückhaltenden« Gebrauch von empfängnisverhütenden Mitteln. Diesem Beispiel folgten nach und nach alle protestantischen Konfessionen. Anfang der dreißiger Jahre billigte auch die reformorientierte »Central Conference of American Rabbis« die Empfängnisverhütung aus sozialen, wirtschaftlichen und gesundheitlichen Gründen. Einige Jahre später folgte ihr der konservative »Rabbinical Assembly of America«.

Der Papst in Rom spürte die Bewegung. Protestanten benutzten jetzt Kondome. Juden ebenfalls. Und auch viele Katholiken, wie aus Befragungen hervorging.

Trotzdem schien das Kondom nach Auffassung der Kirche den Geschlechtsakt auf eine so unnatürliche Weise zu vereiteln, daß, theologisch gesehen, die Schuld eines Vergewaltigers, der ein Kondom benutzte, schwerer wog als die Schuld dessen, der keines benutzte.

Wenn sich ein Ehemann seiner Frau mit einem Kondom näherte, sollte sie sich ihm widersetzen, wie »eine Jungfrau sich einem Vergewaltiger widersetzen würde« – so stand es in einem kirchlichen Handbuch.

Der neue Papst, Pius XII. (1939-58), machte der neuen Zeit ein kleines Zugeständnis. Er gestattete, wenn auch widerstrebend, die sogenannte Knaus-Ogino-Methode, bei der die Frau ihre »sicheren« Zeiten, d.h. die Zeiten ihrer natürlichen Unfruchtbarkeit, mit einem Thermometer bestimmen sollte. Aber die Knaus-Ogino-Methode, so genannt nach den beiden Ärzten, die sie entwickelt hatten, war derart unsicher, daß selbst liberale Geistliche über das Zugeständnis des Papstes witzelten: »Der Papst erlaubt die ›sichere Methode‹, weil er weiß, daß sie nicht sicher ist.« Oder: »Die einzige sichere

Zeit bei einer Frau ist die nach sechzig.« Geburtshelfer sprachen von »vatikanischem Roulette«.

Und doch war die Anerkennung dieser Methode ein massiver Verstoß gegen das, was die Kirche in der Frage der Geburtenkontrolle bisher gelehrt hatte.

Es zeichneten sich jedoch noch stärkere Veränderungen ab. Am Horizont tauchte eine neue Verhütungsmethode auf, die sich als außerordentlich attraktiv erweisen sollte.

Die Pille – eine »Bedrohung« für die Kirche: 1960

Kein Ereignis in der langen, erfindungsreichen Geschichte der Empfängnisverhütung hatte so weitreichende Auswirkungen wie die Entwicklung der Pille zur Geburtenkontrolle, der »Antibabypille«. Daß die orale Empfängnisverhütung eines Tages möglich sein würde, hatten einige Ärzte schon um die Mitte des 19. Jahrhunderts prophezeit. Sie wußten, daß bestimmte chemische Stoffe im Blutkreislauf der Frau die Bildung von Eizellen und den Eisprung verhindern können. 1958 erkannte Pius XII., daß die Pille bald kommen würde, und verdammte sie als »unzulässige Sterilisierung«.

In diesem Jahr erprobten amerikanische Forscher einen aus Yamswurzeln gewonnenen Ovulationshemmer, das sogenannte »Norethynodrel«, im vorwiegend katholischen Puerto Rico an 1308 freiwilligen Versuchspersonen. Das Präparat hatte eine größere Regelmäßigkeit der Monatsblutungen zur Folge und wirkte zuverlässig empfängnisverhütend. Bald beantragte die Firma Searle Pharmaceuticals bei der amerikanischen »Food and Drug Administration«, der Aufsichtsbehörde für Lebens- und Arzneimittel, die Marktzulassung der »Pille«.

Soeben hatte ein neuer Papst sein Amt angetreten: Johannes XXIII. (1958-63). Er und viele andere Kirchenobere auf der ganzen Welt verurteilten die Pille als ein Erzübel des Jahrhunderts. Sie prophezeiten, die Pille werde die Welt sozial und sexuell verändern. Sie sollten recht behalten.

Unter dem Namen Enovid kam 1960 in den USA das erste orale Kontrazeptivum der Geschichte auf den Markt.

Ende 1961 nahmen eine halbe Million Amerikanerinnen die Pille. Ein Jahr später waren es schon mehr als doppelt so viele. Auch katholische Frauen ignorierten die Anweisungen aus Rom.

Viele Pfarrer und Bischöfe fanden im Laufe der Zeit in der Frage der Empfängnisverhütung zu einer großzügigeren Haltung.

Viele Rabbiner gaben, wie wir gesehen haben, der Pille sogar den Vorzug gegenüber mechanischen Verhütungsmethoden.

Schließlich sah es so aus, als wollte auch der stets verständnisvoll und aufgeschlossen wirkende Johannes XXIII. die Haltung der Kirche zur Sexualität überdenken. Doch schon bald konnten sich die Gegner derartiger Bestrebungen in dem Glauben wiegen, Gott habe seinen Diener Johannes noch rechtzeitig in den Himmel abberufen, bevor er in dieser Frage tätig werden konnte.

Seinen Platz nahm Paul VI. (1963-78) ein, und er tat etwas, das viele Gläubige der Kirche mehr entfremden sollte als jede andere einzelne Maßnahme eines Papstes in der langen Geschichte der Kirche.

Humanae vitae – die zweite »Galilei-Affäre«: 25. Juli 1968

Als könnte er aus eigener Kraft den Vormarsch der modernen Verhütungsmethoden aufhalten, bestätigte Paul VI. den dogmatischen Standpunkt der Kirche in einer streng formulierten neuen Enzyklika.

Auf dem noch von seinem Vorgänger einberufenen Zweiten Vatikanischen Konzil unterband er alle Diskussionen über Fragen der Geburtenregelung. Dabei hatte ein 1964 von Paul VI. selbst eingesetzter Ausschuß von Bischöfen, Ärzten und Laien mit einer Mehrheit von vier zu eins empfohlen, die Kirche möge ihre Haltung zur Geburtenkontrolle liberalisieren. Liberale Bischöfe drängten den Papst, fromme Ehepaare, die die Größe ihrer Familie in Grenzen halten wollten, nicht zu verdammen.

Papst Urban VIII. (1623-44) verurteilte Galilei für seine These, nicht die Erde, sondern die Sonne sei der Mittelpunkt des Universums.

Der belgische Kardinal Suenens appellierte an die Kleriker, die sich auf die Seite des Papstes stellten: »Ich bitte euch, meine bischöflichen Brüder, vermeiden wir eine neue ›Galilei-Affäre‹. Jene eine war genug für die Kirche.« Im Jahre 1633 hatte Papst Urban den Astronomen Galileo Galilei wegen dessen These verurteilt, nicht die Erde, sondern die Sonne sei der Mittelpunkt des Universums, und ihm mit Folter gedroht, wenn er sich den kosmologischen Lehren der Kirche nicht unterwerfen würde.

Am 25. Juli 1968 wurde die Enzyklika *Humanae vitae* (über Fragen der Ehe und Geburtenregelung) veröffentlicht. Sie bekräftigte das Verbot aller künstlichen Methoden zur Empfängnisverhütung und wies Bischöfe und Priester an, in ihren Bistümern und Gemeinden keinerlei Nachlässigkeit bei der Beachtung dieses Verbots zu dulden. Christi Stellvertreter auf Erden stellte fest:

Alle Frauen gleichen Maria.

»Für uns«, so erklärte Paul VI. vor einer Versammlung von Geburtshelfern und Gynäkologen,

»ist die Frau eine Vision jungfräulicher Reinheit, die die höchsten sittlichen und emotionalen Regungen des menschlichen Herzens wiederherstellt. ... Für uns ist sie das fügsamste Geschöpf ... singend, betend, sehnend, weinend scheint sie sich auf natürliche Weise einer einzigartigen, erhabenen Gestalt anzunähern, unbefleckt und sorgenvoll, jener bevorzugten Frau, gebenedeit unter allen, der es bestimmt war, die jungfräuliche Mutter Christi zu werden, Maria.«

Kein Gynäkologe kicherte, und kein Geburtshelfer lachte, als der Papst zum Abschied sagte: »Sehen Sie, meine Herren, das ist die Ebene, auf der wir der Frau begegnen müssen.«

Millionen Frauen forderten Verständnis für ihre oft schwierige Lage, und das Oberhaupt der Kirche hielt ihnen die Jungfrau Maria als Inbegriff der Weiblichkeit entgegen. Wenn ein Ehepaar mit fünf Kindern sich kein weiteres leisten konnte, mußte es fortan auf Geschlechtsverkehr verzichten, denn falls Knaus-Ogino versagte, war eine Abtreibung dennoch nicht erlaubt.

Hat Paul VI. wirklich geglaubt, ein Mann und eine Frau im Alter zwischen dreißig und vierzig mit vier Kindern könnten ein glückliches Eheleben ohne Sexualität führen? Er hat! Gott, so verkündete er, habe durch die mit dem Sakrament der Ehe verliehene heiligmachende Gnade den Eheleuten auch die Fähigkeit geschenkt, solche keusche Disziplin zu wahren, wenn es erforderlich sein würde.

Interessanterweise beruft sich die Enzyklika *Humanae vitae* in ihrer Verurteilung der künstlischen Empfängnisverhütung, der Abtreibung und der Sterilisierung nicht auf irgendwelche Stellen in der Heiligen Schrift. Der Papst hat das Dokument allerdings auch nicht mit dem Stempel *ex cathedra* versehen. Dann wäre es zu einem unfehlbaren Dogma geworden. Seinen Nachfolgern wären für immer die Hände gebunden, und Millionen von Ehepaaren wären mit einem Schlag von der Teilnahme am Leben der Kirche ausgeschlossen gewesen.

Denn selbstverständlich praktizierten auch Katholiken die Geburtenkontrolle. Eine Umfrage ergab damals, daß 49 Prozent der amerikanischen Katholiken die Pille oder andere empfängnisverhütende Mittel verwendeten; bei den Protestanten waren es 89 Prozent, bei den Juden 96 Prozent.

Das große Schisma unserer Zeit: von 1968 bis heute

Am Schluß von *Humanae vitae* mahnte der Papst die Priester, »jenen aufrichtigen inneren wie äußeren Gehorsam walten zu lassen, der der Obrigkeit der Kirche gebührt«. Dem Papsttum. Paul VI. wußte, daß manche Priester ihm trotzen würden, wie es viele Ehepaare schon taten.

Die strenge Enzyklika vertiefte die Kluft zwischen liberalen und konservativen Priestern und schadete dem Ansehen des Papsttums in der Öffentlichkeit.

Darüber hinaus hatte sie noch eine andere überraschende Wirkung. Ihre Unvernunft veranlaßte viele Priester, über die eigene Sexualität, d.h. über das Zölibatsgelübde nachzudenken. Wenn sich die Heilige Mutter Kirche in der Frage der ehelichen Sexualität als derart starrsinnig erwies, rührte ihr Festhalten am priesterlichen Zölibat dann womöglich aus dem gleichen Starrsinn? Zuerst waren es nur wenige Priester, die ihr Amt aufgaben, dann folgte ein Exodus – ausgelöst durch die päpstliche Verlautbarung.

Die Reaktion in den Medien.
Wie die internationale Presse reagieren würde, war abzusehen. Eine große Tageszeitung nannte die Enzyklika »einen der folgenschwersten Fehler der Neuzeit«. Die katholische Wochenzeitung *The Tablet* fragte: »Wo ist die neue, tiefere Besinnung, die die Kirche versprochen hatte?« In offenem Widerspruch zu Rom erklärten 172 amerikanische Theologiedozenten, die Katholiken sollten ihrem Gewissen folgen – der Papst habe zwar laut und unmißverständlich gesprochen, aber was er gesagt habe, sei dennoch nicht unfehlbar.

Die strenge Enzyklika, die Paul VI. auf das Modernisierungsversprechen seines Vorgängers folgen ließ, hatte unter katholischen Laien in aller Welt verheerende Auswirkungen. Viele von ihnen folgten von nun an tatsächlich dem eigenen Gewissen, und dies oft mit dem Segen ihrer Priester.

Heute verbieten katholische Missionare der übervölkerten Dritten Welt den Gebrauch von Verhütungsmitteln, während lutheranische, presbyterianische, methodistische und baptistische Missionare eine kostenlose ärztliche Beratung in Fragen der Familienplanung organisieren und an junge Mütter, die wissen wollen, wie sie die Zahl ihrer Kinder beschränken können, kostenlos Kondome verteilen. In der Frage der Geburtenkontrolle besteht eine tiefe Kluft zwischen der katholischen Kirche und vielen anderen christlichen Konfessionen.

Galileo Galilei wurde erst 1992 offiziell vom Vorwurf der Ketzerei entlastet.

Nachtrag

359 Jahre, nachdem Galilei wegen Ketzerei verurteilt worden war und beinahe auf die Streckbank gekommen wäre, wurde er von Papst Johannes Paul II. rehabilitiert. 1992 räumte der Oberhirte der katholischen Kirche ein, daß sich die Erde um die Sonne dreht, und schloß den Fall zugunsten von Galilei ab.

Teil XI. Hoch oben – tief unten

28. Kapitel
Himmel
Seele bis Unsterblichkeit

Der Himmel ist der Wohnsitz Gottes; die ewige Bleibe der unsterblichen Seelen aller Auserwählten; die entrückte Sphäre des Lebens nach dem Tode, das endlos, aber, wie man uns versichert, nie langweilig sein wird. Doch die große Frage lautet: Wie sieht es im Himmel aus?

Für die heilige Gerardesca (gest. 1269) war der Himmel ein heiliger Stadtstaat, umgeben von hohen Burgen und zinnenbewehrten Festungen; ein feudales Ideal.

Für den Humanisten Francesco Colonna (gest. 1527) war er eine idyllische Landschaft mit sprudelnden Quellen, wo schöne Mädchen und jugendliche Liebhaber über sonnenbeschienene Felder und durch schattige Haine tollen; ein toskanisches Ideal.

Für den schwedischen Mystiker Emanuel Swedenborg (gest. 1772) war er ein kosmopolitisches Gebilde mit numerierten Straßen und bezeichneten Plätzen, an denen Engel in eleganten Häusern lebten, inmitten von Rasenflächen, die nie gemäht werden mußten; ein modernes, vorstädtisches Ideal.

Für die Spiritualisten des 19. Jahrhunderts war der Himmel ein ausgedehnter College-Campus, wo die Seelen ewiger Studenten hingerissen ihren Seminaren folgten und in Bibliotheken Studien trieben; ein idealer Ort für Leute, die an sich arbeiteten.

Alle diese Vorstellungen sind durch die Zeit, aus der sie stammen, deutlich geprägt. Der Himmel ist anscheinend immer so, wie die Menschen ihn brauchen. Und vielleicht soll das ja auch so sein.

Jede Zeit schafft sich ihren Himmel.

Doch wie ist die in vielen Kulturen verbreitete Vorstellung von einem Himmelreich überhaupt entstanden?

Zwei Modelle für den Himmel

Wenn man die vielen unterschiedlichen Himmelsvorstellungen betrachtet, die in Ost und West überliefert sind, lassen sich zwei Grundmodelle unterscheiden. Das »theozentrische« Modell stellt die Beziehung des einzelnen zu Gott in den Mittelpunkt und wurde von den Theologen immer bevorzugt. Das »anthropozentrische« Modell sagt gewöhnlichen Sterblichen meistens mehr zu, denn es stellt die Erneuerung der Beziehungen zwischen Angehörigen und Freunden im Angesicht Gottes in den Vordergrund.

Mit anderen Worten: Es gibt den Himmel meines Schöpfers und den Himmel, der vor allem aus meinen Zeitgenossen, Verwandten, Freunden und Kollegen besteht. Beide Modelle schließen einander im Prinzip nicht aus, aber in unserer Vorstellung tun sie dies mitunter doch.

Entgegen einer verbreiteten Ansicht haben die Theologien der verschiedenen Religionen die Himmelsvorstellungen dieser Religionen kaum je beeinflußt. Es verhält sich eher umgekehrt: Das Bild, das sich die Menschen vom Himmel machen, prägt ihre theologischen Begriffe. Außerdem führt der kulturelle und gesellschaftliche Wandel im Laufe der Jahrhunderte immer wieder zu einem Wandel der Auffassung vom Leben nach dem Tod; die Christenverfolgungen der Römer etwa haben das Bild der Christen vom Himmel – davon, wie sie sich den Himmel wünschten und wie sie ihn »brauchten« – sehr stark beeinflußt. In der Entwicklung der Himmelsvorstellungen spiegelt sich immer wieder der Gang der menschlichen Geschichte.

Der hebräische Himmel

Den meisten Christen ist nicht bewußt, daß die alten Israeliten für sich keinen Himmel, kein persönliches Jenseits hatten. In der Heiligen Schrift ist der Himmel allein die Wohnung ihres Gottes.

Sie glaubten, weil Jahwe die Sonne und die Sterne geschaffen habe, müsse sein Wohnsitz noch über der Sphäre des Himmels liegen, ein Ausguck, von dem er auf seine Schöpfung herabblicken konnte. Die hebräische Bibel enthält keinen direkten Hinweis auf einen Himmel, der den Rechtschaffenen nach ihrem Tod seine Pforten öffnen würde.

Die Israeliten glaubten, nach dem körperlichen Tod würden alle Menschen, die guten wie die schlechten, für immer im *Scheol*, der Unterwelt, schlafen, einem neutralen Platz ohne Qual und ohne Lust, ohne Strafe und ohne Belohnung. In der Bibel tritt Saul mit dem verstorbenen Samuel in Verbindung, der sich nach dem Tod im Scheol aufhält (1. Samuel 28). Die Israeliten übernahmen diese Vorstellung von den Assyrern und den Babyloniern; nach der Auffassung vieler heidnischer Semiten herrschte über dem Scheol ein gütiger Gott mit Namen Mot, »Tod« – ein zahmer Verwandter des kanaanitischen Todesgottes Moth.

Die Entwicklung nach dem Exil

Erst nach der Zerstörung des ersten Tempels im Jahre 586 v.u.Z. und dem anschließenden Exil in Babylon begann das jüdische Volk, sich den Himmel als einen Ort vorzustellen, an dem die Rechtschaffenen nach ihrem Tod auferstehen würden, um fortan bei Gott zu leben. Warum dieser Wandel?

Die Antwort ergibt sich daraus, daß Babylon von den Persern erobert wurde und die Juden im Exil auf diese Weise unter den Einfluß des persischen Zoroastrismus gerieten. Der Prophet Zoroaster lehrte, daß über jeden Menschen vier Tage nach seinem Tod ein Urteil gefällt werde. Wenn seine guten Taten im Leben die bösen überwiegen, überquert der Mensch die Brücke in den Himmel (wenn das Böse überwiegt, stürzt er von der Brücke in eine eiskalte, stinkende Hölle). Den unter ihrem Exil leidenden Juden erschien die Vorstellung, die Ewigkeit in der Nähe Gottes zu verbringen, begreiflicherweise sehr verlockend. Jedenfalls reizvoller als der Gedanke an einen ewig-dumpfen Schlaf im Scheol.

Unter dem Einfluß des Zoroastrismus begannen die Juden auch zu fragen, wie es um die Gerechtigkeit eines Gottes bestellt sei, der im Leben strengen Gehorsam fordert, nach dem Tod aber die Bösen wie die Guten einer erstarrten Vergessenheit überantwortet. Wurde die Tugend nicht belohnt?

In der Zeit nach dem Exil formuliert die religiöse Literatur der Juden einen klaren Dualismus: *olam ha-ba* = »die kommende Welt« und *olam hazeh* = »diese Welt«. Der Himmel, wie ihn die Christen sich dann später vorstellten, nahm langsam Gestalt an.

Der Alltag im hebräischen Himmel

Die Idee der Belohnung für eine tugendhafte Lebensführung hat die weitere Entwicklung des Himmels stark beeinflußt.

Die Lehre von Lohn und Strafe im Leben nach dem Tod entfaltete sich in der Makkabäerzeit (etwa 170-160 v.u.Z.), als jüdische Märtyrer wegen ihres Glaubens verfolgt wurden. »Denn wo er nicht gehofft hätte, daß die, so erschlagen waren, würden auferstehen, wäre es vergeblich und eine Torheit gewesen, für die Toten zu bitten.« (2. Makkabäer, 12,44) Das zweite Makkabäerbuch beschreibt in vielen Einzelheiten die Verfolgungen, denen die Juden wegen ihrer Religion in diesen alptraumhaften Jahren ausgesetzt waren.

Später, während der römischen Verfolgungen in den ersten Jahrhunderten u.Z., gewann die Vorstellung von einem persönlichen Himmel noch deutlichere Umrisse, und der Glaube an die leibliche Auferstehung wurde zu einem festen Bestandteil der rabbinischen Eschatologie. »Ganz Israel hat Anteil an der kommenden Welt«, lehrt der Talmud und nimmt nur den aus, »der sagt: ›Es gibt keine Auferstehung von den Toten.‹« Der Babylonische Talmud des 5. Jahrhunderts v.u.Z. bietet dreihundert Argumente auf, die für die Auferstehung der Toten sprechen.

Die Rabbis durchforschten die hebräische Bibel nach Stellen, die ihren neuen Glauben an die Unsterblichkeit der Seele und ein persönliches Jenseits zu stützen vermochten. Sie fanden wenig, deuteten um, was als Präfiguration oder Prophetie tauglich schien, und stritten heftig darüber, wie das Leben im Himmel sein würde und wo dieser Himmel lag. Alle waren sich einig, daß die Gerechten, etwa der Prophet Elias, in den Schoß des Herrn zurückkehren würden, während die Verworfenen das ewige Höllenfeuer zu spüren bekämen.

Manche Rabbis glaubten, die Verstorbenen würden fortan in Gottes himmlischem Palast wohnen. Der in Babylonien geborene Gelehrte Abba Areka, kurz »Raw« genannt, erklärte, in der »kommenden Welt« gebe es nicht »Essen, nicht Trinken, nicht Kinderzeugen, nicht Geschäftemachen, weder Eifersucht noch Haß noch Wettstreit. Die Rechtschaffenen sitzen mit Kronen auf den Häuptern da und erfreuen sich am Glanz von Gottes Ruhm.« Dieser Himmel gleicht schon dem, den sich die frühen Christen ersehnten. Wie wir noch sehen werden, erwuchs der christliche Himmel tatsächlich aus diesen jüdischen Vorstellungen.

Andere Rabbis waren der Meinung, die auferstandenen Toten würden die

Ewigkeit in einem irdischen Paradies, einem Himmel auf Erden zubringen. Sie setzten das Paradies der wiederauferstandenen Toten mit dem Garten Eden, *Gan Eden*, gleich. Die Heimat Adams und Evas galt als der Ort, an dem die Rechtschaffenen nach dem Tod die wohlverdienten Früchte eines guten Lebens genießen würden.

Im Talmud kann man lesen, der berühmte Rabbi Jochanan ben Sakkaj habe kurz vor seinem Tod geweint, weil er befürchtete, nicht in das Paradies zu kommen.

Heute glauben die meisten Juden – orthodoxe wie nicht-orthodoxe – an die Unsterblichkeit der Seele, aber nicht alle glauben an die leibliche Auferstehung der Toten und das himmlische Paradies. Allgemein herrscht im Judentum eine Tendenz, sich auf die Pflichten in dieser Welt, *olam ha-zeh*, zu konzentrieren. Wenn diese Pflichten in der rechten Weise erfüllt werden, führt das unweigerlich zur Belohnung im Jenseits. Das Leben nach dem Tod spielt im Judentum bei weitem keine so große Rolle wie im Christentum und im Islam.

Der Himmel der Urchristen: Hinweise aus dem Alten Testament

Die ersten Christen sehnten sich danach zu erfahren, wie es im Himmel aussah, und die ersten Hinweise auf das Paradies Gottes, dessen Tore nach ihrer Überzeugung den Christgläubigen weit offenstanden, entnahmen sie der hebräischen Bibel.

Aus der Vision des Moses erfuhren sie, daß Gottes Thron auf »einer Fläche von Saphir« stand (2. Mose 24,10). Im dramatischen Bericht Hesekiels lasen sie, daß der Thron wie ein Wagen geformt sei, mit schimmernden Rädern, ein Rad im anderen, gelenkt von vier Cherubim.

Auch erfuhren sie, daß Gott im Himmel nicht allein war. Wie jeder König hatte er einen Hofstaat. Bei Jesaja fand sich diese atemberaubende Vision des himmlischen Hofes:

Nach christlicher Auffassung öffnete Christus den Seelen der Sterblichen die Tore des Himmels bei seiner Himmelfahrt.

»Ich sah den Herrn sitzen auf einem hohen und erhabenen Thron, und sein Saum füllte den Tempel. Seraphim standen über ihm; ein jeder hatte sechs

Flügel: mit zweien deckten sie ihr Antlitz, mit zweien deckten sie ihre Füße, und mit zweien flogen sie.« (Jesaja 6,1)

Im 1. Buch Mose (1,6-8) heißt es, Gott habe eine Feste, das »Firmament«, geschaffen: »Und Gott nannte die Feste Himmel.« Christen stellten sich diese »Feste«, dieses »Firmament«, wie eine Kuppel vor, die sich, von riesigen Säulen an den Enden der Welt gestützt, über den Erdkreis wölbte, darüber ein himmlischer Ozean. Durch Öffnungen in der Kuppel fiel in kleinen Rinnsalen Wasser des Himmelsozeans als Regen auf die Erde. Gott selbst wohnte noch hoch über diesem Ozean im Himmel.

Aber die frühen Christen wollten mehr wissen. In großer Zahl starben sie den Märtyrertod für ihren Glauben, doch die hebräische Bibel geizte mit Details und überließ allzuviel der Vorstellungskraft des einzelnen.

Der christliche Himmel: Offenbarung des Johannes, 1. Jahrhundert u.Z.

Mit dem Neuen Testament, und vor allem in der Offenbarung des Johannes, entfaltete sich der Himmel zum wahren Wohnsitz Gottes, der dort umgeben von Ältesten, Engeln und den Seligen thront. Viele Vorstellungen, die das Christentum traditionell mit dem Himmel verbindet, beruhen auf Johannes' dramatischer Schilderung einer Stadt aus reinem Gold und klar wie Glas, mit Mauern aus Jaspis, juwelenverzierten Fundamenten und Perlentoren.

»Alsbald kam der Geist über mich. Und siehe, ein Thron war gesetzt im Himmel, und ... der da saß, war anzusehen gleichwie der Stein Jaspis und Sarder; und ein Regenbogen war um den Thron, anzusehen gleichwie ein Smaragd. Und um den Thron ... saßen vierundzwanzig Älteste, mit weißen Kleidern angetan, und hatten auf ihren Häuptern goldene Kronen. Und von dem Thron gingen aus Blitze, Stimmen und Donner ... Und vor dem Thron war es wie ein gläsernes Meer, gleich dem Kristall, und mitten am Thron und um den Thron vier himmlische Gestalten, voll Augen vorne und hinten. Und eine jegliche der vier Gestalten hatte sechs Flügel ... und sie hatten keine Ruhe Tag und Nacht und sprachen: Heilig, heilig, heilig ist Gott der Herr, der Allmächtige.« (Offenbarung 4,2-8)

Edel- und Halbedelsteine spielen bei der Ausschmückung des Himmels eine wichtige Rolle.

Bei Johannes konnten die frühen Christen auch lesen, was sie erwartete, wenn sie in den Himmel gelangt waren: Die Seligen werden vom Baum des Lebens essen, und Gott selbst »... wird abwischen alle Tränen von ihren Augen, und der Tod wird nicht mehr sein, noch Leid noch Geschrei noch Schmerz wird mehr sein.« (Offenbarung 21,4)

In einer Zeit schwerer Verfolgung wartete Johannes mit guten Nachrichten auf: Auch wenn das Leben noch so bedrückend ist, Gott regiert. Denkt immer daran, Christus und nicht der Kaiser ist Herr. Jesus ist unterwegs und läßt Gerechtigkeit walten. Das Leben nach dem Tod wird glorreich sein, ein friedliches, schmerzloses Paradies für die Rechtgläubigen – vor allem für jene, die ihr Leben für Christus hingegeben haben. Der christliche Himmel ist der Lohn für Leiden.

Dagegen ist der jüdische Himmel ein Lohn für lebenslange Pflichterfüllung.

Der katholische Himmel: spätes 4. Jahrhundert u.Z.

Als Johannes seine Offenbarung schrieb, war die selige Jungfrau Maria noch nicht die Himmelskönigin; ihre glorreiche Aufnahme mit Leib und Seele in den Himmel wurde erst 1950 zum katholischen Dogma erhoben.

Zu Lebzeiten des Johannes hatte die Kirche auch noch nicht darüber entschieden, welche Rollen Jesus Christus und der Heilige Geist im Himmel spielen sollten. Die Vorstellung vom Dreieinigen Gott wurde, wie wir gesehen haben, erst gegen Ende des 4. Jahrhunderts mit der Vollendung des nizänischen Glaubensbekenntnisses formuliert.

Die Evangelien gestatten hier und da einen kurzen Blick in den Himmel, und für die frühen Christen gab es keinen besseren Architekten der neuen Vorstellungswelt als Jesus Christus selbst; als Gottessohn mußte er sich auskennen. Christus hat zwar keine eigenen schriftlichen Zeugnisse hinterlassen, aber wenige Jahrzehnte nach seinem Tod wurden seine Anschauungen von Matthäus, Markus, Lukas und Johannes aufgezeichnet.

Bei Lukas erklärt Christus, daß es im Leben nach dem Tod keine Ehe geben werde; Männer und Frauen sind vergeistigt, geläutert, asexuell, engelgleich. Er macht deutlich, daß er sich bald der Gemeinschaft im Himmel anschließen werde, zu der auch Abraham und die anderen Patriarchen gehören, außerdem die Heiligen des Alten Testaments, Elias und Moses zum Beispiel (mit denen Jesus in mystischer Entrückung kommuniziert hat), und einfache Leute wie Lazarus. Christi Himmel steht allen offen. Bald jedoch sollten die Kirchenväter seine Tore für bestimmte Nichterwählte wieder schließen.

Während Jesus am Kreuz stirbt, versichert er dem reuigen Dieb, der neben ihm gekreuzigt wurde, noch »heute« würden sie einander im Paradies wiedersehen. Und bei einer Abschiedsansprache vor den Aposteln versichert er ihnen, es sei reichlich Platz im Himmel: »Es sind viele Zimmer in meines Vaters Haus.«

Ausgehend vom Begriff der heiligmachenden Gnade, gliederte die katholische Kirche den Himmel später in eine Abfolge von Stufen. Nicht jedem, der es bis nach oben schafft, wird dort die gleiche Wonne zuteil, denn in welchem Maße jeder Mensch der ewigen Glückseligkeit teilhaftig wird, hängt davon ab, wieviel heiligmachende Gnade im Augenblick seines Todes in seiner Seele war. Strenggenommen kann ein langes, von Grund auf tugendhaftes Leben durch eine einzige ungebeichtete schwere Sünde zunichte gemacht werden. Moderne Theologen vertreten in diesem Punkt allerdings eine großzügigere Auffassung.

Der Himmel heute: eine Umfrage von 1994

Wie denken die Menschen heute, rund zweitausend Jahre, nachdem sich die Vorstellung vom Himmel in ihren Grundzügen herausgebildet hat, über das Leben nach dem Tod?

Hier die Ergebnisse einer Umfrage unter US-Bürgern:

- 77 Prozent glauben, daß es einen Himmel gibt.
- 76 Prozent sind der Meinung, daß sie gute Chancen haben, eines Tages dorthin zu kommen.
- 91 Prozent von denen, die an die Existenz eines Himmels glauben, sind der Meinung, er sei ein Ort des vollkommenen Friedens, der Muße und ohne Streß.
- 83 Prozent aus dieser Gruppe glauben, daß sie im Himmel in der Allgegenwart Gottes sein werden.
- 77 Prozent glauben, daß sie dort Kinder, Verwandte und Freunde wiedersehen werden.

- Eine überraschend hohe Zahl (74 Prozent) der Befragten hält den Himmel für einen Ort, wo es lustig zugeht und viel gelacht wird.
- Etwa ein Drittel derer, die an die Existenz eines Himmels glauben, rechnen damit, daß sie die Ewigkeit in dem Alter zubringen werden, in dem sie gestorben sind. Noch vor wenigen Jahrzehnten herrschte allgemein der Glaube vor, man werde im besten Lebensalter in das ewige Leben eingehen, also mit zwanzig oder dreißig. In dem Maße, in dem das Alter einige seiner Schrecken verloren hat, können sich die Menschen eine Ewigkeit in ihrer letzten irdischen Gestalt anscheinend eher vorstellen. Zu Beginn dieses Kapitels haben wir ja schon gesehen: der Himmel war immer so beschaffen, wie die Menschen ihn zu ihrer Zeit brauchten.

Wortursprung.
Unser Wort »Himmel« geht auf das althochdeutsche *himil* zurück und ist auch mit dem englischen *heaven* verwandt. Wahrscheinlich steht es in einer Verbindung mit der indogermanischen Wurzel *kem* für »bedecken«, »verhüllen«, aus der auch die lateinische *camisia*, die französische *chemise* und unser *Hemd* hervorgegangen sind. Auch das Hemd ist eine Decke und Hülle, wie der Himmel.

Der islamische Himmel: 7. Jahrhundert u.Z.

In den Himmelsvorstellungen des traditionellen Islam verbinden sich jüdische, christliche, zoroastrische und arabische Elemente. Das himmlische Paradies ist ein in sieben Stufen der Lust gegliederter Ort der vollkommenen Freude und Wonne, zu dem der Mensch nur mit dem Willen Allahs vorgelassen wird.

Die Körper der Toten bleiben bis zum Ende der Welt in ihren Gräbern, dann werden alle erweckt und müssen zum Letzten Gericht vor Allah erscheinen. Allah fordert jeden auf, den Pfad zu gehen, der, ähnlich wie die zoroastrische Brücke, über die Hölle hinweg zuletzt in den Himmel führt. Die Rechtschaffenen legen den ganzen Weg zurück, aber die Verdammten stürzen unterwegs ab – in den Feuerschlund der Hölle, wo sie geröstet und gebraten werden. (Im Zoroastrismus war die Hölle kalt und stinkend; die Vorstellung von der Feuerhölle stammt aus dem Christentum.)

Der islamische Himmel gleicht, wie der des frühen Judentums, äußerlich dem Garten Eden, allerdings ist er nun nicht mehr nur von einem Mann und einer Frau bewohnt. Im Gegenteil, es gibt viele gefügige junge Mädchen in diesem Männerparadies, das außerdem überquillt von frischen Feigen, Datteln und süßen Getränken. Aber das größte Entzücken ist, wie der Prophet Mohammed betont, doch geistiger Natur: man erblickt Gott in seiner Herrlichkeit, die alle Freuden des Körpers überstrahlt, »wie ein Ozean über einen Schweißtropfen hinwegspült«.

Der Himmel der Mormonen: Palmyra, N.Y., 1820

Eine dramatische Erneuerung erfuhr die christliche Himmelsvorstellung vor nicht allzu langer Zeit durch die »Kirche Jesu Christi der Heiligen der Letzten Tage«, deren Angehörige auch als Mormonen bezeichnet werden. Zur mormonischen Vision vom Leben nach dem Tod gehört ein Paradies, das einem Idealbild der Vereinigten Staaten ziemlich ähnlich ist: reges Familienleben, sozialer Fortschritt und Vollbeschäftigung.

Nach der Lehre der Mormonen heiratete Gott eine »himmlische Mutter« und zeugte mit ihr »Geistkinder«, die körperliche Gestalt annahmen und die Erde bevölkerten. Wie ihre himmlischen Eltern sollen die Mormonen in einem Mormonentempel »auf alle Zeit und Ewigkeit« heiraten. Für die Mormonen ist die Ehe – nach der Taufe – der erste Schritt auf dem Weg zur Gottähnlichkeit.

Der Mormonenhimmel hat alles, was ein Himmel braucht: Seen, Wälder, Städte mit Hochhäusern – aber ein Ort der Muße ist er nicht. Auch im Himmel arbeiten die Mormonen rastlos für ihre Kirche, indem sie mittels der sogenannten »Totentaufe« die Seelen verstorbener Ungläubiger bekehren. Die Mormonen sind die einzige Religionsgemeinschaft, die ihre Bekehrungsarbeit auf das Leben nach dem Tode ausdehnt. Im Jahre 1995 wurden sie von Vertretern der jüdischen Gemeinschaft aufgefordert, nicht länger jüdische Holocaust-Opfer zum mormonischen Glauben zu »bekehren«. Die Mormonenkirche erklärte sich bereit, die Namen von schätzungsweise 380000 jüdischen Holocaust-Opfern, die die Totentaufe bereits empfangen hatten, aus ihrem Internationalen Genealogischen Index zu streichen.

Der Mormonentempel in Salt Lake City.

Die Totentaufe wird auch weiterhin praktiziert. Je mehr verstorbene Ungläubige ein Mormone für die »Gemeinschaft der Gläubigen« gewinnt, die inzwischen insgesamt 147 Millionen Angehörige zählt, desto näher kommt er seiner letzten Erhöhung zum Gott.

Nur verheiratete, gläubige Ehepaare können die volle Göttlichkeit erlangen. Der Frau ermöglicht die männlich geprägte Theologie eine solche Erhöhung allerdings nur durch Teilhabe an der ewigen Priesterschaft ihres Mannes.

Schließlich empfangen die Rechtschaffenen einen glorreichen Leib, und erhöhte Paare verbringen die Ewigkeit mit schmerzloser – und vielleicht auch lustvoller – Fortpflanzung. Ihre Geistkinder nehmen wiederum körperliche Gestalt an, besiedeln andere Planeten in der Galaxie und tragen so den Mormonenglauben in Gegenden, die vor ihnen noch kein Mensch betreten hat. Alle Mormonen auf allen Planeten beten zu dem ursprünglichen himmlischen Vater und zur himmlichen Mutter.

Wie ist dieses sehr moderne, sehr amerikanische (und sehr an »Star Trek« erinnernde) Szenario, das sich von älteren Himmelsvorstellungen deutlich unterscheidet, entstanden?

Mormonen gab es schon zu Christi Zeiten.
Nach der Theologie der Heiligen der Letzten Tage begründete Jesus zu seinen Lebzeiten auf Erden eine Kirche, die er »Kirche Jesu Christi« nannte und deren Angehörige Heilige genannt wurden. Nach seiner Auferstehung besuchte er den amerikanischen Kontinent und gründete seine Kirche auch dort. Dann fuhr er in den Himmel auf, und der Ärger ging los. Die Angehörigen der ursprünglichen Kirche wurden unbarmherzig verfolgt, ihre Oberen starben, und aufgrund vieler unheilvoller Vorgänge verschwand die Kirche von der Erde. Es folgte die Zeit der »Großen Apostasie«, des Abfalls vom Glauben. Doch Jesus versprach, die Kirche eines Tages wiederherzustellen.

Im Jahre 1820 wurde dem fünfzehnjährigen Joseph Smith (1805-1844) in Palmyra im Bundesstaat New York eine göttliche Vision zuteil. Christus ermahnte ihn durch seinen Engel Moroni, er solle sich keiner Kirche anschließen, da die wahre Kirche noch nicht existiere. Im Laufe des nächsten Jahrzehnts empfing Joseph Smith dann eine Reihe von Offenbarungen, die ihn zum ersten Propheten der neuen Kirche, der »Kirche Jesu Christi der Heiligen der Letzten Tage« machten – im Unterschied zu den »Heiligen der frühen Tage«, die einst verfolgt und ausgerottet worden waren.

Polygamie: »Jakobs Segen«.
Während Joseph Smith sich gern als einen ungebildeten, frommen Jungen darstellte, der in einer Zeit aufwuchs, in der verschiedene Erweckungsbewegungen großen Zulauf hatten, erinnerten sich seine Nachbarn in Palmyra an einen heißblütigen Teenager, einen Schürzenjäger, der einem Freund einmal gestand: »Wenn ich eine schöne Frau sehe, muß ich jedesmal um Gnade flehen.« Jetzt führte er die Polygamie ein, rechtfertigte sie unter dem biblischen Stichwort »Jakobs Segen« und nahm sich selbst an die fünfzig Frauen. Die Polygamie, so predigte er, sei die endgültige Lösung für zwei Grundübel des menschlichen Zusammenlebens: Ehebruch und Prostitution.

Bei aller Toleranz in religiösen Dingen wollte Amerika von der Polygamie nichts wissen. Das republikanische Programm für die Präsidentenwahl von 1856 forderte das Ende der Mehrehe. Der Kongreß erließ entsprechende Gesetze, und zwischen 1885 und 1890 wurden mehr als tausend Mormonen verurteilt. 1890 erklärte der Oberste Gerichtshof der USA die Polygamie für illegal, und zufällig empfing gerade um diese Zeit auch das damalige Oberhaupt der Mormonenkirche, Wilford Woodruff, einen »göttlichen Befehl«, der Mehrehe ein Ende zu machen.

Heute würden die frommen Anhänger der Mormonenkirche dieses Kapitel in ihrer Geschichte am liebsten für immer vergessen – so wie sich die katholische Kirche nur ungern an eine Zeit erinnern mag, in der der Sündenablaß käuflich war.

Die Seele als »Odem des Lebens«: Altes Testament

Das ägyptische Schriftzeichen für die Seele: »Ba«.

Die Israeliten hatten keine Seele. Sie merkten es allerdings nicht – denn der Begriff war noch nicht aufgekommen. Sie wußten nichts von einem spirituellen Bestandteil des menschlichen Körpers, der über den Tod hinaus ewig lebt und, weil er leichter ist als Luft, in die Höhe steigt. Ein Israelit stieg nach seinem Tod in die Unterwelt, den Scheol, hinab, um dort ewig zu schlafen.

Die hebräische Bibel spricht vom »Odem des Lebens«, *nischmat hajjim*:

»Da machte Gott der Herr den Menschen aus Erde vom Acker und blies ihm den Odem des Lebens in seine Nase. Und so ward der Mensch ein lebendiges Wesen.« (1. Mose 2,7)

Aber in der Zeit, als die Genesis geschrieben wurde, etwa zwischen 1400 und 1200 v.u.Z., und noch lange nachher, wurde dieser »Odem des Lebens« nicht als unsterbliche Seele, sondern nur als belebende Kraft aufgefaßt. Auch jene Wörter in den frühen Büchern der hebräischen Bibel, die man mit »Geist« oder »Seele« übersetzt hat, bezeichnen zunächst nur die Persönlichkeit des Einzelnen.

In den späteren Büchern erscheinen jedoch erste Hinweise auf einen Geist, der sich vom Körper ablösen kann. Ein besonders deutlicher im Prediger Salomo:

»Es ist alles aus Staub geworden und wird wieder zu Staub. Wer weiß, ob der Odem des Menschen aufwärts fahre und der Odem des Viehs hinab unter die Erde fahre?« (Prediger Salomo 3,20-21)

Aber die Idee der Seele entwickelte sich eigentlich erst, als man im »Odem des Lebens« eine unabhängige, geistige Wesenheit zu sehen anfing, die den Tod überdauert, die die persönliche Eigenart des Individuums behält und zu Gott, der sie seiner Schöpfung eingehaucht hatte, zurückkehrt. Es waren nicht die Juden, sondern die Griechen, die diesen Schritt taten.

Seele und Unsterblichkeit: Griechenland, 4. Jahrhundert v.u.Z.

Die griechische Vorstellung von der Seele hat die Juden und später auch die Christen nachhaltig geprägt.

Platon schuf im 4. Jahrhundert v.u.Z. die Grundlage. Nach seiner Auffassung ist die Seele der Wesenskern des Menschen, der sich, wenn er aus dem Gefängnis des Leibes befreit ist, kräftigt, ausbildet und vervollkommnet, der gottähnlicher wird und daher in die Höhe getragen wird. Die Seele des Rechtschaffenen steigt zu den Sternen empor und gelangt an einen Ort, den Platon die »Insel der Seligen« nennt.

Für Platon bestand die Seele aus drei Elementen: *Begierde* und *Willen* sind sterblich und gehen mit dem Leib unter; das überlegene Element aber, die *Vernunft*, ist ewig und unvergänglich.

Platon nannte den Wesenskern des Menschen seine *psyche*, ein Substantiv, das sich aus dem griechischen Verb *psychein*, »blasen«, »hauchen«, herleitet. Wir sehen also: die Seele ist der Odem des Lebens und die Verkörperung der Persönlichkeit: Begierde, Willen, Vernunft.

Geschlechtslose Seelen

Philon von Alexandria, ein des Griechischen mächtiger jüdischer Theologe, etwa zwei Jahrzehnte vor Christus geboren, entwickelte die Ideen Platons weiter und ebnete den christlichen Denkern der kommenden Jahrhunderte den Weg, indem er eine einzigartige Synthese aus platonischer Philosophie und biblischer Überlieferung schuf.

Nach seiner Auffassung gibt der Tod der Seele ihren ursprünglichen Zustand vor der Geburt des Menschen zurück; der Geist des Menschen existiert also schon vor seinem Körper, und der Tod ist nichts weiter als die Heimkehr der Seele zu Gott. Da die Seele ihrem Wesen nach der spirituellen Sphäre angehört, ist ihr kurzer Aufenthalt im Körper nach Philons Lehre nur Mühsal: das Leben ist nichts, das Nachleben alles.

Philon räumte ein, daß im verlockenden Labyrinth der dinglichen Welt viele Menschenseelen vom Weg der Tugend abkommen, aber zuletzt erreicht die Seele der Rechtschaffenen doch »ein höheres unsterbliches, körperloses Dasein«. Er ging noch einen Schritt weiter: die Seele ist nicht nur unsterblich und immateriell, sie ist auch geschlechtslos – weder männlich noch weiblich. Sie steigt zum Himmel auf, schließt sich einem Engelschor an und gelangt vielleicht sogar in die unmittelbare Nähe von Gott selbst.

Auch das rabbinische Judentum hat die alte, verschwommene Vorstellung vom »Odem des Lebens« zu dem unmißverständlichen Begriff der »Seele« weiterentwickelt. Diese Lehre wird in einem auf den Talmud zurückgehenden Morgengebet festgehalten:

»Mein Gott! Die Seele, die du mir rein gegeben, du hast sie geschaffen, du hast sie gebildet, du hast sie mir eingehaucht, und du hütest sie in mir, du wirst sie einst von mir nehmen und sie mir wiedergeben in der zukünftigen Welt. ... Gelobt seist du, Ewiger, der die Seelen zurückgibt den toten Leibern.«

Wird die Seele bei der Zeugung eingehaucht?

Jahrhundertelang hat die katholische Kirche gelehrt, die unsterbliche Seele gelange erst mehrere Wochen nach der Zeugung in den Fötus – in den männlichen übrigens früher als in den weiblichen.

Diese Vorstellung geht auf die unrichtige Embryologie des Aristoteles und der griechischen Ärzte zurück. Noch die frühen Kirchenväter vertraten die Ansicht, nach der Zeugung sei der Embryo eine Zeitlang nichts weiter als ein nicht-menschlicher Zellklumpen, dem erst nach und nach Leben und eine Seele eingegeben werde.

Kurz nach dem Konzil von Nicäa (325 u.Z.) faßte der römische Kaiser Flavius Gratianus die damaligen Anschauungen in die Worte: »Der ist kein Mörder, der eine Fehlgeburt herbeiführt, ehe die Seele in den Körper gelangt ist.«

Und wann genau gelangte die Seele in den Körper?

Ein männlicher Embryo wurde vierzig Tage nach der Zeugung Mensch und bekam eine Seele, der weibliche Embryo dagegen erst nach achtzig Tagen.

Diese sexistische Auffassung beruhte auf einem weiteren Mißverständnis. Bis zur Erfindung des Mikroskops im 17. Jahrhundert glaubten Ärzte und Theologen, das Kind entstehe allein aus dem Sperma des Mannes; die Gebärmutter der Frau biete dem Sperma während der Schwangerschaft gleichsam nur eine Unterkunft. Wenn ein Kind seiner Mutter ähnelte, so führte man dies auf den »Einfluß« der Gebärmutter zurück. Das Mikroskop bewies, daß die Mutter einen wesentlichen Beitrag leistet, die Eizelle.

Im 13. Jahrhundert hatte Thomas von Aquin noch gelehrt, vollkommenes Sperma bringe stets männliche Kinder hervor; weibliche Kinder dagegen würden aus mangelhaftem Samen des Vaters hervorgehen. Es kamen auch andere Ursachen für die Entstehung weiblicher Embryos in Frage: Krankheit der Mutter in der Frühphase der Schwangerschaft oder Beischlaf bei kaltem, nassem Wetter.

Die Päpste genehmigen Abtreibungen

Nicht sehr lange vor der Vervollkommnung des Mikroskops durch den Holländer Antonie van Leeuwenhoek (1632-1723) erklärte Papst Gregor XIII. (1572-85), ein studierter Kirchenrechtler, es sei kein Tötungsdelikt, wenn man einen weniger als vierzig Tage alten Embryo abtreibe, da er ja noch nicht menschlich sei.

Papst Gregor XIV. (1590-91): Nicht jede Abtreibung ist ein Tötungsdelikt.

Dagegen nannte Gregors Nachfolger, Sixtus V. (1585-90), in seiner Bulle *Effraenatum* von 1588 jede Abtreibung eine Tötung, für die Ärzte und Eltern mit der Exkommunikation zu bestrafen seien. Doch wenig später verwarf Gregor XIV. (1590-91) die Ansicht von Sixtus wieder wegen allzu großer Strenge und setzte dessen Bulle außer Kraft.

Die Auseinandersetzungen nahmen noch lange kein Ende. 1621 erklärte der am päpstlichen Hof hochangesehene römische Arzt Paulo Zacchia, die Anschauungen des Aristoteles über die Embryonalentwicklung seien Unsinn, das Leben beginne im Augenblick der Zeugung. Trotzdem erklärte der Vatikan die Taufe von weniger als vierzig Tage alten Fehlgeburten noch immer nicht für obligatorisch; es blieb den trauernden Eltern überlassen, ob sie die Seele ihres ungeborenen Kindes von der Erbsünde reinigen wollten oder nicht. Bei einer Fehlgeburt nach mehr als vierzig Schwangerschaftstagen sollte der Fötus vor der Bestattung getauft werden, da man annahm, daß er eine Seele habe.

Noch im 18. Jahrhundert bestritt der bedeutendste Moraltheologe der Kirche, Alfonsus Liguori, der später heiliggesprochen wurde, daß Gott dem Fötus vor dem vierzigsten Tag der Schwangerschaft eine Seele schenke. Eine Abtreibung sei zwar moralisch verwerflich, aber da es unsicher sei, wann die Seele in den Fötus gelange, sei sie unter gewissen Umständen, etwa wenn das Leben der Mutter auf dem Spiel stehe, hinzunehmen.

Im Jahre 1869, ein Jahr bevor er die päpstliche Unfehlbarkeit zum Dogma erhob, wiederholte Pius IX. (1846-78) die Auffassung der Kirche, daß jede Tötung eines Embryos, auch wenn mit ihr das Leben der Mutter gerettet werden soll, eine Todsünde sei und mit Exkommunikation bestraft werden müsse.

In seiner Enzyklika *Casti connubii*, »Über die fromme Ehe«, von 1930 bekräftigte Pius XI. (1922-39) mit dem Hinweis auf das Gebot »Du sollst nicht töten« den Grundsatz, daß der Fötus vom Augenblick der Zeugung an, in dem die Seele in den Leib eintritt, geschützt werden müsse.

Die Haltung, die die Kirche heute zur Abtreibung und zur Heiligkeit des Lebens einnimmt, geht demnach auf die Entwicklung des Mikroskops und ein besseres wissenschaftliches Verständnis der Embryonalentwicklung zurück.

Wird also dem Menschen die Seele bei der Zeugung eingehaucht?

Heute ja.

29. Kapitel
Hölle
Heiß bis heißer

Zu den Missetaten, die eine Bestrafung auch im Jenseits verdienten, gehörten früher Ehescheidung, vorehelicher Geschlechtsverkehr, Ehebruch und Homosexualität. Und heute?

So wie sich die Verfehlungen, die zu ewiger Verdammnis führen, verändert haben (ein Katholik, der um 1950 freitags Rindfleisch aß, stand schon mit einem Bein im Reich der Finsternis), hat sich auch die Vorstellung von der Hölle und davon, wo sie liegt, verändert.

Heute erklären mehr als 60 Prozent aller Amerikaner, sie glaubten an die Hölle, aber weniger als 4 Prozent sind der Ansicht, daß diese Hölle in ihrer eigenen Zukunft vorkommen könnte. Die Hölle ist für die anderen.

Aber welche Hölle? Es gibt nämlich nicht nur eine glutheiße, übelriechende Unterwelt, die alle Bösewichter aufnimmt, sondern von Religion zu Religion sehr unterschiedliche Höllen:

- Die alten Griechen hatten eine ferne Insel, den *Hades*, das Schattenreich der Toten, wo Verlassenheit und Isolation zur Qual wurden.
- Die Israeliten, die lange Jahre durch die Wüste zogen, hatten ihren vergleichsweise erträglichen *Scheol*, eine staubige, trockene Unterwelt, in der die guten wie die schlechten Seelen gemeinsam unter ständigem Durst litten.
- Die Unterwelt der nordischen Mythologie, Niflheim, war ein von Sturmwinden umtobter, eiskalter Ort inmitten undurchdringlicher Finsternis.
- Die christliche Hölle machte, wie wir noch sehen werden, vielfältige Wandlungen durch und wurde schließlich der schlimmste Höllenschlund von allen: ein Reich der Grausamkeit, ein Glutofen körperlicher Folter und seelischer Qualen. Die Nachfolger Christi trieben geradezu einen Kult mit der Verdammnis, von dem sich Maler und Dichter zu Meisterwerken von großer visionärer Kraft inspirieren ließen: Man denke an die Bilder von Hieronymus Bosch, an Dantes *Inferno*, Goethes *Faust* oder die Dichtungen William Blakes, um nur einige zu nennen.

Hades, der griechische Gott der Unterwelt.

Das Tal Gehinnom wird »Hölle«: 1. Jahrhundert u.Z.

Eine verrufene Schlucht südlich von Jerusalem, das Tal Gehinnom, verschaffte der Hölle einen ihrer Namen. Und ein heidnischer Kult, bei dem dort auf einem steinernen Altar Kinder als Brandopfer dargebracht wurden, verschaffte ihr den feurigen Charakter.

Die Israeliten verabscheuten die Kinderopfer ihrer Nachbarn, vor allem jene, die dem gierigen Gott Moloch gewidmet waren. Im 2. Buch der Könige (3,26-27) erfahren wir, daß der König der Moabiter, als er in einer Schlacht zu unterliegen drohte, seinen ältesten Sohn zum Brandopfer hingab, was die Israeliten so erzürnte, daß sie ihren fast sicheren Sieg fahren ließen, »von ihm abzogen und in ihr Land zurückkehrten«.

Es gibt in der Bibel allerdings auch einen Ausnahmefall, in dem ein Kind dem Gott Israels geopfert wird. Im Buch der Richter (11,30) bringt Jephthah seine einzige Tochter zum Brandopfer dar und erfüllt damit ein Gelübde, das er Gott für den Fall eines Siegs im Kampf gegen die Ammoniter im Jahre 1143 v.u.Z. gegeben hatte. Die Geschichte wird ohne Kommentar und ohne Wertung erzählt.

Dennoch, die Gesetze des Moses verurteilten Kinderopfer unmißverständlich, und im 7. Jahrhundert v.u.Z. zerstörte König Josia die heidnische Kultstätte im Tal Gehinnom. Nachher wurde dieser schwarzverkohlte Flecken Erde zur Müllkippe und zum Schindanger, auf den man die Überreste geschlachteter Tiere und hingerichteter Verbrecher warf. Aus hygienischen Gründen wurden das Aas und die Leichen regelmäßig verbrannt, so daß dem Tal sein Ruf als Höllenloch erhalten blieb.

Die jüdischen Propheten wetterten weiterhin so heftig gegen die früheren Greuel von Gehinnom, daß die Brand- und Feuerstelle im Laufe der Zeit zur Metapher für jenen Ort wurde, an dem Gott die Bösen ewig straft.

Wortursprung.

Das hebräische Wort »Gehinnom« wurde in der griechischen Bibel, der Septuaginta, mit *gehenna* übersetzt und später in deutschen Bibeln mit »Hölle«. Dieses Wort (wie das englische *hell)* geht auf die indogermanische Wurzel *-kel* = »verbergen«, »verhehlen« (!), zurück. In der nordischen Mythologie, die älter als das Christentum ist, war Hel die Todesgöttin und zugleich eine Bezeichnung für die Unterwelt.

Hels Vater war übrigens Loki, der eines Tages ungeladen zu einem Festmahl von zwölf Göttern kam, bei dem dann Baldr, der Gott des Lichtes und der Freude, getötet wurde. So wurde die Zahl Dreizehn in der nordischen Mythologie zur Unglückszahl und zum Auslöser der »Triskaidekaphobie«, der Angst vor der »13«. Die Hölle und die Angst vor der »13« stammen also aus derselben mythologischen Familie.

Die islamische Hölle – »Jahannam« oder »Höllenfeuer«

Der Islam übernahm die Jenseitsvorstellung des Zoroastrismus (siehe *Himmel*) und verband sie mit jüdischen und christlichen Elementen. *Jahannam*, wörtlich »Höllenfeuer«, ist eine direkte Ableitung von dem griechischen Wort *gehenna* und dem hebräischen Gehinnom.

Diese Hölle ist ein riesiger Feuerkrater unter der schmalen Brücke, die alle Seelen auf dem Weg ins Paradies überqueren müssen. Die Verdammten stürzen hinunter und erleiden unten Höllenqualen, solange es sich Allah nicht anders überlegt und eingreift.

Die islamische Hölle wird im Koran nur in Andeutungen geschildert. Mohammed hat sich nie klar über sie geäußert. Gelegentlich nimmt sie Züge eines phantastischen Ungeheuers an, das Gott nach Belieben herbeirufen kann, um Sünder zu peinigen. Anderswo erscheint sie als ein Feuerschlund tief unter der Erde.

Der muslimische Theologe Al Ghazali (1058-1111) sieht in der Brücke nichts weiter als ein Gleichnis für den schmalen, geradlinigen Pfad, auf dem der Gläubige zu Gott gelangt. Die Strafe in der Hölle ist nicht unbedingt ewig; jeder Sünder kann erlöst werden, wenn Allah es so will.

Eine andere muslimische Vorstellung malt sich die Hölle als einen Ort aus, an dem der Seele die sexuelle Begierde des Körpers in aller Heftigkeit erhalten bleibt, während sie doch über kein geeignetes Organ mehr verfügt – die Hölle als ewig unerfüllte Geilheit.

Die christliche Hölle: Lukas, 65 u.Z.

Der erste christliche Schriftsteller, Paulus, hat die Hölle nie erwähnt. Er ist Jesus nicht begegnet, aber seine Briefe sind noch vor dem ersten Evangelium, dem des Markus, entstanden. Paulus verdammte die Hurer, die Trunkenbolde, die Diebe und die Homosexuellen, aber er verdammte sie nicht in die feurige Hölle. »Der Sünde Sold ist der Tod«, so schreibt er (Römer 6,23) und meint damit Vernichtung und Vergessenheit, nicht ewiges Leiden.

Lazarus vor der Tür des Reichen.

Markus, der nächste christliche Berichterstatter, spricht von »ewiger Verdammnis« für diejenigen, die den Heiligen Geist verspotten. Er erwähnt die Hölle, als Jesus seine Jünger vor Verleumdung und »Ärgernis« warnt: »Es ist dir besser, daß du als ein Krüppel zum Leben eingehest, als daß du zwei Hände habest und fahrest in die Hölle, in das ewige Feuer.« (Markus 9,43)

Die erste ausführlichere christliche Geschichte, in der es um die Hölle geht, findet sich bei Lukas, dem Reisegefährten des Paulus, der sein Evangelium mehr als drei Jahrzehnte nach Christi Tod aufschrieb. Jesus erwähnt die Hölle in seinem Gleichnis von dem Reichen, der dem Armen vor seiner Haustür keine Beachtung schenkt und dann, nachdem er selbst gestorben ist, erkennen muß, daß dieser Lazarus in »Abrahams Schoß« ruht. Abraham wiederum gehört vermutlich zum Gefolge des Herrn. Deshalb ruft der Reiche verzweifelt nach Rettung aus seinen Feuerqualen und bittet Abraham, den Lazarus zu ihm kommen zu lassen, »daß er das Äußerste seines Fingers ins Wasser tauche und kühle meine Zunge; denn ich leide Pein in dieser Flamme.« (Lukas 16,24)

Die Lehre lautet: Gute Seelen kommen in Abrahams Schoß, die bösen ins Feuer. Besonders anschaulich ist die Schilderung der Hölle bei Lukas aber dennoch nicht.

Matthäus und die Offenbarung des Johannes.

Matthäus, der sein Evangelium etwa zehn Jahre nach Lukas schrieb, wurde als erster etwas ausführlicher. Immer wieder betont er, daß die Hölle existiere, daß sie die reine Qual und den Verdammten vorbehalten sei: »... und die da Unrecht tun ... werden sie [die Engel] in den Feuerofen werfen; da wird Heulen und Zähneklappen sein« (Matthäus 13,42); oder: »Ihr Schlangen, ihr Otterngezüchte! Wie wollt ihr der höllischen Verdammnis entrinnen?« (Matthäus 23, 33); oder Sünder werden verstoßen »in das ewige Feuer, das bereitet ist dem Teufel und seinen Engeln«. (Matthäus 25,41)

Noch lebhafter werden die Schilderungen in der apokalyptischen Offenbarung des Johannes. Er beschreibt, wie wir schon gesehen haben, einen dramatischen Kampf zwischen den kosmischen Kräften des Bösen und des Guten, zwischen Himmelreich und Hölle. Die Hölle entfesselt Drachen, Schlangen, Armeen dunkler Engel, Heuschreckenplagen, Erdbeben und Hagelschlag, und Satan mit seinen Geistern ist verantwortlich dafür, daß zwei Drittel der Menschheit niedergemetzelt werden.

Ewige Verdammnis: das Konzil von Konstantinopel, 553 u.Z.

Ist die Verdammnis ewig?

Die frühen Kirchenschriftsteller waren unschlüssig. Clemens von Alexandria äußerte Bedenken gegen die Idee der ewigen Sündenstrafe. In seinen *Stromata* (Vermischte Abhandlungen) argumentiert er: Gott bestraft nicht, sondern erzieht – wenn nötig auch durch ein bißchen Quälerei. Für Clemens war das Höllenfeuer seinem Wesen nach »therapeutisch«.

Andere Autoren, etwa Justin der Märtyrer, Irenäus und Arnobius, vertraten die Ansicht, die größte Höllenqual bestehe in der Entfremdung und Ferne des Sünders von Gott. Das kommt einer modernen Auffassung sehr nahe. Ihr zufolge wimmelt es in der Hölle nicht von grausigen Gespenstern. Vielmehr sind dort lauter betrübte Leute versammelt, die unter Heulen und Zähneknirschen darüber klagen, daß sie der beseligenden Anschauung Gottes nicht teilhaftig werden können.

Die frühen Theologen, etwa Origines, beunruhigte der Gedanke, daß eine immerwährende Bestrafung nichts anderes bedeutete, als daß der Sünder den Willen Gottes offenbar durchkreuzt habe, denn Gottes Wille war es schließlich, daß alle Menschen gerettet würden und zur Wahrheit gelangten. Wenn also die Hölle ewig war und die Sünder nicht nach einer gewissen Zeit des Leidens erlöst wurden, dann war Gottes Wille nicht in Erfüllung gegangen. So entstand die Vorstellung, die Zeit, die der Sünder in der Hölle verbringen müsse, stünde in einem direkten Verhältnis zur Schwere der Sünden, die auf seiner Seele lasteten. Eine Seele mit geringen Flecken würde in einem kurzen Augenblick gereinigt; die Läuterung einer vom Laster geschwärzten Seele dagegen konnte Wochen und Jahre in Anspruch nehmen. Die Hölle war eine Art Gebläseofen, der die Sünde ausbrannte.

Origenes ahnte es zwar nicht – aber mit diesen Überlegungen schuf er die Grundlage für die christliche Vorstellung vom Fegefeuer, dem wir uns im nächsten Kapitel zuwenden werden.

Der entschiedenste Verfechter der dauerhaften Verdammnis war Augustinus. Die Hölle sei ewig, meinte er, und diese Auffassung setzte sich durch. Das Konzil von Konstantinopel verurteilte die Vorstellung von der universellen Erlösung und macht sich die Idee der ewigen Verdammnis zu eigen. Schluß der Debatte.

Im Katechismus der katholischen Kirche aus dem Jahre 1995 kann man lesen, daß die Seelen derer, die im Zustand der Todsünde sterben, »sofort in den Feuerofen« absteigen und daß »die wichtigste Höllenstrafe die ewige Trennung von Gott« ist. Die Kirche »bekräftigt die Existenz der Hölle und ihre Ewigkeit«.

Nach der Vorstellung des Origines würde sich die Hölle nach und nach leeren; sogar Satan würde zuletzt als gehorsamer Diener zu Gott zurückkehren. Nach vorherrschender christlicher Auffassung nimmt jedoch die Zahl der Missetäter, die sich in der Hölle drängen, immer mehr zu – ähnlich wie in unseren Haftanstalten.

Bestimmt Gott manche Menschen im voraus für die Hölle? – Das Konzil von Orange, 529 u.Z.

Ist es grausam, wenn ein von Grund auf gütiger, von Grund auf gerechter Gott für einige seiner Geschöpfe die ewige Verdammnis vorsieht? Diese Frage wurde erst fünfhundert Jahre nach Christi Tod geklärt.

Die biblische Grundlage für die Prädestinationslehre ist die Persönlichkeitsspaltung, die den Gott Abrahams kennzeichnet und auf die wir in einem früheren Kapitel schon hingewiesen haben.

1. Das Alte Testament beschreibt einen rachsüchtigen Gott, der die Menschen mit Plagen und Leiden straft, ohne zwischen Tugendhaften und Bösen zu unterscheiden. Manchmal schlägt sich dieser launische Gott sogar auf die Seite der Übeltäter. »Gottes Wege sind wunderbar«, lautet das einschlägige Sprichwort.

2. In der Heiligen Schrift wacht Gott gelegentlich über Aktionen, die seinen eigenen Absichten scheinbar zuwiderlaufen. So bringt der Widerstand des Pharaos gegen Moses den Plan Gottes voran, der auf die Festigung der jüdischen Religion zielt; der Verrat des Judas an Jesus fördert Gottes Plan, der auf die Kreuzigung und die Errichtung des Christentums hinausläuft. Gott errichtet Straßensperren und erreicht sein Ziel, indem er sie umfährt.

So gelangten die frühen Christen zu dem Schluß, daß es Gott mit manchen

Menschen nicht besonders gut meine; einige seien dazu geschaffen, den anderen im Wege zu sein. Es schien, daß Gott das letzte Schicksal jedes einzelnen im vorhinein bestimmte und manche Menschen dann in die Falle tappen ließ. Der heilige Paulus sah das so (Römer 8-11), Matthäus (20,23) und Johannes (6,44-45,66) ebenfalls.

Erst im 4. Jahrhundert wandten sich die sogenannten Apologeten gegen diese Auffassung; und selbst damals unternahm Augustinus noch einen Gegenangriff.

Er erklärte, Gott wähle bestimmte Menschen zur Bekehrung aus, gewähre ihnen die Kraft, zu glauben und gute Werke zu tun, und leite sie auf diese Weise zur Glückseligkeit. Der einzelne könne sich seine Erlösung nicht als Verdienst anrechnen, denn nach Adams Sündenfall könne nur noch Gottes Barmherzigkeit Erlösung gewähren. Diese Überlegung bescherte Augustinus eine Menge Ärger.

Im Jahre 529 klärte das Konzil von Orange diese Frage. Es stellte fest, Gott wähle tatsächlich bestimmte Individuen für den christlichen Glauben aus, ohne Rücksicht auf ihr persönliches Verdienst. Auch Schurken können unter den Erwählten sein. Nachher ist es Sache jedes einzelnen, für sein Seelenheil zu sorgen. Jeder Mensch besitzt einen freien Willen. Gott leistet Beistand zu Erlösung, aber er geleitet die Auserwählten nicht durch das Himmelstor.

Das Konzil von Trient bekräftigte 1547 die Auffassung, daß Gott niemanden für die Hölle vorbestimmt. Durch Beten kann der Gläubige die Barmherzigkeit Gottes erflehen, der nicht will, »daß jemand verloren werde, sondern daß sich jedermann zur Buße kehre«. (2. Petrus 3,9)

Höllenfahrten

Horrorgeschichten waren früher so faszinierend, wie sie es heute sind, und es ist unverkennbar, daß sie im frühen Christentum eine erste Konjunktur erlebten. Apokalypsen unter falschen Autorennamen tauchten auf, angeblich von Propheten des Alten Testaments oder von den Aposteln Jesu Christi verfaßt, in denen die Schrecken und Schauer der Verdammnis in grellen Farben ausgemalt wurden. Die Christen litten unter den Verfolgungen, und jemand mußte sie daran erinnern, daß ihnen noch grausamere Qualen bevorstanden, wenn sie nachgaben und vom Glauben abfielen.

Eine »Apokalypse des heiligen Paulus« tauchte auf, die dreihundert Jahre nach dem Tod des Paulus verfaßt worden war. Auch eine »Apokalypse der Jungfrau«, die jedenfalls nicht von der Hand Marias stammt. Ein gemeinsames Merkmal dieser Traktate ist die blutrünstige Schilderung eines Rundgangs durch den Hades. Die Hölle war höllisch. Besser, man nahm das Martyrium für den Glauben auf sich und kam direkt in den Himmel.

Die pornographische Hölle.
Sex war in früheren Zeiten nicht weniger faszinierend als heute, und es ist nicht übertrieben, wenn man sagt, daß die apokalyptischen Darstellungen in dieser Beziehung im Mittelalter außer Kontrolle gerieten. Illustrierte Bücher über die Hölle und ihre Qualen nahmen einen geradezu pornographischen Charakter an.

Voyeuristische, sadistische Illustratoren mit skatologischen Vorlieben schufen Zeichnungen und Kupferstiche von einer Hölle, die selbst de Sade beeindruckt hätte. Nackte Männer und Frauen in wildem Drunter und Drüber, Männergesichter über Frauenschößen und Brüsten in unverkennbar erotischer Annäherung. Ein gehörnter Satan macht sich über eine dralle Frau her, der – ist es Qual oder Ekstase? – die Sinne schwinden. Nur eine dieser Höllenfahrten ist noch heute ein Bestseller, die von Dante.

Dantes Inferno: 1310-1314

Ihren Höhepunkt erreicht die künstlerische Auseinandersetzung mit der Hölle in Dante Alighieris *Inferno*, dem ersten Teil seiner *Divina Commedia* oder *Göttlichen Komödie*. Hier entwirft Dante eine von Seufzern erfüllte Höllenlandschaft mit Ausblicken, Geräuschen und Gerüchen. Die beiden anderen Teile des Werkes sind mit *Purgatorio* und *Paradiso* überschrieben: »Fegefeuer« oder »Läuterungsberg« und »Paradies«.

Dieses epische Gedicht erzählt davon, wie Dante, in der Begleitung Vergils, der die höchste Kraft menschlicher Erkenntnis verkörpert, durch einen tiefen, dunklen Wald in die Kreise der Hölle, des Hades hinabsteigt, wo am tiefsten Punkt Luzifer sitzt. An ihm vorbei erreichen die beiden Besucher den Berg der Läuterung, das Purgatorium, das sich als Insel auf der anderen Seite der Welt aus dem Ozean erhebt. Hier erleben sie, wie bußfertige Sünder durch allerlei Qualen von ihrer Vergangenheit geläutert werden. Vor dem Himmelstor nimmt Vergil Abschied von Dante: Menschliche Erkenntnis hat hier keinen Zutritt. Im Himmel begegnet Dante der schönen Beatrice, dem

Sinnbild der göttlichen Mysterien. Zuletzt darf er sogar einen Blick auf die glorreiche Gestalt Gottes werfen.

Dantes Werk, das im 19. Jahrhundert von Gustave Doré mit schaurig-schönen Illustrationen versehen wurde, hatte eine so tiefe Wirkung, daß der Ausdruck »Inferno« (französisch: *enfer*) zeitweise auch im Englischen zu einem Synonym für »Hölle« wurde. *Inferno* ist abgeleitet aus dem lateinischen *infernum* = »das Untere«.

Im Kapitel über das Fegefeuer werden wir auf Dantes Meisterwerk noch einmal zurückkommen.

Die reformierte Hölle: 16. Jahrhundert u.Z.

Mit dem Anbruch der Reformation spaltete sich die Christenheit, und diejenigen, die sich von der katholischen Kirche ablösten, spalteten sich wiederum, zunächst vor allem in Lutheraner und Kalvinisten.

In Europa wurde der lutherische Protestantismus in Norwegen, Schweden, Finnland und Dänemark Staatsreligion – und auch zwei Drittel der Menschen auf dem Gebiet des heutigen Deutschland bekannten sich zwischen 1520 und 1570 stolz zu Luther. Der Kalvinismus wurde eine Zeitlang zur bestimmenden Theologie innerhalb der Anglikanischen Kirche.

Die Vorstellung von der Hölle entwickelte sich unter diesen Voraussetzungen ebenfalls in unterschiedliche Richtungen. Über die Hölle Luthers wachte ein Gott, den der Mensch fürchten, aber nicht unbesorgt und aus ganzem Herzen lieben konnte. Die Hölle Calvins war von einem Gott geschaffen, der über das traurige Schicksal mancher Leute schon längst befunden hatte. Und in Rom malte ein zorniger Papst die Hölle in immer glühenderem Rot, um den Exodus der Abtrünnigen einzudämmen.

Die Versuchung des heiligen Antonius.

Das *Luthertum* wurzelt in der *Sola-fide*-Lehre: Das Heil des Menschen liegt allein in seinem Glauben. Als junger Mann hatte Martin Luther in einem Offenbarungserlebnis begriffen, was die Gerechtigkeit Gottes bedeutete: »›Der Gerechte lebt aus dem Glauben.‹ Nun fühlte ich mich ganz und gar neugeboren und durch offene Pforten in das Paradies selbst eingetreten.«

Der *Kalvinismus* gründet auf der *Sola-scriptura*-Lehre: Das Heil des Menschen erwächst aus der Heiligen Schrift. Religion ist göttliche Offenbarung.

Diese Darstellung ist etwas vereinfacht, denn es gibt zwischen den beiden Glaubensrichtungen auch vielfältige Überschneidungen. Es zeigt sich hier aber, wie sehr die Reformation die Bedeutung des Glaubens und des Evangeliums hervorhebt und über die theologischen Konstrukte und Argumentationen stellt, die die römische Hierarchie aus Priestern und Papst errichtet hatte.

Wie Lutheraner an der Hölle vorbeikommen: Zeit nach dem 16. Jahrhundert

Zu Beginn seiner Priesterlaufbahn hatte Martin Luther auch den Augustinus studiert, und er hatte ihn so verstanden, daß allein Gott die Menschen vor der Verdammnis retten könne. Das Seelenheil wurde im wesentlichen zwischen dem einzelnen und seinem Schöpfer ausgemacht. Die römische Kirche, so Luther, hatte sich mit ihrer Hervorhebung der Mittlerrolle der Heiligen, der Jungfrau Maria und der Priester selbst in ganz verkehrter Weise zwischen den Gläubigen und Gott gedrängt.

Luther kam schließlich zu der Ansicht, die Kirche sei eine durch und durch falsche Institution, der Papst sei »vom Satan besessen« und der Heilige Stuhl ein »Thron des Antichrist«. Nur zwei Sakramente hatten seiner Meinung nach eine Grundlage in der Bibel und waren daher gültig: Taufe und Abendmahl. (*Siehe* Sakramente)

Obendrein, so Luther, hatte die Kirche die Idee der Hölle absichtlich verfälscht, hatte ihr einen milderen, freundlicheren Ort an die Seite gestellt, den Reinigungsort, das Fegefeuer, eine gemäßigte, zeitlich begrenzte, für lauwarme Sünder bestimmte Hölle, die sich aus der Bibel nicht begründen ließ. Dagegen erklärte Luther, die Hölle sei in ihrer Schrecklichkeit ewig. Das Fegefeuer sei nur ein betrügerisches Hirngespinst, ein Aberglaube, aus dem Rom durch den Verkauf von Ablässen, die die Zeit des Sünders im Fegefeuer angeblich verkürzen könnten, klingende Münze schlage.

Tatsächlich hatten damals viele den Eindruck, die römische Kirche gebe einem verstockten reichen Sünder die Möglichkeit, sich von der Hölle loszukaufen und mit Hilfe seines Geldes in die Gnade Gottes zurückzukehren. Ein Edelmann, der es auf dem Sterbebett plötzlich mit der Angst zu tun bekam, mochte wohl geneigt sein, der Heiligen Mutter Kirche seine Güter zu vermachen, wenn ihm dafür das Seelenheil garantiert wurde. (*Siehe* Ablässe, Fegefeuer) Luther indessen war der Meinung, nur Gott könne durch sein Eingreifen die Seele eines Menschen retten.

In seinen Augen standen Mann und Frau als Kinder des sündigen Adam unter der Macht Satans. Der freie Wille sei keine Kraft, mit der sich der Mensch auf die Gerechtigkeit vorbereiten oder auch nur nach ihr streben könne, erklärte Luther. Aber wie kommen evangelische Christen dann überhaupt am ewigen Feuer vorbei? Der gefallene Mensch, so Luther, hört nicht auf, ein vernünftiges Wesen zu sein, das bis zu einem gewissen Grad imstande ist, zwischen Gut und Böse zu unterscheiden, sogar manches aus freien Stücken zu tun und anderes zu unterlassen. Gott sieht das Bemühen des Menschen mit Wohlgefallen, und wenn der Gläubige sich bemüht, gut zu sein, kann er, allerdings allein durch Gottes Barmherzigkeit, auch erlöst werden.

Calvins Hölle: Zeit nach dem 16. Jahrhundert

Johannes Calvin ging mit seiner strengen Prädestinationslehre (lateinisch: *prä* = »vor«, »vorher« + *destinatio* = »Bestimmung, Schicksal«) noch sehr viel weiter als Martin Luther, indem er die Entscheidung darüber, wer in die Hölle komme, ganz in die Hand Gottes legte.

»Manche Menschen sind zum ewigen Leben prädestiniert«, so lautete die kalvinistische Doktrin, »und anderen ist der immerwährende Tod vorbestimmt.« Jesus Christus erlitt den Kreuzestod also nicht für alle Menschen, sondern nur für einige Auserwählte. Erlösung durch Gebet, Ablaß oder Beichte auf dem Sterbebett kann man sich aus dem Kopf schlagen; wer im Weltplan des Herrn für die Hölle vorgemerkt ist, den rettet nichts, es sei denn eine Begnadigung in letzter Minute durch Gott selbst.

Calvin predigte, das Wesen des gefallenen Menschen sei »ganz ohne Güte« und daher »Gott verhaßt und ein Greuel«. Der menschliche Wille ist nicht frei, aber Gottes Gnade ist unwiderstehlich. Die Menschen müssen durch das Gebet nach ihr streben. Die Sakramente sind Kanäle der göttlichen Gnade, aber nur für die Auserwählten. Eine Priesterhierarchie lehnte Calvin grundsätzlich ab.

Aus den nachgelassenen Tagebüchern und Autobiographien von kalvinistischen Puritanern wird ersichtlich, wie sehr sie die Angst umtrieb, sie könnten nicht erlöst werden. Häufig unterwarfen sie sich schweren Erniedrigungen, um bei Gott Gnade zu erlangen, und ihr Lebensgefühl schwankte oft heftig zwischen äußerster Verzweiflung und beseligter Euphorie. Die Vorstellung von Hölle und Verdammnis, der sie solches Gewicht beimaßen, trieb viele von ihnen in tiefe Verzweiflung; Selbstmorde scheinen häufig gewesen zu sein. Die Puritaner gaben die Schuld hieran wiederum Satan, der in ihrem Leben so allgegenwärtig war wie Gott.

Durch Calvin füllte sich die Hölle rasch. Heute haben die kalvinistischen Sekten die Lehre von der absoluten Prädestination allerdings stark abgemildert.

Die Hindu-Hölle – nur eine Station auf einer langen Reise: Indien, 1500 v.u.Z.

Während die westlichen Religionen und vor allem das Christentum von der Idee der Hölle geradezu besessen sind, bereitet den östlichen Religionen der Gedanke an die Ewigkeit keinen allzugroßen Kummer. Ihr Glaube an die Reinkarnation läßt die Vorstellung von einem einzigen Leben auf der Welt und einem einzigen Leben nach dem Tod gar nicht zu.

Im Hinduismus ist die Hölle nur ein Zwischenhalt auf der langen Reise der Seele zur spirituellen Vervollkommnung. Tatsächlich gibt es in der Unterwelt des Hinduismus mehr als zwanzig Höllen. Da der Hindu immer aufs neue »wiederverkörpert« wird, kommt der Zeit, die er in der Hölle zubringt, keine große Bedeutung zu. Irgendwann wird die Seele in die Welt zurückkehren und ein neues körperliches Leben beginnen, auch wenn vielleicht viele irdische Lebensalter vergehen, bis es zu dieser Wiedergeburt kommt.

Hindugötter und der Zyklus der Reinkarnation.

Die Hindu-Hölle ähnelt in mancher Hinsicht der »therapeutischen« Hölle des Clemens von Alexandria, der sich mit seiner Vorstellung bei den christlichen Theologen nie durchsetzen konnte.

Die chinesische Hölle: 2. Jahrhundert u.Z.

Die chinesische Hölle beruht auf buddhistischen Vorstellungen, die durch Elemente der taoistischen Philosophie ergänzt und durch die Idee der Reinkarnation abgemildert wird.

Im Augenblick seines Todes wird der Mensch von Botengeistern zum »Gott der Mauern und Gräben«, Cheng Huang, geleitet. Dieser Gott gewährt dem Verstorbenen zunächst eine Anhörung über seine guten und seine bösen Taten. Der überaus Tugendhafte darf dann sogleich in eines der vielen buddhistischen Paradiese eintreten, etwa das auf dem Kun-lun-Gebirge, wo sich die taoistischen Unsterblichen aufhalten; die nicht ganz so Tugendhaften treten in den Hof der Hölle und werden sofort wiedergeboren, auf daß sie ihre Seele in der materiellen Welt vervollkommnen.

Der demütige Sünder schlägt einen anderen Weg ein. Nach neunundvierzig Tagen im Grab steigt er in das Reich der »Tiefen Hölle« am Fuß des Berges Meru. Hier muß er zur Vorbereitung auf seine Wiedergeburt in der materiellen Welt eine Zeitlang läuternde Strafen über sich ergehen lassen. Zuletzt trinkt er den »Trank des Vergessens«, vergißt seine Vergangenheit und klettert dann auf das Rad des Übergangs, das ihn in die nächste Phase seines irdischen Daseins dreht. Jeder bekommt hier eine zweite Chance. Auch eine dritte und eine vierte.

Die japanische Hölle: 6. Jahrhundert u.Z.

Die japanische, vom Buddhismus inspirierte Hölle besteht aus acht heißen und acht kalten Stufen tief unter der Erde. In ihr regiert Emma-o, der Gott des Todes, der die Taten der Toten anhand eines Registerbuches, in dem ihre Sünden aufgeführt sind, beurteilt. Ihn unterstützen zwei Köpfe ohne Körper, der eines Mannes und der einer Frau, die auf zwei Säulen zu beiden Seiten neben ihm liegen. Der Frauenkopf, Sinnbild der Eingebung, heißt Miru-me und kann bis in das geheimste Innere des Sünders blicken. Der Männerkopf, Kagu-hana genannt, kann alle Missetaten, die jemand in seinem Leben begangen hat, aufspüren.

Die Verdammnis ist nicht ewig. Die Bösen werden für einen bestimmten Zeitraum, der durch die Gebete der Lebenden abgekürzt oder abgemildert werden kann, zu einer läuternden Bestrafung verurteilt. In dieser Hinsicht ähnelt die japanische Hölle dem katholischen Fegefeuer. Auch dort können die Lebenden durch ihr Gebet die Leiden verstorbener Angehöriger und Freunde verkürzen und ihren Eintritt in den Himmel beschleunigen. Was dabei zu beachten ist, wollen wir im nächsten Kapitel näher untersuchen.

30. Kapitel
Fegefeuer
Göttliche Komödie bis Ablaßhandel

Die katholische Definition

Das Fegefeuer ist nach katholischer Lehre ein dritter Ort im Jenseits, dem Himmel näher als der Hölle.

Das Fegefeuer – auch »Reinigungsort«, lateinisch: *purgatorium* genannt – ist der zeitweilige Aufenthalt der Seelen, die im Zustand der Gnade sterben, aber noch nicht frei von allen Unvollkommenheiten sind. Im Fegefeuer werden sie einer läuternden Bestrafung unterzogen, die länger oder kürzer, leichter oder schwerer ausfallen kann. Hier büßt die Seele für läßliche Sünden, die im Augenblick des Todes nicht vergeben waren, sowie für läßliche Sünden und Todsünden, die auf Erden zwar gebeichtet und vergeben waren, aber doch noch einen Makel auf der Seele hinterlassen haben. Nur einer vollkommen geläuterten Seele wird der Eintritt in den Himmel gestattet.

Die Theologie des Fegefeuers ist verwickelt und wird selbst von Pfarrern und Priestern oft nicht verstanden. Zum Beispiel: Brennt dort wirkliches Feuer? Leiden die Seelen Schmerzen? (Können körperlose Geistwesen überhaupt Schmerz empfinden?) Wie lange dauert die läuternde Qual? Gelangt die Seele, nachdem sie geläutert ist, direkt aus dem Fegefeuer in den Himmel? Diesen Fragen werden wir uns im folgenden zuwenden.

Beginnen wir wie in den voraufgegangenen Kapiteln mit einem Blick auf das, was die Juden und ihre Heilige Schrift zum Thema sagen.

Das jüdische Fegefeuer – ein Zwischenhalt in der Hölle: 2. Jahrhundert v.u.Z.

Es gibt in der Bibel zwar keine direkten Ausführungen über das Fegefeuer, aber die Vorstellung als solche rührt aus dem Vertrauen der Juden in den Gerechtigkeitssinn Gottes.

In dem Jahrhundert vor Christi Geburt glaubten die Juden, über jeden Menschen werde nach seinem Tod gemäß dem, was er in seinem Leben getan hat, ein Urteil gefällt, und Freunde wie Angehörige könnten – und sollten –

dafür beten, daß den Seelen der Verstorbenen die Barmherzigkeit Gottes zuteil werde.

Die einzige Stelle im Alten Testament, auf die sich die Lehre vom Fegefeuer gründen läßt, findet man im zweiten Makkabäer-Buch (12,39-46), das um die Mitte des 2. Jahrhunderts v.u.Z. geschrieben wurde und nur in der katholischen, nicht dagegen in der hebräischen oder der protestantischen Bibel als kanonisch gilt:

»Weil er aber bedachte, daß die, so im rechten Glauben sterben, Freude und Seligkeit zu hoffen haben, ist es eine gute und heilige Meinung gewesen. Darum hat er auch für die Toten gebeten, daß ihnen die Sünde vergeben würde.« (2. Makkabäer 12,45-46)

Mit anderen Worten, Gebet und Opfer für die Toten können deren Seelen erlösen – aber erlösen wovon? Die Juden waren sich nicht sicher, wohin die Seelen zu ihrer Läuterung wanderten. Vielleicht in die Hölle? Diese Unklarheit bereitete ihnen allerdings keinen großen Kummer. Sie haben nie eine ausführliche Theologie des Fegefeuers entwickelt, wie es später die Christen taten.

In der rabbinischen Literatur des 1. Jahrhunderts machen die Seelen der Verstorbenen einen kurzen Halt in der Gehenna oder Hölle, wo sie gereinigt werden, ehe sie ihren Weg in den Himmel fortsetzen. Manche Rabbis leiteten diese Deutung aus den Worten des Propheten Sacharja ab:

»Und ich will den dritten Teil durchs Feuer gehen lassen und läutern, wie man Silber läutert, und ihn prüfen, wie man Gold prüft.« (Sacharja 13,9)

Die theologische Schule des Rabbi Schammaj lehrte ausdrücklich, daß die Seele ihre Sünden im Feuerofen der Hölle abbüßt.

Die christlichen Evangelisten nahmen dieses Motiv erstaunlicherweise nicht auf. Jedenfalls nicht direkt.

Das christliche Fegefeuer: Hinweise im Neuen Testament

Die katholische Kirche stützt ihre Lehre vom Fegefeuer heute vor allem auf vier Stellen im Neuen Testament. All diesen Hinweisen auf einen »dritten Ort«, an dem die Sünden abgebüßt werden, fehlt es allerdings so sehr an Klarheit, daß Martin Luther sie nicht gelten lassen mochte.

• »... aber wer etwas redet wider den heiligen Geist, dem wird's nicht vergeben, weder in dieser noch in jener Welt.« (Matthäus 12,32) Und: »Du wirst nicht von dannen herauskommen, bis du auch den letzten Heller bezahlest.« (Matthäus 5,26) Diese Formulierung ist noch die deutlichste von allen: Mit »von dannen« soll das Fegefeuer gemeint sein.

• »Der Herr gebe ihm, daß er finde Barmherzigkeit bei dem Herrn an jenem Tage.« (2. Timotheus 1,18) Dieser Satz stammt aus dem Gebet des heiligen Paulus für Onesiphorus, und er scheint auf einen »dritten Ort« hinzudeuten, an dem die Seele, nachdem sie den Leib verlassen hat, Barmherzigkeit finden kann. Die Überlegung ist dabei diese: Die Seele ist noch nicht im Himmel, aber sie hat offenbar eine Chance, ihn zu erreichen.

• Die letzte und subtilste Passage findet sich in Paulus' erstem Brief an die Korinther (3,10-15): »Wird aber jemandes Werk verbrennen, so wird er Schaden leiden; er selbst aber wird gerettet werden, doch so wie durchs Feuer.« Es bedarf einiger Phantasie, um darin einen Hinweis auf das Fegefeuer zu erkennen.

In Wirklichkeit beruht die katholische Lehre vom Fegefeuer auf der Überlieferung und nicht auf der Heiligen Schrift, weshalb Martin Luther und Johannes Calvin sie auch ablehnten. Luther zögerte allerdings und erklärte: *Wenn* das Fegefeuer mit seinen lodernden Flammen existierte, dann würden die Seelen dort unablässig sündigen, solange sie sich nach Ruhe sehnten und vor dem Schmerz zurückschreckten.

Die katholische Lehre: Das erste Konzil von Lyon, 1245 u.Z.

Härte und Unbegrenztheit der Höllenstrafe machte den Christen sehr zu schaffen. Die Hölle war ewig. Der Ofen brannte immerzu auf der höchsten Stufe. Es mußte eine Möglichkeit geben, der »Sünde Sold« auf eine mildere Weise abzubüßen, um nachher Einlaß ins Himmelreich zu erlangen.

Die Kirchenväter Ambrosius, Hieronymus und Origenes stellten Spekulationen über einen »dritten Ort« an, wo die Seele leidend und zugleich Gnade gewinnend zwischen dem Tod und dem Jüngsten Gericht weilt.

Clemens von Alexandria und Origines waren überzeugt, daß es einen solchen Ort geben müsse, weil sie der Ansicht waren, daß es zwei Arten von Sündern gab: die unverbesserlichen, verstockten, für die es Rettung nicht geben kann, und die reumütigen, von ihrem Gewissen geplagten, die gerettet werden sollten. Hier zeichnet sich zugleich die Unterscheidung zwischen

Todsünde und *läßlicher Sünde* ab: Wenn eine Todsünde nicht gebeichtet wird, verdammt sie die Seele zur Hölle, während die läßliche Sünde an einem »dritten Ort« immerhin »ausgebrannt« werden kann.

Die Kirchenväter wußten allerdings nicht, wo dieser Ort liegen sollte. Einige erklärten, das Fegefeuer – das damals allerdings noch nicht so genannt wurde – sei eine Art Vorzimmer des Himmels, ein überhitztes Vestibül ohne Fenster, in dem sich auch fromme Juden aufgehalten hatten, bevor Jesus Christus den verstorbenen Sterblichen das Himmelstor geöffnet hatte. Andere fragten sich, ob das Fegefeuer nicht im oberen Teil der Hölle liege, wo die Hitze und die Qualen halbwegs erträglich waren.

Das erste und das zweite Konzil von Lyon (1245 bzw. 1274) haben das Fegefeuer zu einem Glaubensartikel erhoben, und das Konzil von Florenz (1439) bestätigte dies. Aber erst mit dem Konzil von Trient (1545-63) nahm das Fegefeuer wirklich Gestalt an. In der Auseinandersetzung mit den protestantischen Reformatoren, die dem Fegefeuer jede Grundlage in der Heiligen Schrift abstritten, bestimmte das Konzil Lage und Funktion des Fegefeuers sowie seine Temperatur, die Dauer des Aufenthalts, die Voraussetzungen, die erfüllt sein müssen, damit die Seele es verlassen kann, und andere theologische Spitzfindigkeiten.

Am besten läßt sich diese komplexe Theologie im Wechselspiel von Frage und Antwort erhellen.

Gibt es im Fegefeuer wirkliches Feuer?

Ja. Nicht nur der deutsche Begriff »Fegefeuer« weist darauf hin. Er ist eine Lehnübersetzung aus dem Kirchenlateinischen: *ignis purgatorius* = »säuberndes Feuer«. Daher auch englisch: *purgatory* und italienisch: *purgatorio*. Nach offizieller Lehrmeinung ist das Reinigungsmittel hier die Flamme. Starke Hitze ist vonnöten, um den Sündenmakel auszubrennen und den Sünder zu strafen. Ein Katholik muß an die Flammen selbst allerdings nicht glauben – das Fegefeuer als solches ist ein Dogma, die Flammen sind nur vorherrschende Lehrmeinung.

Wie heiß sind die Flammen?

Diese Frage wird heute nicht mehr so heftig erörtert wie im Mittelalter, als man sie zum Thema von gelehrten Abhandlungen machte. Nach gängiger Auffassung verhält sich das Leiden proportional zum Sündenmakel auf der Seele des Verstorbenen. Je größer die Sünde, desto mehr Feuer ist nötig, um die Seele zu reinigen.

Für den heiligen Bonaventura war die Verzögerung bis zur beseligenden Gottesschau, jenem Augenblick, da die Seele Gott im Himmel gegenübertritt, viel schmerzhafter als alle lodernden Flammen im Fegefeuer. Die heilige Katharina von Genua behauptete, das Verlangen der Seele nach Gott sei ein »glühendes Feuer«, das mehr verzehre als jede irdische Flamme.

Das Konzil von Trient empfahl den Priestern, sie sollten das Geheimnis des Fegefeuers wahren und in ihren Predigten darauf verzichten, seinen Flammen- und Glutaspekt auszumalen. Solche Schilderungen sollten vielmehr der Hölle vorbehalten bleiben. Einzelheiten über das Fegefeuer würden die Gläubigen nicht erbauen, sondern nur verwirren. Dergleichen »schmeckt nach eitler Neugier und Aberglauben«, heißt es in einer Quelle.

Wie kann eine immaterielle Seele Schmerz erleiden?

Diese Frage war in der Tat eine harte Nuß. Die Theologen mußten lange überlegen, bis sie eine Antwort fanden. Obwohl vom Körper getrennt, bewahrt die Seele im Fegefeuer auf geheimnisvolle Weise gewisse irdische Elemente, die sie empfindlich für wirklichen Schmerz machen. Wirklich frei von der materiellen Welt wird die Seele erst nach dem Jüngsten Gericht und der Auferstehung des Leibes und seiner Aufnahme in das Himmelreich.

Diese über den Tod hinaus bestehende Verbindung zwischen Seele und Materie ist die metaphysische Grundlage, auf der das Feuer als Reinigungsmittel wirksam werden kann.

Ist mir die Errettung letztlich sicher, wenn ich im Fegefeuer bin?

Sie sind bereits errettet, trotz der Flammen. Der Schein trügt. In einem katholischen Lehrbuch liest man: »Wenn den Seelen der Verstorbenen klar wird, daß sie errettet sind, ist dieses Wissen offenkundig eine der größten Freuden des Fegefeuers und bewirkt, daß es nicht bloß ein Ort der Qualen und des Leidens ist.«

Die »beseligende Gottesschau« wird allerdings hinausgezögert, während das Feuer »die letzte Schlacke und Unvollkommenheit« von Ihrer Seele tilgt, aber Ihr Seelenheil und schließliches Glück kann durch nichts mehr gefährdet werden.

Können Gebete lebender Familienangehöriger meinen Aufenthalt im Fegefeuer abkürzen?

Die Antwortet lautet Ja, und sie stützt sich auf die Lehre von der »Gemeinschaft der Heiligen« – der Gemeinschaft der Heiligen im Himmel, der Seelen im Fegefeuer und der Frommen auf Erden. Aus ihr ergibt sich, daß gute Werke, die ein Angehöriger der Gemeinschaft tut, allen anderen spirituell zugute kommen, wenngleich die Art, wie dies geschieht, und das Ausmaß, in dem der einzelne ihrer teilhaftig wird, ein Geheimnis bleiben. Die Menschen auf Erden können den Seelen im Fegefeuer durch Gebete, Almosen, Fasten, Messelesen und verschiedene persönliche Opfer zu Hilfe kommen – auch durch Ablässe.

Der Mißbrauch, der mit diesen Ablässen getrieben wurde, war die Ursache für die größte Umwälzung in der Geschichte des Christentums, die Reformation.

Was ist ein Ablaß?

Hier eine offizielle Definition aus der *Catholic Encyclopedia*, die auf dem *Codex Iuris Canonici*, dem allgemeinen Kirchenrecht, beruht:

»Ablaß – Der vollständige (vollkommener Ablaß) oder partielle Erlaß (unvollkommener Ablaß) einer zeitlichen Sündenstrafe vor Gott, die jemand für solche Sünden, die zwar hinsichtlich der Schuld schon getilgt sind, noch abzubüßen hätte, durch eine Zuwendung aus dem Gnadenschatz der Kirche.«

Ablaßkauf: frühes 11. Jahrhundert

Gnade für Bares. Sich mit Vieh und Schmuck von der Sünde loskaufen. Bis zum 16. Jahrhundert hatte sich der Ablaßhandel zu einem großen Geschäft ausgewachsen.

Es gab offiziell von der Kirche bestellte Finanzmakler, die für diese Art von Geschäften zuständig waren. Das Bankhaus Fugger in Augsburg spielte auf dem Ablaßmarkt eine bedeutende Rolle. Und viele Gläubige machten bereitwillig mit, weil sie fest davon überzeugt waren, daß sie nach ihrem Tod direkt in den Himmel kommen würden, wenn sie zu ihren Lebzeiten nur genug spendeten. Ältere Leute gaben oft all ihre Ersparnisse. Und nie stand ein Toter aus seinem Grab auf, um zu berichten, ob das System »Gnade gegen Bares« wirklich funktionierte.

Das Geld sollte für den Neubau der Peterskirche in Rom aufgewendet werden – und schon dieses Streben nach Prachtentfaltung brachte so manchen gegen die Kirche auf. Noch empörender war aber der Umstand, daß ein

Teil des Geldes von Mittelsleuten abgeschöpft wurde, daß ein anderer Teil in die Taschen der Bischöfe und die Privatschatulle des Papstes wanderte. Die päpstliche Bürokratie in Rom verschlang große Summen. Die Kirche war zu Beginn des 16. Jahrhunderts wohl am tiefsten Punkt ihrer langen Geschichte angekommen.

Am 31. Oktober 1517 schlug Martin Luther seine 95 Thesen an die Tür der Wittenberger Schloßkirche. Da konnte man lesen:

»*50. Man muß die Christen lehren: Wenn der Papst wüßte, wie die Ablaßprediger das Geld eintreiben, ließe er lieber die Peterskirche zu Asche verfallen, als sie mit Haut, Fleisch und Knochen seiner Schafe aufzubauen...*
75. Zu meinen, der päpstliche Ablaß sei so wirksam, daß er einen Menschen auch dann absolvieren könnte, wenn der – um Unmögliches zu sagen – die Mutter Gottes vergewaltigt hätte, ist Irrsinn.
76. Wir setzen dagegen: Der päpstliche Ablaß kann nicht einmal die geringste der läßlichen Sünden tilgen, was die Schuld anbetrifft.«

Hätte die Kirche, wie wir noch sehen werden, nicht so ungeheuerlichen Mißbrauch mit den Ablässen getrieben, dann wären die Mißstände, die Martin Luther Rom zur Last legte, wahrscheinlich in aller Stille aus der Welt geschafft worden. Die Kirche hätte sich reformiert, der Protestantismus wäre nie entstanden, und vielleicht wäre das Christentum katholisch geblieben – im Sinne des griechischen Wortes *katholikos*, das nichts anderes heißt als »allumfassend«.

Papistische Ablaßkrämer im Höllenschlund. Satirischer Holzschnitt der Reformationszeit.

Die Form von Ablaß, gegen die Luther zu Felde zog – bezahlen statt büßen – entwickelte sich seit dem frühen 11. Jahrhundert, als es üblich wurde, daß dem Beichtenden die Absolution erteilt wurde, bevor er seine Buße erfüllt hatte. Zuvor hatte ein Sünder die Absolution erst erhalten, nachdem er Buße getan hatte.

Nach dem neuen System konnte der Beichtende seinem Beichtvater noch im Beichtstuhl Bargeld anbieten oder ihm Vieh oder Land versprechen und auf diese Weise die Bußstrafe ganz vermeiden. Sein Beitrag zur Errichtung der Dome, so wurde ihm versichert, sei Opfer genug, um seine Sünden abzubüßen. Das System öffnete dem Mißbrauch Tür und Tor.

Ablaß für die Toten: 1476

Es kam der Zeitpunkt, da selbst Priester die Gnade aus dem Kirchenschatz regelrecht zum Verkauf anboten. Viele Kardinäle lebten damals wie Könige, in eigenen Landhäusern, mit zahlreichem Personal, eigenem Koch und eigenem Knabenchor. Der Verkauf von Ablässen war ein Weg, rasch an das Geld zu kommen, mit dem man sich einen solchen Lebensstandard leisten konnte.

Papst Sixtus IV. (1471-84) dehnte den Ablaß auf die Seelen im Fegefeuer aus.

Als die Geistlichkeit weltliche Agenten anstellte, die in ihrem Auftrag Ablässe verhökern sollten, geriet die Situation außer Kontrolle.

1476 dehnte Papst Sixtus IV. die Wirkung des Ablasses auf die Seelen der Verstorbenen aus. Ein liebevoller Sohn konnte nun durch eine angemessene Zahl von Gebeten oder durch Hinterlegung eines bestimmten Geldbetrages die Seele seiner Mutter direkt aus den Flammen des Fegefeuers retten. Im Sterben flehten die Kranken ihre Angehörigen an, nach ihrem Hinscheiden Ablässe für sie zu kaufen. Das Motto der Ablaßkrämer war inzwischen zum Sprichwort geworden:

Sobald das Geld im Kasten klingt,
Die Seele aus dem Fegefeuer springt.

Ohne Übertreibung kann man sagen, daß sich das religiöse Leben eines gewöhnlichen Katholiken in jener Zeit vor allem um den fleißigen Erwerb von möglichst viel vollkommenem und unvollkommenem Ablaß drehte. Ein verbreiteter Ratgeber, die *Raccolta,* führte Gebete auf und nannte Formeln, mit denen man sich eine bestimmte Zahl von Tagen, Monaten oder Jahren im Fegefeuer ersparen konnte. Neben den Mittelsleuten der Kirche, die bei den Bauern Ablässe gegen Vieh oder Korn eintauschten, traten auch gewöhnliche Betrüger auf, die mit der Kirche gar nichts zu tun hatten.

Luther steht und kann nicht anders

Die Mißbräuche nahmen zu – und Luthers Proteste gegen sie führten schließlich zum Bruch mit Rom und veränderten den Lauf der Geschichte.

Am 15. Juni 1520 gab der Papst die Bulle *Exsurge Domine*, »Herr, erhebe dich«, heraus, in der einundvierzig von Luthers fünfundneunzig Thesen verurteilt wurden. In Rom wurden Luthers Schriften verbrannt.

Im Gegenzug veranstalteten Luther und seine Anhänger in Wittenberg ein Freudenfeuer, in dem sie die päpstliche Bulle verbrannten. Dazu verkündete Luther, weil der Papst die göttliche Wahrheit verkehrt habe, möge Gott ihn in diesem Feuer untergehen lassen.

Im Januar des folgenden Jahres wurde Luther mit der Bulle *Decet Romanum pontificem*, »Es geziemt dem römischen Oberhirten«, offiziell exkommuniziert. Auf dem Reichstag in Worms am 17. und 18. April 1521 trat Luther vor die Würdenträger der Kirche und erklärte trotzig: »Hier stehe ich. Ich kann nicht anders. Gott helfe mir! Amen.«

Dantes *Purgatorio* – der »Läuterungsberg«: 1319

Kein Kunstwerk hat das Bild, das sich die Menschen damals und später vom Fegefeuer machten, so sehr geprägt wie Dantes *Göttliche Komödie*. In gewissem Sinne *erschuf* Dante das Fegefeuer, indem er in anschaulichen Einzelheiten die Qualen schilderte, die dort auf die Seelen warteten, während das, was frühere Theologen über die Welt zwischen Himmel und Hölle gesagt hatten, immer ziemlich abstrakt geblieben war.

Dantes Purgatorio ist in sieben Kreise von abnehmendem Umfang unterteilt – ein Berg, an dem die Seele aufwärtssteigt und von dessen Gipfel sie in den Himmel gelangt. Jeder Kreis steht in Beziehung zu einer der sieben Todsünden – im äußersten ist es der *Stolz*, und dann folgen *Neid, Zorn, Trägheit, Habgier, Völlerei* und *Wollust*. (*Siehe* Sünden: Todsünden) Dante gab dem »dritten Ort« eine Räumlichkeit und eine spirituelle Logik, die er bei Augustinus, Clemens und anderen nicht besessen hatte. Es mußte erst ein Dichter kommen, um die Kluft zwischen Theologie und Kosmographie zu überbrücken. Für zahllose Christen wurde der »Läuterungsberg« zu einem zweiten Königreich, gleich unterhalb des Himmels und in sicherem Abstand von der Hölle.

Es war ein genialer Einfall Dantes, das *Purgatorio* als steilen, aber doch bezwingbaren Berg darzustellen, der den Wanderer auf seinen Gipfel lockte, indem er ihm einen Blick auf die Herrlichkeit Gottes verhieß. Der Führer Vergil zieht den erschöpften Dante förmlich in die Höhe, und oft kriechen beide auf allen vieren weiter. Der Berg war ein eindringliches Symbol für die fortschreitende Läuterung der Seele, die mit jedem Meter Höhengewinn immer reiner wird. Als sich 1545 die Repräsentanten der Kirche im norditalienischen Trient versammelten, um neben anderen Glaubensartikeln auch die Lehre vom Fegefeuer zu überdenken und näher zu bestimmen, hatte Dantes Meisterwerk seinen Einfluß längst geltend gemacht.

Der Katholizismus wird neu definiert: das Konzil von Trient, 1545-1563

Papst Paul III. (1534-49) berief das Konzil von Trient ein, das den Katholizismus »definierte«.

Martin Luther war exkommuniziert. Die Reformation gewann an Boden. Die katholische Kirche sah sich von vielen Seiten angegriffen. Der Primat des Papstes wurde in vielen Ländern Mittel- und Nordeuropas in Frage gestellt.

Das von Papst Paul III. (1534-49) einberufene Konzil von Trient, auch Tridentinum genannt, wurde am 13. Dezember 1545 eröffnet. Während seiner verschiedenen Sitzungsperioden erließ es weitreichende Dekrete zur Reform der Kirche und zur dogmatischen Neubestimmung fast aller Doktrinen, die von Luther und den Protestanten in Frage gestellt worden waren.

Das Konzil erhob nicht nur das Fegefeuer zum Dogma, in der Zeit zwischen 1545 und 1563 faßte es auch folgende historische Beschlüsse:

- Der Kanon der Bücher des Alten und des Neuen Testaments wurde unter dem Titel *Biblia Rite Romana* endgültig festgelegt.
- Die Tradition wurde als gültige Glaubensquelle und Grundlage für päpstliche Erlässe akzeptiert.
- Die Vulgata, die lateinische Bibelübersetzung des Hieronymus, wurde zur Grundlage für Beweise in Fragen der kirchlichen Doktrin erklärt.
- Die Zahl der Sakramente wurde auf sieben festgelegt: Taufe, Firmung,

Buße, Eucharistie, Priesterweihe, Ehe und letzte Ölung. (*Siehe* Sakramente)

• Das Wesen der Erbsünde wurde definiert. (*Siehe* Erbsünde)

• Das Nizänische Credo wurde als Grundlage des katholischen Glaubens akzeptiert. (*Siehe* Glaubensbekenntnisse)

• Die Transsubstantiation oder Realpräsenz von Christi Leib und Blut wurde für die Eucharistie neu definiert.

• Der Meßritus wurde neu festgelegt und die Messe als wahres Opfer definiert.

• Die Heiligen- und Reliquienverehrung wurde offiziell gebilligt.

Rom reagierte auf die Reformation mit der »Gegenreformation«, mit dem Versuch einer klaren Bestimmung, manchmal auch einer Neubestimmung dessen, was es bedeutete, katholisch zu sein.

Gegen Ende des 16. Jahrhunderts waren viele Mißbräuche, die die Reformation ausgelöst hatten, verschwunden. Durch eine gründliche Selbstreform »an Haupt und Gliedern« hatte die katholische Kirche in ganz Europa viele Abtrünnige zurückgewonnen. Kurz nach dem Ende des Tridentinums schaffte Pius V. (1566-72) alle Ablässe ab, die mit irgendwelchen finanziellen Transaktionen verbunden waren. Der Kirche ging eine wichtige Einnahmequelle verloren, zugleich jedoch konnte sie einen beträchtlichen Gewinn an Integrität und Ansehen verbuchen.

Papst Paul VI. schränkte 1967 in seiner Apostolischen Konstitution *Indulgentiarum Doctrina* die Gewährung von vollkommenem Ablaß stark ein. Seither darf nach kanonischem Recht allein der Papst oder ein von ihm ernannter Stellvertreter Ablässe gewähren.

Und wie steht es heute mit dem Glauben an das Fegefeuer, das *purgatorio*, den Reinigungsort?

Die Katholiken müssen daran glauben; und die Jungfrau Maria führt den Titel der Königin des Fegefeuers, ist sie doch die wichtigste Mittlerin zwischen Gott und den Lebenden, die für die im Fegefeuer leidenden Seelen beten.

Die meisten Protestanten und die östlichen Orthodoxen lehnen das Fegefeuer als unbiblisch ab. Einige Theologen der Ostkirchen, aber keineswegs alle, gehen ebenfalls davon aus, daß es einen »dritten Ort« zwischen Himmel und Hölle gibt. Sie sehen in ihm allerdings einen Platz zur Meditation und spirituellen Läuterung, nicht ein Feuer, in dem die Seele durch Leiden für ihre Sünden büßt.

31. Kapitel
Der Limbus
Erbsünde bis Höllenfahrt

Das lateinische Wort *limbus* bedeutet »Rand«, »Grenzgebiet«. In der christlichen Theologie bezeichnet es einen bestimmten Bezirk des Himmels. Die Vorstellung des Limbus entwickelte sich schon früh vor dem Hintergrund zweier vertrackter Probleme:

1. Problem: Wohin wandert die Seele eines unschuldigen Kindes, wenn es stirbt, bevor es getauft wurde? Das Kind der Hölle zu überlassen wäre zu hart. Die mit der Sünde Adams befleckte Seele des Kindes in den Himmel zu lassen stünde andererseits im Widerspruch zum christlichen Grundprinzip, daß Erlösung nur durch eine Wiedergeburt aus dem Wasser der Taufe möglich ist.

Lösung: Die Kirche schuf einen neuen Himmelsbezirk, den *limbus infantum* oder »Limbus der Kinder«, der, kosmographisch betrachtet, im Süden, das heißt, unten an den Himmel grenzt. Sämtliche ungetauften Kinder und Föten aller Zeiten warten nun dort auf den Jüngsten Tag, an dem sie wieder zum Leben erweckt, von der Erbsünde geläutert und in den Himmel eingelassen werden. Nachher wird der *limbus infantum* nur noch eine Geisterstadt sein.

2. Problem: Abraham und die Patriarchen des Alten Testaments waren fromme Männer. Sie waren (aus Sicht der Christen) nur insofern benachteiligt, als sie gestorben waren, bevor Jesus Christus die Menschheit erlöst und den Seelen der Sterblichen die Himmelstore geöffnet hatte. Das gleiche galt für ehrenwerte Heiden wie Aristoteles und Platon. Wo hatten diese tugendhaften Seelen während der Jahrhunderte bis zum ersten Auftreten Christi geschmachtet?

Lösung: Die Kirche schuf einen Nachbarlimbus, den *limbus patrum* oder »Limbus der Väter«, speziell für die Frommen des Alten Testaments und brave Heiden. Der *limbus patrum* hatte sich allerdings schon geleert, als Christus den Seelen der Sterblichen die Tore des Himmels öffnete. Abraham, Platon und die übrigen hatten die Glasdecke zum Himmel bereits durchstoßen und waren aufgestiegen.

Das Schicksal der guten Juden.
Einige katholische Theologen weigern sich nach wie vor, den Limbus der Väter aufzugeben. Sie halten ihn geöffnet für die Seelen guter Juden aus neuerer Zeit, auch für wohlmeinende Buddhisten, fromme Hindus und moralische Muslime – lauter brave, aber benachteiligte Nichtchristen, die die Voraussetzungen für den christlichen Himmel von sich aus nicht mitbringen. Erst nach dem Jüngsten Gericht wird der Himmel den Rechtschaffenen aller Religionen seine schimmernden Tore auftun.

Frühe Taufe

Der Limbus war immer ein nebulöses, provisorisches Konstrukt und hat den Theologen jahrhundertelang nur Kopfzerbrechen bereitet. Bis heute hat es kein Papst gewagt, den Limbus zum Dogma zu erheben. Er ist eine der wenigen nach wie vor ungeklärten Finessen der Theologie.

Damit unschuldige Neugeborene, wenn sie sterben, nicht in den Limbus müssen, hat der Heilige Stuhl noch 1958 eine Ermahnung an Eltern und Priester herausgebracht:

»Mancherorts ist man dazu übergegangen, die Taufe aus sogenannten praktischen Gründen hinauszuzögern. ... Der Heilige Vater ermahnt die Gläubigen, daß Kinder so bald wie möglich getauft werden sollen.«

Wer hat sich die Bezirke des Kinder- und des Väterlimbus ausgedacht?

Bevor wir diese Frage beantworten, müssen wir untersuchen, wie die Lehre von der Erbsünde entstanden ist, die den Limbus überhaupt erst nötig gemacht hat.

Erbsünde: Paulus, Mitte des 1. Jahrhunderts u.Z.

Nach Auffassung der christlichen Theologie rührt die Erbsünde aus dem Ungehorsam des ersten Menschen, Adams. Jeder Mensch trägt sie in sich, ausgenommen die Jungfrau Maria.

Hinweise im Alten Testament.
Die hebräische Heilige Schrift enthält keine ausdrücklichen Hinweise auf die Ausbreitung einer erblichen Schuld über das gesamte Menschengeschlecht. Aber der Ursprung dieser Vorstellung ist in ihr dennoch deutlich erkennbar. Aus dem Sündenfall des Menschen, der im dritten Kapitel der Genesis geschildert wird, ergeben sich für dessen weiteres Dasein die betrüblichsten Folgen: Schmerz, Leiden, Tod, Ungerechtigkeit und eine Neigung zur Bosheit.

Auch in den Evangelien finden wir keine ausdrückliche Definition der Erbsünde, nur Andeutungen, die eine Verbindung zwischen Adams Gesetzesbruch und einer universellen Schande herstellen.

Der Begriff der Erbsünde, der erst vom Tridentinum im 16. Jahrhundert definiert wurde, begegnet uns zuerst in den Schriften des heiligen Paulus und wird dann dreihundert Jahre später vom heiligen Augustinus weiterentwickelt. Während Paulus noch sehr vage bleibt, äußert sich Augustinus streng und unmißverständlich.

Der Text des Paulus.
Die wichtigste Bestätigung der Erbsünde in der Heiligen Schrift findet sich im Römerbrief des Paulus aus der Zeit um 57 u.Z. Es handelt sich um einen schwierigen Abschnitt (5,12-19), in dem Paulus eine Parallele zwischen Adam und Christus zieht und erklärt, *Sünde und Tod* seien durch Adams Sündenfall in die Welt gekommen, während durch Christi Erlösung *Gnade und ewiges Leben* in die Welt gekommen seien. In diesem Zusammenhang fällt der Satz: »Gleichwohl herrschte der Tod von Adam bis auf Mose auch über die, die nicht gesündigt hatten.«

Paulus, dieser unermüdliche Reisende, hielt sich wahrscheinlich in Korinth auf, als er seinen Brief nach Rom sandte. Sein am häufigsten zitierter Satz zur Erbsünde lautet: »Durch *eines* Menschen Ungehorsam sind viele zu Sündern geworden.«

Jahrhunderte vor ihm hatte der Psalmist im Alten Testament aus dem gleichen Geist geschrieben (51,7): »Siehe, ich bin als Sünder geboren, und meine Mutter hat mich in Sünden empfangen.«

Augustinus verdammt die Ungetauften: 4. Jahrhundert

Augustinus trieb die Lehre von der Erbsünde bis zu einem Punkt voran, an dem sie der Kirche nach einiger Zeit selbst fragwürdig wurde. Noch heute bedauert sie die grimmige Attacke des großen Heiligen gegen die unschuldigen Kinder:

»Die unglücklichen Kinder, die ohne Taufe sterben, müssen sich dem Gericht Gottes stellen. Gefäße der Anmaßung und Gefäße des Zorns sind sie, und der Zorn Gottes ist über ihnen.«

In öffentlichen Debatten über diese Fragen geriet Augustinus oft in rechtschaffene Rage:

»Einzig die Taufe kann diese unglücklichen Kinder vor dem Reich des Todes und der Macht des Teufels retten. Wenn niemand sie aus seinen Klauen befreit – ist es dann ein Wunder, daß sie mit ihm in den Flammen leiden müssen?«

Augustinus gibt sich selbst die rhetorische Antwort: »Es kann in dieser Sache keinen Zweifel geben: Sie werden mit dem Teufel in das ewige Feuer gehen.«

Spätere Theologen erklärten, Augustinus habe das, was er hier so vehement behauptet, nicht wirklich gemeint. Der Heilige habe nur die sogenannten Pelagianer geißeln wollen, eine Gruppe von Häretikern, die die Erbsünde grundsätzlich leugneten; deshalb habe sich Augustinus bei der Verteidigung der wahren Lehre besonders streng zeigen müssen. Wenn Augustinus tatsächlich Mitleid mit den Seelen der unschuldigen Kinder empfunden haben sollte, so hat er diese milderen Ansichten allerdings nirgendwo festgehalten.

Fünfhundert Jahre lang hat die Kirche, oft mit ungutem Gefühl, die Auffassung des Augustinus zu ihrer eigenen gemacht. Niemand kann sagen, wie viele ungetaufte Kinder aufgrund einer fehlbaren Theologie »in die Hölle gekommen« sind.

Es gab jedoch auch eine gemäßigtere, von Thomas von Aquin unterstützte Auffassung, derzufolge ungetaufte Kinder, die nicht den Verstand besitzen, aus eigener Kraft zu sündigen, zwar den »Schmerz« erleiden, der aus der Gottesferne erwächst, aber nicht den »Sinnesschmerz« der Feuerqualen.

Der Limbus der Kinder: Pierre Abélard, 11. Jahrhundert

Der Mann, der schließlich mit den gestrengen Anschauungen des Augustinus brach, hieß Pierre Abélard (1079-1144), Gelehrter, Logiker, Moralphilosoph, Eunuch wider Willen – ein intellektueller Außenseiter des Mittelalters.

In seiner Abhandlung *Sic et Non* (»Ja und Nein«) stellte der junge Gelehrte Zitate aus der Bibel und anderen religiösen Schriften zusammen, die die Ungereimtheiten der kirchlichen Lehren erkennbar werden ließen. In Paris, wo er an der Universität lehrte, zeugte Abélard ein Kind mit seiner schönen Privatschülerin Heloïse, die er dann heimlich heiratete. Der reiche Onkel der jungen Frau ließ Abélard verhaften und kastrieren. Heloïse wurde in ein Nonnenkloster gesteckt, wie es in jener Zeit vielen leidenschaftlichen Frauen erging. Der entmannte Abélard trat, ohne zu bereuen, in die Abtei von Saint-Denis ein und schrieb eine eigenwillige Autobiographie mit dem Titel *Historia calamitatum mearum*, »Geschichte meines Unglücks«.

Die Lösung, die er für die ungetauften Kinder fand, ist denkbar einfach: Ja, sie tragen den Makel von Adams Sünde auf der Seele, aber wenn sie sterben, werden sie nicht zur Hölle verdammt. Auch in den eigentlichen Himmel werden sie nicht vorgelassen, wo sich die Seelen an der Gegenwart ihres Schöpfers erfreuen. Statt dessen kommen die Kinder in einen Vorhimmel, der damals noch nicht Limbus genannt wurde, aus dem sie Gott nicht erblicken können. Die Strafe für ihre ungeläuterten Seelen besteht also darin, daß sie unter der Trennung von Gott leiden. »Dunkelheit« nannte Abélard dieses bittersüße Dasein.

»Die Strafe«, so schrieb er, »besteht allein daraus: daß sie in der Dunkelheit sind, daß ihnen der Anblick der göttlichen Majestät verwehrt bleibt und keine Hoffnung besteht, seiner teilhaftig zu werden.« Abélards Ansichten wurden von dem damaligen Pariser Erzbischof Petrus Lombardus in seinen theologischen *Sententiarum libri quattuor* (»Sentenzen in vier Büchern«) aufgegriffen, an denen sich einige Jahrzehnte später auch Thomas von Aquin schulte. Er und der heilige Bonaventura sowie andere Heilige und Gelehrte machten sich Abélards menschenfreundliche Vorstellung zu eigen. Der Limbus verhieß den Kindern ein sehr viel milderes Schicksal als die Hölle.

Den Begriff »Limbus« soll etwas später Albertus Magnus (1200-1280) geprägt haben – wobei man sich in jener Zeit allerdings vorstellte, der Limbus grenze an die Hölle, nicht an den Himmel.

Das weitere Schicksal Pierre Abélards: nachdem seine Schrift über die Dreifaltigkeit verurteilt und verbrannt worden war, mußte er den Orden von

Saint-Denis verlassen. Er gründete ein neues Kloster, Paraklet, das er nach seiner Berufung zum Abt in ein bretonisches Kloster Heloïse und ihren Nonnen überließ. Bei seinem Tod erbat sich Heloïse den Leichnam Abélards und ließ ihn in Paraklet begraben. Sie selbst wurde zwanzig Jahre später (1164) neben ihm beigesetzt. Seit 1817 ruhen die beiden Liebenden in einem gemeinsamen Grab auf dem Friedhof Père Lachaise in Paris.

Der Limbus heute: Pius XII., 1939-58

Die Kirche hat den Theologen immer gestattet, über die Gültigkeit der Lehre vom Limbus zu diskutieren. Mehrere Konzile, vor allem das Tridentinum, erörterten die speziellen Probleme, die sich im Zusammenhang mit dem Limbus und der Erbsünde ergaben. Zum Beispiel: Stammen alle Menschen von Adam und Eva ab? Auch Chinesen, Afrikaner, Eskimos? Wenn sich die Eskimos ihrer biblischen Verbindungen zu Adam und seiner Sünde nicht bewußt sind, darf man ihnen dann eine Erbschuld anlasten, die auf Vorfahren zurückgeht, die sie gar nicht kennen?

Kann ein neugeborenes Kind überhaupt für ein viertausend Jahre zurückliegendes Vergehen eines Urahnen verantwortlich gemacht werden?

Gerade als die Volksfrömmigkeit die Existenz des Limbus in Frage zu stellen begann, bekräftigte der Papst sie noch einmal.

Embryonen aus dem Reagenzglas.
Ausgerechnet bei einer Ansprache vor einer Versammlung italienischer Hebammen über die Notwendigkeit der Taufe gab Pius XII. (1939-58) eine Erklärung ab, mit der er nach Ansicht vieler Theologen zu weit ging: »Ein Erwachsener kann sich durch einen Akt der Liebe möglicherweise die heiligmachende Gnade sichern und so das Fehlen der Taufe ausgleichen. Dem ungeborenen oder neugeborenen Kind steht diese Möglichkeit nicht offen.«

Und auch keine andere, so erklärte der Heilige Vater seinen aufmerksamen Zuhörerinnen. Deshalb seien die Hebammen verpflichtet, rasch einen Priester herbeizurufen, damit das Neugeborene getauft werde, denn sonst...

Der Papst sagte es nicht ausdrücklich. Aber er schien andeuten zu wollen, daß ein ungetauftes Kind zu Abélards »Dunkelheit« verurteilt ist, zum *limbus infantum*. Kein Papst vor ihm war so nah daran gewesen, den Limbus zur Doktrin zu erheben, und auch wenn der Papst bei dieser Gelegenheit nicht *ex cathedra*, also nicht aus dem Stande der Unfehlbarkeit, gesprochen hatte, behaupteten viele konservative Theologen doch sogleich, Pius XII. habe den Begriff des Limbus offiziell bestätigt.

Vor dem Hintergrund der modernen Verfahren zur künstlichen Befruchtung ist der Limbus als theologisches Konzept aktueller denn je. Kinder, die eine Seele besitzen, werden in Reagenzgläsern gezeugt. Embryonen, die eine Seele besitzen, werden eingefroren und später vielleicht vernichtet. Welches Schicksal erwartet diese ungetauften Seelen?

Moderne Auffassungen.
Viele Christen – vor allem Anglikaner, Katholiken, Lutheraner, Orthodoxe, Methodisten und Presbyterianer – glauben, daß Adams Sünde auf der Seele jedes Neugeborenen einen Makel hinterlassen hat. Und doch weigern sich die meisten Christen zu glauben, daß ein neugeborenes Kind, wenn es ohne Taufe stirbt, von der Herrlichkeit des Himmels ausgeschlossen sein soll.

Andererseits wird die Doktrin der Erbsünde als solche von den meisten Baptisten und von den Mitgliedern der »Assemblies of God« und der Pfingstkirchen bestritten. Sie können sich einen barmherzigen Gott, der gleichwohl die Seele jedes Neugeborenen mit einem Makel behaftet, nicht vorstellen. Anders gesagt: Sünde kann nicht erblich sein. Auch nicht die Sünde Adams.

Ist jemals ein Mensch ohne Erbsünde zur Welt gekommen?

Ja, einer – die Jungfrau Maria, die Mutter Gottes; dazu der heilige Augustinus: »[Alle sind als Sünder geboren], ausgenommen die heilige Jungfrau Maria, auf die ich um der Ehre des Herrn willen die Rede nicht kommen lassen möchte, wenn es um die Sünde geht.«

Vierzehnhundert Jahre später, am 8. Dezember 1854, wurde der fromme Wunsch des heiligen Augustinus Kirchengesetz. In seinem Dekret *Ineffabilis Deus* beglaubigte Papst Pius IX. die Lehre von der unbefleckten Empfängnis Mariä: Die Mutter Gottes ist nicht nur ohne Erbsünde, sondern auch ohne »sinnliche Begierde« auf die Welt gekommen, ohne die menschliche Neigung zur Sünde. (*Siehe* Mariä Unbefleckte Empfängnis)

Abstieg in die Hölle: Matthäus und Lukas, etwa 65-75 u.Z.

Die Vorstellung, daß Jesus Christus an einem Freitag starb und begraben wurde und am Sonntagmorgen wieder auferstand, wirft die Frage auf: Wie verbrachte er die dazwischenliegenden drei Tage – das *triduum*, wie es die Theologen nennen?

Untätig war er jedenfalls nicht. Es gibt sogar zwei Antworten auf diese Frage.

Höllenfahrt.
Die erste Antwort läßt Jesus in die Hölle hinabsteigen, um die Streitmacht Satans zu vertreiben und die Macht des Todes und des Bösen zu besiegen. Diese Antwort ist Bestandteil des apostolischen Glaubensbekenntnisses: »... gelitten unter Pontius Pilatus, gekreuzigt, gestorben und begraben, abgestiegen zu der Hölle, am dritten Tage wieder auferstanden von den Toten«.

Traditionell wird diese Anschauung mit einer Stelle im Matthäus-Evangelium (12,40) untermauert: »Denn gleich wie Jonas drei Tage und drei Nächte in des Fisches Bauch war, so wird des Menschen Sohn drei Tage und drei Nächte im Schoß der Erde sein.«

Und eine weniger klare Stelle findet sich in der Apostelgeschichte des Lukas (2,24): »Den hat Gott auferweckt und aufgelöst die Schmerzen des Todes, wie es denn unmöglich war, daß er sollte von ihm gehalten werden.«

In Wirklichkeit entwickelte sich die Vorstellung von Jesu Christi Abstieg in die Hölle in den Volkslegenden des zweiten und dritten Jahrhunderts. Sie steht in einer weit zurückreichenden Tradition mythologischer Unterweltfahrten, wie sie von zahlreichen griechischen und römischen Göttern und Helden, unter ihnen Odysseus, Herkules, Persephone und Aeneas, unternommen wurden. Götter und Helden gewannen erheblich an Statur, wenn sie den Dämonen auf ihrem eigenen Terrain entgegenzutreten wagten und aus dieser Konfrontation unversehrt hervorgingen.

Ein Besuch im Limbus der Väter.
Die zweite Antwort auf die Frage, wie Jesus Christus das *triduum* verbrachte, läßt den Erlöser bei Adam und Eva, den Patriarchen des Alten Testaments und einigen tugendhaften Griechen wie Platon und Sokrates vorbeischauen.

Zur Begründung dieser Auffassung, die um das 4. Jahrhundert an Popularität gewann, verwiesen die Kirchenväter auf den ersten Brief des Petrus (3,18-19), geschrieben um 64 u.Z.: »... und ist getötet nach dem Fleisch, aber lebendig gemacht nach dem Geist. In demselben ist er auch hingegangen und hat gepredigt den Geistern im Gefängnis« – nämlich den Vätern in ihrem Limbus.

Ein anderer Text läßt Jesus in den Limbus der Väter hinabsteigen, um den dort versammelten alten Juden und Griechen die christliche Heilsbotschaft zu verkünden und die Neubekehrten gleich anschließend ins Himmelreich zu geleiten. Hier wird das *triduum* als ein Missionsunternehmen zur Rettung der Seelen jener dargestellt, die gestorben waren, bevor der christliche Glaube in Erscheinung trat.

Dante über den Limbus

In seiner *Göttlichen Komödie* tut Dante sich schwer mit der irritierenden Doppelexistenz eines Limbus für die Weisen der Antike und eines zweiten Limbus für die ungetauften kleinen Kinder der christlichen Welt. Aber statt die Dinge zu klären, stiftet sein Meisterwerk nur noch mehr Verwirrung. Der Gedanke an die Bewohner dieser beiden Sphären läßt Dante auf seiner Pilgerfahrt durch die Unterwelt nicht los. Im *Purgatorio* erwähnt er ausdrücklich, daß Aristoteles und Platon durch Christi Abstieg in die Hölle befreit worden seien. Aber die befreiten Weisen ebenso wie die befreiten Seelen der ungetauften Kinder kommen nicht in den Himmel, sondern in den ersten Kreis der Hölle, in ihren kühleren, obersten Stock, der sich eines *nobile castello*, einer edlen Burg, rühmen kann, umgeben von einer »grünen Wiese«, auf der das ganze Jahr über Blumen blühen.

Keinem Papst, keinem Theologen und keinem Heiligen ist angesichts der provisorischen Konstruktion mit Namen Limbus je ganz wohl zumute gewesen. Bis auf den heutigen Tag liegt dieser Bereich in einer Grauzone der Theologie. Es scheint, als würde es ihn nur geben, damit die beiden zu Beginn dieses Kapitels genannten Probleme nicht ungelöst bleiben.

Teil XII. Glaubenssachen

32. Kapitel
Wunder
Totenerweckung bis Stigmata

»Das Wunder ist des Glaubens liebstes Kind«, heißt im ersten Teil von Goethes *Faust*.

»Wunder sind günstige Zufälle, deren natürliche Ursachen zu verwickelt sind, als daß wir sie ganz verstehen könnten«, schreibt der amerikanische Philosoph George Santayana.

»Ein Wunder geschieht nicht im Widerspruch zur Natur«, behauptet der heilige Augustinus, »sondern im Widerspruch zu dem, was wir über die Natur wissen.«

»... so glaubet doch ... den Werken«, sagt Jesus über seine eigenen Wunder, »damit ihr zu der Erkenntnis kommt und in ihr bleibt, daß der Vater in mir ist und ich in ihm.« Wozu Thomas von Aquin anmerkt: »Christus war entweder ein Lügner, ein Wahnsinniger oder der Herr.«

Walt Whitman sagte: »Für mich ist jede Stunde Licht und Dunkel ein Wunder / Jeder Kubikzentimeter Raum ein Wunder.«

Vor rund achtzehnhundert Jahren vertraten eine Reihe von Talmudgelehrten ganz ähnliche Ansichten über Wunder wie Santayana. Sie machten sich Gedanken über die »gewaltigen Taten« in der Bibel – Moses teilt das Rote Meer, geheimnisvolles Manna legt sich über die Erde, auf ein Wort des Elias fällt Feuer vom Himmel – und fragten sich, wie solche Einbrüche des Übernatürlichen mit der ansonsten in sich geschlossenen Ordnung der Natur in Einklang zu bringen seien.

Die Rabbiner gelangten zu dem Schluß, daß die biblischen Ereignisse, die man als Wunder bezeichnet, in Wirklichkeit vorherbestimmt, gleichsam von Gott bei der Erschaffung der Welt als Teil der natürlichen Ordnung in die Natur einprogrammiert worden seien. »Gott traf eine Abmachung mit dem Meer«, so erklärt ein Rabbiner, »daß es sich teilen würde, sobald die Israeliten ihm nahten.« Deshalb ist ein Wunder kein Bruch in der natürlichen Ord-

Jesus heilt einen Blinden.

nung, sondern die Erfüllung eines allumfassenden göttlichen Plans. Vielleicht war es dies, woran auch Augustinus dachte.

Viele fromme Leute sind durch wundersame Geschehnisse tief beunruhigt worden. Selbst Jesus, der seine Umgebung etwa vierzigmal in Verwunderung setzte, ermahnte die Zeugen seines Tuns mehrfach, »daß sie niemand sagten, was geschehen war«. (Lukas 8,56) Jesus befürchtete, manche könnten falsche Schlüsse ziehen, sie könnten Wunder mit Magie verwechseln, Glauben mit Betrügerei und den Propheten mit einem Zauberer.

Kein Wunder – wenn man bedenkt, was Christus zuwege brachte. Bei wenigstens acht Gelegenheiten ließ er den Himmel sich über die Kräfte der Natur erheben: Er *stillte einen Sturm* (Matthäus 8,23-27), *wandelte auf dem Wasser* (14,25), *ließ einen Feigenbaum verdorren* (21,18-22), *vermehrte fünf Brote und zwei Fische* so, daß Tausende satt wurden (14,15-21), und verwandelte auf Ersuchen seiner Mutter *Wasser in Wein* (Johannes 2,1-11).

Außerdem überwand er die Kräfte des Lebens und des Todes, indem er *Lazarus* aus dem Grab zurückholte (Johannes 11,1-44), ebenso den *Sohn der Witwe zu Nain* (Lukas 7,11-15) und *Jairus Tochter* (8,41-42). Besonders zahlreich aber waren seine Heilungswunder – darüber später mehr.

Wortursprung.

Solange die Menschen von »Naturgesetzen« nichts wußten, glaubten sie, alles Geschehen in der Welt werde von Göttern und Göttinnen bestimmt. Die Wunder, von denen die hebräische Bibel berichtet, galten nicht als Verstoß gegen die Gesetze der Natur, sondern als Zeichen, in denen sich Gottes allgegenwärtige Macht und Herrlichkeit bekundete.

Die Speisung der fünftausend.

Heute sprechen wir von einem »Wunder«, wenn irgendein Ereignis den Gesetzen der Naturwissenschaft widerspricht oder zu widerspechen scheint. Früher dagegen war die Rede von einem Wunder selbst fast so etwas wie eine wissenschaftliche Erklärung.

Das Wort »Wunder« geht auf ein althochdeutsches *wuntar* zurück, ist aber außerhalb des germanischen Raumes ohne sichere Anknüpfung. Mit dem Staunen (»sich wundern«) steht es ganz ähnlich in einer semantischen Verbindung, wie das lateinische Substantiv *miraculum* (auf das unsere etwas außer Gebrauch geratenen Fremdwörter »Mirakel« und »mirakulös« und das englische *miracle* zurückgehen) mit *miror* = »sich wundern«, »staunen« zusammenhängt.

Bevor wir uns den Wundern in der jüdisch-christlichen Tradition zuwenden, wollen wir einen Blick auf die anderen Weltreligionen und ihre Auffassung von Wunderereignissen werfen.

Hinduismus – »Magie«, die jedem zugänglich ist: 1500 v.u.Z.

Indiens größte Religion hegt bemerkenswert demokratische Vorstellungen vom Wunder. Wunder ergeben sich gleichsam natürlich, wenn man asketische Rituale befolgt und Mantras singt. Jeder, der dem Pfad des Yoga folgt – der den Menschen lehrt, wie er sich über Geist und Körper erhebt und zur Erleuchtung gelangt –, kann Wunderkräfte entfalten.

In der Welt des Hinduismus sind die Wunder unzählig, und niemand stellt sie in Frage. Deshalb galt Indien früher als »Land der Wunder«. Alles konnte hier geschehen – jedem und zu jeder Zeit. Für die meisten einfachen Leute gilt das auch heute noch.

Heilige Texte wie die Upanischaden und die Brahmanas sehen das höchste Ziel des Menschen zwar nicht im Wunderwirken, sondern im Erlangen von Einsicht und mystischer Erleuchtung. Aber sie schmälern die Bedeutung der Wunder dennoch nicht und stellen ihre Realität ebensowenig in Frage wie die Ehrwürdigkeit der Menschen, die sie bewirken. Kurz, Wundertaten sind ein Nebeneffekt individueller Spiritualität.

Buddhismus – Drei Arten von Wundern: 6. Jahrhundert v.u.Z.

Buddha lehnte es ab, seine Lehren zu verbreiten, indem er das Publikum mit Wundertaten beeindruckte – und trotzdem war sein Auftreten von wundersamen Ereignissen begleitet. Wie Jesus »Christus« (der Gesalbte) wanderte Gautama »Buddha« (der Erleuchtete) von Ort zu Ort, und überall in seiner Umgebung geschahen Wunder. Er selbst sagte von den Kräften, die er besaß, sie hätten keine spirituelle Bedeutung. (Dennoch gelten seine Reliquien – mehrere Zähne und zwei Schlüsselbeine, die an verschiedenen Kultstätten aufbewahrt werden – noch heute als wundertätig. *Siehe* Reliquien)

Für Gautama Buddha war das größte Wunder eines, das *unterweist*; alle anderen waren nicht mehr als Zauberkunststücke. Drei Arten von Wundern gebe es, so lehrte Buddha:

- das Wunder der *Magie* – nur Spektakel, ohne Substanz
- das Wunder des *Gedankenlesens* oder der Telepathie – bisweilen von Nutzen, um in das Innere eines Menschen zu blicken, aber wegen seiner Zudringlichkeit nicht empfehlenswert
- das Wunder *Unterweisung* – das einzige Wunder, das Ehrfurcht und Verehrung verdient

Im Christentum entsprechen dem »Wunder der Magie« die dramatischen Erscheinungen, die Christi dreistündigen Todeskampf am Kreuz begleiten – blitzhafte, unheilverkündende Risse im Naturgesetz: Um die Mittagszeit »ward eine Finsternis über das ganze Land« (Markus 15,33), »der Vorhang im Tempel zerriß in zwei Stücke von obenan bis untenaus« (Matthäus 27,51), die Erde bebte im Augenblick von Jesu Tod, und »die Felsen zerrissen, und die Gräber taten sich auf, und standen auf viele Leiber der Heiligen, die da schliefen« (27,52). Hier gehört das Wunder in die Abteilung »Spezialeffekte« – es lehrt nicht, es erschreckt nur.

Wie Buddha haben die Weisen vieler Religionen immer wieder erklärt, Wunder seien am ehesten als allegorischer und poetischer Ausdruck von Gottes Größe zu verstehen, als Gleichnisse, die uns eine Lehre erteilen sollen.

Wunder im Islam – Allah erschafft die Natur ständig neu: 7. Jahrhundert u.Z.

Der Prophet, so liest man im Koran, lehnte es ausdrücklich ab, seine Berufung durch Wundertaten zu beweisen, wenngleich spätere Berichte sein Leben mit zahlreichen wunderbaren Elementen ausschmücken. Mohammed erklärte, der Koran selbst sei das »Wunder aller Wunder«, er selbst sei kein Wundertäter, sondern nur ein menschlicher Bote, der zur Buße aufrufe.

Heute nimmt der Islam an, daß Allah Wunder tut und dies in der Vergangenheit auch durch Propheten wie Moses, Salomo und Jesus getan hat, bezeichnenderweise aber nicht durch Mohammed selbst. Der Koran, jenes »Wunder aller Wunder«, gilt als letzte Offenbarung Gottes gegenüber der Menschheit, die an die Stelle des Alten und des Neuen Testaments tritt. Da es von nun an keine neuen Heiligen Schriften mehr geben wird, sind auch keine Wunder mehr vonnöten, die die Herzen der Menschen mit Ehrfurcht erfüllen. Das letzte große Wunder war der Koran.

Trotzdem gefällt es einfachen Leuten, wenn gelegentlich etwas Wundersames geschieht. Anscheinend gibt es bei vielen Menschen in sehr unterschiedlichen Religionen ein *Bedürfnis* nach Wundern. So ist im volkstümlichen Islam, vor allem in der Sufi-Mystik, viel von Wunderheilungen die Rede, und es werden Pilgerfahrten zu den Gräbern wundertätiger Heiliger unternommen, ähnlich wie in der christlichen Welt nach Lourdes oder Fátima.

Die islamische Theologie unterscheidet sich auch insofern von der jüdischen und der christlichen, als sie sich nie die Idee einer Natur zu eigen gemacht hat, die nach festen, vom Weltschöpfer am Anfang aller Zeit bestimmten Gesetzen funktioniert. Das Universum wird statt dessen von Allah fortwährend neu geschaffen, verwandelt, umgeformt. Was einem Muslim als »Wunder« erscheint, rührt in Wahrheit daher, daß Allah von seinen Gewohnheiten abweicht und einen Teil der Welt neu erschafft.

Nicht alle Muslime glauben an Wunder. Streng orthodoxe Gläubige wie die Wahabiten haben die Gräber und Kultstätten von Heiligen vielfach zerstört, weil sie jeden Heiligenkult – und den »Wunderschwindel« zumal – für unvereinbar mit dem wahren Islam halten.

Hebräische Wundertäter – ihr »Wahnsinn« hat Methode: Zeit des Alten Testaments

Für das Judentum sind Wunder in der Zeit, über die das Alte Testament berichtet, etwas Selbstverständliches. Wunderbare Geschehnisse bilden geradezu das Gerüst der biblischen Geschichte, angefangen beim ersten Satz der Genesis: »Am Anfang schuf Gott Himmel und Erde.« Schon hier wird für alles, was dann folgt, der Ton angeschlagen: Wundern begegnet man im Alten Testament auf Schritt und Tritt.

Wenigstens *zwei Tiere sprechen*: die Schlange im Garten Eden und der Esel des mesopotamischen Sehers Bileam. Im vierten Buch Mose (22,28) »tut Gott der Eselin den Mund auf«, und sie beklagt sich darüber, wie sie mißhandelt worden ist.

Feuer vom Himmel ist eines der häufigsten Wunder und zugleich ein Symbol für die Macht Gottes. »Denn der Herr, dein Gott, ist ein verzehrendes Feuer«, mahnte Moses die Israeliten. (5. Mose 4,24) Als Gott dem Moses zum erstenmal erscheint, geschieht dies in einem brennenden Dornbusch: »Und er sah, daß der Busch im Feuer brannte und doch nicht verzehrt wurde.« (2. Mose 3,2) Gott führt sein Volk in Gestalt einer »Feuersäule« aus Ägypten (2. Mose 13,21), und »im Feuer« fährt er vom Berg Sinai herab. (19,18) Wenigstens an vier Stellen spricht die Bibel von einem »göttlichen Feuer«, das ein Opfer verzehrt und damit zeigt, daß Gott die Gabe mit Wohlgefallen annimmt.

Ein Muster.
Wenn man die Wunder im Alten Testament betrachtet, zeigt sich ein interessantes Muster: Das »Außerordentliche« geschieht in Zeiten der Krise und des Übergangs, wenn sich die »Ordnung« auflöst.

In der Zeit, als sich die Israeliten auf ihre gewagte Flucht aus Ägypten vorbereiten, schenkt ihnen Gott ihren großen Wundertäter, den achtzigjährigen Moses, der sich vierzig Jahre lang von seinem Volk und vom ägyptischen Hof ferngehalten hat. Moses braucht einige spektakuläre Wunder, um den Israeliten zu beweisen, daß er ihr Befreier sein werde. *Sein Stab verwandelt sich in eine Schlange, er ruft die zehn Plagen über Ägypten, er zerteilt das Rote Meer und schlägt Wasser aus dem Felsen.*

In einer anderen Zeit des Umbruchs und der Gefahr flankiert eine Serie von Wundern die Eroberung des Landes Kanaan durch Josua – angefangen beim *Anhalten der Wasser des Jordan* über den *Einsturz der Mauern von Jericho* bis hin zum *Stillstand der Sonne bei Gibeon* zum Zeichen dafür, daß Gott sich im Kampf auf die Seite von Josua und gegen die fünf Könige der Amoriter gestellt hat.

Zu den großen Wundertätern im Alten Testament gehören auch Elia und Elisa, die in der Zeit nach der Spaltung Israels in ein Nord- und ein Südreich geboren werden. Je mehr Unruhe, desto mehr Wunder. Die Bücher der Könige zeigen, wie das übernatürliche Wirken Elias und Elisas den Israeliten half, ihren Glauben zu bewahren, als er durch den Baalskult bedroht war.

Elia straft Ahab, den König Israels, der begonnen hat, den Regen- und Gewittergott Baal anzubeten, indem er wunderbarerweise eine Dürre über sein Land bringt. (1. Könige 18) Bevor er nun um das Ende der Dürre betet, fordert er Ahabs 450 heidnische Propheten zu einer Art Wettstreit im Wunderwirken am Berg Karmel heraus. Elia beobachtet, wie die heidnischen Zauberer Stunde um Stunde zu Baal flehen, er möge sein Feuer auf ihr Brandopfer herabsenden. Als sie schließlich erschöpft aufgeben, betet Elia zu seinem Gott, und sogleich fällt Feuer herab und verzehrt die Opfergabe samt dem Altar, auf dem sie lag. Gleich darauf vollbringt Elia ein weiteres Wunder: Er führt sämtliche 450 Propheten Baals an den Bach Kison und tötet sie daselbst.

»Jesus vollbrachte keine Wunder« – Die jüdische Auffassung: Talmudzeit

Die Juden, die der Welt im Alten Testament einige ihrer großartigsten Wunder bescherten, gaben ihren Wunderglauben später auf. Sie vollzogen in dieser Frage geradezu eine Kehrtwendung. Viele Gelehrte der talmudischen und nachtalmudischen Zeit vertraten die Auffassung, Wunder seien als allegorischer Ausdruck von Gottes Größe anzusehen, als Sinnbild.

Im 2. Buch Mose (17,11) heißt es zum Beispiel in dem Bericht über die Schlacht zwischen den Israeliten und ihren Erzfeinden, den Amalekitern: »Und wenn Mose seine Hand emporhielt, siegte Israel; wenn er aber seine Hand sinken ließ, siegte Amalek.« (2. Mose 17,11) Die Rabbiner betonten nun, daß dieser Vorgang nicht wörtlich zu nehmen sei – überhaupt seien Wunder keine Ereignisse im eigentlichen Sinne –, daß es sich vielmehr nur um eine allegorische Botschaft handele: Solange die Kinder Israels zu ihrem Vater im Himmel aufschauen (Moses' erhobene Hand), werden sie obsiegen, wenn sie nach unten schauen (Moses' gesunkene Hand), werden sie unterliegen.

Jesus wandelt über das Wasser.

Ähnlich könnte man die Episode deuten, in der Jesus auf dem Wasser wandelt (Matthäus 14 33):

Wütende Winde schütteln das Boot, das Christi Jünger über den See Genezareth bringt. Es ist nach drei Uhr am Morgen, sie rudern seit dem Abend und sind erschöpft. Erschrocken sehen sie, wie sich ihnen aus der Dunkelheit eine schemenhafte Gestalt nähert. »Es ist ein Gespenst!« rufen sie. Und während sie vor Schreck erstarren, spricht eine Stimme zu ihnen: »Seid getrost, ich bin's;

fürchtet euch nicht.« Petrus jedoch zweifelt: »Herr, bist du es, so heiß mich zu dir kommen, auf dem Wasser.« Jesus winkt ihm: »Komm her!« Den Blick auf Jesus gerichtet, steigt Petrus aus dem Boot und geht über das stürmische Wasser. Doch in dem Moment, da er den Blick von Jesus abwendet, packt ihn die Angst, und er beginnt zu versinken.

Die Moral: Immer und überall im Leben sollen die Christen ihre Augen auf Christus gerichtet halten, denn nur er kann sie erlösen. Wer den Blick von ihm abwendet, ist verloren.

Die sinnbildliche Deutung der großen biblischen Wunder fand bei den bedeutendsten jüdischen Gelehrten des Mittelalters, etwa bei Saadja Gaon und Moses Maimonides, Zustimmung. Maimonides erklärte in seinem *Führer der Unschlüssigen*, alle in der Bibel im Zusammenhang mit dem Wirken der Propheten geschilderten Wunder müßten als prophetische Visionen, nie als wirkliche Geschehnisse verstanden werden.

Die Talmudgelehrten lehnten die Vorstellung ab, daß irgend etwas je gegen die Naturgesetze verstoßen könnte. Deshalb überrascht es nicht, daß die Juden sich weigerten, in Jesus einen Wundertäter zu sehen. In ihren Augen war er ein Prophet, ein frommer Mann, aber die Gesetze der Natur konnte er nicht außer Kraft setzen. Eine breite Tradition im Judentum lehrt, daß Gott selbst sich über die Naturgesetze niemals hinwegsetzen würde, die er selbst am Anfang aller Zeit mit soviel Liebe geschaffen hat.

Auch wenn manche Juden heute noch an Wunder glauben, so vertreten sie ihre Überzeugung doch nicht so offensiv wie viele Christen. Für die meisten Juden sind Wunder etwas, das früher vielleicht geschehen konnte, heute jedoch nicht mehr.

Für Christen dagegen geschehen Wunder an jedem Tag. Auch das sollte uns nicht überraschen, denn die weitaus größte Zahl biblischer Wunder ereignet sich in dichter Folge während der kurzen Zeit von Jesu Christi öffentlichem Wirken.

Neues Testament: Christus, der größte Wundertäter der Bibel: frühes Christentum

Jesus Christus selbst hatte eine zwiespältige Einstellung zu Wundern – obwohl er dem Neuen Testament zufolge wenigstens vierzig Wunder wirkte.

Einerseits waren diese Wunder für Christus Zeichen seiner Mission und des kommenden Gottesreiches. »… so glaubet doch … den Werken, damit ihr zu der Erkenntnis kommt und in ihr bleibt, daß der Vater in mir ist und ich in ihm.« (Johannes 10,38) Zum Beweis speiste er fünftausend Männer, Frauen und Kinder mit nur fünf Broten und zwei Fischen.

Auf der anderen Seite mißbilligte er das Verlangen des Volkes nach »mächtigen Wundertaten«: »Warum verlangen diese Leute nach einem Zeichen?« fragte er zornig. Deshalb weigerte er sich auch, als der Teufel ihn dazu bewegen wollte, von der höchsten Zinne des Tempels zu springen und auf diese Weise zu offenbaren, was für ein Mensch er sei. Mehrmals untersagte er seinen Jüngern, seine Wunder bekannt zu machen, und betonte, allein der Glaube wirke Wunder. Wenn ein Mensch den Glauben habe, könne das Wunderbare geschehen.

Das entspricht in mancher Hinsicht der modernen Deutung von wunderbaren Heilungen unheilbarer Krankheiten. Mancher moderne Christ würde sagen: Der Glaube, daß Krebs heilbar ist, kann das Immunsystem eines Menschen unter Umständen so kräftigen, daß eine Heilung tatsächlich zustande kommt. Wir sagen: Christus heilte einen Aussätzigen. (Matthäus 8,2-3) Aber Christus sagte, daß der Glaube dieses Mannes an den Sohn Gottes die Ursache dafür war, daß sich sein Körper aufraffte und den Aussatz besiegte. Der Glaube heilt – auch wenn die Menschen ein Wunder gern personalisieren, indem sie es einem Propheten zuschreiben.

Das gleiche könnte man von all den Lahmen sagen, die in Christi Gegenwart aufstanden und gingen, all den Stummen, die zu sprechen anfingen, den Blinden, die wieder sahen, und den Toten, die zu neuem Leben erwachten; vielleicht hatten sie im Koma gelegen. So jedenfalls erklären sich viele Christen die Wunderheilungen im Neuen Testament.

Viele angesehene Theologen vertreten auch die These, daß die Wunder des Neuen Testaments als Sinnbilder oder Allegorien gemeint seien – erwachsen aus dem literarischen Bemühen der vier Evangelisten, ein überzeugendes, unauslöschliches Bild von Jesus Christus zu entwerfen.

Die Auferweckung des Lazarus von den Toten: Johannes 11,1-44

Diese berühmte Episode wird in den drei synoptischen Evangelien, bei Markus, Matthäus und Lukas, nicht erwähnt. Das ist seltsam, denn die Auferweckung des Lazarus, die Johannes so anschaulich schildert, ist der Höhepunkt von Jesu wunderbarem Wirken auf Erden.

Die Auferstehung des Lazarus.

Der Vorgang spielt sich in aller Öffentlichkeit ab, viele Menschen erleben ihn mit und sind tief bewegt, und er wird, weil er sich sofort herumspricht, zum letzten Anstoß für die Pharisäer, Jesus verurteilen und hinrichten zu lassen. Wie könnten Markus, Matthäus und Lukas ein so zentrales Geschehen übersehen haben?

Johannes erzählt seine Geschichte so:

Jesus predigt östlich des Jordan, als er erfährt, daß sein guter Freund Lazarus, der mit seinen beiden Schwestern, Maria und Martha, in dem Städtchen Bethanien bei Jerusalem lebt, schwer erkrankt ist. Doch Jesus eilt nicht zu ihm. In aller Ruhe predigt er noch zwei Tage und macht sich erst dann auf den Weg nach Bethanien.

Als er eintrifft, ist Lazarus tot und schon seit vier Tagen begraben. Martha, die weiß, das Jesus Kranke heilen kann, klagt: »Herr, wärest du hier gewesen, mein Bruder wäre nicht gestorben.« Die Freunde des Lazarus umringen Jesus. Warum ließ er sich soviel Zeit? Alle weinen. Auch Jesus.

Dann befiehlt Jesus unerwartet: »Hebt den Stein weg.«

Martha spricht aus, was alle denken: »Herr, er stinkt schon; denn er hat vier Tage gelegen.«

Jesus erwidert vorwurfsvoll: »Habe ich dir nicht gesagt, wenn du glaubtest, würdest du die Herrlichkeit Gottes sehen?« Dann ruft er in die klaffende Öffnung der Grabhöhle: »Lazarus, komm heraus!«

Lazarus, noch in Grabtücher gehüllt, schleppt sich ans Sonnenlicht. Alle sind in Ehrfurcht erstarrt.

»Ich bin die Auferstehung und das Leben«, sagt Jesus und kommt damit auf den wesentlichen Kern der Geschichte. »Wer an mich glaubt, der wird leben, ob er gleich stürbe.«

Die Erzählung liest sich wie eine Allegorie, und Jesus faßt sie zu einer Formel zusammen: »Wer an mich glaubt, der wird leben.« Das Himmelreich steht allen Gläubigen offen.

Wasser zu Wein: Johannes 2,1-11

Die Verwandlung von Wasser in Wein bei der Hochzeit zu Kana.

Der Apostel Johannes markiert den Beginn und das Ende von Jesu öffentlichem Wirken jeweils mit einem Wunder. Die Auferweckung des Lazarus beschließt seine Laufbahn und ist seine letzte öffentliche Wundertat. Johannes ist auch der einzige Evangelist, der von Jesu Christi erstem Wunder berichtet, das sich von seinen vielen anderen deutlich unterscheidet.

Bei der Rückkehr vom Jordan, wo er Johannes dem Täufer begegnet ist, wird Jesus zu einer Hochzeit geladen. Der Gastgeber ist in höchster Verlegenheit: Der Wein ist ihm ausgegangen, und bald werden die Gäste nach Hause gehen. Maria bittet ihren Sohn zu helfen, aber der erwidert ebenso schroff wie geheimnisvoll: »Weib, was geht's dich an, was ich tue? Meine Stunde ist noch nicht gekommen.« (2,4)

Maria, die willensstarke Mutter, reagiert mit einem Achselzucken auf die unwirsche Antwort und rät den Dienern des Hauses: »Was er euch sagt, das tut.« (2,5) Jesus, nun doch wieder der gehorsame Sohn, läßt sechs steinerne Krüge mit Wasser füllen, und noch bevor der »Speisemeister« davon kosten kann, hat sich das Wasser in Wein verwandelt, und zwar in einen guten.

Merkwürdigerweise wird dieses erste Wunder, das Jesus tut, von den Hochzeitsgästen kaum bemerkt. Ebenso irritierend ist, daß Markus, Matthäus und Lukas über dieses erste Wunder nicht berichten. Nur den Jüngern, die mit Jesus auf dem Fest sind, verschlägt es die Sprache. »Das ist das erste Zeichen, das Jesus tat ... und offenbarte seine Herrlichkeit. Und seine Jünger glaubten an ihn.« Das heißt, sie glaubten aus tiefster Überzeugung, daß er der Messias sei. Hat Johannes auch hier ein Wunder als Sinnbild verwendet?

Was muß man glauben?

Für die katholische Kirche bezog das Erste Vatikanische Konzil von 1870 in der Frage der Wunder eine entschiedene Position: »Wer da sagt, es könnten keine Wunder bewirkt werden ..., der sei mit dem Anathema belegt« – das heißt, mit dem offiziellen Kirchenbann. Der Wunderglaube ist also für Katholiken obligatorisch – aber nicht unbedingt der Glaube an irgendwelche bestimmten Wunder. Die orthodoxen Christen verdammen auch den, der behauptet, Christi Wunder seien den Berichten über sein Wirken erst nach seinem Tod beigegeben worden.

Letztlich waren die Wunder, die Gottvater, Jesus Christus, Allah, Buddha und alle östlichen und abendländischen Gottheiten wirkten, nie dazu bestimmt, Glauben zu erzeugen, vielmehr sollten sie einen schon vorhandenen Glauben kräftigen. So schreibt ein katholischer Philosoph: »Wunder sind nur für jene wunderbar, die bereit sind, das Wirken Gottes auch in den alltäglichsten Vorgängen und Handlungen zu erkennen.«

Jesus Christus schenkte seinen Jüngern die Kraft, Wunder zu tun – »die Gabe des Heiligen Geistes«, wie es Paulus formulierte –, und stiftete so eine Tradition, die bis auf den heutigen Tag fortlebt. In Lourdes. In Fátima. (*Siehe* Marienerscheinungen)

Stigmata – Das wunderbare Erscheinen der fünf Wunden Christi: Franz von Assisi, 1224

Über das Datum des ersten Erscheinens von Stigmata besteht kein Zweifel. Am 14. September 1224, zwei Jahre vor seinem Tod, fastete Franziskus von Assisi, ein Mönch von damals zweiundvierzig Jahren, wie so oft mit ungeheurer Strenge. Einmal hatte er sich in der Fastenzeit auf eine Insel zurückgezogen und während der gesamten vierzig Tage nicht mehr als einen halben Laib Brot zu sich genommen.

An diesem 14. September des Jahres 1224 hielt sich der Mystiker in einer Hütte am Monte La Verna auf. Er hatte mit seinem Fasten am 15. August, dem Fest Mariä Himmelfahrt, begonnen. Am 14. September nun wurde das Fest des Heiligen Kreuzes gefeiert, ein Anlaß, über Christi Kreuzigung zu meditieren.

Franziskus fastete diesmal zu Ehren der von im hochverehrten Engel im Himmel. Bei Tagesanbruch trat er aus seiner spartanischen Hütte und kniete im Licht der Sonne nieder, um in frommer Betrachtung der fünf Wunden Christi zu beten. Plötzlich begann Blut aus seinen Händen, seinen Füßen und seiner Seite zu sickern, als wäre er gekreuzigt worden.

In einer Sammlung von Heiligenlegenden, die Mitte des 19. Jahrhunderts in Regensburg erschien, wird die Episode so geschildert:

»Da geschah es, daß Franziskus auf dem Berge Alverno weilend mit innigster Liebe den gekreuzigten Heiland betrachtete, und wie er glühend vor Sehnsucht sich zu Gott erhebet im Gebete, erscheint ihm eine Gestalt, gleich einem Seraph am Kreuze hangend. Zwei leuchtende Flügel waren über sein Haupt erhoben, zwei waren zum Fliegen ausgespannt, zwei umhüllten den Körper. Als der Heilige diese himmlische Gestalt schaut, ergreift Wonne und Schmerz zugleich sein Herz; er sieht leuchtende Strahlen auf seine Seite, seine Hände und Füße niedersinken und in diesem Augenblicke empfängt er die Wundmale Jesu an seinem Leibe.«

Die Wunden machten den heiligen Franziskus verlegen. Er versuchte sie gegenüber seinen Zeitgenossen zu verbergen. Aber vor seinem Tode »wurden sie von mehreren Personen gesehen. Nach seinem Tod aber wurden sie von unzählbaren Volkshaufen betrachtet und geküßt.« Franziskus starb am 4. Oktober 1226.

»Als man seinen Leichnam wusch und kleidete, konnte man auch deutlich seine Wundmale, die er immer verbarg, betrachten. An seinen Händen und Füßen zeigten sich schwarze Nägel, aussehend wie eiserne, aber durch göttliche Kraft aus seinem Fleisch gebildet. Die Seitenwunde glich vollkommen der Seitenwunde Jesu, sie war schön rot, wie eine blühende Rose.«

Dies ist der erste überlieferte Fall einer wunderbaren Stigmatisierung. Unser Fremdwort Stigma bedeutet »Mal«, »Zeichen«, »Wundmal«, im Griechischen bedeutet es zunächst »Stich« – und nicht wenigen Mystikern und Mystikerinnen hat man später vorgehalten, sie hätten sich solche Stiche selbst zugefügt.

Stigmatisierte

Seit der Stigmatisierung des heiligen Franziskus hat die katholische Kirche mehr als dreihundert vergleichbarer Fälle auf der ganzen Welt bestätigt, darunter auch in diesem Jahrhundert den vielbeachteten Fall des Padre Pio in Italien.

Padre Pio (1887-1968).
Pio war mitten im Gebet begriffen, als er plötzlich aufschrie und bewußtlos wurde. Blut ergoß sich aus Wunden an seinen Händen und Füßen. Diese

Wunden, die aussahen wie Nagellöcher, verheilten nie. Sie entzündeten sich auch nie. Während der nächsten fünfzig Jahre sickerte immer wieder Blut aus ihnen hervor. Manchmal verschorften sie, aber der Schorf fiel bald wieder ab.

Einige nicht unwichtige Einzelheiten:

Pio kam 1887 zur Welt. Seine frommen katholischen Eltern nannten ihn Francesco. Sein Schutzheiliger war also Franziskus von Assisi, und später trat er dem Franziskanerorden bei. Erst danach gab er sich den Namen »Pio«, »der Fromme«. Im September 1915 – in der Woche, in die der Jahrestag der Stigmatisierung des heiligen Franziskus fiel – weilte Pio, der kurz vorher zum Priester geweiht worden war, bei seinen Eltern zu Besuch und betete in ihrem Garten in einer kleinen Hütte, die er sich nach dem Vorbild des heiligen Franziskus dort gebaut hatte. Plötzlich stürzte er aus der Hütte und fuchtelte mit den Händen in der Luft, als hätten ihnen Bienen gestochen. Die Innenflächen der Hände waren blutig.

Besonders interessant:

Diese ersten Stigmata verheilten wieder. Nach drei Jahren jedoch, nachdem Pio zu den Kapuzinern, dem strengsten Zweig des Franziskanerordens, übergewechselt war, traten die Blutungen wieder auf, als Pio kniend im Gebet begriffen war und dabei ein Kruzifix mit einem besonders geschundenen, von Blut geradezu überströmten Corpus betrachtete.

War Padre Pio für Suggestionen vielleicht besonders empfänglich?

In fast allen der mehr als dreihundert Fälle von Stigmatisierung, die seit den Tagen des Franziskus von Assisi bestätigt wurden – 280 Frauen und 41 Männer –, hatten die Betroffenen beim Einsetzen der Blutung (oder kurz zuvor) über einem gekreuzigten Christus meditiert. Diese Bilder und Bildnisse waren oft sehr drastisch.

Wie wir in einem früheren Kapitel gesehen haben, trat das Phänomen der Stigmatisierung etwa um die Zeit auf, als man auch begann, Kreuze mit einem leidenden, gequälten Christuskorpus zu versehen. Vorher waren die Kreuze meist ohne Corpus geblieben.

In jedem Fall waren die Betroffenen vor dem Auftreten der Symptome in einem Zustand starker körperlicher oder seelischer Anspannung – oft durch selbstauferlegtes Fasten.

Bei der Würdigung der dreihundert bekanntgewordenen Fälle von blutenden Wunden ist die katholische Kirche stets zurückhaltend gewesen. Nur zweiundsechzig der verzeichneten Stigmatisierten sind selig- oder heiliggesprochen worden – aber in keinem Fall wegen der geheimnisvollen Blutungen, sondern immer wegen anderer frommer Eigenschaften: unter anderem die heilige Lutgardis von Tongern (gest. 1246), die selige Helena von Veszperim (gest. 1249), die heilige Christina von Stommeln (gest. 1312), Elisabeth von Herkenrode (gest. 1275), die heilige Katharina von Siena (gest. 1380), die heilige Rita von Cascia (gest. 1475) und Johan Jetzer (gest. 1515).

Therese Neumann aus Konnersreuth (Oberpfalz, 1898-1962).
Sie ist (bis heute) weder selig- noch heiliggesprochen. Therese Neumann kam an einem Karfreitag zur Welt und mußte sich als junges Mädchen zweimal gegen Vergewaltigungsversuche zur Wehr setzen. Sie erblindete für einige Zeit und erhielt ihr Augenlicht am 29. April 1923 zurück, genau dem Tag, an dem Theresia von Lisieux, ihre Namenspatronin, seliggesprochen wurde. Später war sie eine Zeitlang gelähmt, erlangte ihre Bewegungsfähigkeit jedoch an ebendem Tag zurück, an dem Theresia von Lisieux heiliggesprochen wurde, am 17. Mai 1925.

Im Jahre 1926 empfing Therese Neumann ihre Stigmata – die fünf bekannten Wunden an Händen, Füßen und in der Seite, außerdem eine blutende Schulter (Christus hatte das Kreuz auf seiner Schulter getragen) und blutende Knie (Christus war dreimal auf seine Knie gefallen). Sie blutete nur an Freitagen und vor allem während der Fastenzeit. Jesus sprach zu ihr in seiner Muttersprache, Aramäisch, und sie übersetzte, obwohl sie nie Fremdsprachen erlernt hatte.

Von Weihnachten 1926 bis zu ihrem Tod im Jahre 1962 soll sie keinen Bissen gegessen und keinen Schluck getrunken haben. Ihre einzige Speise war die tägliche Hostie bei der heiligen Kommunion. Zwei Wochen lang wurde sie von zwei Nonnen überwacht, dann blies ihr Vater, von dem manche behaupten, er habe ihr heimlich Nahrung zugesteckt, die Untersuchung ab.

Man muß darauf hinweisen, daß viele Fälle, die die Kirche untersucht hat, sich als Betrug erwiesen haben. Die Stigmatisierten hatten sich die Wunden selbst zugefügt. Mancher würde wohl sagen, daß es sich in allen Fällen seit der Zeit des heiligen Franziskus um überfromme, gutgemeinte, aber eben doch betrügerische Machenschaften gehandelt habe. Andere werden dagegen auf die komplexen, nicht vollständig geklärten Zusammenhänge zwischen Geist und Körper hinweisen.

Stigmatisierung durch Hypnose: 20. Jahrhundert

Suggestion kann eine große Kraft entfalten. Vor allem unter Hypnose. Ein Hypnotisierter kann zum Beispiel unempfindlich gegen Nadelstiche gemacht werden.

Andererseits kann man die Handfläche einer für hypnotische und suggestive Wirkungen besonders empfänglichen Person etwa mit dem Radiergummi-Ende eines Bleistifts berühren und ihr sagen, es handele sich um eine brennende Zigarette. In den meisten Fällen wird die Person ihre Hand rasch zurückziehen. Aber eine besonders empfängliche Person könnte an der Stelle, die der kühle Radiergummi berührt hat, auch eine Rötung entwickeln oder sogar eine echte Brandblase.

Aber man kann bei der hypnotischen Nachbildung von Stigmata noch weiter gehen. In sehr seltenen Fällen, bei ganz besonders empfänglichen Personen bildet sich bei der Berührung mit dem kühlen Radiergummi nicht nur eine Blase, die Haut öffnet sich sogar und blutet – eine schwere Verbrennung dritten Grades, hervorgerufen durch Suggestionskraft. Eine solches Experiment hat der deutsche Psychiater und Hypnotherapeut Alfred Lechler Ende der zwanziger Jahre durchgeführt.

Elisabeth K.

Unter diesem Decknamen ist Lechlers Versuchsperson in die medizinische Literatur eingegangen. Sie wurde 1902 in Süddeutschland geboren, ein schwer gestörtes Kind, das unter zahlreichen Neurosen litt und regelmäßig schlafwandelte. Als Elisabeth K. sechs Jahre alt war, starb ihre Mutter. Als Studentin litt sie unter Gliederschütteln, schweren Kopfschmerzen, Lähmung und Taubheit der rechten Körperseite, Schluck- und Sprechbeschwerden, Blasen- und Darmstörungen. Sie aß kaum etwas und schlief nachts nicht mehr als zwei oder drei Stunden. Trotzdem schien sie über eine grenzenlose manische Energie zu verfügen.

1929 kam sie in die Behandlung von Dr. Lechler. Sie zog sogar zu ihm, so daß er sie rund um die Uhr beobachten konnte. Dem Psychiater fiel sofort auf, daß Elisabeth die Schmerzen und Leiden von Menschen in ihrer Umgebung auf sich zog und übernahm. Sie litt tatsächlich – mit Schmerzen, Frösteln und Fieber – unter den Krankheiten anderer Leute. Daraus schloß Dr. Lechler, daß Elisabeth sehr empfänglich für Suggestionen war.

Am Ostersonntag 1932 zeigte er ihr eine Serie von Dias mit religiösen Motiven, darunter einige ziemlich blutrünstige Szenen von Christi Kreuzigung und Tod. In der folgenden Nacht klagte die junge Frau über heftige stechende Schmerzen an Händen und Füßen. Bei einer späteren Hypnose gab Lechler ihr die Anweisung, sich auf diese Schmerzen zu konzentrieren und sich wirkliche Wunden vorzustellen.

Darauf begann sie durch poröse Öffnungen in ihrer Haut zu bluten, und auf den Befehl zu weinen vergoß sie Tränen, die mit einem beträchtlichen Anteil Blut vermischt waren. Als Lechler sie aufforderte, sich eine Dornenkrone auf der Stirn vorzustellen, begann sie an der Stirn zu bluten. Es ist zwar bekannt, daß Personen unter Hypnose dazu neigen, das zu tun, was man ihnen sagt, aber offensichtlich war Elisabeth auch in dieser Beziehung eine Ausnahmeerscheinung.

Die Experimente mit Elisabeth K. lassen viele Fragen offen; und gegenüber ihrer kausalen Methodik kann man durchaus Bedenken anmelden. Begnügen wir uns mit der Feststellung, daß Lechler zu dem Schluß kam, Stigmata ließen sich bei bestimmten hochbegabten – oder schwer gestörten – Individuen durch Hypnose nachbilden.

Wenn man das Phänomen der Stigmatisierung aus einem entgegengesetzten Blickwinkel betrachtet, stößt man auf die Tatsache, daß im Fernen Osten meditierende Mystiker das Austreten von Blut aus einer Wunde nicht selten *verhindern* – etwa wenn sie sich die Zunge, die Wange oder andere Körperstellen mit langen Nadeln durchbohrt haben. Wenn der menschliche Geist das Blut am Fließen hindern kann, könnte er es dann nicht auch dazu bringen, durch dünne, poröse Haut nach außen zu dringen? Könnte es nicht so sein, daß sich bestimmte Menschen die Stigmatisierungen unbewußt selbst zufügen, indem sie sich ganz und gar auf das Kruzifix und die Wunden Christi konzentrieren?

Würde Christus dieses Wunder vollbringen, dann würde er sein frommes Opfer vermutlich nicht aus den Handflächen, sondern aus den Handgelenken bluten lassen, wie es ihm selbst widerfahren sein muß. Die Handknochen sind zu schwach, das Gewicht eines Menschen zu tragen. In römischer Zeit wurden bei Kreuzigungen die Nägel zwischen den großen Unterarmknochen unterhalb des Handgelenks durchgetrieben – auch dies ein Indiz dafür, daß die Stigmata auf irgendeinem Weg doch aus dem Inneren des Individuums kommen.

33. Kapitel
Die Jungfräulichkeit der Jungfrau
Unbefleckte Empfängnis bis jungfräuliche Geburt

»Von nun an werden mich seligpreisen alle Kindeskinder.«
Lukas 1,48

Miriam von Nazareth: geboren um 20 v.u.Z., Jerusalem

Wie konnte ein einfaches jüdisches Mädchen namens Miriam – über das aus der Zeit, bevor es mit vierzehn Jahren unerwartet schwanger wurde, nichts bekannt ist – zur berühmtesten und einflußreichsten Frau der abendländischen Geschichte werden? Zu einer Lichtgestalt, die alle anderen überstrahlt? Zum Motiv von mehr Wandbildern, Tafelbildern, Radierungen, Lithographien, Zeichnungen, Plastiken, Medaillons und Amuletten, als irgendeinem anderen lebenden oder toten Menschen je gewidmet wurden?

Es geschah nicht von heute auf morgen. Und nicht ohne hitzige Debatten innerhalb der Kirche.

Auch nicht ohne heftige Angriffe gegen die Kirche von außen: Der Katholizismus bete das Mädchen aus Nazareth als Gottheit an, er stelle sie noch über den Heiligen Geist und habe sich in eine Marienreligion verwandelt.

Historisch ist nur wenig über Maria bekannt und außerhalb des Neuen Testaments nichts. Das Lukas-Evangelium mit seinem Bericht über Jesu Kindheit und Jugend ist die Hauptquelle für Informationen über Christi Mutter.

Ihren ersten Auftritt hat Maria dort in der Verkündigungsszene, als der Engel Gabriel sie mit der Nachricht schockiert, sie sei schwanger oder werde es bald sein – die Worte des Engels sind nicht eindeutig, wie wir noch sehen werden.

In der Apostelgeschichte erscheint Maria unter denen, die sich nach der Himmelfahrt Christi zum Gebet versammeln (1,14).

Maria, der Legende nach geboren in Jerusalem oder in Sepphoris in Galiläa, um das Jahr 18 oder 20 v.u.Z. (aber selbst das können wir nur aus dem Datum von Christi Geburt zwischen 3 und 6 v.u.Z. erschließen), war das Kind jüdischer Eltern mit Namen Joachim und Anne, über die noch weniger bekannt ist. Aus bescheidenen Verhältnissen stammend, entwickelt sie sich zu einer Lichtgestalt, zu einem Star; es verbinden sich mit ihr einige der spektakulärsten und erstaunlichsten Wunder, von denen die Welt je gehört hat: unbefleckte Empfängnis, jungfräuliche Geburt und Aufnahme in den Himmel. Später ist sie den Menschen bei zahlreichen Gelegenheiten an verschiedenen Orten dieser Welt erschienen.

Bevor wir die Ursprünge dieser wunderbaren Geschehnisse untersuchen, wollen wir einen Blick auf die sogenannte Mariologie werfen. In der katholischen Kirche hat sich die Beschäftigung mit Maria nämlich zu einer eigenen theologischen Disziplin entwickelt.

Marias dreifache Jungfräulichkeit: 1. bis 4. Jahrhundert

»Stets jungfräulich« oder *semper virgo*, so lautet die seit dem 14. Jahrhundert gebräuchliche Formel, die das dreifache Mysterium von Marias Jungfräulichkeit zusammenfaßt, das ein zentraler Pfeiler des katholischen Glaubens ist. Von den drei Stufen der Jungfräulichkeit Marias dürfte zumindest eine den meisten Katholiken und wahrscheinlich so gut wie allen Protestanten unbekannt sein.

Drei Stufen der Jungfräulichkeit: vor, während und nach der Geburt.

1. »Jungfräulichkeit vor der Geburt.«
Die jungfräuliche Empfängnis Christi oder *virginitas ante partum*. Sie wurde gegen Ende des 1. Jahrhunderts u.Z. zu einem allgemeinen Glaubensartikel. Sie ist die bekannteste Stufe von Marias Jungfräulichkeit und wird von allen christlichen Konfessionen anerkannt. So besagt das Dogma der katholischen Kirche, daß Jesus Christus nicht von Joseph, sondern vom Heiligen Geist »gezeugt« wurde.

2. »Jungfräulichkeit während der Geburt.«
Oder *virginitas durante partu*. Das heißt: Marias Jungfernhäutchen ist nie zerrissen, das Jesuskind ist zwar aus ihrem Leib hervorgegangen, jedoch nicht durch einen geweiteten Geburtskanal. Wie aber dann? Nur Gott weiß es. Selbst Maria, so behauptet die katholische Theologie, war in dieses Geburtsgeheimnis nicht eingeweiht.

Auch die Fruchtblase platzte nicht, Fruchtwasser ging nicht ab, und eine Nachgeburt gab es nicht. Auch keine Wehenschmerzen. Aus theologischer

Sicht kann die stets jungfräuliche Maria keinerlei vaginale Empfindungen verspürt haben, die sich als Lust oder Schmerz deuten ließen.

Diese Stufe der Jungfräulichkeit der Jungfrau – die sogenannte »Bewahrung der körperlichen Integrität Marias« – wurde erst im Jahre 390 u.Z. allgemein anerkannter Glaubensgrundsatz. Damals wurde diese Doktrin in einem Brief des heiligen Ambrosius und der Bischofssynode in Mailand an Papst Siricius (384-399) ausgeführt. Tatsächlich exkommunizierte der Papst zwei Jahre später den Mönch Jovinian, weil dieser behauptet hatte, Maria habe bei der Geburt des Heilands ihr Jungfernhäutchen verloren. Den meisten Katholiken ist dieser Aspekt von Marias Jungfräulichkeit nicht bekannt.

3. »Jungfräulichkeit nach der Geburt.«

Oder *virginitas post partum*. Maria blieb auch nach Christi Geburt und solange sie auf Erden weilte Jungfrau – obgleich es in der Heiligen Schrift zahlreiche Hinweise darauf gibt, daß Jesus viele Geschwister hatte, Brüder mit Namen und Schwestern ohne Namen.

Die Lehre von Marias lebenslanger Jungfräulichkeit verbreitete sich seit dem 2. Jahrhundert. Sie wurde von dem Konzil in Chalzedon 451 zum Dogma erhoben und ist daher sowohl für die orthodoxe als auch für die katholische Kirche verbindlich. Von vielen Anglikanern, einigen Lutheranern und verschiedenen anderen protestantischen Glaubensrichtungen wird sie ebenfalls akzeptiert. Viele Protestanten vertreten allerdings die Auffassung, Maria habe nach Christi jungfräulicher Geburt noch einige Kinder auf natürliche Weise bekommen.

Von den genannten drei Stufen der Jungfräulichkeit sind Nr. 1 und Nr. 3 Dogmen und müssen von den Katholiken geglaubt werden. Nummer 2 gilt nicht als Dogma, aber als ehrwürdige, auf die Kirchenväter zurückgehende Überlieferung. Man darf vielleicht hinzufügen, daß an den erwähnten christlichen Lehren über die Jungfräulichkeit und den Geburtsvorgang keine Theologin mitgewirkt hat.

Hat es auch schon vor Maria jungfräuliche Geburten gegeben? Und wenn ja – waren den Christen diese wundersamen Vorgänge bekannt?

Jungfräuliche Geburten – in der Antike keine Seltenheit

Vögel tun es, Bienen tun es, bestimmte Floharten tun es – man nennt es »Parthenogenese«: Jungfrauengeburt oder Jungfernzeugung, die Erzeugung von

Nachkommen ohne männlichen Samen. Sogar Truthähne tun es gelegentlich. Und Frösche.

Das Wort »Parthenogenese« geht auf die griechischen Wörter *parthenos* = »Jungfrau« und *genesis* = »Geburt« zurück.

Den frühen Christen war die Mythologie ihrer Zeit nicht unbekannt, und Geschichten von Jungfrauengeburten sind darin keine Seltenheit.

In vielen antiken Kulturen begegnen uns Götter, die eine sterbliche Frau schwängern und mit ihr halb menschliche, halb göttliche Zwitterwesen zeugen – eine durchaus übliche Form von mythologischem Sex. In der Regel kommen dabei Halbgötter oder bedeutende Sterbliche zustande.

Zeus zum Beispiel schwängert die sterbliche Jungfrau Danae, die daraufhin Perseus zur Welt bringt. Apollo zeugt den heilkundigen Asklepios oder Äskulap. Der Kriegsgott Mars zeugt Romulus, Zeus obendrein auch den Herkules.

In historischer Zeit rankten sich solche Legenden auch um berühmte Zeitgenossen. Alexander der Große soll von Zeus gezeugt worden sein, der sich dazu in eine Schlange verwandelte und sich um die Leisten der schönen Olympias ringelte. Von Pythagoras und Platon hieß es, sie seien Söhne des Gottes Apollon. Geistige Größe bei einem Sterblichen wurde oft damit erklärt, daß er einen himmlischen Vater habe.

Bei diesen Beispielen aus der heidnischen Mythologie ist die Verbindung zwischen männlichem Gott und sterblicher Frau stets sexueller Art. Einmal verbringt der vielverliebte Zeus sogar drei lange, schwüle Nächte bei einer schönen Sterblichen. Nirgendwo geht es in diesen Erzählungen um die Bewahrung von Jungfräulichkeit, die in der christlichen Version dieses Motivs der zentrale Punkt ist. Keine Schlange verführt das vierzehnjährige jüdische Mädchen. Ein Engel des Herrn sucht Maria heim.

Jesu jungfräuliche Geburt ist einzigartig – und sie ist mehr als bloß eine prüde Verdrehung älterer Geschichten aus anderen Kulturen.

Christus wird in Marias Leib »gehaucht«

Eigentlich handelt die Geschichte Marias gar nicht von Schwangerschaft, sondern von einer ungeschlechtlichen Zeugung aufgrund eines göttlichen Ratschlusses.

Die göttliche Kraft des Heiligen Geistes »überschattet« Maria – die Zeugung erfolgt »pneumatisch«, nach dem griechischen Wort *pneuma* = »Atem«, »Hauch«. Der Keim, aus dem Christus hervorgeht, wird in Marias

Leib gehaucht. Und dieser Keim ist kein Same wie in allen heidnischen Zeugungsmythen. Der Keim, so heißt es, ist die Gnade.

Lukas, der diese Geschichte am besten erzählt, läßt sexuellen Vorstellungen – vielleicht sogar unabsichtlich – einen winzigen Spielraum, indem er den Erzengel Gabriel zu Maria sagen läßt: »Der heilige Geist wird über dich kommen.« (1,35) Da es sich um einen »Geist« handelt, ist jeder Gedanke an körperlichen Umgang natürlich ausgeschlossen.

Jesu jungfräuliche Zeugung: Matthäus und Lukas, etwa 65 bis 75 u.Z.

Wir können uns nur auf zwei historische Quellen, auf Matthäus und Lukas, stützen, da Markus (6,3) und Johannes (1,13-14; 6,42) allenfalls undeutliche Anspielungen auf dieses Wunder machen. Und Paulus, der so ausführlich über fast alle Aspekte des Christentums schrieb, erwähnt Christi jungfräuliche Geburt überhaupt nicht.

Selbst Matthäus, der das Wunder mit erstaunlicher Zurückhaltung darstellt, gibt ihm keine tiefere theologische Bedeutung. Er scheint mehr daran interessiert, daß sich mit Christi Geburt eine alte hebräische Prophezeiung erfüllt.

In der nachbiblischen Literatur jedoch – etwa seit dem Jahr 100 u.Z. bis heute – haben sich die Maria gewidmeten Erörterungen größtenteils auf ihre Jungfräulichkeit und Christi jungfräuliche Geburt konzentriert.

Maria wird erstmals in Lukas' Erzählung von der Verkündigung erwähnt; hier ist sie eine Jungfrau und trägt möglicherweise schon ein Kind in ihrem Leib. Sie ist jedenfalls sehr überrascht (Lukas 1,26-34):

Und im sechsten Monat ward der Engel Gabriel gesandt von Gott in eine Stadt in Galiläa, die heißt Nazareth, zu einer Jungfrau, die vertraut war einem Manne mit Namen Joseph, vom Hause David; und die Jungfrau hieß Maria.

Und der Engel kam zu ihr hinein und sprach: »Gegrüßet seist du, Hochbegnadete! Der Herr ist mit dir!«

Sie aber erschrak über seine Rede und dachte bei sich selbst: Welch ein Gruß ist das?

Und der Engel sprach zu ihr: »Fürchte dich nicht, Maria, du hast Gnade bei Gott gefunden. Siehe, du wirst schwanger werden und einen Sohn gebären, des Namen sollst du Jesus heißen ...«

Da sprach Maria zu dem Engel: »Wie soll das zugehen?«

Die Gemütslage, in der wir Maria antreffen, ist Verwirrung, und ihre ersten überlieferten Worte sind eine Frage: »Wie soll das zugehen?«

(Lukas hebt hervor, daß Maria eine Jungfrau ist, aber er sagt nicht – zumindest nicht hier und nirgendwo ausdrücklich –, daß sie ihr Kind jungfräulich empfangen werde. Es ist Matthäus, der Jesu jungfräuliche Zeugung deutlicher hervorhebt.)

Maria war zur Zeit der Verkündigung ein junges Mädchen, verlobt mit Joseph, der, wie damals üblich, wohl um einiges älter war als sie. Erschrocken fragt Maria: »Wie soll das zugehen, da ich doch von keinem Manne weiß?«

Eine sonderbare Frage, da sie ja doch bald Josephs Frau werden soll. In der hebräischen Welt war Verlobung gleichbedeutend mit Heirat. Manche Exegeten deuten Marias Bemerkung als Ausdruck ihrer Absicht, für immer Jungfrau bleiben zu wollen.

Hat Maria Christus zu diesem Zeitpunkt schon empfangen? Vielleicht nicht, denn Gabriel antwortet auf ihre Frage im Futur: »Der heilige Geist wird über dich kommen ...«

Trotz solcher Unklarheit liegt Lukas' Absicht auf der Hand: Eine Frau, die nie sexuelle Beziehungen hatte, ist wunderbarerweise schwanger geworden oder wird es bald werden.

Das sehr ins Detail gehende Frage-und-Antwortspiel zwischen Maria und Gabriel erweckt den Eindruck, als habe Lukas mit seinem um 65 u.Z. verfaßten Bericht auf ganz bestimmte Fragen zur jungfräulichen Geburt eingehen wollen, die ihm des öfteren gestellt wurden oder die man damals allgemein erörterte. Lukas erzählt die Geschichte so, als wolle er Zweifel an der jungfräulichen Empfängnis ausräumen.

Außerdem kommt Lukas später (3,23) noch einmal auf das Thema der jungfräulichen Geburt zurück, als er den Stammbaum Jesu darstellt und von Jesus sagt, er »ward gehalten für einen Sohn Josephs«.

Wir müssen uns dem Evangelium des Matthäus zuwenden, wenn wir tiefer in dieses tiefe Geheimnis vordringen wollen.

Die jungfräuliche Empfängnis als erfüllte Prophezeiung: Matthäus 1,18-25

Matthäus schrieb sein Evangelium etwa zehn Jahre nach Lukas. Er nähert sich der jungfräulichen Zeugung Jesu aus einer ganz anderen Richtung. Er erzählt die Geschichte aus der Perspektive Josephs.

Ein ungenannter Engel erscheint Joseph, der zu seinem Entsetzen entdeckt hat, daß seine künftige Frau schwanger ist. Joseph will die Verlobung auflösen, aber der Engel befiehlt ihm, an der Heirat festzuhalten, da das Kind in Marias Leib vom Heiligen Geist gezeugt sei.

Wie Lukas macht auch Matthäus deutlich, daß Maria und Joseph vor diesem Augenblick noch keine sexuellen Beziehungen hatten. Er schreibt über Joseph: »... und er berührte sie nicht, bis sie einen Sohn gebar« bzw. im Wortlaut der ursprünglichen Übersetzung Martin Luthers: *»und erkennet sie nicht / bis sie jren ersten Son gebar«*. Das könnte bedeuten, daß die beiden einander noch nie direkt begegnet waren oder daß Joseph Maria nach Jesu wunderbarer Geburt sexuell »erkannte« und dann auch andere Kinder mit ihr hatte.

Aber Matthäus hat sich mehr vorgenommen als Lukas.

Er will beweisen, daß Jesus der Messias ist, indem er zeigt, wie sein Leben die hebräische Heilige Schrift erfüllt. Er führt eine Passage aus Jesaja an, in der es um die Zukunft Judas und die Gefährdung durch seine Feinde geht.

Der Prophet Jesaja erklärt an dieser Stelle, Gott werde ein Zeichen senden. Eine »junge Frau« – hebräisch: *alma* –, die schwanger ist, werde einen Sohn zur Welt bringen, und bevor das Kind so alt sei, daß es Gut und Böse unterscheiden könne, würden die Feinde, die das Reich Juda bedrohen, geschlagen sein:

»Siehe, eine junge Frau ist schwanger und wird einen Sohn gebären, den wird sie nennen Immanuel.« (Jesaja 7,14)

Wortursprung.
Immanuel bedeutet im Hebräischen »Gott [ist] mit uns« – im Sinne von »Gott steht auf unserer Seite«.

Bei Jesaja geht es nicht um Jungfräulichkeit; Jesaja deutet den zeitlichen Rahmen an, in dem Israel Gefahr droht: von der Geburt des Kindes bis zu dem Alter, da es Gut und Böse unterscheiden kann. An der jungen Frau, *alma*, ist nichts Wunderbares, und es ist auch nichts Göttliches daran, daß sie ein Kind empfängt.

Matthäus benutzte, wie wir wissen, eine griechische Übersetzung des hebräischen Alten Testaments. Das hebräische Wort *alma* bedeutet, wie gesagt, einfach »junge Frau« und besagt für ihre Jungfräulichkeit gar nichts. Nun wurde *alma* in der Regel mit dem griechischen *parthenos* übersetzt, das eine doppelte Bedeutung besitzt, nämlich »junge Frau« und »Jungfrau« (eben daher auch *Parthenogenese* = »Jungferngeburt«).

Matthäus, der dreißig oder vierzig Jahre nach Christi Tod schreibt, will Christus hier als Erfüllung der hebräischen Prophezeiung präsentieren und deutet dazu Jesaja (7,14) um. Christus wird der geweissagte Immanuel, und der Name »Gott mit uns« wird nun wörtlich genommen und auf ihn selbst bezogen: Christus wird mit Gott gleichgesetzt, und er wird von einer *parthenos*, einer Jungfrau, geboren.

Man vergleiche die folgenden drei Textstellen aus drei verschiedenen Zeiten in zwei verschiedenen Sprachen:

Jesaja 7,14. Aus dem Hebräischen, etwa 8. Jahrhundert v.u.Z.: »*Siehe, eine junge Frau ist schwanger und wird einen Sohn gebären, den wird sie nennen Immanuel.*«

Matthäus 1,23. Aus dem Griechischen, etwa 75 u.Z.: »*Siehe, eine Jungfrau wird schwanger sein und einen Sohn gebären, und sie werden seinen Namen Immanuel heißen, das ist verdolmetscht: Gott mit uns.*«

Lukas 1,31. Aus dem Griechischen, etwa 65 u.Z.: »*Siehe, du wirst schwanger werden und einen Sohn gebären, des Namen sollst du Jesus heißen.*«

Exegeten, die an der jungfräulichen Geburt Jesu zweifeln, argumentieren, Matthäus und Lukas hätten Jesaja in ihrem Sinne umgedeutet und ihm den Hinweis auf den kommenden Messias nur untergeschoben.

Christi Geschwister: Matthäus und Markus, zwischen 60 und 75 u.Z.

Im Laufe der Zeit wurde die Lehre von der jungfräulichen Geburt zu einem wichtigen Glaubensartikel und einem Prüfstein für den Glauben an die Unfehlbarkeit der Bibel. Das Neue Testament konnte nicht lügen. Seine Worte entsprangen göttlicher Eingebung.

Nun ist aber an zwei Stellen in den Evangelien von Geschwistern Jesu die

Rede (außerdem auch in der Apostelgeschichte sowie in 1. Korinther 9,5 und Galather 1,19). Bei Matthäus (12,46-50) wollen Jesu Mutter und seine Brüder mit ihm sprechen, während er gerade predigt. Er weigert sich, mit ihnen zu reden, und fügt hinzu: »Denn wer den Willen tut meines Vaters im Himmel, der ist mein Bruder und meine Schwester und meine Mutter.«

Als Jesus in der Synagoge seiner Heimatstadt Nazareth lehrt, bringt er die Menge der Zuhörer mit seiner Weisheit und seinen Wundertaten gegen sich auf (Matthäus 13,53-58; Markus 6,1-6). Die Leute wollen nicht glauben, daß ein Knabe, den sie in ihrer Mitte haben aufwachsen sehen, plötzlich mit Wunderkräften begabt sein soll, gemäß dem Sprichwort: Ein Prophet gilt nirgendwo weniger als in seinem Vaterland. Wir kennen doch seine Mutter, seinen Vater, seine Brüder und Schwestern, sagen die Leute.

Diese Brüder werden sogar namentlich aufgeführt: Jakobus, Joses, Simon und Judas.

Die Schwestern werden nur als Gruppe genannt.

Markus, der in seinem Evangelium über eine jungfräuliche Geburt nichts berichtet, braucht sich wegen der Geschwister Christi keine Gedanken zu machen.

Aber Matthäus, der die Geschichte von der jungfräulichen Geburt erzählt, muß tief beunruhigt darüber gewesen sein, daß Christus Brüder und Schwestern hat. Es sei denn, daß Maria und Joseph *nach* Christi Geburt auf die gewöhnliche, geschlechtliche Weise noch Kinder hatten. Hat Maria ihre Jungfräulichkeit also schließlich aufgegeben?

Vettern und Cousinen? Stiefkinder?

Der heilige Hieronymus erklärte im späten 4. Jahrhundert, die »Brüder des Herrn« seien eigentlich Vettern gewesen. Aber für »Vetter« gab es ein gebräuchliches griechisches Wort – warum hatten die Bibelübersetzer es nicht benutzt?

Das Problem beschäftigte die frühe Kirche sehr und trennt die Katholiken noch heute von vielen anderen christlichen Konfessionen. Der Katholizismus lehrt, daß Maria immer Jungfrau war – vor, während und nach der Geburt Christi. Christi Geschwister waren in den Augen der Kirche Vettern und Cousinen oder Stiefbrüder und Stiefschwestern aus einer früheren Ehe Josephs, obgleich es keinerlei Hinweise auf eine solche Ehe gibt.

Vielen Theologen mißfällt auch der Gedanke, daß Joseph, das männliche Rollenvorbild für Jesus, jemals sexuelle Beziehungen gehabt haben soll – mit welcher Frau auch immer. Und ebenso mißfällt ihnen natürlich die Vorstellung, daß die Jungfrau Maria jemals sexuelle Erregung erlebt haben sollte.

Augustinus deutete Christi Geschwister anfangs als Kinder Josephs aus einer früheren Ehe, verwarf dann aber die eigene Auffassung, weil ihn die Vorstellung, Joseph könnte je mit irgendeiner Frau sexuellen Umgang gehabt haben, so sehr abstieß. Der Gemahl der Jungfrau Maria und Ziehvater Jesu Christi mußte selbst sein Leben lang »jungfräulich« gewesen sein.

Heute wird diese Frage, sofern man sie überhaupt stellt, meist mit der Vermutung beantwortet, daß die im Neuen Testament erwähnte Verwandtschaft »Vettern von Josephs Seite« gewesen seien – Kinder von Josephs Brüdern und Schwestern, die aus irgendeinem Grund bei Joseph, Maria und Jesus lebten.

Maria – die »neue Eva«: 2. Jahrhundert

Als die jungfräuliche Geburt Bestandteil der Kirchendoktrin war, konnte der Kirchenvater Irenäus im 2. Jahrhundert Maria als »zweite Eva« oder, genauer gesagt, als »neue« und »bessere« Eva deuten. Die erste Eva hatte Gott nicht gehorcht; Maria war Gott immer gehorsam gewesen.

Die Analogie gefiel der neuen Kirche, weil sich aus ihr eine hübsche Parallele zu dem neutestamentlichen Bild von Christus als dem »neuen Adam« ergab: »Denn gleich wie sie in Adam alle sterben, so werden sie in Christus alle lebendig gemacht werden.« (1. Korinther 15,22) Adam war Gott gegenüber ungehorsam und brachte Sünde über die Welt; Christus, der neue Adam, gehorchte Gott und errang für alle die Erlösung von der Sünde.

Das Christentum gründet auf dem Neuen Testament, dem »neuen Adam« und der »neuen Eva«.

Im Grunde beginnt mit dem »neuen Adam« und der »neuen Eva« Gottes Schöpfungszyklus von neuem, diesmal auf einer höheren Ebene. Der heilige Irenäus schreibt dazu: »Denn Adam mußte in Christus erneuert werden, auf daß Sterblichkeit in Unsterblichkeit übergehe.«

Coredemptrix – Miterlöserin.
Die oben angedeutete Parallele schreibt Maria eine aktive Rolle bei der Erlösung der Menschheit zu – was viele spätere Theologen empörte, weil sie der Auffassung waren, die Kirche versuche, Maria zu vergöttlichen, ihr den Rang einer vierten göttlichen Person zu geben.

Das Argument: Alle Menschen starben in Adam. Eva hatte Anteil an der

Sünde, die diesen »Fall« zur Folge hatte. Alle Menschen werden in Christus gerettet. Maria brachte das Leben hervor, das diese Erlösung möglich machte. Also machte Maria die Erlösung möglich.

Das Zweite Vatikanische Konzil (1962-65) erklärte in seiner Dogmatischen Konstitution *Lumen Gentium*: »Zu Recht sehen die Väter [der Kirche] Maria nicht nur passiv von Gott eingesetzt, sondern aus freien Stücken mitwirkend an der Erlösung des Menschen durch Glauben und Gehorsam.«

Viele nichtkatholische Christen sehen hierin eine Überbewertung Marias. Sie hat Christus geboren, sie war eine fromme, eine heilige Frau, sie führte ein vorbildliches Leben, aber Christus allein war der Menschheitserlöser. So sehen es die Protestanten.

Die Vorstellung von Maria als einer »Coredemptrix« knüpft an das Lukas-Evangelium (1,38) an, wo Maria ihren Auftrag annimmt und die Menschwerdung Christi garantiert: »Mir geschehe, wie du gesagt hast.« Indem sie sich Gottes Erlösungsplan ganz verschreibt, wird sie in gewissem Sinne automatisch ein aktiver Teil dieses Plans. Aber wie aktiv? Zweitausend Jahre nach Lukas streiten die Theologen noch immer darüber, worin das Tagewerk einer Coredemptrix besteht.

Ein griechisches und ein lateinisches Monogramm für die »Gottesmutter« – Theotokos.

»Mutter Gottes« oder »Mutter Christi«? – 3. Jahrhundert u.Z.

Die erste heftige Kontroverse um Maria betraf die Frage, ob es ratsam und weise sei, sie mit dem höchsten Titel *Theotokos*, »Gottesgebärerin« oder »Mutter Gottes«, zu ehren. Das ist gewiß der höchste Rang, den eine Frau im Christentum erreichen kann. Aber man darf hinzufügen, daß es ein Titel ist, der Juden und Muslimen, die den gleichen Gott wie die Christen verehren, durchaus nicht gefällt.

Der Titel entstand während des 3. Jahrhunderts wahrscheinlich in Alexandria aus der Frömmigkeit des Volkes. Vielen erschien er nur als die logische Folgerung aus der Lehre, daß Christus göttlich sei. Andere meinten, er übersehe die menschliche Seite Christi. Jesus war schließlich beides, menschlich und göttlich.

So argumentierte der Patriarch von Konstantinopel,

Nestorius: Ehren wir Maria mit dem Titel Christotokos, »Christusgebärerin« oder »Mutter Christi«. Trifft das nicht besser?

Aber die Einwände des Nestorius wurden auf dem Konzil von Ephesus im Jahre 431 scharf verurteilt, und der Titel »Theotokos« vorbehaltlos angenommen. Und schließlich wurde aus der »Mutter Gottes« (zumindest im Deutschen) die »Muttergottes«.

Das Dogma der Unbefleckten Empfängnis: 8. Dezember 1854

Selbst jene theologischen Außenseiter, die im 4. und 5. Jahrhundert behaupteten, Maria könnte in ihrem Leben »wirkliche Sünden« (wenn auch keine Todsünden) begangen haben, räumten doch ein, daß sie ohne Erbsünde zur Welt gekommen sei.

Aber wie wurde Maria als einzigem Menschenwesen diese Ehre zuteil?

Thomas von Aquin, der wichtigste mittelalterliche Theologe, erklärte, die Zeugung Marias sei wie die aller Menschen mit einem Makel behaftet gewesen – da eine solche Zeugung nun einmal aus einem Geschlechtsakt hervorgehe. Gott habe diesen Makel der Erbsünde jedoch zu irgendeinem nicht näher bestimmten Zeitpunkt vor ihrer Geburt getilgt.

Diese Auffassung wurde eine Zeitlang allgemein akzeptiert. Ihr widersprach dann aber die Lehre von der Unbefleckten Empfängnis, für die sich schon der englische Scholastiker Johannes Duns Scotus im 13. Jahrhundert stark gemacht hatte und die am 8. Dezember 1854 von Papst Pius IX. in seiner Bulle *Ineffabilis Deus* zum Dogma erhoben wurde. Ihr zufolge war Maria nicht nur ihr Leben lang und im Augenblick ihrer Geburt rein:

»Die Lehre, daß die seligste Jungfrau Maria im ersten Augenblick ihrer Empfängnis durch einzigartiges Gnadengeschenk und Vorrecht des allmächtigen Gottes, im Hinblick auf die Verdienste Christi Jesu, des Erlösers des Menschengeschlechts, von jedem Fehl der Erbsünde rein bewahrt blieb, ist von Gott geoffenbart und deswegen von allen Gläubigen fest und standhaft zu glauben.«

Wie kam Pius IX. zu dieser Gewißheit?

Drei Bibelstellen (von sehr unterschiedlicher Beweiskraft) werden zur Untermauerung des gewichtigen Dogmas von der Unbefleckten Empfängnis Mariä angeführt:

Lukas 1,18: »Und der Engel kam zu ihr hinein und sprach: ›Gegrüßet seist du, Hochbegnadete! Der Herr ist mit dir!‹«

Lukas 1,42: »... und Elisabeth war des heiligen Geistes voll und rief laut und sprach: Gebenedeit bist du unter den Weibern, und gebenedeit ist die Frucht deines Leibes.«

Auf diese beiden bezieht sich Pius IX. in seiner Bulle. Das Zweite Vaticanum, das ebenfalls auf die Begrüßung durch den Engel Gabriel in der Verkündigungsszene hinweist, erklärte, Maria sei »vom ersten Augenblick ihrer Empfängnis an mit dem Glanz einer einzigartigen Heiligkeit bereichert gewesen«.

Die dritte Bibelstelle stammt aus dem Alten Testament:

1. Mose 3,15: »Ich will Feindschaft setzen zwischen dir und dem Weibe und zwischen deinem Nachkommen und ihrem Nachkommen; der soll dir den Kopf zertreten, und du wirst ihn in die Ferse stechen.«

Hat dieser Text über den Garten Eden und das Zertreten des Schlangenkopfes irgend etwas mit der späteren Unbefleckten Empfängnis zu tun? Ist das »Weib«, von dem die Genesis spricht, Maria?

Hierzu das Zweite Vaticanum in seiner Konstitution *Lumen Gentium*:

»Die frühesten Zeugnisse, wie sie in der Kirche gedeutet und im Licht einer weiteren und vollständigen Offenbarung verstanden werden, rücken die Gestalt der Frau, der Mutter des Erlösers, in ein immer klareres Licht.

In diesem Licht betrachtet, wird sie schon in dem Versprechen des Sieges über die Schlange prophetisch angekündigt, das unseren Voreltern nach ihrem Sündenfall gegeben wurde.«

Insofern ergibt sich nach Auffassung der Kirche die Unbefleckte Empfängnis aus dem unüberbrückbaren Gegensatz zwischen Maria und dem Bösen, wie er von der Genesis im Zertreten des Schlangenkopfes bezeugt wird.

Ohne auf die Einzelheiten dieser Argumentation einzugehen, kann man feststellen, daß die Kirche zu dem Schluß gelangte, die Frau oder das »Weib« der Genesis sei ein Vorschein der Maria im Lukas- und im Johannes-Evangelium sowie in der Apostelgeschichte und des »mit der Sonne bekleideten Weibes« in der Offenbarung des Johannes (12,1).

Sexualität und Erbsünde. Christen waren immer geneigt, Erbsünde und Sexualität zu assoziieren und anzunehmen, daß der Makel auf der Seele des Kindes aus der sexuellen Vereinigung seiner Eltern herrühre. Insbesondere aus der Lust und dem Vergnügen, die die Eltern vom Augenblick der ersten Erregung bis zum Höhepunkt erlebten.

Diese prüde Auffassung steht natürlich in einer Verbindung mit der biblischen Erzählung von Adam und Eva, der Schlange und dem Baum der verbotenen Erkenntnis. Um einen schlichten Obstbaum wird es sich dabei nicht gehandelt haben. Die »Erkenntnis«, die den beiden unbefleckten und unbekleideten Menschenwesen verboten war, wird wohl eher die Sexualität gewesen sein – das »Einander-Erkennen« im »biblischen Sinne«. Ein besseres phallisches Symbol als die verführerische Schlange hätte sich schwerlich finden lassen. Die Erbsünde ist also ursprünglich ein »Sexfleck« – den die Taufe abwäscht.

Das Dogma der leiblichen und seelischen Aufnahme Marias in den Himmel: 1. November 1950

Die »Himmelfahrt« Marias mit unverwestem Leib und makelloser Seele wurde von Papst Pius XII. mit der Apostolischen Konstitution *Munificentissimus Deus* am 1. November 1950 zum Dogma erhoben.

In einem früheren Kapitel haben wir das Fest »Mariä Himmelfahrt« untersucht. Hier nun wollen wir nach den biblischen Quellen dieses Wunders suchen – was seinerzeit schon dem Papst nicht leichtgefallen ist.

Zur Vorgeschichte:

Nachdem die Unbefleckte Empfängnis Marias 1854 dogmatisiert worden war, gingen beim Vatikan immer mehr Gesuche ein, der Papst möge auch die Aufnahme Marias in den Himmel, die seit langem fromme Meinung war und von der Volksfrömmigkeit an »Mariä Himmelfahrt« auch gefeiert wurde, zum Dogma erheben. In den rund hundert Jahren zwischen 1854 und 1950 wurde der Vatikan mit mehr als acht Millionen Petitionen aus aller Welt überschwemmt.

Doch Rom zögerte.

Kein Wunder. Es gab nämlich erhebliche Probleme.

Zeitpunkt und nähere Umstände von Marias »Tod« waren unbekannt. Es war nicht einmal sicher, wo sie nach Christi Kreuzigung ihr weiteres Leben verbracht hatte. Einer Legende zufolge lebte sie bei Johannes, dem Sohn des Zebedäus, in Jerusalem und starb dort. Eine andere Legende will wissen, sie sei in Ephesus gestorben.

Ein Grab wurde nie gefunden – wenngleich es in Jerusalem ein Grab gibt, von dem manche behaupten, es habe einmal den Leichnam Marias in sich geborgen.

Berichte von Zeugen, die Marias leibliche Aufnahme in den Himmel miterlebt hätten, gab es nicht.

Auch im Neuen Testament finden sich keine Hinweise auf eine glorreiche Himmelfahrt der Mutter Christi.

Wie konnte ein amtierender Papst angesichts dieser Sachlage ein unfehlbares Dogma verkünden, ohne sich lächerlich zu machen?

Am 1. November 1950 erklärte Pius XII. in *Munificentissimus Deus* »ex cathedra«, also unfehlbar:

»Wir verkündigen, erklären und definieren zur Verherrlichung des allmächtigen Gottes ... in Kraft der Vollmacht unseres Herrn Jesus Christus, der heiligen Apostel Petrus und Paulus und Unserer eigenen Vollmacht: es ist eine von Gott geoffenbarte Glaubenswahrheit, daß die unbefleckte, immer jungfräuliche Gottesmutter Maria nach Vollendung ihres irdischen Lebenslaufes mit Leib und Seele zur himmlischen Herrlichkeit aufgenommen worden ist.«

Die entscheidende Formulierung ist hier »von Gott geoffenbart«. Eine Offenbarung kann nicht in Frage gestellt werden. Offenbarung ist die Grundlage aller Religionen. Ohne göttliche Offenbarung gäbe es kein Judentum, keinen Islam, kein Christentum. Keinen Glauben.

Chronik einer angedeuteten Himmelfahrt.

»Es gibt in der Bibel keinen ausdrücklichen Hinweis auf ihre glorreiche Aufnahme in den Himmel«, schreibt einer der führenden Mariologen, der Dominikaner Frederick Jelly. »Aber das bedeutet nicht, daß es keine biblische Grundlage für sie gäbe.«

Worin besteht diese Grundlage?

Dazu Pater Jelly: »Andeutungen in der biblischen Offenbarung gewinnen in der Kirche unter Anleitung des [Heiligen] Geistes, der sie ursprünglich eingegeben hat, an Deutlichkeit.«

Begnügen wir uns mit dem Hinweis, daß sich Pius XII. bei der Verkündung des Dogmas von der Aufnahme Marias in den Himmel vor allem auf die Tradition stützte:

- darauf, daß Christen seit Jahrhunderten Mariä Himmelfahrt feierten
- darauf, daß das liturgische Fest *mariae dormitio*, das Einschlafen Marias, mit dem sie aus dem Diesseits geschieden sein soll, schon im 6. Jahrhundert in der Regierungszeit des Kaisers Mauricius Flavius am 15. August gefeiert wurde
- darauf, daß unter Papst Hadrian I. (772-95) aus der *dormitio* die *assumptio*, die Aufnahme in den Himmel, wurde

Maria, in den Himmel aufgenommen, wohnt dem Jüngsten Gericht bei. Deutscher Holzschnitt, 1493.

Außerdem, so argumentierte der Papst, gebe es in der Bibel eine Reihe von Hinweisen darauf, daß Maria – ähnlich wie Rauch – in den Himmel aufgestiegen sei:

- im Hohelied (3,6): »Was steigt da herauf aus der Wüste wie ein gerader Rauch, wie ein Duft von Myrrhe, Weihrauch und allerlei Gewürz des Krämers?«
- in Psalm 45 (10-16) – wo geschildert wird, wie ein König eine Prinzessin in seinem Palast empfängt: »Man führt sie in gestickten Kleidern zum König; Jungfrauen folgen ihr ...«
- in Psalm 132 (8): »Herr, mache dich auf zur Stätte deiner Ruhe, du und die Lade deiner Macht!« Der Gedanke dabei ist, daß diese Lade ein Symbol für die Jungfrau Maria sei.
- in der Genesis die Darstellung Marias als »neue Eva« und als »Weib« (3,15) sowie in der Offenbarung des Johannes ihre Darstellung als »Weib, mit der Sonne bekleidet«
- in den Briefen des heiligen Paulus: »Wenn aber dies Verwesliche wird anziehen die Unverweslichkeit und dies Sterbliche wird anziehen die Unsterblichkeit, dann wird erfüllt werden das Wort, das geschrieben steht: ›Der Tod ist verschlungen in den Sieg. Tod, wo ist dein Stachel?‹« (1. Korinther 15,54-55)

Der Hinweis auf Paulus ist besonders wichtig, weil er sich auf Maria als neue Eva beruft. Die Argumentation lautet:

Da die glorreiche Auferstehung Christi (des neuen Adam) ein Sieg über die Sünde und den Tod war, hat auch Maria, die neue Eva, Anteil am Sieg über Sünde und Tod. Ihr Sieg über die *Sünde* kulminiert im Wunder ihrer Unbefleckten Empfängnis, während ihr Sieg über den *Tod* im Dogma ihrer leiblichen und seelischen Aufnahme in den Himmel zum Ausdruck kommt.

Man sollte allerdings berücksichtigen, daß die Kirche selbst solchen Bibelstellen in diesem Zusammenhang nie großes Gewicht beigemessen hat. Als eigentliche Grundlage dieses Dogmas gilt die Tradition.

Marienreliquien

Das Kleid Mariens aus der Heiligen Nacht.
Das Hemd der Jungfrau, mit dem sie bekleidet war, als sie Christus gebar, wird im Dom zu Aachen verehrt, der von Karl dem Großen erbaut wurde. Hier werden auch die Windeln Jesu und das Lendentuch, das Christus am Kreuz trug, aufbewahrt. Alle sieben Jahre werden diese »Heiltümer« während der Aachener Heiligtumsfahrt öffentlich gezeigt.

Marias Schleier.
Teile eines Stoffschleiers, der angeblich der Jungfrau Maria gehörte, werden in verschiedenen europäischen Kirchen gezeigt. Man hat nie versucht, die Teile zusammenzusetzen, um festzustellen, ob sie aus dem gleichen Material bestehen. Das größte Schleierteil – es besteht aus Seide – wird in der Kathedrale von Chartres in einem goldenen Reliquiar aufbewahrt. Es tauchte im 10. Jahrhundert auf und bildet den Mittelpunkt einer großen Prozession, die alljährlich an Mariä Himmelfahrt durch Chartres zieht.

Papst Clemens V. (1305-14) erkannte Marias Haus in Loreto als verehrungswürdig an.

Der Gürtel der Muttergottes.
In einem goldenen Reliquiar hinter Kristallglas wird im Dom zu Prato ein grünes, aus Ziegenhaar und feinen Goldfäden gewobenes Band gezeigt, das an einer Seite mit

kleinen olivenförmigen Knöpfen besetzt ist. Dieser Gürtel, den angeblich die Jungfrau Maria trug, tauchte im 12. Jahrhundert auf (seine Vorgeschichte ist unbekannt), und später ließen die Florentiner Medici ein Reliquiar für ihn anfertigen. Jahrhundertelang durften Priester ihn nur mit Seidenhandschuhen berühren.

Neben diesen gibt es viele andere, noch zweifelhaftere Marienreliquien.

Seit dem 10. Jahrhundert wurden mehrere Teile von Kleidern, die angeblich Maria getragen hatte, in Regensburg und Trier verehrt; der Bischof von Verdun behauptete, seine Kirche besitze ein vollständig erhaltenes Überkleid. Im 12. Jahrhundert erklärte der Bischof von Coutances, er sei im Besitz einiger Strähnen vom Haar Marias; weitere Strähnen wurden bald in Spanien und in Santa Maria Maggiore in Rom verehrt. Seit dem 11. Jahrhundert tauchten in erstaunlich großer Zahl Phiolen auf, in denen die vom Jesuskind übriggelassene Milch der Jungfrau aufbewahrt wurde.

Marias Haus aus Nazareth.

Das kleine Haus, in dem Maria aufwuchs und schließlich als Jungfrau Jesus empfing, wurde einer Legende zufolge im Jahre 1295 von Engeln aus Nazareth nach Loreto in Italien gebracht. Die Engel machten unterwegs zweimal halt, für drei Jahre in Tersato und noch einmal in Recanati, beides heute selbst Wallfahrtsorte. Schließlich fand das Haus seinen endgültigen Platz in Loreto.

Eine weniger bekannte Legende berichtet, das Haus sei in der Zeit der Kreuzzüge von Kreuzrittern Stein für Stein abgetragen und weggeschafft worden – aus Furcht, die Ungläubigen, die das Heilige Land besetzten, könnten es schänden. In einer Bulle aus dem Jahr 1310 erkannte Papst Clemens V. das Haus erstmals als verehrungswürdige Reliquie an.

Heute steht dieses kleine Haus im Inneren einer prachtvollen Basilika in Loreto, die 1728 auf Anordnung des Papstes Benedikt XIII. erbaut wurde und bis heute das Ziel von Wallfahrten aus aller Welt ist. Mehrere Päpste haben den Ort in neuerer Zeit besucht, unter ihnen Johannes XXIII. am 4. Oktober 1962 und Papst Johannes Paul II. am 8. September 1979.

34. Kapitel
Marienerscheinungen
Guadalupe bis Medjugorje

Seit ihrem Tod im 1. Jahrhundert u.Z. soll Maria unzählige Male auf Erden erschienen sein – zumeist armen, frommen Mädchen ohne Schulbildung. Aber nur wenige dieser Erscheinungen sind von der katholischen Kirche anerkannt und als verehrungswürdig bestätigt worden. Früher war es einfacher, Marienvisionen und andere Wunder zu akzeptieren, als in der technischen Welt von heute, in der nicht mal mehr ein verpflanztes Herz als Wunder angesehen wird.

Little Walsingham, Norfolk: 1061 u.Z.

Märtyrer und Mystiker hatten in Augenblicken höchster Qual oder höchster Ekstase wohl auch schon früher Marienvisionen – aber nach den Quellen zu urteilen, scheint Maria erst gut tausend Jahre nach ihrem Tod auch ganz gewöhnlichen Leuten erschienen zu sein.

Warum? Das weiß nur Gott. Es kann jedenfalls nicht daran gelegen haben, daß das frühe, »dunkle« Mittelalter eine sorgenfreie Zeit gewesen wäre, in der die Menschen keinen spirituellen Beistand brauchten.

Eine der frühesten Marienerscheinungen, deren Schauplatz noch heute ein bedeutender Wallfahrtsort ist, soll sich im Jahre 1061 in Little Walsingham in der englischen Grafschaft Norfolk zugetragen haben. Die erst dreihundert Jahre später aufgezeichnete Legende berichtet:

Die Jungfrau Maria erschien bei drei Gelegenheiten einer Gutsherrin mit Namen Richeldis. Beschreibungen der Jungfrau haben sich nicht erhalten, auch kaum Angaben darüber, welche Worte zwischen Maria und Richeldis gewechselt wurden. Maria trat jedesmal als Hausfrau in ihrem eigenen, bescheidenen Haus in Nazareth auf, in dem Jesus aufgewachsen war.

Maria gab Richeldis den Auftrag, dieses orientalische Haus auf ihrem Gut in Walsingham nachbauen zu lassen. Hierfür lieferte sie sogar genaue Maßangaben und verabschiedete sich schließlich mit den Worten: »Dies kleine Haus in Walsingham soll an meine große Freude erinnern, als mich Gabriel begrüßte und sagte, ich würde durch Demut die Mutter von Gottes Sohn sein.«

Richeldis ließ ihre Handwerker das nazarenische Haus bauen. Eines

Nachts, während es noch im Bau war, versetzte es sich um siebzig Yards an eine andere Stelle, und als es schließlich fertig war, sah Christi Haus genauso aus wie alle anderen Bauernhäuser in Little Walsingham. Nichts erinnerte an Palästina. Trotzdem entwickelte es sich zum ersten Marienheiligtum in Europa.

Diese erste überlieferte Marienerscheinung wirkt heute vielleicht nicht besonders vertrauenerweckend – dennoch hatte sie im Laufe der Jahrhunderte zahlreiche Heilungen und Bekehrungen zur Folge. Dabei ist der nach wie vor populäre Wallfahrtsort nie offiziell anerkannt worden. Die Kirche hat lange gezögert, irgendwelche Marienerscheinungen zu beglaubigen – bis zum Jahre 1531.

Unsere Liebe Frau von Guadalupe – Maria kommt nach Amerika: 1531

Auch diese erste bestätigte Marienerscheinung wurde mit einiger Verspätung aufgezeichnet – neunundzwanzig Jahre, nachdem ein Mann aus dem Volk der Azteken die Muttergottes erblickt hatte. Bis dahin war die Geschichte mündlich weitergegeben und natürlich auch ausgeschmückt worden.

Früher Morgen des 9. Dezember 1531.

Ein siebenundfünfzigjähriger, kürzlich auf den Namen Juan Diego getaufter Indianer – sein Nahuatl-Name war »Singender Adler« – eilt zur nächstgelegenen Kirche, um dort die Messe zu hören. Als er am Fuß eines vierzig Meter hohen Hügels, des Tepeyac, vorbeikommt, wo ein alter Tempel der aztekischen Göttermutter steht, tritt plötzlich eine unheimliche Stille ein. Juan bleibt stehen und sieht sich um. Es dämmert kaum, aber Juan steht in strahlendem Sonnenlicht.

Da wird die Stille von einer zarten Frauenstimme unterbrochen, die Juan bei seinem Namen ruft. Er steigt auf den Hügel, von wo die Stimme zu ihm drang, und steht oben plötzlich vor einem schönen, ungefähr vierzehn Jahre alten mexikanischen Mädchen mit langem, dunklem Haar, in dem Juan sogleich Christi Mutter, die Jungfrau Maria, erkennt.

Unsere Liebe Frau von Guadalupe — Marias erstes Erscheinen in Amerika.

Über Fragen der ethnischen Zugehörigkeit macht sich Juan keine Gedanken. Warum auch? Maria spricht Nahuatl: »*Nopiltzin, campa tiauh?*« [Wohin gehst du?]

Sie bittet darum, ihr an dieser Stelle eine Kapelle, einen *teocali* oder »Tempel«, zu errichten. Juan soll ihre Bitte dem Bischof Zumarraga im acht Kilometer entfernten Tenochtitlán, dem heutigen Mexico-City (das zehn Jahre zuvor von Hernán Cortés erobert worden war), übermitteln. Er macht sich sogleich auf den Weg.

Der Bischof ist mißtrauisch. Immerhin will er sich die Sache durch den Kopf gehen lassen.

Auf dem Heimweg begegnet Juan wieder der Jungfrau Maria. Sie rät ihm, den Bischof am Sonntag noch einmal aufzusuchen. Er werde dann zugänglicher sein.

Nach der Sonntagsmesse in Tlaltelolco trägt Juan dem Bischof Zumarraga die bescheidene Bitte der Jungfrau noch einmal vor. Nur eine kleine Kapelle, keine Kathedrale. Zumarraga, diesmal geduldiger, möchte, daß Juan die jugendliche Erscheinung dazu bringt, durch ein Wunder ihre Identität zu beweisen. Das tut Juan, und auf der Stelle erholt sich sein Onkel von einer schweren Krankheit. Auf eine neue Anweisung der Jungfrau pflückt Juan frische Rosen von einem kahlen, längst verwelkten Strauch. Er versteckt die Wunderblüten unter seinem langen, schäbigen Mantel und geht zum Bischof.

Vor dem Bischof und seinem ganzen Personal, das der unter Juans Mantel hervordringende Rosenduft angelockt hat, reißt Juan seinen Umhang auf und läßt die unzeitigen Blüten herabregnen. Auf der Innenseite des Gewandes erscheint ein wunderschönes Bild der Jungfrau in vielen Farben. Alle drängen sich zu ihm, alle wollen es sehen. Diener und Hausmädchen greifen nach den Rosenblüten, um sie als Reliquien aufzubewahren. Juan selbst ist sprachlos. Der Bischof fällt auf die Knie. Überzeugt, daß er Zeuge eines Wunders geworden ist, bittet er um den fadenscheinigen Umhang – und hängt ihn an eine Wand seiner Privatkapelle.

Die Jungfrau flüstert Juan zu: »Nennt mich und mein Bild Santa Maria de Guadalupe.«

Die Wirkung rechtfertigt die Ursache.

In den ersten sieben Jahren nach den Marienerscheinungen von Guadalupe wurden acht Millionen Lateinamerikaner getauft. An einem einzigen Tag wurden tausend Eingeborene nach christlichem Ritus getraut. Am Ostersonntag des Jahres 1540 versammelten sich zwölf kriegerische Stämme friedlich zum Gottesdienst in einer katholischen Kirche. So verhält es sich oft mit den Wundern: die wohltätige Wirkung rechtfertigt zuletzt die außerordentliche Ursache.

Juan Diegos Mantel mit dem Marienbildnis auf der Innenseite wird noch heute in Mexiko gezeigt – ein Gegenstück zu Christi Grabtuch in Turin.

Aber die Spanier brachten nicht nur das Christentum in die Neue Welt, sondern auch Schußwaffen und die Blattern. Später außerdem Mumps und Masern. Die Azteken waren diesen Krankheiten wehrlos ausgeliefert, sie gingen an ihnen zugrunde. Auch Schußwaffen besaßen sie nicht – ein entscheidender Nachteil, als die Spanier beschlossen, ihnen ihr Land wegzunehmen.

Von den 25 Millionen Menschen, die vor der spanischen Eroberung in dieser Weltgegend gelebt hatten, waren bis zum Jahre 1595 18,5 Millionen umgekommen – durch Waffen und durch Krankheiten. Maria, die die mythische Schlange der Azteken zertreten hatte, konnte sie vor den Waffen und den Bazillen der Spanier nicht retten. Für die Azteken lief das Christentum auf den Genozid hinaus.

Marie Bernarde (»Bernadette«) Soubirous: Lourdes, 11. Februar 1858

Marie Bernarde kam 1844 in dem französischen Pyrenäenort Lourdes zur Welt, als erstes Kind eines armen Müllers und seiner jungen Frau. Sie war so schwach und kränklich, daß ihre Eltern sie oft mit dem Kosenamen »Bernadette« riefen. Bernadette war zu klein für ihr Alter, sie war scheu, übermäßig empfindlich, litt unter Asthma und ging nicht zur Schule.

Bei der Epidemie von 1854 erkrankte sie an Cholera. Auch wegen des Asthmas bekam ihr der feuchte, schimmlige Keller schlecht, in dem sie wohnte.

Vor ihrem frühen Tod im Jahre 1879 antwortete sie einmal auf die Frage, welcher Arbeit sie nachgehe: »Ich tue, was ich mein Leben lang getan habe. Krank sein.«

Die Jungfrau Maria suchte sich dieses zartbesaitete, kränkelnde Mädchen aus und erschien ihm erstmals am 11. Februar 1858. Bernadette war damals vierzehn. Maria, die selbst aussah wie sechzehn, zeigte sich ihr in der Zeit bis zum 18. Juli noch siebzehnmal bei einer Grotte am Ufer des Gave. Oft waren auch andere Personen anwesend, aber nur Bernadette sah die jugendliche Jungfrau.

Marienerscheinungn haben immer zahlreiche Gläubige und manche Skeptiker angelockt.

Maria, die sich selbst als »Unbefleckte Empfängnis« bezeichnete – also den Titel verwendete, der 1854, im Jahr der Cholera-Epidemie, zum Dogma erhoben worden war –, erbat sich an dieser Stelle eine Kapelle.

Eines Tages forderte sie Bernadette auf, von einer nahegelegenen Quelle zu trinken – einer vorhandenen, die in Vergessenheit geraten war? Oder einer, die sich wunderbarerweise neu aufgetan hatte? Der Legende nach soll der Boden ganz trocken gewesen sein. Die schwächliche Bernadette grub so lange, bis Wasser hervorquoll und einen Bach bildete, der bis auf den heutigen Tag reichlich 100 000 Liter heilkräftiges Wasser pro Woche hervorbringt – das berühmte Lourdes-Wasser.

Bernadette war offenbar kein hysterisches Mädchen, das sich, wie so viele Visionäre, in frommer Absicht selbst quälte. Im Gegenteil, sie scheint eine gefestigte, wenn auch mit Krankheit geschlagene Person gewesen zu sein. Diese innere Festigkeit geriet nur vorübergehend unter der allgemeinen Aufmerksamkeit ins Wanken, die nicht ausbleibt, wenn einem Erscheinungen zuteil werden. Aber während aller zermürbenden Kreuzverhöre über Marias Besuche blieb die junge Bernadette bei ihrer Geschichte.

Sie selbst beteiligte sich übrigens nicht daran, aus dem Platz, wo die Grotte lag und der ergiebige Bach floß, eine Kultstätte zu machen. Im Gegenteil. Vor dem Interesse der Öffentlichkeit, das ihr in Form von Verehrung, aber auch von Skepsis entgegenschlug, floh sie ins Kloster, wo sie 1879 im Alter von fünfunddreißig Jahren starb. Nicht einmal bei der Einweihung der Basilika von Lourdes im Jahre 1876, jener Kapelle, die die Jungfrau Maria sich gewünscht hatte, war sie zugegen.

Der Ort entwickelte sich bald zu einer der bedeutendsten Wallfahrtsstätten in der Geschichte des Christentums.

Bernadette Soubirous wurde 1925 seliggesprochen, und als Papst Pius XI. sie 1933 schließlich heiligsprach, geschah dies nicht so sehr wegen ihrer achtzehn Marienvisionen, sondern vor allem wegen ihrer Rechtschaffenheit, Demut und Frömmigkeit im Leben. Der Festtag der heiligen Bernadette ist der 16. April.

Fátima: 13. Mai 1917

Eine Frau in Weiß, die verkündet, sie komme vom Himmel, erscheint drei Kindern in einer bergigen Gegend hundert Kilometer nördlich von Lissabon. Sie sagt ihnen, sie sollen um der Sünder willen Leiden auf sich nehmen. Auch sollen sie für den Weltfrieden beten und von nun an am Dreizehnten jeden Monats um die gleiche Zeit an die gleiche Stelle kommen, sechs Monate lang.

Am 13. Juni erscheint sie wieder und wiederholt ihre Anweisungen.

Am 13. Oktober »tanzt die Sonne am Himmel«, Licht und Hitze nehmen auffällig zu. Siebzigtausend Menschen haben sich an diesem Tag versammelt und werden Zeugen eines »Sonnenwunders«: Die Sonne stürzt auf die Erde. Unter den Menschen bricht Panik aus, weil sie glauben, das Ende der Welt sei gekommen. Die Frau in Weiß erscheint und verlangt, an diesem Platz solle eine Kapelle zu Ehren »Unserer Lieben Frau vom Rosenkranz« erbaut werden. Sie sagt das Ende des Ersten Weltkriegs voraus und fordert alle Gläubigen auf, dafür zu beten, daß Rußland zum rechten Glauben zurückfinde.

Im Jahr darauf endet der Erste Weltkrieg. Innerhalb von drei Jahren nach den Erscheinungen sterben zwei der Kinder, die sie erlebt haben, Francisco und Jacinto Marto. Das dritte Kind, Lucia dos Santos, geht in ein Kloster.

1930 bestätigt die Kirche die Erscheinungen und erlaubt die Verehrung Unseren Lieben Frau von Fátima. Pilgern werden päpstliche Ablässe gewährt. Fátima entwickelt sich zum bedeutendsten Wallfahrtsort Portugals und zu einem der bedeutendsten von ganz Europa. Es wird von zahlreichen wunderbaren Heilungen berichtet. 1958 wird in Fátima eine prachtvolle Basilika eingeweiht. Am 13. Mai 1967, dem fünfzigsten Jahrestag der ersten Erscheinung, versammeln sich in Fátima etwa eine Million Pilger, um mit Papst Paul VI. die Messe zu feiern und für den Frieden zu beten.

Die Anziehungskraft des Wallfahrtsortes ist nach wie vor groß. Die geheime Botschaft, die die Jungfrau Maria der jungen Lucia übergeben hat und die, wie manche vermuten, eine weltweite Katastrophe prophezeien soll, ist bis heute ein Geheimnis geblieben.

Medjugorje, Bosnien-Herzegowina: 24. Juni 1981

Maria konnte den blutigen Bürgerkrieg auf dem Balkan nicht abwenden, obwohl Medjugorje, an der Grenze zwischen Bosnien und Kroatien gelegen, zehn Jahre vorher Schauplatz einiger berühmt gewordener, aber auch umstrittener Marienerscheinungen war.

Auch diesmal sind Jugendliche beteiligt: die fünfzehnjährige Ivanka und die sechzehn Jahre alte Mirjana. Zuletzt werden viele Kinder behaupten, sie hätten die Jungfrau Maria gesehen – der Pfarrer des Ortes, ein Franziskaner namens Jozo Zovko ebenfalls.

24. Juni 1981. Die Visionen beginnen damit, daß sich Maria als »Friedenskönigin« offenbart.

Die zu jener Zeit noch kommunistischen Behörden verbieten den Gläubigen, sich an dem Berg, wo Maria erschienen ist, zu versammeln; Maria zieht in eine Dorfkirche um.

Der zuständige Bischof verbietet die Benutzung der Kirche; Maria zieht in das Pfarrhaus um.

Vertreter der Kirche bekriegen sich. Die Franziskaner, die die Pfarre Sankt Jakob betreuen, zu der das Dorf Medjugorje gehört, sind von der Glaubwürdigkeit der Erscheinungen überzeugt. Doch Pavai Zanic, der zuständige Bischof der Diözese Mostar, äußert öffentlich Zweifel an ihrer Echtheit und spricht von »kollektiven Halluzinationen«.

27. Juni. Maria verkündet: »Die Menschen müssen sich mit Gott und miteinander versöhnen. Dazu ist es nötig, daß sie glauben, beten, fasten und zur Beichte gehen.«

28. Juni. Fünfzehntausend Menschen reisen an, um eine Begegnung mit der Jungfrau Maria zu erleben. Die örtliche Polizei nimmt sich die Jugendlichen vor, kann aber nichts finden, womit sich ihre Einweisung in eine psychiatrische Anstalt rechtfertigen ließe.

13. Juli. Die kommunistischen Behörden sperren die Straßen zum Ort. Die Massen, die auf ein Wunder hoffen, sind nicht mehr zu bändigen.

6. August. Am Himmel erscheint ein Wort: *Mir*, »Frieden«. Tausende behaupten, es zu sehen; die Botschaft Marias, so sagen sie, lasse sich durch Straßensperren nicht aufhalten.

15. August, Mariä Himmelfahrt. Tausende drängen nach Medjugorje. Die entnervte Polizei verhaftet den Pfarrer Zovko unter dem Vorwurf der »Subversion«. Der Priester sieht die heilige Jungfrau ebenfalls. Die Kommunisten entwickeln die paranoide Vorstellung, die Visionen seien Teil einer päpstlichen Kampagne mit dem Ziel, die Aufmerksamkeit der Welt auf das repressive System Jugoslawiens zu lenken. »Ich bin die Friedenskönigin«, erklärt Maria an diesem Tag.

Oktober. Maria wartet mit Weissagungen und Tadel auf: »Rußland ist das

Volk, in dem Gott eines Tages am meisten verherrlicht werden wird. Der Westen hat eine fortgeschrittene Zivilisation, aber ohne Gott, als wäre er sein eigener Schöpfer.«

Im Jahre 1991 erklären die Bischöfe des damaligen Jugoslawien nach einer Abstimmung mit 19 zu 1 Stimmen: »Auf der Basis der bisherigen Untersuchungen kann man nicht bestätigen, daß übernatürliche Erscheinungen beteiligt sind.«

Etwa zur gleichen Zeit erklärt der einflußreiche Jesuitenpater Giandomenico Mucci: »Alle Nachrichten, die ich aus Medjugorje gesehen habe, lassen sich auf einen Begriff bringen: Verdrehung. Man begreift nicht, warum sich Maria derart oft wiederholen muß. Man begreift auch nicht die banale Ausdrucksweise.«

USA

In den Vereinigten Staaten ist allein in diesem Jahrhundert von mehr als zweihundert Erscheinungen berichtet worden. Was sollen wir davon halten?

»Sie sind der Beweis für ein großes Bedürfnis nach Spiritualität bei den Menschen«, sagt Reverend Thomas Thompson, Direktor der katholischen Marian Library an der University of Ohio, die über die weltweit größte Sammlung von Materialien über die Jungfrau Maria verfügt. »Ein Bedürfnis, das stärker wird, wenn die Zeiten schwieriger werden.«

Thompson zufolge hat die Kirche während der vergangenen hundertsechzig Jahre nur vierzehn Marienerscheinungen bestätigt. Und eine solche Bestätigung ist nicht etwa eine Aufforderung, daß Katholiken an diese Ereignisse glauben sollen. Sie bedeutet nur, daß es ihnen nicht untersagt ist.

Nur ungern nimmt der Vatikan einer Marienerscheinung ihren Glanz, weil er befürchtet, damit die religiösen Gefühle Tausender von Gläubigen zu verletzen. Gleichzeitig will Rom aber eine klare Trennungslinie zwischen Wundern einerseits und Magie oder Betrug andererseits ziehen. Obwohl der Vatikan kirchliche Wallfahrten nach Medjugorje untersagt hat, was darauf hindeutet, daß er die Erscheinungen für einen Schwindel der dortigen Priester hält, besitzt der Ort nach wie vor große Anziehungskraft.

Auf die Frage, ob er an die Marienerscheinungen in Medjugorje glaube, antwortete Johannes Paul II. eher wie ein Diplomat und weniger wie ein Kirchenoberhaupt: Daß es eine natürliche Erklärung für ein bestimmtes Ereignis gebe, bedeute noch lange nicht, daß dieses Ereignis nicht trotzdem auch Anlaß und Anstoß zu spiritueller Erneuerung sein könne.

35. Kapitel
Die Unfehlbarkeit des Papstes
Tradition bis Dogma

Päpstliche Unfehlbarkeit: die Vorgeschichte

Kaiser, Könige und Zaren haben unumschränkt geherrscht. Diktatoren, Führer und Duces ebenso.

Aber die hochherrschaftlichen Erlässe solcher weltlichen Potentaten waren niemals auch für ihre Nachfolger bindend. Der neue Kaiser konnte die Beschlüsse seines Vorgängers annullieren, aufheben, bestreiten, widerrufen, verurteilen.

Kein katholischer Papst jedoch kann die unfehlbaren Ratschlüsse irgendeines früheren Oberhirten ablehnen, anfechten, zurückweisen, in Frage stellen oder ihnen widersprechen. Auf diese Weise wird einem amtierenden Bischof von Rom das Leben bisweilen ziemlich schwergemacht.

Die Zeiten ändern sich. Die Gesellschaft und die Welt ändern sich. Moralvorstellungen ändern sich. Aber die unfehlbaren Entscheidungen der Vergangenheit bleiben bestehen.

Wie das Oberhaupt der katholischen Kirche im Sommer 1870 sich und alle seine Nachfolger auf alle Zeiten für unfehlbar in Fragen des Glaubens und der Moral erklärte, wird in diesem Kapitel erzählt. Es geht in dieser unwahrscheinlichen Geschichte um Grabenkämpfe, Machtspiele und päpstliche Pressionen, von denen man im katholischen Religionsunterricht nichts erfährt.

Hier zunächst einige Klarstellungen:

Was genau bedeutet eigentlich päpstliche Unfehlbarkeit?
In der katholischen Theologie besagt diese Lehre, daß der Papst in seiner Rolle als oberste Lehrautorität in Fragen des Glaubens und der Moral nicht irren kann, wenn er *ex cathedra* spricht, d.h. »vom Stuhl« des heiligen Petrus, von seinem Lehrstuhl, seinem Pult.

Diese Doktrin beruht auf dem Glauben, daß der Lehrauftrag Jesu Christi von Gott auf die Kirche übergegangen ist; im Grunde genommen spricht also in bestimmten Fragen des Glaubens und der Moral Gott selbst mit der Stimme des Heiligen Geistes durch den Papst. Deshalb kann ein unfehlbarer Ratschluß kein Irrtum sein, deshalb kann er auch nicht zurückgenommen werden. Anders formuliert: Gott macht keine Fehler; also braucht er seine Ansichten auch niemals zu ändern.

War der Papst als Nachfolger des heiligen Petrus nicht schon immer unfehlbar?

Nein. Viele Katholiken mag das überraschen. Aber der Ausdruck »Unfehlbarkeit« wurde in der frühen Kirche und während des Mittelalters nur selten gebraucht. Gewiß, schon die Kirchenväter und die Theologen des Mittelalters vertrauten auf die Zuverlässigkeit der päpstlichen Lehren, aber bis zum Sommer 1870 galt kein Oberhaupt der katholischen Kirche jemals offiziell als unfehlbar.

Der erste unfehlbare Papst war Pius IX., der 253. Nachfolger des heiligen Petrus, der dieses Amt von 1846 bis 1878 bekleidete.

Daß er in Fragen des Glaubens und der Moral nicht irren könne, »verfügte« Pius IX. am 18. Juli 1870 – gegen den heftigen Widerstand zahlreicher Bischöfe. Viele von ihnen, die damals zum Ersten Vatikanischen Konzil nach Rom gekommen waren, zogen es vor, die Versammlung zu verlassen, statt dem Drängen von Pius nachzugeben und einem Dogma zuzustimmen, das ihn und alle seine Nachfolger für alle Zeit unfehlbar machte. Statt gegen ihr Gewissen zu stimmen, packten sie die Koffer und reisten ab, erfüllt von der Sorge, das neue Dogma werde die katholische Kirche in den Untergang führen.

»Macht korrumpiert; absolute Macht korrumpiert absolut«, schrieb der britische Historiker und Philosoph Lord Acton 1887 an Bischof Mandell Creighton.

Da die Doktrin von der päpstlichen Unfehlbarkeit seit dem Tag ihrer Verkündung Anlaß zu heftigen Debatten innerhalb und außerhalb der Kirche gewesen ist, scheint es angebracht, die vatikanische Definition dieses Dogmas im Wortlaut wiederzugeben – wohlgemerkt eine Definition, die aufgrund der Einwände von Teilnehmern des Ersten Vatikanischen Konzils gegenüber dem sehr viel strengeren Entwurf, den Pius IX. zunächst vorgelegt hatte, deutlich milder formuliert ist:

»Wenn der römische Oberhirte in höchster Lehrgewalt (ex cathedra) spricht, das heißt, wenn er seines Amts als Hirte und Lehrer aller Christen waltend in höchster, apostolischer Amtsgewalt endgültig entscheidet, eine Lehre über Glauben oder Sitten sei von der ganzen Kirche festzuhalten, so

besitzt er auf Grund des göttlichen Beistandes, der ihm im heiligen Petrus verheißen ist, jene Unfehlbarkeit, mit der der göttliche Erlöser seine Kirche bei endgültigen Entscheidungen in Glaubens- und Sittenlehren ausgerüstet haben wollte. Diese endgültigen Entscheidungen des römischen Bischofs sind daher aus sich und nicht auf Grund der Zustimmung der Kirche unabänderlich.«

Diese letzte Formulierung ist aufschlußreich. Sie besagt, daß der Papst Bischöfe, Erzbischöfe oder Kardinäle nicht um Rat fragen oder mit ihnen einen Konsens erzielen muß. Gleichgültig, wie stark ihr Widerstand, wie groß ihre Mehrheit, wie triftig ihre Argumente sein mögen – den Papst können sie nicht überstimmen. In Fragen des Glaubens und der Moral ist das Oberhaupt der Kirche letztlich die allein entscheidende Instanz.

In der Praxis berät sich der Papst natürlich mit seinen Bischöfen. Er ist jedoch an ihren Rat nicht gebunden.

Wortursprung: eine »Kurie« aus Männern.
Bei der täglichen Ausübung seiner Jurisdiktionsgewalt unterstützt den Papst die römische »Kurie«. Dieser Name kam im 11. Jahrhundert als Bezeichnung für die Gesamtheit der päpstlichen Helfer auf – Priester, Diakone und Notare (oder Sekretäre). Das lateinische Wort *curia* bedeutet »Versammlung von Männern« – es geht zurück auf *co viria* = »zusammen männlich«.

Aus der römischen Kurie ging 1179 das Kardinalskollegium hervor, jene Körperschaft, die das alleinige Recht hat, den Papst zu wählen. Nach dem Tod eines Papstes übernimmt das Kardinalskollegium automatisch die Leitung der Heiligen Mutter Kirche.

Belege im Neuen Testament: Lukas und Matthäus

Bei den Verhandlungen über das Dogma der päpstlichen Unfehlbarkeit während des Vatikanischen Konzils von 1870 beriefen sich die Befürworter vor allem auf zwei Bibelstellen. Zunächst auf das Versprechen, das Christus dem Apostel Petrus beim Letzten Abendmahl gab:

»Ich aber habe für dich gebeten, daß dein Glaube nicht aufhöre. Und wenn du dermaleinst dich bekehrst, so stärke deine Brüder.« (Lukas 22,32)

Sodann auf jene an Petrus gerichteten Christusworte, mit denen der sogenannte Petrinische Primat begründet wurde, demzufolge der Bischof von Rom zugleich auch Oberhaupt der gesamten Kirche ist:

»Und ich sage dir auch: Du bist Petrus, und auf diesen Felsen will ich meine Kirche bauen, und die Pforten der Hölle sollen sie nicht überwältigen. Ich will dir des Himmelsreiches Schlüssel geben, und alles, was du auf Erden binden wirst, soll auch im Himmel gebunden sein, und alles, was du auf Erden lösen wirst, soll auch im Himmel los sein.« (Matthäus 16,18-19)

Das Erste Vaticanum definierte den Papst als direkten Nachfolger des heiligen Petrus und berief sich dabei außerdem auch auf zwei Stellen bei Johannes:

»Weide meine Lämmer! ... Weide meine Schafe!« (21,15-16)

»Da ihn Jesus sah, sprach er: Du bist Simon, des Johannes Sohn; du sollst Kephas heißen, das wird verdolmetscht: Fels.« (1,42)

Dieser letzte Satz scheint zu besagen, daß Petrus der »Fels« sei, auf den Christus seine Kirche bauen wollte. Zumindest ist dies die katholische Interpretation. (Mehr dazu weiter unten.)

Wenn der Papst, auf den »sterblichen Überresten« des heiligen Petrus stehend, im Petersdom die Messe feiert, kann man sechzig Meter über ihm in anderthalb Meter hohen Lettern lesen: *Tu es Petrus, et super hanc petrum aedificabo ecclesiam meam, et portae inferni non praevalebunt adversus eam* – »Du bist Petrus, und auf diesen Felsen will ich meine Kirche bauen, und die Pforten der Hölle sollen sie nicht überwältigen.«

Ehe wir auf den wirklichen Ursprung der päpstlichen Unfehlbarkeit eingehen, wollen wir uns dem Ursprung des Papsttums selbst zuwenden.

Petrus, der erste Bischof von Rom: bis 65 u.Z.

Zuerst gab es den Titel *Bischof von Rom* – ein deutlicher Hinweis auf die überlieferte Vorstellung, der Apostel Petrus habe in Rom gepredigt und dort eine Gemeinde gegründet, deren »Aufseher« er gewesen sei, bis er um das Jahr 65 u.Z. den Märtyrertod starb.

Petrus, erster Bischof von Rom (etwa 33-65 u.Z.).

Die frühesten christlichen Gemeinden wurden wahrscheinlich, wie die Synagogen, von einem Ältestenrat geleitet. Im Laufe der Zeit entstand das Bedürfnis nach einem einzelnen Vorsteher, und seit dem Ende des 1. Jahrhunderts nannte man diesen Vorsteher Bischof oder »Aufseher« – *episkopus*, das Wort, aus dem sich »Bischof« herleitet.

Der oberste Aufseher in Rom wurde bald auch mit dem Titel »Papst« geehrt, abgeleitet von dem griechischen *papas* = »Vater«. So wurde der Bischof von Rom plötzlich zum »Vater« aller Gläubigen und aller Christengemeinden auf der Welt. Für Gemeinden außerhalb Roms, die selbst für sich in Anspruch nahmen, von einem der Apostel begründet worden zu sein, war das ein ziemlicher Schock.

Der Bischof von Rom gewann erheblich an Einfluß und Ansehen, nachdem im vierten Jahrhundert Konstantinopel Hauptstadt des römischen Reiches geworden war. Der Wechsel hinterließ in Rom ein politisches und administratives, aber auch ein emotionales Vakuum, das sich die Bischöfe von Rom zunutze machten. Damals fingen sie an, den Apostel Petrus über Paulus zu stellen, und behaupteten sogar, Paulus habe unter der Führung des Petrus gearbeitet. Während das Neue Testament Petrus klar und deutlich als den Apostel der Juden und Paulus als den Apostel der Nichtjuden bezeichnet, stellten die Bischöfe von Rom Petrus nun als eine Art Vorgesetzten des Paulus hin. So schufen sie die Grundlage für den Anspruch, sie seien die direkten Nachfolger des »Apostelfürsten« Petrus. Auch für sie gelte das Wort: »Du bist Petrus, und auf diesen Felsen will ich meine Kirche bauen.«

Die frühen Kirchenväter hatten noch erklärt, Christi Wort vom »Fels« beziehe sich nicht auf Petrus und seine Kirche in Rom, sondern auf Christus selbst und seine gläubigen Anhänger, wo immer sie unter ihren eigenen Bischöfen lebten.

Belegstellen.

Petrus, ursprünglich Simon genannt, aus Bethsaida, einem Dorf am See Genezareth, stammend und von Beruf Fischer, war allem Anschein nach Christi wichtigster Apostel. Darin stimmen alle vier Evangelien überein. Petrus wird von ihnen auffällig häufig erwähnt, und bei allen Aufzählungen der zwölf steht sein Name an erster Stelle. Er gehört zum innersten Kreis um Jesus und ist bei wichtigen Ereignissen immer zugegen:

- Bei der Erweckung der Tochter Jairus vom Tod. (Matthäus 9,18-26)
- Bei der Verklärung Jesu. (Matthäus 17,1-8)
- Er ist in der Nähe (wenn auch schlafend), als Christus im Garten Gethsemane betet. (Matthäus 26,37)
- Er betritt als erster Jünger Christi Grab. (Lukas 24,12)
- Der auferstandene Christus zeigt sich ihm als erstem. (Lukas 24,34)
- Er ist der Jünger, der die Bedeutung von Pfingsten erklärt. (Apostelgeschichte 2,14-40)
- Er öffnet die Kirche den Nichtjuden, indem er Cornelius ohne vorherige Beschneidung taufen läßt. (Apostelgeschichte 10,9-48)

Der Überlieferung zufolge hat Christus dem Petrus seinen aramäischen Namen Kephas, »Stein« oder »Fels«, gegeben, weil Petrus in ihm, Christus, sogleich den Messias erkannt hat. Im Griechischen wird der Name Kephas mit »Petrus« übersetzt, und die Katholiken sehen in Petrus den »Fels«, auf den Christus seine Kirche baute. Andere Christen glauben dagegen, Christus habe sagen wollen, Petrus sei ein »Fels des Glaubens«, unerschütterlich in seiner Überzeugung.

Das Grab des heiligen Petrus.

Nur wenige Archäologen stützen die Behauptung der Kirche, daß bei den Ausgrabungen um die Mitte dieses Jahrhunderts unter der Petersbasilika das Grab des Petrus mit seinen sterblichen Überresten gefunden worden sei. Die meisten sind allerdings der Meinung, die Ausgrabungen zeigten, daß eine Christengemeinde in Rom diese Stelle zu Beginn des 3. Jahrhunderts als das Grab Petri verehrt habe.

Jesus wäscht Petrus die Füße — als »Diener der Diener Gottes«.

Weil der Bischof von Rom die Nachfolge des heiligen Petrus, des Apostelfürsten, beansprucht, hat er auch den »Stuhl Petri«

inne und übt von dort seine oberste legislative, exekutive und judikative Macht aus – ein absoluter Monarch nach altem Muster.

Seit dem fünften Jahrhundert beanspruchte der Bischof von Rom auch den Titel *Summus Pontifex* (wörtlich: »Oberster Brücken- oder Wegebauer«), den die römischen Kaiser in ihrer Eigenschaft als Vorsteher des Priesterkollegiums getragen hatten.

Im frühen Mittelalter gab er sich zudem den Titel *vicarius christi*, »Stellvertreter Christi«.

Heute gibt das amtliche vatikanische Handbuch, der *Annuario Pontificio*, die vollständige Liste der päpstlichen Titel so an:

Bischof von Rom, Stellvertreter Jesu Christi, Nachfolger des Apostelfürsten, das Oberhaupt der allgemeinen Kirche, der Patriarch des Abendlandes, Primas von Italien, Erzbischof und Metropolit der Kirchenprovinz Rom, Souverän des Staates der Vatikanstadt, Diener der Diener Gottes.

Der letzte bescheidene, ganz und gar christliche Titel wirkt im Schatten seiner hochherrscherlichen Vorgänger fast deplaziert. Aber wenn der Papst eine feierliche Erklärung von großer Bedeutung für die gesamte Kirche herausgibt, unterzeichnet er nicht mit einem seiner autokratischen Titel, sondern mit dieser demutsvollen Bezeichnung: »Diener der Diener Gottes«.

Als der Dichter Petrarca (1304-1374) bei einem Besuch in Rom sah, welche Pracht das Papsttum dort entfaltete, schrieb er: »Ich staune, wie diese Männer mit Gold überladen und in Purpur gewandet sind. Unter die Könige Persiens fühlen wir uns versetzt, vor denen wir uns in Anbetung niederwerfen müssen. O ihr Apostel, ihr Päpste der Frühzeit, war dies das Ziel all eurer Mühsal?«

Im Blick auf den Vatikan mit seinen Hunderten prachtvoller Gemächer und seinen zahllosen Kunstschätzen und auf die päpstliche Sommerresidenz, das (noch etwas größere) Castel Gandolfo am Lago Albano mit einem aufwendigen Schwimmbecken (das sich Johannes Paul bauen ließ), stellte Peter De Rosa, Dekan der theologischen Fakultät am Corpus Christi College in London, einmal die Frage: »Wenn sich Petrus aus seinem Grab unter der Kuppel erheben und erfahren würde, daß dies alles ihm zu Ehren errichtet sei – wie würde er wohl reagieren?«

Die protestantische Revolte und das morgenländische Schisma

In der Zeit der Reformation behielten Anglikaner und einige Lutheraner den Titel »Bischof« bei – aber den Papst lehnten sie ab, den Titel, das Amt und seinen Inhaber.

Martin Luther argumentierte, das Neue Testament habe keinen privilegierten Apostolischen Stuhl in Rom begründet; erst die römischen Bischöfe hätten seit dem 4. Jahrhundert das Papsttum mit seinem römischen Mittelpunkt geschaffen, indem sie sich zu Alleinerben des heiligen Petrus erklärten.

Auch die Reformatoren hielten jedoch an der Idee fest, daß die Kirche (verstanden als Gemeinschaft der Gläubigen) nicht irren und ganz und gar von den Absichten Christi abweichen könne, und zwar deshalb nicht, weil Christus versichert hat, seine Kirche sei unzerstörbar und unfehlbar:

Matthäus 16,18 – »... auf diesen Felsen will ich meine Kirche bauen, und die Pforten der Hölle sollen sie nicht überwältigen.«

Johannes 21,15-16 – »Weide meine Lämmer! ... Weide meine Schafe!«

Lukas 22,32 – »Ich aber habe für dich gebeten, daß dein Glaube nicht aufhöre. Und wenn du dermaleinst dich bekehrst, so stärke deine Brüder.«

Heute gibt es in den meisten christlichen Konfessionen Bischöfe; nur die katholische Kirche hat einen Papst. Die anderen Konfessionen erkennen das traditionelle Handauflegen durch den Bischof als notwendigen Bestandteil der Priesterweihe an und halten im Hinblick auf die apostolische Sukzession an diesem Amt fest.

Die Macht des Papstes ist total. Im *Codex Iuris Canonici* von 1917 heißt es: »Ein ökumenisches Konzil kann nur vom römischen Oberhirten einberufen werden«, und »der Heilige Stuhl untersteht niemandes Urteil«. Es gibt keine höhere Autorität in der Kirche. Auch an das ökumenische Konzil könnte man gegen einen päpstlichen Ratschluß nicht appellieren.

In diesem Jahrhundert haben auch die Orthodoxen Kirchen des Ostens alle päpstlichen Ansprüche auf den »Primat« (also darauf, daß allein die Bischöfe von Rom direkte Nachfolger des heiligen Petrus seien) und auf die Unfehlbarkeit einmütig und entschieden zurückgewiesen.

Zum Schisma zwischen West- und Ostkirche kam es nach einer langen Zeit zunehmender Entfremdung im Jahre 1054, als Rom seine »ganze Machtfülle« *(plenitudo potestatis)* auszuspielen begann und die päpstliche Führungsrolle *innerhalb* der Kirche in eine päpstliche Alleinherrschaft *über* die Kirche verwandelte. Die Spaltung vertiefte sich, als der Bischof von Rom anfing, Ablässe und Benefizien (kirchliche Ämter und Würden) zu verkaufen, um das immer größer werdende Heer der Bürokraten in Rom zu finanzieren. Und die Dogmatisierung der päpstlichen Unfehlbarkeit im Juli 1870 war natürlich alles andere als ein Beitrag zur Aussöhnung.

Die meisten christlichen Konfessionen argumentieren, mit dem Wort »Fels« habe Christus sich selbst gemeint; auf sich selbst habe er seine Kirche gegründet – nicht auf Petrus und dessen zufällig in Rom residierende Nachfolger.

Diese Vorstellung mag für die meisten Katholiken schockierend oder geradezu frevelhaft klingen. Aber die großen Kirchenlehrer der Frühzeit: Cyprianus, Origines, Kyrill, Hilarius, Hieronymus, Ambrosius, Augustinus – sie alle sahen in Jesus den Felsen, auf dem seine Kirche errichtet ist. Es ist der *feste Glaube* des Petrus, den Christus einmal als Fels bezeichnet.

Auch alle Kirchenkonzile, von Nicäa im 4. Jahrhundert bis Konstanz im 15. Jahrhundert, stimmten darin überein, daß allein Christus und nicht irgendein Sterblicher das Fundament der Kirche bilde.

Das Dogma der päpstlichen Unfehlbarkeit: Juli 1870

Die Entwicklung, die schließlich zur Verkündung des Dogmas der päpstlichen Unfehlbarkeit führte, reicht weit in die Vergangenheit zurück. Und eine der letzten Stufen auf diesem Weg war, wie schon erwähnt, die Verkündung des Dogmas der Unbefleckten Empfängnis Marias am 8. Dezember 1854.

Einem Freund vertraute der Privatsekretär des Papstes, Monsignore Talbot, damals an: »Das Wichtigste ist nicht das neue Dogma selbst, sondern die Art, wie es verkündet wurde.« Im wesentlichen nämlich aufgrund päpstlicher Unfehlbarkeit. Denn die Doktrin der Unbefleckten Empfängnis fand zwar bei den Bischöfen Italiens, Spaniens und Portugals begeisterte Zustimmung, in anderen Ländern jedoch waren die Bischöfe eher geneigt, es den Gläubigen zu überlassen, wie sie sich Mariä Empfängnis vorstellen wollten, ob mit oder ohne Erbsünde.

Pius IX. war ein geschickter Diplomat. Für ihn war das Dogma der Unbefleckten Empfängnis ein Versuchsballon.

Warum war es eigentlich nach so vielen Jahrhunderten plötzlich notwendig, den umstrittenen Gedanken der Unfehlbarkeit zu dogmatisieren?

Die Bischöfe werden nach Rom gerufen.
Pius IX. wußte bei seinem Amtsantritt im Jahre 1846, daß die Tage des Kirchenstaates gezählt waren. Kaum war er Papst geworden, da wurde (1848) für kurze Zeit in Rom die Republik ausgerufen. Im Laufe der nächsten Jahre fand Italien unter König Viktor Emmanuel und Cavour zur Einheit, in die schließlich auch der Kirchenstaat und zuletzt (1871) die Stadt Rom (mit Ausnahme des Vatikanstaates) einbezogen wurden.

Seiner weltlichen Macht zusehends beraubt, besann sich Pius IX. auf seine Autorität in spirituellen Fragen. Das junge Königreich konnte ihm die Jurisdiktion über die früheren Besitzungen der Kirche streitig machen, aber nicht die Jurisdiktion über die Seelen der Menschen.

Viele Bischöfe, die 1869 zum Ersten Vatikanischen Konzil nach Rom gerufen wurden, nahmen die Einladung mit zwiespältigen Gefühlen auf.

Schon das Datum, auf das der Papst die Eröffnung des Konzils gelegt hatte, schien nichts Gutes zu verheißen: Es war der 8. Dezember, der Jahrestag der Verkündung des Dogmas der Unbefleckten Empfängnis. Die Bischöfe wußten, wozu sie diesmal ihre Zustimmung geben sollten. Sie befürchteten ein neues Schisma in der katholischen Kirche.

Die Unfehlbarkeit von Christi Kirche mochte sich, wie die meisten Christen glaubten, aus der Bibel begründen lassen – nicht aber die Unfehlbarkeit ihres menschlichen Oberhauptes.

Die Bischöfe sollen abstimmen.
Als der Tag der Abstimmung über die Unfehlbarkeit näher kam, reisten immer mehr Bischöfe aus Rom ab. Manche wurden im richtigen Augenblick »krank« und blieben der Versammlung lieber fern, als gegen ihr Gewissen zu stimmen.

Bei der ersten »Abstimmung« votierten nur 451 Bischöfe mit Ja, weniger als die Hälfte der 1084 zur Teilnahme am Konzil Berechtigten – und weniger als zwei Drittel der zu Beginn des Konzils regelmäßig anwesenden siebenhundert Bischöfe.

Aber auf die Abstimmung kam es im Grunde gar nicht an. Pius IX. hatte schon verbreiten lassen, daß der Papst künftig auch »ohne Zustimmung der Kirche« unfehlbar sein werde. Er hatte eine von ihm selbst geschriebene Botschaft herumgehen lassen: »Verschwende Deine Worte nicht, wo man nicht zu hören bereit ist.« Die Gegner waren bald in der Minderheit.

Keiner erzählt die Geschichte dieser Tage besser als August Bernhard Hasler vom Vatikanischen Sekretariat für die Einheit der Christen in seinem Buch *Wie der Papst unfehlbar wurde*:

»In der Zeit bis zur feierlichen Abstimmung am 18. Juli 1870 versuchte die Minorität verzweifelt, den Papst doch noch zum Einlenken zu bewegen. Aber auch eine Delegation von sechs Erzbischöfen und Bischöfen richtete nichts mehr aus. Im Gegenteil, die Forderung, die Zustimmung der Kirche in die Definition einzubeziehen, verärgerte den Papst.«

Ob man es glaubt oder nicht, der Papst drohte Bischöfen, die sich ihm widersetzten, mit Amtsenthebung oder Exkommunikation. So schrieb der Bischof von Rottenburg, Karl Joseph von Hefele, später: »Die Lage eines suspendierten und exkommunizierten Bischofs scheint mir eine schreckliche, die ich kaum ertragen könnte.«

Bei der letzten Sitzung des Konzils am 18. Juli stieg die Zahl der Ja-Stimmen auf 535. Nur zwei Bischöfe stimmten mit Nein – Luigi Riccio aus Cajazzo und Edward Fitzgerald, der Bischof von Little Rock, Arkansas. Gleich nach der Verkündung des Dogmas unterwarfen sich beide der Macht und dem Recht des Papstes.

»Bei der Verkündigung des neuen Dogmas von der päpstlichen Unfehlbarkeit«, so schreibt Hasler, »ging ein gewaltiges Gewitter über St. Peter nieder. Tief dröhnend rollte der Donner, und die hell zuckenden Blitze warfen ein gespenstisches Licht über die plötzlich hereingebrochene Dunkelheit – für die einen ein Zeichen von Gottes Wohlgefallen, für die anderen Ausdruck seines Zorns.«

Nachwirkungen:

• 22. Juli 1870. »Beinahe alle Bischöfe von Österreich-Ungarn, die aus Rom zurückgekehrt sind, sind *wütend* über die Definition der Unfehlbarkeit«, schrieb der vatikanische Nuntius in Wien, Mariano Falcinelli. »Die wenigen, die mich besucht haben, wagten nicht, über das Konzil zu sprechen.«

• Ein Theologieprofessor bezeichnet Pius IX. als »Häretiker und Verwüster der Kirche«.

• 7. August 1870. Der spätere Erzbischof von Köln, Philipp Krementz, klagt in einem Brief an einen Freund: »Mir fällt es schwer, das in Rom Beschlossene mit meiner bisherigen Theologie und mit den Tatsachen der Geschichte in Einklang zu bringen.«

• In Frankreich werden sechs Bischöfe, die sich weigern, das Dogma zu akzeptieren, zum Rücktritt genötigt. Die näheren Umstände dieser Vorgänge sind bis heute unklar geblieben.

In den USA unterwirft sich der Erzbischof von St. Louis, Peter Richard

Kenrick, ein entschiedener Gegner der Unfehlbarkeit, schließlich dem Druck der anderen amerikanischen Bischöfe.

Um der Einheit der Kirche willen unterwerfen sich binnen kurzem alle Bischöfe den Wünschen Pius' IX. Schließlich ist er jetzt offiziell unfehlbar.

Wie sich diese Unterwerfung vollzog, kommt vielleicht am besten in der Kehrtwendung des Bischofs Krementz zum Ausdruck. Drei Monate nach der oben zitierten Klage schreibt er am 8. November 1870 in einem Brief:

»Da die Kirche diesen feierlichen Entscheid gegeben hat, so ist es sicher und selbstverständlich, daß ihr Beschluß sich auf die Heilige Schrift und die Tradition gründet, auf diese beiden Quellen der Lehre Christi, deren untrügliche Auslegerin sie ist.«

Versiegelte Mappen, verschwundene Akten.

Vincenzo Tizzani – einer der wenigen Männer aus der päpstlichen Kurie, die sich der Unfehlbarkeitsdoktrin widersetzten – hatte während des Konzils umfangreiche Aufzeichnungen gemacht, die er in Konkurrenz zu der offiziellen, vom Papst in Auftrag gegebenen Konzilsgeschichte publizieren wollte. Er verwirklichte seinen Plan jedoch nicht, und als er 1892 starb, kaufte der Vatikan alle hinterlassenen Manuskripte von seiner Nichte, der Gräfin Lucrezia Gazzoli (zahlte schließlich aber nur ein Fünftel des vereinbartes Preises, was zu einem Prozeß führte). Bis heute werden die Tizzani-Papiere im Vatikanischen Geheimarchiv unter Verschluß gehalten.

Die Notizen eines zweiten Bischofs, der die Ansichten der Opposition zum Konzil hatte veröffentlichen wollen, sind spurlos verschwunden.

Im Dezember 1966 machte das Geheimarchiv des Vatikans das »gesamte Material« zum Pontifikat Pius' IX. der Forschung zugänglich – die Schachteln waren vorher allerdings »aufgeräumt« worden.

»Bis heute«, so schrieb Hasler 1979, »fehlt eine auf den Quellen beruhende Geschichte des Ersten Vatikanischen Konzils.«

Nach der Verkündung der päpstlichen Unfehlbarkeit im Jahre 1870 hat sich erst 1950 wieder ein Papst auf dieses Dogma berufen – Pius XII., bei der Verkündung des Dogmas von Mariä leiblicher und seelischer Aufnahme in den Himmel.

Das Zweite Vatikanische Konzil (1962-65) hat das Unfehlbarkeitsdogma bestätigt – was blieb ihm auch anderes übrig? Die heikle Angelegenheit wurde aber nicht erörtert. Inzwischen will niemand mehr über dieses Thema sprechen. Es löst nur noch Verlegenheit aus.

In seinem Buch *Unfehlbar? Eine Anfrage* von 1970 hat der Schweizer Theologe Hans Küng die Grundlagen der päpstlichen Unfehlbarkeit aus der Sicht sowohl der Bibel als auch der Tradition in Frage gestellt. Im Dezember 1979 wurde ihm die kirchliche Lehrerlaubnis entzogen. Küng blieb der Universität Tübingen dennoch erhalten. Seit 1980 lehrte er an einem eigens geschaffenen Lehrstuhl für ökumenische Theologie, der nicht zur theologischen Fakultät gehört.

Bis zum heutigen Tag ist das Dogma der päpstlichen Unfehlbarkeit und der aus ihm ableitbare »Primat« der Bischöfe von Rom das größte Hindernis auf dem Weg zu einer stärkeren Einheit der Christen in aller Welt.

Die »schleichende Unfehlbarkeit«

In seinem Buch *Vicars of Christ* führt Peter De Rosa die Argumente an, die gegen die päpstliche Unfehlbarkeit sprechen:

1. Der heilige Petrus selbst war fehlbar und hat viele Male sowohl vor als auch nach der Kreuzigung versagt.
2. Im Neuen Testament findet sich kein Beweis dafür, daß Petrus als einziger irgendeine göttliche Kraft besessen habe, die dann ausschließlich auf seine Nachfolger hätte übergehen können.
3. Nach den frühen Kirchenvätern hatte Petrus nicht *einen* Nachfolger. In ihren Augen standen alle Bischöfe in der Nachfolge der Apostel – und nicht ein einzelner Bischof in Rom (ein Papst) in der Nachfolge eines einzelnen Apostels (Petrus).
4. Alle bedeutenden Äußerungen der Kirche zur Glaubenslehre, vor allem die Glaubensbekenntnisse, gehen nicht auf einzelne Bischöfe von Rom, sondern auf Bischofskonzile zurück. Es ist den römischen Bischöfen der Frühzeit nie in den Sinn gekommen, sie allein könnten irgendwelche Lehren für die gesamte Kirche festlegen.
5. Das Erste Vatikanische Konzil hätte erklären müssen, warum die päpstliche Unfehlbarkeit, wenn sie denn so entscheidend für die Kirche ist, in den verschiedenen Glaubensbekenntnissen und auf den verschiedenen früheren Konzilen nie erwähnt wurde und warum sie nicht schon vor 1870 verkündet wurde. In der Zeit davor mußten Katholiken nicht an die Unfehlbarkeit des Papstes glauben. Sie konnten sie leugnen – und ganze Länder taten dies –, ohne daß sie deshalb als schlechte Katholiken gegolten hätten.

»Die päpstliche Unfehlbarkeit trägt zur Erleuchtung der Kirche nichts bei«, stellt De Rosa fest. »Sie hat anscheinend weniger mit Wahrheit als mit Macht zu tun.«

De Rosa weist darauf hin, daß das Ansehen und die Macht des Papstes im Grunde gar nicht auf dem nur selten in Anspruch genommenen Dogma der Unfehlbarkeit beruhen, sondern »auf dem, was man ›schleichende Unfehlbarkeit‹ genannt hat«. Die Unfehlbarkeitsdoktrin wirkt so einschüchternd und furchteinflößend, daß die Idee der Unfehlbarkeit als solche den Papst mit einer Aura absoluten Nicht-Irren-Könnens umgibt, so daß alles, was er sagt, den Katholiken unfehlbar erscheint – auch das, was er gar nicht *ex cathedra* verkündet. Die »schleichende Unfehlbarkeit« erweckt den Anschein, als trügen auch die Stellungnahmen moderner Päpste zur Weltpolitik und zu anderen Fragen, die nicht den Glauben und die Moral betreffen, das göttliche Imprimatur vollkommener Irrtumslosigkeit.

Weiterführende Literatur

Quellentexte

Biblia. Das ist die gantze Heilige Schrifft. Deudsch auffs new zugericht. D. Mart[in] Luth[er]. Wittenberg 1545. Hrsg. von Hans Volz, 3 Bde., München: Deutscher Taschenbuch Verlag 1974. (Der Originaltext der Luther-Übersetzung.)

Die Bibel oder die ganze Heilige Schrift des Alten und Neuen Testaments, nach der deutschen Übersetzung Martin Luthers, Stuttgart: Württembergische Bibelanstalt 1969. (Die Bibelzitate in diesem Buch folgen in der Regel dem Text dieser modernisierten Ausgabe.)

Apokryphen zum Alten und Neuen Testament. Hrsg. von Alfred Schindler, Zürich: Manesse 1988.

Die Andere Bibel, mit Altem und Neuem Testament. Hrsg. von Alfred Pfabigan, Franfurt: Eichborn 1990. (Die Andere Bibliothek Bd. 68.)

Augustinus, *Bekenntnisse*. Hrsg. von Ernst L. Grasmück, Frankfurt: Insel 1987.

Thomas von Aquin, *Die Summe der Theologie*, 3 Bde., Stuttgart: Kröner 1985.

Peter Abaelard, *Die Leidensgeschichte und der Briefwechsel mit Heloisa*, München: Deutscher Taschenbuch Verlag 1987.

Die Schriftrollen von Qumran. Übersetzung und Kommentar. Michael Wise, Martin Abegg, Jr., Edward Cook, Augsburg: Pattloch 1997.

Der babylonische Talmud. Hrsg. von Jakob Fromer, Wiesbaden: Fourier 1994.

Der Jerusalemer Talmud. Sieben ausgewählte Kapitel. Hrsg. von Hans J. Becker, Stuttgart: Reclam.

Koran. Der heilige Qur-An. Hrsg. von Hazrat Mirza Tahir Ahmad, 6. Aufl. 1996.

Konfuzius, *Gespräche (Lun-Yü)*. Hrsg. von Klaus Bock, Phaidon, 1996.

Lao-tse, *TaoTeKing*, Stuttgart: Reclam.

Upanischaden. Ausgewählte Stücke. Hrsg. von Paul Thieme, Stuttgart: Reclam.

Veden Upanishaden Bhagavadgita. Die drei Äste am Lebensbaum Indiens. Chinmoy (Sri). Hrsg. von Michael Günther, München: Diederichs 1996.

Ägyptische Mythen. George Hart, Stuttgart: Reclam 1993.

Mesopotamische Mythen. Henrietta McCall, Stuttgart: Reclam 1993.

Nachschlagewerke

Das große Bibellexikon. Hrsg. von Helmut Burkhardt, Fritz Grünzweig, Fritz Laubach und Gerhard Maier, 3 Bde., Wuppertal: R. Brockhaus/Giessen: Brunnen 1987-89.

Die Religion in Geschichte und Gegenwart. Hrsg. von Kurt Gelling in Gemeinschaft mit Hans von Campenhausen u.a., 7 Bde., Tübingen: Mohr (Siebeck) 1957ff. Studienausgabe 1986.

Wörterbuch der Religionen. Alfred Bertholet, 4. Aufl. neu bearb. von Kurt Goldammer u.a., Stuttgart: Kröner 1985.

Jüdisches Lexikon. Ein Enzyklopädisches Handbuch des jüdischen Wissens in vier

Bänden. Begründet von Georg Herlitz u. Bruno Kirschner, Berlin: Jüdischer Verlag 1927, Nachdruck: Königstein: Jüdischer Verlag bei Athenäum 1982.

Lexikon für Theologie und Kirche. Hrsg. von Josef Höfer u. Karl Rahner, 11 Bde., Freiburg: Herder 1957ff.

Reclams Lexikon der Heiligen und der biblischen Gestalten. Hiltgart L. Keller, Stuttgart: Reclam 1987.

Evangelisches Kirchenlexikon. Internationale theologische Enzyklopädie. Hrsg. von Erwin Fahlbusch, Jan Milic Lochmann u.a., Göttingen: Vandenhoek & Ruprecht 1986.

Ökumene-Lexikon. Kirchen, Religionen, Bewegungen. Hrsg. von Hanfried Krüger u.a., Frankfurt: Lembeck/Knecht 1983.

Islam-Lexikon. Geschichte, Ideen, Gestalten. Adel Theodor Khoury, Ludwig Hagemann u. Peter Heine, 3 Bde. Freiburg: Herder 1991.

Lexikon der östlichen Weisheitslehren: Buddhismus, Hinduismus, Taoismus, Zen. Ingrid Fischer-Schreiber, Franz-Karl Ehrhard, Kurt Friedrichs, Michael S. Diner, Wien: Barth 1995.

Wörterbuch der Mystik. Peter Dinzelbacher, Stuttgart: Kröner 1989.

Lexikon der Götter und Dämonen. Namen, Funktionen, Symbole, Attribute. Manfred Lurker, Stuttgart: Kröner 1989.

Atlanten

Herders großer Bibelatlas. Hrsg. von James B. Pritchard, Freiburg: Herder 1989.

Atlas der Weltreligionen. Entstehung, Glaubensinhalte, Entwicklung. Peter B.Clarke, München: Frederking & Thaler 1994.

Der große historische Bildatlas des Christentums. Andrea Duè, Juan Maria Laboa, Stuttgart: Kreuz 1997.

Atlas zur Kirchengeschichte. Die christlichen Kirchen in Geschichte und Gegenwart. Hrsg. von Hubert Jedin u.a., Freiburg: Herder 1987.

Enzyklopädische Darstellungen

Chronik der Bibel. Berichte, Fakten, Reportagen. Derek Williams, Wuppertal: R. Brockhaus 1997.

Handbuch religionswissenschaftlicher Grundbegriffe. Hubert Cancik, Burkhard Gladigow, Matthias Laubscher, Stuttgart: Kohlhammer 1988ff.

Religionen der Welt. Grundlagen, Entwicklung und Bedeutung in der Gegenwart. Hrsg. von Monika und Udo Tworuschka, Gütersloh: Bertelsmann 1991.

Die fünf Weltreligionen: Brahmanismus, Buddhismus, Chinesischer Universismus, Christentum, Islam. Helmut von Glasenapp (1963), München: Heyne 1997.

Mythologie

Mythen der Welt. Michael Jordan, Wien: Barth 1997.

Lexikon der Göttinnen. Patricia Monaghan, Wien: Barth 1997.

Knaurs Lexikon der Mythologie. Gerd J. Bellinger, München: Droemer Knaur 1993.

Griechische Mythologie. Ein Handbuch. Herbert Jennings Rose, München: Beck 1992.

Griechische Mythologie. Quellen und Deutung. Robert von Ranke-Graves, 2 Bde., Reinbek: Rowohlt 1982.

Himmel und Hölle

Gott. Eine Biographie. Jack Miles, München: Hanser 1996.

Die linke Hand Gottes. Biographie des Heiligen Geistes. Adolf Holl, München: List 1997.

Die Legende der Engel. Michel Serres, Frankfurt: Insel 1995.

Engel. Gottes Geheimagenten. Billy Graham, Neuhausen (Stuttgart): Hänssler 1976.

Die Geburt des Fegefeuers. Vom Wandel des Weltbildes im Mittelalter. Jacques LeGoff, München: Deutscher Taschenbuch Verlag, 1991.

Geschichte des Teufels. Eine kulturhistorische Satanologie von den Anfängen bis ins 18. Jahrhundert. Gustav Roskoff (1869), Nachdruck: Nördlingen: Greno 1987.

Islam

Der Islam in der Gegenwart. Hrsg. von Werner Ende u. Udo Steinbach, München: Beck 1996.

Leben im Islam. Religion als Gesellschaftsordnung. Ernest Gellner, Stuttgart: Klett-Cotta 1985.

Symbole des Islam. Malek Chebel, Lazis Hamani, Wien: Brandstätter 1997.

Geschichte des Judentums

Jüdische Riten und Symbole. S. Ph. de Vries, Reinbek. Rowohlt 1990.

Jüdische Geschichte in Deutschland. Von den Anfängen bis zur Gegenwart. Arno Herzig, München: Beck 1997.

Die Juden. Ein historisches Lesebuch. Hrsg. v. Günter Stemberger, München: Beck 1995.

Was jeder vom Judentum wissen muß. Hrsg. von Arnulf H. Baumann (1983), Gütersloh. Gütersloher Verlagshaus 1997.

Geschichte der christlichen Religionen

Chronik des Christentums. Uwe Birnstein u.a., Gütersloh: Chronik Verlag 1997.

Kirchen- und Theologiegeschichte in Quellen. Bd. 1: Alte Kirche, hrsg. v. Adolf Martin Ritter; Bd. 2: Mittelalter, hrsg. v. Reinhold Mokrosch und Herbert Walz; Bd. 3: Die Kirche im Zeitalter der Reformation, hrsg. v. Heiko A. Oberman; Bd. 4: Neuzeit, hrsg. Hans-Walter Krumwiede u.a. Neukirchen-Vlyn: Neukirchener Verlag 1977-81.

Handbuch der Kirchengeschichte. Hrsg. von Hubert Jedin u. Konrad Repgen, 7 Bde., Freiburg: Herder 1962ff.

Die Inquisition. Henry Charles Lea, Nördlingen: Greno 1985. (Die Andere Bibliothek Bd. 6.)

Der gefälschte Glaube. Die wahren Hintergründe der kirchlichen Lehren. Karlheinz Deschner, München: Heyne 1995.

Geschichte des Christentums in Deutschland. Religion, Politik und Gesellschaft vom Ende der Aufklärung bis zur Mitte des 20. Jahrhunderts. Kurt Nowak, München: Beck 1995.

Luther. Sein Leben und seine Zeit. Richard Friedenthal (1967), München: Piper 1997.

Geschichte des Papsttums

Reclams Lexikons der Päpste. J.N.D. Kelly, Stuttgart: Reclam 1986.

Geschichte der Päpste seit dem Ausgang des Mittelalters. Ludwig v. Pastor (16 Bde.), Freiburg 1886ff.

Geschichte der Stadt Rom im Mittelalter. Ferdinand Gregorovius (1859-73), Neuausgabe, 4 Bde., München: Deutscher Taschenbuch Verlag 1988.

Von Petrus zu Paul. Eine Weltgeschichte der Päpste bis Johannes Paul II. Albert Wucher, Frankfurt: Societätsverlag 1991.

Wie der Papst unfehlbar wurde. Macht und Ohnmacht eines Dogmas. August Bernhard Hasler, München, Zürich: Piper 1979.

Unfehlbar? Eine Anfrage. Hans Küng, Zürich: Benziger 1970.

Religiöse Gebräuche

Reinheit und Gefährdung. Eine Studie zu Vorstellungen von Verunreinigung und Tabu. Mary Douglas, Frankfurt am Main: Suhrkamp 1988.

Kleines Lexikon des christlichen Brauchtums. Alfred Läpple, Augsburg: Pattloch 1996.

Lexikon der Heiligen. Edward Gorys, München: Deutscher Taschenbuch Verlag 1997.

Das große Hausbuch der Heiligen. Namenspatrone, die uns begleiten. Hrsg. von Diethard H. Klein, Augsburg: Pattloch 1995.

Immerwährender Heiligenkalender. Albert Christian Sellner, Frankfurt: Eichborn 1993. (Die Andere Bibliothek Bd. 103.)

Making Saints. Kenneth Woodward, New York: Simon and Schuster 1990.

Kirchen, Klöster, Wallfahrtsorte. Ein Führer zu Orten der Kraft. Hrsg. von Gerald Drews, Augsburg: Pattloch 1997.

Mönchtum, Orden, Klöster. Von den Anfängen bis zur Gegenwart. Ein Lexikon. Georg Schwaiger, München: Beck 1993.

Östliche Religionen

China und die Hoffnung auf Glück. Paradies, Utopien, Idealvorstellungen. Wolfgang Bauer, München: Hanser 1971.

Die Welt des tibetischen Buddhismus, Weimar, Leipzig: Kiepenheuer 1992.

Buddhismus und Christentum. Geschichte, Konfrontation, Dialog. Michael von Brück, Whalen Lai, München: Beck 1997.

Buddhismus zur Einführung. Jens Schlichter, Hamburg: Junius 1997.

Fischer Lexikon: Geschichte der nicht-christlichen Religionen. Günter Lanczkowski, Frankfurt: Fischer 1989.

Sekten

Handbuch der religiösen Gemeinschaften. Freikirchen, Sondergemeinschaften, Sekten, Weltanschauungsgemeinschaften, Neureligionen. Hrsg. von Horst Reller, Gütersloh: Mohn 1978.

Das Buch der Sekten und Kulte. John Butterworth, Wuppertal: R. Brockhaus/Giessen: Brunnen 1981.

Gurus, Meister, Scharlatane. Zwischen Faszination und Gefahr. Reinhard Hummel, Freiburg: Herder 1996.

Religion und Sexualität

Eunuchen für das Himmelreich. Katholische Kirche und Sexualität. Uta Ranke-Heinemann, München: Droemer Knaur 1996.

Kleriker. Psychogramm eines Ideals. Eugen Drewermann, München: Deutscher Taschenbuch Verlag 1991.

Das Kreuz mit der Kirche. Eine Sexualgeschichte des Christentums. Karlheinz Deschner, München: Heyne 1996.

Christianity, Social Tolerance and Homosexuality. John Boswell, Chicago 1980.

Sehnsucht nach den Müttern. Von der Renaissance des Weiblichen in der Religion. Siegfried Vierzig, Stuttgart: Kohlhammer 1991.

Als Gott eine Frau war. Die Geschichte der Ur-Religionen unserer Kultur. Merlin Stone, München: Goldmann 1989.

Register